Tu fertilidad

TONI WESCHLER

Tu fertilidad

El manual definitivo del control de natalidad,
el éxito en el embarazo y la salud reproductiva natural

EDICIONES OBELISCO

Si este libro le ha interesado y desea que le mantengamos informado de nuestras publicaciones, escríbanos indicándonos qué temas son de su interés (Astrología, Autoayuda, Psicología, Artes Marciales, Naturismo, Espiritualidad, Tradición…) y gustosamente le complaceremos.

Puede consultar nuestro catálogo en www.edicionesobelisco.com

Los editores no han comprobado la eficacia ni el resultado de las recetas, productos, fórmulas técnicas, ejercicios o similares contenidos en este libro. Instan a los lectores a consultar al médico o especialista de la salud ante cualquier duda que surja. No asumen, por lo tanto, responsabilidad alguna en cuanto a su utilización ni realizan asesoramiento al respecto.

Colección Salud y Vida natural
Tu fertilidad
Toni Weschler

1.ª edición: junio de 2020

Título original: *Taking Charge of Your Fertility*

Traducción: *Juan Carlos Ruíz*
Maquetación: *Juan Bejarano*
Corrección: *Sara Moreno*
Diseño de cubierta: *Coffeemilk*

© 2015, Toni Weschler, por acuerdo con el autor
(Reservados todos los derechos)
© 2020, Ediciones Obelisco, S. L.
(Reservados los derechos para la presente edición)

Edita: Ediciones Obelisco, S. L.
Collita, 23-25. Pol. Ind. Molí de la Bastida
08191 Rubí - Barcelona - España
Tel. 93 309 85 25 - Fax 93 309 85 23
E-mail: info@edicionesobelisco.com

ISBN: 978-84-9111-571-7
Depósito Legal: B-2.264-2020

Printed in India

A la amorosa memoria de mi madre,
Franzi Toch Weschler,
cuya fuerza siempre me sorprendió.

AGRADECIMIENTOS

Dicen que las mujeres están bendecidas con la capacidad de olvidar el dolor del parto para poder tener más hijos más adelante. Yo a menudo me pregunto si se puede aplicar el mismo principio al reto de escribir un libro de esta magnitud. Si otro autor me hubiera advertido de la tarea tan monumental que sería, no estoy segura de haber estado tan loca para imponerme ese objetivo. E incluso ahora, revisando el libro por tercera vez desde que se publicó por primera vez hace veinte años, me encuentro de nuevo con la misma antigua pregunta: «¿Qué estabas pensando?».

Pero supongo que los escritores son un grupo de crédulos, o tal vez sus recuerdos se originen en sus proyectos. Sea como fuere, he abandonado la tarea de escribir originales y de revisar ediciones habiendo experimentado todo el espectro de emociones humanas, desde la frustración y el agotamiento totales hasta una alegría y orgullo increíbles. A lo largo del camino, como atestiguará la siguiente lista, he tenido el privilegio de ser ayudada por numerosas personas a las que debo gratitud.

A mi maravillosa editora en HarperCollins, Emily Krump, por estar a mi lado durante este arduo proceso y defenderme con elegancia. Espero que, ahora que la revisión está por fin terminada, podrás sentir el orgullo de haber participado en este proyecto increíblemente complicado. Y a los magos del departamento de producción, Heather Finn y Susan Kosko, por seguir todas mis instrucciones para asegurarnos de que este libro vuelve a ser lo más atractivo y fácil de usar posible.

A mi agente literario, Joy Harris, que ha estado conmigo desde el principio, durante veinte años, así como para su asombroso compañero de delitos, Adam Reed, quien me salvó de mí misma cuando acababa de tener una crisis nerviosa al intentar convertir mi manuscrito original en algo que pudiera revisar en mi Mac. Nunca deja de sorprenderme con lo profesional y receptivo que es ante mis preguntas. Nunca he trabajado con nadie más que me conteste por correo electrónico incluso antes de cliquear en el botón de «Enviar».

A los numerosos médicos, profesionales de la salud y profesores que son responsables de una parte de este libro, incluidos Vivien Webb Hanson, doctora en Medicina, Joan Helmich, Lee Hickok, doctor en Medicina, Patricia Kato, doctora en Medicina, Nancy Kenney, doctora en Filosofía, Miriam Labbok, doctora en Medicina, Chris Leininger, doctor en Medicina, Mark Perloe, doctor en Medicina, Molly Pessl, Suzanne Poppema, doctora en Medicina, y especialmente Rebecca Wynsome, doctora en Naturopatía, a quien me gustaría destacar por ser especialmente útil en este proyecto y por proporcionar una experiencia profesional muy valiosa. Y a Thomas W. Hilgers, doctor en Medicina, por sus contribuciones sin igual a este campo, y por su asistencia mientras navegaba por el mundo habitualmente confuso de la salud reproductiva.

A mis ilustradores médicos, Kate Sweeney y Christine Shafner, por sus bonitas ilustraciones. Y a mi ilustradora gráfica, Rosy Aronson, por su bello trabajo gráfico, incluida la mujer embarazada del epílogo. Su actitud increíblemente positiva permitió que trabajar con ella fuera un placer. Y a Sheila Metcalf Tobin, la artista de los adorables dibujos de la vulva y el punto G del epílogo, por ilustrar con belleza lo únicos que son los cuerpos de las mujeres.

A mi fotógrafo médico, Frankie Collins, que tuvo la disposición perfecta para estar disponible cada vez que un modelo cervical telefoneaba para informarle de que su fluido cervical estaba en la fase correcta para ser fotografiado.

A la mujer que llegué a elegir por su cuello del útero increíblemente fotogénico, Deanna Hope, que estaba tan orgullosa de su contribución al conocimiento femenino que quiso ser mencionada por su nombre.

A mi increíble asistente por la primera edición revisada, Cricky Kavanaugh, mi regalo de los dioses, cuya inteligencia, ingenuidad y atención a los detalles fueron sobrepasados sólo por su calor y maravilloso sentido del humor. Me sentí privilegiada porque llegara a mi vida, y aunque ha cambiado de lugar de residencia, espero tener la alegría de volver a trabajar con ella. Independientemente de eso, espero que su joven hija Clara aprecie algún día las numerosas contribuciones que su especial madre hizo al libro.

A los diversos internos universitarios que tuve y que me ayudaron a mantener un aspecto saludable mientras trabajaba en esta revisión, incluyendo a Amy Cronin, Maddie Cunningham, Olivia Eisner, Alana Macy, Anna Rourke y Lisa Taylor-Swanson. Y a Ruby Booras, a quien quería distinguir por ayudarme a encontrar el nombre perfecto para sustituir un término más bien tosco en el capítulo de la sexualidad.

A Sheila Cory, Robin Bennett, Kim Aronson y Ana Carolina Vaz, que me rescataron cuando vieron que tenía un aspecto extraño. ¿De verdad era tan evidente?

A Sarah Bly, que me dio la idea de la «onda fértil». Y a Michal Schonbrun, Ilene Richman, Katie Singer, Geraldine Matus y Megan Lalonde, que también han contribuido inmensamente a la diseminación del Método de Conciencia de la Fertilidad en la cultura dominante. Y a una nueva generación de excelentes instructores de la conciencia de fertilidad, que están avanzando apasionadamente, incluidas Colleen Flowers, Kati Bicknell y Hannah Ransom.

A Kelly Andrews, Ethan Lynette, Suzanne Munson, Sarah Donman, Whitney Palmertor, Lester Meeks y Jake Harsoch, con quienes he tenido el lujo de trabajar. Gracias por recibirme tan calurosamente.

A las decenas de clientes y lectores que siguen llenando mi archivo de «Gracias» con sus conmovedoras cartas de gratitud por la forma en la que mi libro parece haber cambiado su vida. Ésta es la clase de agradecimiento que me anima cuando de vez en cuando me siento descorazonada por una comunidad médica que no ha asimilado totalmente la validez científica y los interminables beneficios del Método de Conciencia de la Fertilidad. Y a aquellos que dedicaron tiempo a escribirme las cartas más elocuentes y sensibles que expresan cómo influyó el libro en su vida hasta el punto de cambiar su carrera, especialmente a Alyssa Mayer por obtener su doctorado en la especialidad de Salud Pública.

A mis queridos amigos que fueron testigos de que pasé de ser una persona bastante gregaria y amistosa a una ermitaña que raramente salía a tomar el aire mientras trabajaba en esta edición. Me ayudasteis a mantener la perspectiva cuando me preguntaba si volvería a tener una vida de nuevo. Especialmente Aud, Cath, Susan y Sandy.

A Roger, quien, más que nadie, ha tenido que elevar mi moral cuando yo pensaba que nunca llegaría el final, y que sacrificó su espacio personal negociando en torno a montones de estudios de investigación, todo tipo de ilustraciones sobre la salud de las mujeres y copias del manuscrito corregido, sólo para comer en la barra de la cocina pan cortado, para no alterar los montones codificados por colores. Sin su apoyo durante meses y meses, hasta el final –demonios, a quién estoy engañando, años al final–, nunca podría haber completado este libro. Por ello, gracias, gracias y gracias.

A mis dos hermanos mayores, Lawrence Weschler, cuyos notables logros literarios me dieron la inspiración para escribir este libro, y Robert Weschler, por ser mi abogado del diablo que me mantuvo siempre alerta.

Por último, y más importante, a mi hermano menor, Raymond, sin quien no habría podido escribir este libro. Y aunque a menudo nos arrepentimos del día en que empezamos a trabajar juntos en este abrumador proyecto hace veinte años, fue un editor, investigador y organizador indispensable, además de una fuente interminable de buen juicio y apoyo moral durante todo el proyecto. La verdad es que hablamos sobre compartir la autoría, pero él insistió en que el libro surgió de mi pasión y mis experiencias, no de las suyas, y en definitiva, estaba escrito con mi voz. Tal vez, pero dicha sea la verdad, Raymond fue mi coautor. Le estoy eternamente agradecida por todo lo que ha hecho, y especialmente por aceptar de nuevo trabajar conmigo en esta última edición. Al hacerlo, demostró que, a pesar de todos los problemas que nos dábamos el uno al otro, algunos hermanos pueden hacer cosas que ningún consejero familiar podría considerar posible.

Prefacio a la edición del 20.º aniversario

Cuando escribí *Tu fertilidad*, hace veinte años, las mujeres rara vez habían oído el concepto de reflejar en una gráfica sus ciclos menstruales. La idea de que pudieran utilizar la información que extrajeran de las gráficas para poner en práctica un método natural eficaz, maximizar sus probabilidades de quedarse embarazadas, y por último hacerse cargo de su salud ginecológica y sexual les era totalmente extraño. Por ello, mi objetivo era originar un movimiento fundamentado en mujeres frustradas con la falta de información práctica enseñada sobre sus cuerpos. Como yo había esperado, el material contenido en estas páginas caló hondo en cientos de miles de mujeres.

En los años posteriores a la primera publicación de *Tu fertilidad*, me he quedado sorprendida por las efusivas reacciones que las mujeres han tenido hacia el libro. Muchas lectoras me han escrito personalmente para decirme cómo esta información cambió sus vidas: estaban increíblemente estimuladas y animadas, pero también a menudo frustradas porque esta información no se compartiera en el colegio ni durante las visitas al médico.

Esto constituye una clave importante para entender el libro. Enseñando conocimientos prácticos sobre los ciclos menstruales de las mujeres, podía parecer que yo estaba denigrando a los médicos. Así que debo dar una explicación: partiendo de las evidentes exigencias de responsabilidad a los médicos, así como el tiempo limitado que pueden estar con sus pacientes, sería imposible para cualquier doctor conocer los detalles íntimos de tu ciclo, y eso es especialmente cierto si tú misma no los conoces. *Tu fertilidad* trata en gran parte sobre aprender a abogar por ti misma de forma que puedas trabajar con tu médico, porque, en su núcleo más íntimo, este libro se centra en la idea de que el conocimiento es poder.

Es también importante tener en cuenta que *Tu fertilidad* se ha escrito para mujeres con diferentes objetivos: las que quieren evitar el embarazo y las que quieren quedarse embarazadas. Debido a esto, el libro está estructurado para leer ambas cosas en conjunto y como capítulos individuales, cuando surge una situación o necesidad. A consecuencia de esto, tal vez descubras que se repite alguna información clave. Esto sirve para destacar la importancia de estos temas, pero también para asegurarse de que los lectores están totalmente informados, aunque sólo utilicen una parte del texto. En última instancia, la capacidad para entender tus problemas reproductivos y ginecológicos a lo largo de tu vida es realmente fortalecedor.

Espero que, aunque hayas leído una edición anterior de este libro, ahora te beneficies de esta nueva edición del 20.º aniversario de *Tu fertilidad*. En términos generales, los ciclos de las mujeres han permanecido iguales durante el tiempo, pero nuestro conocimiento de la biología subyacente ha seguido mejorando. Por tanto, aquellos que ya tengan una versión anterior, encontrarán numerosos añadidos y modificaciones, que incluyen:

- Dieciséis páginas a color («Los tres síntomas principales de fertilidad», «Variantes saludables del fluido cervical», «La belleza de la biología reproductiva», «La ovulación en contexto…», «… Y cómo la conciencia de la fertilidad te ayuda a seguirla», «Endometriosis», «Sistema ovárico poliquístico», «Fibroides», «Identificando las fuentes del sangrado inusual», «Encontrando el escurridizo punto G», «El picante de la vida: Variantes en la anatomía humana», «Gráfica de control de la natalidad», «Gráfica de embarazo», «"¿De dónde vengo?". Una nueva perspectiva de una cuestión intemporal»)
- Mejores gráficas de fertilidad
- Un capítulo revisado y actualizado sobre los avances que tienen lugar en las tecnologías reproductivas asistidas
- Un capítulo sobre la sexualidad más detallado para ti y tu pareja
- Seis nuevos capítulos:

  - «Tres condiciones prevalentes que deberían conocer todas las mujeres»
  - «Procedimientos naturales para equilibrar las hormonas»
  - «Ahora que ya lo sabes: Conservar tu fertilidad *futura*»
  - «Tratando los abortos espontáneos»
  - «Infertilidad idiopática: Algunas posibles causas cuando no se sabe el motivo»
  - «Causas de sangrado inusual»

La forma en que las mujeres aprenden sobre sus cuerpos y llevan una gráfica con sus ciclos sigue evolucionando, igual que nuestro conocimiento biológico y nuestra tecnología reproductora. Y así, con esta última edición de *Tu fertilidad*, espero cubrir estos cambios para que cada nueva generación de mujeres siga estando mejor formada, sea más autoconsciente y simplemente más conocedora de sus ciclos que la generación anterior.

Para más información, fórums y la aplicación de las gráficas de *Tu fertilidad*, por favor, visita www.tcoyf.com

TONI WESCHLER, máster en Salud Pública

INTRODUCCIÓN

Todavía siento vergüenza cuando recuerdo mis años de universidad y lo que irónicamente me llevó a dedicarme al ámbito de la educación sobre la fertilidad. No puedo recordar el número de veces que corrí hacia la consulta del ginecólogo con lo que pensaba que era una infección vaginal. La mayoría de las mujeres estarán de acuerdo en que, independientemente de las veces en que les hicieran un examen pélvico, la experiencia solía ser una lata y a veces incluso traumática. No obstante, recuerdo volver, seguro que cada mes, con el mismo posible problema. Como es usual, me enviaban a casa con una afirmación poco satisfactoria de que «en realidad no hay nada ahí». Entonces me marchaba, sintiendo ser una hipocondríaca, sólo para volver resignadamente cuando tenía lo que parecían ser los síntomas de otra infección.

Junto con mi frustración con este problema recurrente estaban los inevitables efectos secundarios de los diversos métodos anticonceptivos que probaba. Si no sufría aumento de peso y dolores de cabeza causados por la píldora, tenía que sufrir infecciones del tracto urinario provocadas por el diafragma o irritación por la esponja anticonceptiva. Cada vez que preguntaba al ginecólogo sobre una alternativa natural y eficaz a la deprimente selección de métodos de control de la natalidad disponibles, me informaba cínicamente de que el único procedimiento «natural» era el método Ogino, y todo el mundo sabía que no funcionaba. Así que todo volvía a empezar, pareciendo tener infecciones todo el tiempo y sin un método anticonceptivo aceptable.

No fue hasta años más tarde, cuando asistí a una clase llamada Conciencia de la Fertilidad, cuando me di cuenta de que había estado totalmente sana todo ese tiempo. Lo que yo había percibido como infecciones era en realidad fluido cervical normal, uno de los síntomas saludables de fertilidad que todas las mujeres experimentan cuando se acerca la ovulación. Pero como conversar sobre nuestras secreciones vaginales difícilmente es un tema típico de charla social, no tenía ni idea de que mis experiencias fueran normales, universales y –tal vez lo más importante– cíclicas.

Debido a una educación sobre salud errónea e inadecuada, a las mujeres raramente se les enseñaba a distinguir entre los síntomas normales de fluido cervical saludable producidos en cada ciclo y los síntomas de una infección vaginal. ¿Cuáles son las consecuencias de esa omisión tan básica en nuestra educación? Además de los gastos, problemas y ansiedades que las mujeres experimentan a menudo, esa ignorancia puede generar un bajón en la autoestima y confusión sobre sexualidad.

Mis experiencias ginecológicas negativas me llevaron gradualmente a un interés por la salud de las mujeres que se convirtió en una verdadera pasión. Fue esa pasión la que me incitó a pasar una entrevista para un empleo como educadora de salud en una clínica para mujeres, una experiencia desastrosa que posteriormente supuso el catalizador final para mi decisión de tomar la educación para la fertilidad como carrera profesional.

Mientras estaba sentada en la sala de espera, anticipando mi entrevista con la directora de la clínica, mis ojos vagaron, posándose en la tan conocida parafernalia de todas las clínicas para mujeres: pósteres advirtiendo contra la difusión de las infecciones de transmisión sexual, gráficas comparando los métodos de control de la natalidad (con sus efectos secundarios intrínsecos y los riesgos en letra pequeña) y modelos de plástico del sistema reproductivo femenino.

De repente caí en la cuenta de la futilidad de mi situación. Ahí estaba yo, intentando ser una educadora de salud en una clínica para mujeres, sin ninguna experiencia en este campo. ¿Qué pensaba? Mientras me movía nerviosamente, observé un folleto de las clases sobre el Método de Conciencia de la Fertilidad que estaba disponible en la clínica. No podía creer que esta clínica supuestamente prestigiosa pareciera enseñar el desacreditado método Ogino. Me encontraba en un dilema. ¿Debería arriesgarme a perder este ansiado empleo expresando mi desaliento, o debería mantener la boca cerrada para conseguir el trabajo?

Al final, me habría sentido mal si no hubiese dicho nada. Mi corazón latió incontroladamente cuando la directora de la clínica pronunció mi nombre. Estaba bajo presión. La directora fue cordial, pero apenas le di un momento para que se presentase antes de decir:

—No entiendo por qué enseñan aquí el método Ogino. ¡Todo el mundo sabe que no funciona!

—Vaya. ¿Que enseñamos qué? –preguntó con una evidente sensación de sorpresa.

—He visto su panfleto sobre el Método de Conciencia de la Fertilidad. ¿No es lo mismo? –balbuceé tímidamente.

Ella parecía estar un poco irritada y contestó:

—En realidad, Toni, tu falta de conocimiento sobre una faceta tan importante de la salud de la mujer no encajaría bien en nuestra clínica.

No es necesario decir que no obtuve el trabajo. Pero esa experiencia vergonzosa de hace años ayudó a transformar mi perspectiva sobre el cuidado de la salud de las mujeres. Después de tragarme mi orgullo, asistí a la clase de la clínica sobre concienciación de la fertilidad, y quedé asombrada. Lo que aprendí es que no sólo me era posible tener el control de mis ciclos, sino que ya no tenía por qué sentirme insegura sobre diversas secreciones, dolores y síntomas. Por fin podía entender los sutiles cambios que experimentaba cada mes. Podía situar mi ciclo menstrual en el contexto de mi salud general, fisiológica y psicológica. ¿Y lo mejor de todo? No más viajes innecesarios a la consulta del ginecólogo.

Con tan sólo un par de minutos al día pude utilizar un método altamente eficaz de control de la natalidad natural en el que podía determinar con precisión los días de mi ciclo en que era potencialmente fértil. Por otro lado, si quería quedarme embarazada, podía evitar el juego de las adivinanzas al que juegan muchas parejas aprendiendo exactamente cuándo programar las relaciones sexuales. También pude identificar problemas por mí misma que podían potencialmente impedir quedar embarazada. Y tú también puedes.

Probablemente, lo mejor de mis años utilizando el Método de Conciencia de la Fertilidad fue el privilegio que sentía al saber tanto sobre una parte fundamental de ser una mujer. Ya no puse en duda cuándo tendría mi período menstrual. Lo sabía siempre (incluyendo cuándo tendría el que fuera el último de mi vida). Supe qué esperar física y emocionalmente en las distintas fases de mi ciclo. También gané confianza de una forma que quedó reflejada en otros ámbitos de mi vida.

Tu ciclo menstrual no es algo que deberías encubrir como si fuera un misterio. Para cuando te aproximes al final de este libro, espero que tú también experimentes la liberación de sentir que controlas tu cuerpo. Más allá de su valor práctico al darte las herramientas para evitar o lograr el embarazo de forma natural, y de tomar el control de tu salud ginecológica, esta información sobre tu ciclo y tu cuerpo te empoderará con numerosas facetas de autoconocimiento que te tienes bien merecidas.

PARTE 1

ABRIENDO CAMINOS PARA LA FERTILIDAD: HACIA UNA NUEVA FORMA DE PENSAR

CONCIENCIA DE LA FERTILIDAD:
LO QUE DEBERÍAS SABER Y POR QUÉ
PROBABLEMENTE NO LO SEPAS

1

¿Cuántas veces has oído decir que el ciclo menstrual debería ser de 28 días y que la ovulación suele tener lugar el día 14? Esto es un mito, puro y simple. Y sin embargo está tan rutinariamente aceptado que, lamentablemente, es el responsable de innumerables embarazos no planificados. Además, lo evitan muchas parejas que esperan un embarazo. Gran parte de esta falacia es un legado del obsoleto método de Ogino, que erróneamente supone que las mujeres tienen ciclos que, si no son de exactamente 28 días, son fiablemente constantes en el tiempo. El resultado es que no es más que una predicción estadística con puntos débiles que utiliza una fórmula matemática basada en la media de los ciclos *pasados* para predecir la fertilidad *futura*.

En realidad, los ciclos varían entre mujer y mujer, y a menudo también en cada mujer. Sin embargo, recuerda que la duración habitual de los ciclos normalmente es de 21 a 35 días. El mito del día 14 puede afectar a las personas de las formas más asombrosas, tal como puedes ver en esta historia que unos clientes míos religiosos me contaron hace décadas:

Ilene y Mick eran vírgenes cuando se casaron el 21 de mayo. Querían tener una familia poco después de su boda, por lo que tenían un seguro médico para los dos que comenzaba el 15 de mayo. Cuando descubrieron que Ilene se había quedado embarazada en su luna de miel, se mostraron muy agradablemente sorprendidos de que ocurriera tan pronto. Imagina su asombro cuando la compañía de seguros se negó a cubrir el embarazo y el parto, basándose en el hecho de que, puesto que ella tuvo su último período el 19 de abril, debió haberse quedado embarazada unas tres semanas antes de la boda.

«Eso es imposible –insistió ella–. Nosotros éramos vírgenes hasta el día de nuestra boda». Ella intentó explicarles que sus ciclos se habían convertido en muy largos e irregulares desde que empezó a salir a correr y a hacer dieta para ser una «novia fotogénica».

La compañía de seguros no había oído nada sobre el tema. Se atuvieron a la frecuentemente utilizada rueda del embarazo, el dispositivo calculador en que se basan los médicos para determinar el día del parto de una mujer (reflejado en el epílogo, página 405). Se basa en el presupuesto de que la ovulación siempre tiene lugar el día 14. Ilene se lamentó: «Estábamos hundidos. ¿Cómo se puede demostrar la virginidad en un juicio? ¿Y por qué tiene que ser asunto de cualquier otra persona?».

No es necesario decir que el mito del día 14 tuvo consecuencias muy costosas para Ilene y Mick. El único consuelo que tuvieron de su experiencia fue el hecho de que su hijo nació justo cuando esperaban, tres semanas después de la fecha prevista por la compañía. Por él, en palabras de Ilene, «valieron la pena todos los problemas generados».

Afortunadamente, con los avances en nuestra comprensión de la reproducción humana, ahora tenemos un método altamente seguro y eficaz de identificación de la fase fértil de la mujer: el Método de Conciencia de la Fertilidad. La conciencia de la fertilidad es simplemente un método para entender la reproducción humana. Se basa en la observación y realización de gráficas de síntomas de fertilidad científicamente demostrados que determinan si una mujer es, o no, fértil un día específico. Los tres síntomas principales de la fertilidad son el fluido cervical, la temperatura al despertarse y la posición del cuello del útero (este último es un síntoma adicional que se limita a confirmar los dos primeros). El Método de Conciencia de la Fertilidad es un método empoderador para el control de la natalidad natural y para poderse quedar embarazada, además de una excelente herramienta para valorar problemas ginecológicos y entender tu cuerpo.

POR QUÉ EL MÉTODO DE CONCIENCIA DE LA FERTILIDAD NO ES MÁS CONOCIDO

Como has leído en la introducción, probablemente la mayor resistencia a la aceptación de este método ha sido su dudosa y falsa asociación con el método Ogino. Además, dado que los métodos anticonceptivos naturales suelen practicarse por parte de personas moralmente opuestas a los métodos artificiales, el Método de Conciencia de la Fertilidad tiende a ser mal percibido, como por ejemplo ser usado solamente por esos individuos. Pero, de hecho, las mujeres de todo el mundo se han sentido atraídas por el Método de Conciencia de la Fertilidad simplemente porque está libre de los productos químicos asociados con métodos hormonales como la píldora. Igualmente importante es que minimiza la frecuencia con la que tendrías que elegir métodos preventivos que son desagradables, poco prácticos o carentes de espontaneidad. Muchas de estas personas tienden a orientarse hacia una vida natural y consciente de la salud de otras maneras, además de tomar el control de su fertilidad y reproducción.

Es cierto que muchas personas religiosas han descubierto los beneficios de la conciencia de la fertilidad, aunque pueden practicar técnicamente la planificación familiar natural. La principal diferencia entre el Método de Conciencia de la Fertilidad y la planificación familiar natural es que quienes utilizan esta última deciden abstenerse en lugar de utilizar métodos anticonceptivos de barrera durante la fase fértil de la mujer. Pero, independientemente de los distintos valores que a menudo dividen a los usuarios de uno y otro método, todos se ven impulsados por el deseo de contar con un método natural de anticoncepción eficaz.

Ausencia visible del Método de Conciencia de la Fertilidad en las escuelas de medicina

Aun así, si el Método de Conciencia de la Fertilidad tiene numerosos beneficios, como método anticonceptivo y como ayuda para quedarse embarazada, ¿por qué no se conoce mejor? Una de las razones más esenciales y más desconcertantes de la cual rara vez se oye hablar, es que a los médicos en muy raras ocasiones se les enseña una versión completa de este método científico en la escuela de medicina. Es asombroso pensar que las mujeres que practican el Método de Conciencia de la Fertilidad sepan más sobre su propia fertilidad que los ginecólogos, a los que se enseña para ser expertos en fisiología femenina.[1]

Hace años, cuando impartía clases en una clínica para mujeres, todo el personal, excepto una doctora, asistió a mi seminario para utilizar el Método de Conciencia de la Fertilidad como método anticonceptivo. Un día, la que no había asistido me llevó aparte y susurró:

—Toni, seré sincera contigo. No recomiendo a mis pacientes que asistan a tus clases.

—Vaya, ¿por qué haces eso? –pregunté con indiferencia, intentando no actuar sorprendida.

—Me quedé embarazada utilizando tu método y desde entonces no he confiado en él –contestó.

—¡Estás bromeando! ¿Recibiste una clase en algún sitio, y qué reglas utilizaste? –pregunté.

—¿A qué te refieres, qué reglas? –preguntó.

—Ya sabes…, ¿seguiste las reglas para la temperatura al despertarte y del fluido cervical, o sólo una de ellas?

---

1. Por esta razón he creado un enlace sobre Método de Conciencia de la Fertilidad, escrito por profesionales de la medicina. Puedes encontrarlo en mi página web, en www.tcoyf.com

Ella me miró totalmente confusa, como si no supiera lo que yo le estaba preguntando. Fue enton-ces cuando me di cuenta de lo extendida que está la ignorancia sobre la conciencia de la fertilidad en la comunidad médica. Incluso entre muchos médicos, me di cuenta, la conciencia de la fertili-dad aún conlleva examinar ciclos pasados para predecir la fertilidad futura.

Lo especialmente destacable sobre la evidente omisión de la educación sobre la conciencia de la fertilidad del currículo médico escolar es el hecho de que la eficacia de los métodos se basa en principios puramente biológicos, todos explicados detenidamente en el capítulo 4. Incluyen las funciones de numerosas hormonas, como la hormona folículo-estimulante, el estrógeno, la hormona luteinizante y la progesterona, todo lo cual se ha demostrado científicamente. Y, dado que el Método de Conciencia de la Fertilidad es útil no sólo para controlar la natalidad y que-darse embarazada, sino para promover la salud ginecológica en general, es aún más sorprenden-te que esta información no forme parte de una educación médica completa.

Sin duda, el Método de Conciencia de la Fertilidad puede ser una ayuda vital para los médicos y sus pacientes al diagnosticar una serie de problemas, incluidos:

- La anovulación (falta de ovulación)
- Ovulación tardía
- Fases lúteas breves (la fase posterior a la ovulación)
- Fluido cervical no fértil
- Desequilibrios hormonales (como por ejemplo el síndrome del ovario poliquístico)
- Niveles insuficientes de progesterona
- Aparición de abortos espontáneos

Otra ventaja de los síntomas observados en las gráficas de fertilidad es que facilita el diagnóstico de los problemas ginecológicos. Las mujeres que emplean las gráficas son tan conscientes de lo que es normal para ellas que pueden ayudar a su médico a detectar irregularidades basándose en sus propios ciclos. Entre los ejemplos de posibles problemas ginecológicos que pueden diagnos-ticarse más fácilmente mediante las gráficas diarias se incluyen:

- Sangrado irregular o inusual
- Infecciones vaginales
- Infecciones del tracto urinario
- Anomalías en el cuello del útero
- Bultos en el pecho
- Síndrome premenstrual
- Fecha de la concepción mal calculada

Al no enseñárseles el Método de Conciencia de la Fertilidad, a los médicos se les niega una herramienta excelente con la que podrían aconsejar mejor a sus pacientes. Además, esto puede dar lugar a pruebas innecesarias, invasivas y frecuentemente costosas para diagnosticar un problema menstrual evidente. Por supuesto, si a las mujeres se les enseñara cómo hacer una gráfica para sus problemas relacionados con la fertilidad, no necesitarían visitar a su médico con tanta frecuencia, y podrían evitarse cantidades sustanciales de procedimientos médicos innecesarios.

Como la lista anterior debió dejar claro, la realización de gráficas revelaría una gran cantidad de posibles problemas para el embarazo, desde que la mujer no ovula hasta que simplemente no produce el fluido cervical necesario para la concepción. Puede incluso mostrar que esta mujer se queda embarazada constantemente, pero que ha tenido repetidos abortos espontáneos de los cuales ni ella ni su médico se han enterado. Y para quienes buscan evitar el embarazo, la elaboración de gráficas elimina la ansiedad que muchos sienten cuando salen corriendo hacia la tienda o a la consulta de su ginecólogo para obtener pruebas de embarazo costosas e incómodas. Las mujeres que elaboran gráficas saben si están embarazadas simplemente observando su temperatura al despertarse, de este modo pueden eliminar la duda recurrente mientras esperan la llegada de un «período tardío».

Política, beneficios y anticonceptivos naturales

Otra razón por la que este método no es más conocido o promovido como anticonceptivo es que no resulta beneficioso para los médicos o las compañías farmacéuticas como los que producen métodos hormonales como la píldora o el diu. En otras palabras, más allá de la inversión inicial en un termómetro, o tal vez un libro, una clase o una aplicación, no hay más gastos a la hora de utilizar el Método de Conciencia de la Fertilidad. Podemos comparar esto con el coste de la píldora, por ejemplo, que es de al menos varios cientos de euros anuales.

Partiendo del beneficio de tantos otros métodos anticonceptivos, ¿es de extrañar que el Método de Conciencia de la Fertilidad no sea promovido de forma más entusiasta por la comunidad médica? No es un secreto que se gastan grandes sumas de dinero para presentar la píldora como una panacea anticonceptiva, pero lo que suele pasarse por alto es el sesgo con el que varias compañías farmacéuticas distorsionan la eficacia y validez de otros métodos de control de la natalidad, especialmente la conciencia de la fertilidad.

La literatura especializada que resume los diversos anticonceptivos para su consumo público está constantemente llena de descaradas imprecisiones, como un panfleto titulado «Anticoncepción: La decisión es tuya», que afirma que «la planificación familiar natural se basa en el hecho de que la fertilización es más probable que tenga lugar antes, durante y justamente después de la ovulación». Esto tiene sentido, excepto por el detalle menor de que la fertilización no puede tener lugar sin estar presente un óvulo, por lo que sería un gran logro que tuviera lugar la fertilización antes de que se libere el óvulo.

Por supuesto, más importante que ninguna representación individual falsa es el modo en que se describen el Método de Conciencia de la Fertilización y la planificación familiar natural. Este panfleto en concreto era típico en que su titular «Planificación familiar natural» estaba seguido por una supuesta clarificación en paréntesis, que, como podrías suponer, era solamente «el método Ogino».

Aparte del control de natalidad, es también bastante evidente que para las personas y compañías implicadas en proporcionar los tratamientos reproductivos de alta tecnología que han dado esperanza a muchos, hay poco incentivo en promover un sistema prácticamente gratis de conocimiento que podría obviar la necesidad de sus servicios. Aunque estas tecnologías de reproducción suelen ser una necesidad evidente, a lo largo de este libro aprenderás por qué no son necesarias para muchas parejas, cuando la educación por sí sola puede ayudarles a conseguir sus sueños.

El lenguaje de lo «agradable»

Por último, el Método de Conciencia de la Fertilidad no es más conocido porque sufre el infortunio de ser un método al que muchos, especialmente en los medios, se refieren como «desagradable». ¿Por qué ocurre esto?

> *Teníamos un médico en las noticias de Seattle que ofrecía historias médicas cada semana. Me aproximé a él para hablar sobre la posibilidad de hacer una presentación del Método de Conciencia de la Fertilidad una serie de veces a lo largo de los años, pero él era siempre evasivo mientras seguía creyendo sinceramente que el método era eficaz. Nunca pude entender por qué creía que no sería adecuado para las noticias, hasta que por fin admitió que pensaba que el tema era simplemente desagradable para el público en general.*
>
> *Tal vez su preocupación consistía en el término utilizado por uno de los tres síntomas de fertilidad: «moco cervical». Tal vez si se pudiera referir a él como algo menos gráfico, lo consideraría adecuado para las noticias de la noche. Poco después de escribirle con la sugerencia de utilizar la expresión «fluido cervical» en su lugar, me llamó para decirme que el cambio en el vocabulario era simplemente la modificación necesaria para hacer el Método de Conciencia de la Fertilidad aceptable para las noticias. En unas semanas, dirigió una historia informativa sobre la conciencia de la fertilidad.*

Necesité esa experiencia para ser consciente de lo poderoso que puede ser el lenguaje en la aceptación del Método de Conciencia de la Fertilidad. Desde aquellas noticias de hace años, he descubierto que la gente presta más atención y se muestra más interesada por el Método de Conciencia de la Fertilidad cuando se utiliza el término más neutro «fluido cervical», en lugar de «moco cervical». Tal vez la mayor aceptabilidad de esa terminología sea menos desconcertante si tienes en cuenta que el fluido cervical femenino es parecido al fluido seminal masculino. Nunca hablaríamos del fluido seminal como moco seminal, y no obstante, el propósito del fluido en el hombre y la mujer es comparable: nutrir y proporcionar un medio en el que los espermatozoides puedan viajar.

Por supuesto, los medios de comunicación son extensiones de nuestra cultura, y tienden a promover una visión medicalizada y poco realista de los procesos físicos humanos. Sin embargo, el propósito del Método de Conciencia de la Fertilidad consiste en informar a la gente sobre un conocimiento claro y empoderador de sus funciones corporales. De este modo, si acuñar una expresión como «fluido cervical» facilita la tarea, hagámoslo así.

POR QUÉ ALGUNOS MÉDICOS FAMILIARIZADOS CON EL MÉTODO DE CONCIENCIA DE LA FERTILIDAD NO INFORMAN A SUS PACIENTES

Muchos médicos saben que el Método de Conciencia de la Fertilidad es un método natural y científicamente validado de control anticonceptivo eficaz, para lograr quedarse embarazada y tener conciencia de la salud, pero aun así pueden citar varias razones por las que no lo recomiendan a sus pacientes. Algunos dicen que a las mujeres no se molestarán en aprenderlo porque es complicado y difícil de usar, requiere una inteligencia elevada para aplicarlo, y se necesita demasiado tiempo para aprender y practicarlo. Pero, para la inmensa mayoría de las mujeres, creo que esas afirmaciones simplemente no son válidas.

En realidad, el Método de Conciencia de la Fertilidad es bastante simple, una vez que aprendes sus principios básicos. (La mayoría podrá aprender esos principios en este libro. Otros pueden preferir un curso en el que un instructor colegiado puede enseñarlo normalmente en varias sesiones). El método no es distinto de muchas habilidades de nuestra vida, como aprender a conducir un coche. Al principio puede parecer intimidante, hasta que un poco de práctica te ofrece la confianza que necesitas.

Algunos médicos pueden creer de verdad que las mujeres no son suficientemente inteligentes para entender y asimilar la información enseñada en las clases sobre el Método de Conciencia de la Fertilidad. Aunque considero esto desalentador al principio, entiendo por qué lo creen. Es cierto que la gente atraída por el Método de Conciencia de la Fertilidad tiende a estar bastante formada. Sin embargo, creo que esto es más una cuestión de la forma en que la gente lo aprende al principio, en lugar de la inteligencia inherente necesaria para utilizarla. A menudo se necesita una persona muy motivada para buscar información sobre un tema que, hasta hace poco, ha estado reservado para los pocos con suficientes recursos para investigar sobre el tema.

Yo personalmente he enseñado el Método para la Conciencia de la Fertilidad a más de 1500 clientes, y puedo asegurar que prácticamente todas las mujeres pueden internalizar el método y sus fundamentos biológicos en unas horas. También sospecho que pocas de ellas se sienten agobiadas con el par de minutos diarios necesarios para aplicarlo.

En defensa de los médicos

Lo dicho anteriormente no pretende ser una diatriba contra la comunidad médica. De hecho, creo que la mayoría de los médicos son verdaderamente sensibles y personas cariñosas que quieren de verdad empoderar a sus pacientes con el conocimiento necesario para ser sanos y fuertes.

Sin embargo, en un sector en el que cada vez hay más alta tecnología, muchos médicos pueden mostrarse escépticos ante el Método de Conciencia de la Fertilidad, precisamente *porque* es muy ajeno a la tecnología. De hecho, si acaso, pueden creer que no son suficientemente activos en el cuidado de sus pacientes si no prescriben fármacos o diversos procedimientos. Y, tal vez lo más importante, los clínicos no tienen el tiempo necesario para explicar el método en una típica visita a la consulta, y por eso pocas mujeres llegan a aprenderlo.

En última instancia, tiene lugar un ciclo perpetuo de ignorancia, porque incluso esos médicos que apoyan especialmente a las mujeres a tomar el control de su propia salud reproductora, no pueden ser tan eficaces como les gustaría ser si sus pacientes no elaborasen gráficas. En efecto, los beneficios del Método de Conciencia de la Fertilidad no pueden convertirse en algo común en la relación médico-paciente hasta que más mujeres pongan de su parte para describir sus ciclos mediante gráficas.

TOMANDO EL CONTROL DE TU SALUD REPRODUCTIVA

2

Durante cada ciclo, el cuerpo de la mujer se prepara para un posible embarazo, con la evidente ansiedad de quienes no queremos quedarnos embarazadas. Pero es realmente fértil sólo unos cuantos días por ciclo, en torno a la ovulación (cuando se libera el óvulo). La forma sólo práctica, no invasiva, de identificar con confianza ese período fértil es observando la temperatura de la mujer estando despierta y el fluido cervical, así como el síntoma opcional de la posición cervical. Representando en una gráfica estos síntomas primarios de fertilidad, una mujer puede decir día tras día si es capaz de quedarse embarazada en cualquier día determinado. Y, puesto que el día real de la ovulación puede variar de ciclo a ciclo, la determinación de esos pocos días en torno a la ovulación es crucial, y en eso consiste el valor del Método de Conciencia de la Fertilidad.

LA POLÍTICA DEL CONTROL DE LA NATALIDAD NATURAL

Queremos razones mucho mejores para tener hijos que no saber cómo evitarlos.

DORA RUSSELL

¿Por qué hay tantas mujeres frustradas con el estado de los anticonceptivos actualmente? ¿Por qué está la gran mayoría del control de la natalidad diseñada para que la usen las mujeres, aunque son los hombres los que son fértiles todos los días? ¿No tendría más sentido desarrollar el control de la natalidad para el género que es más fértil? Veamos la siguiente tabla:

31

MÉTODOS DE CONTROL DE LA NATALIDAD DISPONIBLES ACTUALMENTE	
(enumerados en un orden aproximado del más al menos invasivo)	
Para las mujeres	Para los hombres
Ligadura de trompas	Vasectomía
Diu (dispositivo intrauterino)	Condón
Implante anticonceptivo	Abstinencia
Inyección de estrógenos	
La píldora	
Anillo vaginal	
El parche	
El diafragma	
Condón femenino	
Capuchón cervical	
Esponja	
Supositorios	
Espermicidas	
Películas, espumas y geles	
Métodos naturales	

Dado que las mujeres son fértiles sólo unos cuantos días por ciclo, resulta irónico que sean las que se arriesguen a la amplia gama de efectos secundarios y consecuencias físicas del control de la natalidad. Entre ellos se incluyen los coágulos sanguíneos, los ictus, el cáncer de pecho, el sangrado irregular, la enfermedad inflamatoria pélvica severa o perforación uterina, los dolores menstruales, las infecciones del tracto urinario, la inflamación cervical y las reacciones alérgicas a los espermicidas o al látex, por nombrar sólo algunos. ¿Y para qué? Para protegerse de un hombre que produce millones de espermatozoides por hora.

Imagina la reacción de la mayoría de los hombres al siguiente anuncio:

UN NUEVO ANTICONCEPTIVO INTRAPENEAL

El último desarrollo en anticoncepción masculina se desveló recientemente en el Simposio de Cirugía de Mujeres Americanas. La doctora Sophia Merkin anunció los hallazgos preliminares de un estudio realizado en 763 estudiantes, que no saben que están haciendo de sujetos, en una gran universidad del medio oeste. En su informe, la doctora Merkin afirmó que el nuevo anticonceptivo –el IPD– ha sido una innovación en la anticoncepción masculina. Será comercializado con el nombre de marca de «Paraguas».

El IPD (dispositivo intrapeneal) se parece a un diminuto paraguas plegado que se inserta a través de la cabeza del pene en el escroto con un instrumento parecido a un desatascador. Ocasionalmente, puede haber perforación del escroto, pero se ha ignorado porque se sabe que el hombre tiene pocas terminaciones nerviosas en esa zona del cuerpo. La parte inferior del paraguas contiene un gel espermicida.

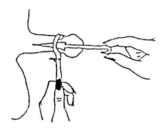

Experimentos en mil ballenas blancas de la plataforma continental (cuyo aparato sexual se dice que es el más parecido al del hombre) demostraron que Paraguas era un cien por cien eficaz en la labor de evitar la producción de esperma, y bastante satisfactoria para la ballena hembra porque no interfiere con el placer que siente cuando está en celo.

La doctora Merkin declaró que Paraguas es estadísticamente seguro para el varón humano. Informó que, de los 763 estudiantes graduados en los que se probó el dispositivo, sólo dos murieron de infección escrotal, tres desarrollaron cáncer de testículos y trece estaban demasiado deprimidos para tener una erección. Afirmó que las quejas más comunes iban desde los calambres y el sangrado hasta el dolor abdominal agudo. Ella insistió en que estos síntomas eran simplemente indicaciones de que el cuerpo del hombre aún no se había adaptado al dispositivo. Es de esperar que los síntomas desaparezcan en menos de un año.

Una complicación causada por el IPD fue la incidencia de infección escrotal masiva que requirió la eliminación quirúrgica de los testículos. «Pero ocurre raramente –dijo Merkin–, con demasiada poca frecuencia como para ser estadísticamente importante». Ella y otros miembros distinguidos del Colegio de Mujeres Cirujanas estuvieron de acuerdo en que los beneficios superaban el riesgo en el caso de cualquier varón.

© Escrito por BELITA H. COWAN. Reproducido con permiso
Ilustración de FRANKIE COLLINS

Aunque lo ofrecido es sólo una parodia, en realidad el conocido diu de Dalkon Shield hizo que muchas mujeres dejaran de ser fértiles al causarles enfermedad pélvica inflamatoria severa. Y es sólo un ejemplo de las pesadillas médicas a las que se han sometido muchas mujeres; la historia reciente revela innumerables procedimientos por los que los cuerpos de las mujeres y los de sus posibles hijos han sido expuestos a fármacos y procedimientos peligrosos.

Desde las tragedias causadas por la talidomida y el DES en la década de 1950 hasta las posteriores controversias sobre los efectos secundarios de Norplant y Depo-Provera, hemos visto una oleada interminable de revelaciones que ponen en cuestión el nivel de seguridad del que se informa a las pacientes. Más allá de la frecuente naturaleza dudosa de los fármacos que nos prescriben, anticonceptivos o de otro tipo, hemos sido testigos del angustioso uso de implantes de pecho. Además, al final fuimos conscientes del amplio uso excesivo de procedimientos médicos como cesáreas e histerectomías, que simplemente aumentaban la confusión de la mujer media (afortunadamente, algunos estudios recientes muestran que el número de histerectomías ha disminuido significativamente entre los diez y quince últimos años, pero el número total de cesáreas sigue siendo sospechosamente alto).

Que los hombres se sometan a todos los «inconvenientes» en realidad no es el problema. Partiendo de todas las mujeres que se han sometido a procedimientos similares, es natural que quieran tomar el control de sus propias necesidades médicas y reproductivas con los medios más eficaces y menos intrusivos que existan.

Por qué tienen lugar los embarazos no planeados

Recuerdo […] que una amiga describió su primera experiencia con un dispositivo anticonceptivo, que tiró por la ventana del baño del patio de la universidad. Ella nunca lo recuperó. Yo tampoco lo habría hecho.

ANNA QUINDLEN

Para entender la política del control de natalidad natural, debemos examinar la idea de los embarazos no deseados. ¿Por qué tienen lugar embarazos no deseados? Hay cuatro razones principales:[1]

1. La gente no utiliza métodos anticonceptivos porque «se deja llevar por el momento».
2. La gente no utiliza métodos anticonceptivos por ignorancia.
3. La gente no utiliza métodos anticonceptivos porque cree que ningún método es aceptable.
4. La gente usa métodos anticonceptivos, pero el método falla.

¿Cómo encaja el Método de Conciencia de la Fertilidad en el esquema anterior? Examinemos cada situación individualmente:

La gente no utiliza métodos anticonceptivos porque se deja llevar por el momento

Todos los métodos de barrera dejan a las personas vulnerables al tipo de pasión que los reduce a un desliz momentáneo en el juicio. ¿Quién entre nosotros no ha pensado alguna vez: «Oh, estoy segura de que ahora no soy fértil?». Sin embargo, cuando una mujer *sabe* que es fértil elimina las suposiciones. Tener mala suerte ya no es una excusa.

La gente no usa métodos anticonceptivos por ignorancia

Muchas mujeres serían más propensas a utilizar el control de natalidad si entendieran la probabilidad de quedar embarazadas en momentos concretos del ciclo. Hay tantos mitos sobre la fertilidad humana que no es de extrañar que haya tantos embarazos no deseados. Probablemente, el responsable del mayor número de embarazos no deseados es que la ovulación tiene lugar el día 14. De hecho, la ovulación puede tener lugar el día 14; o el día 10, el 18 o el 21. En otras palabras, la ovulación no es el evento sistemático que se supone que es. Pero la falacia del día 14 es tan prevalente que incluso los médicos lo perpetúan involuntariamente.

Si una pareja piensa que la mujer puede quedarse embarazada sólo el día 14, puede que tengan relaciones sin protección el día 13, y de nuevo el día 15. Algunas parejas pueden incluso

---

1. Con embarazos no deseados no me refiero a la desafortunada práctica de muchas chicas adolescentes solteras que se involucran en un patrón intencional de sexo sin protección, sin preocuparse por las consecuencias o porque de verdad quieren tener hijos. Este problema, tema del análisis sociológico intensivo y del debate público, va más allá del alcance de este libro. (Afortunadamente, la incidencia del embarazo en adolescentes ha disminuido considerablemente en Estados Unidos desde la década de 1990).

pensar que están siendo conservadoras si ponen una zona neutral de varios días a ambos lados del día 14. Pero si la mujer ovula el día 20, por ejemplo, incluso la abstinencia completa entre los días 11 y 17 no evitará un embarazo no deseado. La peligrosa ficción del día 14 es sólo un ejemplo de que la gente no está bien informada sobre la reproducción humana.

¿Qué hay sobre la incorrecta presuposición de que las mujeres no pueden quedarse embarazadas cuando tienen relaciones durante el período? Otra creencia muy común es que los espermatozoides pueden vivir sólo tres días. En realidad, pueden sobrevivir hasta cinco días si está presente el fluido cervical para la fertilidad. Si combinamos esta creencia con la de que la ovulación siempre tiene lugar el día 14, los resultados involuntarios son casi inevitables.

Éstos son sólo algunos de los conceptos erróneos que la gente tiene sobre la biología humana básica. Baste con decir que muchos embarazos no deseados ocurren porque la gente cree en ese tipo de falacias. Obviamente, la educación es clave para tratar este problema.

Gente que no usa métodos anticonceptivos porque creen que ningún método es aceptable

No es de extrañar que la mayoría crea que los anticonceptivos actuales se encuentran lejos de su ideal. Aparte de la esterilización, nuestras opciones incluyen un método que inunda el cuerpo de la mujer con hormonas antinaturales (la píldora y otros métodos hormonales artificiales) y puede elevar el riesgo de la mujer de padecer cáncer de pecho y osteoporosis (Depo-Provera), insertar un tubo de silicona del tamaño de una cerilla bajo la piel del brazo (Implanon), mantener el útero en un estado constante de inflamación, que a veces causa períodos dolorosos (el diu), llenar la vagina de la mujer con una cabeza de látex que segrega un espermicida peligroso durante al menos 24 horas después de la relación (el diafragma), pueden ser incómodos y causar anomalías cervicales (la cápsula cervical), destacar por causar infecciones vaginales (la esponja), cubrir por completo el clítoris de la mujer (el condón femenino) o colocar una vaina entre los dos individuos (el condón masculino).

¿Es de extrañar que tengan lugar embarazos no deseados, a partir de la elección de métodos que la gente percibe como únicas opciones? Con el Método de la Conciencia de la Fertilidad, las parejas pueden experimentar la libertad de una contracepción eficaz sin dispositivos, sustancias químicas o efectos secundarios durante la mayor parte del ciclo.

La gente usa métodos anticonceptivos, pero el método falla

Una de las opiniones más incendiarias que sostienen algunas personas es que, si una pareja tiene un embarazo no deseado, es culpa suya porque no tuvieron cuidado al usar el método anticonceptivo. A menudo no ocurre eso. De acuerdo con el Instituto Alan Guttmacher, un comité de expertos para investigar la población, aproximadamente la mitad de todas las mujeres estadounidenses que experimentan embarazos no deseados en realidad están utilizando anticonceptivos en el momento en que conciben. Muchos de esos fallos podían haberse evitado si las parejas entendieran mejor el ciclo menstrual de la mujer.

Este hecho es especialmente interesante porque muchos de los métodos de barrera anuncian «tasas de eficacia» a menudo en torno al 95 % o superior. Estas estadísticas son inherentemente engañosas, principalmente porque se basan en el falso presupuesto de que las mujeres pueden quedar embarazadas durante todo el ciclo menstrual, cuando en realidad una mujer puede quedar embarazada durante sólo la cuarta parte de un ciclo convencional. Si un método va a fallar, sólo va a hacerlo durante la breve fase fértil, cuando su cuerpo es incluso incapaz de concebir.

Dada esta información, la gente debería saber cuándo, durante el ciclo, tiene el potencial para fallar. Pueden entonces tomar decisiones bien formadas sobre si quieren abstenerse o duplicar los métodos de control anticonceptivo durante esa fase tan peligrosa, para reforzar la eficacia de los métodos. Por ejemplo, si una pareja normalmente utiliza el diafragma y sabe que la mujer será especialmente fértil un día concreto, podrían incrementar su eficacia utilizando también un condón.

Mujeres, hombres y responsabilidad de la anticoncepción

Un tema común en las conversaciones de las mujeres es la frustración que suelen sentir cuando se les ha endosado toda la carga del control de la natalidad. Una vez que se entiende que las mujeres son fértiles sólo una fracción del tiempo que lo son los hombres, se ven especialmente afectadas por la inequidad de todo ello. Por tanto, es especialmente interesante examinar la forma en la que las mujeres han estado expuestas desproporcionadamente a los efectos secundarios a lo largo del ciclo. Por ejemplo, hay muchos que afirmarán que, aunque la píldora fue diseñada originalmente para las mujeres emancipadas sexualmente, también tiene el efecto de encargar a la mujer toda la responsabilidad del control de la natalidad.

«No me quedan píldoras anticonceptivas; pruebe a ponerse estas sandalias Birkenstocks».

Susan y Joe eran una pareja muy unida que luchaban contra el problema de la desigualdad. Susan había estado utilizando la píldora durante años, aunque a menudo sufría náuseas y migrañas. Por tanto, cuando sugirió tomar una clase sobre el Método de Conciencia de la Fertilidad, Joe estaba más que dispuesto. Tres años después, bromeaban sobre el hecho de que, incluso actualmente, cada vez que suena la alarma él se incorpora, le coloca el termómetro a ella en la boca, se cepilla los dientes, vuelve para retirar el termómetro y registra todo en su gráfica. Susan, por su parte, permanece medio dormida, acurrucada en la cama. No hay más náuseas. No más dolores de cabeza.

A diferencia de la mayoría de los demás métodos, el Método de Conciencia de la Fertilidad ofrece a los hombres la oportunidad de compartir de forma amorosa y activa la responsabilidad de la contracepción. De hecho, el método genera tal implicación masculina que muchas parejas afirman que el Método de Conciencia de la Fertilidad ha fortalecido su relación.

La política del logro de quedarse embarazada

Nunca olvidaré el día en que llamó mi cliente Terry. Había intentado quedarse embarazada durante más de un año antes de asistir a mi seminario. Habían pasado dos semanas después de la clase, y había una ligera ansiedad en su voz cuando me preguntó si ella y su marido deberían hacer el amor esa noche. Estaban preocupados porque ella creía que tenía una infección vaginal seria que podría afectar a sus posibilidades de concebir. En el mismo momento en que empezó a describir lo que «salía de su interior», oí a alguien llamar por la otra extensión. Era su marido, James:

—No te puedes creer lo que gotea ahora del cuerpo de Terry.

—Esperad un segundo, amigos. Dejadme haceros algunas preguntas. ¿Está claro?

—Sí.

—¿Es resbaladizo?

—Sin duda.

—¿Es elástico?

—Toni, mide 25 centímetros.

—Entonces, ¿qué diablos hacéis hablando conmigo? –bromeé–. Colgad el teléfono y aprovechad la situación.

Antes de hacer el amor esa noche, Terry y James tomaron una docena de fotografías de su fluido cervical fértil. Trece años después, tuve el privilegio de asistir al bar mitzvah de su hijo.

No está claro si la incidencia de la fertilidad ha ido creciendo durante las últimas décadas, o si la gente simplemente busca tratamiento en cifras más elevadas. Lo más probable es que sea una combinación de ambas cosas, en gran parte porque actualmente hay más mujeres que retrasan el hecho de tener niños hasta al menos los treinta y tantos. Por supuesto, dado que no dudas de haberlo oído antes en muchas ocasiones, la lamentable realidad es que la fertilidad de la mujer se reduce conforme envejece. Independientemente de cuál sea su razón, la infertilidad afecta a 1 de cada 6 parejas; sin embargo, lo que suele percibirse o considerarse fertilidad puede no ser infertilidad en absoluto.

La definición estándar de infertilidad es no quedarse embarazada después de un año de relaciones sin protección. Sin embargo, hay muchas parejas cuyo problema es tan pequeño que la conciencia de la fertilidad, por sí sola, facilitaría el embarazo. Esto no quiere decir que los problemas de fertilidad puedan siempre ser tratados mediante la educación. Y sin duda no estoy sugiriendo que quienes tengan dificultades para quedarse embarazadas no tengan formación o sean unas ignorantes. Pero los propios médicos a menudo propagan inconscientemente mitos que evitan que las parejas queden embarazadas.

El mito clásico, ya expuesto en el capítulo 1, es que la ovulación tiene lugar el día 14. Para utilizar esto como ejemplo, una pareja puede pasar un año intentando tener relaciones alrededor del día 14, sólo para descubrir que, en su caso concreto, la mujer no suele ovular hasta aproximadamente el día 20. Si la pareja se queda embarazada después de asimilar esta información sobre su ciclo específico, ¿dirías que *no* eran *fértiles* antes de eso? No, claramente. Pero las consecuencias emocionales y económicas son tan grandes que es como si realmente fueran así.

Por qué la gente suele estar mal informada para creer que no es fértil

Antes de explicar el impacto sobre una pareja al ser etiquetados inapropiadamente de «no fértiles», veamos por qué la gente suele equivocarse desde el principio. (Para la mayoría de los puntos de debajo utilizaré el mito del día 14 como referencia).

1. La infertilidad se asume si no existe embarazo en el plazo de un año.

Si una pareja ha sido incapaz de quedarse embarazada después de un año de relaciones sin protección, la sabiduría convencional afirma que probablemente haya un problema de fertilidad, cuando en realidad tal vez no haya ningún problema médico.

2. Se supone que los ciclos irregulares son potencialmente problemáticos.

La creencia en que los ciclos normales son de 28 días y la ovulación tiene lugar el día 14 está tan integrada en la profesión médica que, cuando los ciclos de una mujer se desvían de lo estándar, se supone que la variación es un posible problema. Los ciclos «irregulares» se consideran problemáticos en parte porque los ginecólogos a menudo necesitan tiempo para realizar las pruebas de fertilidad y otros procedimientos, cuando el óvulo se ha liberado. Pero si a una mujer le enseñan cómo identificar la aproximación de la ovulación para tener relaciones sin protección, es irrelevante que ovule el día 14, el 19 o el 21. (Por supuesto, si la duración de tu ciclo varía mucho o dura más que 38 días, suele ser un indicio de un verdadero trastorno hormonal que debe ser tratado por un médico. *Véase* página 150).

Una de mis clientas estaba claramente deprimida cuando me llamó por primera vez, porque ya había pasado un año desde que ella y su marido habían empezado a intentar que se quedara embarazada. Ella mencionó que creía que la razón por la que no se quedaba embarazada era porque sus ciclos no tenían una duración «normal». Supe que eran de 33 días, un período de tiempo normal, pero sin duda más largo que los proverbiales 28 días. Siguió diciendo que su marido estaba tan frustrado por su aparente infertilidad que sólo tenían relaciones hasta el día 14, y después paraban hasta el ciclo siguiente. No es de extrañar que no se quedara embarazada. Si una mujer tiene ciclos largos, por definición ovula más tarde. Un mes después de asistir a mi seminario sobre fertilidad, logró quedarse embarazada.

3. Muchos médicos pasan por alto las soluciones más obvias.

Los médicos están formados para identificar enfermedades, a menudo diagnosticando y tratando con procedimientos de alta tecnología. El resultado es que las soluciones más obvias suelen ignorarse. Un buen ejemplo de esto es la relación entre la frecuencia de las relaciones sexuales y el embarazo. Una pareja puede tener sexo dos veces a la semana, durante un año, y preguntarse por qué ella no se queda embarazada. Un médico puede realizarle una prueba diagnóstica de fertilidad (incluyendo pruebas invasivas y potencialmente dolorosas), suponiendo que la pareja tal vez tenga un problema de fertilidad, sin considerar la cuestión principal, es decir, si la pareja tiene relaciones en el momento adecuado del ciclo de la mujer. Es bastante posible tener relaciones dos veces a la semana durante un año, y aun así ignorar la fase fértil de cada ciclo, especialmente si la mujer tiene sólo un día, aproximadamente, de fluido cervical fértil, o el recuento de espermatozoides del hombre es marginal. Esto claramente no es un problema de fertilidad, sino un problema de educación.

Esta idea de pasar por alto los principios fundamentales queda ejemplificada por la teoría de Abraham Kaplan, la ley del instrumento:

Da un martillo a un niño pequeño,
y descubrirá que todo
lo que se encuentra necesita ser golpeado.

Los médicos tienen un interés bien establecido por utilizar las herramientas que han perfeccionado a lo largo de años de estudio. No debería sorprendernos, por tanto, que los especialistas en fertilidad al principio aplicaran las herramientas de alta tecnología de su trabajo. Esto es muy útil para montones de parejas que tienen verdadera infertilidad. Sin embargo, hay muchas parejas para las que el uso de estas pruebas y procedimientos es simplemente innecesario. *Antes de emplear alguna prueba o tratamiento de alta tecnología, el hombre debería someterse a un análisis de semen. Además, la pareja debería representar en una gráfica los síntomas de fertilidad de la mujer para identificar cuándo es más fértil y para determinar cualquier posible impedimento para quedar embarazada.*

4. Muchos médicos tienden a concentrarse en la temperatura corporal basal en lugar de en el fluido cervical.

Los médicos suelen concentrarse en la temperatura basal del cuerpo para excluir el síntoma más importante de la fertilidad para unas relaciones con resultados, que es el fluido cervical. De hecho, los médicos pueden crear involuntariamente un problema de fertilidad al recomendar a sus pacientes que programen sus relaciones sexuales según la disminución o aumento de la temperatura.

Este consejo no sólo es erróneo, sino que en realidad puede impedir quedarse embarazada. Dicho en pocas palabras, el fluido cervical es el síntoma clave para programar las relaciones para quedarse embarazada.

> Uno de los ejemplos más notables de un médico que refuerza la noción de depender de tiempos pasados para indicar la fertilidad futura tuvo lugar, de todos los lugares, en una conferencia de la organización de la infertilidad RESOLVE. El principal discurso del médico trató sobre todos los mitos que rodean a la fertilidad. Explicó correctamente que las temperaturas corporales basales sólo indican fertilidad cuando ya es demasiado tarde, después de haber tenido lugar la ovulación. Mientras yo permanecía sentada en la audiencia, recuerdo haber pensado lo gratificante que era oír por fin a un médico insistir en que los tiempos son ineficaces para programar las relaciones sexuales. Imagina mi sorpresa, entonces, cuando prosiguió: «Por tanto, para predecir la inminente fertilidad, debes volver a tus cambios de temperatura anteriores para predecir tu tiempo fértil futuro».
>
> Yo estaba asombrada. Ahí estaba, reforzando la idea de observar ciclos pasados para predecir la fertilidad futura, sin mencionar siquiera el síntoma de fertilidad más importante para quedarse embarazada: el fluido cervical. La ironía del momento habría sido graciosa si no fuera un consejo abiertamente malo, y transmitido a un grupo de personas tan vulnerable.

La razón por la que las temperaturas no ayudan a determinar el mejor momento para conseguir quedarse embarazada es que, en el momento en que se elevan, el óvulo suele estar ya muerto y desaparecido. Sin embargo, la temperatura sigue siendo muy útil a la hora de determinar varios hechos sobre el ciclo de la mujer, incluyendo: 1) si está ovulando, 2) si la segunda fase de su ciclo (desde la ovulación hasta el período) es suficientemente larga para que el óvulo se implante en su útero, y 3) si ha concebido en ese ciclo en concreto.

5. Muchas pruebas de fertilidad se programan inadecuadamente (o se realizan innecesariamente).

Si se sospecha que hay fertilidad, los médicos pueden realizar una prueba poscoital para determinar si el esperma del hombre nada libremente en el fluido cervical de la mujer. Para esta prueba, la pareja ha tenido relaciones y después la mujer acude a la clínica varias horas después. Se recogen unas pocas gotas de semen de su vagina y se examinan al microscopio para determinar si los espermatozoides están vivos y moviéndose en el fluido. El propósito básicamente es determinar dos hechos: si el fluido cervical de la mujer genera la viabilidad del esperma y si el esperma de su pareja sobrevivirá en él.

Uno de los errores más comunes tiene lugar en la programación del procedimiento. Muchos médicos siguen realizándolo en torno al día 14 del ciclo de la mujer, independientemente de cuándo ovule en realidad. A menos que la mujer sí ovule cerca de ese día, la prueba no suele ser válida, y lleva a muchas parejas a creer que tienen un problema de fertilidad cuando en realidad no es así.

Nunca olvidaré una charla que di a un grupo de enfermeras con experiencia en el tratamiento de la infertilidad. Mientras yo explicaba que las pruebas son inútiles si se realizan en un momento equivocado del ciclo de la mujer (para numerosas mujeres, el día 14 es simplemente demasiado pronto), podía sentir cómo aumentaba el enfado. Por último, una enfermera soltó sarcásticamente: «¿Y a quién esperas que enviemos a nuestros pacientes para los poscoitales, donde estén dispuestos a hacer las pruebas basándose en el ciclo de la mujer en lugar de en la disponibilidad del personal?». Todo lo que pude pensar sobre eso en este momento fue que yo no estaba allí para decirles lo que querían oír, sino más bien lo que funciona.

Hay ciertos acontecimientos médicos sobre los que simplemente no tenemos control. El parto no tiene lugar solamente entre las horas de 9:00 a 17:00, de lunes a viernes. Sin duda, los problemas se tratan cuando ocurren, no sólo cuando la clínica está abierta. Hasta donde sea posible, la ovulación de la mujer no debería ser diferente.

Una prueba es útil sólo si es fiable y válida. En el caso de la prueba poscoital, la única información que debe obtenerse para realizarlo el día 14 en una mujer que ovula en el día 20, por ejemplo, es demostrar que la conciencia de la fertilidad también puede utilizarse eficazmente como método de control de natalidad. El esperma muere unas horas después de la relación cuando una mujer no se encuentra en su fase fértil, y esa fase dura sólo los pocos días en torno a la ovulación. Si se realiza en cualquier otro momento, la prueba es inútil.

Otra prueba frecuentemente inoportuna es la biopsia endometrial, que conlleva eliminar un pequeño trozo del recubrimiento uterino cuando se aproxima el momento estimado de la menstruación. Esto se hace para determinar si la mujer está ovulando y produciendo un recubrimiento adecuado para la implantación. Pero también aquí los médicos solamente asumirán la ovulación el día 14, ocurra o no, y por eso la precisión y relevancia del procedimiento son dudosos. (Si la ovulación hubiera tenido lugar el día 21, por ejemplo, podríamos esperar el desarrollo endometrial y el período siguiente una semana después). Claramente, las mujeres que se someten a estos procedimientos merecen una información útil, lo cual es posible sólo si se encuentran en el momento adecuado.

Por último, algunas pruebas se realizan mucho antes de que sea apropiado hacerlo, especialmente dado lo dolorosas e intrusivas que pueden ser. Por ejemplo, el histerosalpingograma es una prueba de tinción utilizada para determinar si las trompas de Falopio de la mujer están abiertas. En realidad es muy relevante, pero dado su posible incomodidad y su coste, debería realizarse sólo después de haberse determinado que se han descartado posibles problemas ovulatorios y en el fluido cervical. Y no es necesario decir que es totalmente inútil si el problema de la fertilidad se determina en realidad debido a los abortos espontáneos. La elaboración de gráficas habría revelado todos esos problemas.

6. A las mujeres se les suele prescribir innecesariamente un fármaco ovulatorio como el Clomid (citrato de clomifeno).

Si se supone que una pareja no es fértil, se prescribe a la mujer un fármaco ovulatorio, ovule o no. Su propósito es estimular el desarrollo de los óvulos en los ovarios. Pero lo que no se suele decir a la pareja es que tiene un efecto secundario paradójico: puede secar el fluido cervical, que es vital para el transporte del esperma por el útero. Por tanto, aunque este potente medicamento se receta para aumentar la fertilidad de una mujer, paradójicamente puede actuar evitando un embarazo. (A veces, la única forma de remediar este problema es mediante inseminación intrauterina, en la que el esperma se deposita directamente en el útero, evitando su cuello por completo). Yo he tenido a muchas clientas que han logrado quedarse embarazadas después de dejar de tomar el Clomid.

Esto no conlleva sugerir que el Clomid no tenga una función en el tratamiento de la infertilidad. Ciertamente, muchas mujeres quedan embarazadas utilizándolo y, en efecto, puede utilizarse para aliviar muchos de los efectos secundarios. El principal beneficio del Clomid para las mujeres que ya ovulan es aumentar la fase lútea, la fase posovulatoria. Sin embargo, el uso del Clomid debe ser una decisión bien meditada, en lugar de un rutinario primer paso. Las mujeres deberían preguntar a sus médicos por qué creen que una prescripción sería beneficiosa en su caso particular, especialmente si ya saben, gracias a las gráficas, que están ovulando normalmente.

7. Los kits comúnmente usados para predecir la ovulación pueden ser engañosos.

Con la llegada de los kits de predicción de la ovulación, tan fácilmente disponibles en las farmacias, muchas mujeres creen que tienen un problema de fertilidad si los kits no muestran el color esperado que indica que está a punto de tener lugar la ovulación. Pero, aunque los kits muestren un cambio de color, eso no significa necesariamente que la mujer sea fértil. Las razones por las que pueden ser engañosos se explican en las páginas 222-223.

8. A las mujeres se les suele hacer creer que no se quedan embarazadas, cuando en realidad tienen abortos espontáneos.

Hay una gran diferencia entre una mujer que nunca ha logrado quedarse embarazada y otra que se queda embarazada, pero después pierde el hijo. No estoy diciendo que las mujeres que tienen continuamente abortos espontáneos no tengan un problema de fertilidad. Sin embargo, los pasos diagnósticos para las dos mujeres deben ser radicalmente distintos.

Los abortos espontáneos son difíciles de diagnosticar, ya que suelen ocurrir en una fase muy temprana del ciclo de la mujer. Pueden confundirse simplemente con un período menstrual. Pero una mujer formada en la conciencia de la fertilidad sabe que necesita una fase de al menos 10 días desde la ovulación hasta la menstruación para que tenga lugar la implantación, y que 18 aumentos de temperatura consecutivos después de la ovulación casi siempre indica un embarazo. Por tanto, podría determinar con un alto grado de exactitud si en efecto estaba embarazada antes de sangrar. Pero puesto que a las mujeres no se les enseña a tomar el control de sus ciclos, no son capaces de interpretar lo que ocurre en su cuerpo. De este modo, pueden someterse innecesariamente a procedimientos diagnósticos dolorosos e invasivos para descartar un problema de infertilidad que tal vez no exista.

Mi clienta Kisha pensaba que por fin podría quedarse embarazada porque había estado en mi clase y sabía que 18 temperaturas altas es muy probable que indiquen un embarazo. Después de oír lo que me contó, le recomendé que viniera a la clínica para hacerse un análisis de sangre que lo confirmara. Estaba embarazada, era seguro. De hecho, había concebido tan pronto en su ciclo (alrededor del día 11) que en el momento en que había registrado 18 tomas de temperaturas altas, estaba sólo en el día 29, no en un día que la mayoría de las mujeres asociaran normalmente con el embarazo. Pero ella sabía que estaba embarazada antes que la mayoría de las mujeres porque había aprendido sobre la conciencia de la fertilidad. Lamentablemente, unos días después de su resultado positivo, tuvo un aborto espontáneo. Aunque estaba triste por lo sucedido, el hecho de que hubiese concebido era muy útil en términos de lo que le indicó sobre su fertilidad en ese momento.

> *a. Estaba ovulando.*
> *b. Sus trompas de Falopio estaban abiertas.*
> *c. Su fluido cervical era adecuado para la penetración del esperma.*
> *d. El recuento de esperma de su pareja era bueno.*

Lo que Kisha aprendió de esta experiencia es que sin duda había tenido otros abortos espontáneos mientras intentaba quedarse embarazada, pero nunca lo habría sabido si no hubiese aprendido a identificar el embarazo mediante las gráficas. El Método de Conciencia de la Fertilidad le enseñó que su problema podía tener relación con una fase acortada de la progesterona, en la segunda parte de su ciclo (la fase lútea). En lugar de comenzar el chequeo de la infertilidad en la primera casilla, con todas las pruebas intrusivas implicadas, pudo mostrar sus gráficas a su médico e inmediatamente trató el problema. Varios meses después, tras haberse tratado la fase lútea corta, se quedó embarazada y tuvo una niña.

El diagnóstico de la infertilidad: Mantener el control

Como puedes ver, hay una serie de razones por las que la gente cree que es no es fértil cuando tal vez no sea así. Las consecuencias físicas y emocionales de este diagnóstico erróneo son de amplio alcance y difíciles de valorar. El coste del diagnóstico de infertilidad y su tratamiento no lo cubre la mayoría de compañías de seguros. Muchas parejas que luchan contra la infertilidad creen que es sumamente injusto pagar durante años las cuotas por los cuidados de maternidad de otras parejas, sólo para ver que su propio tratamiento de infertilidad no está cubierto. El coste de incluso una pequeña prueba de infertilidad puede ser de miles de euros, y un diagnóstico exhaustivo que incluya el tratamiento puede llegar a decenas de miles de euros, normalmente pagados por la propia pareja. Es especialmente descorazonador que estos costes exorbitantes suelan ser tan innecesarios.

Aunque los hombres sienten el impacto hasta cierto punto, la mujer suele ser el miembro de la pareja más afectado por todo el proceso. Puesto que la fertilidad de la mujer está íntegramente relacionada con su ciclo menstrual, debe visitar al médico varias veces por ciclo para determinar posibles problemas de fertilidad. Dado que las consultas médicas raramente están abiertas de noche o los fines de semana, muchas deben acordar en su trabajo la ausencia en numerosos días o, en algunos casos, dejar sus empleos, para hacerse el diagnóstico de la fertilidad y su tratamiento.

Tal como has leído, muchas de las pruebas diagnósticas son bastante incómodas, o incluso dolorosas. Aun peor, a menudo se hacen a destiempo y simplemente no son necesarias. Pero reflejando en una gráfica sus tres principales síntomas de fertilidad, las mujeres pueden informar a sus médicos de numerosos hechos sobre su fertilidad, que pueden limitar el rango de posibles diagnósticos. Al hacerlo, pueden excluir los procedimientos que no tienen ningún objetivo, y ayudar a programar más apropiadamente las pruebas que podrían revelar una información muy valiosa.

En efecto, imagina lo mucho más segura que se sentiría una mujer si pudiera decir a su médico:

Hola, doctor Smith. Sí, estoy bien en términos generales, gracias. Pero tengo un par de asuntos que me gustaría tratar con usted. Practico la conciencia de la fertilidad y he observado que mi fase lútea es un poco corta. Queremos que me quede embarazada esta primavera y nos gustaría intentar ampliarla para evitar el riesgo de aborto espontáneo. ¿Qué me recomendaría?

En otras palabras, las mujeres y las parejas pueden convertirse en participantes activas de los cuidados de su salud. Mediante el método de las gráficas, las parejas que tienen que afrontar problemas de fertilidad pueden reducir sus sentimientos de vulnerabilidad y, lo más importante, aumentar sus probabilidades de quedar embarazadas, se necesite intervención médica o no.

Saber cuándo: Identificar la fecha si tiene lugar la concepción

Resulta interesante saber que algunos médicos pueden hacer creer a parejas que se han quedado embarazadas que hay un problema, cuando en realidad no lo hay. Una vez más, todo vuelve a limitarse a la errónea suposición de que las mujeres suelen tener ciclos de 28 días y que ovulan el día 14.

> *Dana era una mujer de 25 años que acababa de dejar de tomar la píldora, por lo que sus ciclos aún no habían vuelto a ser normales. Puesto que ella y su marido querían que se quedara embarazada, pusieron en práctica la conciencia de la fertilidad para determinar su fase fértil. Después de quedarse embarazada, su médico le preguntó la fecha de su último período menstrual para aplicar la rueda del embarazo estándar (mostrada en el epílogo, página 405). Dana mencionó que la rueda del embarazo no sería exacta en su caso particular, ya que presupone que hay ovulación el día 14. Ella explicó que practicaba el Método de Conciencia de la Fertilidad y que sabía que no ovulaba hasta el día 37, aproximadamente, por lo que iba a predecir de forma imprecisa la fecha de su parto tres semanas antes de lo que realmente debería ser.*
>
> *Ya puedes imaginar la sorpresa de Dana cuando el médico no sólo dio crédito a sus gráficas, sino que también se mostró muy preocupado cuando su examen pélvico reveló que el feto era «extremadamente pequeño para la fecha». Si no hubiese puesto en práctica la conciencia de la fertilidad, sin duda se habría sentido afectada al decirle que al feto le ocurría algo extraño porque estaba calculando la fecha del parto a partir del día de la ovulación de la mujer promedio, en lugar de en su propio ciclo. Como si eso no fuera suficiente, incluso marcó su gráfica con una etiqueta de «alerta médica» que indicaba que su embarazo era de alto riesgo y que necesitaba controlarse con cuidado.*

Aunque una ecografía eliminaría esta confusión, hay muchas mujeres que preferirían evitar ese tipo de procedimientos, pero, a pesar de eso, las ruedas del embarazo no deberían considerarse definitivas. En efecto, ese tipo de cálculos erróneos puede generar, y ha generado, el parto inducido de muchos niños prematuros.

CONCIENCIA DE LA FERTILIDAD PARA DETECTAR PROBLEMAS GINECOLÓGICOS Y ENTENDER EL CUERPO SANO

¿Con qué frecuencia has sentido un repentino dolor agudo en el costado, has observado la aparición de manchas en momentos extraños o incluso bultos en el pecho que te hicieran ser presa del pánico? Aunque todas estas experiencias puedan parecer confusas, puede tratarse de algo normal *si tienen lugar en momentos apropiados de nuestro ciclo.*

Los beneficios de trazar gráficas se extienden más allá de saber cuándo una mujer puede y no puede quedarse embarazada. Hay muchos problemas ginecológicos que pueden identificarse observando los síntomas de fertilidad. Las mujeres que siguen una gráfica pueden decidir si están experimentando algo normal para ellas o algo que podría ser un verdadero problema ginecológico, como por ejemplo una infección vaginal o del tracto urinario, o bien una anomalía cervical. Las que llevan una gráfica saben tan bien lo que es normal para ellas mismas que pueden ayudar a sus médicos a detectar irregularidades basándose en sus síntomas individuales en lugar de en los síntomas de la mujer promedio.

Este conocimiento conlleva grandes ventajas, como puede verse en el clásico ejemplo de mujeres que tienen sangrado irregular de vez en cuando, lo cual normalmente se considera inofensivo, y a menudo se llama «sangrado ovulatorio». Pero puesto que el sangrado puede ser el síntoma de otros problemas potencialmente serios (como cáncer cervical), los médicos a menudo se sienten obligados a realizar pruebas innecesarias que hacen que sus pacientes se preocupen y les causan molestias sin razón. Una mujer que lleve una gráfica sabe si este tipo de sangrado es normal para ella, y por eso no busca atención médica a menos que lo necesite realmente.

Por supuesto, siempre serán necesarios ciertos procedimientos médicos desagradables. La mayoría de las mujeres dice que un examen pélvico anual difícilmente es su idea del disfrute. La mujer media probablemente preferiría limpiar las letrinas que tumbarse en la mesa de examen médico, sus piernas en los estribos, intentando mantener una apariencia de dignidad. Especialmente cuando el médico entra, sonriendo y actuando como si no hubiera nada incómodo en su postura y en que esté desnuda sobre una pequeña bata de papel.

¿Y qué es lo primero que dicen los médicos cuando se sientan al pie de la mesa de examen? «Deslícese hacia abajo, por favor». No es casual que los médicos deban siempre pedirle esto a sus pacientes. Después de todo, ¿cuántas mujeres, por su propia voluntad, decidirían colocar su trasero colgando de la mesa, si no tuvieran por qué hacerlo?

De acuerdo, ninguna cantidad de conciencia de la fertilidad te librará de esta desagradable experiencia. Pero ser responsable de tu propia salud te dará al menos algo de integridad y una sensación del control que a menudo se pierde en una típica visita a la consulta. Reflejar el ciclo menstrual en una gráfica permite a la mujer y a su médico trabajar juntos en equipo, con el paciente contribuyendo a su propio bienestar. Además, el Método de Conciencia de la Fertilidad te pondrá en sintonía con las ocurrencias normales de tu ciclo, que reducirá el número de veces que tengas necesidad de consultar con el médico en primer lugar. Por ejemplo, ¿cuántas veces has ido al ginecólogo quejándote de sufrir una infección, sólo para asegurarte de que estabas bien? Como bien sabes, la información sobre los síntomas de fertilidad de una mujer no se enseña normalmente en el colegio; por tanto, muchas chicas y mujeres jóvenes crecen pensando que son poco saludables e incluso sucias. Lo que ocurre simplemente es que están mal informadas.

¡Entonces era eso!

No hay nada más desconcertante que sentarse en la biblioteca a estudiar para los exámenes finales de tu máster, y tener una súbita sensación húmeda y escurridiza (y sabes que la física nunca te ha excitado tanto). Entonces, ¿qué está sucediendo? Corres al baño, pensando que puede haberte empezado el período, sólo para descubrir que no hay sangre en tu ropa interior. En realidad, sin duda estás experimentando lo que se suele llamar fluido cervical con «textura de clara de huevo», una secreción resbaladiza y fértil que se libera cuando se aproxima la ovulación. Como verás, ese tipo de secreciones es saludable y, lo más importante, es predecible.

> *La primera vez que Bárbara notó un fluido cervical fértil siendo adolescente se sintió horrorizada. No podía imaginar lo que colgaba de su vagina cuando fue a orinar. Lo único que pudo pensar para eliminarlo era enrollar bolas de papel higiénico y colocarlas en ese amasijo aparentemente extraño. ¡Bárbara se hizo instructora del Método de Conciencia de la Fertilidad!*

Actualmente, muchas mujeres se niegan a seguir siendo ignorantes. Están empezando a participar activamente en todas las facetas del cuidado de su salud, mejorando la comprensión de su fertilidad en el proceso. El Método de Conciencia de la Fertilidad da a las mujeres estas oportunidades. La mayoría de las mujeres están entusiasmadas con la sensación de control después de pasar sólo un par de minutos diarios reflejando su ciclo en una gráfica, apreciando el privilegio de entender por fin sus cuerpos.

Conciencia de la fertilidad como educación básica

Como es lógico, la conciencia de la fertilidad no es la mejor decisión de control de la natalidad para todas las mujeres. En efecto, basándonos en la realidad del sida y otras infecciones de transmisión sexual, el Método de Conciencia de la Fertilidad se recomienda sólo para parejas monógamas con la madurez y disciplina necesarias para seguir el método correctamente. Sin embargo, aunque una mujer nunca lo utilice para propósitos anticonceptivos, este libro mostrará claramente que los principios biológicos que forman los fundamentos del Método de Conciencia de la Fertilidad deberían ser parte de la educación básica de todas las mujeres. Si esto llegara a ocurrir, las mujeres serían mucho menos dependientes de los médicos para encontrar respuestas que deberían ser parte de sus propios conocimientos y entendimiento.

> *Alicia, una de mis clientas, había reflejado en gráficas sus ciclos durante varios años, cuando se ofreció voluntaria para formar parte del grupo de control de un estudio con ecografías en la ovulación anormal. Después de cinco meses, sus ovarios se monitorizaron para determinar si libera-*

ban óvulos. Cada vez que llegaba, anunciaba con confianza que estaba a punto de ovular, y, como siempre, el técnico elevaba sus cejas sorprendido.

—Oh, ¿de verdad? –decía.

Él entonces comprobaba el monitor y decía:

—Vaya, parece que estás a punto de ovular.

—Lo sé, es lo que acabo de decirte.

Y, como era de esperar, el día siguiente Alicia ovulaba.

Cuando volvía al día siguiente, ella decía:

—Por cierto, creo que detectarás que ya he ovulado.

—Vaya, ¿de verdad? –decía el técnico rascándose la cabeza.

Entonces comprobaba el monitor y decía:

—Vaya, parece que ya has ovulado.

—Lo sé, es lo que acabo de decirte –contestaba Alicia, con una verdadera sensación de confianza en su capacidad para interpretar sus síntomas de fertilidad.

Basándote en las pocas páginas que has leído hasta ahora, puedes estar empezando a preguntarte por qué la conciencia de la fertilidad no se enseña habitualmente ya en el instituto. Y cuando acabes de leer este libro, sin duda también tendrás la misma reacción que tienen muchas mujeres después de aprender esta información vital. «¿Cómo es posible que haya llegado a esta edad sin saber esta información práctica sobre mi propio cuerpo?».

Por tanto, permíteme hacerte una pregunta aparentemente extraña: ¿cuál es la definición de «culto»? Si contestas algo del estilo de «conocer bien la literatura o la escritura creativa», no te equivocarás, por supuesto. Pero muchos diccionarios ofrecen «estar educado» como primera definición. A mí, por mi parte, me encanta la idea de ser culta, especialmente en el contexto de la información sobre el cuerpo: poder leer mi propio cuerpo para conocer la información esencial que necesito para tener control sobre mi salud reproductiva y general.

En efecto, vale la pena señalar que el famoso científico Carl Djerassi, a menudo honrado como padre de la píldora, reconoció que las mujeres deberían estar informadas sobre esa información biológica básica. «Al final –escribió–, muchas mujeres en nuestra próspera sociedad pueden concluir que determinar cuándo y si están ovulando debería ser un tema rutinario de información de salud personal al que tienen derecho de forma natural».

PARTE 2

REDESCUBRIENDO TU CICLO Y TU CUERPO

En tu anatomía reproductiva hay algo más que tu vagina

¿Qué mujer no recuerda con nerviosismo reunirse con otras chicas de quinto curso para aprender sobre los misterios de su cuerpo y el fascinante mundo de las compresas en que están a punto de embarcarse? Lo más curioso es que, después de todo, la mayoría de nosotras salía de aquellas poco inspiradoras enseñanzas sin tener ni idea sobre lo que de verdad estaba a punto de sucedernos. Seguíamos creciendo con el ciclo menstrual aún envuelto en el misterio, el tema de numerosos mitos.

A todas nos hacían pensar que el principal acontecimiento de cada ciclo era la menstruación, y que la lección principal era el protocolo de uso de tampones y compresas. Aún puedo recordar reírme con mis amigas en una esquina mientras susurrábamos la broma en la que transformamos una de las canciones más populares de Stevie Wonder: «¿Qué está bien, ajustado y fuera de la vista?». Los tampones, por supuesto. Entonces habíamos madurado. Las que asistíamos a quinto curso podíamos hacer chistes con ese tipo de cosas, cosas que las de cuarto curso no entendían. Molábamos mucho.

Por tanto, no era de extrañar que, después de pasar horas en el pasillo de «higiene femenina» de la droguería, la mayoría de nosotras descubriera que aún no sabíamos nada sobre nuestros cuerpos, pero podíamos decirte todo lo que quisieras sobre compresas grandes frente a pequeñas, con alas frente a las que tenían buenísimas tiras adhesivas, extraanchas frente a extralargas, y tampones superabsorbentes frente a los normales.

Aquí es donde entra en juego la fertilidad femenina. Consiste en mucho más que simplemente entender la higiene femenina y la menstruación. En su núcleo hay una filosofía de tomar el control, comprender y desmitificar el ciclo menstrual y sus efectos sobre ti. Por eso la sexualidad, la fertilidad, el parto y la menopausia son todos ellos aspectos de ser mujer, y elaborar gráficas es la oportunidad instructora hacia estos aspectos de la vida de la mujer. El autoconocimiento disponible de la conciencia de la fertilidad es un recurso valioso para todos los tipos de toma de decisiones personales. Quizás más importante, anima a las mujeres a valorar y a confiar en el conocimiento proporcionado por su propio cuerpo.

Los ginecólogos son expertos en fisiología femenina, por lo que tiene sentido que las mujeres recurran a los médicos en lugar de a ellas mismas para interpretar su cuerpo. La confianza en los médicos sería comprensible si el conocimiento que ellos poseen sobre los ciclos femeninos fuera incomprensible para el público general. Pero esto es fertilidad básica, no cirugía cerebral. En realidad, esta información es bastante simple, y no el misterio que mucha gente cree que es.

No obstante, para comprender tu ciclo, antes debes tener un conocimiento general de la biología reproductiva humana. Las páginas siguientes deberían familiarizarte con la anatomía femenina y masculina.

ANATOMÍA REPRODUCTIVA FEMENINA INTERNA

¿Eres consciente de que una parte de cada uno de nosotros se encontraba en el útero de nuestras abuelas, incluso antes de que nacieran nuestras madres? A diferencia de los fetos masculinos, que no contienen esperma, los fetos femeninos ya poseen todos los óvulos que tendrán en toda su vida. Lo que esto significa, en términos prácticos, es que, cuando tu madre era sólo un feto en el interior de *su* madre, ya había desarrollado todos sus óvulos, y uno de ellos llegó a convertirse en ti. Y si algún día tienes la suerte de quedarte embarazada de una niña, imagina poder mirarte la barriga y reflexionar sobre el hecho de que llevas una parte física de tus futuros nietos dentro de ti. (*Véase* epílogo, página 416).

Una de las principales diferencias entre la anatomía masculina y la femenina tiene que ver con cuándo se desarrollan las células sexuales (o gametos). Como dije antes, las chicas nacen con todos los óvulos que necesitan tener. Los óvulos empiezan a madurar y a liberarse en la pubertad, normalmente expulsando uno por cada ciclo, hasta la menopausia. Los chicos, por otra parte, no desarrollan esperma hasta la adolescencia, pero después producen continuamente esperma cada día, hasta que mueren. El recuadro que viene a continuación refleja las tres diferencias más importantes entre la sexualidad masculina y la femenina.

DIFERENCIAS ENTRE LA FERTILIDAD MASCULINA Y FEMENINA	
Varones	Mujeres
Fértiles en todo momento, ya que producen esperma continuamente.	Fértiles sólo unos cuantos días por ciclo, hecho posible por un óvulo que se libera una vez cada ciclo.
No desarrollan nada de esperma hasta la pubertad.	Nacen con todos los óvulos que van a tener.
Fértiles desde la pubertad hasta la muerte.	Fértiles desde la pubertad hasta la menopausia (aproximadamente 51 años de edad).

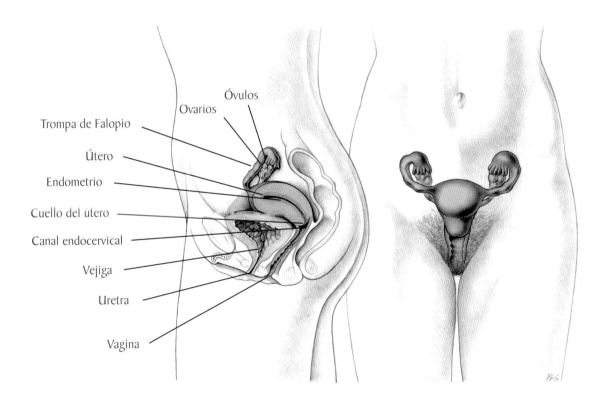

Órganos reproductivos internos de la mujer.
Hay que tener en cuenta que, en la mayoría de las mujeres,
el útero suele estar inclinado hacia delante.

Útero: La matriz. Un órgano estrecho, muscular, con forma de pera (del tamaño aproximado de un limón pequeño) que desarrolla y libera un recubrimiento rico en sangre cada ciclo y actúa como «incubadora» para el feto en desarrollo si tiene lugar la concepción. En la mayoría de las mujeres, el útero se curva hacia delante.

Trompas de Falopio: Los tubos estrechos de entre 10 y 12 centímetros en los que tiene lugar la fertilización, y por los que el óvulo fecundado se transporta desde el ovario hasta el útero. Al extremo se le llama fimbria.

Óvulo: Huevos del tamaño de gránulos, almacenados en los ovarios, de los cuales solo uno se suele liberar en cada ciclo. El óvulo puede unirse al esperma durante la fertilización para formar el feto consiguiente.

Ovarios: Dos glándulas sexuales primarias, del tamaño de almendras que contienen hasta un millón de óvulos inmaduros al nacer. Cada óvulo está rodeado por un grupo de células llamado folículo. Estos folículos producen estrógeno y progesterona durante los años reproductivos.

Endometrio: Recubrimiento del útero que se desarrolla en preparación para un posible embarazo y que se muda en cada ciclo mediante la menstruación.

Cuello del útero: La apertura inferior del útero. La única parte que puede proyectarse en la parte superior de la vagina. Recubierto con canales llamados criptas cervicales que cíclicamente desarrollan el fluido cervical en el que prospera el esperma.

Vagina: El túnel muscular y elástico de entre 10 y 15 centímetros que hay entre la vulva y el cuello del útero, por el cual fluye la sangre menstrual del útero. Durante la estimulación sexual, la vagina se expande para recibir el pene durante el coito, y se estira para convertirse en el canal del parto durante el nacimiento del niño.

Canal endocervical: La pequeña abertura del cuello del útero que se hace más grande durante la ovulación y que se expande hasta 10 centímetros durante el parto para permitir que salga el niño.

Anatomía reproductiva femenina externa

Es asombrosa la poca cantidad de mujeres que saben de verdad cómo es su anatomía externa. Lamentablemente, la mayoría de las chicas creen que son «sucias ahí», y por ello se muestran reticentes incluso a examinarse. Sin embargo, los chicos se socializan creyendo que poseen un tesoro del que sentirse orgullosos.

Aunque la ilustración de la página 58 debería explicarse por sí misma, hay varios temas que merece la pena mencionar sobre la anatomía externa. Uno de ellos es que hay probablemente tantas variaciones en el tamaño y la forma de los labios vaginales como mujeres. Los seis dibujos de ejemplo de la página 413 del epílogo representan sólo una diminuta fracción de la diversidad. La variación entre las vaginas de las mujeres y los labios vaginales simplemente añade interés y singularidad.

Aparte de las evidentes diferencias externas entre hombres y mujeres, también difieren sexualmente y en términos de ciertos posibles problemas físicos. Las mujeres, por ejemplo, tienden a ser más propensas a las infecciones del tracto urinario. Esto se debe a que la uretra de la mujer es más corta, por lo que las bacterias tienen menos distancia que recorrer desde su inicio hasta la vejiga. Además, su localización tan cerca del ano la hace más vulnerable a las bacterias externas, mientras que su localización tan cerca de la vagina puede producir irritación ocasional durante las relaciones sexuales. Por último, el diafragma anticonceptivo puede obstruir el flujo de la orina presionando contra la uretra, con lo que genera un medio perfecto para el crecimiento de bacterias.

Además de las infecciones del tracto urinario, las mujeres pueden padecer infecciones vaginales debido al delicado equilibrio del pH de la vagina. Como ya sabes, la secreción de las infecciones no debe confundirse con el fluido cervical saludable, que las mujeres suelen producir cada ciclo en torno a la ovulación. (Las infecciones vaginales se tratan en el capítulo 18).

Las diferencias en la anatomía influyen en la forma en que los hombres y las mujeres experimentan la sexualidad. Esto parece obvio a primera vista, pero hay tantas diferencias sutiles en este campo que he dedicado gran parte del capítulo 20 a explicarlas. Aun así, hay una diferencia que merece la pena mencionar en este contexto: los orgasmos.

Las mujeres no alcanzan los orgasmos de la forma en que lo hacen los varones. No se desarrollan del mismo modo. La mayoría de los nervios sensibles del varón se encuentran justo debajo de la punta del pene, que es la parte más estimulada durante las relaciones sexuales. No debería extrañarnos que los hombres alcancen el orgasmo fácilmente debido a la naturaleza física de las relaciones.

¿Por qué las mujeres no llegan al orgasmo durante las relaciones de la misma forma que los varones? La respuesta es muy sencilla. Los nervios sexuales más sensibles de las mujeres se encuentran en el clítoris, que está fuera y por encima de la vagina. Por tanto, durante las relaciones tradicionales (con la pareja cara a cara, en la postura del misionero), mientras el varón disfruta, la mujer puede estar elaborando la lista para la cena de esa noche.

Vulva: Los genitales femeninos externos.

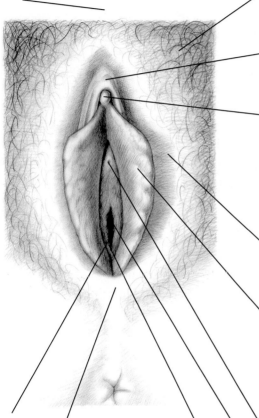

Monte de Venus: El tejido suave y carnoso que hay entre el vello púbico y que protege los órganos reproductivos internos.

Capuchón del clítoris: La cobertura protectora del clítoris, formada por la unión de los dos labios vaginales internos.

Clítoris: El órgano con forma de guisante que se llena de sangre durante la estimulación sexual, haciendo que se ponga firme y erecto. Como sitio principal del orgasmo en la mayoría de las mujeres, tiene más terminaciones nerviosas sexuales que cualquier otra parte del cuerpo. Es el análogo femenino a la punta del pene del varón.

Labios vaginales (externos): Almohadilla suave que contiene glándulas que generan aceite y una pequeña cantidad de vello púbico.

Labios vaginales (internos): Pliegues de piel muy suave y lisa. Normalmente recubre la vagina, a menos que la mujer esté estimulada sexualmente, en cuyo caso los labios internos tienden a llenarse de sangre y a desplegarse para la inserción del pene. También pueden estar llenos de sangre y separados durante la ovulación.

Uretra: El tubo estrecho que expulsa la orina de la vejiga fuera del cuerpo.

Introito (apertura vaginal): La entrada exterior a la vagina. La apertura para la liberación de sangre menstrual, así como de fluido cervical. El sitio por el que sale la cabeza del bebé durante el parto.

Glándulas de Bartolini: Dos diminutas glándulas a cada lado de la abertura vaginal que producen un fino lubricante cuando la mujer se excita sexualmente.

Vagina: El pasaje muscular elástico y de reborde, de entre 10 y 15 centímetros de largo, entre la vulva y el cuello del útero, que actúa como canal para el flujo de la sangre menstrual, el receptor del pene durante las relaciones y el canal del parto durante este.

Perineo: La membrana que hay entre la apertura vaginal y el ano, que se estrecha en gran medida durante el parto para permitir que salga la cabeza del bebé por la apertura vaginal.

No es que la sensación de las relaciones sexuales no sea agradable para la mayoría de las mujeres. Y para el afortunado 25% aproximadamente que puede lograr orgasmos con el coito, la experiencia puede ser fantástica. Pero debemos señalar que las mujeres están diseñadas de forma distinta a los hombres, pura y simplemente.

La forma más gráfica de explicar esto es ilustrando cómo se desarrolla un ser humano mientras se encuentra en el útero. Antes de que el feto se convierta en niño o niña, la misma cantidad de células que forman la punta del pene en el chico se convierte en el clítoris en la niña. Y las mismas células que se convierten en el escroto en el chico se convierten en la vulva de la chica. Tal vez la mejor forma de ayudar a los hombres a entender la sexualidad femenina sería preguntándoles si podrían alcanzar un orgasmo acariciándoles sólo en el escroto. ¿Quién sabe? Tal vez sí, tal vez no. O quizás después de dos horas. No obstante, las altas expectativas hacen que tanto hombres como mujeres se frustren cuando las mujeres no llegan al orgasmo tan fácilmente como los hombres.

DESARROLLO EMBRIONARIO DE LOS GENITALES FEMENINOS Y MASCULINOS

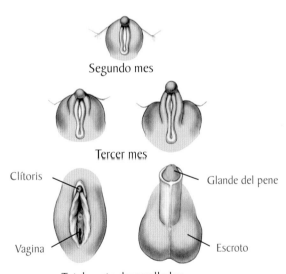

Cómo el desarrollo embrionario determina el placer durante las relaciones sexuales.
El clítoris y la punta del pene evolucionan de las mismas células sensibles. La vulva y el escroto evolucionan de células menos sensibles. Sin embargo, la vagina está compuesta de células de muy baja sensibilidad, y no tiene análogo en el varón. De este modo, durante la relación sexual, se estimula directamente el área más sensible del hombre (el glande), mientras que no se hace lo mismo con la de la mujer (el clítoris).

Si pudieras ser una mosca sobre la pared de los dormitorios de todo el mundo, creo que te divertiría descubrir la frecuencia con que las mujeres culpan a sus parejas de «mala técnica», que les impide tener orgasmos durante la relación. Mientras tanto, los hombres culpan a sus parejas por no ser suficientemente receptivas para tener orgasmos. No es necesario decir que esto suele generar un conflicto entre hombre y mujer.

El sexo entre hombres y mujeres puede ser extremadamente sensual y gratificante si ambas partes aprenden sobre los cuerpos y las necesidades del otro. Satisfacer a tu pareja conlleva dedicar tiempo a hacer preguntas y a estar dispuesto a ser vulnerable. El capítulo 20 explica detenidamente cómo enriquecer tu vida sexual realizando gráficas.

ANATOMÍA REPRODUCTIVA MASCULINA

Jamie lleva una encantadora vida en el campo con su marido y su hijo de tres años. Al adorable niño le encanta correr desnudo con el sol calentándole el cuerpo. Un bonito día de primavera, cuando mi amiga Mikaela estaba sentada en el patio de Jamie sorbiendo té helado y charlando con ella, el pequeño Theo salió corriendo, señaló y preguntó inocentemente: «Mamá, este pequeño chico del final de mi pene, ¿es mi cerebro? Tal como lo cuenta Mikaela, la reacción de la cara de su madre parecía decir: «No, cariño, pero, cuando crezcas, puede que sea así».

¿Alguna vez has observado que los hombres calvos suelen tener el pecho peludo? Antes de convertirme en educadora sobre fertilidad, sabía que debía de haber alguna asociación. Bien, tiene que ver con la testosterona, la hormona responsable del desarrollo de los rasgos sexuales masculinos. Aunque no se conoce el mecanismo exacto, hay una correlación paradójica entre una mayor cantidad de testosterona y tener pelo en el pecho y ser calvo.

Por supuesto, la testosterona también está relacionada con la fertilidad, puesto que es responsable de la producción de esperma. Pero cuando pensamos en la fertilidad, la tendencia es pensar sólo en mujeres. Después de todo, son las que tienen ciclos menstruales y en último término tienen hijos. Si no fuera por el pequeño detalle del esperma de los hombres, las mujeres obviamente nunca quedarían embarazadas. Además, si hay algún problema de fertilidad en una pareja, probablemente se deba al hombre o a la mujer.

Como has visto en las páginas anteriores, hay diferencias significativas entre la fertilidad de los hombres y de las mujeres y la sexualidad. Es interesante que también haya otras semejanzas entre la anatomía reproductiva masculina y femenina. Cuando las mujeres desarrollan óvulos en sus ovarios, los hombres producen la contrapartida masculina, el esperma, en sus testículos. Igual que el óvulo de la mujer llega a la trompa de Falopio, un espermatozoide masculino viaja por un tubo llamado conducto deferente. Por último, el útero de la mujer y la próstata del hombre, ambos en aproximadamente el mismo lugar, producen nutrientes para el óvulo y el esperma, respectivamente.

Vejiga: El reservorio muscular que almacena la orina antes de ser liberada mediante la micción.

Glándula prostática: Una glándula del tamaño de una nuez que produce un fluido fino y lechoso que nutre el esperma y proporciona parte de la sustancia que forma el semen. Rodea la unión del conducto deferente y la uretra.

Glándula de Cowper: Dos glándulas del tamaño de un guisante que producen un fluido claro y lubricante, diseñado para proporcionar nutrientes para la supervivencia del esperma. También ayuda a neutralizar la acidez de cualquier orina que quede en la uretra.

Conductos deferentes: Un par de tubos de aproximadamente 32 centímetros que llevan el esperma a la vesícula seminal. El canal interno es tan delgado como un pelo.

Pene: El órgano masculino mediante el que se emiten la orina y el semen. Se pone erecto durante la excitación sexual, lo cual facilita las relaciones.

Uretra: El estrecho tubo de 20 centímetros de longitud que puede llevar orina o semen por el pene, hacia el exterior del cuerpo.

Testículos: El par de glándulas sexuales de forma oval que producen testosterona y un promedio de 200 millones de espermatozoides diarios. El testículo izquierdo suele colgar más abajo que el derecho.

Túbulos seminíferos: Tubos microscópicos en los testículos en los que se produce el esperma.

Escroto: La bolsa delgada y suelta que rodea los testículos que se dilata y contrae en respuesta a las temperaturas externas.

Vesículas seminales: Órganos con forma de saco que producen una sustancia nutritiva para los espermatozoides y producen alrededor del 65 % del fluido seminal en el que viajan los espermatozoides.

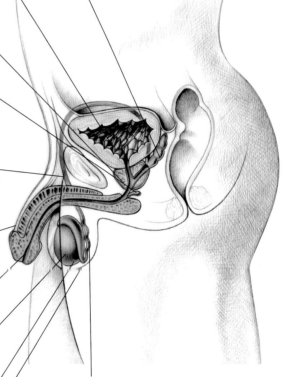

Epidídimo: Una serie de 7 metros de tubos ultradelgados y enrollados en forma de espiral que maduran y almacenan las células espermáticas jóvenes. El esperma tarda en pasar entre 2 y 12 días, tiempo durante el cual desarrolla la habilidad de nadar y obtiene la capacidad de fertilizar. El epidídimo y los conductos deferentes, juntos, almacenan unos 700 millones de espermatozoides.

No es de extrañar que los testículos de los hombres estén situados en el exterior de su cuerpo, puesto que el esperma requiere condiciones de 3 a 4 grados menos de la temperatura corporal normal para desarrollarse. Al parecer, ese diseño funciona bastante bien, porque la mayoría de los hombres produce entre 100 y 300 millones de espermatozoides diarios. Para asegurarse de que los testículos permanecen frescos, el escroto que los rodea se hace más denso o más delgado en respuesta a la temperatura externa. Por ejemplo, si un hombre salta a un lago helado, el escroto se contrae, se hace muy denso y llevan los testículos al interior del cuerpo. Pero si toma una ducha caliente, el escroto se hace más delgado, lo cual permite que los testículos cuelguen. De este modo, el cuerpo mantiene una temperatura testicular constante en diversas condiciones de temperatura.

Aunque el esperma se produce diariamente, la producción de cada espermatozoide puede tardar unos 72 días en completarse. Comienza su viaje reproductivo dentro de los largos y delgados túbulos seminíferos de los testículos, antes de acudir al «almacenamiento frío» del epidídimo, una serie de tubos enrollados de 7 metros de longitud que actúan a modo de escuela para que el espermatozoide tenga una técnica de natación perfecta. Tardan entre 2 y 12 días en pasar por el epidídimo.

Antes de la eyaculación, la glándula de Cowper libera un fluido claro y resbaladizo diseñado para facilitar la supervivencia del esperma y neutralizar la acidez de la uretra. La gente suele confundir estas pocas gotas de «filtración» con la capacidad de un hombre de controlar su eyaculación. En realidad, es una función sexual totalmente saludable y necesaria. Pero el líquido pre-eyaculatorio puede contener esperma vivo, la razón por la que no se recomienda practicar la «marcha atrás» (aunque, de hecho, es mucho más eficaz que arriesgarse a tener relaciones sin ninguna protección). En la propia eyaculación, la próstata y las vesículas seminales aportan el fluido rico en nutrientes en el que viaja el esperma. Una de las razones por las que un hombre tarda en poder volver a eyacular es que la vesícula seminal y la próstata necesitan tiempo para producir más fluido seminal.

Aunque estamos tratando el asunto de qué segregan los hombres durante la eyaculación, puedes estar seguro de que una de las cosas que no segregan es orina. Una de las razones por las que resulta difícil orinar a un hombre excitado es que un esfínter muscular cierra la apertura de la vejiga, impidiendo que orine y eyacule a la vez. Por tanto, las mujeres de todo el mundo pueden transmitir un suspiro colectivo de alivio.

Lo que ocurre en la eyaculación es que el esperma viaja desde el epidídimo, por el conducto deferente y por la uretra, por donde sale al exterior. En el camino, el fluido de las vesículas seminales también entra en el conducto deferente y se mezcla con el esperma. Las vesículas seminales son dos estructuras parecidas a un saco que producen parte del fluido seminal en el que viaje el esperma. La otra fuente de semen procede de la glándula prostática.[1]

---

1. Pregunta: ¿Qué dice el epidídimo a la vesícula seminal? Respuesta: Hay un vaso deferente entre nosotros. (Gracias a Robert Mecklosky, de la Ciudad de Nueva York, el profesor de ciencias más querido).

Cuando un hombre eyacula en el interior de una mujer, la cantidad de tiempo que puede sobrevivir el esperma está directamente relacionada con en qué fase de su ciclo se encuentre la mujer. Si no está próxima a la ovulación, y por tanto no es fértil, el esperma no sobrevivirá más de varias horas. Sin embargo, si se aproxima a la ovulación y tiene un fluido cervical húmedo, el esperma podrá vivir hasta cinco días. Esto lo explicamos detenidamente más adelante.

La consistencia inicial del semen, similar a la de la gelatina, sirve para evitar que éste se salga prematuramente de la vagina, mientras que el azúcar que contiene proporciona energía instantánea para la motilidad espermática. Pero una vez que ha cumplido su propósito, el gel suele dividirse y chorrear en las horas siguientes, para disgusto de muchas mujeres, sin duda.

Los espermatozoides suponen una proporción sorprendentemente pequeña del semen. La composición del semen es aproximadamente ésta:

- Fluido de las vesículas seminales: 65 %
- Fluido de la glándula prostática: 30 %
- Espermatozoides y fluido testicular: 5 %

La lista siguiente servirá para saber por qué tantas mujeres que intentan evitar el embarazo tienen buenas razones para ser prudentes:

- Número de espermatozoides producidos por día: 100-300 millones
- Número habitual de espermatozoides por eyaculación (2-6 ml): 100-500 millones
- Número habitual de espermatozoides por mililitro: 20-200 millones
- Número de días que el esperma puede vivir en un fluido cervical fértil: 5 días

La buena noticia es que, con un método como el Método de Conciencia de la Fertilidad, las mujeres que quieren evitar el embarazo no necesitan preocuparse de si los hombres producen 1 o 10 millones de espermatozoides por hora. Lo importante es que, una vez que las mujeres determinan cuándo no son fértiles en su ciclo, no importa cuántos espermatozoides produzca el hombre. Si no hay óvulo que liberar, no hay forma fisiológica de que tenga lugar un embarazo.

4

POR FIN DANDO SENTIDO
A TU CICLO MENSTRUAL

Cindy y Brent son clásicos ejemplos de personas con formación que están mal informadas sobre la duración normal de los ciclos. No fueron clientes míos, pero Brent me contó su teoría sobre el efecto del estrés en los ciclos de las mujeres, cuando oyó que yo estaba escribiendo un libro sobre conciencia de la fertilidad. Dijo que su mujer estaba tan paranoica sobre quedarse embarazada que se preocupaba constantemente por el hecho de tener períodos retrasados. La ansiedad de Cindy la llevaba a comprar continuamente pruebas de embarazo, que siempre daban resultado negativo, seguidas por la menstruación un día o dos después de obtener esos resultados. Basándose en este patrón, Brent dedujo que era la ansiedad en sí misma la que causaba el retraso, y que la tranquilizadora noticia de una prueba de embarazo negativa le permitía por fin relajarse lo suficiente para que comenzara su período.

Parece lógico, ¿verdad? Pues no. Como veremos más adelante, empezar a preocuparse por un embarazo no esperado unos pocos días antes de tu período no lo retrasará, ya que el tiempo desde la ovulación hasta la menstruación (la fase lútea) tiene una duración limitada que no se ve afectada por factores externos como el estrés. En realidad, lo que sin duda estaba ocurriendo era que Cindy tenía ciclos más largos que la media, tal vez 32 días aproximadamente. Pero como ella creía el dato engañoso habitualmente aceptado de que los ciclos son de 28 días, empezaba a sentir pánico cuando llegaba el día 30 o 31. Por último, hacia el día 32 se realizaba una prueba de embarazo, el resultado era negativo, y hete aquí que su período comenzaba el día siguiente. Pero no eran los resultados de pruebas negativas los que permitían que comenzara su menstruación. ¡Sino que sus ciclos eran de 32 días con casi total seguridad!

«Entonces, cuando tienes trece años... ocurre una
cosa misteriosa una vez al mes, Shirley... Empiezas
a recibir una factura de Master Card».

La gran carrera

*Hay un momento en que tienes que explicar a tus hijos por qué nacieron, y es maravilloso si
sabes la razón para entonces.*

HAZEL SCOTT

Oh, vaya, aquí estamos de nuevo... el ciclo menstrual. Ahora antes de que empieces a quejarte
de lo aburrida que va a ser esta sección, créeme, es una de las cosas más destacables que ocurren
en tu cuerpo. El ciclo menstrual es como una sinfonía bien afinada, una interacción fascinante de
hormonas y respuestas fisiológicas. Hacia el final de este capítulo, creo que estarás de acuerdo.

66

La conclusión es que tu cuerpo se prepara para un posible embarazo en cada ciclo, quieras o no concebir. En resumen, tus hormonas no siempre consultan con tu corazón. Simplemente hacen sus cosas independientemente de tus intenciones.[1]

Durante cada ciclo, bajo la influencia de la hormona folículo-estimulante, entre 15 y 20 óvulos empiezan a madurar en cada ovario. Cada óvulo está recubierto por su propio folículo. Los folículos producen estrógeno, la hormona necesaria para que finalmente se ovule. Tiene lugar una competición para que un folículo llegue a ser el mayor. Al final empieza la ovulación cuando un ovario libera un óvulo del folículo dominante. (Los otros óvulos que empiezan a madurar se desintegran en un proceso llamado atresia). Es arbitrario qué ovario al final libere el óvulo. La ovulación no necesariamente alterna entre ovarios, como suele pensarse.

Aunque el promedio es de dos semanas, esta competición por liberar un óvulo puede requerir entre 8 y 21 días, o más, para completarla. El factor principal que determina cuánto tiempo tardarás en ovular es la rapidez con que tu cuerpo alcanza cierto umbral de estrógeno. Los altos niveles de estrógeno desencadenarán una brusca secreción de hormona luteinizante (HL). Esta elevación del nivel de HL hace que el óvulo traspase literalmente la pared ovárica, normalmente un día después, más o menos, de su comienzo. Después de la ovulación, el óvulo se dirige hacia la cavidad pélvica, donde es rápidamente barrido por las prolongaciones con forma de dedo de las trompas de Falopio, llamadas fimbrias. Ocasionalmente, la fimbria no recoge el óvulo, y por tanto no es posible el embarazo en ese ciclo.

En este momento, puede que pienses de qué estoy hablando. ¿Con cuántas hormonas tratamos aquí? En realidad, una forma organizada para que recuerdes el orden general de las hormonas es mediante la expresión HEHOP, que significa

Hormona folículo-estimulante
Estrógeno
Hormona luteinizante
Ovulación
Progesterona

---

1. Hace años, la bióloga evolutiva Margie Profet ofreció una teoría totalmente distinta de por qué tienen lugar los ciclos menstruales. Ella pensaba que la función clave de la menstruación es librar al cuerpo de los patógenos que lleva el esperma y que se introducen en los órganos reproductivos femeninos durante la relación sexual. Su teoría provocó un interesante debate en el mundo académico, pero ella mantenía su sentido del humor al respecto. «Lo que te dicen en la guardería es cierto –dijo cierta vez–, los críos van cargados de gérmenes».

Por tanto, la próxima vez que estés en una fiesta y alguien te pregunte, ya tienes una respuesta preparada. Por supuesto, las cosas podrían ponerse feas si alguien te pide una explicación más detallada del ciclo menstrual. Para ello debes leer la versión más exhaustiva del ciclo presentada en el apéndice C.

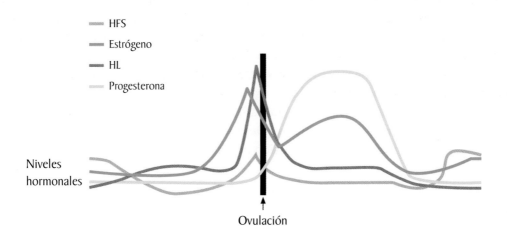

LAS CUATRO PRINCIPALES HORMONAS REPRODUCTIVAS

HFS
Estrógeno
HL
Progesterona

Niveles hormonales

Ovulación

Tras la liberación del óvulo del ovario, el folículo que mantenía al óvulo se contrae sobre sí mismo convirtiéndose en el cuerpo lúteo (o, literalmente, «cuerpo amarillo»). El cuerpo lúteo permanece detrás de la pared interior del ovario y empieza a liberar progesterona. Tiene una vida de entre 12 y 16 días, con una duración media de 13-14 días. Raramente varía más de un par de días en cada mujer, porque, al estar instalado en la pared ovárica, no se ve afectado por el estrés de la vida cotidiana.

De este modo, por ejemplo, si la fase lútea de Erica (la fase siguiente a la ovulación) normalmente es de 13 días, ocasionalmente puede ser de 12 o 14 días. A veces, las fases lúteas pueden ser de 11 o incluso de 10 días. Se considera un rango normal, pero las fases de menos de 10 días son problemáticas, especialmente si una pareja está intentando que la mujer se quede embarazada. (Hablo detalladamente de las fases lúteas breves en los capítulos 6 y 9).

La progesterona, la hormona liberada por el cuerpo lúteo, es increíblemente importante para la fertilidad de una mujer porque hace tres cosas:

1. Evita la liberación de todos los demás óvulos durante el resto del ciclo.
2. Hace que el recubrimiento uterino (endometrio) se haga más denso y que se sostenga a sí mismo hasta que se desintegre el cuerpo lúteo, dos semanas más tarde.
3. Causa los tres primeros síntomas de fertilidad. Estos síntomas son el fluido cervical, la temperatura al despertarse y la posición del cuello del útero.

En un pequeño porcentaje de ciclos, se liberan dos o más óvulos durante la ovulación, pero siempre en un período de 24 horas. Este fenómeno, llamado ovulación múltiple, es responsable de los mellizos. La razón por la que no se pueden liberar más óvulos en una fase posterior de este ciclo se debe a los potentes efectos de la progesterona, antes mencionados. *La progesterona detiene rápidamente la liberación de todos los demás óvulos hasta el ciclo siguiente.* Por ello, una mujer no puede liberar un óvulo un día, quedarse embarazada y después liberar otro óvulo de nuevo semanas o meses más tarde. Su cuerpo se protege de ese posible embarazo evitando la liberación de más óvulos después de la ovulación.[2]

---

2. En Estados Unidos, aproximadamente 1 de cada 35 partos es de gemelos. (Esta cifra es significativamente más alta que en generaciones anteriores debido al uso de fármacos para la fertilidad). La tercera parte de las veces son gemelos idénticos, lo que significa que un óvulo fertilizado se divide en dos. Dos veces de cada tres son hermanos mellizos, lo que significa que se liberaron dos óvulos separados y que se concibieron con menos de 24 horas de diferencia entre ellos. Los gemelos idénticos tienden a ser raros en la naturaleza, ya que no hay implicados componentes hereditarios específicos. El nacimiento de mellizos, por otra parte, puede estar influido por la herencia. Lo que parece heredarse es la propensión a liberar niveles más elevados que la media de la HFS, lo cual a su vez puede hacer que se libere más de un óvulo. Además, las mujeres de más edad tienen más probabilidad de liberar más de un óvulo, puesto que la HFS tiende a aumentar conforme la mujer tiene más edad.

Los estudios han demostrado que la ovulación múltiple puede darse con una frecuencia de hasta un 10 % de todos los ciclos, un porcentaje mucho mayor del que se pensaba antes. Aunque es cierto que sólo aproximadamente un 1 % de los partos son de hermanos mellizos, debe recordarse que la mayoría de las ovulaciones no dieron lugar a una concepción. Además, las investigaciones han demostrado que en realidad se conciben muchos más hermanos mellizos que los que nacen, pero que, en la mayoría de los casos, una de las concepciones sufre un aborto espontáneo o se reabsorbe, dando lugar a un solo bebé. Los científicos se refieren a esto como «el síndrome de la desaparición del gemelo». En cualquier caso, el hecho de que tantos ciclos puedan tener múltiples ovulaciones destaca la importancia de las diversas reglas del Método de Conciencia de la Fertilidad para evitar el embarazo, que aprenderás más adelante.

Ovulación: La línea divisoria

La primera fase del ciclo, desde el día 1 de la menstruación hasta la ovulación, es la fase folicular (o estrogénica). Su duración puede variar considerablemente de mujer en mujer, y en cada mujer a lo largo de su vida. La segunda fase del ciclo, desde la ovulación hasta el último día antes de que comience el nuevo período, es la fase lútea (o progestacional). Suele tener una duración de 12 a 16 días. Lo que conlleva esto en última instancia es que el día de la ovulación determina la duración del ciclo.

Por ejemplo, una mujer puede tener una ovulación extremadamente retrasada debido al estrés u otros factores, y no ovula hasta el día 30, aproximadamente. Esto tiene como consecuencia un ciclo de unos 44 días (30 más 14). De este modo, sólo porque una mujer se encuentre en el día 44 y no haya tenido el período no significa necesariamente que esté embarazada.

Mi hermano Raymond estaba editando el manuscrito para la primera edición de este libro cuando recibió una llamada de su buena amiga Marcella, quien vive en Los Ángeles. Sentía cierto pánico por la posibilidad de estar embarazada y necesitaba consejos. (Ray estaba acostumbrado a las consultas de sus amigos, ya que tenía cierta experiencia en fertilidad que pocos hombres tienen).

Ella explicó que estaba preocupada porque era el día 42 y nunca había tenido un ciclo más largo que 32 días. Disfrutando claramente de su papel como amigo consejero y detective menstrual, Ray procedió a registrar toda la información relevante. Sexo con su novio el día 5. Punto. «Abstinencia molesta». Punto. Ningún ciclo menor de 25 días. Punto.

Los datos convencieron a Ray de que el embarazo era extremadamente improbable. Prosiguió explicando a Marcella que si había estado enferma, había viajado o había experimentado mucho estrés antes de ovular, era posible que la ovulación pudiera haberse retrasado días, o incluso semanas, provocando un ciclo más largo. Ella no estaba totalmente tranquila. «Debes de haberte estresado por algo», dijo él. Marcella insistió en que todo había sido tranquilo en su vida, y que la única ansiedad inusual que había experimentado la tuvo sólo unos cuantos días antes, aproximadamente una semana después de terminar su último período.

Además de ser un detective menstrual, Ray era también un historiador aficionado. Le encantan las fechas. Sacó su calendario y lo miró fijamente.

—Marcella –dijo tranquilamente–, déjame comprobar. Tu último período comenzó el 6 de enero, por lo que habrías ovulado normalmente aproximadamente el 20 de enero, unos días antes o después.

—Sí, lo sé –murmuró nerviosamente.

—Entonces sólo tengo curiosidad por saber si el 17 de enero dormiste bien durante el terremoto, o no.

Hubo una pausa distinta.

—¡Oh, Dios mío! ¡Lo había olvidado! Fue una de las cosas más alarmantes que he pasado, 6,7 en la escala de Richter. Fue terrible.

Ray rio y le dijo que se relajara, que sin duda no estaba embarazada. Tres días después, Marcella volvió a llamar, contenta de informar que le había empezado el período. Ray recomendó que, la próxima vez que hubiera un fuerte terremoto, el alcalde apareciera en la televisión de la ciudad. De esa forma podía asegurar a las mujeres de Los Ángeles que, si se retrasaban sus períodos, era muy posible que no hubiese nada de lo que preocuparse. Podía tratarse de una ovulación retrasada por un terremoto.

También debe señalarse que, de vez en cuando, una mujer no libera ningún óvulo en absoluto. A esto se le llama «ciclo anovulatorio». Estas clases de ciclo pueden ir de muy breves a extraordinariamente largos, y los explicamos más detalladamente en el capítulo 7.

El drama de la concepción

Cuando el óvulo traspasa la pared del ovario, normalmente lo recoge la trompa de Falopio. Una vez que se libera, la fimbria puede tardar menos de un minuto en colocar el óvulo en la trompa con ligeros movimientos circulares. Suponiendo que no tenga lugar la fertilización, el óvulo se mantiene vivo un máximo de 24 horas, después de lo cual simplemente se desintegra y el cuerpo lo reabsorbe. El óvulo es aproximadamente del mismo tamaño que el punto del final de esta frase, a penas lo suficientemente grande para poder verlo incluso acercándose a la compresa, aunque fuera expulsado durante el período.[3]

Si tiene lugar la fecundación, será en la tercera parte externa de la trompa de Falopio, a las pocas horas de la ovulación. (No tiene lugar en el útero, como suele creerse). El feliz espermatozoide tal vez haya viajado varias horas hasta este momento de encuentro. El óvulo fecundado seguirá siendo empujado hacia el útero por cilios vibrantes, prolongaciones similares al cabello que recubren las trompas de Falopio. Después de aproximadamente una semana, llega a su destino definitivo, en el recubrimiento uterino, y comienza el proceso de anidación. (*Véase* epílogo, página 404).

---

3. Una instructora del Método de Conciencia de la Fertilización me dijo en cierta ocasión que, cuando ella empezó a menstruar, buscaba en su compresa un óvulo azul que se pareciese a los huevos de petirrojo, y que se sentía continuamente decepcionada porque no lo encontraba.

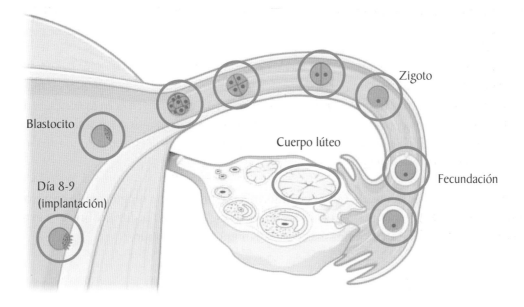

Zigoto

Blastocito

Cuerpo lúteo

Día 8-9
(implantación)

Fecundación

Sin embargo, para que tenga lugar la concepción, debe haber tres factores que funcionen juntos: el óvulo, el espermatozoide y un *medio* en el que el espermatozoide pueda moverse para llegar a las trompas de Falopio. Ese medio es el fértil fluido cervical, que actúa como conducto viviente para dirigir al esperma a través del cuello del útero. Las mujeres producen fluido cervical gracias a unos niveles más elevados de estrógeno en la primera parte del ciclo. Puesto que los espermatozoides pueden sobrevivir hasta cinco días en un fluido cervical fértil, es posible tener relaciones un lunes y quedarse embarazada un viernes. Por tanto, sin querer explotar la burbuja de nadie, puedes disfrutar de una deliciosa sesión de amor frente al fuego, pero en realidad no concebir hasta cinco días después, mientras estás corriendo y tu querido se encuentra en un avión para asistir a una reunión en Kalamazoo.

En cualquier caso, la respuesta del organismo al acto de la concepción es verdaderamente asombrosa. Si fueras a quedarte embarazada, el embrión se perdería si el endometrio empezara a desintegrarse y mudara la piel en forma de menstruación, como sucede normalmente, ciclo tras ciclo. Por tanto, el cuerpo embarazado tiene un medio de evitar que ocurra eso. Tan pronto como el óvulo fecundado anida en el recubrimiento, empieza a liberar una hormona del embarazo, la GCH (gonadotropina coriónica humana), que transmite un mensaje al cuerpo lúteo que quedó atrás, en la pared ovárica. La GCH indica al cuerpo lúteo que permanezca vivo más allá de su máximo habitual de 16 días y que continúe liberando suficiente progesterona para mantener el revestimiento alimenticio. Después de unos pocos meses, la placenta empieza a realizar su función, no sólo manteniendo el endometrio, sino aportando todo el oxígeno y los nutrientes que el feto necesita para prosperar.

Una de las razones de las pruebas de embarazo de «falso negativo» es que se suelen hacer demasiado pronto, antes de que el óvulo haya tenido ocasión de implantarse y de empezar a segregar GCH, o antes de que la GCH haya tenido tiempo de alcanzar un nivel suficientemente elevado para ser detectada en la orina o en el torrente sanguíneo. Por supuesto, ese tipo de resultados engañosos podrían disminuir si las mujeres elaborasen una gráfica con sus ciclos y pudieran identificar por sí mismas cuándo ovulan y, por tanto, cuándo tuvo lugar la implantación.

Espero que las últimas páginas hayan convencido a la lectora de que su ciclo menstrual no es nada aburrido, sino que de hecho es una orquestación de eventos biológicos. Lejos de consistir sólo en menstruar, es un coro hormonal continuo en el que todo funciona junto hacia el objetivo principal de liberar y nutrir un óvulo saludable. Y, como verás en el capítulo siguiente, tu cuerpo te ofrece señales visibles para ayudarte a comprender diariamente lo que está sucediendo.

LOS TRES SIGNOS PRINCIPALES DE LA FERTILIDAD

5

Yo ignoraba por completo este cambio corporal en cada ciclo. Amigo, mi madre nunca me habló de ello. De hecho, aprendí sobre el amor y el acto de concebir hijos de la afirmación del hijo de un vecino sobre que un hombre introduce su pene en la «vajilla» de una mujer.

KELLEY HEIL, lectora de la primera edición de *Tu fertilidad*

Pregunta a alguna mujer normal si es consciente de que su cuerpo es una computadora biológica andante que contiene la información más esclarecedora sobre su fertilidad, y lo más probable es que te encuentres con una mirada en blanco. Pero lo cierto es que todas las mujeres en edad reproductiva pueden aprender fácilmente a observar y reflejar en una gráfica los tres síntomas principales de fertilidad de su cuerpo. Esta transformación después puede utilizarse para decir muchas cosas sobre sus ciclos, y la más evidente es que si pueden, o no, quedarse embarazada algún día.

Como ya sabes, los tres síntomas principales de fertilidad que prácticamente tienen todas las mujeres que ovulan son:

1. Fluido cervical
2. Temperatura al despertarse
3. Postura del cuello del útero

Pero antes de que te informes sobre cada síntoma, deberías echar un vistazo a los términos clave en la página siguiente.

Fluido cervical

Una de las primeras cosas que te pueden chocar cuando empieces a elaborar gráficas es que existe un patrón claro de fluido cervical durante todo tu ciclo. De hecho, la mayoría de las mujeres comentan que, antes de aprender a elaborar gráficas, a menudo observaban secreciones misteriosas que parecían surgir en momentos arbitrarios, pero las consideraron «repugnantes» y confusas, sin darse cuenta nunca de que servían a un propósito y seguían un patrón evidente.

TÉRMINOS CLAVE DE LAS GRÁFICAS UTILIZADOS FRECUENTEMENTE EN EL LIBRO	
Deberías revisar la lista de definiciones que ofrezco a continuación. Básicamente, es una chuleta para elaborar gráficas que te ayudarán a entender el resto del libro.	
Secreciones	Fluido cervical, a menos que se diga otra cosa.
Pegajoso	Fluido cervical que tiene una consistencia no húmeda, como gelatinosa o pegajosa, y que causa una sensación vaginal seca o pegajosa.
Cremoso	Se refiere a cualquier tipo de fluido cervical húmedo de transición y fértil entre pegajoso y clara de huevo. Puede incluir numerosos tipos que puedes experimentar por ti misma, incluido, entre otros, el que parece crema.
Clara de huevo	Fluido cervical semejante a la clara de huevo, que se describe como elástico, claro o lubricante. Nótese que «clara de huevo» también incluye el concepto de sensación vaginal lubricante. Es la clase más fértil.
Patrón básico de infertilidad	Fluido cervical seco o pegajoso (no húmedo), sin variar, que las mujeres experimentan inmediatamente después de la menstruación, o durante un tiempo extenso cuando no están ovulando.
Punto de cambio	El momento del ciclo en que el patrón básico de infertilidad pasa a tener un estado más fértil, de seco a pegajoso (no húmedo) o de pegajoso a cremoso (húmedo).
Temperatura	Temperatura corporal basal, que se toma justo al despertarse.
Cambio en la temperatura	El aumento en la temperatura al despertarse que distingue la temperatura preovulatoria baja de la temperatura posovulatoria alta, en una gráfica de ovulación.
Gráfica bifásica	Una tabla de temperaturas que refleja la ovulación porque muestra dos niveles de temperaturas: un patrón de temperaturas relativamente bajas en la fase preovulatoria, seguido por temperaturas más altas en la fase posovulatoria, entre 12 y 16 días.

Y si eres como la mayoría de las mujeres cuando aprenden a observar sus signos de fertilidad, lo segundo que puedes experimentar es una sensación de frustración, e incluso ira, cuando te das cuenta de lo poco que conocías tu cuerpo antes. No, probablemente no estabas sufriendo infecciones vaginales recurrentes todo el tiempo. No, no estabas sucia ni necesitabas expulsar la «secreción». De hecho, la belleza de seguir en una gráfica tu fluido cervical es que podrás distinguir de una vez por todas lo que es totalmente normal de la secreción sintomática que es el resultado de una verdadera infección vaginal. Por esta razón, te recomendaría que nunca vuelvas a utilizar la «palabra que empieza por s» para describir tu fluido cervical saludable. Después de todo, no describimos el semen saludable del hombre como «secreción».

El fluido cervical es para la mujer lo que el fluido seminal es para el hombre. Puesto que los hombres siempre son fértiles, producen fluido seminal todos los días. Las mujeres, por el contrario, son fértiles sólo unos cuantos días en torno a la ovulación, y por ello producen la sustancia necesaria para la alimentación y movilidad de los espermatozoides sólo durante esos momentos. Es bastante intuitivo. Los espermatozoides necesitan un medio en el que vivir, moverse y prosperar; de lo contrario morirán rápidamente. Una vez que viajan desde el pene hasta la vagina, necesitan una sustancia análoga para mantenerse. Pero el único momento en que es vital para ellos sobrevivir es alrededor del momento en que se libera el óvulo. Por eso las mujeres producen la sustancia que se parece al semen sólo unos cuantos días cada ciclo.

En última instancia, el fluido cervical tiene varias funciones clave. Proporciona un medio alcalino para proteger el esperma de la vagina, que es ácida, nutre al esperma, actúa como mecanismo de filtrado y, tal vez lo más importante, sirve como medio en el que los espermatozoides pueden moverse.

Dicho en pocas palabras, el fluido cervical de la mujer empieza a desarrollarse y se parece al fluido seminal del hombre de una forma muy predecible. Cuando se aproxima la ovulación suele ver un patrón de mayor humedad. Pero cada ciclo puede ser diferente, y lo más esencial es que las secreciones se hacen más fértiles conforme se aproxima la ovulación. Por tanto, por ejemplo, después del período y gracias a la influencia del estrógeno en aumento, su fluido cervical desarrollará características más fértiles. El recuadro de las páginas 79-80 muestra un ejemplo de cómo puede desarrollarse el fluido cervical de una mujer. Pero recuerda que esto es sólo para ayudarte a reconocer tus propios patrones cíclicos.

Sequedad

Justo después del período, es posible que tengas una sensación de sequedad vaginal y que no observes *nada* cerca de la apertura vaginal. O puede que observes una ligera humedad, similar a la forma que se sentiría si tocases el interior de tu mejilla durante un segundo. Tu dedo tendría una humedad que se evaporaría en unos pocos segundos. Ésta es la forma en que suele sentirse la apertura vaginal cuando no hay fluido cervical.

Tal vez después de unos días con esta sequedad, observarás un punto de cambio que tiene lugar cuando el estrógeno empieza a subir, lo que indica que entonces te estás aproximando a la ovulación. Es la primera vez que notas tu fluido cervical después de finalizar tu período. En algunas puede ocurrir el día 6, en otras quizás el día 11. Cada mujer es diferente, razón por la cual es tan importante saber cómo responde tu propio cuerpo al estrógeno.

Pegajoso

Aquello a lo que exactamente se parezca y se sienta es único para ti, pero lo importante es que notarás algún tipo de fluido cervical. Tal vez sea *pegajoso*, como el pegamento que utilizabas en el colegio. O podría ser escamoso. Ocasionalmente, puede incluso parecerse al pegamento de caucho en proceso de secado, en que se trata de algo elástico y «mullido», pero lo importante es que en realidad no es *húmedo*. Y aunque este tipo concreto de fluido cervical probablemente no haga posible la supervivencia de los espermatozoides, para propósitos anticonceptivos puede considerarse fértil si se detecta antes de la ovulación.

Cremoso

El siguiente tipo de fluido cervical que puedes observar durante varios días es de una clase más húmeda. Algunos tal vez lo describan como *cremoso* o semejante a una crema. Puede sentirse más bien frío en la abertura vaginal, del mismo modo que una crema para las manos se siente fresca al tacto. Puede incluso estirarse hasta 1,5 centímetros, pero se romperá. La característica más importante de este tipo de fluido cervical es que es *húmedo,* pero no tanto como la del tipo siguiente y que también es más fértil. Dado que el aspecto de este tipo de fluido está entre el pegajoso del anterior y el más fértil y resbaladizo del siguiente, se lo considera un flujo de transición.

Clara de huevo

El fluido cervical final y más fértil es también el más fácil de identificar porque se parece a la clara de huevo cruda. Sus características más obvias son que suele estirarse al menos 2,5 centímetros, que es de color claro, o que causa una sensación de lubricación vaginal (la capacidad de estirarse se llama fibrosidad). Simplemente memoriza «elástico, claro o lubricante» y conviértelo en tu mantra.

También puede ser parcialmente rayado, y teñido de amarillo, rosa o rojo, todo lo cual indica la presencia de un posible sangrado ovulatorio. Cuando lo estiras, no se rompe. Además, puede ser tan acuoso que es posible que en realidad no puedas verlo, sino sólo sentirlo resbaloso, como una sensación vaginal. Por último, y como ya habréis observado, suele dejar un círculo húmedo bastante simétrico en la ropa interior debido a su alto contenido en agua. No obstante, el determinante esencial de la característica de este fluido cervical es la humedad y la sensación lubricante de la vagina que sueles sentir, puedas verlo o no.[1]

LA SECUENCIA DEL FLUIDO CERVICAL, DESDE PEGAJOSO A CREMOSO Y CLARA DE HUEVO					
Tipo	Sensación vaginal	Consistencia o textura	Elasticidad	Color	Más comentarios
Nada	Seca	(-)	(-)	(-)	Sensación cuando se usa un pañuelo de papel: Seca Áspera No resbaladiza Fertilidad: Extremadamente baja
Pegajoso	Pegajosa Seca	Pegajosa y/o: Espesa Glutinosa Se desmigaja Gomosa/seca Elástica/seca	Puede formar picos de 6 mm de espesor Si es elástico, puede estirarse más, pero se quebrará o romperá porque no está húmedo	Blanco y/o Amarillo Turbio Opaco	Sensación cuando se usa un pañuelo de papel: Seca Áspera No resbaladiza Fertilidad: Baja Aun así, antes de la ovulación, cualquier tipo de fluido cervical se considera potencialmente fértil cuando se usa el Método de Conciencia de la Fertilidad para controlar la natalidad

---

1. Las mujeres, al principio de su veintena, pueden tener hasta cuatro días de flujo clara de huevo de textura resbaladiza, pero a finales de su treintena, muchas tienen sólo uno o dos días, si es que tienen alguno.

LA SECUENCIA DEL FLUIDO CERVICAL, DESDE PEGAJOSO A CREMOSO Y CLARA DE HUEVO					
Tipo	Sensación vaginal	Consistencia o textura	Elasticidad	Color	Más comentarios
Cremoso	Húmeda Mojada Fría	Húmeda y/o: Cremosa Untuosa Lechosa Grumosa Pegajosa/ húmeda Elástica/ húmeda Puede formar picos húmedos	Puede estirarse hasta 1,8 cm antes de romperse fácilmente	Blanco u opaco	Sensación cuando se usa un pañuelo de papel: Suave Fertilidad: Alta Considerado el tipo de transición de fluido cervical en la secuencia de menos a más fértil
Clara de huevo	Húmeda Lubricante	Lubricante Resbaladiza Chorreante o acuosa Delgada, débil o gruesa	Se estira al menos 2,5 cm sin romperse	Claro o turbio A rayas Teñido de rojo	Sensación cuando se usa un pañuelo de papel: Resbaladiza Lubricante Deslizante Fertilidad: Extremadamente alta El fluido cervical más fértil: elástico, claro o lubricante

¿QUÉ SUCEDE CON LO CREMOSO?

Hay tantas variantes personales de fluido cervical que lo que puedes experimentar no tiene por qué encajar en ninguna de las descripciones de la tabla anterior. Lo importante para ti es asimilar el concepto de un patrón de seco a húmedo. Si estás ovulando, tu fluido cervical después del final de tus períodos pasará de seco o pegajoso a más húmedo y más resbaladizo conforme te acerques a la ovulación. Lo importante es que casi todas las mujeres experimentan una transición de más seco a más húmedo.

De este modo, he elegido la palabra «cremoso» para describir la categoría de humedad entre pegajosa y clara de huevo, puesto que muchas mujeres lo experimentan.

Pero tal vez prefieras usar un término distinto que sea más descriptivo de lo que tú misma observas. Quizás prefieras considerarlo tan sólo «ligeramente húmedo» o «transicional». Cualquier cosa que te funcione será correcta.

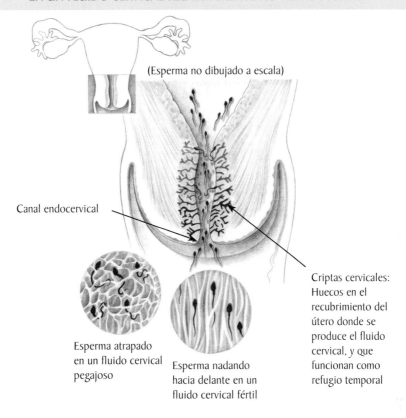

(Esperma no dibujado a escala)

Canal endocervical

Criptas cervicales:
Huecos en el
recubrimiento del
útero donde se
produce el fluido
cervical, y que
funcionan como
refugio temporal

Esperma atrapado
en un fluido cervical
pegajoso

Esperma nadando
hacia delante en un
fluido cervical fértil

FLUIDO CERVICAL EN LA ROPA INTERIOR

El fluido cervical de calidad muy
fértil a veces forma un círculo
bastante simétrico, debido a su
alta concentración en agua

El fluido cervical de calidad
no húmeda tiende a formar un
rectángulo o línea en la ropa
interior

81

De nuevo, la característica más importante de este fluido extremadamente fértil es su textura resbaladiza. Incluso podrías notar que la *sensación* vaginal lubricante que suele acompañarlo continúa un día o dos más que la presencia real del fluido cervical elástico o claro. Esa sensación indica que eres extremadamente fértil. Por supuesto, la sensación vaginal no debe confundirse con la lubricación sexual. La sensación vaginal es algo que simplemente sientes durante el día, o que notas cuando pasas una toallita, sin observar nada en realidad. Al final, la calidad es más importante que la cantidad cuando evaluamos la fertilidad del fluido cervical. Independientemente de eso, la forma en que se registran todos estos tipos de secreciones puede verse en la gráfica de debajo.

Después de que los niveles de estrógeno lleguen al máximo, el fluido cervical cambia bruscamente, a menudo en unas pocas horas. Esto se debe a la súbita disminución del estrógeno combinada con el aumento de progesterona cuando el óvulo está a punto de liberarse. Después de la ovulación, el fluido cervical no fértil forma una especie de tapón denso y pegajoso que impide la penetración del esperma. Además, el entorno ácido de la vagina destruye el esperma que no queda atrapado en el tapón.

En otras palabras, el fluido cervical de calidad fértil puede tardar una semana en desarrollarse, pero después se seca en menos de un día. Este súbito secamiento del fluido cervical es la mejor forma de saber que el estrógeno ha descendido y que la progesterona ha tomado el relevo. La falta de fluido cervical húmedo suele extenderse durante la duración del ciclo.

Día del ciclo	1	2	3	4	5	6	7	8	9	10	11	12	13	14	15	16	17	18	19	20	21	22	23	24	25	26	27	28	29	30	31	32	33	34	35	36	37	38	39	40
Clara de huevo																																								
Cremoso																																								
PERÍODO, manchado, seco o pegajoso	●	●	●	●	●					—	—	—	—	—				—	—	—	—	—	—	—	—	—	—	—	—	—	●									
Fase fértil y día cumbre																DC																								
Sensación vaginal										seco	pegajoso	húmedo	húmedo	húmedo	lúbrico	seco	seco	seco																						
DESCRIPCIÓN DEL FLUIDO CERVICAL										seco	blanco pegajoso =	húmedo pegajoso =	pegajoso → cremoso =	cremoso blanco más húmedo	manchado claro	claro resbaladizo	película blanca pegajosa	seco																						

Gráfica de Alyssa. Patrón típico de fluido cervical. Normalmente hay una progresión gradual desde los tipos secos hasta los pegajosos y húmedos, vistos aquí en dos días de pegajoso, cremoso y clara de huevo. También debes tener en cuenta que la sensación vaginal suele corresponderse con el fluido cervical (se utiliza el término «lúbrico» para designar la sensación de lubricidad en la abertura vaginal). Por último, observa cómo Alyssa registra el día 1 de las nuevas menstruaciones en la misma gráfica antes de repetirlo otra vez en una nueva gráfica. Cada ciclo queda delineado claramente con una línea vertical de cierre. Este ciclo fue de 30 días.

Por último, aproximadamente un día antes de la menstruación, las mujeres pueden observar ocasionalmente una sensación muy húmeda, acuosa, que en algunas parece una clara de huevo diluida. Se cree que esto se debe a la disminución de la testosterona que precede a la desintegración del recubrimiento del útero. La primera parte del recubrimiento uterino que fluye suele ser agua, y de ahí la sensación muy húmeda. Obviamente, este fluido húmedo que precede inmediatamente a la menstruación no indica una fase fértil, puesto que el óvulo se habrá desintegrado unas dos semanas antes.

Una forma de visualizar los cambios en tu fluido cervical es mediante la imagen de una ola, que va creciendo cada vez más, hasta que se rompe bruscamente. Aunque nuestras hormonas no son tan radicales, la analogía nos sirve. Observa en el gráfico de debajo cómo las fases de desarrollo de fluido cervical y su disminución subsecuente no son simétricas.

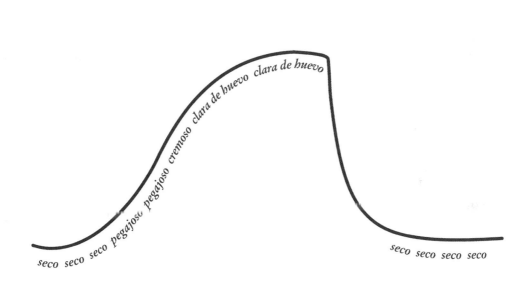

Un truco para ayudarte a identificar la textura real del fluido cervical y la sensación vaginal es observar qué se siente al pasar un pañuelo de papel por los labios vaginales. ¿Se sienten secos, impidiendo el movimiento? ¿Es fluido? ¿O bien simplemente se desliza? Cuando estés seca o pegajosa, el pañuelo no se deslizará suavemente por tus labios vaginales. Pero conforme te aproximes a la ovulación, tu fluido cervical se volverá progresivamente más abundante, y de este modo el pañuelo debería deslizarse fácilmente.

Saber qué es qué

Uno de los ejemplos más tristes de una mujer a la que no han enseñado la naturaleza del fluido cervical normal fue una clienta que tuve hace años.

Brandy era una joven mujer que asistía a mi clase después de haber tomado la píldora durante seis años. Antes de mi seminario se sometió a una prueba diagnóstica totalmente innecesaria: y todo porque nunca había aprendido a entender los asombrosos síntomas de su cuerpo en todos sus ciclos.

Brandy observó que, de vez en cuando, al defecar, sentía una sustancia resbaladiza cuando utilizaba el papel higiénico. Se preocupó porque quizás algo iba mal con su tracto intestinal, porque lo notaba sólo después de usar el baño y sólo periódicamente. El médico sugirió que se hiciera una colonoscopia para descartar la enfermedad del intestino inflamado o pólipos. Pero ¿por qué?

Brandy estaba experimentando el flujo absolutamente normal y habitual de clara de huevo fértil que fluía de su vagina. Puesto que es tan resbaladizo y abundante, puede llegar fácilmente al recto con el papel higiénico. Por supuesto, no es de extrañar que observara esta sustancia resbaladiza sólo de vez en cuando, puesto que producía clara de huevo sólo en torno a la ovulación.

Esto no significa que las colonoscopias no estén justificadas. De hecho, como parte de la tarea hacerte cargo de tu salud, deberías realizarte una cada 5 o 10 años, a partir de los 50. Pero mi impresión es que, si estás leyendo este libro, aún no tienes 50. Además, si te enseñaran todas las características del fluido cervical resbaladizo, tal como es, sabrías específicamente buscar síntomas, especialmente cuando se hace fuerza al usar la taza del váter.

Las historias de mujeres como Brandy, que se hacen pruebas innecesarias y generadoras de ansiedad, es una de las cosas que me motiva para educar a las mujeres sobre los sencillos síntomas que les cuenta su propio cuerpo sobre su salud reproductiva. Esto no quiere decir que las mujeres no tengan ocasionalmente verdaderas infecciones u otros problemas médicos. Lo importante es simplemente que a las mujeres se les debería enseñar lo que es normal de forma que puedan detectar mejor los trastornos en ellas mismas.

Tú también deberías saber que hay ciertos factores que pueden ocultar el fluido cervical, como por ejemplo:

- Duchas vaginales
- Infecciones vaginales
- Fluido seminal

- Fluido por la excitación
- Espermicidas y lubricantes
- Antihistamínicos (que pueden secarlo)

Además, las mujeres con secreciones del tipo de cola de caucho pegajosa o húmeda que continúa durante semanas o más, pueden tener cervicitis o erosión cervical. Ninguno de estos problemas es serio, pero deben tratarse simplemente para que se pueda observar con más precisión tu fluido cervical.

Por último, las mujeres a menudo se preguntan cómo difiere el fluido cervical del seminal y el propio de la estimulación. Los dos últimos son mucho más finos y normalmente se secan más rápidamente en el dedo, mientras que el fluido cervical tiende a permanecer hasta que lo lavas. Explico esto detalladamente en el capítulo siguiente. Por supuesto, una vez más, puesto que tienes tres síntomas de fertilidad en los que confiar, puedes tener la tranquilidad de saber que aún puedes interpretar tu fertilidad verificando los otros dos síntomas si hay alguna ambigüedad.

«Está húmedo, pero es una humedad seca».

Temperatura al despertarse (corporal basal)

Tal vez el síntoma más fácil de observar sea la temperatura al despertarse, por la simple razón de que suele ser más gráfica y objetiva. Muchas mujeres que han registrado su fertilidad durante varios meses descubren que se convierte en un divertido reto predecir el día en que cambiará su temperatura.

La temperatura preovulatoria al despertarse de una mujer suele moverse entre 36 y 36,5 grados Celsius, con temperaturas posovulatorias que llegan hasta 36,6 o más. Después de la ovulación normalmente permanecerán elevadas hasta el período siguiente, entre 12 y 16 días más tarde. Si se quedara embarazada, permanecería alta durante gran parte de su embarazo, bajando gradualmente unos pocos meses antes del parto.

Las temperaturas normalmente se elevan aproximadamente un día después de la ovulación y son el resultado de la hormona inductora de calor, la progesterona. Ésta es liberada por el cuerpo lúteo (el folículo que anteriormente recubría al óvulo, antes de que pasara por el ovario, como explicamos en el último capítulo). Por tanto, normalmente, la elevación de la temperatura significa que la ovulación *ya* ha tenido lugar. La temperatura al despertarse, dentro de un ciclo, normalmente se parece a la gráfica de Ruby que ofrecemos a continuación.

Cuando interpretes la temperatura, querrás ser capaz de «ver el bosque entre los árboles». La clave para hacerlo es buscar un *patrón* de altos y bajos. En otras palabras, descubrirás que tu tem-

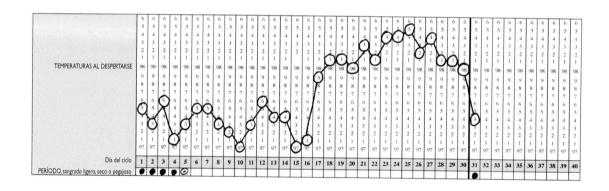

Gráfica de Ruby. Un patrón típico de temperatura al despertarse. Obsérvese su elevación de la temperatura que comienza el día 17, lo que significa que, para este ciclo específico, la ovulación probablemente tendría lugar en torno al día 16. Este ciclo era de 30 días, puesto que tuvo su siguiente período el día 31.

peratura antes de la ovulación subirá y bajará en un rango muy corto, y la temperatura después de la ovulación subirá y bajará en un rango elevado. El truco consiste en ver todo junto, y no concentrarse mucho en los cambios día a día.

Aprendí lo útil que era este concepto cuando di clase por primera vez en una clínica para mujeres, hace muchos años. Unas semanas después de la primera clase, yo indefectiblemente comencé a recibir llamadas de clientas que estaban convencidas de que no estaban ovulando. Pero, cuando me decían sus temperaturas por teléfono (en la Era Paleolítica, antes del correo electrónico), el patrón parecía perfectamente evidente. No podía entender por qué ellas no veían lo que yo veía. Entonces caí en la cuenta. No veían el *patrón* porque en su lugar estaban concentradas en el hecho de que el lunes estaba alta, el martes estaba baja, luego se mantenía, etc. Acuérdate de alejarte y ver todo el esquema completo. Si ves que tu temperatura no sigue una lógica, te animaría a reflejar varios ciclos en una gráfica antes de que utilices el Método de Conciencia de la Fertilidad como procedimiento anticonceptivo.

El estrógeno hace que disminuya la temperatura preovulatoria, mientras que la progesterona, inductora del calor, aumenta la posovulatoria. De hecho, una de las formas de recordar que la segunda fase del ciclo es la fase de la «progesterona» es pensar en ella como en la fase «progestación». En otras palabras, ésta es la fase más cálida del ciclo, como si hubiese sido diseñada para funcionar como una incubadora humana a fin de alimentar un óvulo que pudiera haberse fecundado.

Quiero insistir aquí de nuevo en que el aumento de la temperatura al despertarse casi siempre indica que ya ha tenido lugar la ovulación. No revela una ovulación inminente, como los otros dos síntomas de fertilidad, el fluido cervical y la posición del útero. Además, también deberías saber que en sólo una minoría de ciclos las mujeres ovularán en el punto más bajo de la gráfica de la temperatura. Al ser tan rara una disminución de la temperatura preovulatoria, las mujeres no deberían confiar en ella para propósitos de fertilidad. En su lugar, deberían utilizar el fluido cervical y la posición del útero para anticipar la ovulación que se aproxima.

Debes conocer ciertos factores que pueden incrementar tu temperatura al despertarte:

- Tener fiebre
- Beber alcohol la noche anterior
- Dormir menos de tres horas consecutivas de sueño antes de comprobarla
- Tomarla en un momento sustancialmente distinto de lo usual
- Utilizar una manta eléctrica o almohadilla de calor cuando normalmente no lo haces

Sin embargo, como verás en el capítulo siguiente, no necesitas preocuparte por las temperaturas anómalas ocasionales que puedan aparecer. Esto se debe a que puedes descartarlas sin comprometer la exactitud del método. En cualquier caso, el Método de Conciencia de la Fertilidad te ofrece otros dos signos diarios para comprobar tu fertilidad.[2]

Temperatura, estrés y el temible período tardío

La temperatura al despertarte puede ser extremadamente útil para proyectar cuánto durará un ciclo, porque puede identificar si has tenido una ovulación retrasada que hará que tu ciclo sea más largo de lo normal. Recuerda que, una vez que se eleva la temperatura, suele haber una serie de 12 a 16 días hasta el período. Y después de que hayas elaborado la gráfica para varios ciclos, podrás determinar tu rango posovulatorio particular con más precisión aún. (Como explicamos antes, para la mayoría de las mujeres, la fase posterior a la ovulación no varía más de un par de días).

Yo misma experimenté una ovulación retrasada clásica durante un ciclo en que me estaba mudando de una casa a otra. Durante ese ciclo ocurrían tres cosas en mi vida, cualquier de las cuales habría sido suficiente para retrasar la ovulación.

Tengo 31 años, y mis ciclos duraban entre 26 y 32 días. Era noviembre y yo tenía todos los síntomas de que se aproximaba la ovulación. El fluido cervical se estaba volviendo húmedo, y el cuello del útero se estaba elevando y volviéndose más abierto y blando. No obstante, el día 16 de mi ciclo tenía que terminar la mudanza de mi antigua casa y marcharme a la nueva, lo que significaba que tenía que limpiar de arriba abajo el apartamento y llevar todas las cajas a mi nueva casa. Además, tenía que dar una charla en una escuela de obstetricia en la otra parte de la ciudad antes de tomar un avión en hora punta para dar otra charla en una conferencia de otro estado la mañana siguiente. Entonces, ¿qué estaba sucediendo? Estaba haciendo una mudanza, tenía varios viajes previstos y estaba completamente estresada.

Mi cuerpo básicamente decía: «¿Sabes qué? Creo que pausaré tu ovulación hasta que estés bien y preparada». Al final, como puede verse en mi gráfica de la siguiente página, no ovulé hasta aproximadamente el día 24, y terminé con un ciclo de 38 días. Si no hubiese realizado

---

2. De hecho, un pequeño porcentaje de mujeres no reflejará patrones de temperatura bifásicos incluso cuando están ovulando. En tal caso, los métodos anticonceptivos no podrían utilizar la temperatura al despertar como síntoma de fertilidad, pero entonces tendrían que basarse en el fluido cervical y en su posición del útero para comprobar cuándo están seguras. Independientemente, cualquier mujer cuya temperatura no refleje un cambio, probablemente querrá aprovecharse inicialmente de otros medios para determinar la ovulación, como por ejemplo los patrones de fluido cervical (que no son tan concluyentes), los kits de predicción de la ovulación, las pruebas sanguíneas o las ecografías.

una gráfica, probablemente estaría aterrada, pensando que estaba embarazada, ya que nunca en mi vida había experimentado un ciclo tan largo.

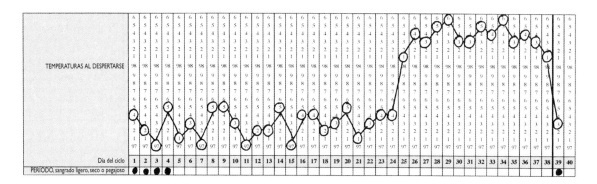

Gráfica de la autora. Patrón de temperatura que muestra una ovulación retrasada. Observa cómo mi cambio de temperatura no tuvo lugar hasta el día 25, confirmando que había tenido una ovulación retrasada debido al estrés de mi vida en ese momento. Mi ciclo terminó siendo de 38 días.

Este ejemplo ilustra un tema importante. Las mujeres que no llevan una gráfica se muestran continuamente temerosas cuando sus períodos parecen llegar «tarde», no dándose cuenta de que los ciclos largos se deben solamente a ovular más tarde, un fenómeno que es muy fácil de identificar mediante la medición de la temperatura. (Si temes de verdad que puedas estar embarazada, hay una explicación extensa sobre las pruebas de embarazo y las gráficas que reflejan el embarazo en el capítulo 13).

Yo utilicé mi propia experiencia para ilustrar el hecho de que hay numerosas cosas que pueden retrasar o incluso evitar la ovulación, incluidos el estrés, los viajes, las mudanzas, las enfermedades, los medicamentos, el ejercicio agotador y el repentino cambio de peso. Pero al cambiar la temperatura, puedes determinar con precisión cuándo puedes estar teniendo una ovulación retrasada. Ya sea que estés intentando evitar o conseguir quedarte embarazada, conocer esta información es muy valiosa, ya que te ahorra la ansiedad y la confusión innecesarias.

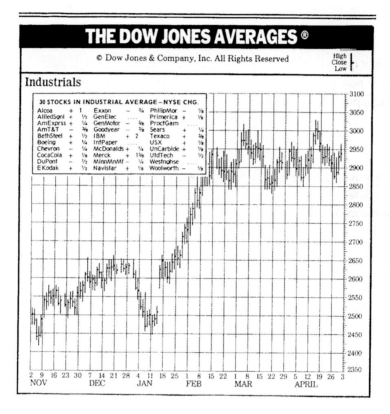

¡Incluso el Dow Jones sufre un cambio de temperaturas!

Posición del cuello del útero (síntoma opcional)[3]

¿Has notado alguna vez que las relaciones sexuales son ocasionalmente incómodas en determinadas posiciones? Tal vez tengas dulces recuerdos de una perezosa mañana de domingo con tu pareja. Te despertaste ese día sintiéndote especialmente apasionada, y te deslizaste por encima de él. Pero una semana después, cuando querías revivir ese maravilloso día, observaste que, en lugar de experimentar la misma sensación deliciosa, tenías un profundo dolor en tu interior. ¿Qué sucedía? ¿Por qué estabas incómoda en esa ocasión?

O tal vez hayas notado que hay ocasiones en las que es bastante fácil insertar tu diafragma o capuchón cervical, pero en otras parece casi imposible encontrar tu útero para hacerlo apropiadamente. O, peor aún, parece como si no hubiera suficiente lugar para ello. ¿O ha comentado tu médico que parecías estar en un período fértil durante un examen pélvico, aunque no haya hecho más que insertar un espéculo?

Todo esto tiene que ver con el hecho de que el cuello del útero, la parte inferior de este órgano que se extiende hacia tu vagina, pasa por algunos cambios fascinantes durante tu ciclo, todo lo cual puede sentirse muy fácilmente. El cuello del útero puede ofrecerte mucha información sobre tu fertilidad, literalmente al alcance de los dedos.

Igual que con el fluido cervical, el cuello del útero se prepara por sí mismo para un embarazo cada ciclo transformándose en un «puente biológico» perfecto por el cual el esperma puede pasar en su camino para encontrar el óvulo. Lo hace volviéndose blando y abierto en torno a la ovulación para permitir el paso del esperma por el útero y hacia las trompas de Falopio. Además, el cuello del útero se eleva debido al efecto estrogénico sobre los ligamentos que mantienen el útero en su lugar.

Después de tu período, y debido al estrógeno, el cuello del útero suele empezar a cambiar. Una de las formas más fáciles de recordar cómo te sientes cuando te aproximas a la ovulación es el acrónimo BAAH, como vemos en la ilustración de la página siguiente.

---

3. Como vas a leer, «posición del cuello del útero», tal como se utiliza en este libro, en realidad se refiere a más que sólo la altura del cuello del útero en la vagina. Sin embargo, es más fácil utilizar este término para describir los diversos cambios cervicales que tienen lugar durante el ciclo, especialmente partiendo de que se comprueban simultáneamente, normalmente en cuestión de segundos.

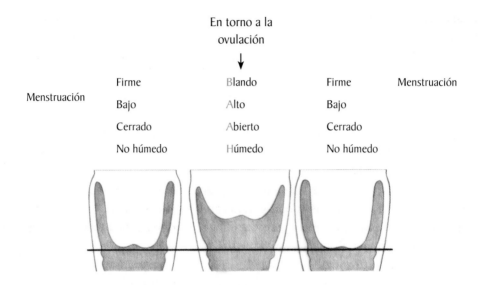

En torno a la
ovulación

↓

Menstruación	Firme	Blando	Firme	Menstruación
	Bajo	Alto	Bajo	
	Cerrado	Abierto	Cerrado	
	No húmedo	Húmedo	No húmedo	

Tomemos cada faceta en el orden enumerado arriba. El cuello del útero normalmente es firme como la punta de tu nariz, y sólo se vuelve blando y más bien flojo, como tus labios, conforme te acercas a la ovulación. Además, normalmente está bastante bajo y cerrado, se percibe como un hoyuelo, y sólo se eleva y se abre en respuesta a los niveles elevados de estrógeno en torno a la ovulación. Y, por último, es el propio cuello del útero el que segrega fluido cervical fértil cuando el óvulo está a punto de liberarse. La gráfica de Lola de la página siguiente muestra cómo quedan los cambios cuando se registran.

	Día del ciclo	1	2	3	4	5	6	7	8	9	10	11	12	13	14	15	16	17	18	19	20	21	22	23	24	25	26	27	28	29	30	31	32	33	34	35	36	37	38	39	40
PERÍODO, sangrado ligero, seco o pegajoso		●	●	●	●	⊙							○	○	○													●													
Cuello del útero	F M S						F	F	F	M	M	S	S	S	F	F	F																								

Gráfica de Lola. Una posición normal del cuello del útero. Obsérvense los círculos que representan cómo se le abre el cuello del útero, y su posición en el recuadro representa lo alta que está. Las letras de debajo de los círculos representan la firmeza del cuello del útero: firme, medio y suave. Este ciclo fue de 27 días.

SÍNTOMAS DE FERTILIDAD SECUNDARIOS

Muchas mujeres son suficientemente afortunadas para observar otros signos de forma regular, todo lo cual es muy útil para poder entender mejor sus ciclos. A estos nos referimos como signos de fertilidad secundarios, porque no ocurren necesariamente en todas las mujeres, o en todos los ciclos de una mujer determinada. Pero siguen siendo muy útiles para ofrecer información adicional a las mujeres a fin de identificar sus fases fértiles y no fértiles.

Entre los síntomas secundarios de ovulación podemos incluir:

- Sangrado ovulatorio
- Dolor o molestias cerca de los ovarios
- Labios vaginales más llenos o vulva hinchada
- Glándulas linfáticas hinchadas
- Mayor deseo sexual
- Hinchazón abdominal
- Retención de líquidos
- Mayor nivel de energía
- Sentidos de la vista, olfato y gusto potenciados
- Más sensibilidad en los pechos y la piel
- Suavidad del pecho

Día del ciclo	1	2	3	4	5	6	7	8	9	10	11	12	13	14	15	16	17	18	19	20	21	22	23	24	25	26	27	28	29	30	31	32	33	34	35	36	37	38	39	40
Toma de temperatura y fase lútea														1	2	3	4	5	6	7	8	9	10	11	12															
Día cumbre												DC																												
TEMPERATURAS AL DESPERTARSE																																								
Relaciones sexuales	1	2	3	4	5	6	7	8	9	10	11	12	13	14	15	16	17	18	19	20	21	22	23	24	25	26	27	28	29	30	31	32	33	34	35	36	37	38	39	40
Clara de huevo																																								
Cremoso																																								
PERÍODO, sangrado ligero, seco o pegajoso																																								
Fase fértil y día cumbre											PK																													
Dolor ovulatorio												X																												
Labios vaginales llenos																																								
Más energía																																								
Hinchada																																								
Suavidad del pecho																																								

El primer síntoma de la lista de la página anterior, el sangrado ovulatorio, se cree que es el resultado de la repentina disminución de estrógeno justo antes de la ovulación. Puesto que la progesterona no se ha liberado aún para mantenerlo, el recubrimiento puede hacer gotear una pequeña cantidad de sangre, hasta que la progesterona tome el control. El manchado puede ir desde un color suave hasta un rojo brillante, y puede mezclarse con el fluido cervical fértil, y suele ser más común en los ciclos largos.

Courney representaba el clásico ejemplo de una mujer que no entendía la diferencia entre las distintas causas de sangrado. Llamó diciendo que quería usar el Método de Conciencia de la Fertilidad para el control de la natalidad, pero pensaba que no sería una candidata apropiada para el método porque tenía «ciclos muy cortos». Cuando le pregunté por ellos, ella dijo que eran «literalmente cada dos semanas, pero se alternaban entre ligeros y abundantes».

Por supuesto, lo que estaba experimentando probablemente era un ciclo de longitud típica con un manchado ovulatorio clásico. La animé a que asistiera a mi clase de Conciencia de la Fertilidad. No sé si sigue utilizando el método como anticonceptivo, pero sin duda conoce su cuerpo mucho mejor que antes.

En cuanto a los diversos dolores que las mujeres a menudo notan a mitad del ciclo, hay diversas teorías para sus causas. Lo importante es que no puedes decir con certeza si están teniendo lugar antes, durante o después de ovular.

Dolor leve:	Se cree que está causado por la inflamación de numerosos folículos en los ovarios conforme los óvulos compiten por el predominio y la ovulación definitiva. Se suele sentir normalmente como una molestia abdominal general, ya que ambos ovarios se inflaman, con folículos crecientes, conforme la mujer se aproxime a la ovulación.
Un dolor agudo:	Puede tratarse de los pocos minutos durante los cuales el óvulo traspasa la pared del ovario, y se suele sentir en sólo un lado.
Calambres:	Es posiblemente el resultado de la irritación en el recubrimiento abdominal causado por la emisión de sangre o por la liberación de fluido folicular del folículo del óvulo sin romper. También puede deberse a las contracciones de las trompas de Falopio en torno a la ovulación.

Puesto que hay varios tipos de dolores posibles, ninguno de ellos se considera un único síntoma primario de fertilidad del que pueda depender. Pero el dolor ovulatorio es un excelente síntoma de fertilidad para confirmar los tres síntomas principales. Normalmente conocido como *mittelschmerz* (dolor medio), lo sienten muchas mujeres en torno a su ovulación, suele durar desde unos minutos hasta varias horas y se suele sentir en el lado donde tiene lugar la ovulación.

Uno de los síntomas de fertilidad secundarios más interesantes es el de la vulva hinchada justo antes de la ovulación. Conforme su fluido cervical se hace más resbaladizo y húmedo, algunas mujeres observan que su vulva se hincha más en un lado (en el que están ovulando). Y hay otro síntoma de fertilidad secundario que es especialmente confuso porque también puede ayudarte a determinar de qué lado ovularás.

Si prestas atención especial cuando te aproximas a la ovulación, tal vez sientas una pequeña inflamación de la glándula linfática hasta aproximadamente el tamaño de un guisante. Éste es el síntoma del nódulo linfático, y, como puede verse en la siguiente ilustración, se puede sentir tumbándose y colocando la mano cerca de la ingle. Colocando el dedo medio justo sobre la arteria de la pierna, el dedo índice puede sentir la glándula linfática blanda y agrandada. Esto suele indicar el lado en el que tiene lugar la ovulación. No es necesario reflejarlo en una gráfica, pero es divertido tener un signo más para observar.

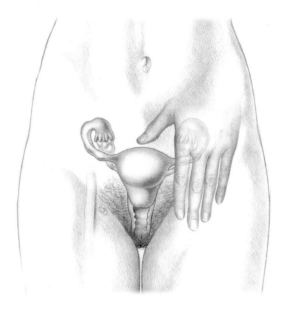

Comprobando el nódulo linfático conforme se aproxima la ovulación.

Además de los síntomas enumerados previamente, puedes descubrir mediante las gráficas que tienes algunos síntomas de fertilidad secundarios únicos. Sin duda he oído sobre muchos en todos mis años de consejos a las mujeres:

Jessica sufre de hipo cuando se acerca su ovulación. La piel del dedo pulgar de Georgina se rompe en una lesión un tanto dolorosa, cada ciclo, en torno a la ovulación. Pero aprendiendo a llevar una gráfica, al final pudo identificar lo que la causó. Y Emma desarrolla un sentido del olfato más agudo en torno a la ovulación que, como ella lo describe, si su marido cocinara algo en casa durante su fase fértil, podría olerlo días después, y ni aunque abriera todas las ventanas podría aliviar sus náuseas. De igual modo, si come patatas fritas de bolsa, o algo que incluya mostaza, aunque se esterilice las manos después, puede seguir oliendo el efecto residual. Pero, si se encuentra fuera de su fase fértil, puede hacer un guiso con cebolla y ajo, y no le afecta para nada.

Cuando las mujeres saben que todo esto ocurre dentro de su cuerpo de forma habitual, suelen quedarse asombradas. ¡Y pensar que todo lo que se les enseñó sobre sus ciclos menstruales en quinto curso fue si usar tampones o compresas durante sus períodos!

CÓMO OBSERVAR Y REFLEJAR EN GRÁFICAS TUS SÍNTOMAS DE FERTILIDAD

6

Cuando las mujeres oyen por primera vez sobre observar síntomas de fertilidad, su reacción suele ser:

«Debes de estar tomándome el pelo. Demasiadas molestias».

«No me digas. ¿Tomarme la temperatura todos los días?».

«Vaya molestia. ¿Quién va a preocuparse por esto?».

Yo también tuve una respuesta similar cuando oí sobre el seguimiento de los ciclos en gráficas hace 34 años. Pero una vez supe lo sencillo que era, creció mi inquietud. Actualmente tengo una actitud diferente. Dicho en pocas palabras:

Llevar una gráfica es un privilegio, no una carga.

¿Cómo pude haber sido tan ajena a un aspecto tan fundamental de mi cuerpo antes de aprender a ser tan consciente? Un escéptico podría poner en duda el tiempo empleado todos los días en las comprobaciones. Pero creo que muchos estarían de acuerdo en que es mucho más atractivo tomarse la temperatura por la mañana, antes de levantarse, que detenerte, mientras estás haciendo el amor, para insertar un diafragma o capuchón cervical, o soportar los numerosos efectos secundarios e inconvenientes de otros métodos. Y para las frustradas en su deseo de quedarse embarazadas, el tiempo necesario es minúsculo, comparado con las inevitables visitas a la consulta y procedimientos para las no educadas en el Método de Conciencia de la Fertilidad.

Para mostrar lo sencillo que es llevar una gráfica, permíteme hacer una analogía. Si alguien te preguntara que describieras cómo atarte los cordones de los zapatos, podrías comenzar:

Veamos. Bien, cogemos el cordón de la derecha y lo colocamos sobre el de la izquierda. Después cogemos el de la izquierda y lo enrollamos bajo el de la derecha, tirando de ambos para formar un nudo. Después haz un bucle con el cordón derecho, que originalmente era el izquierdo. Coge el cordón izquierdo y…

Es agotador intentar describir el resto de las instrucciones. Si tuvieras que aprender algo tan sencillo como atarte los zapatos siguiendo instrucciones, probablemente nunca lo conseguirías. Observar y llevar una gráfica con tus síntomas de fertilidad no es diferente. Una vez que aprendes los principios básicos, se convierte en una segunda naturaleza. Cuando leas este capítulo sobre cómo observar y registrar los síntomas de fertilidad, acude a las gráficas de ejemplo de control de la natalidad y de embarazo de las páginas 414 y 415 del epílogo. Créeme. No es tan difícil como al principio puede parecer.

En las últimas páginas del libro aparecen dos versiones de gráficas vacías: una diseñada específicamente para el control de la natalidad y la otra para la tarea de quedarte embarazada. Puedes copiarlas y agrandarlas al 125 %, o, mejor aún, descargarlas en tcoyf.com

---

APLICACIONES DE CONCIENCIA DE LA FERTILIDAD

Internet está lleno de docenas de aplicaciones bellamente diseñadas para llevar el control del ciclo menstrual de la mujer. Pero ten cuidado. La mayoría no son más que una versión de alta tecnología del ineficaz método Ogino. Por tanto, si predice cuándo serás fértil basándose sólo en el primer día de tu último período menstrual, elimínala.

Para juzgar si una aplicación es fiable, como mínimo, debería permitirte introducir los datos relativos a tu fluido cervical y la temperatura corporal basal y, lo cual sería ideal, también otros síntomas secundarios de fertilidad, como el dolor ovulatorio. Recuerda que las aplicaciones que sólo utilizan la temperatura no pueden indicar cuándo está a punto de tener lugar la ovulación, sino sólo confirmar que ya ha ocurrido. Para saber día a día que no eres fértil, debes observar y registrar tus fluidos cervicales, lo cual es esencial tanto para evitar el embarazo como para quedarte embarazada.

Independientemente de esto, una aplicación por sí misma no puede proporcionarte las enseñanzas y los consejos personales que suelen ser necesarios para entender cómo basarte en tus síntomas de fertilidad principales. Las aplicaciones deberían utilizarse sólo como una manera cómoda de llevar tus gráficas contigo, o para compartirlas con un médico u otra persona. Sin embargo, ciertamente no sustituyen una educación adecuada sobre tu cuerpo, tu fertilidad y tus ciclos. De hecho, y para ser claros, *las aplicaciones nunca deberían utilizarse para interpretar el Método de Conciencia de la Fertilidad para propósitos anticonceptivos.*

La aplicación que acompaña a este libro puede encontrarse en tocyf.com

EL PRIMER DÍA CON LA GRÁFICA

Aunque puede ser más fácil esperar hasta el primer día de tu período siguiente para comenzar a reflejar todo en una gráfica, puedes empezar cualquier día, basándonos en que refleja con precisión el tiempo que ha pasado desde el primer día de tu último período. (*Véase* el gráfico de Emily debajo). Sólo recuerda que deberías cerrar tu gráfica dibujando una línea vertical entre el último día de tu ciclo parcialmente completo y el primer día de tu nuevo período. Entonces estarás preparada para empezar a representar tu primer ciclo completo desde el día 1, en una nueva gráfica.

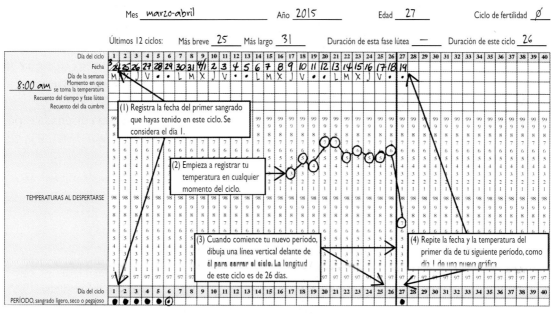

Gráfica de Emily. Empezando a seguir la gráfica en medio del ciclo. Observa cómo Emily no empezó a observar sus síntomas de fertilidad hasta el 9 de abril, que fue la mitad del ciclo para ella. Por tanto, antes rellenó la columna de la fecha, comenzando con el primer día de su último período. Esto le permitió comenzar la gráfica en medio de su ciclo, el día 17, en lugar de esperar el día 1 de un nuevo ciclo. Tan pronto como tuvo su período el día 19, cogió una nueva planilla y repitió ese mismo día, 19 de abril en su nueva gráfica. Este ciclo fue de 26 días.

> Observa que, aunque las gráficas de ejemplo de las páginas 101 y 102 te permiten registrar mucha más información que la gráfica de arriba, las únicas partes de estas gráficas que son necesarias para practicar el Método de Conciencia de la Fertilidad están por encima de la fila que marca la fase fértil en color magenta.

CUÁNDO EMPEZAR UNA GRÁFICA
SIGUIENDO CIRCUNSTANCIAS ESPECIALES

Dejando la píldora u otro método hormonal

No hay forma de predecir cuánto tiempo tardarán tus ciclos en volver a sus patrones anteriores, los de antes de que tomaras hormonas. Algunas mujeres ovulan en un par de semanas, mientras que otras tardan varios meses o más. Lo ideal es que comiences con la gráfica el primer día del sangrado que normalmente se experimenta durante la semana en que descansas de la píldora, registrando el día 1 como el primer día de ese sangrado. Si prefirieses comenzar antes, sigue las instrucciones en la gráfica de la página siguiente para empezar en mitad del ciclo. Al final de este capítulo encontrarás más información sobre cómo dejar la píldora y otras hormonas.

Ciclos irregulares

A menos que hayas registrado tu período en un calendario, puede ser complicado empezar a representar ciclos en gráficas que varían mucho de mes en mes. Suponiendo que lo hayas hecho, sigue las instrucciones de la página siguiente. Pero, si no lo has hecho, empieza a registrar tus observaciones del día 1 de la gráfica, reconociendo que el número del día del ciclo no refleja los días reales de tu ciclo. Una vez menstrúes, ese día se convertirá en el día 1 de tu primer ciclo completo.

Abortos espontáneos

La cantidad de tiempo que tardarás en reanudar el ciclo después de un aborto espontáneo dependerá de una serie de factores, incluyendo en qué momento te encontrabas cuando te ocurrió. Si no tuviste ninguna complicación, puedes volver a anotar la ovulación poco después, con tu cuerpo percibiendo el aborto espontáneo como un período. Esto significa que podrías empezar a seguir la gráfica en unas cuantas semanas, considerando el día 1 como el primer día en que empezaste a sangrar. Por supuesto, debes empezar a llevar la gráfica solo cuando estés emocionalmente preparada.

Parto

La rapidez con la que volverás a ovular después de dar a luz dependerá de varios factores, entre los cuales el más importante es si das el pecho o no. Si no lo haces, tus ciclos volverán muy rápidamente, aproximadamente un mes después de dar a luz. Si das el pecho, puedes tardar hasta un año o más, dependiendo de la frecuencia con que lo hagas. En cualquier caso, trazar una gráfica durante la lactancia puede ser algo engañoso, por lo que te animo a leer los apéndices I y J con detenimiento.

Mes __abril-mayo__   Año __2015__   Edad __27__   Ciclo de fertilidad __16__

Últimos 12 ciclos: Más breve __27__ Más largo __33__ Duración de esta fase lútea __14__ Duración de este ciclo __32__

Día del ciclo
Fecha
8:00 am — Día de la semana — Hora en que se tomó la temperatura
Recuento del tiempo y fase lútea
Recuento del día cumbre

TEMPERATURAS AL DESPERTARSE

Método anticonceptivo utilizado
Relaciones sexuales
Clara de huevo
Cremoso
PERÍODO, sangrado ligero, seco o pegajoso
Fase fértil y día cumbre
SENSACIÓN VAGINAL

Seco Pegajoso Mojado Húmedo Lubricante

Cuello del útero
Dolor ovulatorio
DESCRIPCIÓN DEL FLUIDO CERVICAL

CLARA DE HUEVO
Elástica (+2,5 cm), clara o lubricante. Puede ser resbaladiza, chorreante y acuosa. Puede estirarse más de 2,5 cm. Clara, turbia, con manchas o teñida de rojo. Sensación vaginal húmeda o lubricante.

CREMOSO
Húmeda, y puede ser cremosa, parecida a una crema, lechosa, pegajosa/húmeda o elástica/húmeda. Puede formar grumos húmedos o estirarse hasta 2 cm.

PEGAJOSO
Pegajosa, y puede ser densa, gelatinosa, blanca, desmigajada, gomosa/seca o elástica/húmeda. Puede formar picos espesos o estirarse hasta 0,5 cm. Blanca, amarilla o grumosa. Sensación vaginal seca o pegajosa.

Plantas, vitaminas y suplementos
Ejercicio
Notas

Viaje
Síndrome premenstrual
Enfermedad
Estrés
Mal humor
Evento especial
Examen anual
Autoexamen de pechos

Llorosa
Dolores de cabeza
Hinchada
Pechos delicados

tcoyf.com

Control anticonceptivo con ejemplos

■ Fase fértil

101

EJEMPLO DE GRÁFICA DE EMBARAZO

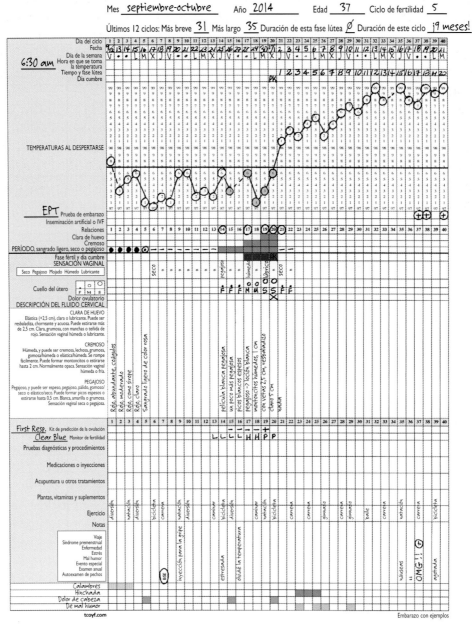

 Fase fértil

FLUIDO CERVICAL

Prácticamente todas las mujeres que ovulan experimentan un patrón observable de cambios en su fluido cervical a través de sus ciclos. Una vez que aprenden a reconocer estas sutiles diferencias, se dan cuenta de que interpretar el patrón es bastante simple y predecible. Básicamente, después del período de una mujer y gracias a los crecientes niveles de estrógeno, su fluido cervical empezará a volverse gradualmente más húmedo conforme se aproxima la ovulación, en cuyo momento se secará hasta el siguiente ciclo. En los días anteriores a la ovulación, cuando una mujer es extremadamente fértil, su fluido cervical puede llegar a sentirse húmedo. Podrías decir que concede todo un nuevo sentido a la expresión «sentirse caliente y húmedo».

Para aquellas de vosotras que os consideréis demasiado aprensivas para observarlo, todo lo que puedo decir es que, una vez que se ha comprobado unas cuantas veces, te das cuenta de que no hay nada extraño. Y si incluso piensas en tener un niño algún día, puedo asegurarte que el mundo de los pañales y la regurgitación infantil es mil veces más traumatizante que el fluido cervical.

«Mónica ha estado en este maravilloso curso de autoexamen…».

El punto de cambio

La clave para observar tu fluido cervical antes de la ovulación es estar atenta al «punto de cambio». En otras palabras, justo después de tu período, querrás observar cuidadosamente la calidad de tu fluido cervical. Después de determinar tu patrón infértil básico, deberías estar bien preparada para observar cualquier cambio de cantidad, color o sensación vaginal. Por ejemplo, puede que tu período termine el día 4, que después no observes nada, y que te sientas seca, día tras día, hasta el día 10. Ese día te das cuenta de que ha empezado a cambiar, que ahora es blanco y pegajoso, y que tus labios vaginales tienden a pegarse a tu ropa interior. Tu punto de cambio sería el día 10. El estrógeno de tu cuerpo está ahora empezando a aumentar, haciendo que empieces a producir fluido cervical mientras te preparas para ovular unos días después.

Observando tu fluido cervical

1. Empieza a comprobar tu fluido cervical el primer día después de terminar la menstruación. Puedes empezar a observarlo hacia el final, pero evita utilizar tampones en los días de período menos abundante porque puede enmascarar las observaciones. De todos modos, no es saludable utilizar tampones cuando tengas sangrados ligeros, porque te arriesgas a dejar trozos residuales de algodón, por no hablar de las incomodidades que conlleva.

104

2. Concéntrate en las *sensaciones* vaginales durante el día. (¿La sientes seca, pegajosa, húmeda, lubricada? ¿Parece como si te hubieras sentado en un charco de clara de huevo?). Las sensaciones vaginales son esenciales para identificar la fertilidad, y son la primera parte de la observación de tu fluido cervical que no conlleva verlo o tocarlo físicamente.

3. Intenta examinar tu fluido cervical cada vez que utilices el baño, haciendo contracciones vaginales (consulta la página 108 para saber cómo hacer contracciones de Kegel). Esto ayudará al fluido cervical a llegar a tu apertura vaginal. Descubre momentos creativos para hacer Kegels a lo largo del día, como por ejemplo lavando los platos o esperando que cambie un molesto semáforo en rojo.

4. Comprueba el fluido cervical al menos tres veces al día, incluyendo la mañana y la noche. Cuando lo compruebes, recuerda que el fluido cervical es un proceso continuo, desde texturas más secas y menos fértiles a otras más húmedas y más fértiles, próximas a la ovulación.

5. Asegúrate de hacer las pruebas cuando no estés estimulada sexualmente, ya que la lubricación sexual puede enmascarar el fluido cervical. (En otras palabras, sería un tanto ineficaz susurrar en el oído de tu pareja, después de una hora de juegos, «déjame comprobar mi fluido cervical para ver si soy fértil, querido»).

6. Tanto antes *como* después de orinar, mientras estás sentada sin nada mejor que hacer, coge un pañuelo de papel y estíralo. Separa tus labios vaginales y frota desde la parte delante hacia la trasera, especialmente a través de la apertura inferior de tu vagina, más cercana al perineo, donde suele quedarse (*véase* página 58 si no puedes recordar dónde está). Frota *siempre* desde la parte frontal hacia la posterior para evitar difundir bacterias.

7. Concéntrate en lo fácilmente que el papel se desliza por los labios vaginales y el perineo. ¿Los sientes secos, húmedos o lubricados?

8. Coge la secreción del papel con los dedos pulgar y corazón, apartando los ojos antes de observarla realmente bien. Concéntrate en su textura mientras te frotas los dedos. ¿La sientes seca? ¿Pegajosa? ¿Cremosa? ¿Resbaladiza o lubricante (como la clara de huevo)?

9. Después mírala un rato abriendo lentamente los dedos para ver si se estira, y, si es así, cuánto tiempo tarda en romperse. ¿Es clara o grumosa? ¿Está teñida con sangre? En otras palabras, concéntrate en las características mientras cambia a lo largo de los días dejando paso a la ovulación.

10. Comprueba tu ropa interior a lo largo del día. Recuerda que el fluido cervical muy fértil suele formar un círculo bastante simétrico, debido a su alta concentración de agua. Y aunque el sudor y la orina pueden también formar una forma redonda similar en tu ropa interior, sólo el fluido cervical permanecerá, normalmente teniendo el mismo color, consistencia o textura. El fluido cervical no húmedo tiende a formar más bien un rectángulo, cuadrado o línea en tu ropa interior, como puedes ver en la página 81.

Pero sé consciente de que, si usas un salvaslip, no podrás distinguir la textura de cada uno de ellos tan fácilmente debido al dibujo. Y si sueles llevarlos entre períodos, puede que quieras quitártelo un par de horas a mitad del día de forma que puedas observarlo más fácilmente. O tal vez prefieras utilizar las compresas reutilizables de color oscuro, de algodón u orgánicas, que te permitirán observar fácilmente tu fluido cervical.

11. Si consideras difícil diferenciar entre el fluido cervical y las secreciones vaginales básicas, recuerda que el fluido cervical no se disolverá en agua. Por tanto, un pequeño truco que puede ayudarte a aprender inicialmente la diferencia es la prueba del agua. Coge la muestra entre dos dedos y mójala en un vaso de agua. Si de verdad es fluido cervical, normalmente formará una masa amorfa que se hunde en el fondo o que simplemente sigue siendo una secreción distinta. Si se trata de secreciones vaginales básicas, se disolverán.

12. Observa la calidad y cantidad del fluido cervical (en otras palabras, el color, la opacidad, la consistencia, la densidad, la elasticidad y, lo más importante de todo, su textura resbaladiza y lubricante).

13. El momento más obvio en que el fluido cervical fértil brotará es después de hacer fuerza, mientras usas el baño. Por supuesto, para prevenir las infecciones mientras haces la comprobación, debes utilizar antes un pañuelo distinto para limpiar la abertura vaginal desde la parte frontal hasta la parte trasera.

14. En torno a tu fase más fértil, observa el agua mientras utilizas el baño. El fluido cervical es tan elástico que te sorprendería la rapidez con la que puede fluir y, por tanto, que no lo veas si no prestas atención. Además, resulta interesante ver cómo a menudo forma una pelota cuando cae al agua, como una canica turbia que se hunde hasta el fondo. Curiosamente, si ocurre esto, puedes sentirte seca el resto del día porque se desliza muy fácilmente. Por tanto, en torno a la ovulación presta mucha atención cuando uses el baño.

15. Otros buenos momentos para observar el fluido cervical son después de hacer ejercicio o de hacer Kegels.

16. Ten en cuenta que, a medida que te acerques a la ovulación, tu fluido cervical puede volverse tan ligero que puede resultar difícil hacer la prueba de los dedos, pero el fluido cervical muy fértil normalmente hará que tu vagina esté más lubricada, tanto mientras caminas durante el día como cuando te limpias después de ir al baño.

17. Aprende a distinguir la diferencia entre el semen y el fluido cervical fértil. El semen a veces parece un fino hilo pegajoso o espuma resbaladiza. Tiende a ser más fino, a romperse fácilmente, y se seca más rápidamente en tus dedos. En cambio, la clara de huevo tiende a ser más clara, brillante y a menudo elástica. Sin embargo, puesto que los dos son similares, es obligatorio que señales cualquier ambigüedad con un signo de interrogación en la fila del Fluido cervical. Hacer Kegels para eliminar el semen después de tener sexo debería minimizar toda posible confusión.

¡KEGELS!

Los ejercicios de Kegel fortalecen los músculos vaginales, que suelen denominarse pubocoxígeos o, por suerte, sólo músculos PC. Fortalecerlos sirve para muchos propósitos útiles que incluyen:

- Aumentar el placer sexual
- Empujar el fluido cervical hacia la apertura vaginal
- Empujar el semen fuera de la vagina (*véase* TES, debajo)
- Recuperar el tono muscular vaginal después del parto
- Mantener la continencia urinaria en mujeres mayores

Cómo identificar los músculos PC

Siéntate sobre la taza del váter y comienza el flujo de orina sin mover las piernas. Tus músculos PC son los que hacen que el flujo continúe o se detenga.

Los ejercicios

Cuando estás empezando a hacer gráficas, tal vez te interese hacer ejercicios de Kegel en momentos determinados para acostumbrarte a fortalecer tus músculos vaginales. Pero pronto se convertirá en un hábito que harás durante el día sin ni siquiera pensar en ello.

Kegels lentos: Comprime los músculos PC como si estuvieras deteniendo el flujo de orina. Mantenlo contando hasta tres. Enjuaga y repite. No, espera, instrucciones equivocadas: *relájate* y repite.

Kegels rápidos: Comprime y relaja los músculos PC tan rápidamente como puedas. Repite.

Cuándo hacer Kegels

Puedes hacer Kegels en cualquier momento, durante tus actividades diarias. Sé creativa y encuentra momentos durante el día, como mientras conduces el coche, ves la televisión o pierdes el tiempo en Facebook.

Qué puedes experimentar inicialmente cuando empiezas a hacer Kegels

Cuando empieces a practicar Kegels, probablemente observarás que los músculos no se mantienen contraídos durante los lentos ejercicios y que no puedes hacer los rápidos con la velocidad o la uniformidad que deseas. Además, a veces los sentirás un poco cansados, lo cual no es sorprendente. Probablemente no los hayas utilizado mucho antes. Tómate unos segundos y empieza de nuevo. En una semana o dos probablemente notarás que puedes controlarlos bastante bien.

Una buena forma de comprobar cómo lo estás haciendo es insertar uno o dos dedos en tu vagina y sentir si puedes comprimir tus músculos PC en torno a tu dedo.

Técnica de Emisión de Semen (TES)

Para determinar la fertilidad diaria sin confundir el semen (o espermicida) con el fluido cervical fértil, deberías eliminar el semen lo antes posible. La primera vez que orinas después de tus relaciones, expulsa todo lo que puedas, y limpia el resto con papel higiénico. Las dos veces siguientes, detén y comienza el flujo con Kegels, limpiando el semen después de cada contracción. Normalmente podrás librarte de él en el momento en que orines. (Las que quieran quedarse embarazadas deberían esperar al menos media hora después de las relaciones para asegurar tiempo suficiente a fin de que el esperma nade por el fluido cervical antes de hacer TES).

ENTRE AMIGOS / *Sandra Bell-Lundy*

CLASE DE EJERCICIO DE KEGEL

CUATRO MÁS... TRES MÁS... SEGUID, SEÑORITAS, PODÉIS HACERLO.

Elaborando una gráfica con tu fluido cervical

1. El día 1 del ciclo es el primer día de sangrado menstrual rojo. Si lo tienes marrón o con puntos claros en el día o dos antes del flujo, se considera parte del ciclo anterior.

2. La gráfica de debajo muestra cómo se registran los diversos tipos de fluido cervical en tu gráfica. Observa que las menstruaciones están marcadas con ●, mientras que las manchas están marcadas por un ⊙ más pequeño para demostrar que el último supone mucha menos sangre. Para una mayor claridad, ambos deben marcarse en la fila del Período, Sangrado ligero, seco o pegajoso.

Menstruaciones: Flujo de sangre roja.

Día del ciclo	1	2	3	4	5	6	7	8	9
Clara de huevo									
Cremoso									
PERÍODO, sangrado ligero, seco o pegajoso	●	●	●	●					

Sangrado ligero: Marrón, rosa o descolorido.

Día del ciclo	1	2	3	4	5	6	7	8	9
Clara de huevo									
Cremoso									
PERÍODO, sangrado ligero, seco o pegajoso	●	●	●	●	⊙				

Nada: No hay fluido cervical presente. Puede sentirse humedad en la toallita, que se disipa rápidamente después de comprobar tu abertura vaginal.

Día del ciclo	1	2	3	4	5	6	7	8	9
Clara de huevo									
Cremoso									
PERÍODO, sangrado ligero, seco o pegajoso	●	●	●	●	⊙	—			

Pegajoso: Opaco, blanco o amarillo. Puede ser bastante denso. La textura fundamental es su estado pegajoso o falta de verdadera humedad. Puede hacerse migajas o copos como la pasta, o puede ser gomoso y elástico como la cola de caucho. Puede formar pequeños picos cuando separas los dedos.

Día del ciclo	1	2	3	4	5	6	7	8	9
Clara de huevo									
Cremoso									
PERÍODO, sangrado ligero, seco o pegajoso	●	●	●	●	⊙	—	▓		

Cremoso: Lechoso o grumoso, blanco o amarillo. Cremoso o con la textura de una crema. Húmedo, acuoso o fino. Cuando se separan los dedos no se forman picos, pero sigue siendo suave, como crema para las manos.

Día del ciclo	1	2	3	4	5	6	7	8	9
Clara de huevo									
Cremoso								▓	
PERÍODO, sangrado ligero, seco o pegajoso	●	●	●	●	⊙	—	▓		

Clara de huevo: Normalmente clara, pero puede tener vetas opacas. Muy resbaladiza y húmeda, como la clara de huevo cruda. A menudo causa un sentimiento de lubricación extrema en la abertura vaginal. Puede estirarse varios centímetros. (Sorprendentemente, puedes experimentar una completa sensación de sequedad después de expulsarla).

3. Registra el fluido cervical más fértil o húmedo del día, aunque hayas estado seca todo el día excepto una sola observación. Obviamente, cualquier pequeño sangrado debe registrarse. Tu fluido cervical puede parecer similar a la gráfica de Abigail, mostrada a continuación. (Si tienes manchas en tu fluido cervical, puedes colocar un pequeño punto en el recuadro adecuado).

Día del ciclo	1	2	3	4	5	6	7	8	9	10	11	12	13	14	15	16	17	18	19	20	21	22	23	24	25	26	27	28	29	30	31	32	33	34	35	36	37	38	39	40
Recuento del día cumbre													DC																											
Clara de huevo																																								
Cremoso																																								
PERÍODO, sangrado ligero, seco o pegajoso	●	●	●	●	⊙	—	—									—	—	—	—	—	—	—	—	—	—	—	—	●												
Fase fértil y día cumbre													DC																											
SENSACIÓN VAGINAL					seco	=		=		pegajoso	=	húmedo	húmedo	lúbrico	lúbrico	seco																								
DESCRIPCIÓN DEL FLUIDO CERVICAL	rojo, abundante, coágulos	rojo, como un sirope	rojo, mucho más ligero	rojo, fino, acuoso	sangrado ligero de color rosa					película blanca pegajosa	pasta pegajosa, 0,5 cm	pegajoso -> cremoso	mucha loción blanca	con vetas 2,5 cm	claro como el cristal 5 cm	película blanca y alejada																								

Gráfica de Abigail. Un típico patrón de fluido cervical. Obsérvese cómo su fluido cervical se hace más húmedo conforme se acerca la ovulación, alrededor del día 15 en este ciclo. Observa también que, en este ciclo en particular, el último día de fluido cervical húmedo de Abigail coincide con su último día de sensación vaginal húmeda.

4. Registra la *sensación* vaginal más húmeda que observes durante el día, puesto que es un indicativo extremadamente importante de tu fertilidad. No te sorprendas si el fluido cervical en sí mismo desaparece aproximadamente un día antes de que se disipe la sensación vaginal de lubricidad.

5. Trata todos los síntomas de semen o de espermicida residual con un signo de interrogación en la fila del Fluido cervical, puesto que pueden enmascarar el fluido cervical. Recuerda, hacer Kegels después de las relaciones normalmente permitirá librarse de ambos.

Identificando tu día cumbre

Una vez que has aprendido a realizar una gráfica con tu fluido cervical, te interesará utilizar esta información para determinar tu día más fértil. Éste se considera el último día en el que tienes una sensación vaginal lubricante o en el que has producido un fluido cervical fértil durante cualquier ciclo determinado. Se llama día cumbre porque señala tu día más fértil del ciclo. Probablemente tendrá lugar un día o dos antes de que ovules, o el mismo día de la ovulación (la única forma de saberlo con seguridad sería tener un ecógrafo). Hablando en términos prácticos, esto significa que tu día cumbre normalmente tendrá lugar uno o dos días antes de tu cambio de temperatura.

Puede que ya hayas observado que *sólo podrás determinar el día cumbre en retrospectiva*, el día siguiente. Esto es porque puedes reconocerlo sólo después de que tu fluido cervical y tu sensación vaginal ya se hayan secado. Este concepto debería convertirse en intuitivo con mucha rapidez. Asimismo, ten en cuenta que el día cumbre no es necesariamente el día de la mayor cantidad de fluido cervical. De hecho, el «estiramiento de clara de huevo más largo», o la mayor cantidad, pudo ocurrir un día o dos antes, como se ve en la gráfica de Julia, de la página 114.

1. Tu día cumbre es el último día de:

- clara de huevo, o
- de sensación vaginal de lubricidad

Esto significa que, si el último día de clara de huevo cae en lunes, pero aún tienes un día más de *sensación* vaginal de lubricidad (o manchado) el martes, tu día cumbre es el martes. Tu día cumbre está siempre determinado en retrospectiva al día siguiente.

2. Si no tienes clara de huevo, contarías el último día del fluido cervical más húmedo que tengas, que puede ser cremoso o suave, por ejemplo. (Por supuesto, una vez más, si tu último día cremoso es un lunes, pero tu último día de sensación vaginal húmeda es un martes, tu día cumbre sería el martes).

112

3. Algunas mujeres ocasionalmente tendrán uno o dos días de algún tipo de fluido cervical después de su último día de clara de huevo. El día cumbre sigue siendo el último día de clara de huevo o de sensación vaginal de lubricidad.
4. Una de las marcas distintivas del día cumbre, y lo que lo convierte en muy fácil de identificar, es la abrupta y dramática sequedad posteriores a él, causadas por el comienzo de la elevación de la progesterona.
5. Una vez que hayas identificado el día cumbre, deberías escribir «DC» en la fila del día cumbre de tu gráfica. Las gráficas de la página siguiente muestran los patrones de fluidos cervicales más comunes y cómo se registrarían los días cumbre correspondientes.

CICLOS ANOVULATORIOS Y DÍA CUMBRE

Una de las razones por las que te animo a llevar una gráfica del fluido cervical y las temperaturas es que, si observas sólo tu fluido cervical, puedes equivocarte y creer que estás ovulando, cuando no es así. Esto es porque tu cuerpo puede hacer intentos por ovular aumentando sus niveles de estrógeno en un patrón aparentemente constante, pero si el estrógeno no pasa el umbral hormonal, no se liberará el óvulo. Siguiendo los dos en gráficas podrás observar el aumento del fluido cervical fértil que indica que se aproxima la ovulación, mientras que la falta de un cambio de temperatura puede aclarar que, de hecho, no has ovulado aún.

Un truco para ayudarte a identificar si estás, o no, ovulando, es prestar atención especial al concepto del día cumbre. Si ovulas, el fluido cervical debería secarse de forma bastante brusca, debido a la liberación de progesterona. En situaciones en las que tu cuerpo puede estar intentando ovular sin éxito (por ejemplo, en los ciclos largos, mientras se da el pecho, o debido al síndrome ovárico poliquístico), normalmente observarías un patrón de fluido cervical cada vez más húmedo, pero en lugar de secarse totalmente bajo la influencia de la progesterona, probablemente aparezcan manchas esporádicas, o simplemente se quedaría algo húmedo. (En el capítulo siguiente ofrezco más información sobre la anovulación).

Día del ciclo	1	2	3	4	5	6	7	8	9	10	11	12	13	14	15	16	17	18	19	20	21	22	23	24	25	26	27	28	29	30	31	32	33	34	35	36	37	38	39	40
Clara de huevo																																								
Cremoso																																								
PERÍODO, sangrado ligero, seco o pegajoso	●	●	●	●	●	−	−	−	−	−								−	−	−	−	−	−	−	−	−	−	−	−	−	−	●								
Fase fértil y día cumbre																	DC																							
Sensación vaginal						seco	−	−	−	−	pegajoso	húmedo	−	−	−	seco	−	−																						

Gráfica de Sheila. El clásico patrón del fluido cervical, con el último día de la resbaladiza clara de huevo como día cumbre. En este caso, su día cumbre fue el día 17.

Día del ciclo	1	2	3	4	5	6	7	8	9	10	11	12	13	14	15	16	17	18	19	20	21	22	23	24	25	26	27	28	29	30	31	32	33	34	35	36	37	38	39	40
Clara de huevo																																								
Cremoso																																								
PERÍODO, sangrado ligero, seco o pegajoso	●	●	●	◉	–	–	–	–	–	–								–	–	–	–	–	–	–	–	–	–	–	–	–	–	●								
Día cumbre																	DC																							
Sensación vaginal					seco	=	=	=	=	=	pegajoso	húmeda	=	=	lúbrico	lúbrico	seco	=																						

Gráfica de Julia. El mismo patrón básico de fluido cervical que la gráfica anterior de Sheila, excepto que Julia tiene una sensación vaginal de lubricidad (registrada como «lúbrico»), el día posterior a su último día de clara de huevo resbaladiza. De este modo, su día cumbre fue el día 18.

Día del ciclo	1	2	3	4	5	6	7	8	9	10	11	12	13	14	15	16	17	18	19	20	21	22	23	24	25	26	27	28	29	30	31	32	33	34	35	36	37	38	39	40
Clara de huevo																																								
Cremoso																																								
PERÍODO, sangrado ligero, seco o pegajoso	●	●	●	◉	–	–	–	–						–	–	–	–	–	–	–	–	–	–	–	–	–	–	●												
Día cumbre													DC																											
Sensación vaginal					seco	=	=	=	=	=	húmeda	=	seco	=	=																									

Gráfica de Miriam. Un patrón de fluido cervical en el que no se observa clara de huevo resbaladiza. El día cumbre de Miriam fue por tanto el día 13, el último día de fluido cervical húmedo y cremoso.

Día del ciclo	1	2	3	4	5	6	7	8	9	10	11	12	13	14	15	16	17	18	19	20	21	22	23	24	25	26	27	28	29	30	31	32	33	34	35	36	37	38	39	40
Clara de huevo																																								
Cremoso																																								
PERÍODO, sangrado ligero, seco o pegajoso	●	●	●	●	◉									–	–	–	–	–	–	–	–	–	–	●																
Día cumbre												DC																												
Sensación vaginal						pegajoso	húmeda	húmeda	húmeda	lúbrico	lúbrico	húmeda	seco	=	=																									

Gráfica de Ariana. Un patrón de fluido cervical en el que un día cremoso sigue al último día de clara de huevo resbaladiza. En este caso, el día cumbre de Ariana se consideró el día 11, el último día de clara de huevo. Observa también que, puesto que ovuló pronto, este ciclo es corto, lo cual no es de extrañar, porque no tuvo ningún día seco inmediatamente después de su período.

Saber cómo determinar con precisión el día cumbre es crucial si vas a seguir correctamente las reglas para el control de natalidad y para quedarte embarazada, por lo que hay que asegurarse de asimilar cuidadosamente las pautas de la página anterior, además de los ejemplos de las gráficas.

114

LA TEMPERATURA AL DESPERTARSE

La primera vez que oí que el Método de Conciencia de la Fertilidad incluía tomarse la temperatura cada día, pensé: «¡No puede ser en serio!». Pero, 11 000 temperaturas después, perdí de vista en qué consistía la cuestión. De hecho, es agradable tener una excusa para acurrucarme un minuto, caliente y como un muñeco de peluche; en lugar de sentir la necesidad de saltar corriendo de la cama un segundo después de sonar la alarma.

Para obtener una lectura precisa, probablemente no te interese tener que hacer antes cincuenta flexiones. Así que tampoco deberías saltar a la habitación de al lado para coger tu móvil, o ni siquiera levantarte para orinar justo después de despertarte, aunque te hayas bebido un litro de limonada la noche anterior.

El lado positivo de tomarte la temperatura es que te proporcionará una cantidad de información sobre tu cuerpo que, al fin y al cabo, probablemente conlleve un solo minuto de tu día. Para valorar lo que digo, déjame enumerarte los beneficios de tomarte la temperatura cada mañana. Podrás identificar:

- Si estás ovulando
- Cuándo será seguro tener relaciones maravillosamente naturales sin correr el riesgo de un embarazo no deseado
- Cuándo ya no eres fértil, si quieres evitar el embarazo, o cuándo aún eres fértil, si quieres quedarte embarazada
- Cuándo tendrás el período
- Si hay problemas potenciales en tu ciclo

Tomando la temperatura

1. Tómate la temperatura nada más despertarte, antes de cualquier otra actividad como beber, hablar por teléfono o levantarte para utilizar el baño. Lo ideal es que se tome durante todo el ciclo, incluyendo durante la menstruación. (Si lo prefieres, puedes limitar la toma de la temperatura a aproximadamente una tercera parte del ciclo, como explicamos en el capítulo 12, «Atajos». Sin embargo, si utilizas el Método de Conciencia de la Fertilidad para el control de la natalidad, creo que debería disuadirte de usar atajos hasta que hayas plasmado en gráficas al menos varios ciclos).

2. Debes tomarte la temperatura aproximadamente a la misma hora cada mañana, una hora más o menos. Sin embargo, no necesitas ser una esclava de tu termómetro. Si te quedas más tiempo en la cama los fines de semanas, o por cualquier razón te la tomas más temprano o más tarde de lo habitual, sólo tienes que anotar la hora en tu gráfica, porque, para algunas mujeres, la

temperatura basal tiende a elevarse cuanto más tarde se la tomen. Aun así, muchas mujeres observan que, si se levantan para usar el baño y se toman la temperatura mientras lo hacen, eso no les afecta. O, si vuelven inmediatamente a la cama, no afectará a su temperatura si se toma poco después. (Para ver cómo manejar la temperatura que podemos observar, consulta la regla del pulgar, página 120).

3. Si utilizas un termómetro digital, espera a que suene, normalmente un minuto más o menos. Si utilizas un termómetro de temperatura corporal basal de cristal, déjalo varios minutos, pero asegúrate de sacudirlo para bajar la temperatura el día anterior y evitar así que pueda marcar una temperatura más elevada.

4. Tómate la temperatura por vía oral. Si descubres que no obtienes un patrón claro, puedes tomarla vaginalmente. Sea como fuere, solamente sé consciente de que es importante ser constante y tomarla por la misma vía durante todo el ciclo, porque la temperatura vaginal tiende a ser más elevada que la temperatura oral.

5. De todas formas, si usas un termómetro digital y aun así no obtienes un cambio de temperatura claro, puedes probar a dejártelo puesto durante uno o dos minutos más, siempre que lo hagas de forma constante.

¿CÓMO DE SENSIBLE ES TU CUERPO EN RELACIÓN CON LA TOMA DE LA TEMPERATURA?

Algunas mujeres pueden caminar sonámbulas por la nieve una hora antes de tomarse la temperatura y no sentirán diferencia. Otras son tan sensibles a la variación más ligera que simplemente ser despertadas por una alarma de coche un par de horas antes de levantarse puede perturbar la lectura de su temperatura. Afortunadamente para la mayoría de las mujeres, ninguna de estas variaciones conllevará mucha diferencia.

Incluso aquéllas de vosotras que sois más sensibles, probablemente os iréis a la cama y os despertaréis aproximadamente a la misma hora cada mañana, aunque en realidad no salgáis de la cama al mismo tiempo. Por supuesto, a veces la vida se interpone en el camino. Por ejemplo, tal vez tengáis normalmente al menos tres horas consecutivas de sueño antes de tomaros la temperatura, pero a veces tenéis que orinar tanto que debéis hacerlo antes, o volver a la cama y dormir sólo una hora antes de tomárosla. O quizás toméis un par de vasos de vino de vez en cuando la noche anterior. Al final, si tus temperaturas parecen estar diseminadas por toda la gráfica, tal vez quieras probar un experimento.

Registrad con un color las temperaturas que os tomáis aproximadamente a la misma hora, más o menos después de la misma cantidad de sueño. Pero en cualquier ocasión en que experimentéis algo distinto, registrad la anormalidad de otro color, anotándola siempre en la fila de «Miscelánea» (por ejemplo, el vino de la noche anterior o ser despertadas por el teléfono) o en la fila de la Hora de la temperatura tomada (5:30 a. m., en lugar de las usuales 7 a. m.).

Si observas una diferencia notable, prueba a mantener toda la regularidad que sea posible, incluyendo registrar la temperatura aproximadamente en la misma hora y dormir al menos tres horas consecutivas antes de hacerlo. Y, por supuesto, no te bases en ningún ciclo confuso hasta que hayas establecido las gráficas de temperatura normal. Al final, siempre tendrás la útil regla del pulgar, explicada en la página 120, para ayudarte a interpretar con precisión tus gráficas.

116

Registrar en gráficas tu temperatura

1. Puedes registrar tu temperatura en cualquier momento del día, pero suele ser más conveniente hacerlo por la mañana para tener información inmediata sobre lo que ocurre en tu cuerpo. Si eso no es práctico, no tiene por qué hacerse hasta la noche, puesto que la mayoría de los termómetros digitales de vidrio seguirán siendo precisos hasta que se lean o se agiten. (Tan sólo asegúrate de no dejar tu termómetro cociéndose en un alféizar caliente todo el día).

2. Si la temperatura se encuentra entre dos números, registra siempre la temperatura más baja. Y si tu termómetro digital registra centésimas, simplemente elimina la última cifra (por ejemplo, 36,48 debe registrarse como 36,4).

3. Registra y relaciona las temperaturas con un bolígrafo.

4. Los acontecimientos inusuales como el estrés, las enfermedades, los viajes o las mudanzas deben registrarse en la fila de «Notas» de la gráfica y tomarse en consideración cuando interpreta el patrón de temperatura. Y las temperaturas tomadas antes o después de lo usual deberían anotarse en la fila de las Temperaturas tomadas.

5. Si tus temperaturas parecen confusas o anómalas, prueba a tomarlas por vía vaginal durante al menos un ciclo completo, de período en período. Puede que en tu caso, las temperaturas vaginales sean más precisas.

6. Si crees que una temperatura está fuera del rango normal, aplica la regla del pulgar y espera al día siguiente para aplicar la línea de conexión. Omite cualquier temperatura anormal dibujando una línea punteada entre las temperaturas normales. Registra las posibles reacciones de sus anormalidades (*véase* la gráfica de Catherine de la página 120).

UNA GUÍA SOBRE LOS TERMÓMETROS

Termómetros digitales*

Para la mayoría de las mujeres, el tipo más cómodo de termómetro es el digital. Suele necesitar aproximadamente un minuto para registrar, y suele emitir un pitido cuando ha terminado. Para los propósitos de la gráfica, debería tener una memoria capaz de almacenar la última temperatura hasta que la recuperes en el momento en que la registres. Asimismo, es obligatorio que tenga una precisión de 1 décima de grado Celsius (por ejemplo, 36,3), pero no utilices termómetros que midan 1 centésima de grado (por ejemplo, 36,33), puesto que la información adicional es innecesaria y confusa. Y estate atenta a cuando necesites cambiar la batería.

Puedes confiar en los termómetros digitales siempre que muestren claramente el cambio de temperatura que tiene lugar en la mitad del ciclo que refleja el paso de la ovulación. Pero si tus tiempos parecen confusos, si no muestran un patrón claro de descensos o ascensos pre y posovulatorios, o no correlacionan estrechamente con tus otros síntomas de fertilidad, prueba un termómetro digital distinto o pásate a un termómetro corporal basal al comenzar un nuevo ciclo.

También deberías saber que hay varios nuevos termómetros digitales que están específicamente diseñados para sincronizarse con aplicaciones de teléfonos móviles, incluido uno para la aplicación que viene con este libro. Véase tcoyf.com

Termómetros corporales basales de vidrio

Los termómetros de vidrio se consideran los más fiables para detectar tu temperatura corporal basal. Sin embargo, ya no se suelen vender y requieren unos cinco minutos para registrar una lectura precisa. El envase debe especificar que es un termómetro «corporal basal», a diferencia de los «termómetros para la fiebre». Un termómetro corporal basal de vidrio es más fácil de leer que uno de fiebre porque las temperaturas se muestran en incrementos de una décima en lugar de 0,5. Pero los termómetros corporales basales solo registran hasta los 38 grados, por lo que, si tienes razones para pensar que tienes fiebre, utiliza un termómetro para la fiebre durante estos días.

Termómetros para el oído o la frente

Estos tipos de termómetros no se consideran suficientemente fiables para usarlos para gráficas de conciencia de la fertilidad.

---

* Las temperaturas se ofrecen en grados Fahrenheit en el libro original en inglés. Para la traducción los hemos convertido a grados Celsius, los más comunes en los países hispanohablantes. Sin embargo, en las gráficas ofrecidas por la autora hemos conservado los grados Fahrenheit, por la dificultad para convertirlos en Celsius en aquéllas. *(N. del T.)*

Dibujando la gráfica de la temperatura basal

En última instancia, la razón por la que registras tu temperatura es para determinar cuándo ovulaste en un cualquier ciclo determinado. Recuerda que, después de la ovulación, la temperatura se eleva rápidamente por encima de los rangos de los descensos que la preceden, formando un patrón bifásico en la gráfica. Este cambio térmico suele ser tan evidente que podrás localizarlo echando un simple vistazo a la gráfica. Sin embargo, para interpretarla con precisión, te interesará dibujar una línea base horizontal que te ayude a diferenciar entre las temperaturas que son bajas (preovulatorias) y las que son altas (posovulatorias). Tu fluido cervical más húmedo será la señal para prestar atención a tu temperatura, porque es el primer indicio de que te estás acercando a la ovulación. La gráfica se dibuja como explico a continuación:[1]

1. Después de que termine tu período, y una vez que empieces a notar un fluido cervical húmedo, empieza a buscar una temperatura más alta que el grupo de las seis temperaturas anteriores.
2. Identifica el primer día en que tu temperatura se eleve al menos dos décimas de grado por encima de la más alta del grupo de las seis temperaturas anteriores.
3. Vuelve atrás y destaca las seis últimas temperaturas antes de la elevación.
4. Dibuja la línea una décima por encima de la temperatura *más alta* del grupo de seis días destacados que preceden la elevación, tal como se ve en la gráfica de Kate, de debajo. (No es inusual tener temperaturas más altas durante las menstruaciones debido a los efectos residuales de la progesterona que queda del último ciclo. Pero pueden ignorarse cuando se dibuja la línea).

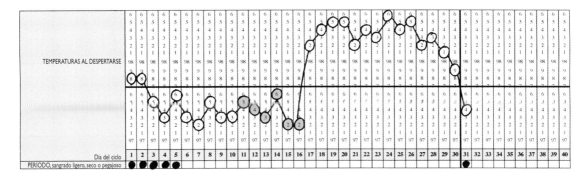

Gráfica de Kate. Un patrón de temperatura estándar con línea de temperatura base. Observa que el primer día en que Kate observó un cambio de temperatura fue el día 17, por lo que contó seis días hacia atrás y destacó este grupo de temperaturas. Después dibujó su línea de temperatura base en 36,5, que era una décima por encima de la más alta del grupo, que fue de 36,4 el día 14. La duración del ciclo fue de 30 días.

---

1. Puedes tener patrones de temperatura que dificulten el dibujo de la línea de temperatura base. Si es así, consulta el apéndice H sobre líneas de temperatura complicadas.

Esquemas de temperaturas y la regla del pulgar

Si tienes una temperatura ocasional que es inusualmente alta debido a razones como la fiebre, una mala noche, consumo de alcohol la noche anterior o tomártela más tarde de lo habitual, puedes tapar la temperatura periférica con tu dedo pulgar cuando estés determinando tu línea de temperatura base. Rodea la temperatura inusual como harías con cualquier otra, pero despés dibuja líneas punteadas entre las temperaturas de cada lado, de forma que no interfieran con tu capacidad de interpretar tu gráfica. Básicamente, estás ignorando la temperatura anormal durante el recuento de 6 días, cuando determinas la temperatura de la línea base. Sin embargo, si hay dos temperaturas periféricas, cuenta un día adicional.

También deberías saber que, en algunas mujeres, la temperatura se eleva un poco cuando están dormidas, pero, de nuevo, deberías seguir las pautas mencionadas. Consulta el recuadro de la página 123 sobre cómo manejar circunstancias especiales, además de las páginas 508-510 para saber cómo tratar la fiebre.

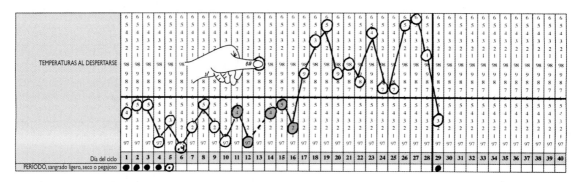

Gráfica de Catherine. Utilizando la regla del pulgar para las temperaturas anómalas. Observa el dedo pulgar de Catherine cubriendo su temperatura periférica del día 13 y que ella dibujó una línea punteada entre los días de ambos lados. Observa también que el día 13 no se cuenta entre los seis días necesarios para dibujar la línea de la temperatura base. La duración de este ciclo fue de 28 días.

Tipos de patrones de cambios de temperatura

La gráfica anterior de Catherine muestra una línea de temperatura base dibujada con un patrón de cambio de temperatura *estándar*. El patrón estándar muestra claramente el rango de temperaturas bajas, seguido de un cambio de temperatura evidente de al menos dos décimas de grado, seguido por un rango constante de temperaturas elevadas que permanecen hasta el final de ese ciclo. Los patrones estándar son los más fáciles de interpretar y, por tanto, en ellos es muy fácil dibujar la línea base.

La mayoría de las mujeres suelen experimentar el mismo tipo de patrones de cambio térmico en su ciclo, aunque pueden ver variaciones de vez en cuando. Aunque el cambio estándar es el más común, hay otros tres tipos que puedes experimentar, tal como te muestro en las gráficas siguientes.

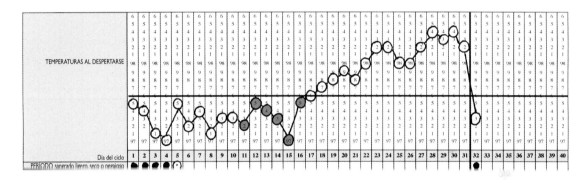

Gráfica de Talia. La subida lenta. Observa cómo su temperatura sube una décima de grado cada vez, empezando con el día 17 como la primera temperatura más alta que el grupo de seis anterior a ella. Observa también que, con este patrón en particular, la línea de la temperatura base no puede dibujarse siguiendo las instrucciones normales.

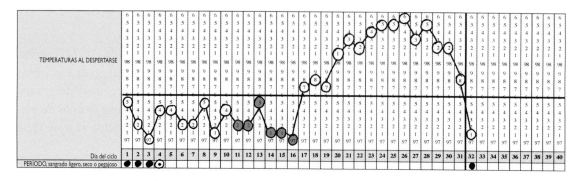

Gráfica de Brooke. La elevación escalonada. Observa cómo las temperaturas ascienden en un arranque inicial de tres días, el día 17, antes de seguir subiendo el día 20.

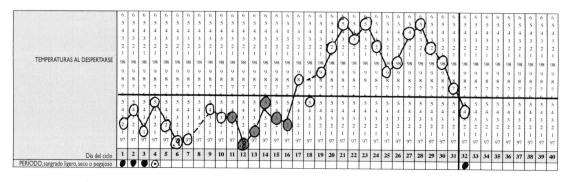

Gráfica de Kelly. El ascenso alternativo. Observa cómo su temperatura al principio se eleva por encima de la línea de la temperatura base el día 17, pero después baja el día siguiente, antes de volver a elevarse el día 19.

Aunque los patrones anteriores pueden ser al principio un poco confusos, son fáciles de interpretar cuando estás familiarizada con ellos. El apéndice H ofrece más explicaciones si descubres que tienes ciclos que se les parecen.

DIBUJANDO EN GRÁFICAS LAS TEMPERATURAS DURANTE CIRCUNSTANCIAS ESPECIALES

Viajar cruzando husos horarios y cambio de la hora

Ocasionalmente, puedes experimentar un cambio en la zona horaria, ya sea cuando viajes o debido al cambio de la hora. Si tu cuerpo es sensible al momento en que te tomas la temperatura, simplemente sé consciente de la posibilidad de que la que registres ese día puede ser más alta o más baja, ya que la temperatura suele aumentar a lo largo del día. Si observas una anomalía, ignórala aplicando la regla del pulgar de la página 120. Sin embargo, si trabajas para líneas aéreas o tienes algún otro trabajo que requiera viajar constantemente atravesando husos horarios, es posible que no puedas dibujar una gráfica realista de tu temperatura, pero aun así puedes basarte en tus otros síntomas de fertilidad. *(Véanse* páginas 490-491 para observar cómo aumentar la eficacia anticonceptiva en ese tipo de situaciones).

Trabajo del turno de noche

Trabajar en el turno de noche suele conllevar muchas complicaciones, entre ellas cuándo tomarte la temperatura basal. Pero, recuerda, la definición de temperatura basal es la primera temperatura tomada después de despertarse, que no será por la mañana para quienes trabajan de noche. (Por supuesto, si tu trabajo de noche es realmente aburrido y duermes mientras, probablemente tendrás problemas mayores que cuándo tomarte la temperatura).

La regla general en las situaciones en que se trabaja de noche es seguir tomando la temperatura nada más despertarse, pero la diferencia es que debería ser tras tu sueño más largo y relajante. Para muchas, será por la tarde o al comienzo de la noche.

Si trabajas a turnos, puedes considerar más complicado ver un claro patrón de altibajos. Dependiendo del horario de tu trabajo, aún puedes identificar un claro cambio de temperatura para cada ciclo, pero si no, todavía puedes confiar en tus otras señales de fertilidad explicadas en este capítulo. (De nuevo, *véanse* páginas 490-491 para saber cómo maximizar la eficacia anticonceptiva en ese tipo de situaciones).

Una nota general sobre las circunstancias especiales

Aunque la mayoría de vosotras podáis reconocer un cambio en la temperatura, a pesar de estos retos, te interesa estar especialmente atenta a tu fluido cervical, además de al síntoma opcional de posición cervical para identificar claramente tu fase fértil. Independientemente de eso, nunca utilices tu temperatura para propósitos anticonceptivos a menos que puedas ver un patrón claro de ascensos posovulatorios por encima de la línea de la temperatura base. Si dudas, no confíes en el Método de Conciencia de la Fertilidad para el control de la natalidad durante estos momentos, a menos que puedas determinar claramente tu fase fértil observando tus otros signos.

Cómo los patrones de temperatura predicen la duración de los ciclos

Lo bueno de representar la temperatura en gráficas es que puede ofrecerte un anticipo de la duración de tu ciclo simplemente observando cuándo tienes un cambio de temperatura. Recuerda que, una vez que ésta se eleve, la duración temporal hasta tu siguiente período permanecerá bastante regular de ciclo a ciclo. Por tanto, por ejemplo, si tienes fiebre o mucho estrés durante la primera parte de tu ciclo, puedes experimentar una ovulación retrasada que se reflejará en un cambio térmico retrasado. En ese caso, aún podrás contar hacia delante para determinar cuándo menstruarás, aunque sea más tarde de lo usual.

Cassandra y Everett era unos jóvenes clientes míos que estaban comprometidos. Los dos asistían a la universidad, pero aún vivían en casa a fin de ahorrar dinero para su futuro matrimonio. Un fin de semana, la familia de Cassandra se fue de la ciudad, y ellos tuvieron por fin la oportunidad de estar juntos sin los hermanos pequeños de ella molestando.

Un par de meses después los vi para su consulta de seguimiento privada. Una de las primeras cosas que me chocaron sobre sus gráficas era que ella tenía un ciclo largo con una ovulación retrasada. Cuando le pregunté si sufría estrés, los dos se miraron y se echaron a reír. Con un poco de insistencia pronto descubrí que, varios días después de que los padres volvieran, su madre llamó a Cassandra a su habitación para preguntar qué hacía el tapón de un bote de nata montada colocada entre el colchón y el cabecero de la cama. Por lo menos sus gráficas le impidieron preocuparse por un período que en aquel ciclo seguramente llegaría tarde.

Las gráficas de Clara, en la siguiente página, ayudan a demostrar que la fase preovulatoria puede variar considerablemente entre mujeres y en el patrón de la misma mujer de ciclo en ciclo. La fase posovulatoria, aunque varía un poco de mujer a mujer, suele permanecer constante para cada mujer individual (un día o dos, más o menos).

Ciclo de 25 días

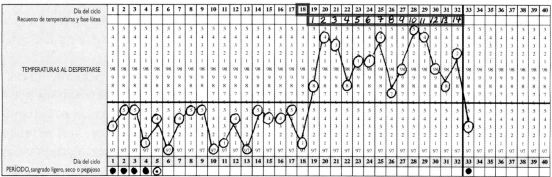

Ciclo de 32 días

Ciclo de 39 días

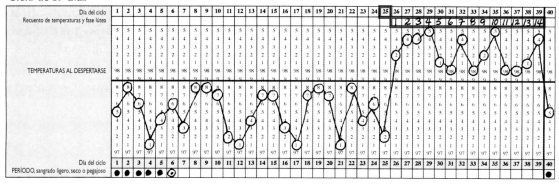

Gráficas de Clara. Las gráficas de temperatura muestran los ciclos de una mujer de 25, 32 y 39 días. Obsérvese que la fase preovulatoria de Clara varía en duración, pero su fase posovulatoria (lútea) permanece constante, normalmente unos 14 días.

125

Posición cervical (síntoma opcional)

El síntoma de fertilidad más complicado de dominar para la mayoría de las mujeres es la posición cervical. Por supuesto, tiene sentido: después de todo, ¿con qué frecuencia deslizas un dedo en tu vagina para sentir lo que se encuentra varios centímetros adentro? Así, podríamos tardar unos cuantos ciclos para poder distinguir las diferencias en las texturas cervicales de esponjosidad, altura y apertura.

A medida que te aproximas a la ovulación, el cuello del útero tiende a levantarse, ablandarse y abrirse. Pasa de estar firme como la punta de tu nariz (cuando no eres fértil) a sentirse suave como tus labios, conforme te aproximas a la ovulación. El cuello del útero descenderá bruscamente cuando los niveles de estrógeno se reduzcan y la progesterona domine tras la ovulación. Simplemente insertando el dedo corazón limpio, podrás detectar estos sutiles cambios.

La posición cervical es un síntoma opcional, pero es especialmente útil si alguno de los otros síntomas es confuso en algún ciclo en particular. Nunca debemos basarnos sólo en él. El mejor momento para observar cambios radicales es en torno a la ovulación, cuando la posición del cuello del útero se desplaza más bruscamente.

Incluso las mujeres que quieren incluir en la gráfica su posición cervical pueden ser inicialmente aprensivas a comprobarlo. Esto es comprensible, puesto que probablemente no sea algo a lo que estén acostumbradas. Respira lentamente y deja que tu cuerpo se relaje. Llegará un momento en que descubrirás que puede ser fascinante observar cómo tu cuello cervical varía a lo largo del ciclo. Y una vez que te hayas familiarizado con los diversos cambios, querrás comprobar el cuello del útero una vez a la semana, más o menos, por ciclo, como explico en el capítulo 12.

Te animo a que compruebes tu cuello del útero si:

1. Tus patrones de temperatura no reflejan un cambio de temperatura completamente obvio. En esos casos, el cuello del útero proporcionará evidencias concluyentes sobre tu fertilidad.
2. Tus observaciones sobre el fluido cervical o las lecturas de la temperatura no son fáciles de interpretar.
3. No puedes en absoluto arriesgarte a un embarazo no deseado y quieres un *tercer* síntoma para confirmar los días no fértiles.

Observando el cuello del útero

Cuando aprendes por primera vez a comprobar el cuello del útero, un truco que puede ayudar a ofrecerte un punto de partida es comprobarlo por primera vez sólo después de la ovulación, cuando el cuello del útero se encuentre más bajo, ya que es más fácil acceder a él. Durante la fase lútea, normalmente lo notarás firme, bajo y cerrado. Cuando tengas un punto de referencia sobre cómo lo notas:

1. Empieza a comprobar el cuello del útero por lo menos una vez al día, después de terminar la menstruación.
2. Asegúrate de que llevas las uñas cortas y lávate siempre antes las manos con jabón.
3. Intenta hacer la comprobación aproximadamente a la misma hora cada día. Justo después de una ducha por la mañana o por la tarde probablemente sea la hora más cómoda. Pero no hagas la comprobación inmediatamente después de defecar porque obviamente te arriesgas a introducir bacterias, y podría hacer que el cuello del útero se abra. Y no hagas la comprobación lo primero por la mañana porque puede ser temporalmente más difícil acceder a él.
4. La posición más eficaz para la comprobación es en cuclillas, ya que así se lleva el cuello del útero más cerca de la abertura vaginal. Sin embargo, algunas mujeres prefieren hacer la comprobación mientras están sentadas en la taza del váter, o poniendo una pierna en el borde de la bañera. Persiste en la posición que hayas elegido, puesto que diferentes posiciones cambiarán la altura del cuello del útero.
5. Utiliza el dedo como si fuera un cómodo calibrador. Inserta el dedo corazón y recuerda la palabra BAAH mientras observas las siguientes condiciones del cuello del útero:

   - Blandura (firme/suave)
   - Altura en la vagina (baja/alta)
   - Apertura (cerrada/abierta)
   - Humedad (nada, pegajoso, cremoso, clara de huevo)

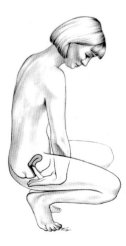

Técnicamente, la humedad es una característica del *fluido* cervical y no del cuello del útero, pero la incluimos aquí porque, cuando compruebes el cuello del útero, no puedes dejar de notar qué secreción hay en el dedo cuando lo saques. Simplemente sé consciente de que siempre habrá algo allí, y con práctica probablemente empieces a notar variaciones dependiendo de dónde te encuentres en tu ciclo. (Sin embargo, independientemente de esto, lo que observes cuando saques tu dedo no debe ser tu forma principal de comprobar el fluido cervical).

6. Observa que las mujeres que han tenido hijos por la vagina siempre tendrán el cuello del útero ligeramente abierto. Lo sentirás más oval y en forma de sonrisa horizontal, por lo que es importante concentrarnos en las sutiles variaciones durante el ciclo.

Mujer que nunca ha
tenido hijos por la vagina

Mujer que ha tenido hijos
por la vagina

7. El mejor momento para empezar a observar los cambios cervicales es cuando el fluido cervical húmedo empiece a aparecer en los días anteriores a la ovulación. Deberías seguir observando al menos hasta que el fluido cervical y el cuello del útero vuelvan a tener sus características de infertilidad abruptamente después de la ovulación. Los cambios cervicales se harán más fáciles de observar con la práctica.

8. No te sorprendas si notas protuberancias duras que parecen gránulos de arena bajo la piel de tu cuello cervical. Se llaman quistes de Naboth, no son importantes y suelen aparecer y desaparecer sin tratamiento. (*Véase* ilustración de la página 318).

9. Obviamente, no deberías comprobar tu posición cervical si tienes dolores genitales o infecciones vaginales.

10. Como dije antes, una vez que has aprendido cómo notas el cuello de tu útero durante las distintas fases, tal vez prefieras reducir el proceso a comprobarlo diariamente sólo durante, más o menos, una semana durante cada ciclo, desde el primer día del fluido cervical fértil hasta el cambio de temperatura (*véase* página 211 para métodos rápidos).

11. Si descubres que es más fácil, pero igual de útil, observar sólo una o dos de las características del cuello del útero, concéntrate en ellas. Así, por ejemplo, si es difícil para ti detectar la altura, pero notas si está abierto o si está blando, entonces comprueba sólo estas dos características. Podrías incluso utilizar un término nemónico diferente para comprobar el cuello del útero, como un «AS» cervical (para apertura y suavidad).

Comprobando el cuello del útero

1. Utiliza un círculo para representar la apertura cervical.

   = baja, cerrada y firme (F)

   = a medio camino, parcialmente abierta (M)

   = alta, abierta y suave (S)

2. El patrón cervical general será algo así como la gráfica de Isabella de debajo.

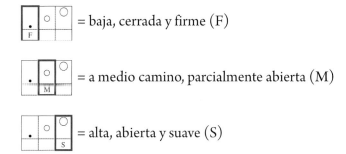

Gráfica de Isabella. Patrón de posición cervical típico. Observa que el cuello del útero de Isabella tarda unos días en ablandarse, elevarse y abrirse, pero entonces, inmediatamente se cierra y reduce su temperatura entre los días 20 y 21. Esto se debe al fuerte efecto de la progesterona después de la ovulación, que en este ciclo probablemente ocurriera alrededor del día 20.

CÓMO DETERMINAR LA DURACIÓN DE TU FASE LÚTEA

Técnicamente, la fase lútea se define como el tiempo que va desde la ovulación hasta el siguiente período. La única forma en que puedes saber cuánto tiempo dura de verdad es teniendo un ecógrafo en tu dormitorio para comprobarlo todos los días. Aparte de eso, aún puedes hacerte una buena idea de su duración contando desde el primer día de tu cambio de temperatura durante tu período, no incluyendo el primer día de la menstruación. Para ser claros, cuenta hasta el último día antes de tu verdadero período, aunque tu temperatura caiga un día, o más, antes, y aunque tengas un sangrado ligero premenstrual los días anteriores.

Las fases lúteas suelen durar entre 12 y 16 días. Si duran menos de 10 días, se suelen considerar demasiado breves. De igual modo, en teoría podrías tener una fase lútea de duración normal, pero seguir produciendo una cantidad insuficiente de progesterona. Ambas situaciones pueden ser un problema si estás intentando quedarte embarazada, porque ambas pueden tener como consecuencia la pérdida del recubrimiento uterino antes de que algún óvulo fecundado tenga posibilidad de implantarse.

Hay una situación en la que podrías modificar la forma en que calculas la duración de tu fase lútea: si tu cambio de temperatura tiene lugar constantemente más de dos días después del día cumbre, probablemente signifique que tu cuerpo reacciona lentamente a la progesterona liberada después de la ovulación y que es la que provoca el calor. En tal caso, puede ser más exacto contar el día después del día cumbre como el primer día de la fase lútea en lugar de empezar a contar después de tu cambio de temperatura *(véase* página 446).

ALGO DE LOGÍSTICA EN LAS GRÁFICAS CUANDO SE HACEN A MANO

Descarga la gráfica maestra apropiada (para el control de la natalidad o el embarazo) de www.tcoyf.com, o cópiala de la contracubierta del libro y amplíala al 125%.

Registra casi todo, excepto las temperaturas, con un lapicero de punta fina.

Para registrar el fluido cervical o los síntomas codificados con colores, utiliza un rotulador grueso para llenar los recuadros. Diviértete explorando una buena tienda de productos para oficina con una gráfica de ejemplo para encontrar las mejores anchuras, estilo y colores para cubrir tus necesidades.

Pon un signo de interrogación en la columna en cualquier momento en que olvides observar síntomas. Si tu temperatura baja de 36°, escribe la correcta debajo de ella y rodea esa cifra (por tanto, si tu temperatura era de 35,9, registra el 9 bajo el 36 y rodéalo). De igual modo, si tus temperaturas se elevan por encima de 37,3, escribe la temperatura correcta por encima de ella y rodea esa cifra (así, si tu temperatura era de 37,5 registra el 5 bajo el 37 y rodea el 5). También puedes descargar una gráfica maestra con temperaturas por debajo de 36° en tcoyf.com

Si tu temperatura preovulatoria suele estar constantemente en los 35,5 o por debajo de los 36°, descarga una gráfica maestra con temperaturas por debajo de 36,1 en tcoyf.com

Si tu ciclo se extiende más allá del día 40, corta y pega tus gráficas (lo sé, lo sé, muy pasado de moda), de forma que parezcan un ciclo continuo y largo.

Mantén tus gráficas en un libro de notas con la más reciente encima, para recordarla fácilmente.

Copia el formulario maestro de examen anual de la página 613 en la parte posterior de la gráfica para el ciclo en el que te harás tu examen. Para acceder fácilmente a tus exámenes anuales en el futuro, te puede interesar utilizar un pequeño clip metálico en la esquina superior derecha.

Si escaneas o envías por fax tus gráficas a tu médico, asegúrate de poner tu nombre en ellas y envíalas a una resolución alta.

Si preferirías descargar una gráfica maestra digital o introducir tus ciclos en una aplicación, visita tcoyf.com

DEJANDO LA PÍLDORA U OTRAS HORMONAS ARTIFICIALES

(INCLUIDOS EL PARCHE ORTHO EVRA, EL NUVARING VAGINAL, EL IMPLANTE IMPLANON ROD, LA INYECCIÓN DEPO-PROVERA O EL DIU DE PROGESTINA)

Las mujeres que dejan de tomar hormonas se suelen sorprender de que no recuperan sus ciclos de la forma en que estaban acostumbradas mientras las tomaban, especialmente por la naturaleza del mecanismo de la píldora. Pero recuerda que los ciclos, cuando se toman hormonas, se inducen artificialmente para que sean perfectos. Y la ovulación no se recupera inmediatamente después de dejar de tomarlas, normalmente debido a la sobresupresión del mecanismo de retroalimentación del hipotálamo y la glándula pituitaria.

En términos generales, dar a las mujeres la píldora para «regular los ciclos» es contraproducente. Por tanto, si te prescriben la píldora para cualquiera de las numerosas razones que causan ciclos irregulares, como el síndrome ovárico poliquístico, la endometriosis, los quistes ováricos o la insuficiencia ovárica primaria, normalmente sólo enmascaran, más que tratan, la causa subyacente. Y una vez que la dejes, tus ciclos volverán a como estaban anteriormente.

Además, la píldora puede causar alguna de las siguientes alteraciones durante varios meses después de dejarla:

Temperaturas
- Falsas temperaturas altas
- Temperaturas que parecen totalmente desincronizadas con el fluido cervical

Fluido cervical
- Ausencia del típico fluido cervical ovulatorio, lo que da lugar a un patrón infértil básico no variable, incluso cuando aparece la ovulación
- Continuamente acuoso y fértil en apariencia, o fluido cervical lechoso
- Parches análogos de diversos tipos de fluido cervical

Fase lútea
- Fase lútea breve que indica una ovulación inadecuada

Sangrado
- Sangrado más denso y rojo de lo que estabas acostumbradas mientras tomabas la píldora
- Sangrado preovulatorio irregular y sangrado ligero en la fase lútea
- Pobre flujo menstrual después de la ovulación

Cuando una mujer deja de tomar la píldora u otras hormonas, sus ciclos normalmente volverán a la forma que tenían antes. Sin embargo, la cantidad de tiempo varía según las mujeres. Para algunas, es casi inmediato. Pero, para la mayoría, hay al menos un breve retraso de algunos meses, y para otras, puede tardar muchos meses o años (Depo-Provera en particular puede retrasar la vuelta de los ciclos normales hasta uno o dos años). Esta variación depende del tipo y dosis de las hormonas usadas, la fisiología básica de la mujer y, por supuesto, como mencionamos antes, cualquier condición subyacente que hubiera tenido antes de tomarla.

Quienes tardan más tiempo en eliminar el fármaco de su sistema, y por tanto tardan varios meses en recuperar el ciclo posterior a las hormonas, suelen ser jóvenes o delgadas (especialmente las que perdieron peso con las hormonas). Quienes tenían ciclos irregulares antes de tomar hormonas suelen volver después a sus patrones irregulares. Además, deberías ser consciente de que, una vez que la mujer recupera su ciclo natural, puede experimentar fases lúteas breves durante los primeros meses. Esto será reflejado en las temperaturas elevadas de menos de 10 días, después del cambio de temperatura.

Una vez que la mujer deja las hormonas, pero antes de que sus ciclos empiecen a mostrar la clásica presentación de fluido cervical fértil, pueden notar que tiene un aspecto parecido al de la leche. Para algunas será algo pegajoso y húmedo. Otras descubren que su fluido cervical no contiene las características fértiles clásicas, porque la píldora puede dañar las criptas cervicales que lo producen. Sin embargo, para la mayoría de las mujeres, ese tipo de anormalidades en sus síntomas de fertilidad desaparecerán gradualmente y pueden anticipar la vuelta de ciclos similares a lo que experimentaban antes de comenzar.

Es evidente que, cuando dejas la píldora, las observaciones de tu fluido cervical pueden ser confusas inicialmente. Y quiero recordarte de nuevo que cualquier mujer que esté empezando a elaborar gráficas –o simplemente empezando a elaborar gráficas después de haber estado tomando anticonceptivos hormonales– no deberían basarse solo en el Método de Conciencia de la Fertilidad como único procedimiento de control de la natalidad hasta que confíen en que pueden interpretar sus síntomas de fertilidad.

Para aquellas de vosotras que queráis quedaros embarazadas después de dejar la píldora, os recomendaría esperar unos cuantos meses para aseguraros de que las hormonas residuales están fuera de vuestro cuerpo. O bien preguntar a tu médico lo que os recomendaría basándose en el tipo y dosis que tomasteis.

JUNTÁNDOLO TODO: UN RESUMEN

El tiempo que se tarda en comprobar realmente los tres síntomas es insignificante comparado con los beneficios que conlleva. Lo que sigue es un resumen sobre cómo observar e insertar en la gráfica los tres síntomas de fertilidad. Tal vez quieras marcar estas páginas para poder encontrarlas rápidamente si las necesitas.

Observando tu fluido cervical

1. Empieza comprobando el fluido cervical el primer día después de que la menstruación haya terminado.
2. Concéntrate en las *sensaciones* vaginales durante el día (como por ejemplo sequedad, adherencia, humedad o lubricación).
3. Intenta examinar tu fluido cervical cada vez que utilices el baño, haciendo Kegels en el proceso.
4. Comprueba el fluido cervical al menos tres veces al día.
5. Asegúrate de hacer la comprobación cuando no estés estimulada sexualmente.
6. Tanto antes como después de utilizar el baño, coge papel higiénico y dóblalo. Separa tus labios vaginales y limpia desde el frente hacia la parte de atrás.
7. Concéntrate en la facilidad con la que el papel se desliza por tus labios vaginales. ¿La sientes seca, suave o lubricada?
8. Ahora coge la secreción del papel para sentirla con los dedos pulgar y corazón. Concéntrate en la calidad. De nuevo, ¿la notas seca? ¿Pegajosa? ¿Cremosa? ¿Lubricante como la clara de huevo?
9. Obsérvala, mientras abres lentamente los dedos para ver si se estira.
10. Comprueba tu ropa interior a lo largo del día. Observa si ves un círculo de humedad simétrico.
11. Para diferenciar entre el fluido cervical y las secreciones vaginales básicas, haz la prueba del vaso de agua: el verdadero fluido cervical normalmente es una masa informe y cae al fondo o permanece visible en el agua.
12. Observa la calidad y cantidad del fluido cervical (color, opacidad, consistencia, grosor, elasticidad y, lo más importante de todo, textura resbaladiza y lubricante).
13. El mejor momento para observar el fluido cervical fértil mientras fluye será después de hacer fuerza cuando se va al baño.

14. En torno a tu momento más fértil, mira en el agua en busca de una pelota que se hunde hasta el fondo.
15. Otras ocasiones en que es fácil observar fluido cervical es después de hacer ejercicio o Kegels.
16. Sé consciente de que, mientras te acercas a la ovulación, tu fluido cervical puede volverse tan fino que dificulte la prueba del dedo, dejando sólo una *sensación* de lubricación.
17. Aprende a observar la diferencia entre el semen y el fluido cervical fértil. La clara de huevo tiende a ser clara, brillante y a menudo elástica, mientras que el semen a veces aparece como un hilo gomoso blanquecino o de espuma resbaladiza. Señala cualquier ambigüedad con un signo de interrogación en la fila del fluido cervical.

Elaborando la gráfica de tu fluido cervical

1. El día 1 del ciclo es el primer día de sangrado menstrual.
2. Utiliza las anotaciones de la tabla de debajo para registrar tu fluido cervical.
3. Registra el fluido cervical más *fértil* o *húmedo* del día, aunque estés seca todo el día excepto durante una sola observación.
4. Registra la *sensación* vaginal más húmeda que notes durante el día.
5. Marca todos los síntomas de semen o de espermicida residual como un signo de interrogación en la fila del Fluido cervical.

Día del ciclo	1	2	3	4	5	6	7	8	9	10	11	12	13	14	15	16	17	18	19	20	21	22	23	24	25	26	27	28	29	30	31	32
Clara de huevo																																
Cremoso																																
PERÍODO, sangrado ligero, seco o pegajoso	●	●	●	◉	–	–	–							–	–	–	–	–	–	–	–	–	–	–	–	–	–	●				
Fase fértil y día cumbre																																
Sensación vaginal					seco	=	=	pegajoso	=	húmeda	húmeda	húmeda	lúbrica	seco	=	=	=	=	=	=	=	=	=	=	=	=	=					

DESCRIPCIÓN DEL FLUIDO CERVICAL

rojo-abundante · rojo-moderado · rojo-claro · rojo-ligero · nada · = · película blanca · una película algo más ligera · = · una crema blanca y húmeda · mucha más crema · a. m. masa cremosa informe ~7 p. m. 2,5 cm húmedo · a. m. 2,5 cm blanca ~7,5 cm transparente · se ha id o-nada · seco

Un típico patrón de fluido cervical.

134

Identificando tu día cumbre

1. Tu día cumbre es el último día de:

   - Clara de huevo
   - Sensación vaginal lubricante

2. Si no tienes clara de huevo, debes contar el último día del fluido cervical más húmedo que tengas.
3. El día cumbre es el último día de clara de huevo o de sensación vaginal lubricante, aunque después tengas un día adicional, o dos, de fluido cervical cremoso.
4. El día cumbre es fácil de identificar porque el fluido cervical tiende a secarse muy rápidamente.
5. Una vez que hayas identificado el día cumbre, asegúrate de escribir «DC» en la fila del día cumbre de tu gráfica.

Tomándote la temperatura

1. Tómate la temperatura al poco de despertarte, antes de hacer nada.
2. Deberías tomártela aproximadamente a la misma hora cada mañana, con un máximo de una hora de diferencia.
3. Si utilizas un termómetro digital, espera a que suene, normalmente más o menos un minuto. Si utilizas un termómetro corporal basal de vidrio, déjatelo durante cinco minutos.
4. Tómate la temperatura oralmente. (Si descubres que no tienes un patrón claro, puede que te interese tomártela por vía vaginal: tan sólo tienes que ser constante).
5. Si usas un termómetro digital en el que sigues sin ver un cambio de temperatura evidente, prueba constantemente a dejarlo durante un minuto o dos más allá del zumbido.

Elaborando la gráfica de la temperatura

1. Puedes registrar tu temperatura a cualquier hora del día.
2. Si la temperatura queda entre dos números en un termómetro de vidrio, registra siempre la más baja. Y si tu termómetro registra centésimas, omite la última cifra.
3. Registra y une las temperaturas con un bolígrafo.

4. Los acontecimientos inusuales como el estrés, las enfermedades, los viajes o las mudanzas deben registrarse en la fila de notas de la gráfica. Las temperaturas tomadas antes o después de lo usual deben registrarte bajo la Hora de toma de temperatura.

5. Si tus temperaturas parecen confusas o anómalas, prueba a tomártelas vaginalmente durante al menos todo un ciclo, de período a período.

6. Si crees que una temperatura está fuera del rango normal, aplica la regla del pulgar y espera al próximo día para dibujar la línea de conexión. Omite cualquier temperatura anómala dibujando una línea punteada entre las normales de cualquier lado.

Dibujando la línea de la temperatura base

1. Después de que termine tu período y una vez que empieces a notar fluido cervical húmedo, comienza a buscar una temperatura que sea más alta que el grupo de seis temperaturas precedentes.

2. Identifica el primer día en que tu temperatura se eleve al menos dos décimas de grado por encima de la *más alta* del grupo de las seis temperaturas anteriores.

3. Vuelve atrás y destaca las seis últimas temperaturas antes de la elevación.

4. Dibuja la línea de la temperatura base una décima *por encima de la más alta* del grupo de seis días destacados que preceden a la elevación.

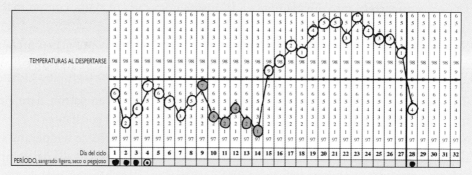

Gráfica de Bárbara. Un patrón de temperatura estándar con línea de temperatura base. Observa que el primer día en que Bárbara notó un cambio de temperatura fue el día 15, por lo que contó seis días hacia atrás y destacó ese grupo de temperaturas. Después dibujó su línea de temperatura base en 36,6, que era una décima por encima de lo más alto del grupo, que fue 36,5 el día 9. La duración de este ciclo fue de 27 días.

Observando el cuello de tu útero

1. Empieza comprobando el cuello de tu útero al menos una vez al día después de que haya terminado la menstruación.
2. Asegúrate de llevar las uñas cortas y lávate antes siempre las manos con jabón.
3. Intenta comprobar a la misma hora cada día.
4. La posición más efectiva para hacer la comprobación es en cuclillas.
5. Inserta el dedo corazón y recuerda la palabra BAAH mientras observas las siguientes características del cuello del útero:

   Blando (firme/suave)
   Altura en la vagina (baja/alta)
   Apertura (cerrada/abierta)
   Humedad (nada/pegajosa/cremosa/clara de huevo)

6. Las mujeres con hijos nacidos a través de la vagina siempre tendrán el cuello del útero ligeramente abierto.
7. El mejor momento para empezar a observar cambios cervicales es cuando el fluido cervical húmedo empiece a desarrollarse los días antes de la ovulación.
8. No te sorprendas si notas quistes de Naboth en el cuello del útero.
9. No debes comprobar tu posición cervical si tienes dolor genital o infecciones vaginales.
10. Tal vez prefieras comprobar el cuello de tu útero sólo aproximadamente durante una semana, desde el primer día de fluido cervical fértil hasta tu cambio de temperatura.
11. Quizás quieras concentrarte en sólo una o dos de las características del cuello de tu útero.

Elaborando la gráfica del cuello de tu útero

1. Utiliza un círculo para representar la apertura cervical.
2. Normalmente, el cuello del útero progresa de bajo, cerrado y firme, antes de la ovulación, a alto, abierto y suave en torno a la ovulación, como puede verse en la gráfica siguiente.

= bajo, cerrado y firme (F)

= a medio camino, parcialmente abierto y medio (M)

= alto, abierto y suave (S)

AHORA QUE SABES

¡Enhorabuena! Si has entendido este capítulo, estás lista para aplicar tus nuevos conocimientos a fin de evitar el embarazo de forma natural, para quedarte embarazada o simplemente llevar el control de tu salud ginecológica.

OTRAS FORMAS DE CONOCER EL ARTE DE LAS GRÁFICAS

Si has tenido algún problema para asimilar los conceptos básicos enseñados en este libro, te animaría a tomar una clase sobre el Método de Conciencia de la Fertilidad o encontrar un consejero de conciencia de la fertilidad cualificado. *Véase* página 547 para buscar enlaces de instructores cualificados.

Además, hay otros tipos de gráficas que puedes descargar en tcoyf.com. Están resumidas al final del libro.

PARTE 3

SIENDO PROACTIVA CON TU SALUD

ANOVULACIÓN Y CICLOS IRREGULARES

N inguna de nosotras somos muñecas Barbie. Por mucho que en Madison Avenue intenten convencernos de que todas las mujeres deberían medir 1,75 metros y ser delgadas como una supermodelo, la realidad es que hay una diversidad tremenda entre mujeres. Y, por supuesto, ahora ya deberías saber que la sabiduría popular que indica que todas las mujeres deberían tener ciclos de 28 días y ovular el día 14 simplemente no es verdad.

La duración de los ciclos de una mujer no sólo puede variar, sino que pueden ser distintos dependiendo de en qué fase de la vida se encuentre. Así que pases meses ovulando de forma intermitente, como durante la adolescencia, al dejar la píldora, al estar dando el pecho o cuando te aproximas a la menopausia. Y tus ciclos pueden también fluctuar debido a situaciones temporales como las enfermedades, los viajes, el estrés o el ejercicio físico. Sin embargo, lo bueno de representar tus ciclos en una gráfica es que puedes tomar el control y comprender lo que sucede en tu cuerpo de forma diaria, independientemente de tus circunstancias particulares.

Entonces, ¿qué es lo que define un ciclo irregular? Como ya sabes, los ciclos que varían entre 21 y 35 días se consideran normales, a menos que tengas otros síntomas problemáticos. En general, deberías consultar al médico si se salen de ese rango o están acompañados de cantidades irregulares de sangrado. La menstruación siguiente a la ovulación suele ser bastante regular y, de este modo, si tus ciclos son irregulares con un sangrado que a veces es ligero, a veces abundante, a veces rojo, a veces marrón, a veces con coágulos y a veces sin nada, suele ser una indicación de que no estás ovulando normalmente, si es que llegas a ovular.

Hay diferencias en la forma en que tus síntomas de fertilidad se reflejan con el paso del tiempo, dependiendo de si estás experimentando:

Un ciclo típico: En un ciclo normal, tu cuerpo se prepara para la liberación de un óvulo de una forma predecible. Después de tu período, con el descenso del estrógeno, normalmente tendrás varios días sin fluido cervical, o tal vez sea pegajoso, seguido por días de desarrollo de un fluido cervical fértil y más húmedo. Después de que se libera el óvulo, tu fluido cervical se secará rápidamente hasta que comiences el patrón de nuevo en el ciclo siguiente.

Una fase anovulatoria (peso corporal bajo, lactancia, premenopausia, etc.): Hace referencia a esos períodos en los que las mujeres tardan más tiempo en liberar un óvulo. En esas circunstancias tan especiales, tu cuerpo podría teóricamente tardar un año o más para desarrollar finalmente un nivel suficientemente alto de estrógeno a fin de producir la ovulación. Es casi una situación de dos pasos adelante y uno atrás, en el que tu cuerpo puede hacer numerosos intentos por ovular antes de que por fin lo consiga, como se ve en el gráfico de debajo

Durante este tiempo puedes observar lo que se llama «parches» de fluido cervical. En lugar del clásico desarrollo típico de los ciclos normales, puedes ver una serie de parches de humedad intercalados con días más secos.

Este capítulo está dedicado a lo que le ocurre a tu cuerpo durante estas circunstancias especiales en las que no ovulas o lo haces muy esporádicamente. El capítulo 9 habla sobre procedimientos que puedes probar para equilibrar tus hormonas a fin de empezar a ovular de nuevo. Y el apéndice J trata sobre cómo usar el Método de Conciencia de la Fertilidad para el control de la natalidad durante esos momentos.

Distintas fases de anovulación o ciclos irregulares en la vida de la mujer

Adolescencia

Las chicas estadounidenses suelen empezar a menstruar con entre 12 y 14 años de edad. Pero la aparición de los períodos no conlleva necesariamente la liberación de un óvulo en cada ciclo. De hecho, uno de los factores que caracterizan los ciclos menstruales en las adolescentes es la irregularidad debida a los niveles fluctuantes de estrógeno, y por eso los ciclos no comienzan automáticamente, como sería predecible. Es un proceso gradual que puede durar varios años mientras madura el sistema de retroalimentación hormonal. Entonces, durante este tiempo, los ciclos de una adolescente pueden variar considerablemente, con muchos períodos anovulatorios dispersos entre ellos.

Dejando la píldora

Una de las motivaciones más importantes para que las mujeres se informen sobre el Método de Conciencia de la Fertilidad es la frustración que sienten por los numerosos efectos secundarios que suelen experimentar mientras toman la píldora, tanto sutiles como evidentes. Si no son los dolores de cabeza y el aumento de peso, es un sangrado leve.

Pero probablemente, la mayor preocupación que tengo como educadora de la salud de las mujeres es el hecho de que a éstas les prescriben rutinariamente la píldora para ayudar a «regular» sus ciclos. El problema con este enfoque es que la causa real de la irregularidad nunca se trata, de forma que, cuando dejan la píldora, sus ciclos suelen volver a ser como eran antes. Por tanto, si a una mujer le recetaron la píldora para regular sus ciclos cuando tenía, por ejemplo, 23 años, y decide dejarla con 33 para intentar quedarse embarazada, puede que se sorprenda al descubrir que no sólo sus ciclos son tan irregulares como antes de empezar a tomar la píldora, sino que han pasado 10 años y puede tener que afrontar la realidad de que tiene un problema como el síndrome ovárico poliquístico, que nunca fue tratado cuando sus síntomas se revelaron por primera vez.

El insidioso problema de la píldora que enmascara posibles problemas de fertilidad es tan preocupante que creo que a todas las mujeres se les debería informar de este posible inconveniente antes de empezar a tomarla. En cualquier caso, si acabas de dejar la píldora u otra forma de control de la natalidad hormonal y empiezas a elaborar tus gráficas, explico qué esperar en las páginas 131 y 132.

Embarazo y lactancia

Si tuvieras que hacer una encuesta a mujeres embarazadas o lactantes, una de las cosas que probablemente te dirían es que se alegran de no tener el período. Por supuesto, tiene sentido fisiológicamente para el cuerpo de una mujer ser incapaz de quedarse de nuevo embarazada después de concebir. Una vez que una mujer se queda embarazada, no ovulará hasta que nazca el niño.

Y si está dando el pecho «a petición», es decir, prácticamente cada vez que el niño llora para ser alimentado, tal vez no vuelva a ovular de nuevo durante muchos meses, hasta incluso un año aproximadamente después del nacimiento del niño. Esto se debe a que cada vez que un bebé se amamanta, estimula la prolactina, una hormona que suprime indirectamente la HFS y la HL, que son necesarias para la ovulación. Pero para que la lactancia materna sea eficaz para impedir la liberación de los óvulos, el bebé tiene que mamar constantemente día y noche.

Una mujer lactante puede estar un año o más sin ovular y experimentar el mismo patrón infértil básico (PIB), ya sea seco, pegajoso o una combinación de ambos, día tras día. La razón por la que al principio no verá fluido cervical húmedo es que los bajos niveles de estrógeno, que son causados indirectamente por la hormona prolactina, también impedirán la producción de fluido cervical fértil. Lo importante es que las mujeres lactantes estén atentas al momento del cambio de la textura del fluido cervical que indica que la ovulación se reanudará muy pronto. Puesto que los ciclos, mientras se amamanta, pueden no existir o ser bastante confusos, deberías leer los apéndices I y J si piensas usar el Método de Conciencia de la Fertilidad para el control de la natalidad en esos momentos.

Premenopausia

La menopausia es la época de la vida de una mujer en la que deja de ovular y de tener períodos. Suele ocurrir en torno a los 51 años. Pero el tiempo que conduce a la menopausia puede durar aproximadamente una década, con la fertilidad empezando a disminuir significativamente unos 13 años antes de su último período. Durante la premenopausia, los ciclos son cada vez más largos, porque el número de veces que se libera un óvulo se hace menos frecuente. Por último, los ciclos cesan por completo. A una mujer se le suele decir que ha terminado la menopausia si ha pasado un año completo sin tener el período.

Igual que con la lactancia, los ciclos, cuando se aproxima la menopausia, pueden ser bastante complicados. Debes leer el capítulo 22 y el apéndice J con detenimiento si piensas usar el Método de Conciencia de la Fertilidad durante los años de la premenopausia.

LA DIFERENCIA ENTRE UN CICLO ANOVULATORIO Y SER ANOVULATORIA

Un «ciclo anovulatorio» es un tanto transitorio, y ocurre de vez en cuando en la mayoría de las mujeres en algún momento de su vida. Por ejemplo, puedes tener fiebre justo antes de ovular, lo cual evita que el óvulo se libere. O tal vez probaste una extraña dieta de bolas de algodón (no es broma, algunas lo hacen), lo que básicamente dijo a tu cuerpo que estaba lleno, pero que, hasta que empiece a comportarse como es debido, no va a haber ovulación. O has viajado a Vladivostok, por ejemplo, durante siete semanas, y no volviste a ovular hasta que volviste.

«Ser anovulatoria», por otra parte, es un período de tiempo más largo, tal vez meses, y puede que se solucione por sí mismo o no. Puede estar causado por cualquier cosa, desde la lactancia o tener infrapeso, hasta padecer un problema médico como el síndrome ovárico poliquístico o hipotiroidismo.

UN MISTERIO OVULATORIO PARA TUS AMIGOS ENTENDIDOS EN CICLOS

¿Cuál es la diferencia entre los ciclos en los que la mujer ovula, pero no tiene el período, y aquéllos en los que tiene el período, pero no ovula? Detengámonos un momento mientras piensas en ello.

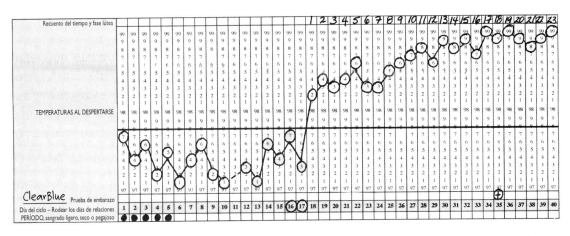

Gráfica de Sabrina. Un patrón de temperatura típico del embarazo. Nótese que Sabrina casi con total seguridad ovuló hacia el día 17, como puede verse por el cambio en la temperatura de la mañana siguiente. Su gráfica muestra más de 18 temperaturas siguientes al cambio, un indicio que probablemente confirme su embarazo, como se vio en el capítulo 13.

145

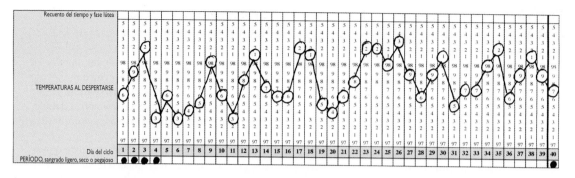

Recuento del tiempo y fase lútea																																								
Día del ciclo	1	2	3	4	5	6	7	8	9	10	11	12	13	14	15	16	17	18	19	20	21	22	23	24	25	26	27	28	29	30	31	32	33	34	35	36	37	38	39	40
PERÍODO, sangrado ligero, seco o pegajoso	●	●	●	●																																				●

Gráfica de Skylar. Un patrón de temperatura típico con anovulación. Obsérvese que Skylar no tuvo un cambio de temperatura que reflejara la ovulación, y de este modo el «período» que sigue al día 40 es en realidad un sangrado no ovulatorio, que técnicamente no es menstruación.

En el primer caso, la mujer está embarazada con casi total seguridad. En el último caso ha tenido un ciclo anovulatorio. Las dos gráficas anteriores muestran cómo se reflejan sobre el papel estas situaciones tan distintas.

OTRA BUENA RAZÓN PARA ELABORAR GRÁFICAS

En los ciclos anovulatorios, las mujeres que no elaboran gráficas pueden suponer que están menstruando normalmente. Entonces, ¿por qué siguen experimentando sangrado si no ha tenido lugar la ovulación? Este tipo de sangrado aparece cuando la producción de estrógeno continúa para desarrollar el recubrimiento uterino, sin llegar a alcanzar el umbral necesario para que tenga lugar la ovulación. En tal caso, pueden ocurrir una de dos cosas que generan lo que parece ser un período menstrual:

- El estrógeno se acumula lentamente hasta un punto por debajo del umbral y después disminuye, dando lugar un «sangrado por retirada del estrógeno».
- Más comúnmente, el endometrio se desarrolla lentamente durante un largo período de tiempo, al final hasta el punto en que el recubrimiento uterino resultante es tan grueso que ya no puede mantenerse por sí mismo. Puesto que no tiene progesterona para mantenerlo, el recubrimiento uterino se libera en lo que se conoce como «sangrado por irrupción del estrógeno».

146

En cualquier caso, si no llevaras una gráfica, podrías pensar que simplemente estás menstruando, aunque puedes observar una gran diferencia en el tipo de sangrado. Específicamente, el flujo puede ser inusualmente ligero o denso y, por supuesto, puede dar como resultado ciclos de todas las duraciones posibles.

CAUSAS COMUNES DE LA ANOVULACIÓN TEMPORAL O CICLOS IRREGULARES

Las siguientes son otras razones muy comunes por las que las mujeres pueden no ovular, ya sea temporalmente o durante largos períodos de tiempo:

Enfermedad

Estar enferma no tiene por qué afectar a tu ciclo, pero, si lo hace, su impacto suele estar determinado por la fase de la enfermedad en la que te encuentras. Si tu enfermedad tiene lugar antes de la ovulación, puede retrasarla, o incluso evitarla por completo. Si ocurre después, raramente afectará a tu ciclo, porque la fase lútea suele tener una vida media de 12 a 16 días, que normalmente no se ve afectada por factores como las enfermedades, los viajes o el ejercicio físico. En toda mujer, la fase lútea es incluso más regular y su duración no variará más de uno o dos días.

Aun así, en ocasiones como ésta observar el cuello de tu útero y otros síntomas secundarios de fertilidad puede ayudarte a determinar si tu fiebre influyó o no en tu ciclo retrasando la ovulación o evitándola por completo. Por supuesto, si utilizas el Método de Conciencia de la Fertilidad para el control de la natalidad, debes tener mucho cuidado en situaciones ambiguas como ésta.

Quistes ováricos

Ésta es una de las causas más comunes de la anovulación temporal y los ciclos irregulares. Si te impide ovular, normalmente se debe a un quiste en la primera parte del ciclo. Si te hace tener ciclos irregulares, pueden aparecer en la segunda fase del ciclo. En cualquier caso, normalmente no son graves. Los tratamos más detenidamente, en el capítulo siguiente.

Viajes

Viajar tiene fama de afectar a los ciclos. No hay nada como llevar un par de pantalones cortos blancos bien ajustados mientras se pasea por los Campos Elíseos en París, cuando… oh, oh, sorpresa, sorpresa. Aunque muchas mujeres son bendecidas con ciclos que continúan como un mecanismo de relojería mientras están de vacaciones, muchas otras se enfrentan al reto de intentar averiguar si, o cuándo, tendrán el período.

Por placenteras que sean para ti unas vacaciones, tu cuerpo puede interpretarlas como un tipo de estrés. Muchas mujeres se encuentran con que sus ciclos se hacen extremadamente largos debido a las ovulaciones retrasadas. Otras dejan de ovular y de tener períodos por completo. Una vez más, representar tu ciclo en una gráfica puede ser muy útil para determinar lo que está ocurriendo en tu cuerpo. Sin embargo, recuerda que viajar es un momento especialmente útil con el objetivo de hacer un seguimiento de los tres síntomas para entender cualquier ambigüedad que sea consecuencia de las alteraciones de tu vida. En particular, debes estar siempre alerta por los factores que pueden influir en tu temperatura.

Hace años, mi compañera de habitación de universidad pareció redefinir los límites de una anovulación relacionada con los viajes. Cathy estaba pasando su primer año en Inglaterra. Tuvo el período justo antes de llegar a Londres, y después no menstruó los diez meses que vivió allí. Pero, sin falta, el mes en que volvió a casa tuvo el período de nuevo.

Ejercicio

El ejercicio agotador tiene el potencial de retrasar e incluso impedir la ovulación por completo. Puedes sentirte tentada de usarlo como excusa para no hacer ejercicio: ¡buen intento! Parece afectar principalmente a las que son deportistas de competición, con una proporción muy baja de grasa corporal en relación con el peso corporal. Las mujeres más afectadas son deportistas como las corredoras, las nadadoras, las gimnastas y las bailarinas de ballet. Pero lo que es un tanto inconcluyente en los estudios sobre estas atletas es que parecen ser incapaces de separar los efectos de la proporción de grasa del estrés físico y emocional, la dieta e incluso los cambios en el metabolismo de la tiroides. Todo esto puede afectar al ciclo de una mujer.

Ganar o perder peso

Para que la mujer media mantenga los ciclos ovulatorios normales, debe tener un IMC (índice de masa corporal) de entre 20 y 24, o al menos un 22 % de grasa corporal. Puedes consultar fácilmente una tabla de Internet para determinar tu IMC.

Las mujeres extremadamente delgadas, especialmente las que tienen anorexia, a menudo dejan de tener el período por completo. Puesto que no tienen suficiente grasa, no producen las hormonas necesarias para ovular. Además, las mujeres que pierden entre el 10 y el 15 % de su peso corporal total (o alrededor de un tercio de su grasa corporal) también pueden ver cesar sus períodos. Y, como mencionamos antes, las deportistas suelen dejar de menstruar debido a la combinación de pérdida de grasa corporal y el estrés causado por la competición.

Entre mis clientes había una pareja francesa en la que ella había intentado quedarse embarazada durante cinco años. Me pidieron reunirse conmigo en privado en lugar de en un seminario de grupo porque él era médico y pensaba que la clase podría ser demasiado elemental para él. Cuando llegaron a mi consulta, detecté inmediatamente un problema de fertilidad potencial.

La mujer era alta y extremadamente delgada. Le pregunté si había pensado en ganar un poco de peso para alterar sus ciclos, pero ella dijo que se negaba en redondo a consumir grasa en su dieta. Y sin embargo, los dos afirmaron que se sentían totalmente perplejos sobre por qué no se quedaba embarazada, ya que se cuidaba bien. Pero cuando le pedí que me describiera sus ciclos, ella dijo que no había nada que describir: no había tenido el período en cinco años.

Me quedé asombrada. Eran dos personas con formación, una de ellas un médico, y sin embargo no podían entender por qué no se quedaba embarazada, aunque no estaba menstruando. Les pregunté por qué pensaban que era fértil si no había tenido el período durante todos esos años. Su respuesta me sorprendió. Años antes, cuando intentaban evitar el embarazo, su médico le preguntó a ella qué tipo de anticonceptivo usaba. Dijo que no usaba ninguno porque no estaba menstruando. Su médico en aquella época insistió en que se protegiera de todas formas, ya que, como él mismo señaló, podía ovular en cualquier momento. Basándose en aquel comentario, que podía ovular en cualquier momento, ella interpretó que era fértil.

Pude explicarles que la probabilidad de quedarse embarazada debe verse de forma distinta, dependiendo de los objetivos de la pareja. Desde la perspectiva del anticonceptivo, su médico tenía razón: es necesario que las mujeres se protejan porque la ovulación siempre ocurre antes de la menstruación. Pero si una mujer intenta quedarse embarazada y no está menstruando, entonces es evidente que no está ovulando. Su experiencia me enseñó lo fácil que es confundir el riesgo de un embarazo no deseado con la ligera posibilidad de uno que sea deseado. Lamentablemente, nunca supe lo que les ocurrió porque volvieron a Francia poco después de verme, pero supuse que al menos trataron su problema anovulatorio.

Al otro lado del espectro están las mujeres con sobrepeso. También pueden dejar de ovular. En este momento, puede que pienses: «Espera un segundo. Acaba de decir que podría ser problemático que la mujer sea demasiado delgada, y ahora dice que podría ser un problema que pese demasiado». ¡Así es la naturaleza de los cuerpos de las mujeres! El exceso de tejido graso puede causar mucho estrógeno, lo cual puede alterar el sistema de retroalimentación hormonal que indica a los folículos de los óvulos que maduren.

Estrés

Una de las causas más probables de los ciclos largos ocasionales es el estrés, tanto fisiológico como psicológico. Si el estrés afecta al ciclo de algún modo, suele ser retrasando la ovulación, no acelerándola. Como ya sabes, el momento de la ovulación determinará la duración del ciclo: cuanto más tarde tenga lugar, más largo será el ciclo. A veces, si el estrés es severo, puede evitar que aparezca la ovulación, como se ve en la página 258.

CAUSAS MÉDICAS DE LA ANOVULACIÓN O DE LOS CICLOS IRREGULARES

Además de los diversos factores temporales citados arriba, hay varios problemas médicos potencialmente graves que pueden hacer que las mujeres dejen de ovular indefinidamente. Muchos de estos problemas pueden tratarse, pero todos requieren consultar con un médico, que tendrá que determinar la causa de tu anovulación o tus ciclos irregulares.

Estés o no intentando quedarte embarazada, te animaría a que te examinaran lo antes posible. Los ciclos muy irregulares pueden ser reflejo de un problema médico que requiere tratamiento no sólo debido a su repercusión en tu salud en general, sino también debido a sus implicaciones para tu fertilidad. Si estás intentando evitar el embarazo, un problema médico puede hacer que el Método de Conciencia de la Fertilidad sea más complicado de utilizar eficazmente. Y si estás intentando quedarte embarazada, puede impedirte conseguirlo. En cualquier caso, tu médico debería examinarte para detectar posibles afecciones, especialmente las enumeradas debajo.

Hipotiroidismo

La salud de la glándula tiroides está íntimamente relacionada con el ciclo de la mujer, y, por tanto una de las primeras cosas que hay que tener en cuenta cuando se tratan ciclos anovulatorios es el de una tiroides que funcione mal, la glándula con forma de arco que está en la base del cuello. Puesto que este problema puede generar directamente desequilibrios hormonales, se explica más detenidamente en el capítulo 9.

Síndrome ovárico poliquístico (SOP)

Aunque nunca hayas oído nada sobre esta enfermedad, hay bastantes probabilidades de que conozcas a alguien con ella, o que tú misma lo padezcas. Es una de las causas más comunes de anovulación y ciclos irregulares, y afecta hasta aproximadamente un 10 % de todas las mujeres. Es un trastorno hormonal serio que influye en prácticamente todos los órganos del cuerpo. Por esta razón he escrito más sobre él en el capítulo siguiente. Pero el mensaje que hay que asimilar es que, si tienes ciclos muy irregulares, o que duran más de 35 días, o no pareces ovular en absoluto, deberías ser diagnosticada por un médico (preferiblemente un endocrinólogo reproductivo), quien puede empezar a tratarte lo más pronto posible.

Endometriosis

Las mujeres con este problema tienen tejido de su recubrimiento uterino que se implanta en sitios distintos al útero, y esto puede causar numerosos síntomas. Igual que con el SOP, es muy frecuente. Puede causar ciclos irregulares, pero no hasta el extremo del SOP. De nuevo, puesto que es tan prevalente, he incluido una explicación más extensa en el capítulo siguiente.

Exceso de prolactina (hiperprolactinemia)

A la prolactina se la suele llamar la hormona de la lactancia porque es la que se pone en circulación en las mujeres que dan el pecho, y a menudo es parcialmente responsable de la supresión de la ovulación en las mujeres que practican la lactancia materna exclusiva. Pero, ocasionalmente, una mujer que no está amamantando (o incluso que no ha tenido un hijo) tiene un nivel excesivamente alto de esta hormona en su cuerpo, lo que impide la ovulación por completo. Puede deberse a un tumor benigno en la pituitaria. De todas formas, es una enfermedad bastante fácil de tratar.

Insuficiencia ovárica primaria

Aún se puede oír hablar de este problema como fallo ovárico prematuro o menopausia prematura. Aunque es cierto que los ovarios pueden dejar de funcionar normalmente antes de los 40, y a veces incluso en la adolescencia, el término es engañoso. En efecto, a veces los ovarios no tienen por qué cerrarse por completo, por lo que las mujeres pueden continuar menstruando intermitentemente, aunque sus ciclos sin duda serán irregulares y al final cesarán por completo.

Sin embargo, puede ocurrir que los síntomas de la insuficiencia ovárica primaria causada por una menor producción de estrógeno imiten los de la perimenopausia, como ciclos irregulares, sofocos o sequedad vaginal. Además, las mujeres pueden notar que las relaciones se convierten en dolorosas al tener paredes vaginales más delgadas.

Hay dos preocupaciones principales para las mujeres con este problema:

1. La insuficiencia ovárica primaria es un trastorno endocrino que tiene graves consecuencias para la salud que deben ser tratadas. Las mujeres con este problema no producen suficiente

estrógeno, por lo que deberían considerar la posibilidad de seguir un tratamiento de estrógeno-progestina al menos hasta los 51 años, para ayudar a evitar la osteoporosis y una posible enfermedad cardíaca.

2. Las mujeres con insuficiencia ovárica primaria tienen pocas probabilidades de quedarse embarazadas. Pero la buena noticia es que pueden llevar el embarazo a buen término mediante óvulos de donantes, tal como explicamos en la página 281.

PONIENDO LA ANOVULACIÓN EN PERSPECTIVA

Como has visto, hay muchas razones por las que las mujeres no necesariamente ovulan en cada ciclo. Algunas incluyen fases concretas de la vida de la mujer, como la adolescencia, el embarazo, la lactancia o la premenopausia. Otras se deben a factores más transitorios, como dejar la píldora u otras hormonas, además del estrés, las enfermedades, el ejercicio, el peso corporal y los viajes.

Y, por último, otras están causadas por problemas médicos más serios. Lo importante es que los ciclos anovulatorios deben ser entendidos en su contexto correcto. A veces son completamente normales e incluso predecibles. Pero si crees que tienes un problema médico serio, tus gráficas te ayudarán a ti y a tu médico a diagnosticarlo con precisión.

En realidad, la anovulación y los ciclos irregulares están entre los trastornos de la fertilidad más fáciles de tratar, puesto que su causa es frecuentemente un desequilibrio hormonal que puede ser rectificado con remedios naturales. El capítulo 9 trata específicamente sobre procedimientos que puedes probar para tratar esos problemas tú misma. Sin embargo, independientemente de eso, tal vez quieras antes ver a un médico para descartar algo serio.

CONCIENCIA DE LA FERTILIDAD Y ANOVULACIÓN

Recuerda que, aunque evidentemente no eres fértil cuando no se libera un óvulo, curiosamente debes considerar cada día como si aún estuvieras en tu fase preovulatoria. Por tanto, si piensas usar la conciencia de la fertilidad como anticonceptivo durante los períodos de anovulación, deberías ser consciente de que las reglas son algo más complicadas que las normales que verás en el capítulo 11. Dependiendo de tu patrón anovulatorio especifico, esto puede, o no, ser difícil. En cualquier caso, te recomiendo que antes termines de leer las reglas normales, y después, si has determinado que te encuentras en una fase anovulatoria de tu vida, debes leer cuidadosamente el apéndice J.

Tres problemas prevalentes que deberían conocer todas las mujeres: quistes en los ovarios, endometriosis y síndrome de ovario poliquístico

8

Tengo la corazonada de que muchas de vosotras estaréis tan deseosas de llegar al núcleo del control de natalidad o del logro del embarazo que tal vez preferiríais saltaros este capítulo. No hay problema. Pero debes saber que estas dolencias son tan prevalentes que hay bastantes probabilidades de que tú misma llegues a descubrir, mediante las gráficas, que tienes al menos una de ellas.

Imagino que mientras lees sobre estos trastornos te reconocerás en alguno de ellos, y espero que, con las gráficas, te sentirás mejor equipada para dar los primeros pasos necesarios para tratarlos. Aunque no estés personalmente afectada por ninguno de ellos, ahora podrás informar a tus amigas y familiares sobre los diversos síntomas que tantas probablemente hayan experimentado.

El primer problema, los **quistes ováricos,** son los más comunes, y raramente suponen graves problemas de salud. Sin embargo, si te has dado cuenta de que lo padeces, te interesará saber qué hacer si se vuelve doloroso o molesto.

El segundo, la **endometriosis,** afecta aproximadamente al 10 % de las mujeres, y, como verás, es un problema extraño e invasivo que cada mujer experimenta a su manera. Algunas puede que no lo padezcan nunca, o que ni siquiera sean conscientes de que lo tienen hasta que intentan quedarse embarazadas, mientras que otras pueden experimentar un dolor casi debilitante que será más fácil de diagnosticar si elaboran sus gráficas.

El tercero, el **síndrome ovárico poliquístico (SOP),** es otro problema que afecta aproximadamente al 10 % de las mujeres. Sin embargo, a diferencia de los otros dos, es muy importante estar al tanto de él en cuanto te des cuenta de que lo tienes, porque está asociado con importantes riesgos para la salud a largo plazo.

Quistes ováricos

La mayoría de las mujeres experimentarán al menos un quiste ovárico a lo largo de su vida, y normalmente no conllevan problemas. De hecho, a menos que estés representando tus ciclos en gráficas, no necesariamente serías consciente de que algo iba mal.

Hay varios tipos, y el más común es el de los quistes funcionales, que se llaman así porque aparecen como resultado de la función normal del ciclo menstrual. Pero, en lugar de seguir el proceso habitual, siguen creciendo más allá de lo normal. Algunos de estos quistes funcionales pueden causar ciclos anovulatorios, irregulares o simplemente confusos. Lamentablemente, no hay consenso entre los médicos sobre cómo definirlos o tratarlos. Aun así, lo que expongo a continuación debería ser un resumen útil.

En pocas palabras, los quistes ováricos son receptáculos agrandados, llenos de fluido, sobre el ovario, y que normalmente se clasifican en el momento en el que aparecen en relación con la ovulación. En la mayoría de los casos, estos quistes persisten más de lo normal, pero son totalmente benignos y habitualmente se resolverán por sí solos. Pero si causan dolor debido a la inflamación, torsión, ruptura o sangrado del propio quiste, pueden requerir más tratamiento.

Todos los quistes ováricos pueden eliminarse con cirugía, pero sólo debe considerarse como un último recurso, ya que pueden comprometer la fertilidad al causar adherencias. Por tanto, si piensas quedarte embarazada algún día, te convendrá preguntarte si puedes esperar a que se resuelvan por sí solos o si hay otra opción. (*Véase* página 286 sobre un tipo de cirugía que reduce el riesgo de adherencias por cicatrices cuando se operan los ovarios). En cualquier caso, será más fácil entender los tres tipos de quistes funcionales si revisas antes la secuencia normal de eventos que rodean a la ovulación.

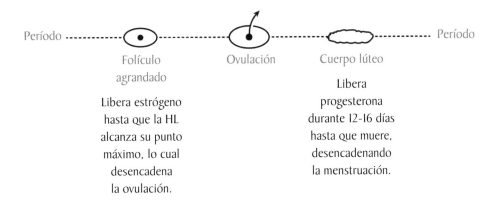

Período .... Folículo
agrandado

Libera estrógeno
hasta que la HL
alcanza su punto
máximo, lo cual
desencadena
la ovulación.

Ovulación

Cuerpo lúteo

Libera
progesterona
durante 12-16 días
hasta que muere,
desencadenando
la menstruación.

Período

Quistes ováricos funcionales

Como dijimos antes, estos tipos de quistes son, por definición, el resultado del funcionamiento normal del ciclo menstrual que se ha desviado un tanto, y así no es de extrañar que su causa sea hormonal. Pueden ocurrir una sola vez o aparecer a menudo.

Quiste folicular

En este tipo, el folículo que rodea al óvulo sigue creciendo hasta que se aproxima la ovulación, pero, en lugar de efectuar una ruptura para liberar el óvulo, como normalmente se haría, se agranda hasta formar un quiste que recubre al óvulo en su interior, lo cual evita la ovulación.

Cómo puede afectar a tu gráfica

Puedes continuar produciendo fluido cervical fértil, húmedo o resbaladizo durante varias semanas hasta el final, pero nunca experimentarás un cambio de temperatura que indique que la ovulación ha tenido lugar. Al final, probablemente tendrás un sangrado leve (frente a un verdadero período), con lo que termina en un ciclo anovulatorio. Debes tratar ese sangrado como el día 1 de un nuevo ciclo.

Cómo puede tratarse

Los quistes foliculares normalmente se resuelven por sí solos, a menudo el día 5 del siguiente «período» (otra vez, no es técnicamente un período porque la ovulación no tuvo lugar antes del sangrado). Sin embargo, si te causa dolor pélvico crónico, el tratamiento más eficiente y exitoso es una inyección de progesterona. Esto acabará con el predominio del estrógeno, y normalmente comenzará el sangrado menstrual entre 3 y 5 días. También se suelen prescribir las píldoras anti-conceptivas, pero no tratan la causa subyacente. Y, por supuesto, ya conoces el potencial problema de la cirugía del ovario.

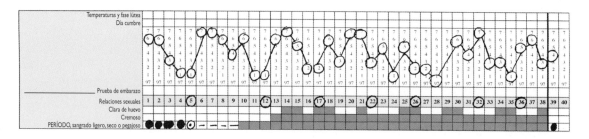

Gráfica de Chloe. Quiste folicular. Chloe parece tener un ciclo normal hasta lo que parece ser su día cumbre, el día 15. Pero entonces, en lugar de tener un cambio de temperatura un día o dos más tarde para confirmar que la ovulación ha tenido lugar, el aumento de la temperatura nunca ocurre. Además, sigue produciendo lo que parece ser fluido cervical fértil hasta el día 38. Finalmente, tiene un «período» que es técnicamente sangrado anovulatorio. Obsérvese que no había razón para hacer una prueba de embarazo, porque está claro que no ovuló en ese ciclo.

Folículo luteinizado no roto
En este tipo de quiste, el óvulo maduro se prepara para ser liberado, y el folículo en el que está inserto pasa por las secuencias de una ovulación normal, incluyendo la formación de un cuerpo lúteo que produce progesterona. Sin embargo, de nuevo, el óvulo permanece atascado en el folículo, por lo que la ovulación *no* tiene lugar.

Cómo puede afectar a tu gráfica
Podría parecer como si ovularas y tal vez incluso concibieras, porque experimentarás una acumulación normal de fluido cervical fértil, con un día cumbre, seguido por un cambio de temperatura engañoso, con las temperaturas elevadas durante unos 12 y 16 días. Y ocasionalmente, las temperaturas podrían seguir siendo altas debido a la continua liberación de progesterona.

Este trastorno puede ser especialmente confuso, ya que puedes pensar erróneamente que estás embarazada, dada la naturaleza engañosa de tus gráficas y el hecho de que tu período puede retrasarse. Una prueba de embarazo mediante la GCH aclarará la situación más o menos en el 20.º día, en lo que erróneamente considerarías tu «fase lútea posovulatoria».

156

Cómo puede tratarse

Como con los quistes foliculares, los folículos luteinizados no rotos normalmente se resuelven por sí solos hacia el día 5 del siguiente «período». Sin embargo, si causan demasiado dolor, pueden tratarse con una inyección de progesterona que aliviará cualquier incomodidad en una hora. Y en cuanto a los quistes foliculares, se suelen prescribir píldoras anticonceptivas, pero, de nuevo, no tratan la causa subyacente. Por último, el riesgo de cicatriz quirúrgica sigue siendo un problema.

Para las que intenten concebir, *véase* la página 307 para más información sobre el síndrome del folículo luteinizado no roto.

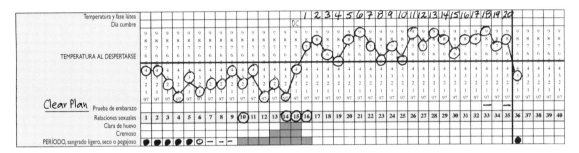

Gráfica de Hanna. Folículo luteinizado no roto. Hanna parece tener una gráfica de embarazo totalmente normal, puesto que tuvo la clásica acumulación de fluido cervical, que culmina en un día cumbre el día 15, seguido por un cambio de temperatura el día 16, y después 20 días de temperatura elevada. Pero, en los días 18 y 20 de su fase lútea, se hizo una prueba de embarazo que fue negativa las dos veces. Después tuvo su «período» el día 36.

Quiste del cuerpo lúteo

En este tipo, el óvulo se libera durante la ovulación normal y se desarrolla un cuerpo lúteo, como es habitual. Sin embargo, en lugar de degenerar en 12 a 16 días, la apertura en la que se liberó el óvulo está sellada y llena de un exceso de fluido o sangre, lo que hace que crezca en forma de quiste. Los fármacos para la fertilidad tienden a elevar el riesgo de padecerlo.

Cómo puede afectar a tu gráfica

Podría parecer como si te hubieras quedado embarazada, o que de hecho te has quedado embarazada. Esto se debe, de nuevo, a que experimentarías una acumulación normal de fluido cervical en un día cumbre, seguida de un cambio de temperatura, con los tiempos posovulatorios altos, posiblemente más allá de 16 días, debido a la continua liberación de progesterona. (Como con el folículo luteinizado no roto, una prueba de embarazo a base de GCH hacia del día 20 de la fase lútea debería aclarar si estás embarazada). El resultado final sería que tu período podría retrasarse hasta que desaparezca el quiste. Pero si de verdad te has quedado embarazada, el quiste podría desaparecer en los tres primeros meses de tu embarazo).

Cómo puede tratarse

No suele ser necesario ningún tratamiento porque estos quistes inocuos casi siempre se resuelven solos en unas semanas o unos pocos meses.

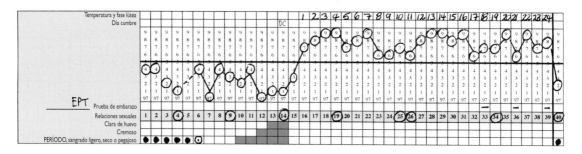

Gráfica de Michi. Quiste de cuerpo lúteo. Michi parece tener una gráfica de embarazo completamente normal, ya que tuvo la clásica acumulación de fluido cervical que culminó en un día cumbre, el día 14, seguido por un cambio de temperatura el día 16 y por lo menos 18 temperaturas altas después. Pero en los días 18, 21 y 24 de su fase lútea se hizo una prueba de embarazo que fue negativa en todos los casos. Después tuvo su «período» el día 40.

En realidad, con este tipo de quiste, aunque parece ser un ciclo completamente normal, lo que realmente ocurre es que se libera el óvulo, pero el cuerpo lúteo resultante no se descompone después de 12-16 días, y sigue produciendo progesterona que eleva la temperatura y retrasa la aparición del sangrado. A diferencia del quiste de cuerpo lúteo (explicado en la página anterior), la mujer puede estar embarazada y sigue teniendo este inofensivo quiste de cuerpo lúteo en el primer trimestre de su embarazo.

La diferencia entre los quistes funcionales

Los quistes ováricos funcionales surgen por un trastorno hormonal subyacente del ciclo menstrual, por lo que pueden repetirse si no se trata la disfunción hormonal. Pero la mayoría no requiere cirugía y suelen resolverse por sí solos.

	Quiste folicular	Folículo luteinizado no roto	Quiste del cuerpo lúteo
Liberación de óvulo	No	No	Sí
Cambio de temperatura	No	Sí	Sí
Día cumbre	No	Sí	Sí
Parece como si hubiera ovulación	No	Sí, aunque no la hubiera.	Sí, porque tuvo lugar.
Parece como si hubiera embarazo debido a una fase lútea posiblemente larga	No	Quizás, pero normalmente no.	Sí. Y, de hecho, puede estar embarazada.
Posibles síntomas	Dolor pélvico crónico procedente del fluido o del sangrado de un quiste, normalmente en un solo lado. Períodos anormales. Presión pélvica. Dolor intenso y náuseas si hay torsión del ovario.	Posible dolor agudo si el quiste crece 5-6 cm.	Período retrasado. Sangrado ligero. Dolor pélvico en un lado. Dolor intenso y/o sangrado si se rompe. Dolor intenso si hay torsión del ovario.
Tratamiento	Normalmente se resuelve solo el día 5 del sangrado. Confirmado mediante ecografía. De otro modo, inyección de progesterona para interrumpir el domino de estrógeno si hay dolor. La cirugía no suele ser necesaria a menos que haya torsión del ovario.	Normalmente se resuelve solo el día 5 del sangrado. De otro modo, inyección de progesterona si el dolor persiste, con un alivio del dolor en aproximadamente una hora.	Normalmente se resuelven por sí solos. Si se rompen, puede ser necesaria una operación.
Frecuencia	El tipo más común de quiste ovárico.	Se cree que tiene lugar en aproximadamente el 15% de mujeres que se tratan la fertilidad.	Menos frecuentes que los quistes foliculares. Es normal tenerlos ocasionalmente durante la primera fase del embarazo.
Comentarios	Puede tener fluido cervical fértil día tras día porque el quiste hace que el estrógeno siga siendo liberado sin progesterona para secarse. Día cumbre retrasado.	Una prueba de embarazo hacia el día 20 de la fase lútea (engañosa) confirmará que no hay embarazo. Menos progesterona después del día cumbre. Puede durar más de 16 días después del día cumbre.	Una prueba de embarazo en sangre hacia el día 20 de la fase lútea normalmente confirmará si hay embarazo o no, y puede ser necesario descartar un embarazo ectópico. Clomid aumenta el riesgo de quiste de cuerpo lúteo.

Otros tipos de quistes ováricos

Quiste dermoide
Si alguna vez has visto una fotografía de un quiste dermoide, puede que pienses que es la idea de alguien de una broma pesada. Son comunes en las mujeres de entre 20 y 40 años, pero suelen ser benignos y más bien inocuos. Son extraños crecimientos con forma de vesícula que a menudo contienen estructuras como pelo, piel y dientes (sí, dientes), puesto que se forman a partir de las células que producen óvulos humanos. En realidad pueden aparecer en cualquier parte del cuerpo, aunque tal vez sean más comunes en los ovarios y normalmente sólo se descubren en un examen pélvico rutinario.

No suelen causar síntomas, pero pueden volverse extremadamente dolorosos si crecen y causan torsión ovárica. Raramente son cancerosos, y no suelen afectar a la fertilidad o el ciclo de una mujer. Pero se considera una buena práctica médica eliminarlos porque pueden seguir creciendo. Pueden eliminarse con laparoscopia o intervención convencional.

Cistoadenoma o cistoma
Estos quistes se desarrollan a partir del tejido ovárico y pueden llenarse con una sustancia acuosa o material viscoso. Son tumores benignos que raramente se vuelven malignos, pero que pueden ser dolorosos porque pueden crecer hasta 15-30 centímetros y causar torsión ovárica. Suelen diagnosticarse con técnicas de imágenes simples o con rayos X.

Pueden perjudicar a la ovulación causando adherencias en el tejido ovárico. Los tipos acuosos se suelen aspirar, pero los tipos viscosos normalmente se eliminan mediante cirugía. Por supuesto, ya conoces lo que ocurre en las operaciones ováricas.

Endometrioma o «quiste de chocolate»
Estos quistes aparecen en los ovarios (y en cualquier otro sitio) a consecuencia de la endometriosis, el problema celular que explicamos a continuación. Suelen contener sangre antigua que se parece al sirope de chocolate y adherirse a estructuras cercanas como los ovarios, las trompas de Falopio y el intestino. Los síntomas son los mismos que los asociados con la endometriosis (por ejemplo, dolor pélvico, períodos dolorosos y relaciones sexuales dolorosas).

Si se rompen, el dolor puede ser agudo, y los análisis de sangre pueden mostrar un recuento de glóbulos blancos elevado, con una fiebre baja. También pueden influir en la fertilidad causando adherencias en los ovarios que evitan la ovulación. Igual que los demás, pueden eliminarse con cirugía.

ENDOMETRIOSIS

Es uno de los trastornos ginecológicos más curiosos y es sorprendentemente prevalente. En esta enfermedad, algunas de las células uterinas que normalmente se desprenden durante la menstruación se adhieren en diversos lugares del cuerpo, normalmente en la cavidad pélvica. Suelen crecer en forma de pequeños parches superficiales, en nódulos penetrantes más densos o en quistes del ovario. Una forma fácil de imaginárselo es que el tejido del interior del útero es el *endometrio* y que el mismo tejido fuera del útero es *endometriosis*.

El aspecto más confuso de la enfermedad es que el grado de dolor que causa no tiene ninguna relación con su gravedad. Puede no producir ningún síntoma en absoluto, aunque se haya extendido bastante, o causar dolor debilitante habiéndose extendido mínimamente. También es impredecible saber si va a seguir extendiéndose o no.

Causas de la endometriosis

Hay muchas teorías sobre qué la causa, y la más común es «menstruación retrógrada», en la que algunas células endometriales vuelven por las trompas de Falopio y se dirigen a la cavidad pélvica, donde empiezan a implantarse. Pero la teoría por sí sola no es suficiente para explicar cómo es posible que las células endometriales viajen a sitios muy distantes, razón por la cual los investigadores defienden la hipótesis de que también se pueden extender por la sangre o por el sistema linfático. Y, por último, algunas personas creen que las células endometriales pueden incluso trasplantarse de manera involuntaria mediante cirugía pélvica.

Independientemente de esto, una vez que estas células se implantan en otras áreas, se comportan como si aún recubrieran el útero, volviéndose más densas durante el ciclo y menos durante la menstruación. Pero, puesto que no hay un camino de salida, el sistema inmunitario percibe el sangrado como un tipo de corte e intenta curarlo formando tejido cicatricial. Al final, el exceso de tejido cicatricial puede convertirse en adherencias que causan mucho dolor y afectan a la fertilidad, dependiendo de dónde aparezcan.

Síntomas de la endometriosis

Los tres primeros síntomas de la lista de debajo son los clásicos, pero, incluso así, no todas las mujeres con este problema los experimentan.

- Calambres menstruales intensos
- Dolor durante las relaciones sexuales, especialmente con la penetración profunda
- Infertilidad

- Dolor pélvico crónico, incluido en la parte inferior de la espalda
- Sangrado abundante o irregular
- Sangrado ligero premenstrual
- Dolor intestinal
- Dolor al orinar o defecar durante los períodos menstruales
- Diarrea, estreñimiento, hinchazón, náuseas, mareos o dolores de cabeza durante los períodos menstruales
- Fatiga
- Fiebre leve
- Menor resistencia a las infecciones

Diagnosticando la endometriosis

Si observas que tienes los siguientes síntomas de fertilidad, además de otros de los síntomas enumerados, se puede confirmar la necesidad de someterte a pruebas.

- Ciclos menstruales breves (menos de 27 días), con períodos que duran más de 8 días
- Escasos días con fluido cervical húmedo, o incluso días secos durante el ciclo
- Una fase lútea que puede tener una duración normal de 12-16 días, pero que refleja las temperaturas que se mantienen cerca de la temperatura corporal base, lo cual implica niveles de progesterona potencialmente más bajos de lo normal

La conclusión es que la endometriosis puede ser muy difícil de diagnosticar. La ecografía tiene una utilidad limitada, a menos que tengas endometriomas o «quistes de chocolate», como mencionamos antes. Incluso así, sólo detectaría la endometriosis, y no otro problema de la cavidad pélvica.

GRÁFICA DE EJEMPLO DE LA ENDOMETRIOSIS

Día del ciclo	1	2	3	4	5	6	7	8	9	10	11	12	13	14	15	16	17	18	19	20	21	22	23	24	25	26	27	28	29	30	31	32	33	34	35	36	37	38	39	40
Recuento temporal y fase lútea																	1	2	3	4	5	6	7	8	9	10	11	12												
Recuento del día cumbre															DC																									

Gráfica de Scarlet. Endometriosis. Scarlet ha estado experimentando períodos debilitantes durante un año, aproximadamente. Además, cada vez que tiene sexo, siente un dolor profundo en su interior (como se registra en la fila inferior), que evidentemente afecta a su deseo de tener relaciones. Junto con estos problemas, suele sentirse tan cansada que le resulta difícil trabajar. Por último, tiene al menos 3-4 días de sangrado ligero premenstrual cada ciclo. Cualquiera de estos síntomas, por sí solo, no puede indicar nada serio, pero tomados en grupo indican que lo más probable es que tenga endometriosis.

La única prueba convencional y fiable es la laparoscopia, con un examen microscópico del tejido a modo de confirmación. Pero es vital que el cirujano tenga un profundo conocimiento de los diversos aspectos que puede presentar la endometriosis para realizar una laparoscopia «próxima y de contacto», una técnica específica que permite un diagnóstico mucho más preciso. Esto se debe a que las células microscópicas endometriales pueden ser vistas a un nivel muy superior al normal. Incluso así, parte del tejido endometrial puede ser tan minúsculo que sea difícil de detectar, pudiendo pasar por alto el problema por completo, o subestimar su gravedad.

Por último, lo ideal es que el diagnóstico laparoscópico se realice en la fase preovulatoria del ciclo, cuando la probabilidad de recurrencia después tratamiento laparoscópico es menos probable.

Tratando la endometriosis

Una de las cosas más desalentadoras de esta enfermedad es que la remisión rara vez es permanente. Suele volver cuando se interrumpe el tratamiento, o a menudo meses después de la intervención. Curiosamente, el embarazo por sí mismo proporciona un alivio de los continuos ciclos que promueven la endometriosis. Por supuesto, una de sus ironías más crueles es que, aunque el embarazo es una de las pocas situaciones naturales que ayudan a que la enfermedad remita, el problema en sí mismo suele causar infertilidad.

La endometriosis, probablemente más que ningún otro problema que afecta a la fertilidad, necesita ser tratada individualmente, porque hay numerosas variables que considerar. ¿Qué edad tienes? ¿Tienes síntomas que requieren alivio del dolor? ¿Quieres tener hijos? En general, las alternativas son las siguientes:

- **Fármacos antiinflamatorios no esteroideos**
  Se utilizan para ayudar a reducir el dolor. Funcionan en parte deteniendo la liberación de prostaglandinas, unas de las principales sustancias químicas responsables de los períodos dolorosos. Lamentablemente, sólo tratan el dolor, pero no reducen ni previenen un nuevo crecimiento celular. Entre los ejemplos se incluye el ibuprofeno o el naproxeno.

- **Anticonceptivos hormonales**
  Esto tal vez reduzca el sangrado que puede causar el dolor. Evidentemente, esto no sería apropiado para quienes deseen quedarse embarazadas. De todas formas, es sólo una solución temporal mientras se toman hormonas y no curan la enfermedad. Y, por supuesto, los anticonceptivos hormonales tienen su propia serie de riesgos y efectos secundarios.

- **Agonistas de la hormona liberadora de gonadotropina**

Estos fármacos funcionan, en esencia, causando una menopausia temporal. Son también excepcionalmente buenos para reducir el dolor severo, pero, de nuevo, no pueden utilizarlos las mujeres que intentan quedarse embarazadas. Además, los fármacos tienen numerosos efectos secundarios como los sofocos, la sequedad vaginal, una disminución de la libido e insomnio, aunque tomar un «tratamiento de apoyo» hormonal de una cantidad muy pequeña de estrógeno o progestina sintética puede ayudar a aliviar algunos de estos síntomas.

Aunque ciertamente menos invasiva que la cirugía, la terapia hormonal sólo funciona en los casos leves y tiene numerosos efectos secundarios. Además, se toma normalmente durante al menos seis meses para que sea más eficaz, aunque rara vez elimina el problema subyacente. Ejemplos de agonistas hormonales son la naferelina, el leuprolide, la goserelina o el danazol.

- **Cirugía**

La laparoscopia se considera una operación mínimamente invasiva y puede utilizarse para drenar el fluido y eliminar pequeñas áreas mediante láser o corriente eléctrica, pero no todos los casos pueden tratarse con el laparoscopio. Tanto la laparoscopia como la cirugía más tradicional pueden eliminar las adherencias, los implantes o los quistes llenos de sangre, independientemente de la zona del cuerpo en la que se encuentren. Pero, de nuevo, si estás pensando quedarte embarazada, deberías asegurarte de que tu médico es experto en el tipo de cirugía que reduce el riesgo de dejar cicatrices. Como mencionamos antes, lo ideal sería realizarla en la fase preovulatoria del ciclo.

Ocasionalmente, es necesaria una cirugía más exhaustiva cuando el tejido cicatricial ya presente es denso o afecta a estructuras delicadas. Y si te has sometido a cirugía y has descubierto que aún tienes dolor, pregunta si tus nódulos linfáticos de la pelvis se trataron para resolver el problema, porque, si no lo fueron, tu dolor puede persistir.

Para más información sobre la endometriosis, *véase* epílogo, página 408.

Síndrome ovárico poliquístico

Este tema es probablemente más complejo y difícil que cualquier otro de este libro.

Dicho en pocas palabras: el síndrome ovárico poliquístico no es para cobardes.

Es el trastorno hormonal más común en mujeres en edad reproductiva y el que tiene consecuencias de mayor alcance, incluida la posibilidad de peligros mayores en la salud, en períodos posteriores de la vida. Por tanto, quiero ofrecerte las herramientas para identificar si lo tienes ahora, independientemente de tus futuros objetivos relacionados con el embarazo. Esto te será útil si llega el momento, puesto que no tendrás que empezar en la casilla número uno, intentando averiguar por qué tardas tanto en concebir.

Entonces, ¿qué es el síndrome ovárico poliquístico? La respuesta corta es que es un trastorno hormonal debido principalmente a una producción excesiva de hormonas masculinas, que llevan a impedir ovular normalmente. Lamentablemente, sus causas, síntomas y tratamientos son el tema controvertido dentro de la comunidad médica. Debido a esto, si crees que tienes esta enfermedad, tendrás que hacer tus deberes para encontrar el mejor asesoramiento médico para tu situación concreta.

La primera razón por la que el síndrome ovárico poliquístico puede ser tan confuso es que es un trastorno y no una enfermedad. Más específicamente, no es un trastorno, sino una variedad de posibles problemas. Sin embargo, suele presentar una cosa en común: una superabundancia de folículos inmaduros en los ovarios que raramente liberan un óvulo. Como también veremos, sus diversos síntomas son todos reflejo de un desequilibrio hormonal que puede tener consecuencias importantes para tu fertilidad y tu salud general.

Otros síntomas del síndrome ovárico poliquístico

Las mujeres que padecen este problema pueden tener distintas características observables (llamadas fenotipos), por lo que pueden tener rasgos físicos diferentes, como ser delgadas u obesas. También pueden tener distintas configuraciones genéticas (llamadas genotipos), que las predispone de forma distinta a estas diversas características. En cualquier caso, algunos de los síntomas clásicos que las mujeres suelen tener en diferentes grados incluyen:

- Ciclos largos (más de 35 días) o irregulares que raramente tienen como consecuencia la ovulación
- Un patrón de fluido cervical limitado durante largos períodos de tiempo

- Parches frecuentes de fluido cervical fértil que pueden, o no, llevar en última instancia a la ovulación
- Exceso de vello corporal o facial (hirsutismo)
- Patrón masculino de pérdida del cabello
- Acné
- Obesidad (aproximadamente la mitad de las mujeres con este trastorno)
- Infertilidad

Síntomas clínicos

- Ovarios agrandados y blancos que tienen lo que parece una sarta de perlas en la superficie: numerosos folículos inmaduros que nunca llegan a la ovulación (*véase* epílogo, página 409)
- Niveles elevados de andrógenos (testosterona) y de HL
- Una cosa opuesta a la HL: la proporción de HFE (la HL en mujeres con síndrome ovárico poliquístico se produce con un exceso de la HFE, lo cual es lo contrario de una proporción normal)
- Ovulación a menudo anormal cuando tiene lugar (por ejemplo, el desarrollo anormal del óvulo, además del cuerpo lúteo)

Peligros para la salud a largo plazo

La razón por la que el síndrome ovárico poliquístico es tan complejo es que tiene toda una serie de riesgos para la salud a largo plazo, dependiendo de tu genotipo. Por ejemplo, las mujeres predispuestas a la obesidad tienen un riesgo significativo de resistencia a la insulina y síndrome metabólico, así como a padecer hipertensión, diabetes y enfermedades cardíacas en un período posterior de la vida. Y sin embargo, otras mujeres con genotipos distintos quizás no tengan ninguno de estos riesgos.

Lo siguiente es una lista más extensa de problemas por los que las mujeres con síndrome ovárico poliquístico pueden tener más riesgos a largo plazo:

- Resistencia a la insulina (en al menos la mitad de las mujeres con síndrome ovárico poliquístico)
- Síndrome metabólico
- Presión sanguínea elevada (hipertensión)
- Diabetes tipo 2

- Enfermedades cardíacas
- Cáncer de endometrio
- Cáncer de pecho
- Cáncer de ovario

Causas del síndrome ovárico poliquístico

Las causas no se conocen aún por completo, pero es probable que sean varios los factores que intervengan. Para empezar, parece que se transmiten genéticamente. Además, se suele producir un exceso de insulina, lo que a su vez puede hacer que produzcas un exceso de andrógenos (hormonas masculinas). Esto a su vez puede llevar a la producción de ovarios poliquísticos, en los que los folículos se quedan sin desarrollarse a nivel antral: nunca maduran lo suficiente para liberar un óvulo. Son estos folículos, atrapados en la pared de los ovarios, lo que forma la característica hebra de perlas.

Éstas se consideran las causas más comunes, pero, para ser claros, debemos indicar que no están presentes en todos los casos y, sin duda, puede haber otros factores como la obesidad y la inflamación a bajo nivel, que intensifican el síndrome subyacente. Por supuesto, gran parte de la confusión es que, al mismo tiempo, el síndrome ovárico poliquístico puede exacerbar estos problemas.

Diagnosticando el síndrome ovárico poliquístico

Las mujeres suelen padecer este problema incluso en su adolescencia, pero normalmente no se las diagnostica hasta su veintena o su treintena. En cualquier caso, para ser diagnosticadas, las mujeres habitualmente tendrán al menos dos de los tres síntomas siguientes:

- Ciclos irregulares de más de 35 días
- Un exceso de hormonas masculinas, con problemas asociados como el acné, el exceso de vello facial y corporal y la pérdida de cabello de patrón masculino
- La «sarta de perlas» en el ovario

Además, deberías conocer una prueba relativamente nueva que detecta tu nivel de hormona antimulleriana (HAM), que está asociada con un exceso de folículos antrales. Una lectura alta de HAM suele ser considerada, por tanto, como un marcador preciso para el diagnóstico del síndrome ovárico poliquístico.

Por último, deben descartarse otros trastornos antes de poder hacer el diagnóstico de nuestro síndrome. Estos incluyen, por ejemplo, niveles de prolactina elevados, disfunción tiroidea y tumores secretores de andrógenos.

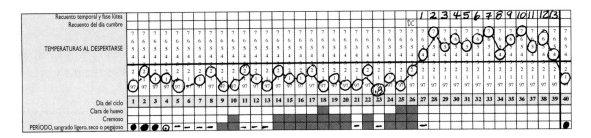

Gráfica de Petra. Síndrome ovárico poliquístico. Petra experimenta una de las características clásicas de un ciclo con este síndrome: numerosos días de fluido cervical fértil que culminan en una ovulación muy retrasada y un ciclo largo; en este caso, de 39 días. En realidad, los ciclos con este síndrome a menudo exceden lo largo e irregular, hasta 100 días aproximadamente. En este ciclo, llega a ovular aproximadamente en el día 26 y tiene un cambio de temperatura al día siguiente.

MITOS SOBRE EL SÍNDROME OVÁRICO POLIQUÍSTICO

Sus síntomas son los mismos para todas las mujeres
No todas las mujeres con este síndrome son bajas y obesas, con características androgénicas excesivas como piel grasa, acné y demasiado vello. Muchas son modelos, altas y esbeltas, sin ningún indicio de niveles de andrógenos elevados. De hecho, algunas mujeres con este problema ni siquiera tienen ovarios poliquísticos.

Las mujeres con este síndrome no pueden tener hijos
Puede que sea difícil, pero las mujeres pueden quedar embarazadas con sus propios óvulos.

Extirpar los ovarios o el útero curará el trastorno
Puesto que consiste en mucho más que tan sólo los ovarios, eliminar tus órganos reproductores no curará la condición.

La píldora anticonceptiva cura este síndrome
La píldora sólo regula el sangrado, pero no hace nada para tratar las causas subyacentes del trastorno.

Las mujeres que no quieren tener hijos no necesitan preocuparse por este síndrome
Lamentablemente, puesto que el problema afecta a tantos aspectos de tu salud general, su impacto sobre la fertilidad no es la única preocupación significativa.

El síndrome ovárico poliquístico permanece igual con el paso del tiempo
Las características y gravedad del síndrome en realidad disminuyen conforme las mujeres envejecen (por fin, buenas noticias sobre esta condición).

Los enfoques variados al tratamiento

Es crucial tratar este trastorno de forma completamente individual, dependiendo de tu fenotipo y tu genotipo, además de si estás intentado quedarte embarazada o no. Trato el síndrome y el logro del embarazo en el capítulo 15.

Hay varios enfoques posibles y, lamentablemente, los médicos se muestran firmes hacia su tratamiento preferido, estando a menudo en desacuerdo los unos con los otros. Hay muchos pros y contras en cada enfoque, por lo que, una vez que te hayan diagnosticado, te interesará encontrar un especialista que tenga la máxima experiencia posible en el síndrome ovárico poliquístico, como por ejemplo un endocrinólogo reproductivo. Los médicos de familia, e incluso un ginecólogo obstetra, pueden no estar suficientemente familiarizados con las complejidades de este problema de salud.

Tratar el síndrome ovárico poliquístico con énfasis en la nutrición

Antes de probar cualquier opción médica invasiva, puede que quieras hacer todo lo que puedas para controlar tu síndrome mediante los métodos naturales explicados en el capítulo siguiente, porque, además de ser saludables, no tienen ningún efecto secundario.

Hasta hace poco, una de las únicas cosas que estaba clara es que era importante para las mujeres hacer ejercicio e intentar conseguir un peso normal. Pero seguían concentrándose en los síntomas individuales de, por ejemplo, los ciclos irregulares, el acné o el hirsutismo. Ahora, con el descubrimiento del papel que desempeña la resistencia a la insulina en la mayoría de las mujeres con síndrome ovárico poliquístico, también se dieron cuenta de que recomendar una típica dieta baja en grasas y alta en hidratos de carbono no es eficaz ni saludable para las mujeres con esta condición.

Por el contrario, para mantener al mínimo los síntomas de este trastorno, es importante comer principalmente alimentos que sean bajos en hidratos de carbono y con un índice glucémico bajo (que altera mínimamente los niveles de glucosa). Además, las dietas saludables deberían incluir principalmente alimentos o combinaciones de alimentos que no causen picos de azúcar en sangre, como puede verse en el recuadro siguiente.

Tratando el síndrome ovárico poliquístico mediante diversas alternativas médicas

Además de estar de acuerdo en el ejercicio físico, el peso y la dieta, los médicos varían en los tratamientos que tienden a elegir. Entre las posibles opciones que pueden prescribir están las siguientes:

- **Píldora anticonceptiva**
  A las mujeres se les suele recetar la píldora para intentar regular su ciclo, pero, como ya sabes, no hace nada para tratar el síndrome en sí mismo, que conlleva muchos otros problemas además de ciclos irregulares. Además, el trastorno sin duda volverá en cuanto la mujer deje la píldora.

- **d-Chiro-inositol**
  Es una sustancia natural que aumenta la acción de la insulina en pacientes con síndrome ovárico poliquístico. Ha demostrado ser eficaz en la mejora de la función ovulatoria y para reducir las concentraciones de andrógeno en suero, así como la presión sanguínea.

- **Terapia de progesterona cíclica**
  Una teoría dice que la falta de progesterona en las mujeres que no ovulan lleva a un desequilibrio en el ovario, lo cual causa un exceso de hormonas masculinas y períodos irregulares. Además, el constante estrógeno sin progesterona después de la ovulación aumenta el riesgo de cáncer de endometrio. Por tanto, tratar a las mujeres cíclicamente con progesterona actúa para contrarrestar el estrógeno sin oposición que tienen las mujeres con nuestro síndrome.

- **Metmorfina**

  Es un fármaco que se suele administrar a los diabéticos para tratar el azúcar sanguíneo elevado, pero se suele prescribir a las mujeres con síndrome ovárico poliquístico porque tienen un problema similar, relacionado con la resistencia a la insulina.

- **Perforación del ovario**

  Este procedimiento utiliza una fibra láser o una aguja electroquirúrgica para perforar el ovario hasta unas diez veces, lo cual da como resultado una drástica disminución de hormonas masculinas en cuestión de días. Es especialmente útil para las mujeres que no ovulan con las terapias de Clomid o de metformina. Son raros los efectos secundarios, pero pueden aparecer formación de adherencias o fallo ovárico si hay complicaciones durante el procedimiento.

- **Extirpación de parte del ovario**

  Hace décadas, las mujeres con síndrome ovárico poliquístico que deseaban quedarse embarazadas solían ser tratadas con esta operación aparentemente extraña. Como indica el nombre, conlleva cortar una parte del ovario quístico agrandado para reducir el exceso de producción de andrógeno. Tuvo una proporción elevada de éxito para lograr el embarazo, pero solía generar adherencias y por eso fue abandonado como tratamiento común, una vez que los actuales fármacos para la fertilidad y la fecundación *in vitro* empezaron a utilizarse ampliamente.

  Actualmente, sin embargo, hay un pequeño grupo de médicos altamente cualificados que han mejorado la operación original hasta un punto en que ya raramente deja cicatrices. Es por tanto una opción posible que tal vez te interese investigar, porque, cuando se realiza bien, el procedimiento no sólo ayuda a quedarse embarazada, sino que también reduce significativamente los numerosos síntomas corporales y riesgos para la salud. (*Véase* página 286, que trata sobre cómo los cirujanos se forman en este procedimiento, así como información más general sobre cómo manejar el síndrome cuando se intenta concebir).

- **Un protocolo especial para quedarse embarazada**

  Si estás intentando quedarte embarazada, encuentra un médico experto en trabajar con mujeres con síndrome ovárico poliquístico, ya que probablemente manejará de forma diferente tu problema. *Véase* el recuadro gris de las páginas 285-286.

Para más información sobre el síndrome ovárico poliquístico, *véase* epílogo, página 409.

9

PROCEDIMIENTOS NATURALES PARA EQUILIBRAR LAS HORMONAS

ENTRE LAS MUJERES QUE PUEDEN BENEFICIARSE DE LA LECTURA DE ESTE CAPÍTULO SE INCLUYEN LAS QUE:

- No ovulan
- Tienen ciclos irregulares
- Tienen fases lúteas breves
- Tienen poco o nada de fluido cervical
- Tienen problemas hormonales como el síndrome premenstrual, el síndrome ovárico poliquístico o la endometriosis
- Han intentado quedarse embarazadas durante al menos seis meses
- Han tenido al menos un aborto espontáneo
- Tienen un infrapeso o sobrepeso significativos
- Han dejado la píldora u otras hormonas
- Son fanáticas de la tarta de chocolate (es para ver si estás prestando atención)
- Están en la mitad de su treintena o son mayores, y pueden estar usando tecnologías de reproducción asistida para intentar quedarse embarazadas, pero aún quieren poder estar en la mejor forma posible para mantener un embarazo

Si todos viviéramos en un místico Shangri-La, con hermosas frutas y hortalizas que brotan mágicamente de nuestros inmaculados jardines, donde la vida no tuviera preocupaciones económicas ni dramas familiares, donde dispusiéramos de ocho horas completas de sueño rejuvenecedor por la noche, y tiempo y energía ilimitados para tomar clases de zumba y montar en bicicleta por hermosos lagos, bajo cielos de cristal claro, y nuestra piel y labios nunca tocaran ni un solo químico artificial, mientras mantuviéramos un peso corporal ideal, entonces tal vez este capítulo sería irrelevante. Pero, ay, en el mundo real, el ciclo de la fertilidad es un intrincado sistema de retroalimentación influido por numerosos factores externos que pueden desequilibrarte. Por eso, tus ciclos suelen reflejar no sólo tu fertilidad, sino también tu salud general.

Por tanto, si experimentas alguno de los problemas del recuadro de la página anterior, u otros síntomas como los cambios de humor, el insomnio o los asociados con la menopausia (sofocos, sudores nocturnos y sequedad vaginal), tus hormonas pueden estar desequilibradas.

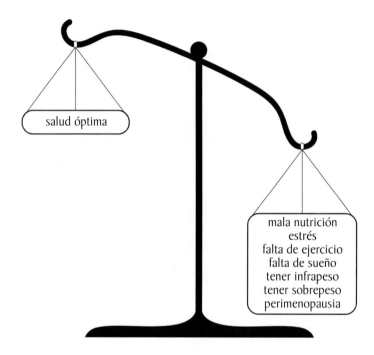

salud óptima

mala nutrición
estrés
falta de ejercicio
falta de sueño
tener infrapeso
tener sobrepeso
perimenopausia

Hay básicamente dos formas por las que puedes equilibrar tus hormonas de forma natural. La primera es estrictamente mediante tus propios esfuerzos, y la segunda es mediante la ayuda de diversos profesionales de la salud natural. Sea como fuere, la mejor forma de pensar en el proceso es que estás *alimentando* tu cuerpo, y no privándolo de cosas básicas.

Puede parecer como jugar a juegos semánticos, pero el cerebro es una poderosa herramienta. Por tanto, intenta pensar en qué medida, por ejemplo, estás nutriendo tu cuerpo con frutas y hortalizas frescas, y no cuánto te estás privando al no comer tarta de chocolate. Qué diablos, ¿a quién estoy engañando? Puede parecer duro, pero las recompensas, especialmente para quienes intentan quedar embarazadas, compensarán de sobra cualquier sentido de privación.

Haciendo cambios saludables por ti mismo

Muchas de las sugerencias de debajo son un resumen de la clase de cosas que puedes hacer a menudo, sin tener que entrar en una clínica.

Suplementos de hierbas

De todas las plantas que actualmente se utilizan para los problemas hormonales de las mujeres, tal vez ninguna se considera de forma tan entusiasta como el vítex.[1] Es un compuesto de hierbas que suele considerarse la ayuda natural más importante para tratar problemas asociados con el desequilibrio hormonal, desde el síndrome premenstrual hasta la menopausia y todo lo que ocurra en medio. La razón por la que se considera tan eficaz es que actúa específicamente en el triplete de los cuerpos de las mujeres: la trayectoria circular entre el hipotálamo, la pituitaria y los ovarios. De hecho, recomendar vítex es actualmente una práctica convencional entre la mayoría de los practicantes de medicina natural.

Hay varios estudios científicos que respaldan su uso y su seguridad en el tratamiento de muchos problemas hormonales, aunque, lamentablemente, no ha habido tantos estudios sobre el vítex o las hierbas en general como sobre fármacos tradicionales. Esto se debe en parte a que es muy costoso completar estudios clínicos, y también porque hay pocos incentivos para que los fabricantes de suplementos herbales inviertan en investigación, ya que sus productos raramente pueden patentarse. También debes tener en cuenta que la FDA no regula las plantas, y por eso los consumidores deben utilizar esos remedios con precaución.

Te animo a utilizarlos inicialmente con la guía de un profesional experimentado en este campo. Esto se debe en parte a que hay muchas variedades de hierbas (¡y a menudo comercializadas agresivamente!), pero solo pueden ser seguras y eficaces si la hierba correcta y la dosis adecuada se eligen adecuadamente para la condición específica que intentas remediar. Sea como fuere, hay también varias páginas web dedicadas a este tema, por lo que hay bastante información detallada por ahí. Yo me limitaría a las páginas web que emplean médicos, enfermeros, nutricionistas u otros profesionales respetables de la salud de las mujeres (recomiendo una pareja de expertos relevantes en la página 551).

Dieta

Uno de los estudios más importantes en este campo es el fundamental Estudio de Salud de Enfermería de Harvard, de la década de 1990, que siguió la dieta de 18 000 mujeres durante 8 años para determinar qué alimentos mejoraban su fertilidad. E incluso si actualmente no estás inten-

---

1. Se suele llamar *Vitex agnus* o extracto de sauzgatillo, y de hecho puede venir mezclado en diversos suplementos.

tando quedarte embarazada, si tus ciclos son de algún modo irregulares, las recomendaciones siguientes también son relevantes para ti. La única excepción son las mujeres con síndrome ovárico poliquístico, que se suelen beneficiar en su mayoría de pautas muy específicas, explicadas en el capítulo anterior. Basándose en sus hallazgos, los investigadores de Harvard desarrollaron una lista de recomendaciones, todas explicadas detalladamente en su libro de 2009, *La dieta de la fertilidad*. A continuación hay un resumen de algunos de sus descubrimientos:

- **Evitar las grasas trans**. Lee las etiquetas. Otro nombre para las grasas trans es «aceites parcialmente hidrogenados». Este tipo de grasa puede comprometer la fertilidad en general, por no hablar del daño que puede producir al corazón y a los vasos sanguíneos.
- **Usar más aceites vegetales insaturados**. Las grasas monoinsaturadas y poliinsaturadas ayudan a mejorar la sensibilidad del cuerpo a la insulina y a reducir la inflamación, dos cosas que son buenas para la fertilidad. Disfruta de los frutos secos, las semillas y el pescado de agua fría, como el salmón y las sardinas. Y, por supuesto, reduce las grasas saturadas.
- **Aumenta la proteína vegetal**. Intenta reemplazar cada día una ración de carne por diversas proteínas vegetales como las alubias, los guisantes, las habas de soja, el tofu y los frutos secos.
- **Elige hidratos de carbono de digestión lenta**. Alimentos como las frutas frescas y las hortalizas, los granos integrales y las alubias son todos ricos en fibra, y pueden mejorar tu fertilidad controlando el azúcar sanguíneo y los niveles de insulina.
- **Obtén una buena cantidad de hierro de las plantas**. Esto incluye cereales de grano integral como las espinacas, los tomates, las remolachas, las alubias y la calabaza.
- **Bebe mucha agua para permanecer hidratada**. No necesitas evitar todo lo demás, e incluso el café y el té son buenos con moderación. Pero evita los refrescos azucarados cuando estés intentando concebir.
- **Toma un polivitamínico**. Si estás intentando quedarte embarazada, asegúrate de tomar al menos 400 microgramos diarios de ácido fólico para prevenir los defectos de la espina dorsal en el bebé.

Lograr una proporción ideal de grasa corporal

El mejor rango para una ovulación saludable es un índice de masa corporal (IMC) de entre 20 y 24. Tener sobrepeso puede hacer que produzcas un exceso de estrógeno, sembrando el caos en tu complejo sistema de retroalimentación hormonal. Pero tener infrapeso puede hacer que dejes de ovular por completo.

Ejercicio físico

Haz el ejercicio que quieras, ya sea nadar, bicicleta o cualquier otra cosa que no sea rutinaria. La clave consiste en encontrar algo que desees hacer, en lugar de estar molesto. Por tanto, ¿una carrera diaria de quince vueltas a un circuito de interior? No hace falta tanto.

Reducir el estrés

Siguiendo con el tema de alimentar en lugar de privar, una de las mejores cosas que puedes hacer cuando intentes equilibrar tus hormonas es la innovadora idea de mimarte a ti misma. Eso significa, entre otras cosas, reducir el estrés mediante actividades que te gusten, en lugar de limitarte a hacer lo que la sociedad considera relajante. Por tanto, si el yoga o la meditación es tu idea de morir terriblemente lento de aburrimiento, prueba a practicar senderismo, leer una buena novela o meterte en un baño caliente de burbujas.

Sueño

¡Duerme al menos ocho horas! Si eso significa grabar al reconocido humorista americano Jimmy Fallon y verla la mañana siguiente mientras montas en tu bicicleta estática, mucho mejor.

Iluminación nocturna

¿Cuál es la diferencia entre las mujeres que se despiertan para utilizar el baño y se chocan con los muebles en la oscuridad y aquellas que pueden leer las minúsculas etiquetas de advertencia de los botes de medicamentos debido a toda la luz superflua de sus dormitorios? ¡La calidad de sus ciclos, por supuesto! Resulta que cualquier pequeña cantidad de luz de fuentes aparentemente inocuas como la luna, una luz nocturna o incluso un reloj digital que pase sobre nuestros párpados mientras dormimos, todo es recogido por la glándula pineal.

El problema es que esta glándula produce melatonina, que afecta directamente al hipotálamo, que, como bien sabes, es el centro del universo de una mujer. Por tanto, si tienes problemas con tus ciclos, desde la irregularidad hasta las fases lúteas breves, tal vez quieras probar a eliminar por completo cualquier fuente de luz. (Esto podría implicar tener que usar cortinas de oscurecimiento para impedir el paso de la luz exterior).[2]

Evitar los perturbadores de las hormonas

A menos que vivas en una cueva, es bastante improbable que puedas evitar por completo unas perturbadores de hormonas llamados xenohormonas, que son sustancias químicas artificiales

---

2. Puedes aprender mucho más sobre cómo eliminar tu exposición a la luz de noche puede influir en tus ciclos leyendo *The Effects of the Light on the Menstrual Cycle*, de Joy DeFelice, enfermero colegiado.

que tienen la capacidad de, bueno, perturbar tus hormonas. Entre las más ubicuas y potencialmente perjudiciales está un tipo de conservantes llamados parabenos, que se encuentran en los productos de uso cotidiano, como por ejemplo el maquillaje y el champú, así como en alimentos y bebidas. Otro tipo de compuesto químico implicado en la perturbación endocrina son los ftalatos, que se encuentran frecuentemente en el plástico flexible.

Si es posible, intenta sustituir estos productos por otros que no contengan estas sustancias químicas, de forma que puedas mantenerlas alejadas de tu botiquín y de la cocina. Y para tener una lista más exhaustiva (y tal vez intimidante) de xenohormonas, busca en Google. Es evidente que no puedes evitarlas todas, pero tal vez quieras intentar concentrarte en las que puedas mantener alejadas de tu propia casa con poco esfuerzo.

Tratar los trastornos tiroideos

La tiroides es una de las glándulas más importantes que controlan las funciones corporales. Tener una tiroides que no funciona óptimamente puede sembrar el caos en los ciclos de una mujer y en su salud general. Afortunadamente, las mujeres que elaboran gráficas tienen una ventaja sobre las otras en que a menudo pueden identificar un posible problema con sólo observar el patrón de su temperatura al despertar.

Las temperaturas excesivamente bajas (en los 35,5 y 36,1 preovulatorias) suelen ser la primera pista que indica que puedes tener hipotiroidismo, pero la temperatura por sí sola no es suficiente. Si observas temperaturas bajas con cualquiera de los otros síntomas enumerados debajo, podrías pedir que te hicieran una prueba de tiroides en sangre que mida no sólo la HET y la T4, sino la T3 libre, la T4 libre y la tiroides peroxidasa. En el caso de las tres últimas, tal vez necesites insistir, porque no suelen comprobarse como parte de un control sanguíneo rutinario.

Entre los síntomas más comunes de un trastorno tiroideo están los siguientes:

- Anovulación
- Ciclos largos o irregulares
- Fluido cervical prolongado, menos fértil
- Fases lúteas breves u otros síntomas de problemas en la fase lútea
- Menstruaciones pesadas, prolongadas o dolorosas
- Libido baja
- Síndrome premenstrual
- Infertilidad

Muchas de las recomendaciones sobre el estilo de vida y nutricionales de este capítulo pueden ayudarte a lograr un mejor funcionamiento de la tiroides. Tal como el doctor Datis Kharrazian, autor de *Why Do I Still Have Thyroid Symptoms When My Labs Are Normal?* pregunta tan acertadamente: «Si se enciende la luz de comprobación del motor del coche, ¿qué sería más sensato, investigar en el motor o eliminar la luz?».

Problemas en la fase lútea

Como ya has leído, la fase lútea posterior a la ovulación es cuando se libera la progesterona. Estés intentando quedarte embarazada o no (¡o simplemente seguir con tu vida!), lo ideal es que dure entre 12 y 16 días. Para las que quieren evitar el embarazo, esto les ofrecerá más tiempo para disfrutar de su fase infértil, y para las que lo desean, es vital que el óvulo fecundado tenga tiempo suficiente para implantarse en el útero.

Si descubres mediante las gráficas que tienes una fase lútea demasiado corta, hay algunos tratamientos naturales que podrías probar. Marilyn Shannon, autora de *Fertility, Cycles, and Nutrition*, es toda una autoridad en este ámbito y cree que las deficiencias de la fase lútea están estrechamente relacionadas con el síndrome premenstrual. Por eso recomienda los suplementos Optivite PMT o ProCycle PMS, junto con un mayor consumo de aceite de linaza o aceite de pescado. También puedes considerar los suplementos tratados anteriormente, en este mismo capítulo. Si estas recomendaciones tan simples no son eficaces, explico otras opciones en el capítulo 14.

Trabajando con un especialista en medicina alternativa

Antes, a cualquier profesional de la salud que no estuviera formado en escuelas médicas tradicionales se le llamaba «alternativo» y se pensaba que practicaba la ciencia vudú. Sin embargo, actualmente, hay una aceptación más positiva de los practicantes de la salud alternativa con licencia, en parte porque mucha gente informa sobre resultados muy positivos. Trabajan independientemente, en una clínica, con otros profesionales de la salud complementaria o junto a médicos convencionales utilizando enfoques complementarios o integradores.

Sea como fuere, la medicina occidental tradicional por sí sola no es necesariamente la modalidad más efectiva para todos los problemas de salud. En el caso del equilibrio hormonal femenino, los especialistas más apropiados para consultar en primer lugar podrían ser los nutricionistas (actualmente considerados convencionales), además de profesionales de la salud complementaria como los naturópatas, los acupuntores, los especialistas en medicina herbal china e incluso médicos tradicionales que también practican modalidades más naturales. El principio básico que se aplica a todos estos enfoques es que suele ser preferible usar procedimientos suaves, pero eficaces, de tratar los problemas de salud de las mujeres sin tener que utilizar procedimientos invasivos y fármacos poderosos que causan numerosos efectos secundarios.

La mayoría de estos profesionales trabajarán con diversos tratamientos, desde hormonas bioidénticas y suplementos de hierbas hasta terapias manuales como la acupuntura. Cada mujer tiene una serie única de circunstancias que determinarán qué es mejor para ella (por ejemplo, una mujer con síndrome ovárico poliquístico será tratada mejor siguiendo ciertos protocolos en la dieta y el estilo de vida que pueden ser muy diferentes de los de una mujer que se está tratando el síndrome premenstrual). Sin embargo, dependiendo de tu situación, te animaría a examinar mejor este tema por ti misma, puesto que gran parte de tu fertilidad y salud general puede verse influida negativamente y desequilibrarse.

Hormonas bioidénticas

Muchos médicos creen que la clave para el equilibrio hormonal es el uso de verdaderas hormonas naturales, o bioidénticas, frente a los tipos sintéticos producidos por compañías farmacéuticas en laboratorios. Estas hormonas bioidénticas se extraen de fuentes vegetales como la soja y el ñame, pero son exactamente iguales en su estructura molecular que la progesterona y el estrógeno que se sintetizan en el cuerpo de la mujer.

Están disponibles en muchas formas, incluyendo las pastillas, los parches y diversas cremas vaginales, y también hay mezclas personalizadas de estrógeno y progesterona producidas por algunas farmacias. Y aunque las terapias con hormonas bioidénticas y con hormonas sintéticas están asociadas con el tratamiento de síntomas de la menopausia, como la sequedad vaginal y los sofocos, las mujeres más jóvenes también pueden beneficiarse de las hormonas si tienen ciclos irregulares, pocos o ningún período u otros síntomas de desequilibrio hormonal.

Sin embargo, debes tener en cuenta que la terapia hormonal de cualquier tipo es un tema increíblemente complejo, y aunque es cierto que muchos médicos y otros profesionales afirman que las hormonas bioidénticas son más eficaces, seguras y tienen muchos menos efectos secundarios que las versiones sintéticas, otros miembros de la comunidad médica lo ponen en entredicho. En cualquier caso, si ésta es una opción que te atrae, deberías saber que incluso aquellos que tienen fe en las hormonas bioidénticas te dirán que, si quieres probar a utilizarlas para optimizar tu equilibrio hormonal, necesitarás trabajar estrechamente con tu médico u otros profesionales médicos para analizar cuidadosamente tus necesidades e individualizar tu tratamiento.

En primer lugar suavemente: la mejor forma de equilibrarse

Si eres una de las afortunadas para quienes este capítulo es irrelevante, ¡excelente! Pero, para todas las demás, simplemente deberías ser consciente de que, antes de recurrir a procedimientos médicos intensivos, puedes probar muchas opciones sencillas, baratas y no invasivas para equilibrar tus hormonas de forma natural. Esto no debería sorprender, ya que la clave para *toda* vida saludable está basada en gran medida en el consumo de una dieta de alimentos integrales y ricos en nutrientes, hacer ejercicio habitualmente, mantener un buen peso y manejar eficazmente tu estrés. En efecto, el mensaje de este capítulo es que el equilibrio hormonal saludable es un reflejo de la salud general de la mujer, y no sólo su fertilidad. Como tal, siempre deberías promover y mantener un estilo de vida saludable haciendo lo que razonablemente puedas por ti misma.

10

Ahora que ya lo sabes: Conservar tu fertilidad *FUTURA*

Una realidad desafortunada de la vida es que, conforme las mujeres envejecen, su fertilidad disminuye. Y no obstante, con los últimos avances en técnicas de congelación de óvulos, las mujeres jóvenes tienen ahora el potencial para mitigar los efectos de la naturaleza. Por supuesto, es un campo minado en lo que a la ética se refiere, pero, dado que este libro trata sobre conocimiento y empoderamiento, sería negligente si no explicara las últimas investigaciones. Como con todo en la vida, deberías tomar lo que es aplicable a ti misma e ignorar el resto.

En el año 2006, una campaña publicitaria nacional causó una gran controversia cuando la Sociedad Americana para la Medicina Reproductiva llenó los autobuses y las vallas publicitarias con este mensaje amenazante:

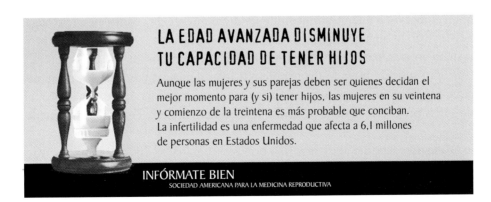

LA EDAD AVANZADA DISMINUYE TU CAPACIDAD DE TENER HIJOS

Aunque las mujeres y sus parejas deben ser quienes decidan el mejor momento para (y si) tener hijos, las mujeres en su veintena y comienzo de la treintena es más probable que conciban. La infertilidad es una enfermedad que afecta a 6,1 millones de personas en Estados Unidos.

INFÓRMATE BIEN
SOCIEDAD AMERICANA PARA LA MEDICINA REPRODUCTIVA

Recuerdo haber sentido vergüenza en aquel momento, porque sabía que tocaría la fibra sensible de muchas mujeres. Y por supuesto que lo hizo. Muchos criticaron la publicidad por ser increíblemente directa y melodramática. Evidentemente, las mujeres tenían suficientes problemas que combatir y no apreciaban el mensaje implícito de que algo les pasaba si todavía no habían conocido a la persona adecuada, o, de hecho, simplemente si querían dedicar más tiempo a su formación y a su carrera, antes que fundar una familia.

Yo lo sabía. Y no obstante, como profesional en este ámbito, no podía negar lo que decía el anuncio. La fertilidad femenina *sí* disminuye gradualmente desde finales de la veintena hasta aproximadamente los 37 años, después de la cual empieza a caer sustancialmente. Además, el riesgo de aborto espontáneo aumenta significativamente cuando la mujer entra en la cuarentena. Esto significa que, aunque creo encarecidamente en animar a las mujeres jóvenes a cumplir sus sueños antes de madurar, también sé que la biología dicta el rango de años fértiles de una mujer, y con ello sus posibles opciones.

Por tanto, con lo intrigantes que son, procura ignorar los comentarios de titulares ofensivos que te gritan desde las portadas de todos los tabloides de los supermercados:

«¡Actriz de 48 años de edad que espera su primer hijo!».
«Ganadora del premio de la Academia con 45 años, embarazada de gemelos».

Lo que probablemente no leerás son los detalles de los obstáculos de alta tecnología que esas mujeres a menudo tuvieron que traspasar para alcanzar sus sueños o, con frecuencia, el hecho de que tuvieran que utilizar óvulos de una donante para poder concebir. Por supuesto, ahora que ya sabes cómo analizar y elaborar gráficas con tus signos de fertilidad, podrás utilizar métodos anticonceptivos naturales y eficaces, hasta que un día decidas que quieres maximizar tus probabilidades de concebir. Aun así, aunque el Método de Conciencia de la Fertilidad es un cuerpo de conocimiento increíblemente empoderador, necesitas entender que, si decides retrasar el hecho de tener hijos hasta el final de tu treintena o más allá, tal vez sigas teniendo dificultades para concebir o llevar un embarazo a buen término, independientemente de cuánto ejercicio hagas, lo bien que comas o incluso lo bien que elabores gráficas con tus ciclos.

Esto se debe en gran parte a que las mujeres nacen con todos los óvulos que tendrán. Y así no es de extrañar que algunos de los problemas más significativos para las mujeres mayores que intentan concebir un hijo sea que, cuanto mayores sean sus óvulos, más probabilidades tendrán de sufrir problemas que el Método de Conciencia de la Fertilidad no puede resolver por sí solo.

Por eso he elegido exponer aquí de forma breve y separada las diversas tácticas, procedimientos y técnicas de mantenimiento de la fertilidad que aquéllas de vosotras que aún estáis en vuestra veintena y comienzos de la treintena podríais pensar en utilizar ahora, para vuestra fertilidad futura. Puesto que la realidad es que no importa lo joven que seas o cómo quieras utilizar ahora el Método de Conciencia de la Fertilidad, las mujeres que llegarán a querer tener hijos deberían conocer el dilema básico representado por los óvulos de cierta edad y, lo más importante, lo que podrían hacer al respecto mientras aún son suficientemente jóvenes.

Estrategias actuales y preocupaciones para futuras mamás

La buena noticia es que puedes ser proactiva en el hecho de preservar tus años de fertilidad antes de que ni siquiera consideres la posibilidad de tener un hijo, y de una forma que maximice tus probabilidades de poder hacerlo mientras uses tus propios óvulos. En efecto, hay numerosas formas en las que puedes mantener las probabilidades a tu favor, empezando incluso en la mitad de tu veintena.

Lo primero que te convendría hacer es preguntar a tu madre cuándo pasó la menopausia, porque esa edad puede estar determinada genéticamente. Por tanto, si ella pasó la menopausia a los 45 o incluso a los 40, es más probable que también lo hagas tú. En cualquier caso, deberías saber que tu fertilidad empieza a disminuir significativamente unos 13 años antes de tu último período.

También puedes ser proactiva haciéndote pruebas para los problemas médicos enumerados más abajo si tienes algún síntoma relevante. Ya que, si tuvieras cualquiera de ellos, podrías esforzarte por tenerlos bajo control antes de intentar quedarte embarazada.

Endometriosis
Como viste en el capítulo 8, la endometriosis es un misterio envuelto en un enigma. Puesto que tiende a empeorar con la edad, y porque uno de los únicos tratamientos eficaces (aunque temporales) es el embarazo, te recomendaría que, si ya te han diagnosticado y estás casada o tienes una relación estable y dudas sobre cuándo tener hijos, deberías intentarlo mejor antes que más adelante.

Síndrome ovárico poliquístico
Como también explicamos en el capítulo 8, éste es uno de los problemas más comunes y serios que pueden comprometer la fertilidad. Pero, a diferencia de la endometriosis, hay muchas cosas que puedes hacer activamente para reducir su impacto en tu salud y tu fertilidad. Y, aunque se necesita mucho trabajo para estimular a tu cuerpo para que empiece a ovular por sí mismo, si puedes hacerlo, puede que quieras aprovechar las nuevas técnicas de congelación disponibles para asegurar tu fertilidad cuando seas mayor.

Problemas en la tiroides

Considera la posibilidad de revisar periódicamente tu tiroides, porque también es un problema común para mujeres en edad reproductiva, como se explica en la página 441. Y, afortunadamente, es mucho más fácil de tratar que las dos anteriores.

X frágil

Éste es un gen que en los últimos años se ha descubierto que desempeña un papel muy importante en la función ovárica. Las mujeres que lo padecen pueden ser propensas a la insuficiencia ovárica primaria, como se explica en las páginas 151-152.

Prueba de fertilidad cuando sea más útil

Todas las mujeres que creen que podrían querer tener hijos en algún momento de su vida deberían por lo menos considerar la comprobación de su reserva ovárica, como se explica en la página 272. Esto básicamente consiste en comprobar el número de óvulos viables en tus ovarios, hasta la menopausia. Sin embargo, en el momento en que las mujeres suelen hacerse estas pruebas, al final de su treintena o comienzos de su cuarentena, es demasiado tarde para ser útil. Sin embargo, afortunadamente, en la actualidad hay dos pruebas que son especialmente adecuadas para las mujeres más jóvenes, ambas explicadas más abajo.

La prueba de la hormona antimulleriana

Ésta es una hormona segregada por los folículos preantrales inmaduros. El nivel refleja el tamaño de la reserva de óvulos y disminuye conforme envejece la mujer, por lo que, cuanto mayor sea el número, mejor.

Recuento del folículo antral

Esta prueba utiliza un ecógrafo vaginal para determinar el número de folículos inmaduros disponibles para ser estimulados a fin de que liberen un óvulo en cada ciclo. Te dará una mejor idea de cuántos óvulos viables te quedan para los años futuros. Si el resultado indica que la cantidad puede ser limitada (especialmente debido a un envejecimiento ovárico prematuro), puedes por lo menos tomar una decisión bien informada sobre cómo seguir adelante teniendo esta información tan útil; ya sea que implique concentrarse más a fin de conocer a una pareja, posponer una carrera hasta que hayas tenido un hijo o incluso congelar tus óvulos ahora para poder implantarlos más adelante. Lo importante es que podrás tomar una decisión bien informada años antes de que descubras cualquier posible problema.

A continuación te pongo un ejemplo del tipo de información que puedes deducir mediante un recuento del folículo antral, pero cada laboratorio puede interpretar las cifras de forma un tanto distinta.

NÚMERO DE FOLÍCULOS ANTRALES DISPONIBLES EN CADA CICLO	AÑOS FÉRTILES QUE QUEDAN
20 a 40	10 a 15 años
10	Muy pocos
5	No es probable quedarse embarazada

Además de las pruebas y procedimientos antes mencionados, hay dos formas importantes de maximizar tu probabilidad de evitar posteriormente los problemas de infertilidad:

- Si es posible, evitar cualquier intervención en los ovarios, porque tus óvulos maduros se encuentran en su superficie, y las operaciones suelen producir tejido cicatricial o adherencias que pueden impactar directamente en tu fertilidad. (Para más información sobre las operaciones de los ovarios *véase* página 286).
- ¡Practica el sexo seguro! Incluso las enfermedades de transmisión sexual sin ningún síntoma pueden comprometer la fertilidad, especialmente las cicatrices en las trompas de Falopio.

Congelación de los óvulos y tecnologías relacionadas

Por último, toda mujer joven que piense que puede retrasar el momento de tener hijos hasta la mitad de su treintena, o más, debería por lo menos ser consciente de las técnicas en desarrollo de la congelación de óvulos. El hecho es que, hasta hace bien poco, eran sólo los hombres quienes podían conservar su fertilidad futura congelando su esperma (lo cual es irónico, ya que, a diferencias de las mujeres, la mayoría de los hombres que no reciben radiación u otro tratamiento relacionado con el cáncer son fértiles hasta el día que mueren). No obstante, con la llegada de una nueva investigación prometedora, las mujeres pueden tener sus propios hijos biológicos en su cuarentena, congelando sus propios óvulos mientras están al final de su veintena o a comienzos de su treintena.

El proceso de congelar los óvulos (llamado crioconservación de ovocitos) ya no se considera experimental por la Sociedad Americana para la Medicina Reproductiva. Sin embargo, debes tener en cuenta que las tasas de éxito de la fecundación *in vitro* utilizando óvulos congelados aún son bastante bajas, aunque sigue habiendo avances y la tecnología seguirá mejorando en los próximos años. En efecto, ya ha habido muchos nacimientos con éxito, pero aún no hay estudios a largo plazo que valoren la seguridad de la congelación de los óvulos en los niños concebidos mediante este proceso. Así que debes asegurarte de estar al tanto de los avances más recientes, y si decides congelar tus óvulos, procura investigar los estudios más actualizados antes de usarlos cuando seas mayor.

También debes tener en cuenta que si ya estás casada o tienes una relación estable, pero por cualquier razón no es probable que intentes quedarte embarazada durante varios años, sería mejor que congeles *embriones* con el esperma de tu pareja. Esto se debe a que esta tecnología tiene una tasa de embarazo mucho mayor que la fecundación *in vitro*, y ha demostrado ser totalmente segura durante décadas de partos sanos.

Por último, se está haciendo un gran trabajo en la conservación de los folículos maduros y primordiales en diversas partes de los ovarios, además de en todo el ovario. Algún día será algo común eliminar un ovario, congelarlo y devolverlo al cuerpo de la mujer cuando por fin esté lista para concebir.

De hecho, se está estudiando cada detalle de los óvulos y los ovarios para poder congelarlos y que se pueda preservar así la fertilidad, aunque, como mencioné antes, lo único que ya no se considera experimental es la congelación de los óvulos maduros en sí mismos. Aun así, si eres una mujer joven a la que le gustaría postergar el embarazo y no descartas que algún día querrás tener hijos, debes mantenerte informada sobre estas tecnologías asombrosas y de rápida evolución.

Mantener las opciones abiertas

Como ya sabes, la decisión de congelar tus óvulos o embriones es extremadamente personal y no debería tomarse a la ligera. Algunas de vosotras puede que tengan razones religiosas o éticas para no hacerlo, mientras que muchos hospitales siguen considerando estos procedimientos sólo apropiados para mujeres que tengan una necesidad médica de aprovecharse de la tecnología. Además, y a diferencia de la fecundación *in vitro*, ese procedimiento es increíblemente invasivo y puede ser prohibitivamente caro: entre 8000 y 12 000 dólares, sin incluir el coste anual por el almacenamiento. Para la mayoría de vosotras, podría ser un dinero que decidáis gastar mejor para adoptar un niño algún día, si no podéis concebir.

Sin embargo, sospecho que habrá algunas de vosotras que no tengan objeciones filosóficas ante esta tecnología, y que en algún momento querrán tener sus propios hijos biológicos. Y para ellas, congelar sus propios óvulos puede ser una de las mejores decisiones que puedan tomar.

PARTE 4

ANTICONCEPTIVOS NATURALES

ANTICONCEPTIVOS NATURALES
SIN PRODUCTOS QUÍMICOS NI DISPOSITIVOS

11

> Nota: antes de que utilices la conciencia de la fertilidad como método anticonceptivo debes tomar las precauciones adecuadas y necesarias para eliminar el riesgo de sida y otras infecciones de transmisión sexual. En particular, debo afirmar lo que espero que sea evidente: como forma de anticonceptivo, la conciencia de la fertilidad debería utilizarse sólo para las mujeres que tengan una relación monógama, en la que ninguno de los miembros tenga una infección de transmisión sexual.

Los anticonceptivos deberían utilizarse en toda ocasión concebible.

SPIKE MILLIGAN

*H*ay ciertos clientes que nunca olvidaré. Una pareja asistió a mi seminario sobre anticonceptivos naturales como regalo de bodas por parte de los padres de la mujer. Aunque parecían asimilar todo en la clase, pronto descubrí que no habían asimilado la idea más fundamental del método. Un mes después del seminario, los vi para su consulta de seguimiento. Todo parecía ir bien. Sus gráficas parecían estar bien. Ella registraba perfectamente sus síntomas de fertilidad.

Pero observé que, aunque habían tenido relaciones a lo largo del ciclo, no registraron qué método anticonceptivo habían utilizado en la columna de «Método anticonceptivo» de la gráfica. En otras palabras, no registraron si habían utilizado condones o un diafragma, por ejemplo, durante su fase fértil. Así que, cuando se estaban levantando para marcharse, les recordé que se asegurasen registrar qué anticonceptivo usaban cada vez que tenían relaciones durante su fase

191

fértil. Ella me miró desconcertada, luego a su marido con perplejidad, y después de nuevo a mí con la mirada inexpresiva.

Dije: «En otras palabras, cada vez que tengáis relaciones, aseguraos de registrar si decidís no utilizar anticonceptivos porque sois infértiles en ese momento, o registrad qué método utilizáis mientras sois fértiles». De nuevo, la mirada inexpresiva.

Y de nuevo, más silencio.

«¿Qué quieres decir con "qué método"? Pensaba que **esto** *era un método anticonceptivo». Se me erizó el vello. Fue sólo entonces cuando me di cuenta de que esta pareja en realidad pensaba que simplemente por registrar sus síntomas de fertilidad, estaba utilizando un método anticonceptivo fiable.*

No es necesario decir que el Método de Conciencia de la Fertilidad es más eficaz como anticonceptivo si te abstienes durante tu fase fértil. Si no queréis privaros de tener relaciones, podéis utilizar un método de barrera, aunque debéis tener en cuenta lo siguiente:

1. Si un método de barrera va a fallar, lo hará cuanto estés en tu fase fértil. Y todos los anticonceptivos tienen una tasa de fracaso.
2. Si seguís queriendo utilizar un método de barrera, podéis aumentar dramáticamente la tasa de eficacia utilizando dos métodos simultáneamente, como un condón con un diafragma, una esponja o espermicida.
3. Utilizar barreras con espermicida durante la fase fértil puede enmascarar el fluido cervical, por lo que, si queréis tener relaciones durante esos días, consultad las reglas de la página 195.

Lo ideal, entonces, es que el método sea más eficaz cuando tengáis relaciones sólo fuera de vuestra fase fértil. Y aunque inicialmente parezca difícil hacerlo, muchos usuarios de métodos anticonceptivos naturales sienten que esto crea un efecto de «cita y luna de miel». En otras palabras, en cada ciclo hay una fase en que la pareja encuentra maneras creativas de expresarse sexualmente, sabiendo que en una semana, aproximadamente, podrán retomar de nuevo las relaciones. Decidiendo posponer las relaciones sexuales en lugar de utilizar un método de barrera durante la fase fértil, la gente suele creer que están viviendo en armonía con su fertilidad, en lugar de luchar contra ella.

Gran parte de esto consiste simplemente en entender cómo funciona tu cuerpo. Una forma de conceptualizar la duración de la fertilidad consiste en recordar que depende por completo de la fertilidad del hombre. De forma aislada, una mujer sería fértil sólo un máximo de 24 horas, o 48 si se liberan dos o más óvulos en el momento de la ovulación. Pero su fase fértil aumenta con la viabilidad del esperma y del óvulo. La única razón por la que una mujer es fértil durante más de 24 a 48 horas es porque los espermatozoides pueden vivir hasta 5 días.

En esencia, entonces, la primera parte de la fase fértil de la mujer está determinada por la supervivencia de los espermatozoides, y la segunda parte por la viabilidad del óvulo. Cuando se usa el Método de Conciencia de la Fertilidad para el control de la natalidad, esto suele suponer alrededor de 10 días (incluyendo un margen tanto antes como después), durante los cuales se necesita la abstinencia o un método anticonceptivo de barrera. Esto incluye un período significativamente seguro a cada lado de la fase fértil.[1]

«Voy a decir esto sólo una vez más:
nuestra única posibilidad es el autocontrol».

1. La máxima viabilidad de los óvulos de 2 días se calcula partiendo de la media de 24 horas por cada óvulo, siendo el último liberado 24 horas completas después del primero. En realidad, esto es altamente improbable en los óvulos que viven cerca de 12 horas, y las ovulaciones múltiples probablemente tienen lugar juntas. Y aunque debes contar con la supervivencia del esperma de 5 días, 2 o 3 es mucho más probable. La viabilidad del esperma de durar más de 5 días se ha documentado, aunque es extremadamente rara, y en cualquier caso no afectaría a los principios anticonceptivos del Método de Conciencia de la Fertilidad, basándonos en que el esperma sin fluido cervical presente vivirá como mucho unas pocas horas.

El Método de Conciencia de la Fertilidad no consiste tanto en identificar el día de la ovulación como en contestar a una sola pregunta: ¿soy fértil aún? Y para esas mujeres que son suficientemente afortunadas de tener ciclos relativamente regulares, de entre 21 a 35 días, la pregunta es simplemente: ¿cuándo he entrado en mi fase fértil y cuándo termina? De nuevo, esto se debe a utilizar el Método de Conciencia de la Fertilidad como procedimiento anticonceptivo en el que no necesitas saber el día exacto en que ovulas.

LAS CUATRO REGLAS DEL MÉTODO DE CONCIENCIA DE LA FERTILIDAD DE UN VISTAZO

Fase infértil preovulatoria	Fase fértil	Fase infértil posovulatoria
1) Regla de los 5 primeros días	¡Se necesita abstinencia o métodos de barrera!	3) Regla del día cumbre
2) Regla del día seco		4) Regla del cambio de temperatura

Para la mayoría de las mujeres, el ciclo básicamente puede dividirse en tres partes. Observa que las cuatro reglas del Método de Conciencia de la Fertilidad identifican el comienzo y el final de la fase fértil, que es el momento en que las relaciones sin protección pueden llevar al embarazo.

A continuación expongo las reglas anticonceptivas para utilizar el Método de Conciencia de la Fertilidad con una eficacia máxima. Aunque pueden ser un poco complicadas para asimilar en una primera lectura, deberían haberse convertido en intuitivas si has entendido los principios biológicos anteriormente presentados en el libro. Te recomiendo que leas esta sección lentamente y varias veces, además de revisar cuidadosamente todo el capítulo 6. Es bastante simple, pero, igual que con cualquier nuevo proceso, requiere un poco de paciencia.

Por tu seguridad, también recomiendo encarecidamente que *representes en gráficas al menos dos o tres ciclos antes de basarte en estas reglas como anticonceptivo* (ya puedo escuchar los lamentos). O, como mínimo, no te consideres segura hasta después de la ovulación, cuando sabes que el óvulo está muerto y enterrado (utilizando las reglas 3 y 4, descritas más adelante en el capítulo).

Esto es aplicable especialmente a las mujeres que han dejado la píldora u otro método hormonal, ya que a su cuerpo le puede costar unos cuantos meses recuperar los ciclos ovulatorios normales con claros síntomas de fertilidad. La paz mental que obtendrás valdrá más de lo que cuesta.

Y en caso de que necesites más aclaraciones, te recomiendo que tomes una clase de Método de Conciencia de la Fertilidad, o al menos que las solicites personalmente, por teléfono o por Internet, a un instructor cualificado. Por último, un principio-guía es que, si encuentras alguna ambigüedad, sé conservadora. Antes de considerarte segura, debes confirmar que las cuatro reglas te indican que estás en un período infértil. *¡Si dudas, no lo hagas!*

Te recomiendo encarecidamente que elabores una gráfica con los fluidos cervicales y las temperaturas, e incluso con la posición cervical opcional, para comprobar tus observaciones: la elaboración de estos tres signos se suele llamar técnicamente como método sintotérmico. Sin embargo, si sólo haces una gráfica con un síntoma, recurre al apéndice F para una serie de reglas ligeramente distintas.

LAS CUATRO REGLAS DEL MÉTODO DE CONCIENCIA DE LA FERTILIDAD CUANDO SIGUES CON UNA GRÁFICA TANTO CON EL FLUIDO CERVICAL COMO CON LAS TEMPERATURAS

Reglas de la fase infértil preovulatoria

I. REGLA DE LOS CINCO PRIMEROS DÍAS
Estás segura los 5 primeros días del ciclo menstrual
si has tenido un cambio de temperatura significativo unos 12 a 16 días antes.

Gráfica de Flora. La regla de los cinco primeros días. Flora se considera segura los cinco primeros días de su ciclo, independientemente de cuántos días de sangrado tenga (por cómo se ve por las tres variantes de sus ciclos). En cada caso, ella sabe que esto realmente es el principio de un nuevo ciclo y no un sangrado ovulatorio, puesto que tuvo un cambio de temperatura un par de semanas antes.

La regla de los 5 primeros días es aplicable a los 5 primeros días del ciclo, independientemente de cuántos días sangres en realidad. Pero cualquier sangrado *después* del quinto día del ciclo deberías considerarlo fértil, porque puede enmascarar tu capacidad de comprobar el fluido cervical.

Observando un cambio de temperatura obvio entre 12 y 16 días antes de sangrar, tienes pruebas claras de que la ovulación ocurrió en ese ciclo anterior. Esto confirma que el sangrado que experimentas los cinco primeros días del nuevo ciclo es en realidad menstruación y no sangrado ovulatorio ligero o sangrado inusual sin relación con las menstruaciones.

Esta regla es eficaz porque el riesgo combinado de ovulación que ocurre el día 10 o antes, y que los espermatozoides vivan lo suficiente para fertilizar el óvulo es, hablando estadísticamente, muy raro. Recuerda que los espermatozoides normalmente sobreviven un máximo de 5 días, y solamente si es en fluido cervical fértil. Aun así, las reglas deberían modificarse para las mujeres que cumplen alguno de los criterios siguientes:

1. Si cualquiera de tus 12 últimos ciclos ha sido de 25 días o menos, deberías suponer que sólo los 3 primeros días son seguros. Esta precaución adicional se toma debido al mayor riesgo de una ovulación muy temprana. Si el fluido cervical fuera a desarrollarse mientras estás menstruando, serías incapaz de detectarlo mediante el sangrado, y de este modo el esperma podría sobrevivir teóricamente los pocos días necesarios para fecundar el óvulo. Hay algo de desacuerdo en la comunidad del Método de Conciencia de la Fertilidad sobre la necesidad de estas pautas conservadoras, pero yo personalmente la recomendaría.[2]

2. Si no tienes un cambio de temperatura o día cumbre unos 12 a 16 días antes de tu período, deberías suponer que probablemente sea sangrado anovulatorio o alguna otra cosa, y por tanto no puedes considerarte segura.

---

2. A diferencia de las otras tres reglas de este capítulo, una parte de la regla de los 5 primeros días ciertamente se basa en ciclos anteriores para estimar un posible mayor riesgo de la fertilidad presente. Sin embargo, hay una diferencia fundamental entre esta pauta concreta y el método Ogino. La probabilidad de concebir que existe por las relaciones del día 5 o antes es muy remota, mientras que las probabilidades de ovulación varían ampliamente desde el día 10 en adelante. En todo caso, el principio en este caso es ser incluso más conservadora añadiendo un margen de seguridad más para las mujeres que puedan tener un riesgo un tanto superior a la media estadística.

Debe quedar claro que es probable que la inmensa mayoría de las mujeres que concibieron de verdad practicando sexo durante su período tuvieron relaciones al final de una larga menstruación, el día 6 o después. Hay también una posibilidad real de que lo que era *percibido* como sexo durante las menstruaciones fuera en realidad sexo durante los sangrados ligeros ovulatorios, de lo cual se habrían dado cuenta si hubiesen elaborada una gráfica.

3. Si te acercas a la menopausia con síntomas como los sofocos y la sequedad vaginal, no deberías confiar en esta regla en absoluto. Esto se debe a que las mujeres premenopáusicas están sujetas a cambios hormonales importantes que pueden tener como resultado ovulaciones muy tempranas, por no mencionar los sangrados irregulares que ni siquiera podrían ser menstruaciones (*véase* el apéndice J para saber cómo utilizar el método si eres perimenopáusica).

SEXO SIN CAOS DURANTE TU PERÍODO

Una de las maneras de las que puedes aprovechar al máximo tener relaciones sexuales durante la menstruación de manera más segura es usando una copa menstrual o un producto similar. Por supuesto, si tu idea de pasar un buen momento es frotar la ropa de cama manchada de sangre, entonces sáltate las sugerencias de debajo.

Hay distintos tipos de copas que servirán para recoger el sangrado menstrual, y la mayoría son una alternativa maravillosa a las compresas y tampones, independientemente de si los usas o no durante el sexo:

Copas menstruales: Hay muchos de estos ingeniosos artículos disponibles actualmente en las droguerías o en Internet, y todos son buenos para recoger sangre. Sin embargo, lamentablemente, no están diseñadas para ser usadas durante las relaciones sexuales porque pueden molestar o desplazarse y tener una fuga. Aun así, son excelentes para los juegos sexuales porque están hechos de silicona, por lo que no te dejan empapado con ese adorable olor de los neumáticos usados.

Diafragmas: Debe colocarlos un médico, pero sirven para un doble propósito durante las relaciones: como anticonceptivo y para recoger sangre.

Capuchones cervicales: También debe colocarlos un médico, aunque encajan de forma diferente de un diafragma. Algunos son más cómodos para las relaciones que otros.

2. REGLA DEL DÍA SECO

Antes de la ovulación, estás segura la noche de cada día que hayas marcado como seco. Pero el día siguiente se considera potencialmente fértil si hay semen residual que puede enmascarar tu fluido cervical.

Método anticonceptivo usado					‑	‑			‑	‑		‑																													
Marcar las relaciones en el día del ciclo	1	2	3	4	⑤	⑥	7	8	⑨	⑩	11	⑫	13	14	15	16	17	18	19	20	21	22	23	24	25	26	27	28	29	30	31	32	33	34	35	36	37	38	39	40
Clara de huevo																																								
Cremoso																																								
PERÍODO, sangrado ligero, seco o pegajoso	●	●	●	●	‑	‑	‑	‑	‑	‑	‑	‑								‑	‑	‑																	●	
Fase fértil y día cumbre																			DC																					
SENSACIÓN VAGINAL					seco	=	=	=	=	=	=	=	pegajoso	=	húmedo	=	húmica	húmica	seco	=	=																			

Gráfica de Erika. Regla del día seco. Observa que Erika es segura durante la noche de cada día seco preovulatorio, que en esta gráfica tiene lugar entre los días de 5 a 12.

1. Antes de la ovulación estás segura para relaciones sin protección las noches de cada día seco (después de las seis de la tarde).[3] La sequedad se determina comprobando durante el día y observando que no hay fluido cervical sangrante o humedad en ninguna parte. Pero, en cuanto observes tu punto de cambio, aunque sea un fluido cervical pegajoso o no húmedo, debes considerarte potencialmente fértil.

Tal vez te sorprenda que debas considerar este tipo de fluido cervical como potencialmente fértil antes de la ovulación. Es cierto que es muy difícil para los espermatozoides sobrevivir en él. Sin embargo, las reglas son extremadamente conservadoras y tienen en cuenta el hecho de que una mujer no pueda diferenciar entre el fluido cervical pegajoso y las fases iniciales de la textura más húmeda.

Además, esto elimina el riesgo de que el fluido más húmedo gotee desde el cuello del útero a tiempo para salvar los escasos espermatozoides que puedan haber sobrevivido. Pero si sólo experimentas uno o dos días consecutivos con fluido cervical pegajoso, y después vuelves a los días secos, de nuevo podrás considerarte segura las noches de cada día seco.

Repito: antes de la ovulación, los únicos días considerados seguros son las noches de esos días secos en que no hay fluido cervical presente en el papel cuando te limpias desde la parte delantera hacia la trasera. (Obsérvese que las mujeres siempre tendrán una ligera humedad en la abertura vaginal, que se disipa rápidamente del dedo. Estos días se siguen considerando secos si no tienes fluido cervical).

---

3. Si te sientes tentada a tener sexo antes de las seis de la tarde, consultar página 483.

2. El día posterior a la relación se marca con un signo de interrogación si hay presente semen o espermicida, porque pueden enmascarar la presencia del fluido cervical. La noche del día en que haya aparecido semen se considera fértil porque no hay forma de demostrar que el día anterior fuera seco. Para registrar el semen, *véase* la gráfica de Michelle, de debajo. Mejor aún, a fin de leer una forma eficaz para eliminar el semen, recurre a la página 108.

Método anticonceptivo usado				—	—	—	—	—	—	—	—																											
Marcar las relaciones en el día del ciclo	1	2	3	4	⑤	6	⑦	8	⑨	10	⑪	12	13	14	15	16	17	18	19	20	21	22	23	24	25	26	27	28	29	30	31	32	33	34	35	36	37	38	39	40
Clara de huevo																																								
Cremoso					?		?		?		?																													
PERÍODO, sangrado ligero, seco o pegajoso	●	●	●	●	—	?	—	?	—	?	—	?								—	—	—											●							
Fase fértil y día cumbre																			DC																					
SENSACIÓN VAGINAL					seco		seco		seco		seco		pegajoso	"	húmedo	"	lúbrica	lúbrica		seco	"	"																		

Gráfica de Michelle. Cuando el semen enmascara el fluido cervical. Observa que Michelle está segura en las noches de los días secos preovulatorios, pero cualquier día con semen residual debe marcarse con un signo de interrogación, como hizo los días 6, 8, 10 y 12. Estos días se consideran potencialmente fértiles.

Si, hacia el final del día después de las relaciones sexuales, estás seca todo el día, estás segura para unas nuevas relaciones no protegidas esa noche. Hay dos razones por las que puedes estar tranquila utilizando la regla del día seco antes de la ovulación:

a. Los espermatozoides no pueden sobrevivir si no hay fluido cervical presente para mantenerlos. Como mucho, vivirán unas pocas horas. Y, puesto que el fluido cervical pegajoso que se desarrolla antes de los tipos más húmedos es tan poco hospitalario para ellos como un entorno vaginal totalmente seco, el riesgo de concepción es bajo.

b. Si no tienes fluido cervical, es una indicación de que tus ovarios están inactivos y tus niveles de estrógeno son tan bajos que no te encuentras cerca de la ovulación. Recuerda que la ovulación viene precedida por una acumulación de fluido cervical húmedo.

Estas dos razones deberían reducir tu miedo a que los espermatozoides sobrevivan hasta que se libere un óvulo. Para exagerar el asunto, aunque los espermatozoides pudieran vivir diez días en condiciones ideales y la ovulación tuviera lugar el día después de las relaciones, es extremadamente improbable que te quedes embarazada si haces el amor un día seco. Por supuesto, esta situación nunca ocurriría, pero quiero insistir en la idea de que los espermatozoides necesitan fluido cervical fértil para sobrevivir y desplazarse.

Por último, debes ser consciente de que, puesto que los espermatozoides pueden sobrevivir hasta cinco días si hay presente fluido cervical fértil, no te puedes fiar en absoluto de los kits de predicción de ovulación, que dan sólo el aviso de un día de ovulación inminente. Y para que conste, no, los fluidos y lubricantes de estimulación no proporcionan el entorno necesario para que sobrevivan.

3. Después de un par de ciclos de gráficas, tal vez observes que, inmediatamente después de terminar tus períodos, no tienes ningún día seco. Por el contrario, tienes un fluido cervical pegajoso e incluso gomoso que da comienzo justo después de la menstruación y continúa día tras día hasta que ves el cambio a una textura más húmeda. Dado que esto podría ser un indicio de inflamación cervical, deberías hacer que te lo revisaran cuando hagas tu primera gráfica. Pero, suponiendo que estés sana, esto sólo significa que tu patrón infértil básico (PIB) durante tu fase infértil es pegajoso y no seco, como se explicó brevemente en la página 104.

Si tú tienes este PIB posmenstrual inmediatamente después de tu período, aún puedes aplicar la regla del día seco en esos días de fluido cervical pegajoso, tratando los días pegajosos como si fueran secos. Por supuesto, el primer indicio de fluido cervical húmedo es tu punto de cambio y ahora se considera fértil.

No obstante, esta excepción es aplicable sólo a quienes nunca experimentan una preovulación de días secos. E incluso entonces, deberías ser consciente de que estás corriendo un riesgo un poco mayor al seguir esta pauta modificada. Debido a esto, recomiendo que no utilices esta regla modificada si has tenido ciclos de 25 días o menos en el último año, y si la usas, comprueba que no hay fluido cervical fértil en el cuello de tu útero antes de tener relaciones. (*Véase* apéndice G, además de la gráfica de Ashley, de debajo).

Día del ciclo	1	2	3	4	5	6	7	8	9	10	11	12	13	14	15	16	17	18	19	20	21	22	23	24	25	26	27	28	29	30	31	32	33	34	35	36	37	38	39	40
Recuento del día cumbre														DC																										
Clara de huevo																																								
Cremoso																																								
PERÍODO, sangrado ligero, seco o pegajoso	●	●	●	●	●	◐					▓	▓	▓	▓														●												
Fase fértil y día cumbre														DC																										
SENSACIÓN VAGINAL								pegajoso	=	=	=	húmedo	=	=	pegajoso	=	=	=	=	=	=	=	=	=	=	=	=													
DESCRIPCIÓN DEL FLUIDO CERVICAL								película blanca pegajosa	=	=	crema blanca 1.2 cm	=	crema blanca a. m. –> transparente 5 cm	hilo transparente 7 cm	película blanca pegajosa	=	=	=	=	=	=	=	=	=	=	=	=													

Gráfica de Ashley. Patrón infértil básico de fluido cervical pegajoso. Después de seguir en una gráfica un par de ciclos, Ashley nota que su patrón infértil básico es pegajoso, y no seco, inmediatamente después de su período. Puesto que éste es su patrón preovulatorio, puede tratar los días del 7 al 10 de arriba como si fueran secos, y seguir la regla del día seco. Para minimizar el riesgo de embarazo, comprueba que no hay fluido cervical presente en el cuello de su útero antes de tener relaciones.

200

---

3. REGLA DEL DÍA CUMBRE

Estás segura la noche del tercer día consecutivo después de tu día cumbre,
el último día de clara de huevo o de sensación vaginal lúbrica.

Recuento del tiempo y fase lútea																																							
Recuento del día cumbre																			DC	1	2	3																	
Método anticonceptivo utilizado																																							
Relaciones	1	2	3	4	⑤	6	7	8	⑨	10	⑪	12	⑬	14	15	16	17	18	19	20	21	㉒	㉓	24	㉕	26	㉗	㉘	29	㉚	31	㉜	33	34	35	36	37	38	39	40
Clara de huevo / Cremoso																																							
PERÍODO, sangrado ligero, seco o pegajoso	●	●	●	●	●	◑	◑	◯	–	–	–	–	–																	●										
Fase fértil y día cumbre																			DC	1	2	3																	
Sensación vaginal									seco	=	=	=	=	pegajoso	húmedo	=	lúbrico	=	pegajoso	=	=																			

Gráfica de Jessica. Regla del día cumbre. El último día de Jessica de sensación vaginal húmeda o de fluido cervical fue el día 19. Marcó «DC» bajo él, y después registró 1, 2, 3 en los días subsiguientes de la fila del día cumbre. Se consideró segura la tercera noche después de su día cumbre, el día 22. Observa que, aunque Jessica tuviera fluido cervical pegajoso el tercer día, se sigue considerando segura siempre que no reaparezca la *humedad* durante el tercer día.

1. Identifica tu día cumbre (el último día de clara de huevo o de sensación vaginal lúbrica, tal como se describe en las páginas 112-114). Marca «DC» en la fila del día cumbre, debajo de él. Los días siguientes deben marcarse 1, 2, 3 en esa misma fila, pero es mejor registrarlos sólo por la noche, después de haber observado tu fluido cervical cada día. Sabrás que es el día cumbre sólo al día siguiente, cuando tu fluido cervical y sensación vaginal lúbrica ya hayan empezado a secarse.

    Si tu último día de clara de huevo resbaladiza es un lunes, pero aún tienes un día más de *sensación* vaginal lúbrica (o sangrado irregular) el martes, tu día cumbre es el martes.

2. Puedes considerarte segura después de las seis de la tarde del tercer día consecutivo siguiente al día cumbre. Dibuja una línea vertical entre los días 2 y 3 para indicar que estás segura desde la tercera noche en adelante. (Observa que se te considera infértil, aunque tengas días pegajosos después de dibujar la línea vertical).

3. Si tienes un patrón de fluido cervical en el que tengas un día cremoso después de tu último día de clara de huevo resbaladiza o de sensación vaginal (la mayoría de las mujeres no tienen nada o lo tienen pegajoso), tu día cumbre sigue siendo considerado ese último día de clara de huevo.

    Sin embargo, si no tienes un cambio de temperatura obvio hacia la segunda mañana después del último día de clara de huevo, o continúan tus días cremosos, deberías ser precavida y considerar el último día cremoso que tienes como tu día cumbre.

4. Normalmente, cualquier humedad se secará hasta el ciclo siguiente, pero si el fluido cervical húmedo o las sensaciones vaginales reaparecen durante el recuento de tres días, o incluso después, como en las dos gráficas de Heather y Susan de debajo, espera a que termine la humedad para reestablecer el día cumbre. Comienza el recuento de nuevo. A este tipo de patrón se le llama a veces «cumbre dividida» o «doble cumbre», y suele ser causado por el estrés, las enfermedades o el síndrome ovárico poliquístico, como explicamos en la página 166. Aunque estas divisiones y dobles picos pueden ser confusos, un cambio de temperatura aclarará la imagen y te permitirá determinar si en realidad ha tenido lugar la ovulación. Hay más información sobre la regla de cambio de temperatura en la página siguiente.

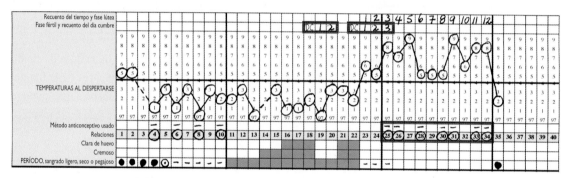

Gráfica de Heather. Cumbres divididas. Heather produjo fluido cervical fértil a partir del día 14, pero se contagió de la gripe en el trabajo. Parecía como si su día cumbre fuera el día 18, pero, después de sólo un par de días, empezó a producir de nuevo fluido cervical húmedo, por lo que tuvo que reiniciar el recuento. Su verdadero día cumbre fue entonces el día 22, después del cual contó 1, 2, 3 y se consideró segura la tarde del día 25.

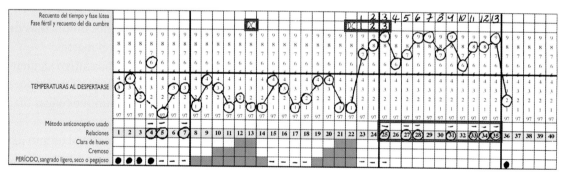

Gráfica de Susan. Doble cumbre. Susan empezó a desarrollar fluido cervical fértil el día 10, pero el estrés de preparar un importante contrato retrasó su ovulación. Parecía que su día cumbre sería el día 13, pero empezó de nuevo a desarrollar humedad el día 20, con un pico el día 22. Por tanto, no se consideró segura hasta que se confirmó la ovulación con la regla del cambio de temperatura el día 25.

4. REGLA DEL CAMBIO DE TEMPERATURA

Estás segura la noche de la tercera temperatura alta consecutiva, después de tu día cumbre, siempre que esa tercera temperatura sea de al menos tres décimas más que tu línea de temperatura base.

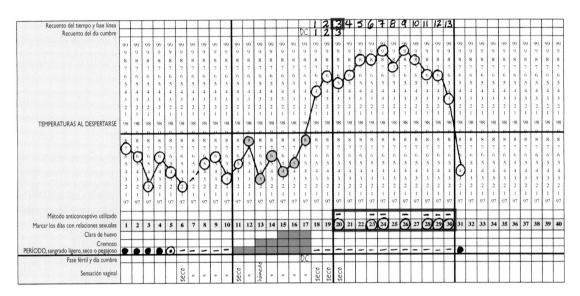

Gráfica de Nina. Regla del cambio de temperatura. Observa que Nina tuvo un cambio de temperatura el día 18, por lo que dibujó la línea de temperatura base adecuada una décima por encima de la más elevada de sus seis temperaturas anteriores. Después registró 1, 2, 3 en la fila del Recuento del tiempo y comenzó su fase infértil la noche del día 20, después de tres temperaturas altas consecutivas por encima de la línea de la temperatura base.

La línea de la temperatura basal y el cambio de temperatura

Tal vez quieras revisar cómo trazar la línea de la temperatura base en las páginas 118-119. Las pautas siguientes suponen que ya has asimilado esa información.

1. Una vez que hayas identificado tu día cumbre, eres considerada infértil comenzando a las seis de la tarde de la tercera noche consecutiva en que tu temperatura permanece por encima de la línea de la temperatura base, siempre que la tercera temperatura esté por lo menos tres décimas por encima de la línea de temperatura base. Registra el 1, 2, 3 en la fila de Recuento del tiempo de tu gráfica. Dibuja una línea vertical entre los días 2 y 3 de las temperaturas elevadas para indicar que tienes seguridad desde la tercera noche en adelante, como se ve en la gráfica de

Nina de la página anterior. Si la tercera temperatura no está al menos situada tres décimas por encima de la línea de temperatura base, necesitas esperar un día más.

2. Si una temperatura recae *en o por debajo* de la línea de temperatura base durante el recuento de tres días, debes empezar el recuento una vez que se haya elevado por encima de la línea (lo sé, lo sé, abucheos, silbidos). Sin embargo, no tienes que volver a dibujar la línea de temperatura base.

3. Si estás enferma, no debes considerarte segura hasta que hayas registrado tres temperaturas normales consecutivas por encima de la línea de temperatura basal sin tener fiebre. (En la página 147 explicamos cómo pueden afectar a la fertilidad las enfermedades).

Deberías revisar la regla del pulgar, en la página 120, para ver cómo manejar las temperaturas preovulatorias causadas por factores como el consumo de alcohol, la falta de sueño y la fiebre. Recuerda que las temperaturas resultantes pueden descartarse, pero, para determinar tu línea de la temperatura base, debes contar hacia atrás seis temperaturas bajas, sin incluir los días eliminados. Acuérdate también de vigilar cualquier posible elevación de la temperatura debida a tomar lecturas influidas por el cambio de la hora para ahorrar energía, o los viajes a otras zonas horarias. (Para más explicaciones sobre cómo manejar los cambios de temperatura ambiguos, *véase* página 497).

Si observas que tu temperatura se ha elevado por encima de lo normal o antes de lo que esperabas, presta especial atención y no supongas que ya es tu cambio de temperatura. La ovulación casi siempre viene precedida por una acumulación de fluido cervical húmedo y por cambios en el cuello del útero. Si no has observado esos cambios, es altamente improbable que hayas ovulado ya.

Unas palabras sobre las infecciones vaginales

Casi todas las mujeres experimentarán infecciones vaginales en algún momento de su vida. Las verdaderas infecciones normalmente causarán síntomas que pueden enmascarar el fluido cervical. Por esta razón, deberías abstenerte de tener relaciones durante una infección, puesto que los indicios pueden ser demasiado ambiguos para ser fiables. En cualquier caso, aunque esto no te disuada, deberías abstenerte de todas formas para dar a tu cuerpo la oportunidad de curarse y para evitar transmitir la infección. (Para una descripción más detallada de las verdaderas infecciones vaginales, *véase* página 316).

Unas palabras sobre la posición del cuello del útero

Como explicamos en el capítulo 6, los cambios en el cuello de tu útero pueden también ayudarte a determinar si eres fértil. Sin embargo, se considera un indicio opcional porque normalmente se usa para corroborar los cambios en los fluidos cervicales y las temperaturas. Por esta razón, no ofrezco reglas específicas sobre los cambios en el cuello del útero, pero si lo observas como uno de tus indicios de fertilidad, debe estar firme, cerrado y bajo, antes de considerarte segura.

Unas palabras de precaución sobre los equipos de predicción de la ovulación y otros dispositivos que monitorizan la fertilidad

Con la continua proliferación de equipos de predicción de la ovulación y dispositivos relacionados que están diseñados para interpretar tus síntomas de fertilidad, puedes verte tentada a basarte solamente en ellos como forma de control de la natalidad. ¡No lo hagas! Los equipos están diseñados para las mujeres que intentan quedarse embarazadas, y reflejan cuándo la ovulación es inminente, pero normalmente sólo te lo indicarán con un día o dos de antelación. Y puesto que los espermatozoides pueden vivir hasta cinco días, este tipo de tecnología no tiene valor anticonceptivo.

Por último, la mayoría de los demás dispositivos, como los monitores de la fertilidad que se basan en pruebas salivares, son procedimientos útiles para confirmar la información que has aprendido en este capítulo, pero simplemente no son suficientemente fiables para usarlos solos. Explico estos productos más detenidamente en las páginas 224-225.

MÉTODOS ANTICONCEPTIVOS DE BARRERA QUE PUEDEN UTILIZARSE DURANTE LA FASE FÉRTIL

Puesto que la fase fértil es el único momento del ciclo en el que puedes quedarte embarazada, éste es el momento en que es necesaria la abstinencia si estás decidida a evitar el embarazo. En realidad, puesto que produces fluido cervical resbaladizo durante tu fase fértil, cualquier barrera que se coloque en el cuello del útero podría desplazarse más fácilmente. Por último, si un condón puede fallar, este es el momento en que importa de verdad.

Recuerda que cuando uses un método de barrera, te arriesgas a enmascarar tu fluido cervical, por lo que el día siguiente debe marcarse con una «?» en la columna del fluido cervical.

Sin embargo, si te sigue gustando la opción de tener relaciones durante esos días fértiles, mientras que mantienes un riesgo mínimo, al menos te animaría a utilizar simultáneamente *dos* de los siguientes métodos, especialmente durante tus días de clara de huevo:

- Condón
- Diafragma
- Capuchón cervical
- Esponja anticonceptiva
- Espermicida vaginal

JUNTÁNDOLO TODO

El día cumbre suele tener lugar uno o dos días después del cambio de temperatura. Las mujeres en las que normalmente aparece dos días antes tienen una interesante ventaja en el sentido de que el fluido cervical suele secarse rápidamente el día después del día cumbre, y así normalmente pueden predecir su cambio de temperatura el día siguiente.

Además, observa que, *antes* de la ovulación, el fluido cervical es el signo de fertilidad esencial que observar, porque es el que refleja los altos niveles de estrógeno que indican la inminente liberación del óvulo. Pero, *después* de la ovulación, la temperatura es el signo de fertilidad más importante, porque confirma que la ovulación ya ha tenido lugar.

Las reglas que se aplican después de la ovulación trabajarán en armonía unas con otras, de forma que la tercera noche de temperaturas elevadas coincidirán con la tercera noche después del día cumbre. (Si resulta útil, puedes recordar esto como la regla de los 3).

Sin embargo:

1. Si hay una discrepancia entre las dos reglas posovulatorias, *espera siempre hasta que los dos síntomas que indican infertilidad* sean más prudentes (por ejemplo, hasta la noche después de la línea vertical más alejada a la derecha). Esto asegura que todos los síntomas han coincidido antes de considerarte infértil.
2. Si tienes dudas, no te arriesgues. Si tus signos de fertilidad no tienen sentido en cualquier ciclo determinado, no merece la pena arriesgarse a tener un embarazo no deseado.

Las dos páginas siguientes resumen las reglas que has visto en este capítulo, y te mostrarán cómo suelen aparecer en tu gráfica.

LOS MÉTODOS ANTICONCEPTIVOS NATURALES A TU ALCANCE

Las fases fértil e infértil tal como las definen las cuatro reglas estándar del Método de la Conciencia de la Fertilidad.

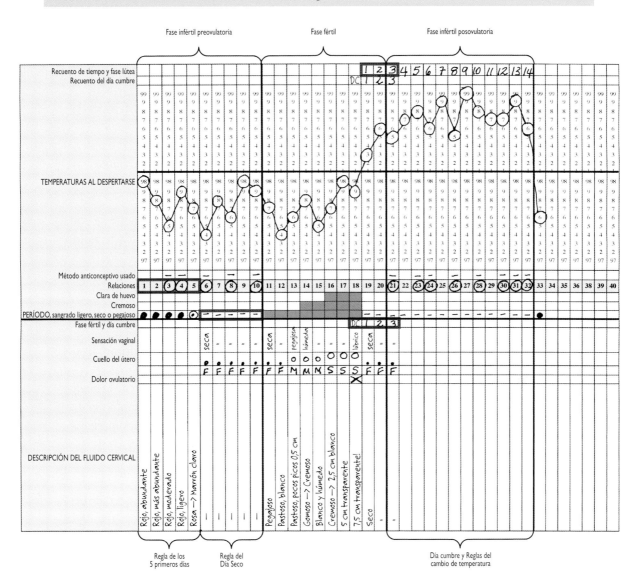

Resumen de las cuatro reglas del Método de Conciencia de la Fertilidad

Los principios biológicos básicos están en cursiva bajo cada regla.

1. REGLA DE LOS 5 PRIMEROS DÍAS

Estarías segura los 5 primeros días del ciclo menstrual si tuvieras un cambio de temperatura entre 12 y 16 días antes.

Para la mayoría de las mujeres, el riesgo combinado de ovulación que ocurre el día 10, o antes, y una vida de los espermatozoides suficientemente larga para fertilizar los óvulos, es remoto.

2. REGLA DEL DÍA SECO

Antes de la ovulación, estás segura la noche de cada día seco. Pero el día siguiente se considera potencialmente fértil si hay semen residual que puede estar enmascarando tu fluido cervical.

Los espermatozoides no pueden sobrevivir en un entorno vaginal seco, y la falta de fluido cervical indica que los niveles de estrógeno son demasiado bajos para que tenga lugar la ovulación.

3. REGLA DEL DÍA CUMBRE

Estás segura la noche del tercer día consecutivo después de tu día cumbre, el último día de clara de huevo o de sensación vaginal lúbrica.

El último día de clara de huevo o de sensación vaginal lúbrica indica la inminencia de la ovulación, mientras que permitir tres días para el secado asegura que cualquier óvulo liberado ya haya desaparecido, y que la vuelta a un entorno vaginal seco es poco hospitalaria para la supervivencia de los espermatozoides.

4. REGLA DEL CAMBIO DE TEMPERATURA

Estás segura la noche de la tercera temperatura elevada consecutiva, pasado tu día cumbre, siempre que la tercera temperatura esté al menos de unas tres décimas por encima de la temperatura base.

El aumento de la temperatura debido a la liberación de progesterona indica que ha tenido lugar la ovulación, y que esperar tres días permite la remota posibilidad de dos o más óvulo liberados en un período de veinticuatro horas, con cada uno viviendo un día completo.

UNA NOTA DE PRECAUCIÓN

Estas reglas son un procedimiento anticonceptivo muy eficaz si se siguen regular y correctamente. Sin embargo, deberías conocer los riesgos relativos de la anticoncepción natural, explicada en el apéndice D, antes de aplicar lo que has aprendido en estas últimas páginas.

Por supuesto, aunque este recuadro es un resumen útil, debes comprender claramente todas las pautas para cada regla descrita en este capítulo antes de utilizar el Método de Conciencia de la Fertilidad como anticonceptivo. Es también esencial que no te consideres segura a menos que todas las reglas indiquen que eres infértil. Si tienes alguna duda, no corras ningún riesgo.

Por último, si quieres practicar una versión más conservadora de estas reglas a fin de obtener un riesgo aún menor de embarazo (reduciendo la tasa anual de fracaso del método del 2 al 1 %), *véase* la nota de la página 485.

12

ATAJOS: GRÁFICAS MÍNIMAS
CON FIABILIDAD MÁXIMA

Para aquellas de vosotras que os hayáis saltado hasta esta página, no *penséis* en utilizar las pautas de este capítulo hasta que conozcáis por completo las reglas del capítulo II y las hayáis aplicado durante varios ciclos.

Aunque el Método de Conciencia de la Fertilidad es verdaderamente muy simple una vez que lo conoces, incluso las usuarias expertas no tienen por qué elaborar gráficas todos los días para conseguir una fiabilidad máxima. Con un poco de experiencia en tu haber, puedes limitar la elaboración de gráficas hasta sólo aproximadamente una tercera parte del ciclo y aun así obtener la información necesaria para aplicar este método, sin comprometer la eficacia del anticonceptivo.

La razón por la que puedes estar tranquila usando los atajos explicados en estas páginas es que, una vez que has ovulado, tu cuerpo no liberará otro óvulo hasta el ciclo siguiente. Por tanto, una vez que identificas cuándo el óvulo ha desaparecido, no es necesario seguir elaborando gráficas hasta tu siguiente período.

No obstante, te recomiendo que elabores gráficas sin utilizar atajos porque es más fácil de hacer todos los días que tener que pensar dónde te encuentras en tu ciclo. Como hemos visto, trazar gráficas también es mucho más que simplemente detectar cuándo puedes y cuándo no puedes quedarte embarazada. Y, por último, expresando en una gráfica tu ciclo completo, a menudo te beneficiarás de uno de sus aspectos más prácticos: saber horas antes cuándo te llegará el período debido a la disminución de la temperatura que la mayoría de las mujeres experimentan el primer día del ciclo.

Sin embargo, si tienes al menos varios meses de experiencia en las reglas estándar de las gráficas y ahora preferirías utilizar atajos, puedes utilizar las pautas modificadas explicadas más abajo. De nuevo, esto ocurre porque la eficacia de los anticonceptivos no se verá comprometida siempre que tus síntomas de fertilidad hayan confirmado que ya ha tenido lugar la ovulación para ese ciclo en concreto.

Fluido cervical

Es evidente que nunca tienes que comprobar tu fluido cervical durante tu período. De hecho, no tiene sentido comprobarlo mientras menstrúas porque el sangrado lo enmascarará. Y una vez que hayas establecido su primer día seguro bajo la regla del día cumbre, no necesitas reflejar de nuevo tu fluido cervical hasta tu siguiente ciclo. (*Véase* gráfica de Kati, debajo).

Gráfica de Kati. Regla del día cumbre con un mínimo de gráfica. Una vez que Kati estableció que había pasado su día cumbre, que en este caso fue el día 11, es probable que ya haya ovulado y que por tanto no tenga que seguir prestando atención a su fluido cervical hasta el ciclo siguiente. Por tanto, se consideraba segura empezando por el día 14. Sin embargo, para una eficacia anticonceptiva máxima, *véase* debajo.

Una nota de precaución: *Si pretendes confiar en la versión breve de la regla del día cumbre, es vital que establezcas que la ovulación ha pasado también observando tres temperaturas elevadas por encima de la línea de la temperatura base.* Esto se debe a que puedes tener una ovulación retrasada en la que tu fluido cervical pueda llevarte a pensar que ya has ovulado. Si ya no estuvieras representando la gráfica de ese ciclo, tal vez no observarías el retorno del fluido cervical.

Observando un verdadero cambio de temperatura, las probabilidades de que te confundas de esta forma prácticamente se eliminan. Aun así, deberías continuar para comprobar tu fluido cervical a lo largo del ciclo si la precisión de tu temperatura se ha visto comprometida por enfermedades u otros factores. Como siempre, sé prudente.

Temperatura al despertarse

No es necesario tomarte la temperatura durante tu período, ya que puede ser un tanto elevada o anormal. Además, una vez que hayas establecido la aparición de un cambio en la temperatura recogiendo al menos tres temperaturas elevadas por encima de la línea de la temperatura base (en que la tercera temperatura esté por lo menos tres décimas por encima de la temperatura base), no necesitarás tomarlas de nuevo hasta que tu período del ciclo siguiente haya concluido, como se ve en la gráfica de debajo.

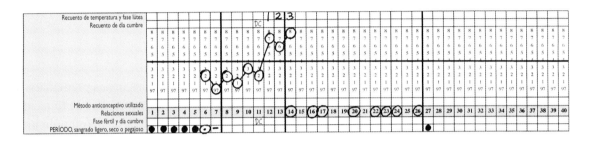

Gráfica de Colleen. Regla del cambio de temperatura con una representación mínima en una gráfica. Una vez que Colleen registró su tercera temperatura elevada, por encima de la línea de la temperatura base hacia el día 14, ya no necesitaba reflejar su temperatura en una gráfica hasta el ciclo siguiente porque ya había establecido que su ovulación había pasado.

Posición cervical

Como ya sabes por explicaciones anteriores, la posición del cuello del útero se considera un síntoma de fertilidad opcional. Esto significa que no es necesario comprobar el cuello del útero para que el método sea eficaz. Sin embargo, la posición cervical es una forma excelente de comprobar mediante otro sistema los otros dos síntomas si llega a haber una discrepancia entre ellos.

Puesto que comprobar el cuello del útero no es realmente necesario, hay dos atajos que puedes tomar en este momento. Podrías decidir no observarlo en absoluto, o podrías simplemente comprobar el cuello del útero aproximadamente una semana por cada ciclo. El momento para comenzar a comprobarlo sería el primer día en que notas fluido cervical húmedo, y seguir hasta el tercer día de tu cambio de temperatura. Sin embargo, para usar este atajo, tal vez necesites hacer un seguimiento del cuello del útero durante varios ciclos a fin de poder detectar los sutiles cambios que tienen lugar con él, como puede verse en la gráfica de Sarah de la siguiente página.

Método anticonceptivo usado																																								
Día del ciclo	1	2	3	4	5	6	7	8	9	10	11	12	13	14	15	16	17	18	19	20	21	22	23	24	25	26	27	28	29	30	31	32	33	34	35	36	37	38	39	40
PERÍODO, sangrado ligero, seco o pegajoso	●	●	●	●	●																						●													
Cuello del útero								F	F	M	M	S	S	S	F	F	F																							

Gráfica de Sarah. Observando el cuello del útero con una elaboración de gráficas mínima. Puesto que Sarah quería hacer un registro del mínimo número de días necesario mientras era lo más prudente posible, registró su posición cervical para verificar que había pasado la ovulación. Observa que, ya hacia el día 12, el cuello del útero había vuelto a su estado infértil de bajo, cerrado y firme.

UNA NOTA SOBRE LA REGLAS PREOVULATORIAS

Debería ser obvio que, si decides utilizar estos atajos, se siguen aplicando las reglas preovulatorias. De este modo, puedes suponer que eres infértil sólo durante los 5 primeros días de tu ciclo si cumples los criterios de la regla de los 5 primeros días, que afirman que debes haber tenido un cambio de temperatura evidente entre 12 y 16 días antes, y que no tienes síntomas premenopáusicos. Además, siempre debes seguir la regla del día seco, y por tanto debes empezar a elaborar tu gráfica no más tarde del día 6.

LA FALACIA DE LA MENTALIDAD «YO SÉ CUÁNDO SOY FÉRTIL»

Unas palabras de precaución sobre tomar atajos: una vez que decides no elaborar tus gráficas todos los días, puede ser muy tentador holgazanear, reflejando en gráficas menos de lo recomendado o deteniéndose por completo, convenciéndote de que simplemente *sabes* cuándo eres fértil. Me da vergüenza cuando alguna mujer afirma esto.

Lo más curioso es que algunas mujeres con experiencia, que han elaborado gráficas durante años, son las más partidarias de esta forma de pensar. Pero recuerda que, aunque tus ciclos siempre hayan sido normales y tus gráficas fáciles de interpretar, existe siempre la posibilidad de que el ciclo siguiente sea distinto de todos los demás. Como cualquier otro método anticonceptivo que «falla» debido a un uso inadecuado –como dejarse el diafragma en el cajón– el Método de Conciencia de la Fertilidad debe utilizarse correctamente para que funcione.

Limitarse a intuir cuándo eres, o no, fértil no es un método fiable de control de la natalidad. De hecho, no es ningún método en absoluto. Debes reflejar en una gráfica tu temperatura y tu fluido cervical, aunque sea sólo una tercera parte de tu ciclo. De lo contrario, puede ser demasiado fácil olvidar lo que ocurrió en un día determinado. Al final, puedes descubrir que elaborar gráficas se convierte en algo tan arraigado que ni siquiera te sentirás tentada a tomar los atajos descritos arriba.

214

	Día del ciclo
Día del ciclo	1 2 3 4 5 6 7 8 9 10 11 12 13 14 15 16 17 18 19 20 21 22 23 24 25 26 27 28 29 30 31 32 33 34 35 36 37 38 39 40
Recuento de la temperatura y fase lútea	DC 1 2 3
Recuento del día cumbre	2 3

TEMPERATURAS AL DESPERTARSE

Método anticonceptivo usado	
Relaciones sexuales	1 2 3 ④ 5 ⑥ ⑦ 8 9 10 11 12 13 14 15 ⑯ 17 ⑱ ⑲ 20 21 ㉒ 23 24 25 ㉖ 27 28 29 30 31 32 33 34 35 36 37 38 39 40
Clara de huevo	
Cremoso	
PERÍODO, sangrado ligero, seco o pegajoso	
Fase fértil y día cumbre	DC 1 2 3
SENSACIÓN VAGINAL	seco = pegajoso húmedo = pegajoso húmedo
Cuello del útero	F F F F M M S S F F F
Dolor ovulatorio	
DESCRIPCIÓN DEL FLUIDO CERVICAL	grumos blancos / suave y pegajoso / pegajoso → cremoso / blanco cremoso / 2,5 cm blanco → 2,5 cm claro / 5 cm claro / blanco pegajoso

■ Fase fértil

215

PARTE 5

LOGRAR QUEDARSE EMBARAZADA

Maximizar tus probabilidades de quedarte embarazada

La literatura consiste principalmente en tener sexo y no mucho en tener hijos; en la vida ocurre lo contrario.

DAVID LODGE, autor británico

Si eres como muchas mujeres que intentan quedarse embarazadas, probablemente recordarás los años de problemas con los anticonceptivos y todo lo que conllevaban: los diafragmas que volaban por la habitación cuando intentabas ponértelos, los condones que se rompían en el momento cumbre de la relación sexual o la píldora que hacía que te hincharas como un balón. De hecho, puedes incluso haber experimentado noches sin dormir preocupándote sobre si habías concebido accidentalmente, aunque utilizaras constantemente métodos anticonceptivos.

Sin embargo, aquí estás, años después, tal vez lamentándote de haber gastado tanto tiempo y energía intentando *evitar* el embarazo, sólo para descubrir que podría no haber sido tan fácil concebir después de todo. Para algunas parejas, quedarse embarazadas puede ser realmente difícil. Pero, para muchas otras, puede ser tan sencillo como aprender a optimizar sus probabilidades de concebir identificando cuándo su fertilidad combinada se encuentra en su punto álgido. Sorprendentemente, las probabilidades de una pareja normal de fertilidad demostrada para concebir en un ciclo menstrual no son más altas de un 25 %. Y para las parejas que se encuentran en su treintena y mayores, las probabilidades disminuyen sustancialmente. Pero puedes incrementarlas espectacularmente identificando el momento óptimo para probar.

Aunque la mayoría agradecemos los grandes beneficios derivados de los avances en la tecnología médica, también hay inconvenientes. Una de ellas es que se hace creer a la gente que la manera más eficaz y mejor de conseguir un embarazo es mediante procedimientos invasivos. Esto no sólo es erróneo, sino que puede ser contraproducente. Paradójicamente, los métodos modernos pueden dificultar o retrasar el mismo embarazo para el que fueron diseñados (por ejemplo, como mencioné antes, el Clomid tiende a resecar el fluido cervical, y la inseminación artificial puede ser programada inapropiadamente). Actualmente hay innumerables formas de diagnosticar y tratar la llamada infertilidad. Pero si crees que puedes estar afrontando un problema de fertilidad, el Método de Conciencia de la Fertilidad debería ser siempre tu primer paso en la búsqueda del embarazo, no el último.

Cuando intentes quedarte embarazada, evita toda la información errónea que los amigos y médicos bien intencionados parecen perpetuar. Si has leído este libro siguiendo su orden y no has echado antes un vistazo a este capítulo, ya deberías saber que hay una serie de verdades sobre la fertilidad que contradicen directamente los mitos que has oído.

Una pareja que eran clientes míos ilustra los beneficios de saber que sigues siendo fértil aunque parezca que han pasado los suficientes días desde la ovulación. Carrie y Jake se desmoralizaron bastante cuando los conocí. Habían intentado que ella se quedara embarazada durante casi dos años, después de la trágica muerte de su bebé. Dado que no había tenido problemas para concebir la primera vez, se preocuparon por tardar tanto en quedarse embarazada de nuevo.

En su caso particular, lo que les ayudó a concebir después de aquellos dos años fue darse cuenta de que si las temperaturas de Carrie no habían cambiado aún, se seguía considerando fértil. Ella dijo que estaba aliviada cuando sus temperaturas seguían bajas el día 22, porque significaba que aún tenían una oportunidad para que se quedara embarazada ese ciclo. Por tanto, en lugar de angustiarse, ella sentía tener mucho más control. Ellos sabían que tenían que seguir teniendo relaciones cada día en que tenía fluido cervical y las temperaturas se mantenían bajas. Tuvieron relaciones y concibieron el día 22. Como era de esperar, su temperatura se elevó el día siguiente, lo que confirmaba que lo habían programado bien.

VERDADES DE LA FERTILIDAD

1. Un ciclo normal no es necesariamente de 28 días; varía entre 21 y 35 días. Es diferente de mujer a mujer, y en cada mujer individual.
2. Puedes ovular tanto el día 8 como el día 20 o más tarde. Lo importante es que la mayoría de las mujeres no necesariamente ovulan el día 14.

3. Tu día más fértil no puede ser determinado por tu temperatura. En realidad, la mayoría de las mujeres ni siquiera experimentan la «caída de la temperatura» que les habían dicho que buscasen.
4. Normalmente, tampoco eres más fértil el día que sube la temperatura. De hecho, a medida que sube la temperatura, suele ser demasiado tarde: el óvulo a menudo ya ha desaparecido.
5. La clave para identificar tu fase más fértil es mediante el fluido cervical, y no según la temperatura al despertarte.
6. No necesitas ponerte cabeza abajo durante media hora, después de hacer el amor, para quedarte embarazada. Si estás programando las relaciones para el momento más fértil, el esperma ascenderá rápidamente por el fluido cervical, independientemente de la posición en la que estés.
7. La frecuencia con que debes tener relaciones durante tu fase fértil (por ejemplo, cada día o un día sí y otro no) estará en función de la combinación del recuento de espermatozoides de tu pareja y de tu fluido cervical. No es una regla estricta que sea aplicable a todas las parejas por igual.
8. Tanto los hombres como las mujeres tienen la misma probabilidad de sufrir un problema de fertilidad.

POR QUÉ ALGUNAS MUJERES SON MÁS FÉRTILES QUE OTRAS

Ni siquiera estar provista con un conocimiento preciso garantiza necesariamente el embarazo previsto. Si tardas más de lo anticipado, probablemente lo último que quieres oír son los molestos estereotipos de las madres jóvenes refiriéndose a sí mismas.

«Me llaman Myrttle la Fértil».
«Sólo necesita mirarme y ya me quedo embarazada».
«Me he quedado embarazada con todos los métodos anticonceptivos [¡bah!]».

En realidad, hay varias razones por las que algunas mujeres tienden a ser más fértiles que otras, pero eso no disminuye la irritación que pueden sentir. Además del hecho evidente de que sus órganos reproductivos estén sanos, pueden tener una fase larga de fluido cervical extremadamente fértil, lo cual ofrece más oportunidades para quedarse embarazadas. Asimismo, las mujeres con ciclos cortos tienden a ovular con más frecuencia, lo que significa que tienen más días fértiles en un año determinado. Pero aunque estas mujeres tengan una ventaja biológica, sin duda puedes equilibrar el juego representando tu ciclo en una gráfica.

Vanessa y Max eran una encantadora pareja que había asistido a mi clase para evitar el embarazo. Después de utilizar con éxito el Método de Conciencia de la Fertilidad, decidieron que había llegado el momento de quedarse embarazados. Pero un viaje a México retrasó sus planes durante varios meses mientras su cuerpo expulsaba la medicación para la malaria. Por tanto, el primer mes en el que pudieron intentarlo fue marzo. Después, un pequeño detalle parecía que iba a interferir. Max tuvo que someterse a una cirugía mayor en un hombro que se había desgastado después de años de jugar al baloncesto. Pasó varios días en el hospital después de la operación.

Su primera noche en casa tuvo mucho dolor, por lo que estaba completamente medicado para ayudarle a manejarlo. Vanessa entró caminando y anunció orgullosamente: «Esta es nuestra noche». La clara de huevo era demasiado obvia para ignorarla. Tal como Max recordaba: «Créeme, el sexo era en lo que menos pensaba. Ahí estaba yo, con mi hombro y mi brazo unidos a mi torso inmovilizándome, tumbado boca arriba, lleno de analgésicos, y mi mujer llega y dice: "Ha llegado la hora. Soy fértil". No es necesario decir que le expliqué que estaba en una posición difícil para tener sexo, cuando ella me recordó que podía ocuparse de todo ella misma. Así, con la mitad de mi cuerpo fuera de mí, ella procedió a hacer lo que era necesario para permitir que tuviera lugar la concepción. En ese único acto de relaciones de ese ciclo concebimos a nuestro pequeño Don».

Por supuesto, tú puedes tardar mucho más en quedar embarazada. Lo importante es que saber cuándo eres más fértil facilitará el proceso. Si después de 4 a 6 ciclos de relaciones habituales en tus días más fértiles sigues sin quedarte embarazada, probablemente deberías hacerte pruebas o tratamientos de fertilidad. (Algunas parejas pueden querer un análisis de semen, por lo fácil que es de hacer). Este consejo probablemente contradiga la sabiduría común que siempre has oído de esperar un año. Recuerda que ese consejo es para la pareja media que no elabora gráficas. Si has tenido sexo durante tu fase fértil, y sabes que el análisis de esperma de tu pareja es bueno, entonces tiene sentido ser proactiva después de 4 a 6 ciclos.

UNAS PALABRAS SOBRE LOS KITS DE PREDICCIÓN DE LA OVULACIÓN

Antes de llegar al punto decisivo de cómo el Método de Conciencia de la Fertilidad puede ayudarte a quedarte embarazada, quiero decir unas cuantas palabras sobre los kits de predicción de la ovulación, porque muchas de vosotras sin duda los utilizaréis o ya los habéis utilizado. Aunque pueden ser bastante útiles, ya deberías saber que tu propio cuerpo puede proporcionarte una información tan valiosa como los kits, con menos molestias y sin duda menos gasto. Aun así, si decides utilizarlos (solos o con la conciencia de la fertilidad), deberías saber que pueden resultar engañosos por las siguientes razones:

1. Los kits sólo comprueban la ocurrencia del aumento de la hormona luteinizante (HL) que precede a la ovulación. No indican si la mujer ha ovulado definitivamente. De hecho, las mujeres pueden sufrir un problema llamado síndrome del folículo luteinizado no roto, en el que tienen un aumento de HL, pero no se libera un óvulo del ovario. Este problema se explica más detenidamente en la página 306.

2. Una mujer podría pasar por alto su aumento de HL si es una de las que tienen aumentos que duran menos de 10 horas y sólo lo comprueban una vez al día. También puede pasarlo por alto si es una de las numerosas mujeres que llegan a un máximo por debajo de lo que los kits pueden comprobar.

3. Una mujer puede experimentar falsos aumentos en la HL, en los que tiene minipicos de HL antes del verdadero, por lo que es posible que mantenga relaciones demasiado pronto como para que los espermatozoides sobrevivan lo suficiente hasta la liberación del óvulo. Además, si la mujer tiene síndrome ovárico poliquístico, su cuerpo puede producir continuamente aumentos engañosos en la HL, no indicativos de una ovulación inminente.

4. El kit no indica si la mujer tiene un fluido cervical adecuado para permitir que el esperma tenga un medio en el que viajar hacia el óvulo. Además, en el momento en que el kit muestra un aumento, el fluido cervical ya puede estar empezando a secarse.

5. Su precisión puede estar comprometida si se expone al calor excesivo durante su almacenamiento.

6. Los kits son precisos sólo si comprueban la fertilidad de una mujer hacia el momento de la ovulación. Esto es muy importante, porque a menudo el tipo de mujer que los compra es la que, por definición, tiene ciclos irregulares. Por tanto, el kit típico, que cubre sólo entre 5 y 9 días de pruebas, a menudo no tendrá suficiente para cubrir el rango necesario a fin de determinar la ovulación.

   Por ejemplo, si Bailley tiene ciclos que se encuentran entre los 24 y los 40 días, entonces su ovulación normalmente variará entre los días 10 y 26, un rango de 16 días. Puesto que los kits duran 9 días como mucho, puede ser difícil para una mujer con ciclos irregulares saber qué día comenzar las pruebas. En una situación como ésta, las mujeres con ciclos irregulares o largos no deberían probar su orina hasta que noten que su fluido cervical empieza a ser húmedo, para estar seguras de hacer la prueba en el momento más apropiado de la ovulación.

7. Las mujeres con fases lúteas cortas tal vez no se den cuenta de que los kits indican que se comprueba la ovulación basándose en una fase lútea de duración media. Esto puede llevar a una mujer a hacerse la prueba mucho antes del momento en que está ovulando realmente. Por tanto, los resultados de la prueba pueden mostrar anovulación, cuando, en realidad, aún no ha tenido lugar la ovulación. Por ejemplo, si Ashlee tiene ciclos de una media de 23 días, con una fase lútea de 8 días, entonces la ovulación tendría lugar alrededor del día 15. Pero los kits le indicarán que empiece a hacer las pruebas ya en el octavo día.

8. Algunos fármacos pueden invalidar los resultados del kit, entre ellos:

   a) La mayoría de los fármacos para la fertilidad, especialmente los que contienen HFE, HL o GCH
   b) Ciertos antibióticos que contienen tetraciclina
   c) Terapia hormonal

9. Las mujeres de más de 40 años y las que se aproximan a la menopausia pueden tener niveles elevados de hormona luteinizante que no indican una ovulación inminente. Un kit debería mostrar una elevación de sólo un día. Si muestra más de un día, hay una mayor probabilidad de que no sea válido.

10. Por último, debes ser consciente de que, si ya estás embarazada, el kit simplemente indicará que no estás ovulando. Por supuesto, esto es cierto, pero no te dice nada sobre tu estado real. Además, si estás de posparto o amamantando, los resultados del kit pueden no ser válidos.

OTROS MÉTODOS PARA DETECTAR LA OVULACIÓN

Además de los kits predictores de la ovulación estándar que acabamos de explicar, hay otras formas para predecir la ovulación. A continuación, una breve descripción de algunos de los dispositivos más usados que están disponibles actualmente:

Monitor de la fertilidad Clearblue

Este sistema electrónico del tamaño de la palma de la mano funciona con una prueba de orina estándar para monitorizar tu ciclo. Analizando el estrógeno y la HL de la orina, un ordenador te puede decir si te encuentras en una fase baja, alta o pico de tu ciclo. Si se usa correctamente, puede predecir la ovulación eficazmente uno o dos días antes de que tenga lugar, a la vez que te alerta varios días antes. Sin embargo, ciertos problemas médicos y fármacos pueden comprometer su rendimiento, por lo que debes revisar la página web de la compañía antes de pensar en comprarlo. El monitor cuesta unos 200 dólares, y una caja de 30 tiritas de prueba cuesta unos 50 dólares. Clearblueesy.com

Monitor de la fertilidad OvaCue

Este dispositivo mide el nivel de electrólitos de tu saliva. Colocando un sensor sobre la lengua unos segundos cada mañana, se registra una lectura de la saliva en una pantalla digital. El estudio se utiliza todos los días, desde el primer día de tu ciclo, hasta que el ordenador indica que estás a una semana de la ovulación. Si intentas quedarte embarazada, entonces tendrías que empezar a tener relaciones todos los días, o un día sí y otro no, mientras sigues comprobando con un sensor vaginal complementario que finalmente confirma cuándo ha tenido lugar la ovulación. El monitor cuesta entre 200 y 300 dólares, dependiendo de si compras el sensor vaginal opcional. ovacue.com

Pruebas de mocos salivares

Del mismo modo que tu fluido cervical fértil mostrará un patrón distinto bajo un microscopio (*véase* epílogo, página 403), el sodio de tu saliva suele hacer lo mismo. Aunque las marcas varían, estas pruebas normalmente vienen con varios portaobjetos acrílicos y un microscopio especialmente diseñado con el que ver los resultados. Cada mañana, antes de hacer cualquier cosa, pon saliva en uno de los portaobjetos lamiéndolo con el dedo. No es de extrañar que actualmente se acepte que hay una elevada correlación entre la conversión de tu saliva en moco y la ovulación que se aproxima. Sin embargo, lamentablemente, puede ser difícil interpretar estos portaobjetos. Los precios varían según la empresa, pero suelen costar 30 dólares por un microscopio y varios portaobjetos.

UN BREVE COMENTARIO SOBRE ESTOS DISPOSITIVOS PARA DETECTAR LA OVULACIÓN

Del mismo modo que los kits predictores de la ovulación, estas tecnologías pueden ayudarte a determinar tus días más fértiles de cada ciclo, pero ten en cuenta que cada uno suele tener al menos alguna de las desventajas que observé en los kits. Y de todas formas, aunque pueden hacer un trabajo excelente de confirmación de tu gráfica, la mayoría no te ofrecerá la información exhaustiva que tus propias temperaturas y fluido cervical te darán directamente cada día.

Aun así, si prefieres un enfoque más digital para la detección de la ovulación, personalmente recomendaría la aplicación que complementa a este libro. Esto se debe a que está diseñada específicamente para digitalizar la información que deduces de practicar la conciencia de la fertilidad, y puede compartirse fácilmente con tu médico por correo electrónico. TCOYF.com

El papel del Método de Conciencia de la Fertilidad para lograr quedarse embarazada

Me gustaría que quedarse embarazada fuera siempre tan fácil como hacer el amor cuando te apetece. No obstante, para muchas personas, requiere más conocimiento de lo que nos enseñaban cuando crecíamos. Y, lamentablemente, la gente puede estar increíblemente formada e instruida, y aun así necesitar procedimientos de alta tecnología para quedarse embarazada. Pero, para muchas personas que se supone que tienen un problema de fertilidad, el Método de Conciencia de la Fertilidad puede ayudar a cumplir su deseo quedarse embarazadas de numerosas formas.

La infertilidad puede tener muchas causas, y el Método de Conciencia de la Fertilidad permite a las parejas concentrarse en el problema más rápidamente, ayudando a su médico a determinar si requieren intervenciones médicas. Como mencioné antes, la sabiduría médica convencional conlleva tener relaciones durante todo un año antes de buscar ayuda para quedarse embarazada. Pero, para la mayoría de la gente, ese consejo es una innecesaria pérdida de tiempo y de energía emocional. Usando el Método de la Conciencia de la Fertilidad, las parejas a menudo descubren que quedarse embarazadas simplemente incluye optimizar sus probabilidades con nuevos conocimientos sobre su fertilidad combinada, en lugar de intentarlo en todo momento. Al programar exactamente las relaciones, deberíamos ser capaces de decir si hay un problema en sólo unos minutos de prueba.

> *Eva es una mujer de 36 años que casi nunca ha menstruado desde que tenía 28 años. Naturalmente, creía que sería un verdadero problema quedarse embarazada. Un médico especialista en este campo le recetó el fármaco ovulatorio Clomid durante 6 meses. Durante ese tiempo, aunque ovuló, sufrió una serie de efectos secundarios desagradables, de los que el más serio eran los problemas en la visión. Además, el Clomid exacerbó su problema de mala producción de fluido cervical. Por ello, después de varios meses de frustración con el fármaco, decidió dejarlo. En realidad, ella y su marido, Toby, un médico, estaban tan frustrados con la experiencia que sintieron alivio al tomarse un descanso de la obligación de buscar el embarazo.*
>
> *Una mañana, unos cuatro meses después de dejar el Clomid, ella se despertó «nadando en clara de huevo», como recordaba. Puesto que ovulaba pocas veces, experimentó de forma rara el fluido cervical fértil. Sabían que si tenían alguna esperanza de que se quedara embarazada, tenían que aprovechar el momento. En efecto, concibió aquel día, sin la ayuda de nada excepto el conocimiento de conciencia de la fertilidad que ambos tenían. El pequeño Hugo nació en casa nueve meses después.*

Factores de la fertilidad que puedes detectar con las temperaturas al despertarte

Como viste en la pareja anterior, el fluido cervical es el síntoma de fertilidad esencial que debes anotar en la gráfica cuando intentas quedarte embarazada. Pero la temperatura basal puede ser igualmente beneficiosa, por razones muy distintas. Uno de los errores más comunes que cometen las parejas es intentar programar las relaciones por la temperatura al despertarse.

Recuerda que la temperatura es útil para determinar si estás ovulando y lo que dura la fase lútea. Pero no es útil para identificar la ovulación inminente, que es la fase más fértil del ciclo. Así que esperar la disminución o el incremento de la temperatura es prácticamente inútil para el sexo programado. La disminución tiene lugar sólo en un pequeño porcentaje de ciclos, y que debes anotar en la gráfica la temperatura asciende, normalmente es demasiado tarde.

Sin embargo, quiero reiterar que tomarte la temperatura es muy útil por varias razones, además de programa las relaciones. Utilizando un ciclo típico como el de la gráfica de Sylvia en la página siguiente, como estándar de comparación, puedes ver que las temperaturas pueden reflejar numerosas cosas sobre tu fertilidad. Tu temperatura al despertar muestra si:

- Estás ovulando (gráficas de Sylvia y Blakely, en la página siguiente)
- Tu fase lútea es suficientemente larga para la implantación, y con ello evitar la necesidad de pruebas diagnósticas dolorosas e innecesarias, como la biopsia endometrial (gráfica de Jennie, en la página siguiente)
- Tus niveles de progesterona son suficientemente altos en tu fase lútea (gráfica de Marianna, página 229)
- Sigues siendo fértil en cualquier ciclo determinado, como lo reflejan las bajas temperaturas (gráfica de Rena, página 229)
- Puedes haberte quedado embarazada, como reflejan más de 18 temperaturas elevadas (gráfica de Anna, página 230)
- Puedes haberte quedado embarazada, como reflejan más de 18 temperaturas elevadas, aunque tengas sangrado menstrual aproximadamente a la vez que tu período esperado (gráfica de Lynn, página 230)
- Puedes estar en peligro de un aborto espontáneo, como determina un súbito descenso en las temperaturas (gráfica de Ambert, página 231)
- Estabas embarazada antes de tener lo que parecía ser sólo un «período tardío» (gráfica de Charlotte, página 231)

DETERMINANDO LA DURACIÓN DE TU FASE LÚTEA

Puedes calcular aproximadamente de cuántos días consta tu fase lútea contando desde el primer día del cambio de temperatura hasta el día anterior a tu período (hay una descripción más completa en la página 130).

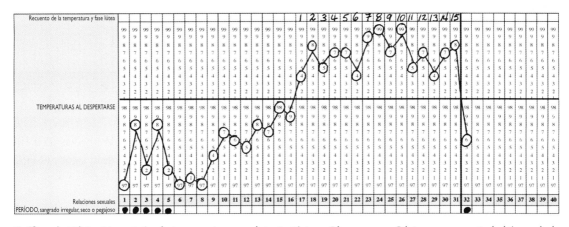

Gráfica de Silvia. Un patrón de temperatura ovulatorio típico. Observa que Silvia seguramente había ovulado en el cambio de temperatura del día 17. Su fase lútea era de 15 días, determinada contando las altas temperaturas desde el día 17 hasta el último día anterior a su período, el día 32.

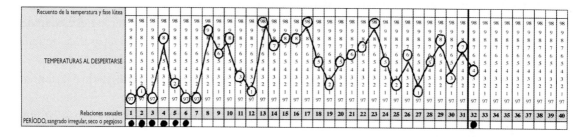

Gráfica de Blakeley. Un patrón de temperatura anovulatorio. Las temperaturas de Blakeley indican que no ovulaba porque no tenía un cambio de temperatura desde un rango de temperaturas bajas a un rango de temperaturas altas. El sangrado que experimenta el día 32 de su ciclo no es técnicamente menstruación, sino sangrado anovulatorio. Para la gráfica, debe ser tratado como el día 1 de un nuevo ciclo.

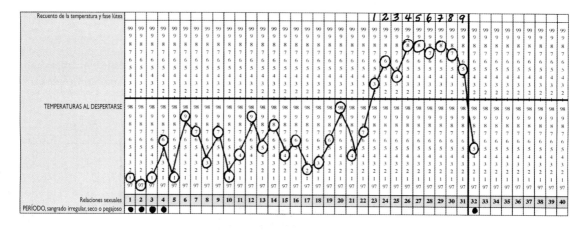

Gráfica de Jennie. Una fase lútea breve. Observa que, aunque la duración de su ciclo de 31 días es normal, las nueve temperaturas altas posovulatorias de Jennie indican una breve fase lútea (contando los días 23 a 31). Para que la implantación tenga éxito, las mujeres suelen necesitar una fase posovulatoria de al menos 10 días.

228

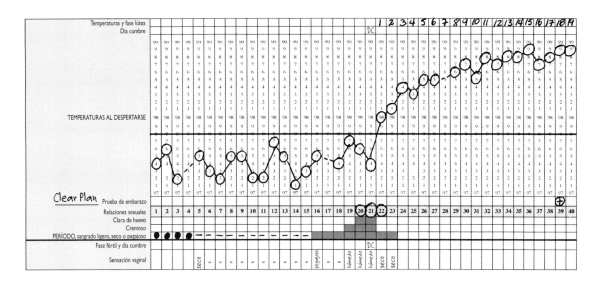

Gráfica de Marianna. Baja progesterona posovulatoria. Observa que las temperaturas altas de Marianna rondan la línea de temperatura base siguiente a la ovulación, alrededor del día 16. Esto puede indicar bajos niveles de progesterona.

Gráfica de Rena. Una ovulación retardada. Rena pudo determinar que aún era fértil el día 21, porque su temperatura todavía no se había elevado y su fluido cervical aún estaba húmedo. Por tanto, programó en consecuencia las relaciones sexuales y se quedó embarazada.

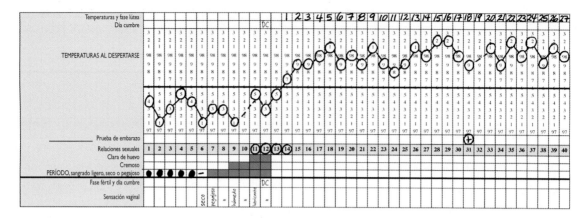

Gráfica de Anna. Una gráfica de embarazo. Anna pudo saber que estaba embarazada hacia el día 31, porque tenía 18 temperaturas altas después de la ovulación. (La fase posovulatoria raramente dura más de 16 días a menos que la mujer esté embarazada).

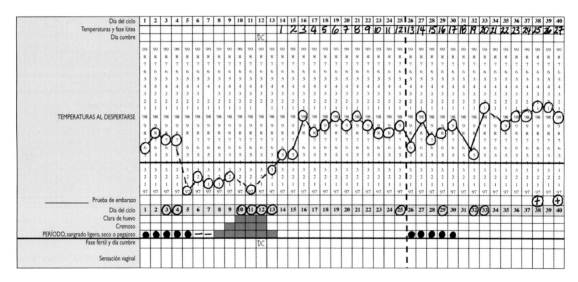

Gráfica de Lynn. Una gráfica de embarazo rara y confusa. El día 26, Lynn supuso que comenzaba su período, pero quedó desconcertada cuando sus temperaturas permanecieron altas en el ciclo siguiente. Después de trece días de temperaturas altas continuas, se hizo una prueba de embarazo y descubrió que estaba embarazada. Si no hubiera hecho la gráfica, nunca habría pensado en hacérselo. (*Véase* su historia en página 232).

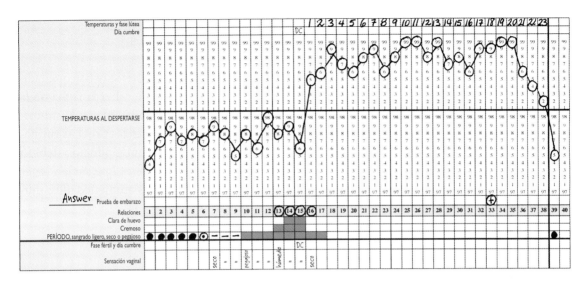

Gráfica de Amber. Embarazo seguido de un aborto espontáneo. Amber sin duda estaba embarazada, como indica el hecho de que tuvo su 18.ª temperatura alta el día 33; ella confirmó su sospecha con una prueba de embarazo positiva, pero después tuvo un aviso de que probablemente estaba a punto de sufrir un aborto espontáneo por el patrón de temperaturas en descenso que comenzaron sobre el día 36.

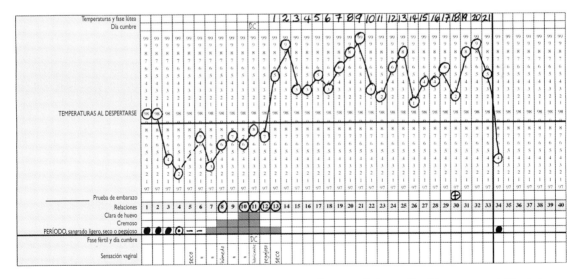

Gráfica de Charlotte. Aborto espontáneo que habría parecido un período tardío. Observa que si Charlotte no hubiera elaborado su gráfica, no habría podido observar las 18 temperaturas altas, y por ello podría haber pensado que su sangrado del día 34 fue simplemente una menstruación, en lugar de un aborto espontáneo.

Cómo pueden indicar las temperaturas de las gráficas la concepción y evitar intervenciones innecesarias durante el embarazo y el parto

Uno de los beneficios más prácticos de registrar tu temperatura es determinar si te has quedado embarazada y cuándo ocurrió. Por supuesto, la razón más importante para saber la fecha de la concepción es determinar cuándo será la verdadera fecha del parto y no la basada en la suposición de un embarazo con ovulación el día 14. Saberlo permitirá que se hagan las pruebas rutinarias en los plazos adecuados. Además, puede evitar un parto innecesariamente inducido debido a un mal cálculo de la fecha. (Esto es especialmente problemático en mujeres que suelen tener ciclos largos). Aunque es cierto que las ecografías aclaran muchas de estas ambigüedades, muchas parejas siguen prefiriendo evitar ese tipo de procedimientos.

CÓMO DETERMINAR LA FECHA DEL PARTO

Si sigues una gráfica y prefieres no hacerte ecografías, hay una sencilla fórmula matemática para calcular la fecha aproximada del parto basada en cuándo ovulaste realmente en ese ciclo. Simplemente añade nueve meses al día de tu cambio de temperatura y resta una semana (siete días) a esa fecha. Así, por ejemplo, si tu cambio de temperatura fue el 20 de enero, saltaríamos al 20 de octubre y después restaríamos exactamente una semana, para una fecha aproximada del parto del 13 de octubre. Si ovulaste alrededor del día 14, la fecha estimada del parto sería aproximadamente la misma para la fórmula y para la rueda del embarazo. Pero si ovulaste bien pasado el día 14, la fórmula sería sustancialmente más exacta.*

———————

* Cuando los médicos miden un embarazo por su edad gestacional, parten de una ovulación el día 14 basándose en el primer día de tu último período menstrual. Un enfoque más preciso consiste en determinar la edad fetal, que se mide desde el día de la concepción, como determina el cambio de temperatura, el día cumbre o el ultrasonido.

Más sobre cómo usar las temperaturas para determinar si estás embarazada

Uno de los ejemplos más interesantes de las temperaturas que alertan a una mujer de un posible embarazo fue el de Lynn, quien intentaba concebir después de ocho ciclos de gráficas para controlar la natalidad. Hasta entonces tuvo ciclos ovulatorios completamente normales de entre 24 y 27 días. Sin embargo, esta vez, cuando le llegó el período el día 26, se sintió decepcionada, pero asumía que lo volvería a intentar el ciclo siguiente. Su período duraba más de lo normal, aunque

232

no era lo único que le preocupaba. Su temperatura simplemente no bajaba tal como debería al final de la menstruación. Por último, el día 13 del ciclo siguiente, con su temperatura aún por encima de la línea de temperatura base, se hizo una prueba de embarazo en casa y, ante su sorpresa, descubrió que estaba embarazada (véase gráfica de Lynn en la página 230).

Nunca supo qué causó el sangrado, porque no supo la relevancia de las altas temperaturas hasta aproximadamente una semana después de que cesasen. Para entonces era demasiado tarde para que el médico determinara por qué. Pero dos médicos a los que consultó dijeron que sus niveles de GCH eran tan altos que podría haber sido «síndrome del gemelo evanescente». Hoy, ella y su marido, Paul, son los entusiastas padres de una pequeña niña llamada Jordan.

Como has visto, una regla general es que 18 temperaturas altas por encima de la línea de la temperatura base significa que estás embarazada (*véase* la gráfica de Vicky en la página 238). Y puedes determinarlo sin gastar ni un céntimo en una prueba de embarazo (por supuesto, deberías confirmarlo con un médico). Además, normalmente puedes saber si estás embarazada antes de 18 temperaturas elevadas por dos medios:

1. Puedes confiar en que estás embarazada si tu temperatura permanece alta tres días más allá de tu fase lútea más larga hasta la fecha. Así, por ejemplo, si tus fases lúteas suelen ser de 12 días, y la más larga ha sido de 13 días, excepto una vez de 16 días, es probable que concibieras en ese ciclo, como se ve en las dos gráficas de Rosy de la página siguiente.
2. Si observaste un *tercer* nivel de temperaturas más allá del típico patrón bifásico que experimentas cada nivel, casi con total seguridad estás embarazada. Este tercer nivel de temperaturas elevadas se cree que se debe a la progesterona adicional que producen las mujeres embarazadas. Sin embargo, lamentablemente, muchas mujeres embarazadas no experimentan un patrón trifásico de este tipo, e incluso cuando lo hacen, la tercera serie de temperaturas altas suele ser más sutil que la segunda serie, como puede verse en la gráfica de Maya de la página 235.

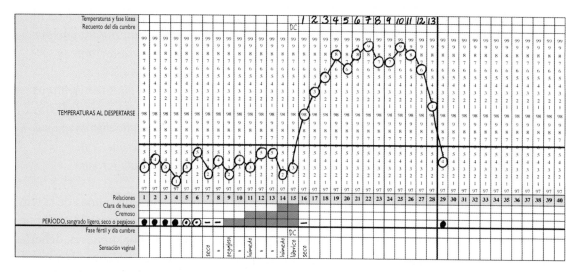

Gráfica típica de Rosy. Fase lútea de 13 días. Rosy ha utilizado las gráficas como método anticonceptivo durante aproximadamente un año. Sus fases lúteas han sido siempre de 12 o 13 días, nunca más.

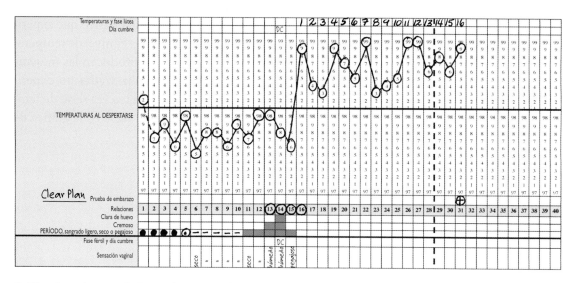

Gráfica de embarazo de Rosy. El primer ciclo en que intentó quedarse embarazada pudo decir que tuvo éxito en su 16.ª temperatura alta posovulatoria (hacia el día 31), porque ella sabía que su fase lútea normal nunca se extendía más allá de 13 días.

Temperaturas y fase lútea
Día cumbre

| | | | | | | | | | | | | DC | 1 | 2 | 3 | 4 | 5 | 6 | 7 | 8 | 9 | 10 | 11 | 12 | 13 | 14 | 15 | 16 | 17 | 18 | | | | | | | | |

TEMPERATURAS AL DESPERTARSE

Prueba de embarazo

| Relaciones | 1 | 2 | 3 | 4 | 5 | 6 | 7 | 8 | 9 | 10 | 11 | 12 | 13 | 14 | 15 | 16 | 17 | 18 | 19 | 20 | 21 | 22 | 23 | 24 | 25 | 26 | 27 | 28 | 29 | 30 | 31 | 32 | 33 | 34 | 35 | 36 | 37 | 38 | 39 | 40 |

Clara de huevo
Cremoso
PERÍODO, sangrado ligero, seco o pegajoso
Fase fértil y día cumbre
Sensación vaginal — seco · · húmedo húmedo húmedo DC seco

Gráfica de Maya. El clásico patrón de embarazo trifásico. Observa que Maya pudo predecir incluso ya el día 24 que probablemente estaba embarazada porque empezaba a observar un tercer nivel de temperaturas altas que reflejan progesterona adicional en el momento de la implantación. El óvulo fecundado se introduce en el recubrimiento uterino una semana después de la ovulación, y así ella confirmó su embarazo el día 33.

Estoy totalmente segura de que estoy,... pero qué ocurriría si no... y si es negativo... o nervios... o imaginación. De hecho, soy positiva. Llamaré por teléfono para comprobar. Pero qué sucede si me dicen que no estoy,... mejor esperar otra semana para asegurarse... No. ¿Por qué esperar si doy POSITIVO?... Entonces de nuevo,... qué sucede si no,... Por otro lado,... quizás.

Lynn

Utilizar una línea de temperatura base

Con el objetivo de interpretar tu gráfica te interesará dibujar una línea de temperatura base para diferenciar entre las temperaturas bajas y altas. Deberías revisar las páginas 118-119 si no has aprendido a dibujarla. Aunque esta línea no es tan importante para quedarte embarazada como para propósitos anticonceptivos, sigue siendo una herramienta útil que te permitirá ver más fácilmente cuándo ovulaste en cualquier ciclo determinado.

Fertilidad masculina

Cuando Niko, ahora de 15 años, tenía 4, su madre tuvo que afrontar la tan temida pregunta de «¿De dónde vienen los niños?». Queriendo parecer moderna y despreocupada, simplemente dijo que «el hombre coge su pene y lo introduce en la vagina de la mujer...», entonces el niño abrió unos ojos como platos y exclamó con total incredulidad: «¿Quieres decir que puedo quitármelo?».

Espero que ahora entiendas por qué las temperaturas basales son tan relevantes para quedarse embarazada. Y, por supuesto, ya has visto lo importante que es el fluido cervical para que tenga lugar la concepción. Pero antes de que combines esta información en una estrategia eficiente para usar con el Método de Conciencia de la Fertilidad, deberías al menos tener alguna información básica sobre fertilidad masculina y los análisis estándar de semen.

Es importante recordar que el análisis del esperma de tu pareja debe ser algo más que simplemente medir el número de espermatozoides por eyaculación. También debe indicar qué porcentaje de éstos son de forma y tamaño normales (morfología) y qué porcentaje se mueve rápidamente (movilidad). Es un análisis completo de estos tres factores lo que en realidad te dice si el recuento de tu pareja es normal, bajo o infértil, para permitirte adoptar una estrategia consecuente. En realidad, esto es bastante intuitivo, ya que en última instancia, lo que define la fertilidad masculina es el número de espermatozoides que tienen la capacidad de fertilizar un óvulo.

Mientras escribo esto, el recuento de esperma de un hombre probablemente se considera normal si su eyaculación contiene al menos 20 millones de espermatozoides por milímetro, y si el número total de espermatozoides es de al menos 250-300 millones. Además, el porcentaje de ellos que son de morfología y movilidad normal es un factor esencial, pero, puesto que las fuentes varían tanto en cuanto a lo que se considera un porcentaje adecuado, es mejor que lo veas con tu médico. Los estándares por los que se mide el análisis del semen varían de laboratorio en laboratorio y evolucionan con el paso del tiempo. Por tanto, cuando tu pareja se haga un análisis de esperma, deberías pedirle que su médico conteste a dos preguntas lo más claramente posible:

1. ¿Es su recuento de esperma considerado normal, bajo o infértil?
2. ¿Cómo llegó a esa conclusión el laboratorio?

Si el análisis de esperma de un hombre determina que es subfértil, debe repetirse al menos una vez más en unas pocas semanas. Esto es porque hay diferentes factores que pueden influir en el esperma, y un recuento ocasionalmente bajo puede ser un reflejo impreciso de su número real.[1]

OPTIMIZANDO TUS POSIBILIDADES DE QUEDARTE EMBARAZADA

Si acabas de empezar a intentar quedarte embarazada, no hay ninguna razón particular para que tu pareja salga disparada y se haga un análisis de semen. A menos que tengas razones para pensar lo contrario, deberías considerar que tiene un recuento normal y seguir las pautas enumeradas debajo para recuentos normales. Sin embargo, para quienes lo han estado intentando aleatoriamente durante un año, o que han programado sus relaciones perfectamente mediante las gráficas durante aproximadamente cuatro ciclos, les recomendaría que se hicieran un análisis de esperma lo más pronto posible. Es un procedimiento sencillo y probablemente merezca la pena hacérselo pronto, ya que sus resultados te ayudarán a saber cómo programar mejor las relaciones. Recuerda que los problemas de fertilidad están igualmente divididos entre hombres y mujeres.

¿Por qué se necesitan millones de espermatozoides para fecundar un óvulo?
Porque no preguntan la dirección.

Y ahora estás preparada para los principios básicos de maximización de tus probabilidades de embarazo. La conclusión es que, cuando decidas la forma mejor de tener relaciones, la frecuencia con la que hagáis el amor debería ser una función de vuestra fertilidad combinada. Es decir, debería estar determinada por el recuento de esperma de tu pareja y la calidad de tu fluido cervical.

---

1. Una de las realidades problemáticas de la vida contemporánea es que los recuentos de esperma han caído en aproximadamente un 50 % desde la década de 1930. No está clara la causa, pero algunos defienden la teoría de que puede deberse a las actuales toxinas ambientales.

Si el recuento de esperma del hombre es normal

Deberías tener relaciones todos los días en los que tienes el fluido cervical húmedo o una sensación vaginal lúbrica, incluyendo el día de la primera elevación de la temperatura. Por supuesto, cuanto más cerca está el acto sexual del día cumbre, más probable es que concibas. Si no tienes clara de huevo, sigue esta pauta con el fluido cervical más húmedo que tengas.

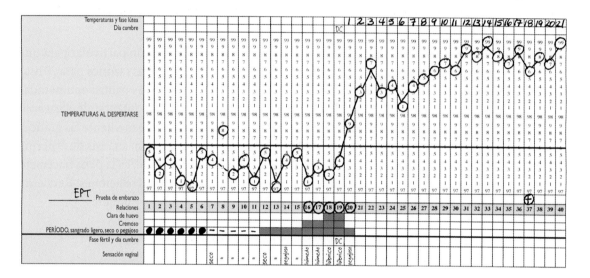

Gráfica de Vicky. Cuándo programar las relaciones con un recuento de esperma normal. Observa que Vicky empezó a programar las relaciones el primer día en que notó fluido cervical húmedo (cremoso) el día 16, y continuó cada día hasta la mañana del aumento de temperatura del día 20. Pudo confirmar que concibió tras 18 temperaturas altas más adelante, hacia el día 37.

Si el recuento de esperma del hombre es bajo

Durante los primeros meses, tal vez quieras intentar tener relaciones sexuales cada día en que tienes clara de huevo. Pero, si eso no funciona, prueba a tener relaciones un día sí y otro no. Sin embargo, de cualquier modo, deberías seguir teniendo sexo de igual forma e incluyendo el día del primer aumento de la temperatura. De nuevo, si no tienes clara de huevo, sigue estas pautas con el fluido cervical más húmedo que tengas.

La razón por la que deberías considerar tener relaciones con menos frecuencia es porque los hombres con recuentos espermáticos bajos pueden necesitar el día adicional para aumentar su nivel de fertilidad. De hecho, podría intentar abstenerse de eyacular durante varios días, hasta que el fluido cervical sea resbaladizo, permitiendo que el recuento de esperma alcance un nivel óptimo justo antes de la ovulación.

La lista de debajo incluye diferentes estrategias que te pueden funcionar. De nuevo, puede que te convenga probar una durante un par de ciclos y, si no funciona, cambiarte a otra durante el ciclo siguiente. Los factores combinados de la fertilidad de cada pareja hacen que algunos funcionen mejor que otros. Independientemente de qué estrategia elijas, prueba a programar relaciones para tu *día cumbre*.

- Ten sexo *todos* los días desde el primer día de fluido cervical húmedo, e incluyendo el primer día de tu cambio de temperatura.
- Ten sexo *un día sí y otro no* desde el primer día de fluido cervical húmedo e incluyendo el primer día de tu cambio de temperatura.
- Ten sexo un día sí y otro no desde el primer día de *clara de huevo,* incluyendo el primer día de tu cambio de temperatura. *(Véase* la gráfica de Brianna en la página siguiente).
- Si el recuento espermático de tu pareja es bajo *y* tú produces un máximo de sólo dos días de fluido cervical resbaladizo, tal vez deberías abstenerte el primer día de humedad y tener sexo el segundo, o el día cumbre *(véase* la gráfica de Scarlet en la página siguiente).[2]

---

2. Puede requerir disciplina abstenerse de tener sexo en un día de clara de huevo, sabiendo que es el fluido cervical más fértil. Pero el principio es considerar la fertilidad combinada de vosotros dos. Si el recuento de esperma es bajo, puede incrementar vuestras probabilidades asegurándote que es lo suficientemente alto en tu último día de humedad, puesto que ese día es el más cercano a la ovulación. (Lamentablemente, no hay estudios que confirmen ni que rechacen la extendida especulación de que las parejas en las que el varón tiene un recuento espermático bajo tienen más probabilidades de concebir si tienen sexo sólo un día sí y otro no).

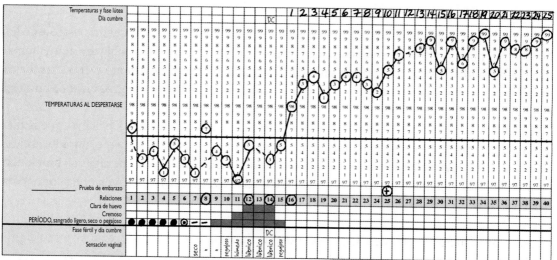

Gráfica de Briana. Una forma opcional de programar las relaciones con el recuento de esperma bajo. Después de varios ciclos seguidos de tener relaciones cada día en que ella tenía fluido cervical de clara de huevo, esta pareja decidió cambiar su estrategia y tener sexo sólo un día sí y otro no, hasta la mañana del aumento de la temperatura, el día 16 de este ciclo. Esto pudo permitir aumentar el recuento de esperma en los «días que no». Funcionó, y ella pudo confirmar que tuvieron éxito en una prueba sanguínea en el día 25, puesto que empezó a notar un tercer nivel de temperaturas elevadas ese día. Por supuesto, pudo haber esperado a hacerse una prueba de embarazo casera el día 18 de su fase lútea, que fue el día 33 de su ciclo.

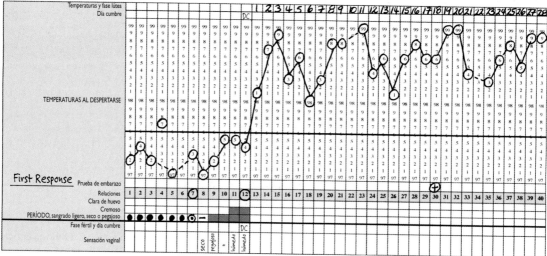

Gráfica de Kelsey. Una forma opcional de maximizar tus oportunidades de concepción cuando el recuento de esperma de tu pareja es bajo y tú tienes poco fluido cervical fértil. Observa que Kelsey tiene aproximadamente 2 días de fluido cervical por ciclo. Puesto que su recuento de esperma es bajo, deciden tener relaciones en el segundo y último día de fluido cervical húmedo, quizás optimizando sus probabilidades de embarazo reservando el número más alto de espermatozoides para su día cumbre de fertilidad. Pudieron confirmar que tuvieron éxito 18 temperaturas altas después, hacia el día 30.

Consejos para los hombres con calidad de esperma normal y marginal

Un consejo que puede ayudar a los hombres con estos dos tipos de recuento de esperma es abstenerse de cualquier eyaculación un par de días antes de que tu fluido cervical parezca fértil. Por supuesto, tal vez pienses que esto es como decir a tu pareja que se baje del autobús en una parada antes que la tuya. ¿Cómo puede saber cuándo es por anticipado? Pero si estás de verdad sintonizada con tu cuerpo, podrás anticipar cuándo comenzará a volverse ligeramente fértil. Él debería intentar abstenerse de cualquier tipo de eyaculación para esos pocos días fértiles, a fin de acumular un recuento suficientemente alto para aprovechar tu fluido cervical ideal.

Si no te has quedado embarazada después de varios meses probando esta estrategia, tal vez quieras modificarla ligeramente. En otras palabras, quienes tenían relaciones todos los días deberían probar un día sí y otro no durante su fluido cervical fértil. Y quienes tenían relaciones cada 48 horas pueden intentarlo cada 36 horas, en su lugar.

Por último, ten en cuenta que la mayoría de los espermatozoides se encuentran en el primer chorro de eyaculación. Por tanto, el hombre debería procurar penetrar profundamente y mantenerse así mientras eyacula, de forma que la mayoría del esperma se deposite en el cuello del útero, permitiendo un fácil acceso a la apertura cervical.

Una nota sobre la técnica de emisión de semen (Kegels)

Para programar las relaciones más eficazmente, deberías eliminar el semen residual, de forma que no enmascare tu fluido cervical los días siguientes. Como leíste en el capítulo 6, esto se consigue fácilmente haciendo Kegels media hora después del sexo. Estos espermatozoides tendrán entonces todo el tiempo necesario para nadar más allá del cuello del útero.

Por qué incluir el día de la elevación de las temperaturas para las relaciones

Si has prestado atención, deberías estar dudando por qué sigo recomendando tener relaciones durante el cambio de temperatura, especialmente teniendo en cuenta que ya sabes que normalmente es demasiado tarde para concebir para entonces. Esto se debe a que hay una pequeña probabilidad de que el óvulo siga siendo viable si se liberó en las 12 horas anteriores. Además, una ovulación múltiple puede permitir que otro óvulo siga siendo viable. Aunque no hay muchas probabilidades, merece la pena probar, especialmente si tienes relaciones la *mañana* de la elevación de la temperatura.

SI EL RECUENTO DE ESPERMA DEL HOMBRE REVELA INFERTILIDAD
La buena noticia es que, con las avanzadas tecnologías actuales, aún hay posibilidad de embarazo utilizando las técnicas de reproducción asistida, descritas en el capítulo 15.

Frecuencia sexual: Maximizando tus probabilidades

El número de días por ciclo que debes tener relaciones dependerá de vuestra fertilidad combinada. La mujer suele tener el fluido cervical fértil durante varios días. Dependiendo de la fertilidad el hombre, deberías aprovechar cada uno de esos días o quizás solamente un día sí y otro no.

De nuevo, es crucial para todas las parejas incluir el día cumbre, que es el último día de clara de huevo resbaladiza o de sensación vaginal lubricada. Este día se considera el más fértil porque suele tener lugar el día que ovulas o el día anterior. De nuevo, si no observas clara de huevo, deberías intentarlo el último día que tengas fluido cervical húmedo.

Lo que esto significa, hablando en términos prácticos, es lo siguiente: si ves clara de huevo un lunes y la aprovechas teniendo relaciones ese día, excelente. Pero, si sigues viendo clara de huevo el miércoles siguiente, ten relaciones de nuevo porque el óvulo probablemente aún no se haya liberado, y tú sigues siendo extremadamente fértil. Por supuesto, el martes también sería un buen día para probar, especialmente si el recuento de esperma de tu pareja es normal.

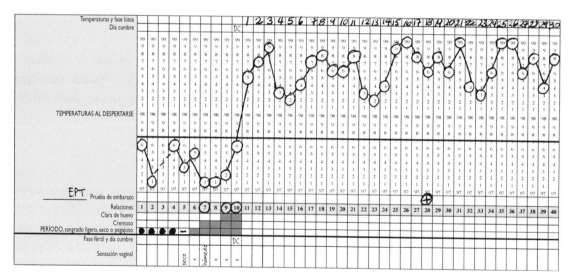

Gráfica de Kimberly. Ir a por todas… ¡y conseguirlo!

UNAS POCAS PALABRAS SOBRE LAS PRUEBAS DE EMBARAZO

Si no puedes esperar 18 días porque el suspense te está matando, puedes hacerte un análisis de sangre, de un alto grado de precisión, unos 10 días después de tu cambio de temperatura. Por supuesto, los análisis de sangre son un tanto incómodos y caros. Puedes hacerte también una prueba casera de orina, pero no son tan precisas, y a menudo no pueden detectar la presencia de la hormona del embarazo (GCH) hasta aproximadamente el momento en el que falta el período, o incluso después, dependiendo de la sensibilidad de la prueba y de la cantidad de GCH que produzca tu cuerpo.

Ten en cuenta que, si te has inyectado GCH para ayudar a inducir la ovulación, puedes obtener un falso positivo, que por supuesto sería lo que sucede si se implantase un óvulo fecundado con tiempo suficiente para liberar una cantidad diminuta de GCH inmediatamente antes de separarse de su recubrimiento (lo que técnicamente se llama un embarazo bioquímico). Lamentablemente, la presencia engañosa de GCH puede ser desencadenada en raras ocasiones por otros varios factores, incluyendo ciertos fármacos para la fertilidad, tumores pituitarios, exceso de proteína en la orina o en la sangre, e incluso el inicio de la menopausia. Por tanto, si tienes una prueba de embarazo positiva, pero no tienes ningún síntoma de embarazo en unas semanas, probablemente deberías probar de nuevo para confirmar si de verdad estás embarazada.

Ya sea que te hagas una prueba de sangre o de orina, también puedes obtener ocasionalmente un falso negativo, lo que significa que en realidad estás embarazada, aunque la prueba indica que no lo estás. La razón más común para los falsos negativos es que se efectúan demasiado pronto, antes de que el óvulo haya tenido una posibilidad para implantarse y empezar a producir GCH. En algunos casos, puede haber tenido lugar la implantación, pero aún puede ser muy pronto para que se detecte la GCH. Evidentemente, si tus temperaturas siguen por encima de la línea de la temperatura base más de 18 días, simplemente repite la prueba unos días después, y entonces casi con total certeza reflejará un resultado positivo.

O, si todo lo demás falla, siempre podrías utilizar el método infalible que Skip Morrow describió tan elocuentemente en su tarjeta de saludo de debajo.

Cuando llega el tan esperado embarazo

Una vez que tu temperatura permanece por encima de la línea de la temperatura base durante al menos 18 días y no has tenido el período, casi con toda certeza estás embarazada. Una excepción muy rara es en el caso de síndrome de folículo luteinizado no roto, como expliqué en la página 156.

Síntomas del embarazo

Además de las 18 temperaturas por encima de la línea de temperatura base (o incluso el patrón trifásico que tienen algunas mujeres), suele haber otros síntomas de embarazo, entre ellos:

- Sangrado ligero de implantación (sangrado muy leve aproximadamente 8-10 días después de la ovulación)

- Pechos o pezones sensibles
- Náuseas
- Fatiga
- Exceso de orina
- Fluido cervical cremoso que da comienzo en la última parte de la fase lútea y que continúa durante todo el embarazo

COMENTARIOS DE CONCLUSIÓN SOBRE INTENTAR QUEDARTE EMBARAZADA

Como has leído, a las parejas se les suele decir que consulten a un médico si ella no se ha quedado embarazada en un año intentándolo. Por ahora deberías ser consciente de lo innecesario que es esperar todo un año si has programado las relaciones con exactitud. Por tanto, si no te quedas embarazada después de 4-6 ciclos de relaciones durante tus días más fértiles, deberías leer con detenimiento el capítulo 15 para ver qué pruebas diagnósticas y tratamientos puedes tener en cuenta.

Sin embargo, este capítulo te ayuda a conseguir tu sueño de embarazo saludable, así que enhorabuena. La alegría que recibirás sin duda te ofrecerá una recompensa agridulce que dura toda una vida. Tal como la escritora Elizabeth Stone dijo en cierta ocasión:

«Tomar la decisión de tener un hijo… es decidir para siempre tener tu corazón caminando por el exterior de tu cuerpo».

PRESENTANDO AL MUNDO LA PRIMERA
TARJETA DE SALUD DE PRUEBA DE EMBARAZO
¡TIENE UNA EXACTITUD DEL 100%!
INSTRUCCIONES:
SIMPLEMENTE PON LA TARJETA BAJO EL CHORRO DE TU ORINA

Resumen de formas de optimizar las probabilidades de quedarte embarazada

1. El consejo más importante para quedarte embarazada es tener relaciones el día cumbre, que es el último día de clara de huevo, sangrado ligero o sensación vaginal lubricada. Si no observas clara de huevo, prueba el último día del fluido cervical más húmedo o de la sensación vaginal que tengas.

2. Si el recuento espermático de tu pareja es normal, ten relaciones todos los días que tengas fluido cervical fértil. Si su recuento de esperma es bajo, considera la posibilidad de tener relaciones un día sí y otro no en que tengas fluido cervical fértil. De cualquier modo, lo ideal es que él se abstenga de tener eyaculaciones durante un par de días hasta que tu fluido cervical se vuelva resbaladizo.

3. Intenta tener sexo en la primera mañana de tu cambio de temperatura, ya que es posible que el óvulo siga siendo viable.

AHORA TIRA LA CARTA, ES BAZOFIA.
ESPERA NUEVE MESES.
SI TIENES UN BEBÉ ES QUE ESTABAS EMBARAZADA
CUANDO TE HICISTE LA PRUEBA.

Consejos prácticos más allá de la conciencia de la fertilidad

14

Por favor, ten en cuenta que, aunque los consejos de este capítulo están escritos especialmente para aquellas de vosotras que esperan quedarse embarazadas, el capítulo 9, sobre el equilibrio hormonal natural, trata los temas más amplios sobre los trastornos más comunes del ciclo menstrual que pueden afectar a todas las mujeres. Muchos de esos problemas también se tratan en las páginas siguientes.

Además de utilizar los principios de la conciencia de la fertilidad para programar relaciones de forma más eficaz, hay una serie de trucos que pueden ayudarte a concebir. Muchos son cosas que hay que evitar, pero también hay muchas cosas positivas que puedes hacer. Todas ellas deberían ser consideradas a la luz de tu situación específica.

Suplementos herbales

Como explicamos en el capítulo 9, hay muchas mujeres que tienen fe en la eficacia de ciertas hierbas a la hora de tratar todo tipo de problemas relacionados con el ciclo. El vítex, en particular, está incluido entre los más beneficiosos, y es una hierba que tal vez quieras investigar más.

DIETA, PESO Y EJERCICIO SALUDABLES

Lo habrás oído un millón de veces antes. Cuando intentas quedarte embarazada, tu cuerpo debería estar lo más sano posible. Como ya has leído, esto conlleva limitar el consumo de alimentos refinados, el exceso de azúcar y los productos con aditivos. (En otras palabras, limitarte básicamente a frutos secos y verduras). Toda la comida basura puede dificultar la capacidad del hígado de metabolizar las hormonas, mientras que seguir una dieta bien equilibrada de alimentos saludables puede eliminar esos posibles problemas.

Para ovular, la mayoría de las mujeres debe tener un IMC (índice de masa corporal) de entre 20 y 24, o al menos un 22 % de grasa corporal. Pero del mismo modo que el infrapeso puede evitar la ovulación por completo, tener sobrepeso también puede alterar tus ciclos causando una producción excesiva de estrógeno, que interfiere con el sistema normal de retroalimentación del ciclo hormonal. Algunos de los síntomas de exceso de estrógeno son fases prolongadas de la acumulación de fluido cervical fértil, ovulación retrasada y ciclos irregulares.

Por último, el ácido fólico es una de las vitaminas más importantes que deberías tomar al prepararte para concebir. Tomar entre 800 y 1000 mcg de ácido fólico al día en el primer trimestre puede reducir enormemente el riesgo de tu hijo de sufrir defectos de tubo neural, del cerebro y la espina dorsal, así como espina bífida. Dado que esta vitamina ha demostrado ser tan beneficiosa, deberías empezar a tomarla incluso antes de empezar a intentar concebir, para estar segura de que se encuentra en tu sistema desde el día de la fecundación.

CAFEÍNA, NICOTINA, DROGAS Y ALCOHOL

Tu pareja y tú deberíais reducir o incluso eliminar la cafeína, la nicotina, las drogas y el alcohol de tu dieta. En las mujeres, el tabaco puede reducir la fertilidad, y la cafeína parece afectar a la capacidad de concebir y de alimentar un embrión. La marihuana ha demostrado alterar el ciclo ovulatorio de la mujer. Y, como viste en la página 85, los antihistamínicos pueden secar el fluido cervical y con ello interferir en la supervivencia de los espermatozoides.

Por último, el alcohol puede modificar los niveles de estrógeno y progesterona y se ha asociado con la anovulación, la disfunción de la fase lútea y una peor implantación y desarrollo del blastocito. Y si eso no es suficiente para preocuparte, es notable por causar un posible síndrome alcohólico fetal en los hijos de madres que beben mientras están embarazadas, especialmente durante el primer trimestre.

En los hombres, las siguientes sustancias pueden suprimir la producción de esperma: marihuana, tabaco, alcohol, medicinas antimaláricas, esteroides y medicamentos para la úlcera.

Duchas vaginales, espráis vaginales y tampones perfumados

Los espráis vaginales y los tampones perfumados pueden causar un desequilibrio del pH, así como una reacción alérgica a las sustancias químicas usadas en estos productos. Como podrías esperar, el desequilibrio resultante puede impedir la supervivencia de los espermatozoides. Y, como has leído en páginas anteriores, las duchas vaginales alteran la acidez normal de la vagina y no son necesarias para la mayoría de las mujeres.

Las duchas vaginales pueden modificar perjudicialmente tu equilibrio normal del pH, lo cual paradójicamente puede generar infecciones vaginales y enfermedad inflamatoria pélvica. También puede alterar el entorno vaginal hasta el extremo de que los espermatozoides no pueden sobrevivir. Y, por último, puede licuar el fluido cervical que los espermatozoides necesitan para nadar por el cuello del útero hasta el óvulo. Aparte de eso, las duchas no son un problema.

Antibióticos e infecciones por levaduras

Si alguna vez has tomado antibióticos durante un largo período de tiempo, puede que recuerdes tener que luchar contra las infecciones por levaduras, uno de los problemas de tratamiento con antibióticos. El agradable aroma del pan horneándose mientras hay un fuego chisporroteante en el hogar es una cosa hermosa. ¿Pero ese olor emanando de tu vagina? No demasiado.

Estos fármacos destacan por matar las bacterias buenas junto con las malas, a menudo produciendo un crecimiento excesivo de la cándida, una levadura que convierte en inhabitable para los espermatozoides el entorno vaginal. Los resultados de los estudios son contradictorios, pero varios afirman que una de las formas de contrarrestar los efectos de los antibióticos es comer yogur con probióticos o tomar pastillas de probióticos, porque estos reemplazan las bacterias buenas matadas por los antibióticos. También parece que los probióticos a base de lactobacilos son beneficiosos para la vaginosis bacteriana, pero no para la candidiasis ni para las infecciones del tracto urinario.

Lubricantes

Prácticamente todos los lubricantes artificiales, además de los aceites vegetales, la glicerina, la vaselina e incluso la saliva, pueden matar los espermatozoides. Y aunque ha habido estudios que demuestran que el aceite de canola y el aceite para bebés tienen un impacto mínimo en los espermatozoides, deberías evitarlos, porque los lubricantes a base de aceite pueden aumentar el riesgo de infección vaginal.

Afortunadamente, hay un hidratante vaginal que está diseñado específicamente para imitar las secreciones corporales naturales y proporcionar un entorno óptimo para el esperma. Se llama Pre-Seed, y funciona aportando un fluido similar al esperma con el pH equilibrado. Puedes informarte mejor en www.preseed.com

POSTURAS DURANTE LAS RELACIONES

Aunque parece que no se han hecho estudios definitivos, se cree que, si el hombre tiene un recuento espermático marginal, la mejor posición para las relaciones es la tradicional postura del misionero. Esto permite una penetración más profunda, que depositará el esperma más cerca del cuello del útero.

Algunos médicos también creen que si tu fluido cervical no es del tipo más fértil, o la calidad del esperma es marginal, puede ser beneficioso mantenerte tumbada durante media hora en la posición básica en que hayáis tenido relaciones. La teoría dice que esto ayudará a maximizar el tiempo que el esperma tiene que viajar (probablemente otra razón para limitar la postura del perrito que mira hacia abajo para cuando estás fuera de tu fase fértil).

PROBLEMAS QUE SE PUEDEN TRATAR CON REMEDIOS NO INVASIVOS

Ciclos menstruales irregulares

En el caso de que te hayas saltado los capítulos del 7 a 9, allí traté las posibles causas de los ciclos menstruales irregulares y todo lo que podrías hacer para intentar regularlas. Como mínimo, te recomendaría que te examinaran en busca de síndrome ovárico poliquístico, una seria enfermedad para la cual los ciclos irregulares están entre los primeros síntomas. Se explica más detenidamente en el capítulo 8.

Problemas de tiroides

Si eres una de esas mujeres que sufren de ciclos inusualmente largos en los que tienes fases extensas o fluido cervical poco fértil, también deberías observar si tienes la temperatura corporal basal baja. Esto se debe a la combinación de estos tres síntomas, que suelen indicar hipotiroidismo, una afección que puedes tratar simplemente con suplementos nutricionales, como expliqué en el capítulo 9.

Fluido cervical de fertilidad limitada

Mi experiencia profesional me indica que una de las causas de subfertilidad más ignoradas es la falta de fluido cervical lubricante producido durante el ciclo de una mujer. Por supuesto, cuantos más días lo produzcas, más probable será que te quedes embarazada. Las mujeres que dejan la píldora o que se aproximan a la menopausia son especialmente sensibles a este problema, igual que las mujeres que se han efectuado biopsias en cono en el cuello del útero.

Si las gráficas han confirmado que tu fluido cervical no parece suficientemente húmedo, o no es húmedo durante al menos dos días, puede ser un indicio de otros problemas reproductivos. Aun así, puede haber disponible una solución sencilla. Antes de recurrir a terapias médicas más complejas, te recomendaría que revisaras el capítulo 9. También podrías probar alguna de las siguientes recomendaciones:

- Evitar los fármacos que pueden secar el fluido cervical, como los antihistamínicos, la atropina, la belladona, los compuestos para la tos que contienen antihistamínicos, la diciclomina, la progesterona, la propantelina o el tamoxifeno. Si debes tomar Clomid, combinarlo con estrógeno oral puede compensar sus efectos de sequedad. Sin embargo, el estrógeno nunca debe tomarse sin fármacos para la fertilidad, ya que, paradójicamente podrían inhibir la ovulación.
- ¡Bebe mucha agua!
- El aceite de onagra vespertina es un suplemento que puede tener efectos beneficiosos en tu fluido cervical. Tiene un contenido elevado de los ácidos grasos esenciales omega-6, ácido linoleico y ácido gamma-linolénico.
- Un suplemento del tipo de FertileCM está diseñado para ayudar a las mujeres a desarrollar el fluido cervical claro y lubricante que es ideal para concebir (disponible en fairhaven-health.com).
- Expectorante Mucinex o tabletas de guaifenesina de 600 miligramos de liberación sostenida, como se indica en la caja, comenzando unos 4 días antes de esperar tu día cumbre, y continuar hasta un día después de tu cambio de temperatura. Además de ayudar a licuar el moco de los pulmones, también tiene el efecto añadido de hacer más húmedo o más resbaladizo tu fluido cervical. Por tanto, si no produces clara de huevo, podrías probarlo.
- Expectorante PLAIN Robitusina. También puedes tomar una versión genérica, siempre que sea la guaifenesina el único ingrediente. Toma dos cucharaditas pequeñas tres veces al día, empezando aproximadamente 4 días antes de tu día cumbre y continuando hasta un día después de tu cambio de temperatura. Funciona igual que el Mucinex, que hemos comentado antes.

Insuficiencias en la fase lútea

Como ya debes saber, la razón por la que es tan importante tener una fase lútea de al menos diez días es que el óvulo fecundado tenga tiempo suficiente para implantarse antes de que comience la menstruación. Hay tres tipos básicos de problemas en la fase lútea, pero todos ellos suelen ser un reflejo de una disfunción ovulatoria.

- Tipo 1: La fase lútea es demasiado breve, y por ello un óvulo fecundado no tendría posibilidades para implantarse en el recubrimiento uterino. Este problema es el más fácil de detectar mediante las gráficas. Cualquier período inferior a diez días se consideraría un problema, pero, para algunas mujeres, incluso diez u once días puede considerarse un tiempo límite.
- Tipo 2: La fase lútea parece tener una duración normal, pero la cantidad de progesterona no es óptima para producir un entorno uterino ideal para la implantación. Esto suele estar reflejado en las temperaturas cercanas a la línea de la temperatura base.
- Tipo 3: La fase lútea parece normal, pero la progesterona empieza a disminuir drásticamente una semana más o menos después de la ovulación, causando a menudo un ligero sangrado premenstrual. De nuevo, esto significa que la progesterona no se encuentra suficientemente alta para producir un entorno uterino ideal para la implantación.

Un error muy común al intentar diagnosticar un problema en la fase lútea es que la sangre de una mujer se analiza rutinariamente sólo el día 21, o se le hace una biopsia endometrial alrededor del día 26: ambas pruebas se hacen sin tener en cuenta cuándo ovuló en ese ciclo en particular. Lo ideal, para diagnosticar un posible problema, es que te hagas una prueba de la progesterona acumulada. Con esto te extraen sangre un día sí y otro no, el día cumbre y los días 3, 5, 7, 9 y 11. (Alternativamente, podrías hacértelas en los días de cambio de la temperatura 2, 4, 6, 8 y 10). El punto clave es que las pruebas de la fase lútea deberían hacerse basándose en cuándo ovulaste ese ciclo en concreto.

El doctor Thomas Hilgers, uno de los principales obstetraginecólogos de este campo, ofrece uno de los siguientes protocolos para apoyar a la progesterona, pero sólo después de que haya establecido que su paciente se encuentra definitivamente en su fase lútea. He decidido no incluir las dosis porque los médicos difieren en sus protocolos, pero al menos te interesaría familiarizarte con estas terapias:

- Cápsulas de progesterona micronizada oral (normales o de liberación sostenida)
- Cápsulas vaginales de progesterona micronizada
- Inyecciones de progesterona intramuscular
- Gonadotropina coriónica humana (GCH)

Si se te diagnostica insuficiencia en la fase lútea (a veces llamada deficiencia), hay una opción más que tal vez quieras explorar antes de utilizar el remedio médico tradicional de suplementación de progesterona, Clomid o inyecciones de GCH. Se trata de comprobar tu prolactina, porque un nivel elevado puede generar este problema.

UN BREVE VISTAZO A LA MEDICINA TRADICIONAL CHINA Y LA ACUPUNTURA

Como leíste en el capítulo 9, la medicina tradicional china y otras terapias alternativas o complementarias, como la naturopatía y las hierbas, han generado un creciente interés y aceptación por parte del público. Aplicados al embarazo, estos enfoques son más intensivos que las otras estrategias explicadas en este capítulo, en parte porque requieren consultar con médicos profesionales de este ámbito. Aun así, son mucho menos invasivas que los fármacos y los procedimientos de alta tecnología que tal vez necesites y que explicaremos en el capítulo siguiente, y por eso te animaría a tenerlas en cuenta antes de pasar a estrategias más convencionales pero invasivas.

De todas las terapias alternativas, la más prometedora para quedarte embarazada parece ser la medicina tradicional china. El objetivo general de esta medicina no es sólo curar enfermedades específicas, sino mantener una salud óptima para prevenir en primer lugar la aparición de enfermedades. Además, se considera una terapia holística porque tiene en cuenta a la persona completa, no sólo la enfermedad por separado.

La medicina tradicional china se basa en muchos siglos de estudios de la acupuntura, hierbas medicinales, terapia nutricional, masaje y ejercicio terapéutico. El principio subyacente a esta forma de medicina es buscar las causas que provocan el desequilibrio en el yin y el yang, que lleva a una falta de armonía en la energía qi del cuerpo. La medicina tradicional china trata cómo se desarrolla la enfermedad en un paciente, y entonces se enfoca en la persona como un todo.

La terapia que yo consideraría más fuertemente respaldada por los estudios científicos es la acupuntura. La teoría subyacente para la mejora de la fertilidad es que estimula la producción de hormonas y células del sistema inmunitario, además de estimular un flujo pélvico sanguíneo mediante una relajación del aporte sanguíneo a los ovarios y el útero. No sólo ha demostrado mejorar la fertilidad tanto en mujeres como en hombres cuando se usa por sí sola, sino que, cuando se utiliza en combinación con el tratamiento de la fecundación *in vitro*, las tasas de embarazo parecen incrementarse significativamente.

Aun así, merece la pena mencionar algunas precauciones si consideras la posibilidad de utilizar la acupuntura o cualquiera de las otras terapias alternativas para quedarte embarazada:

• Es improbable que ellas por sí solas puedan ayudarte a concebir si tienes un problema estructural como las trompas bloqueadas, un fibroma de gran tamaño o defectos anatómicos. (Por supuesto, si te han operado para rectificar esos problemas, esto podría ayudarte a aumentar tu fertilidad después de la cirugía).
• Igual que los fármacos más comunes para la fertilidad, estas alternativas son terapias potentes. Sin embargo, tardan más tiempo en conseguir los mismos objetivos, por lo que si no has concebido utilizando el Método de Conciencia de la Fertilidad, y el tiempo es esencial (especialmente si tienes cierta edad), entonces probablemente deberías probar las tecnologías reproductivas más ampliamente utilizadas en combinación con la medicina tradicional china (esta última se explica en el capítulo siguiente).

• Si pruebas la acupuntura o cualquier terapia complementaria, es necesario que informes a tu médico encargado de la reproducción sobre lo que estás haciendo. Aunque estas terapias son relativamente no invasivas, como dije, pueden ser muy potentes (por ejemplo, algunas hierbas medicinales pueden acabar con un embarazo). Por tanto, nunca deben utilizarse en combinación con otras terapias sin que lo sepa todo tu equipo de profesionales. Sin embargo, una vez dicho esto, si tienes tiempo disponible, si tienes aversión a los fármacos para la fertilidad, si no quieres aumentar el riesgo de ovulación múltiple o si solamente quieres mejorar tus probabilidades de concebir mediante procedimientos menos invasivos, entonces te animaría a examinar estas opciones con un médico experto en este campo.

PARA HOMBRES: BAÑOS CALIENTES, SAUNAS, BICICLETAS, ROPA AJUSTADA Y SUPLEMENTOS

A menos que tengamos un caso de obstrucción física tratable sólo con cirugía, hay varios tratamientos no invasivos que los hombres con recuentos espermáticos subfértiles pueden querer considerar antes de pasar a procedimientos médicos más serios. Pero recuerda que la mayoría de los tratamientos específicos para los hombres probablemente no se detectarán en la eyaculación hasta pasados dos o tres meses. Esto se debe a que eso es lo que tardan los nuevos espermatozoides creados en alcanzar la madurez.

Lo primero es, ah, sí, el viejo problema del peso. Si sirve de consuelo a las mujeres, los hombres también deben tratar con él en lo relativo a la fertilidad. El recuento de esperma de un hombre puede verse comprometido si es demasiado delgado o es demasiado grueso. Por tanto, si el análisis del esperma de un hombre no se encuentra dentro de un rango normal, puede al menos mejorarlo logrando su peso ideal.

Como sabes, el esperma es muy sensible al calor. Aunque no está claro en qué medida, si tienes problemas para concebir, lo mejor es evitar todo aquello que exponga a los testículos a un exceso de calor. Los baños calientes y las saunas pueden ser objeto de disfrute, pero, desde la perspectiva del esperma está diciendo básicamente: «La vida es un pez y vas tú y lo fríes». Los ordenadores portátiles también se han considerado una posible causa del sobrecalentamiento de los testículos. No sólo es que el ordenador en sí mismo genere mucho calor, sino que la posición de equilibrarlo sobre los muslos, que se comprimen, puede calentarlos aun más.

El ciclismo es otra actividad que puede afectar al recuento de esperma. El constante golpeteo en los testículos, combinado con el calor añadido generado por el sudor, puede contribuir a disminuir el recuento de esperma. Si el análisis del esperma del hombre está bien, entonces, por supuesto, disfruta de los paseos diarios. Pero si el recuento espermático es mínimo, es un cambio más práctico que deberías tener en cuenta.

Incluso los entornos de trabajo calurosos pueden tener un efecto perjudicial en la producción de esperma. No es de extrañar que permanecer frente a un horno de pizzas ocho horas diarias no sea la forma más eficaz de tener un buen número de espermatozoides. Y, por último, lo que dice la sabiduría tradicional de evitar la ropa interior y los pantalones ajustados, ciertamente no puede ser malo. Evidentemente, si el tanga te parece provocativo y tu pareja quiere ponérselo ocasionalmente para seducirte, fenomenal. Pero sería sensato no llevarlo todos los días.

La conclusión es que, hasta que logres el embarazo que deseas, tal vez quieras evitar cualquier cosa que haga que el esperma se caliente demasiado. Y recuerda que puede tardarse hasta dos o tres meses, después de reducir esa exposición, para que madure una nueva generación de espermatozoides sanos.

Por último, para hombres con recuentos mínimos, quizás el cambio más ignorado sea probar a mantener las eyaculaciones a una frecuencia máxima de una vez cada 48 horas, ya que esto puede ser todo lo necesario para incrementarlo. (¡Por favor, no mates al mensajero!).

OTROS FACTORES QUE CONSIDERAR

Edad

Una de las razones principales para la prevalencia de la subfertilidad es la edad relativamente tardía a la que muchas personas actualmente intentan empezar a tener hijos. La realidad es que, cuando las mujeres llegan a la mitad o al final de su treintena, su fertilidad empieza a disminuir sustancialmente.

Hay varias razones por las que las parejas, en su treintena, afrontan una fertilidad baja. Algunos factores se remedian fácilmente mediante formación, mientras que otros son una función inevitable de la biología. Una de las razones más fundamentales y fácilmente rectificables de una menor fertilidad es que, conforme las personas envejecen, tienden a tener menos relaciones sexuales, lo cual obviamente reduce su probabilidad de concepción. Por supuesto, elaborar gráficas les ayudaría a programar sus relaciones para compensar su declive de la frecuencia sexual. Dos actos sexuales en días perfectamente programados tienen muchas más probabilidades de resultar en embarazo que una docena de actos sexuales aleatorios durante el ciclo.

Hay cambios fisiológicos que también afectan a las tasas absolutas de fertilidad. Conforme las mujeres envejecen, la cantidad y calidad de fluido cervical fértil tienden a disminuir. He observado que las mujeres, durante su veintena, normalmente tienen entre dos y cuatro días de clara de huevo, mientras que las mujeres que se aproximan al final de su treintena suelen tener un día o menos. Esta disminución puede generar una peor fertilidad si las relaciones no se programan bien. Además, a medida que las mujeres se aproximan al final de su treintena, tienden a tener más ciclos anovulatorios, y a menudo, cuando ovulan, sus fases lúteas serán más breves. Por último, la cantidad y calidad de los óvulos de las mujeres también se reducen, pero, como explicamos en el capítulo 10, hay por lo menos formas eficaces de predecir el ritmo del declive.

En cualquier caso, deberías saber que, aunque definitivamente es más fácil concebir un hijo y llevarlo a término durante tu veintena que a mediados de tu treintena y después, también es cierto que el Método de Conciencia de la Fertilidad y diversas estrategias de alta tecnología pueden ayudar a cambiar la probabilidad en tu favor.

Estrés

Uno de los axiomas más comúnmente defendidos es que el estrés genera infertilidad. Aunque no hay duda de que el estrés está asociado con una fertilidad menor, lo opuesto parece ser más exacto, es decir, que la infertilidad genera estrés. Por tanto, el viejo adagio «limítate a relajarte y te quedarás embarazada» tiene buenas intenciones, pero suele ser erróneo.

Sin embargo, hay varias formas en las que el estrés puede influir indirectamente en la fertilidad. Una es simplemente que tener una vida muy ocupada y todo el estrés que conlleva puede dejar poco tiempo o energía para que la pareja promedio tenga relaciones con suficiente frecuencia para lograr el embarazo. Por supuesto, como ya sabrás, las relaciones no necesitan ser tan frecuentes como bien programadas.

Una segunda forma es que el estrés en sí mismo puede influir en cuándo tiene lugar la ovulación. De hecho, una de las causas más comunes de ovulación retrasada es el estrés fisiológico y psicológico. Esto se debe a que el estrés puede tener un enorme efecto sobre el funcionamiento del hipotálamo. Éste es el responsable de la regulación del apetito, de la temperatura y, más importante, de las emociones. También regula la glándula pituitaria, que a su vez es responsable de la liberación de HFE y HL. Cuando el estrés afecta al hipotálamo, la consecuencia final puede ser un retraso en la secreción de estas hormonas reproductivas, que son necesarias para la maduración de un óvulo maduro. (No se conoce qué desencadena una ovulación temprana, pero el estrés no parece desempeñar ninguna función).

Como sabes, la programación de la ovulación determinará la duración del ciclo: cuanto más tarde tenga lugar, más largo será el ciclo. Ocasionalmente, si el estrés es severo, puede evitar que tenga lugar la ovulación por completo. Entonces, si el estrés afectara a tu ciclo, probablemente ocurriría una de dos cosas:

1. Tendrías un ciclo más largo que la media, con una ovulación más tardía de lo habitual, y la menstruación entre doce y dieciséis días después, suponiendo que no exista ya embarazo. Puedes verlo en la gráfica de Lily, en la página siguiente.

2. Tendrías un ciclo largo, pero no liberarías un óvulo (un ciclo anovulatorio). Si fuera así, el ciclo podría extenderse teóricamente durante meses. O tendrías un ciclo largo seguido por un sangrado anovulatorio, que es el resultado de una disminución en el estrógeno, al contrario que la progesterona. Recuerda que en un ciclo ovulatorio el cuerpo lúteo muere y el repentino descenso de la progesterona hace que se caiga el recubrimiento uterino. Pero con ciclos anovulatorios, es el descenso en el estrógeno lo que normalmente causa el sangrado porque no hay cuerpo lúteo. Para esta situación, estudia la gráfica de Leslie en la página siguiente.

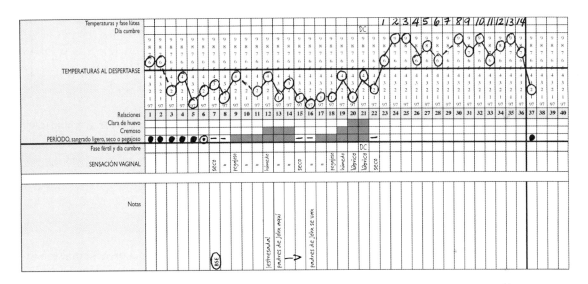

Gráfica de Lily. Un ciclo largo debido al estrés. Con sus suegros en casa, ¿es de extrañar que Lily tuviera una ovulación retrasada que generase un ciclo largo? Observa que empezó a prepararse para ovular aproximadamente en el momento en que llegaron, pero en realidad no lo hizo hasta que ya se habían ido, alrededor del día 21.

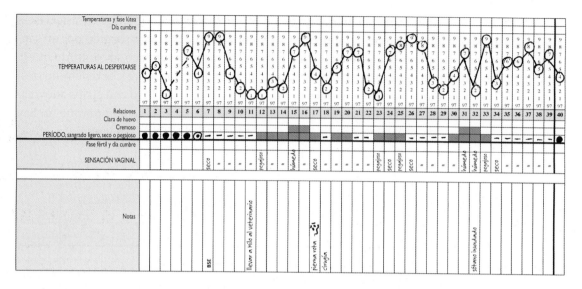

Gráfica de Leslie. Ciclo anovulatorio debido al estrés. Observa que el cuerpo de Leslie empezó a prepararse para ovular alrededor del día 15, pero entonces se rompió la pierna esquiando. Un par de semanas después, cuando por fin empezaba a recuperarse y a prepararse para ovular de nuevo, su sótano se inundó. En este momento, su cuerpo decidió tirar la toalla y no liberar un óvulo en absoluto. El día 40, Leslie tuvo un sangrado anovulatorio en lugar de un verdadero período menstrual.

Aunque es cierto que el estrés puede impedir la ovulación, mi experiencia profesional me indica que es más común que la retrase. Por esta razón, es especialmente importante aprender a concentrarse en los síntomas que indican que se *aproxima* la ovulación. De esa forma, si el estrés causa una ovulación retrasada, al menos puedes tomar el control identificando cuándo estás a punto de ovular, y de este modo aprovecharte del momento más fértil. Por supuesto, el síntoma que indica una ovulación inminente es un fluido cervical cada vez más húmedo, especialmente clara de huevo, que se desarrolla inmediatamente antes de liberar un óvulo.

Una de las ironías de cómo el estrés y el deseo de quedarse embarazada pueden interactuar es que las parejas pueden impedir el embarazo sin querer al centrarse en el mítico día 14. Por tanto, por ejemplo, en las mujeres que suelen tener ciclos de duración media, puede aparecer un círculo vicioso en el que el estrés de no lograr el embarazo continuamente puede retrasar la ovulación. Esto en sí mismo no sería un problema si la pareja supiera cómo identificar cuándo la mujer está a punto de ovular.

En las mujeres que suelen tener ciclos más largos, el estrés puede no retrasar la ovulación en absoluto. Sin embargo, si la pareja no sabe cuándo ovula la mujer, pueden tener relaciones dema-

258

siado pronto para que tenga lugar la concepción, con lo que se exponen a la innecesaria ansiedad de una infertilidad mal percibida. Para ambas parejas, el consejo más positivo es hacerles que elaboren sus gráficas, y después programar en consecuencia sus relaciones, o afrontar la frustración que tiene Mariah, como se ve en la gráfica de debajo.

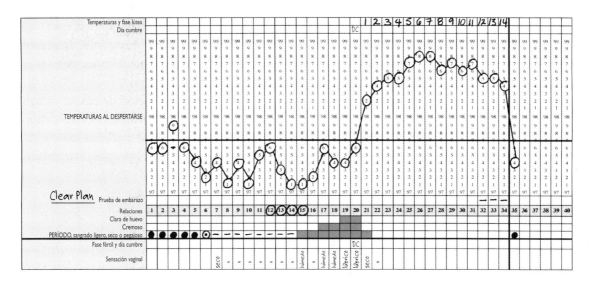

Gráfica de Mariah. Relación inoportuna durante un ciclo largo. Observa que la ovulación de Mariah no ocurrió hasta aproximadamente el día 20. Sea causado por el estrés o sea típico de sus ciclos, la consecuencia final es que la relación de la semana anterior no dio como resultado la concepción que buscaban.

El estrés también es notorio por hacer que el fluido cervical desaparezca por completo, o que forme parches de humedad intercalados con días más secos. Es como si el cuerpo siguiera haciendo notables intentos por ovular, pero el estrés sigue retrasándolos. Si ocurre esto, recuerda que tus temperaturas normalmente indicarán cuándo has ovulado. Por tanto, si observas parches resbaladizos o clara de huevo, aprovecha esos días hasta que veas, por la confirmación de un cambio de temperatura, que tiene lugar la ovulación.

El hecho es que el estrés no necesariamente tiene por qué afectar a un ciclo en absoluto, o afectará de forma distinta a cada mujer individualmente. También deberías saber que el estrés crónico puede tender a normalizarse con el paso del tiempo, de forma que el cuerpo de la mujer ya no lo perciba como estrés, y así los ciclos pueden volver a ser como antes.

Evitar una operación de los ovarios

Si alguna vez te encuentras en una situación en que tu médico te recomienda hacerte una operación en un ovario para rectificar un problema como un quiste ovárico o endometriosis, insiste en hablar de alternativas a la cirugía. Si dice que no hay ninguna, considera la posibilidad de obtener una segunda opinión, porque una de las formas más rápidas de reducir tu fertilidad es mediante una operación en un ovario que lo elimine por completo (la forma más drástica de reducir tu fertilidad) o eliminar una parte del ovario. Esto se debe a que tus óvulos maduros aparecen en la superficie del ovario, por lo que es esencial conservar la protección exterior si es posible.

Sin embargo, si debes someterte a cirugía ovárica, hay una nueva generación de cirujanos con formación en una nueva técnica que reduce la extensa cicatriz normalmente inherente a este tipo de procedimiento. Se explica más detenidamente en el próximo capítulo, en la página 286.

La práctica judía de la *niddah*

Si eres un judío practicante que respeta la *niddah,* sin duda sabes que está prohibido tener relaciones durante siete días después del último día de tu período. Si cumples cualquiera de las tres condiciones siguientes, puede estar afectando a tu habilidad para concebir:

- Tus ciclos tienden a ser bastante cortos (por ejemplo, menos de 25 días, aproximadamente)
- Tus ciclos tienen una duración media, pero sangras durante al menos siete días
- Tienes un ligero sangrado en mitad del ciclo

La razón por la que la práctica puede estar impidiendo tu capacidad para quedarte embarazada es que te impide tener relaciones durante lo que puede ser tu fase más fértil. Por ejemplo, si tienes ciclos de 24 días, probablemente ovularás hacia el día 10, pero no se te permite volver a tener relaciones hasta el día 13. E incluso si tienes ciclos de duración media, pero tus períodos duran 7 días o más, de nuevo te encontrarías absteniéndote hasta el día 14 aproximadamente, posiblemente un poco tarde para tu ovulación específica. Por último, si eres una mujer que tiene sangrados ligeros en medio del ciclo, las normas de la *niddah* te obligarían a abstenerte en el momento en que probablemente estás ovulando.

No necesario decir que, si practicas la *niddah* y te gustaría concebir, te recomendaría que elaborases gráficas para determinar si ésta puede ser la razón por la que no te quedas embarazada. Después habla con tu rabino para saber qué modificaciones son aceptables según la ley judía.

El camino lógico hacia la paternidad

Como puedes ver, existe una lista bastante diversa de posibles impedimentos para un embarazo exitoso, pero, afortunadamente, puedes tratar muchos de estos problemas por ti misma, antes de recurrir a los enfoques más intensivos tratados en el próximo capítulo. Llevar una gráfica con tus ciclos, por supuesto, siempre debería ser el primer paso. Al hacerlo puedes al menos determinar que tu problema es más que sólo una cuestión de mala programación y, si es necesario, más allá de eso, podrías entonces elegir un posible remedio o solución alternativa que tenga el máximo sentido para tu situación específica.

En cualquier caso, intenta no desanimarte en tu búsqueda de un hijo. Porque, aunque la autoformación y estos sencillos pasos no invasivos no tengan éxito, muchas de vosotras podéis alcanzar vuestros sueños mediante los más recientes avances en las técnicas de reproducción asistida.

HACER EL AMOR FRENTE A HACER UN BEBÉ

Cuando tuve mi bebé, grité y grité. Y eso fue sólo durante la concepción.

JOAN RIVERS

Aunque la sexualidad de una persona esté separada de su fertilidad, la sociedad suele identificarlas, dejando sentir a muchas personas que tratan con la infertilidad que también son de algún modo disminuidos sexualmente. Esto a su vez puede generar emociones que van desde la ira y el temor no resueltos hasta la ansiedad o la culpa. Incluso peor, la comunicación entre la pareja a menudo se deteriora justo cuando necesitan apoyarse más que nunca. Los problemas sexuales suelen surgir entre parejas afectadas por la infertilidad porque el sexo ha asumido una función principal, la procreación, en lugar de la de hacer el amor.

Puede tranquilizarte saber que lo que estás experimentando es totalmente normal. Pero gran parte de la ansiedad asociada con intentar concebir podría eliminarse si supieras exactamente cuándo, en tu ciclo, podrías quedarte embarazada. Por supuesto, los problemas de fertilidad de algunas parejas requerirán tratamiento de alta tecnología, pero, paradójicamente, estos procedimientos pueden en realidad liberarles para disfrutar del amor por lo que es, y no sólo como medio para concebir.

Tener sentido del humor durante este difícil período puede ayudar a superarlo, como esta pareja tan dolorosamente me transmitió:

Diana tenía ciclos muy irregulares, y había ovulado sólo ocho veces en los últimos cuatro años. Puesto que tenía niveles excesivamente altos de prolactina (la hormona normalmente presente en mujeres lactantes), le recetaron Parlodel y Clomid para regular sus ciclos. Junto con los fármacos y las inyecciones de HFE le hicieron varias ecografías. Además, colocaba las piernas elevadas sobre la pared después de las relaciones. Después de unos seis meses probando, no ocurrió nada. Por consejo de su ginecólogo, Diana y Steve probaron a utilizar claras de huevo frescas para simular el fluido cervical fértil.

Antes de hacer el amor, sacaban un huevo del frigorífico, lo rompían y separaban y metían la clara en una manga pastelera. Después de que Diana se acomodaba, Steve insuflaba la clara de huevo fría como el hielo en su vagina, por la boquilla. Diana se reía con tanta fuerza que la clara salía a chorros. Demasiado para ese ciclo.*

Durante el siguiente ciclo decidieron simplificar un poco las cosas. Habiendo aprendido su lección de la primera ocasión, dejaron antes reposar el huevo a temperatura ambiente. Después utilizaron un aplicador de crema vaginal para insertar la clara de huevo. Concibieron aquel día, el día de la madre. Hoy, 22 años después, su hija Tessa se gradúa en la universidad.

¿Quién sabe? Cuando por fin logres tu sueño, ya sea al viejo estilo, mediante técnicas de reproducción asistida, o mediante adopción, podrías intentar recordar cómo era tener demasiado tiempo para el sexo al principio.

---

* Afortunadamente, el consejo del huevo crudo puede sustituirse por un lubricante diseñado específicamente para el esperma: Pre-Seed.

15

¿Y ahora qué?
Pruebas y tratamientos que *pueden* ser necesarios para quedarte embarazada

El mundo se mueve tan deprisa actualmente que quien dice que algo no puede hacerse suele ser interrumpido por alguien que lo hace.

Elbert Hubbard

C omo ya sabes, el consejo más importante para una pareja que intenta quedarse embarazada es elaborar la gráfica del ciclo de la mujer como primer paso. Es sorprendente que algo tan fundamental suela ignorarse. Por supuesto, habrá mujeres para las que el Método de Conciencia de la Fertilidad no será suficiente para quedarse embarazadas, pero incluso entonces la gráfica ayudará a determinar qué pruebas o tratamientos son necesarios, a menudo permitiéndoles evitar intervenciones inapropiadas o innecesarias.

Cuando empieces a elaborar las gráficas, deberías poder verificar que no hay obstáculos para el embarazo que puedas identificar claramente. Esto incluiría problemas como la anovulación, la ausencia de fluido cervical fértil, las fases lúteas excesivamente breves y los abortos espontáneos recurrentes. Si tu gráfica no revela nada malo, pero sigues siendo incapaz de quedarte embarazada después de unas relaciones programadas óptimamente durante unos cuatro ciclos, tu pareja debería hacerse un análisis de semen.

Si su recuento espermático es bajo, prueba a programar las relaciones siguiendo las pautas del Método de Conciencia de la Fertilidad explicadas en la página 195 para otros ciclos. Sin embargo, si su análisis de esperma es normal, ambos deberíais haceros un chequeo de fertilidad exhaustivo para determinar si puede haber algún impedimento físico para quedarte embarazada. (Su chequeo, que es mucho más simple que el tuyo, se explica en la página 287, casi al final de este capítulo).

ALGUNAS AFECCIONES IMPORTANTES QUE PUEDEN INFLUIR EN TU FERTILIDAD

Hay cuatro afecciones, cualquiera de las cuales puedes tener, que se explican exhaustivamente en diversos capítulos de este libro. Las he enumerado debajo por si te las has saltado y te has perdido esa información tan importante, si estás intentando concebir. Los dos primeros te ofrecerán normalmente signos obvios, aunque no estés elaborando gráficas. Las dos últimas pueden ser asintomáticas. En los cuatro casos, suele ser necesario el tratamiento antes de quedarte embarazada.

Endometriosis (página 161)
Un problema muy común en el que las células que normalmente recubren el útero se desplazan y se adhieren en cualquier otro lugar de la cavidad pélvica, posiblemente afectando a la ovulación e incluso a la capacidad de las trompas de Falopio de acoger el óvulo.

Síndrome ovárico poliquístico (página 166)
Un trastorno muy común en el que una mujer tiene un desequilibrio de hormonas sexuales que frecuentemente generan anovulación y ciclos menstruales irregulares, así como problemas de salud más generales.

Síndrome del folículo luteinizado no roto (página 156)
Un problema que evita la ovulación por completo, pero en tus gráficas de fertilidad puede hacerte creer que estás ovulando normalmente.

Envejecimiento ovárico prematuro (página 304)
Una condición en la que los ovarios de la mujer envejecen mucho antes que la media, haciendo más difícil el hecho de concebir.

El chequeo de la fertilidad de la mujer

En términos generales, tu chequeo de fertilidad incluirá la mayoría de los siguientes pasos o todos:

A. Revisión del historial médico

El médico hará un historial médico exhaustivo y revisará cualquier prueba de fertilidad previa antes de realizar un examen pélvico estándar. El examen sirve para descartar cualquier problema físico obvio del útero, los ovarios y el cuello del útero, como fibroides, quistes e infecciones.

B. Pruebas diagnósticas

Hay una serie de métodos no invasivos para determinar los posibles problemas. En las mujeres, las cuatro áreas generales del sistema reproductivo son:

- Ciclos ovulatorios disfuncionales
- Problemas en el útero
- Anormalidades del útero y de las trompas de Falopio
- Endometriosis

Las pruebas y procedimientos explicados debajo se utilizan para detectar problemas en cualquiera de estas áreas. Se enumeran en orden aproximado, desde el menos al más invasivo. Sin embargo, ten en cuenta que si acudes directamente a un endocrinólogo reproductivo o a otro especialista de la fertilidad, sin duda pasarán los tres primeros por completo.

Gráfica de la temperatura al despertarse (corporal basal)
Como estoy segura de que ahora aparece en tus sueños, éste es el síntoma más fácil de identificar y te da una sensación de control. Tomarte la temperatura al despertarte te ayudará a determinar si:

- Estás ovulando
- Tu fase lútea es suficientemente larga para la implantación (por lo menos diez días)
- Tus niveles de progesterona son suficientemente altos en tu fase lútea
- Tienes un problema de tiroides (hipo o hipertiroidea)
- Sigues siendo fértil en cualquier ciclo determinado, como reflejan las temperaturas preovulatorias
- Puedes haberte quedado embarazada, como reflejan más de dieciocho temperaturas altas

- Estás en peligro de tener un aborto espontáneo, como determina un descenso súbito o gradual de la temperatura después de una concepción aparente
- Estás embarazada antes de tener lo que parecía ser sólo un «período tardío»

Prueba del fluido cervical

En esta prueba se recoge fluido cervical de la vagina de la mujer y se observa en un microscopio para determinar si es en efecto fértil ese día. Si lo es, revelará un bonito patrón como el que está en la página 403 del epílogo. Pero ten en cuenta que la prueba no será válida si se hace en un momento erróneo de tu ciclo. Por supuesto, tú misma deberías poder decir cuándo eres fértil con sólo observar cuándo está elástico, claro o lubricante, y ya sabes que no importa que sea el día 9, 14 o 20.

Prueba poscoital

Esta prueba determina si el esperma y el fluido cervical de la pareja son compatibles. Para determinarlo, se toma una muestra de fluido cervical de la vagina de la mujer dos horas antes del final de la relación (de nuevo, para que la prueba sea válida, tiene que hacerse en el momento adecuado, cuando la mujer tenga fluido cervical fértil, y no necesariamente el día 14). Si los dos son compatibles, el médico podrá observar el esperma vivo nadando hacia delante.

Pruebas hormonales de sangre

Las pruebas hormonales son un medio fundamental de determinar si la mujer está produciendo hormonas reproductivas normales o si tiene un desequilibrio hormonal. Pueden determinar los niveles de HFE, HL, estrógeno, progesterona y hormona estimulante de la tiroides (HET). Pueden confirmar algunos hechos vitales, como si la mujer está ovulando, tiene una fase lútea normal o posiblemente esté entrando en la menopausia. La tabla de la página siguiente resume las pruebas sanguíneas más comúnmente realizadas.

Pruebas Pap especiales

Son pruebas de revisión o muestras Pap que comprueban una serie de problemas potencialmente problemáticos como la enfermedad inflamatoria pélvica y las infecciones de transmisión sexual, todos los cuales pueden influir negativamente en tu fertilidad.

PRUEBAS HORMONALES EN SANGRE*

En el orden del día del ciclo que normalmente se hacen.
Todos los resultados de las pruebas varían dependiendo del laboratorio usado.

Hormona	Mejor momento para hacer la prueba	Propósito de la hormona
Hormona folículo-estimulante (HFE)	Día 3 y día 10, si forman parte de la prueba del Clomid	Estimula el desarrollo del folículo. Si los niveles de HFE están demasiado altos, podrían indicar menopausia o menos fertilidad.
Estradiol	Día 3 y posiblemente fase lútea media (entre 7 y 10 días después de tu subidón de HL)	Estimula la maduración del óvulo y la maduración endometrial para la implantación de un óvulo fecundado. Responsable de la calidad fértil del fluido cervical en torno a la ovulación.
Inhibina 3	Día 3	Una hormona proteica que inhibe la HFE y que se comprueba para predecir la reserva ovárica, incluyendo la calidad y la cantidad del óvulo.
Hormona luteinizante (HL)	En torno a la ovulación	Desencadena la ovulación cuando surge.
Progesterona	Fase lútea media (entre siete y diez días después del aumento de HL)	Necesaria para mantener el recubrimiento uterino y la primera fase del embarazo. Causa una elevación en la TBC y el secado del fluido cervical en la fase infértil posovulatoria.**
Progesterona acumulada	Cambio de temperatura. Días, 2, 4, 6, 8 y 10, o día cumbre más 3, 5, 7, 9 y 11	Puesto que la progresión de los niveles de testosterona durante la fase lútea es tan importante, es más preciso probar varios días alternativos que sólo una fase lútea media.
Prolactina	Cualquier día del ciclo	Estimula la producción de leche materna e inhibe la producción ovárica de estrógeno. Ocasionalmente presente en niveles excesivos en mujeres no lactantes, lo que posiblemente causa problemas de fertilidad.
Hormona estimulante de la tiroides (HET)	Cualquier día del ciclo	Estimula la producción de tiroxina en la glándula tiroides, la glándula endocrina que regula las hormonas en el cuerpo. Niveles excesivamente altos o bajos pueden afectar a la fertilidad.
Testosterona	Cualquier día del ciclo	Necesaria para la producción de estrógeno. Cuando se produce en niveles elevados, puede influir en la fertilidad.
Dehidroepiandrosterona sulfato (DHEAS)	Cualquier día del ciclo	Produce los mismos efectos que las hormonas masculinas (andrógenos). Cuando se produce a niveles elevados tanto en hombres como en mujeres, puede causar problemas en la fertilidad.

* Conforme avanza la tecnología, las nuevas pruebas que utilizan saliva en lugar de sangre se están volviendo más precisas. Si odias las agujas, pregunta a tu médico.

** Si estás intentando concebir mediante relaciones tradicionales y la fase medio-lútea de la prueba en sangre de progesterona refleja niveles bajos, puede ser más preciso hacer una prueba de progesterona acumulada, enumerada en la siguiente línea de la tabla.

C. Procedimientos diagnósticos

Ecografías

La única forma de determinar definitivamente si ha tenido lugar la ovulación es con una ecografía, que se suele hacer vaginalmente. Este procedimiento ofrece un medio de saber si ha tenido lugar la ovulación y cuándo. Es especialmente útil para detectar la condición del síndrome del folículo luteinizado no roto, en el que el cuerpo de la mujer produce todos los síntomas de la ovulación, incluidos un día cumbre y un cambio de temperatura, pero sin liberar un óvulo (*véase* página 156).

El inconveniente obvio de la ecografía es que no es práctico de forma diaria. Sin embargo, si elaboras tus gráficas, podrás ayudar a tu médico cuando lo programe, observando cuándo empiezas a producir fluido cervical fértil.

Como siempre, si te dicen que acudas para una ecografía en un día concreto del ciclo, como el infame día 14, en lugar de uno basado en tu ciclo individual, la ecografía puede ser totalmente inútil. La única excepción es si estás tomando fármacos para la fertilidad, que controlan tu ciclo artificialmente.

Biopsia endometrial

Este procedimiento suena amenazante, pero en realidad es rutinario y bastante sencillo. Tendemos a asociar la palabra «biopsia» con el cáncer, pero la prueba no tiene nada que ver con él. Su propósito es determinar si el recubrimiento uterino (endometrio) está suficientemente desarrollado durante la fase lútea del ciclo. El recubrimiento debe ser suficientemente maduro para poder sostener la implantación de un óvulo fecundado.

La prueba suele hacerse un par de días antes del período esperado de la mujer. Se toma, para someterlo a biopsia, un trozo diminuto del recubrimiento uterino. Lamentablemente, puede ser bastante incómodo, porque puede causar calambres o un dolor agudo por dilatar parcialmente el cuello del útero. Por tanto, probablemente querrás tomar un analgésico unos treinta minutos antes del procedimiento.

El momento en el que se hace esta prueba es vital, porque si se hace demasiado pronto después de que se libera el óvulo (especialmente en el caso de ovulaciones retrasadas), puede parecer engañosamente que la mujer tuviera el endometrio sin desarrollar. De igual modo, si se hace demasiado tarde después de la ovulación, la mujer puede comenzar su período antes de que se haya completado la prueba. De este modo, se necesita una gráfica o una ecografía para programar esta prueba adecuadamente.

Pruebas en las trompas de Falopio

El histerosalpingograma, con el acrónimo de HSG, es un procedimiento de rayos X que incluye insertar pigmento por el cuello del útero y el útero, para ver si se esparce por las trompas de Falopio y en la cavidad pélvica. Aunque puede ser bastante útil, el procedimiento puede ser incómodo y tiene sus limitaciones.

En primer lugar, las trompas a veces sufren espasmos durante el procedimiento, dando la impresión de estar bloqueadas, cuando en realidad puede ser la misma prueba la que hace que parezca que están obstruidas. Otro problema es que si las trompas sólo tienen cicatrices pero no están bloqueadas, el HSG no tiene por qué revelarlo. El problema con el tejido cicatrizado es que puede llevar a un peligroso embarazo falopiano, en el que el óvulo fertilizado empieza a meterse en la trompa, en lugar de en el recubrimiento uterino.

El otro propósito de un HSG es evaluar en la cavidad uterina la presencia de cualquier tipo de lesión superficial, como pólipos, tumores fibroides o tejido cicatricial. Sin embargo, puede que pase por alto algunos de ellos, por lo que algunos médicos pueden también realizar una de las pruebas de la lista inferior.

Hay una serie de procedimientos que están diseñados no sólo para determinar si tus trompas de Falopio están abiertas, sino para comprobar si *funcionan* adecuadamente. Una de las cosas más interesantes sobre las trompas de Falopio es que son más que sólo trompas. La fimbria del final es más como delicados pliegues, que, cuando funcionan bien, capturan los óvulos que se han liberado desde el ovario con movimientos suaves de gran alcance. Sin embargo, si la trompa está enferma, esta función se ve comprometida, de forma que, aunque parezca abierta, ya no puede servir a su propósito (*véase* la fotografía de la fimbria en la página 404 del epílogo).

Como con todo en el mundo de la fertilidad, hay numerosas variaciones de este procedimiento:

- FUS (Ultrasonografía fluida)
  Una solución salina estéril que utiliza un ultrasonido vaginal.
- Tuboscopia
  Un delgado telescopio que se pasa por la fimbria de las trompas de Falopio para evaluar su estructura interna. Es una forma más precisa de identificar varios problemas en las trompas, como pólipos y tejido cicatricial.
- Faloscopia
  Un tubo de fibra óptica que se introduce por el cuello del útero y el útero hasta las trompas de Falopio.
- Histerosalpingograma selectivo
  Un catéter delgado y flexible que funciona en el interior del catéter de HSG. Puede también desatascar una obstrucción, por lo que es un procedimiento diagnóstico y terapéutico.
- HyCoSy (Sonografía histerosalpingo-contraste)
  No es necesario decir que este nombre de un examen oficial sería un asesino en cualquier concurso de deletreo. Es un procedimiento en el que una pequeña cantidad de fluido se in-

yecta en el útero mediante el cuello del útero. Este procedimiento tiene la ventaja de no utilizar radiación o material de contraste ionizado.

- Medidas de presión de perfusión tubal

La tecnología más recientemente desarrollada de estas tecnologías. Este procedimiento pone a prueba el funcionamiento de las trompas de Falopio, porque las que son rígidas y están enfermas necesitan más presión para poder impulsar el colorante.

Histeroscopia

La mejor «ventana hacia el útero» es mediante histeroscopia, un procedimiento diseñado específicamente para ver dentro del útero. En el contexto de la fertilidad, se hace principalmente para determinar si la mujer tiene fibroides u otros problemas que pueden afectar su capacidad para llevar a término un embarazo.

Laparoscopia

Ésta es una cirugía exploratoria que se utiliza para visualizar el área pélvica interna, especialmente la parte exterior de los ovarios y las trompas de Falopio. Suele incluir un par de diminutas incisiones, incluyendo una en el ombligo, a través de la cual se inserta un tubo ligero para visualizar la región pélvica. Aunque el procedimiento es bastante rutinario, se suele hacer con anestesia general.

Se usa más comúnmente para detectar la endometriosis. Hay un tipo concreto llamado «laparoscopia de contacto cercano», que se considera el modelo a seguir para tratar la endometriosis. Puedes informarte más sobre esto en la página 164.

LA PRUEBA DIAGNÓSTICA DE LA FERTILIDAD DE LA MUJER: PRUEBAS DIAGNÓSTICAS COMUNES Y PROCEDIMIENTOS QUIRÚRGICOS EXPLORATORIOS

Prueba	Mejor momento para hacer la prueba	Objetivo de la prueba
Gráficas de temperatura corporal basal	Durante el ciclo	Determinar si estás ovulando y la duración que tiene tu fase ovulatoria
Fluido cervical resbaladizo	Los pocos días que llevan a la ovulación, cuando tu fluido cervical es resbaladizo y húmedo	Determinar si tu fluido cervical forma el patrón característico que indica que es suficientemente fértil para que los espermatozoides sobrevivan en él o si estás sintetizando una cantidad adecuada de estrógeno. Sin embargo, observa que la prueba no es cuantitativa y que no predice si los espermatozoides pueden nadar en él
Prueba de reto del Clomid	Día 3 – HFE y estradiol Día 10 – HFE	Evaluar la reserva ovárica y las probabilidades de embarazo antes de las tecnologías reproductivas asistidas
Biopsia endometrial	Uno o dos días antes del período esperado para asegurar la validez	Determinar si la fase lútea es suficiente y el recubrimiento uterino es adecuado para implantar el óvulo fertilizado (pero su validez clínica es objeto de disputa)
Faloscopia	Antes de la ovulación	Diagnosticar cualquier anormalidad dentro de las minúsculas trompas
Ultrasonografía fluida	Antes de la ovulación	Determinar si la cavidad uterina es normal
Pruebas sanguíneas hormonales (miscelánea)	Diversos momentos a lo largo del ciclo (véase tabla en página 267)	Determinar factores críticos sobre tus ciclos, como por ejemplo si produces HFE, estrógeno, HL y progesterona, todas necesarias para una concepción e implantación exitosas
Histerosalpingograma (HSG)	La semana después de que termina tu período	Determinar si las trompas de Falopio están limpias y si la cavidad uterina es normal
Histeroscopia	Normalmente antes de la ovulación	Determinar si la cavidad uterina es normal (no se realiza rutinariamente)
Laparoscopia	Normalmente antes de la ovulación	Diagnosticar y tratar las enfermedades pélvicas como las adherencias o la endometriosis
Pruebas de reserva ovárica	Varían dependiendo de la prueba	*Véase* tabla en las páginas 274-275
Prueba poscoital	Próxima a la ovulación (idealmente después de las relaciones, durante la presencia del fluido cervical más fértil)	Determinar si los espermatozoides pueden sobrevivir en el fluido cervical de la mujer. (Esta prueba se realiza en muy pocas ocasiones, ya que su validez clínica está en entredicho, porque el valor predictivo es malo y los resultados no cambian la terapia recomendada)
Ultrasonido	Varias veces antes la ovulación, justo antes de la inyección de GCH y varias veces después	Para evaluar la maduración y el tamaño del folículo, la ovulación y el grosor y tipo de endometrio

271

ÓVULOS QUE ENVEJECEN Y RESERVA OVÁRICA

Inevitablemente, una de las primeras preguntas que te hace un médico de fertilidad es tu edad. Esto se debe a que es uno los mejores indicadores de tu reserva ovárica: la cantidad y, hasta cierto punto, la viabilidad del aporte de tus ovarios.

Si la cantidad es baja, suele llamarse una reserva ovárica reducida o disminuida. En última instancia, por supuesto, lo que realmente quieres saber es la cantidad y calidad de tus óvulos, además de lo bien que responden tus ovarios si vas a utilizar tecnologías de reproducción asistida como la fecundación *in vitro*.

En resumen, hay tres razones por las que una mujer querría hacerse la prueba de la reserva ovárica. Específicamente, para predecir:

- Aproximadamente cuántos años de fertilidad le quedan
- Su estatus general de fertilidad para su edad específica
- Cómo de bien responde su cuerpo a la estimulación farmacológica que precede a la fecundación *in vitro*.

Como sabes, nacemos con todos los óvulos que tendremos, aproximadamente 300 000, y después de años de ciclos menstruales el aporte se reduce, lo que hace que la fertilidad disminuya hacia los 47 años. Después, declina más rápidamente hasta la menopausia, normalmente hacia comienzos de los 50. Pero si la edad fuera el *único* factor que determina la fertilidad de un óvulo, no habría necesidad de hacerse la prueba de la reserva ovárica.

En realidad, aunque las reservas ováricas disminuyan con el tiempo en todas las mujeres, el modo en el que lo hacen en cada una es único. En lo único en lo que se ponen de acuerdo los investigadores es que el declive más pronunciado de la fertilidad se produce 13 años antes de la menopausia, pero la edad en que puede declinar puede variar bastante. Por tanto, dos mujeres de la misma edad tienen reservas ováricas totalmente distintas.

Entonces, ¿cómo te informa sobre la tuya? Sería maravilloso si hubiese una forma fácil de contar los óvulos de tus ovarios, de la misma forma que puedes abrir un cartón de huevos del frigorífico y contar cuántos buenos quedan. Vaya, no quedan, pero hay varias pruebas que, junto con tu edad, ofrecen las mejores herramientas actualmente disponibles para calcular tu reserva de óvulos viables.

Lamentablemente, ninguna de las pruebas es ideal, y no hay consenso entre los médicos respecto a cuál es la mejor. Sin embargo, hay un acuerdo general de que el incremento de la edad en la mujer afectará a la calidad de sus óvulos, y que debería hacerse al menos tres pruebas distintas para tener una mejor indicación del número de óvulos viables que quedan. En cualquier caso, aunque tus pruebas reflejen que tienes una reserva ovárica disminuida, esto no debería ser el único criterio utilizado para negarte el acceso a la fecundación *in vitro* y otros tratamientos. Si es así, probablemente encontrarás otra clínica que trabajará contigo.

La lista de pruebas de debajo están en orden aproximado de predicción:

Recuento folicular antral
Éste es uno de los pocos exámenes en que un radiólogo puede señalar que muchos folículos antrales inmaduros están disponibles para desarrollarse en este ciclo específico. Cuanto más alto sea el número observado en los primeros días de un ciclo, mejores serán las perspectivas para la fecundación *in vitro* (más de 10 está bien, mientras que menos de 5 es problemático). Y, puesto que esta cifra permanece estable mes tras mes, se suele considerar precisa como cualquier prueba bioquímica de tu reserva ovárica y tu futura fertilidad.

Prueba de la hormona antimulleriana (HAM)
Este análisis de sangre analiza los niveles de la hormona antimulleriana, una sustancia segregada por las células de los folículos preantrales y antrales (los folículos inmaduros). Puede ser realizada en cualquier momento durante el ciclo, pero, como con la prueba de la HET, los médicos usan parámetros específicos para obtener una lectura precisa.

Niveles de la hormona folículo-estimulante (HFE)

Este examen, normalmente realizado en el día 3 del ciclo, es la prueba más comúnmente administrada, aunque sus resultados son un tanto antiintiutivos. Evidentemente, comprueba tus niveles de HFE, pero, cuanto más alta sea la cifra, más problemática es para una mujer que desea quedarse embarazada. Esto es porque un nivel más elevado significa que el cuerpo está trabajando cada vez más duro, liberando más y más HFE para mantener maduros los folículos que quedan. Sin embargo, merece la pena hacer notar que, mientras un alto nivel de HFE puede indicar una mala reserva ovárica, un nivel normal de HFE no nos dice nada sobre la *calidad* de los óvulos que quedan.

Nota: El recuento de folículos antrales y la prueba HAM se consideran los más precisos y prometedores, mientras que la prueba de HFE sigue siendo la más prevalente. Consulta la gráfica de las páginas 274-275, que ofrece más información detallada sobre lo que son estas pruebas, por qué se usan y qué revelan.

Prueba del citrato de clomifeno (Clomid)

El propósito de una prueba de Clomid es determinar lo eficientemente que funcionan los ovarios. Un ovario sano requiere sólo una pequeña cantidad de HFE para estimular los folículos a fin de que maduren un óvulo. Los ovarios que no funcionan óptimamente, por otro lado, requieren niveles sustancialmente más altos. De este modo, tener niveles elevados se considera un indicador de una mala función ovárica, aunque tener niveles normales no necesariamente garantiza la función ovárica normal. Desgraciadamente, así es la vida.

Incluyo esta prueba porque se sigue realizando en muchas clínicas, pero no se considera más predictiva que la prueba de la HFE por sí sola. Además, es más invasiva, lleva más tiempo y es más cara, y a menudo hay efectos secundarios procedentes de los fármacos.

Prueba del estradiol y de la inhibina B

Estas dos pruebas se realizan ocasionalmente, pero no las explicaré aquí, puesto que las ya expuestas se consideran mucho más fiables.

Pruebas de reservas ováricas caseras

A fecha de hoy, estas pruebas no se consideran suficientemente precisas para su uso diagnóstico.

AHORA, A POR BUENAS NOTICIAS

El reciente descubrimiento de que más allá de la edad de los propios óvulos, la calidad del entorno ovárico en que esos óvulos maduran es también de crucial importancia es una buena noticia. Las posibles consecuencias de esto para las mujeres mayores o las que padezcan envejecimiento ovárico prematuro son significativas, porque ahora se sabe que la dehidroepiandrosterona (DHEA), prescrita por un médico, es un potente suplemento hormonal que aumenta los niveles de andrógenos en mujeres con reserva ovárica disminuida.

Con un mejor entorno ovárico, rico en andrógeno, tanto el número como la calidad de los óvulos que producen las mujeres aumentan enormemente. Lo que esto significa es que las tecnologías relevantes avanzan, tu reserva ovárica podría aproximarse a la depleción, pero aún podrías tener una buena posibilidad de quedarte embarazada usando DHEA y tus propios óvulos, lo más probable mediante inseminación *in vitro*.*

---

* Aunque sea de venta libre, nunca debes tomar DHEA sin una prescripción y una cuidadosa monitorización por parte de tu médico.

PRUEBAS DE RESERVA OVÁRICA			
	Recuento folicular antral	Hormona antimulleriana (HAM)	Hormona folículo-estimulante (HFE)
Tipo de prueba	Ecografía vaginal	Prueba sanguínea	Prueba sanguínea
Cuándo se hace la prueba	Día 3 del ciclo	En cualquier momento	Día 3 del ciclo
¿Qué se mide u observa?	Los diminutos (de 2 a 10 mm) folículos antrales inmaduros	La hormona segregada por los folículos inmaduros preantrales y antrales	La hormona liberada por la glándula pituitaria en el comienzo de cada ciclo, lo cual estimula la maduración de los restantes folículos antrales. Estos folículos contienen un óvulo cada uno
Motivo	Estos folículos son los que maduran en respuesta a la HFE. Tienen el potencial para desarrollarse en forma de folículo dominante (20 a 22 mm), que es uno de los que mantienen el óvulo que ovulará ese ciclo. Esta prueba se hace para determinar si una mujer sería una buena candidata para la fecundación *in vitro* (es decir, si tiene suficientes óvulos para estimular). También se hace en mujeres de treinta años o menos para hacerse una idea de su futura fertilidad. Cuando más alto sea el recuento de folículos antrales, mejor	Se cree que los niveles sanguíneos de HAM reflejan el tamaño del restante aporte de óvulos, y decrecen conforme la mujer envejece. En este caso, cuanto más alto sea el número, mejor. Sin embargo, irónicamente, las mujeres con síndrome ovárico poliquístico tienden a tener niveles excesivamente altos porque tienen una cantidad excesiva de folículos primordiales	Conforme la reserva ovárica de una mujer empieza a agotarse, la pituitaria siente la falta de estrógeno y bombea más HFE para estimular a los ovarios a producir más folículos. En resumen, una HFE alta significa una reserva ovárica alta, por lo que, cuanto más bajo sea el número, mejor será su reserva ovárica
Qué significan los resultados	Cuantos más folículos antrales tengas, más óvulos podrás producir en ese ciclo. Si tienes entre seis y diez, puedes tener una respuesta normal a la estimulación ovárica anterior a la fecundación *in vitro*. Para mujeres más jóvenes, cuanto mayor sea el recuento, más años de fertilidad probablemente les quedan	Los parámetros para la reserva ovárica normal se ofrecen debajo (usando niveles específicos de la edad, pero teniendo en cuenta que los valores de cada clínica pueden ser ligeramente diferentes) Entonces, por ejemplo, un nivel normal de HAM de 0,9 en una mujer de 42 años reflejaría un envejecimiento ovárico prematuro si lo encontraras en una de 32 años de edad	Los parámetros para la reserva ovárica normal se enumeran debajo (usando niveles específicos de la edad, pero teniendo en cuenta que los valores de cada clínica pueden ser ligeramente diferentes) Entonces, por ejemplo, un nivel normal de HFE de 8,3 en una mujer de 42 años podría reflejar envejecimiento ovárico prematuro si se encontrara en una con 32 años

Tabla HAM:

Edad	ng/ml
Menos de 33	2,1
Entre 33 y 37	1,7
Entre 38 y 40	1,1
Más de 40	0,5

Tabla HFE:

Edad	mlU/ml
Menos de 33	Menos de 7,0
Entre 33 y 37	Menos de 7,9
Entre 38 y 40	Menos de 9,4
Más de 40	Menos de 8,5

PRUEBAS DE RESERVA OVÁRICA		
	Recuento folicular antral	Hormona antimulleriana (HAM)	Hormona folículo-estimulante (HFE)

	Recuento folicular antral	Hormona antimulleriana (HAM)	Hormona folículo-estimulante (HFE)
Comentarios	Ésta es la prueba que ofrece una visión a tiempo real de los folículos de dentro de los ovarios, frente a sólo hormonas que produce tu cuerpo. También puede darse a mujeres en los primeros años de su treintena, o más jóvenes, en cualquier momento de su ciclo (aunque estén tomando la píldora), para estimar cuántos años de fertilidad les quedan	Esto se considera más preciso que la prueba de HFE, porque refleja el número de los folículos preantrales más diminutos, que forman la mayoría de folículos en el ovario, esos que ni siquiera estarían disponibles para su estimulación por la HFE durante cualquier ciclo determinado. Es una de las pruebas más precisas, ya que los resultados están basados en máximos específicos para la edad. Sin embargo, incluso con niveles indetectablemente bajos, una mujer puede concebir si se le administra suplementación de DHEA junto con una estimulación ovárica apropiada antes de la fecundación *in vitro*. Lamentablemente, la prueba parece perder su capacidad de pronóstico en mujeres de más de 42 años	Ésta es la prueba más frecuente, pero no es tan predictiva como las otras dos. La HFE se eleva un poco conforme las mujeres envejecen, pero el único adagio que es cierto es que tu reserva ovárica es sólo tan buena como tu peor nivel de HFE. Además, aunque un nivel elevado de HFE suele indicar una baja reserva ovárica, un nivel normal no indica necesariamente tener una buena (por tanto, puede ser necesario hacerse al menos una o dos más de esas pruebas). Por último, la prueba de la HFE sólo es fiable si los resultados se basan en tramos específicos de la edad, como los que hemos citado

FORMAS DE RESOLVER LA INFERTILIDAD

I. Terapia médica

Siempre que se prescribe algún fármaco, deberías verificar con tu médico para qué es y cuáles son los posibles efectos secundarios. Básicamente, hay tres tipos de fármacos para la fertilidad: los que estimulan la ovulación, los que bloquean la producción de hormonas y los que facilitan la concepción y apoyan el embarazo.

a. Fármacos para estimular la ovulación

El fármaco más comúnmente prescrito para inducir la ovulación es el Clomid. Se considera menos invasivo que otros fármacos ovulatorios y, en principio, se prescribe cuando una mujer no ovula en absoluto o sólo esporádicamente. También se usa cuando tiene una fase lútea breve, siendo la explicación que, aunque una mujer esté ovulando, una fase lútea comprometida suele ser un reflejo de la secuencia ovulatoria completa. En realidad, Clomid se suele prescribir rutinariamente incluso cuando no se conoce el problema de fertilidad de la mujer.

Otro fármaco ovulatorio es el letrozole (Femara). Funciona de forma diferente, es expulsado del cuerpo más rápidamente y no reseca el fluido cervical de la forma en que lo hace el Clomid. Pero no se ha estudiado tanto como el Clomid, por lo que no está claro si es completamente seguro.[1]

Si ninguno de ellos es eficaz, tu médico puede prescribir hormonas pituitarias (gonadotropinas) mediante inyecciones diarias, por lo que debes monitorizarte cuidadosamente con ecografías y pruebas de laboratorio. Además, hay una posibilidad significativamente mayor de partos múltiples, así como la posibilidad de desarrollar hiperestimulación ovárica.

b. Fármacos para bloquear la producción de hormonas

Ocasionalmente, es necesario suprimir la ovulación para reducir problemas como la endometriosis. A las mujeres se les suele prescribir estos fármacos durante seis meses o más, tras lo cual se las anima a intentar quedarse embarazadas. También se usan junto con tratamientos de alta tecnología.

Ciertos fármacos se prescriben porque algunas mujeres tienen un nivel excesivamente alto de hormonas que puede alterar su ciclo ovulatorio normal. Por ejemplo, Parlodel se usa para reducir la prolactina, la hormona que normalmente producen las mujeres que amamantan, pero también puede suprimir la ovulación en mujeres que no.

c. Fármacos para facilitar la concepción y apoyar el embarazo

A las mujeres se les suele recetar Clomid para inducir la ovulación, pero, como mencionamos antes, tiene el desafortunado efecto secundario de secar el fluido cervical necesario. En estos casos, puede prescribirse estrógeno junto con Clomid para contrarrestar sus efectos desecantes. Pero el estrógeno, tomado *sin* fármacos ovulatorios, puede tener curiosamente un efecto antiestrogénico que seca aún más el fluido cervical.

Se suele administrar progesterona para apoyar una fase lútea corta o insuficiente. Se administra mediante inyecciones, tabletas orales, supositorios vaginales o cremas. Actúa evitando que la mujer se quede embarazada antes de que el óvulo haya tenido una oportunidad para implantarse, con lo que se reduce la probabilidad de aborto espontáneo.

---

1. Sea cual fuere el fármaco ovulatorio prescrito, deberías saber que algunos estudios siguen sugiriendo que puede haber un mayor riesgo de cáncer de ovario si se usan durante un largo período de tiempo.

2. Inseminación artificial (IA) e inseminación intrauterina (IIU)

Éstas son las más simples de las técnicas de reproducción asistida. La IA suele conllevar el uso de un catéter para insertar esperma suavemente fuera o dentro del cuello del útero, mientras que la IIU incluye pasar el esperma por el cuello del útero y dirigirlo al útero. Para ambas técnicas, el esperma puede ser el de tu pareja o el de un donante. Actualmente, la IIU es el método preferido porque evita eficazmente numerosos posibles problemas de fertilidad, incluido un recuento de esperma bajo o una mala movilidad, anticuerpos antiespermáticos, fluido cervical de baja calidad e infertilidad sin explicación.

INSEMINACIÓN ARTIFICIAL EN CASA

La inseminación artificial es uno de los pocos procedimientos de fertilidad que puedes hacer en la privacidad de tu propia casa. Y, aunque la mayoría de vosotras elegiría una clínica para asegurarse de que todo se hace correctamente, hay veces en que puedes preferir un entorno más acogedor, especialmente:

- Cuando quieres mantener la intimidad que no existe en una consulta médica.
- Cuando tu fertilidad está bien, pero tu pareja tiene dificultades de eyaculación que preferirías tratar en privado.
- Cuando tu pareja no está en casa durante tus días más fértiles.
- Cuando eres soltera o tu pareja coparental es otra mujer.

Dónde puede colocarse el esperma

Técnicamente, hay tres tipos distintos de inseminación artificial, dependiendo de dónde se inserte el esperma dentro del cuerpo de la mujer:

- Inseminación intravaginal (IIV)
- Inseminación intracervical (IIC)
- Inseminación intrauterina (IIU)

Sin embargo, la IIU no debe hacerse en casa, puesto que puede provocar una infección pélvica seria si se realiza en un entorno no estéril.

Las dos elecciones de esperma

Hay dos tipos de esperma que se pueden utilizar: fresco o congelado. Como con todo en la vida, hay pros y contras para cada uno. Los beneficios del esperma fresco son que la cantidad y la calidad son mejores, puesto que suele haber más espermatozoides en una eyaculación típica, y no necesitan sobrevivir al proceso de descongelación. Además, por supuesto, usar esperma fresco es menos costoso porque no hay que comprarlo ni cuotas que pagar. Si estás con tu pareja, el fresco es el mejor, y no es ninguna incomodidad para él.

Pero, si por cualquier razón estás usando un donante desconocido, el esperma congelado también tiene muchos beneficios, incluido el hecho de que hay un menor riesgo de tener una infección sexual (suponiendo que el banco de esperma revise esto). Además, por supuesto, el donante puede ser anónimo y no tiene por qué vivir cerca de ti.

Lavado de esperma

El esperma congelado puede lavarse en una clínica con inseminación y seguir teniendo lugar en casa. (El proceso se describe en la página 280). Pero no es necesario lavar esperma fresco si sólo se deposita en la vagina, o directamente en el cuello del útero abierto y fértil. Evidentemente, en las relaciones tradicionales, el esperma nunca se lava antes.*

Utilizando un profesional médico

Tal vez descubras que contratar a una enfermera especializada en temas de obstetricia, o a otro profesional de la salud para realizar la inseminación, es la situación ideal, ofreciendo tanto la comodidad de tu casa como la experiencia de un profesional cualificado para estar tranquila. Por supuesto, te gustaría comprobar que quien contrates es experto en esos procedimientos.

Pautas temporales

Cuando se realiza una inseminación artificial en casa, usa las mismas pautas que harías con las relaciones tradicionales: lo ideal es que tu pareja o donante se abstenga durante dos días antes de proporcionar el esperma, pero no más de cuatro días. Si se utiliza semen fresco, es mejor utilizarlo lo más pronto posible, preferiblemente en unos minutos después de la eyaculación. Si se utiliza esperma congelado, el vial que contiene el esperma debería descongelarse durante unos treinta minutos, hasta que se vuelva líquido. En ese momento, el vial debe calentarse hasta la temperatura corporal en tus manos o bajo el brazo, durante unos minutos adicionales, antes de inseminar.

Te interesará insertar el esperma en la vagina un día en que tengas el fluido cervical de la mejor calidad. Lo ideal es lo más próximo al día cumbre que sea posible. Y, si puedes, haz lo mismo cada mañana, hasta el día del cambio de temperatura, que puede ser el día siguiente. Puedes utilizar una jeringa sin aguja que no sea de látex, una taza para esperma que no sea de látex o una copa menstrual para insertar el esperma.

Recursos para realizar inseminaciones en casa

Para una guía más detallada de la que puedo ofrecer aquí, hay una serie de páginas web que puedes encontrar en Google que proporcionan instrucciones muy claras sobre cómo hacer la inseminación artificial en casa.

---

* La única excepción es que el esperma del donante se haya comprobado y sea subfértil, en cuyo caso tus probabilidades de concebir aumentan si el esperma se lava antes de la inseminación.

3. Cirugía

Actualmente, cirugía no sólo significa el corte tradicional con un bisturí, sino también hacer incisiones diminutas usando un láser. La cirugía puede realizarse para corregir obstrucciones como cicatrices tubales y pólipos cervicales, así como para eliminar adherencias como las causadas por la endometriosis y las cicatrices de la enfermedad inflamatoria pélvica. Por último, puede utilizarse para eliminar crecimientos como los fibroides del útero. Aunque las perspectivas de someterse a una operación no son agradables, los avances en la tecnología significan que muchos procedimientos pueden hacerse actualmente de forma ambulatoria.

4. Técnicas de reproducción asistida

Estos procedimientos suelen conllevar coger óvulos del ovario de una mujer, fertilizarlos con esperma en el laboratorio e implantar el embrión resultante en el cuerpo de la mujer. Solían incluir diversas variaciones de ese concepto básico (que es lo que se llamaba con el plural «tecnologías»). Pero actualmente, en la fertilización *in vitro* se ha convertido en el procedimiento dominante, o incluso exclusivo, en la mayoría de las clínicas de fertilidad. Por tanto, las técnicas de reproducción asistida han llegado a hacer referencia principalmente a la fecundación *in vitro*.[2]

Cuando se desarrolló por primera vez, allá por los años setenta, la fecundación *in vitro* era un milagro de la ciencia y se consideraba revolucionario. Ahora, décadas más tarde, el procedimiento básico sigue siendo el mismo, aunque muchos de sus pasos individuales consisten en alternativas evolucionadas. En cualquier caso, la fecundación *in vitro* se realiza para numerosos problemas de fertilidad, incluidos los problemas ovulatorios, las trompas bloqueadas, la edad avanzada, los problemas de la pareja y, por supuesto, la infertilidad sin explicación.

Los pasos de la fecundación *in vitro*

Al considerar esta tecnología, deberías saber que incluye una serie de procedimientos que pueden ser física y emocionalmente incómodos. Lo que sigue es cómo tiene lugar básicamente un procedimiento de fecundación *in vitro,* pero recuerda que hay nuevas opciones que surgen continuamente para cada paso:

1. Supresión hormonal
La mujer toma fármacos unas tres semanas para suprimir su función ovárica normal.

---

2. Hay otros dos tipos de técnicas de reproducción asistida que ya raramente se efectúan. Son:

Transferencia de zigoto intrafalopiano:
En este procedimiento, el óvulo primero se fecunda con el esperma en una placa de Petri, y el zigoto resultante se devuelve a la trompa de Falopio abierta, después de lo cual sigue viajando naturalmente para implantarse en el útero. Actualmente, casi nunca se utiliza porque la fecundación *in vitro* se considera más efectiva.

Transferencia de gametos intrafalopiana:
En este procedimiento, el esperma y los óvulos se eliminan artificialmente, pero después se insertan en la trompa de Falopio y se deja que se fecunden ellos solos. También se considera menos efectiva que la fecundación *in vitro,* y, además, es un procedimiento más complicado de implementar. Sin embargo, sigue siendo una opción para quienes tienen objeciones religiosas y morales hacia la concepción en una placa de Petri.

2. Estimulación ovárica

Se le administran una serie de hormonas inyectables como Pergonal, durante entre ocho a doce días, a fin de estimular sus ovarios para madurar múltiples óvulos.[3]

3. Lavado de esperma

El esperma del hombre se lava para mejorar su calidad. El proceso básicamente separa los espermatozoides del semen y elimina las sustancias químicas que pueden causar reacciones adversas en el útero. El procedimiento mejora la capacidad fertilizante de los espermatozoides.

4. Recuperación de óvulos

Aproximadamente una docena de óvulos maduros se aspiran de los ovarios artificialmente estimulados de la mujer, con una aguja vaginal guiada por ultrasonidos.

5. Fertilización de óvulos

Numerosos óvulos se fecundan en el laboratorio, normalmente con los suyos propios y el esperma de su pareja, pero ocasionalmente se hace con óvulos o esperma de donantes, tal como explicamos después de la lista de estos pasos.

6. Inyección de esperma intracitoplásmica

En muchos casos, se utiliza una fina aguja para insertar el esperma directamente en el óvulo, como explicamos en la página siguiente.

7. Diagnosis de preimplantación

Los embriones resultantes suelen ser examinados mediante herramientas sofisticadas que en última instancia detectan los que están libres de defectos cromosómicos. Variantes de estas técnicas se explican en las páginas 282-284.

---

3. Si has oído alguna historia rara sobre que Pergonal se ha recogido de la orina de monjas posmenopáusicas en Italia, por una vez es cierto. Como hemos visto, uno de los efectos paradójicos de la menopausia en el cuerpo de una mujer es producir cantidades masivas de HFE como forma de estimular a los ovarios a seguir ovulando. Puesto que la HFE es necesaria para inducir ovulación en ciclos clínicamente estimulados como los preparados para procedimientos como la inseminación artificial y la fecundación *in vitro,* ¿no es lógico utilizar orina de monjas? Probablemente pienses: «¿Por qué no pensé en ello? Orina de monjas. Por supuesto». (Para una fuente hormona incluso más extraña, *véase* página 374).

8. Transferencia de embriones

Uno o más de los embriones se devuelven al útero mediante un fino catéter insertado a través del cuello del útero, donde se espera que tenga lugar una implantación y en última instancia llevar al nacimiento de un bebé saludable.

9. Prueba de embarazo y confirmación

Unas dos semanas después de la transferencia, se realiza un análisis de sangre para confirmar el embarazo. Si es positivo, se efectuará una ecografía varias semanas después.

Fecundación *in vitro* y uso de donantes

Si los hombres son infértiles o incapaces de usar su propio esperma por cualquier razón, se suele utilizar la donación de esperma con cualquier inseminación artificial o fecundación *in vitro*. Si las mujeres son incapaces de utilizar sus propios óvulos (normalmente debido a una reserva ovárica reducida), pueden utilizar la fecundación *in vitro* con óvulos de donante de otras mujeres, que suelen ser más jóvenes. Estos óvulos se fecundan con el esperma del padre y se colocan en el útero de la misma forma que en la fecundación *in vitro*. Tanto el esperma como los óvulos pueden elegirse de donantes con atributos físicos similares, así como la misma etnia y religión que la pareja que desea concebir.

Con esta opción, incluso las mujeres con una reserva ovárica insuficiente suelen poder experimentar la alegría y los vínculos afectivos de un embarazo y parto normales. Puede decidir recibir el óvulo de una donante filtrada, pero anónima, o incluso utilizar los óvulos de una pariente cercana o amiga. Por supuesto, hay profundas consecuencias en el proceso. Además del evidente problema de que el niño no está biológicamente relacionado contigo, hay otros factores que considerar. Por ejemplo, ¿te sentirías cómoda si el niño tiene los genes de tu pareja, pero no los tuyos? ¿Y te gustaría decírselo a tu hijo? En última instancia, la opción es muy prometedora, pero no puede tomarse a la ligera.

Las parejas también pueden utilizar *embriones* de donantes, en los que ya se han revisado sus atributos físicos y sus posibles problemas. Uno de los beneficios de elegir esta ruta es que puede ser más atractiva psicológicamente, puesto que los dos miembros de la pareja saben que el niño no está relacionado biológicamente con ninguno de ellos, por lo que puede sentirse más equitativo. Además, es más asequible porque no incluye tantos pasos como la fecundación *in vitro* tradicional. Por último, muchas parejas pueden sentirse mejor sabiendo que han elegido un embrión de una pareja que claramente querían ser padres y llegaron muy lejos por conseguir ese objetivo.

Fecundación *in vitro* y uso de la IIE

La inyección intracitoplásmica de espermatozoides (IIE) es un procedimiento en el que se inserta un único espermatozoide directamente en el óvulo mediante la asistencia de instrumentos de alta tecnología. Una de las ventajas de la IIE es que puede seleccionarse para el proceso el espermatozoide con el aspecto más sano. Después de conseguir la fertilización, el embrión nuevamente creado se coloca en una incubadora entre dos y cuatro días antes de volver a insertarse en el útero de la mujer.

La IIE fue desarrollada inicialmente para las situaciones en que el esperma del hombre se ve severamente comprometido, o que ha sido incapaz de fecundar un óvulo en anteriores intentos de fecundación *in vitro*. Pero ahora al menos la mitad de todos los procedimientos de fecundación *in vitro* la incorporan, sin importar la causa real de la infertilidad. La razón es que, puesto que las tasas de éxito de la fecundación *in vitro* parecen ser más altas con él, su uso puede ahorrar a las parejas la carga emocional y económica de los intentos adicionales de fecundación *in vitro*.

Fecundación *in vitro* y uso de técnicas de diagnóstico con preimplantación

Más de la mitad de todos los embriones producidos durante la fecundación *in vitro* son cromosómicamente anormales, y por ello incapaces de implantarse con éxito en el endometrio. Esto explica por qué los médicos solían devolver cinco o más embriones al útero de la mujer, pensan-

282

do que tal vez uno o dos lograrían implantarse. No obstante, como ya sabes, a veces tres, cuatro o incluso cinco podrían ser viables, aumentando enormemente el riesgo de perjudicar a la madre y a sus hijos.

Sin embargo, actualmente hay diversas técnicas sofisticadas y mejoradas que permiten a los médicos elegir el embrión más sano del grupo para devolverlo al útero. La más importante y ampliamente conocida es el diagnóstico genético de preimplantación. Esto implica un examen intensivo de los marcadores genéticos de diversas enfermedades como la fibrosis quística y la distrofia muscular, que podrían causar problemas en el embarazo y después.

Aunque el diagnóstico genético de preimplantación es una técnica notable que puede reducir las probabilidades de que las mujeres sufran abortos espontáneos recurrentes, es bastante cara y, además, no necesariamente mejora la tasa de embarazos en las mujeres. (Un metaestudio descubrió que las tasas de nacimientos en realidad disminuyeron, probablemente debido en gran parte al carácter invasivo de la biopsia embriónica, que es una parte del proceso).

Una técnica similar con un objetivo ligeramente diferente es el análisis genético de preimplantación. Este procedimiento no se concentra demasiado en ninguna enfermedad específica, sino más bien en filtrar los embriones que tienen un número anormal de cromosomas, una condición que también se llama aneuploidía. Esto es vital, puesto que un número anormal incrementa en gran medida el riesgo de defectos de nacimiento y de abortos espontáneos. (Como seguramente recuerdas, un embrión sano debe tener 23 pares de cromosomas).

Igual que el diagnóstico genético de preimplantación, el análisis genético de preimplantación es un procedimiento que parece ir mejorando, y sus defensores afirman que actualmente tiene como consecuencia una mejora significativa en la tasa de nacimientos. Pero, de nuevo, puede añadir varios miles de dólares al coste de la fecundación *in vitro,* y, mientras escribo esto, no ha habido suficientes estudios de la más reciente versión para ver lo bien que funciona realmente (la última generación de análisis genético de preimplantación conlleva probar con embriones de cinco días con más de cien células, mientras que, previamente, las pruebas se hacían con embriones de tres días de vida que contenían sólo ocho células).[4]

Hay otras dos técnicas relacionadas que han aparecido en los últimos años y que probablemente se utilizarán mucho más en los próximos años. Una es la secuenciación de ADN de siguiente generación, que también se usa para contar el número de cromosomas que tiene un embrión preimplantado. Se utilizan sofisticadas máquinas de secuenciación de ADN para la tarea, que puede convertir esta técnica en más rápida y barata que las dos anteriores, a la vez que más precisa.

---

4. Un uso extremadamente eficaz, pero controvertido, del análisis genético de preimplantación es para la selección de género, como se explica brevemente en el apéndice K.

La otra es una nueva tecnología de imagen diseñada para tomar imágenes de cámara rápida del embrión preimplantado desde el momento de la concepción hasta justamente antes de la transferencia, y, como con las otras técnicas expuestas, el objetivo último es asegurarse la selección del embrión lo más sano posible. Actualmente hay dos variaciones: una es la EmbryoScope, que básicamente funciona como un tipo de incubadora de fertilización *in vitro* con una cámara integrada. La otra es la prueba Eeva (Early Embryo Viability Assessment [Valoración temprana de la viabilidad del embrión]).

Ambas son no invasivas y utilizan programas sofisticados para monitorizar diversos parámetros de la salud del embrión. Sin embargo, de nuevo, hay pocos estudios de momento que puedan confirmar su eficacia en las tasas de embarazos y nacimientos. Pero, en cualquier caso, e igual que *todas* estas nuevas tecnologías, siempre deberías preguntar a tu médico que te explique los pros y los contras teniendo en cuenta tu situación.

Fecundación *in vitro* y el posible próximo descubrimiento

Por último, vale la pena señalar aquí que, con los continuos avances en biotecnología, algunos científicos creen que algún día llegaremos al punto en que serán innecesarios todos los fármacos ovulatorios, porque resultará más fácil recuperar ovocitos inmaduros directamente de los ovarios mediante un procedimiento que utiliza una aspiración con una aguja fina. Después se madurarán *in vitro* antes de ser fertilizados mediante la inseminación *in vitro* estándar. En efecto, este tipo de maduración *in vitro* ya está disponible en ciertas clínicas.

Sin embargo, es caro y sus tasas de éxito parecen estar bastante por debajo de la de la fecundación *in vitro* utilizando óvulos estimulados mediante fármacos ovulatorios tradicionales. Además, en este momento, la tecnología sólo se recomienda para mujeres con ciertos trastornos, como el síndrome ovárico poliquístico, las que tienen riesgo de síndrome de hiperestimulación ovárica, y las que tienen cánceres sensibles a los estrógenos. Sin embargo, la maduración *in vitro* es una tecnología con gran potencial en los años venideros, por lo que te animo a estar al día si piensas utilizar la fecundación *in vitro*.

OPCIONES DE TRATAMIENTO PARA MUJERES
CON SÍNDROME OVÁRICO POLIQUÍSTICO

En lo relativo a los problemas de salud de las mujeres, el síndrome ovárico poliquístico puede ser uno de los más emocionalmente dolorosos porque, además de todos los síntomas evidentes y riesgos de salud que tal vez experimenten las mujeres con este problema, también pueden afrontar serias dificultades al intentar quedarse embarazadas. De hecho, este síndrome es una de las causas más comunes de infertilidad femenina. Sin embargo, la buena noticia es que la mayoría de las mujeres con este problema pueden quedarse embarazadas incluso con sus propios óvulos si se les aplica el tratamiento de fertilidad adecuado.

Aunque el síndrome ovárico poliquístico es un problema de salud importante que afecta a muchas más cosas que la fertilidad, la razón por la que supone un serio impedimento para quedarse embarazada son los efectos adversos de los ovarios poliquísticos en sí mismos. Además, las mujeres con este síndrome a menudo tienden a:

- Dejar de madurar óvulos en la primera fase del desarrollo, por lo que raramente ovulan o tienen ciclos normales. En su lugar, desarrollan múltiples quistes pequeños en la cápsula exterior de los ovarios que son técnicamente «folículos preantrales» (no confundir con «prenatales»). Suelen descubrirlos los médicos mediante una ecografía y se les suele llamar «sarta de perlas» por la forma en que aparecen en el ovario (*véase* imagen en la página 409 del epílogo).
- Tener largos intervalos de tiempo entre menstruaciones, los cuales, técnicamente, no suelen ser verdaderos períodos, que, como ya sabes, es el sangrado que tiene lugar aproximadamente entre 12 y 16 días después de la ovulación.
- Tener ciclos largos de parches esporádicos de clara de huevo, por lo que deben sentir que están constantemente a punto de ovular (pero la ausencia de cambio de temperatura confirma que no lo están).
- Tener ovulaciones anormales si de verdad ovulan, tanto en términos del desarrollo del óvulo como en el cuerpo lúteo.
- Tener un riesgo mayor de endometriosis, con su correspondiente mayor probabilidad de infertilidad.

Por último, deberías saber que las mujeres con síndrome ovárico poliquístico raramente se benefician de los kits predictores de la ovulación, ya que producen numerosos picos de HL durante sus ciclos anovulatorios, y esto a menudo conlleva que el kit sea inútil.

LA BUENA NOTICIA: EL SÍNDROME OVÁRICO POLIQUÍSTICO
Y LAS DIVERSAS OPCIONES PARA QUEDARTE EMBARAZADA

Como mencioné en el capítulo 8, es vital que el plan de tratamiento de una mujer sea individualizado para su genotipo, edad y niveles hormonales específicos, aunque para todas las opciones de tratamiento el principal objetivo es inducir una ovulación saludable. Puede que ya hayas leído sobre algunos de los tratamientos enumerados a continuación en ese capítulo, pero algunos serán diferentes en el contexto de intentar quedarte embarazada:

Equilibrio hormonal natural
Antes de probar alguno de los tratamientos siguientes, probablemente querrás hacer todo lo que puedas para controlar tu síndrome ovárico poliquístico mediante los métodos naturales expuestos en el capítulo 9, porque, además de ser más saludables para ti, no tienen efectos secundarios.

Metformina (Glucophage)

Este fármaco es un medicamento sensibilizante a la insulina que puede ser muy eficaz a la hora de ayudar a las mujeres con síndrome ovárico poliquístico a desarrollar ciclos ovulatorios más regulares, pero puede tener algunos efectos secundarios, incluyendo fiebre y dolor de espalda.

Un fármaco ovulatorio como Clomid o Letrozole

Si la metformina no ayuda a una mujer a ovular por sí sola, normalmente se le recetará un fármaco como Provera para inducir un «período», después de lo cual puede empezar a tomar un fármaco ovulatorio como Clomid o Letrozole, empezando normalmente alrededor del día 3 del nuevo ciclo. Letrozole parece funcionar mejor para las mujeres con síndrome ovárico poliquístico.

Sin embargo, las que sufran este problema deben ser tratadas con mucho cuidado, porque tienen tantos folículos inmaduros que necesitan evitar el síndrome de hiperestimulación ovárica, en el que maduran simultáneamente demasiados óvulos. Por ello, se les administra la menor cantidad posible del fármaco ovulatorio, aumentando gradualmente la dosis hasta que responden y liberan un óvulo. De hecho, debido a este riesgo, todas las mujeres a las que se recetan estos fuertes fármacos ovulatorios deben confirmar con sus médicos que no tienen síndrome ovárico poliquístico antes de tomarlo, para controlar mejor la hiperestimulación ovárica.

Gonadotropinas

Si las mujeres siguen sin poder ovular, se les suele prescribir una gonadotropina, que es más potente y produce grandes cantidades de folículos, pero tiene un riesgo incluso más alto de hiperestimulación ovárica. Por esta razón, la mayoría de los médicos sólo prescribirán estos fármacos en combinación con la fecundación *in vitro*, de forma que puedan ser monitorizados cuidadosamente y que sólo se devuelvan uno o dos embriones al útero de la mujer.

Perforación ovárica y extirpación de una parte del ovario

Como también mencionamos en el capítulo 8, estos dos tratamientos aparentemente arcaicos en realidad pueden ser sorprendentemente eficaces para mujeres con síndrome ovárico poliquístico. De hecho, algunos médicos creen que la perforación ovárica o la extirpación de una parte del ovario debería ser el primer tratamiento ensayado si los fármacos no funcionan solos, aunque, naturalmente, otros creen que deberían ser los últimos (como ves, ésa es la naturaleza de la medicina moderna). La teoría que los respalda es que, eliminando una parte del ovario, disminuyen los folículos productores de andrógeno, con lo que se permiten unos ciclos y una ovulación más normales. Además, las mujeres que se oponen a la fecundación *in vitro* por motivos religiosos pueden considerar más aceptables estos procedimientos.

La extirpación de una parte del ovario se realiza raramente porque suele tener una alta tasa de adherencias, y por ello se considera un procedimiento demasiado peligroso. Sin embargo, cada vez son más los cirujanos que se están formando para utilizar esta técnica con una tasa muy baja de adherencias. Esto puede que la haga más conveniente, ya que ayuda a las mujeres a ovular por sí solas mientras también tratan muchos de los efectos debilitantes del síndrome ovárico poliquístico. Si estás interesada en esta opción, te animo a contactar con el Instituto Papa Pablo VI para el Estudio de la Reproducción Humana, en Nebraska, para conseguir una lista de cirujanos entrenados en este procedimiento.

Fecundación *in vitro*

La fecundación *in vitro*, junto con uno o más de los tratamientos ovulatorios enumerados a continuación, suele tener bastante éxito para la mayoría de las mujeres con síndrome ovárico poliquístico. Sin embargo, hay quienes tienen un genotipo concreto que, lamentablemente, suele tener una tasa de éxito mucho menor. Estas mujeres no suelen tener sobrepeso, e incluso pueden no demostrar indicios de exceso de andrógeno y otras características que están normalmente asociadas con el síndrome ovárico poliquístico. Sin embargo, desarrollan ovarios poliquísticos a una edad menor, por lo que agotan antes su reserva ovárica, lo que las lleva a un envejecimiento ovárico prematuro.

La prueba de fertilidad masculina

Cuando la gente piensa en problemas de fertilidad, suele pensar en ellos como un problema principalmente de la mujer. Pero, como ya sabes, los problemas de fertilidad afectan por igual a los hombres y a las mujeres. La razón por la que el hombre debería ser revisado antes es que su propia puesta a punto es bastante sencilla, barata y poco incómoda. La base es el análisis del semen, que se obtiene fácilmente haciendo que eyacule en un vaso.

Recuerda que, aunque al análisis se le suele llamar «recuento espermático», la expresión es un tanto engañosa. El recuento es sólo una faceta de todo el análisis. Como explicamos en el capítulo 3, la clave para juzgar la fertilidad de un hombre no es tanto el número total de espermatozoides por eyaculación, sino más bien el número total de ellos que tienen forma y movilidad normales.

Basándose en ese análisis, un médico podrá decir si el recuento espermático de tu pareja se considera normal o subfértil. Si el análisis muestra un recuento bajo, probablemente tendría que hacerse al menos un análisis más, unas semanas después, para verificar los resultados.

Una investigación adicional que se suele hacer con la muestra de esperma es el ensayo de penetración del esperma, o la prueba de penetración del óvulo del hámster (sí, hámster). Se efectúa para determinar la capacidad de fertilización del esperma de un hombre. Como indica el nombre, el esperma se sitúa al lado de óvulos de hámster, para ver si pueden penetrarlos, ya que esa penetración normalmente se corresponde con lo bien que el esperma puede penetrar óvulos humanos.

Sin embargo, igual que cualquier prueba, no es perfecta. De hecho, entre el 5 y el 10 % de los hombres cuyo esperma no «pasa la prueba» pueden llegar a embarazar a sus parejas. Y, de igual modo, algunos hombres cuyo esperma se comporta bien en la prueba son incapaces de fertilizar los óvulos de sus compañeras. Por esta razón, algunos médicos de este ámbito creen que es un derroche de dinero porque no proporciona ninguna información adicional que no esté ya disponible mediante un análisis de esperma. Sin embargo, se considera bastante estándar en una prueba de fertilidad, y debe tomarse por lo que vale.

Por último, muchos médicos actualmente ofrecen exámenes que ponen a prueba la integridad cromosómica del esperma. El más común es el ensayo de integridad del ADN del esperma. Esta prueba es más probable que se realice si el análisis del semen es anormal, o en casos de infertilidad no explicada, pero, por otra parte, la prueba no predice fiablemente los resultados y no es muy recomendada en la práctica clínica convencional.

Dependiendo de los resultados del análisis de semen, el médico puede realizar distintos procedimientos. Éstos incluyen un examen físico en busca de varicoceles, problemas de próstata o anomalías testiculares, así como análisis de sangre para comprobar los niveles hormonales. Además, el médico tal vez necesite tomar cultivos de semen para determinar la presencia de amontonamientos de espermatozoides (aglutinación) o infecciones del tracto genital, así como rayos X de los tejidos productores de espermatozoides. Una vez que la fuente del problema está identificada, puede haber varios tratamientos posibles.

Corrigiendo el problema subyacente básico del hombre

Igual que con la mujer, la fertilidad del hombre puede mejorarse simplemente cambiando la dieta y eliminando el consumo de cafeína, nicotina, drogas y alcohol. Algunas personas creen que la acupuntura y los tratamientos de naturopatía, además de los suplementos nutricionales, también pueden ser útiles. Aun así, los hombres que se enfrentan a problemas de infertilidad normalmente tienen diversos síntomas solapados que requieren intervención médica. Aunque los especialistas en fertilidad suelen considerar la infertilidad masculina fácil de detectar, pero más difícil de curar que en las mujeres, también es cierto que algunos de los problemas más prevalentes pueden tratarse con éxito.

Además, se han diseñado diversas técnicas para extraer espermatozoides de los vasos deferentes, el epidídimo e incluso los testículos, para utilizarlos con la inyección intracitoplásmica de espermatozoides (que se explicará más adelante). Esto resuelve prácticamente todas las formas de infertilidad masculina, aunque evidentemente debe utilizarse junto con la fecundación *in vitro*. En cualquier caso, la infertilidad masculina puede deberse a problemas relacionados con cualquier combinación de lo siguiente:

- Recuento espermático bajo (incluidas la morfología y la movilidad)
- Varicoceles
- Conductos espermáticos dañados
- Deficiencia hormonal
- Fallo testicular
- Anticuerpos en el esperma

Recuento espermático bajo

La causa más común de la subfertilidad masculina es el recuento espermático bajo, debido a diversas causas posibles. Entre ellas están la deficiencia hormonal, las infecciones bacterianas y el varicocele, todos los cuales pueden tratarse mediante procedimientos médicos estándar, como explicaremos a continuación. Las tasas de éxito varían dependiendo de la causa. Lamentablemente, los recuentos espermáticos bajos a menudo no tienen fuente detectable, aunque se sospecha que la maduración testicular anormal se remonta al desarrollo embrionario.

En cualquier caso, es posible incrementar la producción de esperma mediante el uso de varios fármacos para la fertilidad como el Clomid, el Pergonal y la GCH, todos los cuales están más comúnmente asociados con los procedimientos de fertilidad para mujeres. Además, el recuento espermático bajo puede tratarse con diversos procedimientos de alta tecnología para aprovechar el esperma que existe, y, en efecto, incluso los hombres con un recuento de cero tienen algunas opciones prometedoras, como exponemos en la página 290.

Varicocele

Es un tipo de vena varicosa en el saco escrotal del hombre y suele ser citado como la causa más probable de los recuentos espermáticos disminuidos. Alrededor del 30 o el 40 % de todos los hombres lo tienen, aunque no está claro qué impacto, si existe, tiene en la fertilidad. Casi siempre tiene lugar en el testículo izquierdo, porque la vena espermática entra en la vena renal en forma de ángulo recto en ese lado, permitiendo que se acumule presión. La razón más plausible por la que esto afecta al esperma es que la sangre venosa acumulada calienta en exceso los centros de producción de esperma de los testículos. Y, como ya sabes, el calor puede matar los espermatozoides.

Puede utilizarse anestesia local o general para tratarlo. El recuento espermático eficaz mejora en la mayoría de los hombres infértiles después de la cirugía, pero sólo la mitad de esos hombres llegan a embarazar a sus parejas. Esto sugeriría que la infertilidad masculina a menudo es causada por una serie de problemas solapados. En cualquier caso, no deberías olvidar el principio general de que los espermatozoides tardan en madurar unos tres meses, por lo que el hombre no experimenta ninguna mejora en su recuento de esperma durante al menos ese período de tiempo.

Conductos espermáticos dañados

Los conductos espermáticos bloqueados suponen entre el 10 y el 15 % de todos los casos de infertilidad masculina. La cicatrización en el vaso deferente puede evitar que el esperma llegue al fluido cervical cuando fluye por la uretra. Esto a menudo lo causa una infección de transmisión sexual. El vaso deferente también puede estar bloqueado por un varicocele que presiona contra él. Algunos de estos casos pueden corregirse sin cirugía, pero la mayoría requiere una operación menor para eliminar el bloqueo o cicatrización. La microcirugía suele ser muy eficaz para restaurar la fertilidad en los hombres cuyo único problema es la obstrucción del flujo espermático.

Afortunadamente, en nuestros días es posible evitar la invasión de la cirugía tubal eliminando directamente el esperma del epidídimo del hombre. Esto se hace mediante dos procedimientos llamados aspiración espermática epididímica microquirúrgica y aspiración espermática epididímica percutánea. También es posible eliminar el esperma del vaso deferente mediante procedimientos similares, pero algo menos comunes: aspiración espermática vasal microscópica y aspiración espermática percutánea del vaso deferente. Todos estos procedimientos se suelen realizar junto a una fecundación *in vitro* y una inyección intracitoplásmica de espermatozoides.

Deficiencia hormonal

La siguiente causa más común de subfertilidad masculina es la deficiencia hormonal. Suele deberse a una liberación insuficiente o anómala de la HFE y la HL, las hormonas necesarias para la producción del esperma (estas hormonas, explicadas extensamente a lo largo de este libro, están presentes también en el sistema reproductor masculino). Si la deficiencia hormonal está causando un recuento espermático bajo, tal vez sea posible tratar el problema con gonadotropinas. Los problemas hormonales masculinos suelen ser complejos y difíciles de curar, aunque las tasas de éxito son mucho mayores cuando el problema produce un recuento espermático muy bajo, frente a la cesación completa de producción de esperma.

Fallo testicular

Otro problema bastante común es el fallo testicular, en el que la cantidad de hormona reproductora que se libera de la pituitaria es suficiente, pero los testículos no responden adecuadamente y por ello no producen espermatozoides. Las causas de esta afección van desde enfermedades como las paperas y diversas enfermedades de transmisión sexual, hasta traumas físicos causados por cirugía, tumores y fármacos. Podría incluso estar causado por una lesión deportiva, en la que un fuerte golpe en los testículos puede generar una reducción en el flujo de oxígeno de la espermatogenia, haciendo que las células mueran. Lamentablemente, parece no haber tratamiento efectivo que mejore la producción de espermatozoides en los casos en que el hombre carece de ellos por completo.

Sin embargo, si hay algunos espermatozoides, los fármacos para la fertilidad pueden aumentar la cantidad. Y, como mencionamos antes, ahora es posible recuperar los espermatozoides directamente desde los testículos incluso cuando el *recuento* del hombre es un cero aparente. En dos procedimientos relativamente nuevos y destacables, llamados extracción espermática testicular y aspiración espermática testicular, unas agujas especiales de alta potencia y unos delicados instrumentos microquirúrgicos recogen espermatozoides directamente de los testículos.

También hay un nuevo procedimiento utilizado por algunos médicos, llamado mapeo testicular, en el que se utiliza una aspiración con una aguja fina para ver si hay áreas de los testículos que produzcan espermatozoides. Ésta es una innovación significativa, puesto que muchos hombres puede parecer que no tienen espermatozoides en absoluto, pero en realidad tienen algunos que están escondidos en ciertos «bolsillos» testiculares. En el mapeo testicular actualmente se tardan unos 45 minutos y se hace con anestesia local, pero, en el futuro, una técnica menos invasiva llamada mapeo metabólico puede confirmar la localización del esperma mediante escáner con resonancia magnética.

Por último, hay algunos hombres que no tienen ningún espermatozoide maduro, pero que pueden tener diminutos botones redondos, llamados espermátides, que aún no han desarrollado la cabeza ni la cola. Sin embargo, los médicos los han recogido y madurado con éxito antes de usarlos con inyección intracitoplásmica de espermatozoides y con fecundación *in vitro*. Lamentablemente, esta tecnología es aún experimental y las tasas de embarazo con éxito todavía son muy bajas.

Anticuerpos del esperma

En algunos hombres, el problema se debe a la producción de anticuerpos para sus propios espermatozoides, de forma que el sistema inmunitario los destruye en cuanto se producen. Esto ocurre en un 10 % de los varones infértiles, aunque las cifras pueden ser más altas en quienes se sometieron a una vasectomía y después la revirtieron. Si un hombre ha desarrollado este tipo de anticuerpos, puede que le prescriban esteroides, que son potentes fármacos que suprimen el sistema inmunitario (evidentemente, este tipo de tratamiento tiene sus riesgos). Hay también alguna evidencia de que las hormonas adrenales pueden restaurar la fertilidad en ciertos casos.

Otra opción es hacer que laven el esperma, como expusimos antes. Básicamente, el semen se mezcla con un medio de cultivo en un tubo de ensayo, y después se hace girar rápidamente. Aunque no elimine los anticuerpos, permite la separación de los mejores nadadores, lo cual a su vez permite una inseminación intrauterina en el tracto reproductivo de la mujer. Sin embargo, si la inseminación no tiene éxito, la pareja puede probar la fecundación *in vitro* combinada con inyección intracitoplásmica de espermatozoides, ya que ésta se considera la opción más eficaz en estos casos.

Conclusión sobre la infertilidad masculina

Actualmente pueden tratarse muchos de los problemas antes expuestos, así como otros menos comunes. Y, conforme continúa la revolución en la medicina reproductora, ahora parece que incluso hay esperanza para los hombres que no producen espermatozoides en absoluto. Por supuesto, estas nuevas tecnologías pueden ser costosas y no se garantiza que funcionen en todos los hombres, pero incluso en los casos en que no, las parejas pueden utilizar un donante de espermatozoides para la inseminación artificial.

Las limitaciones de las tasas de éxito clínicas

Aunque los avances en las tecnologías de reproducción asistidas sean reales y prometedoras, aún necesitas tener cuidado con las tasas de éxito sobre las que informan las clínicas, porque son notablemente incoherentes y a menudo engañosas. Es prácticamente imposible comparar sus tasas de éxito al usar tecnologías de reproducción asistida porque hay muchas variables confusas, como por ejemplo la causa de la infertilidad, y numerosas variantes dentro de los propios procedimientos. Además, muchas clínicas tienen un límite de edad menor para las mujeres, de forma que se presentan como más exitosas que las que aceptan mujeres mayores.

Por último, se suele informar de la tasa de embarazos (haya aborto espontáneo o no), aunque sea la «tasa de llevar el bebé a casa» la que es obviamente más relevante para analizar de forma inteligente tus opciones. Habiendo dicho todo eso, por la comparación más fiable de las tasas de éxito clínicas y de tecnología, tal vez quieras explorar algunas de las páginas web enumeradas debajo:

- Sociedad para las Tecnologías Reproductoras   sart.org

- Centros para el Control y Prevención de Enfermedades   cdd.gov/art/ARTReports.htm

Unas palabras finales sobre el Método de Conciencia de la Fertilidad, la infertilidad y las opciones de alta tecnología

Las tecnologías de reproducción asistida siguen consiguiendo avances que generan titulares. Aunque creo que una opción de baja tecnología como el Método de Conciencia de la Fertilidad es la solución preferida a los problemas de infertilidad siempre que sea posible, deberías conocer sus límites. Si no has podido quedarte embarazada en unos cuatro o seis ciclos programando perfectamente las relaciones con el Método de Conciencia de la Fertilidad, deberías considerar la posibilidad de consultar a un médico. En cualquier caso, aunque no puedas tener un bebé por medios completamente naturales, la elaboración de gráficas sin duda puede ayudarte a identificar el problema y utilizar las diversas soluciones que ofrece la medicina moderna cada vez más.

TRATANDO LOS ABORTOS ESPONTÁNEOS

16

La mayoría de los procedimientos de alta tecnología expuestos en el capítulo anterior probablemente no serán de ayuda si experimentas abortos espontáneos repetidos. A diferencia de cualquier otro problema de infertilidad, éste no consiste en lograr el embarazo, sino en mantener el embrión viable después de la concepción. Y conforme las mujeres llegan al final de su treintena, los abortos espontáneos se cuentan entre las causas más prevalentes de infertilidad, con los no detectados probablemente suponen la mayoría de las pérdidas fetales.

No obstante, afortunadamente, se están haciendo avances médicos prometedores para las mujeres que ya han tenido varios abortos espontáneos en el pasado. Por supuesto, antes de que empieces a buscar tratamiento, debes ser consciente de que ya estás haciendo algo al respecto. Como ya has visto, la elaboración de gráficas puede desempeñar un papel crucial en este aspecto. El Método de Conciencia de la Fertilidad puede identificar fases lúteas anormalmente cortas, de menos de 10 días, que convertirían en improbable una implantación exitosa. También puede alertar o detectar los abortos espontáneos cuando tienen lugar (vistos mediante al menos 18 temperaturas seguidas en descenso y sangrado).

La mayoría de mujeres que descubren que se han quedado embarazadas, pero que pierden el embrión, deberían poder empezar a probar a concebir de nuevo dentro de uno o dos ciclos. Pero recuerda que cada mujer y situación son únicas, por lo que el tiempo que quieres esperar dependerá de numerosos factores, incluyendo lo pronto que ocurrió el aborto espontáneo en el embarazo, qué lo causó en realidad, qué posibles tratamientos recomendará tu médico para tu situación (explicado más adelante, en este capítulo), y, por supuesto, si estás preparada emocionalmente para probar de nuevo.

Además de los pasos evidentes que deberías dar para asegurarte de que estás lo más saludable posible, te recomiendo que consultes a un especialista en fertilidad cualificado si has tenido dos o más abortos espontáneos. Mejor aún, deberías llevar al médico tus gráficas de conciencia de la fertilidad. Al hacerlo, no sólo sentirás tener más control, sino que puedes estar facilitando el proceso que lleva a un bebé sano.

Deborah y Burt utilizaban el Método de Conciencia de la Fertilidad para que ella se quedase embarazada, pero el embarazo terminaba tristemente en un aborto espontáneo al producirse un embarazo anembrionado (una situación en la que se desarrolla un saco amniótico, pero no un embrión). Puesto que en principio no tenían problemas para que ella se quedara embarazada, decidieron no seguir con las gráficas cuando se sintieron listos para volver a probar otra vez.

Deborah tuvo un ciclo normal después de su aborto espontáneo, pero el ciclo posterior fue extremadamente largo y confuso. Cuando tuvo un sangrado ligero el día 54, ella no sabía si era un sangrado ovulatorio, sangrado de implantación debido al embarazo o los síntomas de un posible aborto espontáneo. Sólo entonces se dio cuenta de lo frustrante que fue no haber realizado una gráfica durante ese ciclo, porque no tenía ninguna información. Se hizo una prueba de embarazo, que volvió a dar negativo. Por supuesto, ella no estaba segura de si la prueba era precisa, porque podría haber ovulado tan tarde que la prueba podría haber indicado un falso negativo si su cuerpo no hubiese tenido tiempo para producir suficiente GCH para ser detectada.

Como se vio, Deborah no estaba embarazada. Tampoco ovuló ese ciclo, ni tuvo una ovulación extremadamente retrasada. Ella quería contarme su historia porque su confusión podría haberse eliminado si hubiesen elaborado la gráfica correspondiente. No es necesario decir que aprendieron de esta experiencia lo valioso que es hacer las gráficas, incluso para quienes aparentemente parecen no tener problemas en quedarse embarazadas. Después de esperar unos cuantos ciclos, volvieron a probar. En esta ocasión elaboraron la gráfica y se sorprendieron al descubrir que ella estaba embarazada mediante temperaturas que permanecieron por encima de la línea de temperatura base más allá de dieciocho días.

Síntomas y posibles respuestas médicas

Antes de exponer las causas más comunes y los tratamientos de los abortos espontáneos recurrentes, deberías estar familiarizada con los diversos síntomas de aviso de que en realidad podrías estar teniendo un aborto espontáneo, más allá del descenso de tus temperaturas después del día 18. El sangrado vaginal es, por supuesto, el signo más evidente, aunque no todo sangrado es un síntoma de aborto espontáneo. (De hecho, alrededor del 20 % de las mujeres tienen ese tipo de sangrado durante su primer trimestre, aunque menos de la mitad tendrán un aborto espontáneo). Sin embargo, su tu sangrado llena más de una compresa en una hora, deberías contactar con un médico lo más pronto posible, especialmente si está acompañado por calambres serios o dolor abdominal. Además, el recuadro siguiente incluye una lista más extensa de posibles síntomas.

SÍNTOMAS DE AVISO DE UN POSIBLE ABORTO ESPONTÁNEO

- Temperaturas que bajan continuamente después de al menos 18 días sobre la línea de temperatura base
- Sangrado rojo de cualquier intensidad
- Calambres
- Dolor abdominal o pélvico
- Pérdida repentina de los síntomas de embarazo
- Mareos
- Dolor de cabeza
- Inflamación de las articulaciones
- Náuseas excesivas o vómitos
- Fiebre
- Fatiga extrema o repentina
- Desmayos
- Dolor de espalda, severo o repentino

A menudo, los médicos realizarán una ecografía para establecer un diagnóstico firme y, más específicamente, para ver si el embarazo sigue siendo capaz de llegar a término. A menudo, lo que parecen ser síntomas de un aborto espontáneo no lo son. Lamentablemente, sin embargo, no suele haber forma de detener la mayoría de los abortos espontáneos una vez que han comenzado.

Tan pronto como hayas tenido un aborto espontáneo o te encuentres en el proceso de tenerlo, hay poco tratamiento médico necesario en la mayoría de los casos. Esto es especialmente cierto si te encuentras aún en el primer trimestre y tu médico comprueba que tienes signos vitales estables como la presión sanguínea y el pulso, y no tienes síntomas de una infección. Sin embargo, en algunos casos, ciertos medicamentos pueden administrarse oral o vaginalmente durante varios días para estimular la desaparición del tejido embrionario restante.

Además, hay ciertos casos en que los médicos recomendarán un procedimiento quirúrgico llamado dilatación y raspado, en el que el cuello del útero se dilata para utilizar succión o un suave movimiento de raspado para eliminar el contenido del útero. Este procedimiento suele recomendarse cuando hay bastante sangrado o una infección, pero si no tienes esos síntomas, deberías hablar las opciones con el médico antes de que te realicen una dilatación y un raspado. Esto puede ser importante porque, en perspectiva, algunas mujeres creen que habrían preferido esperar el término espontáneo de su embarazo en casa.

Por último, las mujeres que han tenido un aborto espontáneo deberían estar preparadas para una serie de emociones normalmente difíciles que pueden durar varias semanas o más, y no deberían dudar en buscar consejo profesional si es necesario. Pero la mayoría de las mujeres seguramente se quedarán tranquilas al saber que la mayor parte de las que sufren un aborto espontáneo, o lo tienen recurrente, llegan a ser capaces de llevar un embarazo a término.

Por supuesto, si has tenido dos o más, deberías intentar buscar un diagnóstico de un médico experto en tratar abortos espontáneos. Tus gráficas probablemente serán útiles para cualquier médico con el que trabajes, y al revisar las causas y tratamientos más comunes a continuación, podrás entender mejor los posibles problemas que afrontarás, y las opciones que tendrás cuando vuelvas a probar un embarazo sano.

CAUSAS COMUNES Y POSIBLES TRATAMIENTOS PREVENTIVOS

Defectos cromosómicos y la promesa del diagnóstico genético de preimplantación

Los investigadores han descubierto recientemente que la mayoría de los abortos espontáneos están causados por errores cromosómicos y genéticos en el embrión. La mayor parte de estas anormalidades aumenta a medida que las mujeres entran en el final de su treintena o en su cuarentena. En un proceso conocido como aneoploidía, el número y la posición reales de los cromosomas del interior de los óvulos se vuelven defectuosos, y el resultado final es un embrión que no es viable mediante un embarazo saludable.

Afortunadamente, y como mencionamos en el último capítulo, hay un proceso continuo de mejora llamado diagnóstico genético de preimplantación que permite a los médicos elegir esos embriones que es más probable que prosperen durante el embarazo. Por supuesto, el diagnóstico genético de preimplantación puede utilizarse sólo en combinación con una fecundación *in vitro,* ya que la idea es elegir los embriones más sanos de un grupo de doce o más.

Para las parejas que hayan sufrido varios abortos espontáneos, el diagnóstico genético de preimplantacion puede ser una potente herramienta con la cual cambiar la suerte en su favor. Sin embargo, no debería realizarse sin una consulta seria de un médico experto. Además de los gastos, que pueden añadir varios miles de dólares al coste de un procedimiento de fecundación *in vitro*, la tecnología del diagnóstico genético de preimplantación aún no puede detectar todos los errores cromosómicos. Además, hay una pequeña probabilidad de que los embriones normales puedan ser erróneamente identificados como defectuosos. Sin embargo, la tecnología sigue avanzando y, para muchas parejas, los beneficios claramente superan los costes y riesgos. La conclusión es que si has sufrido dos o más abortos espontáneos, deberías sopesar seriamente los pros y los contras del diagnóstico genético de preimplantación.

Por supuesto, no todos los abortos espontáneos son cromosómicos. De hecho, si tienes menos de 35 años, es probable que tu aborto espontáneo haya sido causado por uno de los siguientes problemas:

Infecciones

Una de las cosas sorprendentes sobre el papel de las infecciones en los abortos espontáneos es que las más comunes no se consideran responsables. Por tanto, tener un mal resfriado, la gripe o una fiebre durante el embarazo no es probable que dañe a tu feto. Pero hay ciertas infecciones que podrían hacerlo, incluyendo el micoplasma, la toxoplasmosis, la clamidia y la listeria.

Además, hay infecciones asociadas con procedimientos y fuentes específicas que pueden causar un aborto espontáneo, incluyendo las de una aguja cervical utilizada para comprimir un cuello del útero débil o prostaglandinas en el semen durante las relaciones. Si una muestra cervical o de semen revela una infección, a ti y a tu pareja os deberían prescribir un antibiótico.

Por último, ciertos virus son peligrosos durante el embarazo, incluidos el sarampión o la rubeola, además del herpes (si el ataque viral inicial ocurrió durante las primeras veinte semanas de embarazo). Otras enfermedades que también pueden causar abortos espontáneos incluyen las paperas, el sarampión, la hepatitis A y B, y el parvovirus.

Problemas endocrinos (hormonales)

Uno de los problemas hormonales más comunes que generan abortos espontáneos es una fase lútea anormal. Como has leído, para que un óvulo fecundado tenga alguna posibilidad de implantarse y madurar, el cuerpo lúteo, en ciclos normales, debe mantener la última fase del ciclo durante al menos diez días. Además, una vez que tiene lugar el embarazo, debe vivir lo suficiente para que la placenta en desarrollo se haga cargo de nutrir al embrión. El cuerpo lúteo debe vivir unas diez semanas más allá de la concepción, por lo que, si has tenido un aborto espontáneo que estaba dentro de las primeras semanas de embarazo, una de las primeras cosas que sospechará el médico es una deficiencia del cuerpo lúteo.

Por supuesto, tú misma deberías sospechar de un posible problema si tus temperaturas basales reflejan una fase lútea de menos de diez días. Si es así, lo más probable es que tu médico encargue un análisis de sangre y una biopsia endometrial para confirmarlo. Si tienes algún problema con la producción de progesterona en la última fase de tu ciclo, tu médico puede prescribirte alguna forma de progesterona, para tomar en cuanto ovules, cada ciclo. (Pero recuerda que el mejor momento para hacer una prueba de deficiencia de progesterona es siete días después de tu cambio de temperatura o mediante una prueba de progesterona acumulada, como explicamos en la página 252). Muchos médicos también prefieren prescribir un fármaco ovulatorio como Clomid en la primera fase del ciclo, con la esperanza de que facilite una ovulación óptima y un nivel saludable de progesterona posovulatoria.

Anormalidades uterinas

Una de las causas más comunes de abortos espontáneos en el segundo trimestre se suele conocer como «cuello del útero incompetente». Como indica el nombre, es un cuello del útero débil que tiende a dilatarse antes de que el feto haya llegado a término. Además, algunas mujeres nacen con deformaciones congénitas del útero que impiden que el bebé pueda crecer lo suficiente antes de quedarse sin espacio, haciendo que el cuello del útero se dilate.

Si tu médico sospecha de que los abortos espontáneos repetidos pueden deberse a problemas estructurales de tu útero, puede hacerte un histerograma: básicamente, un dispositivo de rayos X que utiliza una tintura inyectada para determinar su forma. Otros dos procedimientos usados habitualmente para ver el útero son una laparoscopia, en la que un tubo estrecho se inserta a través del ombligo, y una histeroscopia, en la que se inserta un dispositivo similar a través de la vagina y el cuello del útero. Ambos procedimientos permiten al médico ver el interior del útero.

Uno de los tratamientos menos invasivos, especialmente en el caso de un cuello del útero débil, es colocar una sutura en él para evitar que se dilate prematuramente. Pero, si el útero está mal formado o tiene adherencias uterinas, el problema habitualmente sólo puede ser tratado mediante cirugía.

Por último, si tienes fibroides (o tumores benignos) en el útero, no estás sola. Hacia los 40 años, aproximadamente el 40 % de las mujeres los tienen. Normalmente no requieren ningún tratamiento, a no ser que crezcan con excesiva rapidez o causen un sangrado severo o presión pélvica. Tu médico a menudo te recomendará no hacer nada, con la esperanza de que los fibroides no interfieran con el embarazo, puesto que su eliminación suele ser más invasiva de lo necesario.

Anticuerpos y otros factores de riesgo del sistema inmunitario

Uno de los problemas más graves relacionados con los abortos espontáneos recurrentes es cuando la madre produce anticuerpos que, en esencia, rechazan a su propio feto. Mediante análisis de sangre, tipificación de tejidos o biopsia endometrial, el médico puede determinar si estás produciendo ese tipo de anticuerpos y, después de que haga un diagnóstico preciso, puede tratarte con aspirina infantil durante tu embarazo para prevenir los coágulos sanguíneos, o incluso con fármacos antiinflamatorios para tratar problemas autoinmunitarios como la artritis reumatoide o el lupus. Esto se debe a que, si estos problemas no se tratan, pueden llevar a la producción de anticuerpos que tal vez ataquen el útero y la placenta del embrión.

En los últimos años ha habido una investigación exhaustiva del papel que desempeñan las denominadas células asesinas (o NK, por sus siglas en inglés, *Natural Killers*) en los abortos espontáneos recurrentes, puesto que se sabe que son un factor importante en la forma en que el feto y la madre interactúan biológicamente. Entre los posibles tratamientos están los siguientes:

- Inmunoglobulinas, que actúan absorbiendo este exceso de células asesinas
- El fármaco Enbrel, que reduce significativamente la actividad de las células NK, así como otras células destructivas del sistema inmunitario, incluyendo los macrófagos
- Ciertos esteroides, que se unen a las células NK y evitan que aumente el crecimiento excesivo de los vasos sanguíneos

Problemas médicos

Por último, los abortos espontáneos tienen lugar con mayor frecuencia en mujeres que padecen problemas médicos, como por ejemplo diabetes no controlada, enfermedad tiroidea, hipertensión o enfermedades cardíacas. Si tu médico te diagnostica alguno de ellos, puede enviarte a un internista para que te trate antes de que intentes quedarte embarazada de nuevo.

Tipos de pérdidas del embarazo más allá de los abortos espontáneos vaginales

Además de los abortos espontáneos habituales, en los que el feto se expulsa por la vagina, hay otros tipos que deberías conocer, todos resumidos en la gráfica siguiente.

SEGUIMIENTO DE ABORTOS ESPONTÁNEOS								
No ha habido concepción			La concepción tuvo lugar, pero no llegó a haber un parto					
Falso positivo	Folículo luteinizado no roto	Embarazo ectópico	Embarazo químico (Embarazo absorbido)	Óvulo deteriorado	Embarazo molar	Aborto ignorado (Aborto silencioso)	Aborto espontáneo	Parto
Una situación poco frecuente en la que una prueba de embarazo refleja un embarazo cuando no hay ninguno.	Un folículo que crece y se desarrolla, pero nunca libera un óvulo.	Un embarazo en el que el óvulo fertilizado se adhiere fuera del útero (normalmente en la trompa de Falopio) y empieza a crecer.	Un embarazo que es tan temprano que sólo se detecta mediante una prueba de orina o de sangre, antes de que termine en un aborto espontáneo temprano.	Un óvulo fertilizado que se implanta en el útero, pero no se desarrolla en forma de embrión.	Una afección rara en que tiene lugar la concepción, pero, en lugar de un feto que se desarrolla, crece tejido anormal en el útero.	Un embarazo en el que los tejidos placentario y embrionario permanecen en el útero, pero el embrión nunca se forma o murió en el útero.	La pérdida espontánea de un embarazo antes de la 20.ª semana.	¡Un bebé sano!

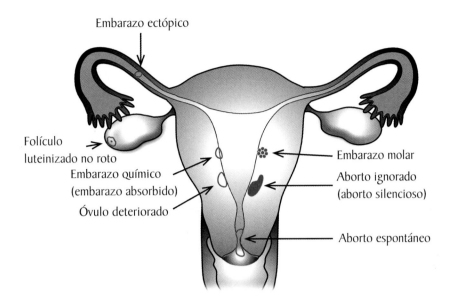

Embarazo ectópico

Folículo
luteinizado no roto

Embarazo químico
(embarazo absorbido)

Óvulo deteriorado

Embarazo molar

Aborto ignorado
(aborto silencioso)

Aborto espontáneo

Obteniendo la experiencia que necesitas

Resolver el problema de los abortos espontáneos sigue siendo uno de los mayores retos reproductivos actuales. Se están consiguiendo avances en el tratamiento de sus causas más significativas, por lo que, si tienes abortos espontáneos recurrentes, te recomendaría que encontrases una
clínica especializada en su tratamiento. Dada la complejidad del asunto, es el paso más importante que puedes dar para resolver el problema y llegar a tener el hijo que quieres.

17

Infertilidad idiopática: Algunas posibles causas cuando no se sabe el motivo

Sin duda, el más frustrante de todos los diagnósticos es el de «infertilidad idiopática», una forma suave de decir «simplemente no lo sabemos». Sin embargo, lo que realmente significa esto es que las pruebas diagnósticas no han sido suficientes para identificar una o más causas. De hecho, la infertilidad es frecuentemente el resultado de varios problemas, y puedes haber sido tratado de uno, sólo para descubrir que sigues sin poder quedarte embarazada. Por esta razón, entre otras, las causas suelen confundir incluso a los mejores profesionales de este ámbito. Sin embargo, renombrados expertos se han concentrado en diversas afecciones que probablemente causen la amplia mayoría de estos casos exasperantes.

Este capítulo entrará en los detalles sobre ciertos problemas que pueden haber sido pasados por alto o no descubiertos en la batería de pruebas que ya has hecho. La mayoría se explican en otros lugares del libro, pero se tratan aquí de forma más completa en el contexto de una infertilidad no explicada.

Las siguientes son las cinco presuntas causas de infertilidad idiopática de este capítulo:

- Envejecimiento ovárico prematuro
- Trastornos de la ovulación (en apariencia normal)
- Endometriosis
- Problemas en las trompa de Falopio
- Infertilidad inmunológica

ENVEJECIMIENTO OVÁRICO PREMATURO

Las mujeres, en los primeros años de la treintena, y a veces incluso más jóvenes, pueden recibir la devastadora noticia de que no pueden quedarse embarazadas porque sus niveles de HFE son demasiado altos. La HFE es muy irregular de ciclo a ciclo conforme la mujer envejece. Lo único que es cierto es que una mujer ya no es fértil si ha pasado la menopausia, que se define como un año entero sin haber tenido el período. Por tanto, aunque una mujer tenga niveles elevados de HFE y aún menstrúe, aunque irregularmente, sigue habiendo esperanza.

Uno de los diagnósticos más frecuentemente pasados por alto de la infertilidad femenina es el envejecimiento ovárico prematuro, que consiste básicamente en tener muy pocos óvulos en relación con lo que se espera a una edad concreta. Como recordarás, los óvulos viables que te quedan en los ovarios se conocen como reserva ovárica. Naturalmente, disminuyen con la edad, pero es el grado en el que lo hace en las mujeres *más jóvenes* lo que define si tienen envejecimiento ovárico prematuro o no. Aproximadamente el 10 % de las mujeres se enfrenta con esta condición.

La identificación a tiempo del envejecimiento ovárico prematuro es vital, porque una vez que empiezan a disminuir las reservas ováricas, seguirán haciéndolo. Si las mujeres no son diagnosticadas adecuadamente pueden ser incapaces de concebir incluso con tecnología de reproducción asistida. El diagnóstico apropiado se suele hacer utilizando valores hormonales específicos de la edad, frente al tratamiento universal normalmente utilizado en muchas clínicas. Se supone que una mujer tiene envejecimiento ovárico prematuro si los niveles de HFE son demasiado elevados o los niveles de hormona antimullariana son demasiado bajos. De hecho, estos últimos, especialmente en mujeres más jóvenes, se consideran un mejor predictor de la reserva ovárica.

Por tanto, por ejemplo, una mujer de 40 años puede tener un nivel de hormona antimulleriana que sería normal para su edad, pero en otra de 28 años refleja envejecimiento ovárico prematuro. Lamentablemente, por encima de los 42 años, esta hormona pierde su predictibilidad.

La buena noticia es que, con un diagnóstico apropiado, las mujeres responden sorprendentemente bien a un enfoque con un tratamiento exhaustivo que suele incluir los tres elementos siguientes:

- Suplementación con DHEA
- Estimulación ovárica proactiva
- Manejo individualizado de otros factores de salud asociados con su envejecimiento ovárico prematuro

Con esta estrategia, las mujeres a menudo pueden quedarse embarazadas utilizando sus propios óvulos, e, incluso mejor, su tasa de abortos espontáneos en realidad es menor de lo normal. Sin embargo, para que un enfoque así sea efectivo, es vital que las mujeres reciban el plan individualizado correcto de suplementación con DHEA para la cantidad de tiempo apropiada, y que la estimulación ovárica esté ajustada a las necesidades individuales de la mujer.

Es necesario que las mujeres se diagnostiquen adecuadamente, porque hay otro problema relacionado con el que a menudo se confunde el envejecimiento ovárico prematuro, que explicamos brevemente a continuación.

Envejecimiento ovárico prematuro y la confusión con la insuficiencia ovárica primaria

La insuficiencia ovárica primaria es también una pérdida de funcionamiento ovárico antes de los 40 años, e incluso puede afectar a las adolescentes. Sin embargo, a diferencia del envejecimiento ovárico prematuro, un diagnóstico de insuficiencia ovárica primaria se suele hacer si los niveles de HFE está por encima de 40 miU/ml, medidos dos veces con una separación de al menos un mes. Pero la insuficiencia ovárica primaria es raramente una causa idiopática de infertilidad, porque las mujeres que dejan de tener períodos o tienen síntomas de menopausia hacia los 40 normalmente buscarán un diagnóstico médico. Las que tienen este trastorno se suelen recibir terapia hormonal hasta aproximadamente los 50 años, puesto que el síntoma más serio es la cantidad menor de estrógeno, que puede generar graves riesgos para la salud como la osteoporosis y las enfermedades cardíacas.

Además, la insuficiencia ovárica primaria, a diferencia del envejecimiento ovárico prematuro, puede surgir de repente, o más gradualmente a lo largo de varios años, con la apariencia de ciclos irregulares junto con síntomas clásicos de menopausia como los sofocos y la sequedad vaginal. Lamentablemente, las mujeres con insuficiencia ovárica primaria raramente podrán quedar embarazadas con sus propios óvulos, pero suelen poder llevar a término a un bebé con óvulos de donantes utilizando la fecundación *in vitro*.

La siguiente tabla resume cómo diferenciar entre envejecimiento ovárico prematuro e insuficiencia ovárica primaria.

Envejecimiento ovárico prematuro	Insuficiencia ovárica primaria
Menor de 40 años.	Menor de 40 años, y puede ocurrir en adolescentes.
HFE alta, pero por debajo de 40 miU/ml.	HFE por debajo de 40 miU/ml.
A menudo no hay síntomas.	Ciclos irregulares o no existentes, sofocos o sequedad vaginal.
La tasa más alta de abortos espontáneos de cualquier diagnóstico de infertilidad si no se trata.	Sólo una pequeña probabilidad de quedar embarazada.
Puede quedar embarazada con sus *propios* óvulos, con la suplementación de DHEA antes de la fecundación *in vitro*.	Buenas probabilidades de quedarse embarazada con óvulos de donantes y fecundación *in vitro*.

Trastornos de la ovulación (aparentemente normal)

Como ya sabes, elaborar gráficas puede ayudarte a observar los puntos más destacados de tu ciclo, especialmente si estás ovulando, si produces fluido cervical fértil y si tu fase lútea que sigue a la ovulación es suficientemente prolongada. Sin embargo, ocasionalmente, cuando una mujer no puede quedarse embarazada incluso después de elaborar sus gráficas y de que las pruebas diagnósticas médicas indiquen que está ovulando, puede haber llegado el momento de indagar más profundamente en la posibilidad de disfunción ovulatoria.

El hecho es que, aunque los ciclos regulares normalmente conllevan una ovulación normal, no siempre es así. En el caso de mujeres infértiles con ciclos aparentemente regulares, un 50 % no ovula normalmente. Y así, para esas mujeres, los medios tradicionales de pruebas de la ovulación pueden no ser suficientes. Como recordarás, éstas incluyen las siguientes:

- Patrón bifásico TBC
- Kits predictores de ovulación positiva
- Niveles de progesterona en la fase lútea media
- Biopsias endometriales normales

Sin embargo, para buscar más exhaustivamente una disfunción ovulatoria oculta, tal vez debas ser reconocida por un radiólogo con experiencia en diagnosticar posibles problemas que se relacionan específicamente con la viabilidad del folículo. Ese tipo de problemas incluye su falta de integridad y madurez, así como su capacidad para atravesar la pared del ovario. Los que no la atraviesan se llaman folículos luteinizados no rotos, y son especialmente confusos porque suelen hacer que tus gráficas reflejen ovulación aunque no exista. Para más sobre este tema, *véase* página 156.

Además de estos diversos problemas foliculares, también puede haber problemas en la fase lútea. Una fase lútea de menos de 10 días ya se ha expuesto como una causa ampliamente reconocida de infertilidad y se observa fácilmente en tus gráficas. Pero también es posible que parezca normal cuando en realidad estás produciendo una cantidad escasa de progesterona o de estrógeno durante toda la fase posovulatoria, o quizás sólo durante ciertos días vitales. De cualquier forma, diversas pruebas sanguíneas y ecografías diarias en torno al momento esperado de ovulación a menudo puede revelar el problema y, si se identifica con precisión, hay fármacos como el Clomid que pueden resolverlo con éxito.

ENDOMETRIOSIS

Como leíste en el capítulo 8, la endometriosis es una condición misteriosa en la que las células que recubren el útero se adhieren donde no deben, normalmente en algún lugar de la cavidad pélvica. La condición es especialmente problemática para las mujeres que intentan quedarse embarazadas, en parte porque es difícil de diagnosticar. Con sus numerosas paradojas y contradicciones, en realidad podría ser bastante intrigante si tú, tú misma, no fueras el sujeto de sus desafortunados efectos.

Para empezar, el grado de dolor que puedes experimentar no tiene ninguna relación con la extensión de la enfermedad. Por tanto, por ejemplo, puede que tengas sólo un granito microscópico, pero que experimentes calambres menstruales debilitantes. O toda tu pelvis podría estar cubierta con implantes endometriales, pero tal vez no sientas nada. De igual modo, podrías estar esforzándote por quedarte embarazada con una cantidad minúscula de tejido endometrial, mientras que otra persona puede tener un caso extendido por toda su pelvis, y no obstante ha dado a luz a tres hijos. Incluso más problemático, la cirugía que se realiza para aliviar el dolor y la infertilidad puede causar más cicatrices que sólo sirvan para empeorar la situación. Ésa es la frustrante realidad de esta dolencia tan común.

Entonces, ¿cuál es el problema? Si te han diagnosticado de infertilidad idiopática, la endometriosis es una de las primeras afecciones de las que deberíamos sospechar, independientemente de si tienes, o no, síntomas. Y aunque ya te hayan hecho una laparoscopia, recuerda que las células endometriales suelen ser tan microscópicas que pueden pasarse por alto fácilmente, a menos que el profesional que realice el procedimiento conozca en profundidad las diversas formas en que aparecen, y que esté bien formado en laparoscopia de «contacto cercano» (*véase* página 164).

Efectos de la endometriosis en la fertilidad

La mayoría de los médicos actualmente reconocerán que incluso la endometriosis leve puede comprometer la fertilidad de muchas maneras, y las más frecuentes causan adherencias en las trompas de Falopio. Esto se debe a que la más pequeña cicatriz en los delicados tubos puede evitar capten el óvulo. Además, puede causar la liberación de sustancias tóxicas que posiblemente impidan la implantación y generar un número mayor de abortos espontáneos.

En el caso de que las células endometriales se adhieran a los ovarios, el efecto más significativo en la fertilidad a largo plazo probablemente esté relacionado con la reserva y la función ovárica de la mujer. Y, como mencioné antes, muchas mujeres a las que se les practica cirugía específicamente para eliminar sus endometriosis ováricas paradójicamente se arriesgan a reducir aún más la reserva ovárica y a un envejecimiento ovárico prematuro.

Entonces, ¿cómo pueden tratarse para la infertilidad a las mujeres con endometriosis?

Ésta es la pregunta del millón. Claramente, si el problema fuera solamente el alivio del dolor, entonces las hormonas y los medicamentos que alteran el ciclo de una mujer suelen funcionar bien, aunque con muchos posibles efectos secundarios. No obstante, no curan la enfermedad subyacente, sólo retrasan su recurrencia. Y son totalmente inadecuadas para las mujeres que desean quedarse embarazadas. Aun así, existen varias opciones:

Medicamentos para la fertilidad, solos o con inseminación intrauterina
Si esta enfermedad ha afectado a tus ciclos, puede que te prescriban diversos fármacos como Clomid o Serophene. Este tratamiento por sí solo puede ser suficiente para que te quedes embarazada sin más intervención, pero, de todas formas, tu edad ayudará a determinar la determinación que debes mostrar al pasar a la opción siguiente.

Además, si no has podido concebir en unos meses sólo con fármacos, tu médico puede sugerirte probar los mismos, pero en esta ocasión con inseminación intrauterina. Una de las razones es que Clomid, especialmente, puede resecar el fluido cervical necesario para que el esperma llegue hasta el óvulo. Pasar el cuello del útero con inseminación intrauterina ofrecería al espermatozoide mayores probabilidades.

Cirugía y fertilización *in vitro*

Aunque hay muchos que creen que la endometriosis se trata mejor con cirugía, puede ser una alternativa peligrosa si estás intentando quedarte embarazada, por las razones explicadas más arriba. En efecto, a ciertos especialistas en fertilidad les gusta decir que hay que ser «rápido, pero prudente». En otras palabras, una vez que te han diagnosticado el mal, deberías tener en cuenta que tiende a empeorar con el paso del tiempo, por lo que querrás tratarlo agresivamente. Al mismo tiempo, deberías ser extremadamente precavida con cualquier cirugía que pueda causar muchas cicatrices, especialmente en los ovarios.

Algunas mujeres necesitarán una combinación de terapia médica y quirúrgica, pero, en cualquier caso, si quieres concebir, deberías intentar quedarte embarazada dentro de los primeros seis meses de tratamiento. Esto se debe a que la afección puede reaparecer rápidamente y dejarte en un estado igual que antes del tratamiento. Y, por último, si no respondes a nada de lo anterior, aún puedes quedarte embarazada mediante fecundación *in vitro*.

Sopesando las opciones

Para resumir, si encuentras un cirujano con mucha experiencia en eliminar endometriosis, ésa puede ser tu mejor opción. Sin embargo, actualmente hay muchos médicos que creen que, si tienes endometriosis en los propios ovarios, deberías evitar la cirugía y recurrir directamente a la fecundación *in vitro* para evitar más cicatrices. Por supuesto, el mismo problema puede comprometer el procedimiento de fecundación *in vitro*, por lo que puedes necesitar más intentos que la media para tener éxito. Y, como puedes ver, no hay solución ideal o libre de riesgos para esta afección.

PROBLEMAS EN LAS TROMPAS DE FALOPIO

Si estás leyendo esta sección, es probable que ya te hayan hecho un histerosalpingograma (HSG) para determinar si tus trompas estás abiertas o no. Y, aunque puedes haberte sentido aliviada al saber que lo están, si sigues tratando con la infertilidad idiopática, deberías saber que hay otra prueba que puede identificar más problemas relacionados con las trompas difíciles de detectar.

Antes de exponer esta prueba, revisemos brevemente qué es un HSG. Es un procedimiento mediante el cual el útero se llena con un pigmento que posteriormente fluye por las trompas de Falopio, revelando cualquier anormalidad, como fibroides uterinos o adherencias. Si el pigmento fluye por las trompas, muchos médicos dirán que la prueba ha tenido éxito, y así es para la mayoría de las mujeres. Sin embargo, si aún estás luchando por quedarte embarazada después de haberte sometido sólo al HSG, deberías hablar sobre la utilidad de la siguiente prueba con tu médico.

Mediciones de la perfusión tubal e imagen tubal más amplia

Si el pigmento se esparce por el útero y por las trompas, sólo nos dice que están abiertas. Sin embargo, la cuestión más importante es si *funcionan* normalmente, porque una trompa abierta puede tener problemas mecánicos que le impidan captar el óvulo y encajarlo en su interior. Afortunadamente, el procedimiento conocido como presiones de perfusión tubal comprueba precisamente esta situación.

Si tu procedimiento de presión de perfusión tubal está anormalmente alto, puede indicar que las trompas, aunque abiertas, son demasiado rígidas o están afectadas. Debido a esto, la fimbria del extremo de las trompas puede no desplazar el óvulo liberado a la abertura tubal, con lo que se convierte en imposible una eventual concepción. (*Véase* la imagen de la fimbria en la página 404 del epílogo). Si fuera así, tu opción más prometedora sería la fecundación *in vitro*.

Hay varias causas por las que las trompas pueden estar bloqueadas o ser disfuncionales, incluyendo la enfermedad inflamatoria pélvica e incluso la apendicitis, aunque el problema más frecuente que actualmente afecta a la fimbria es la endometriosis. En cualquier caso, hacerse las pruebas adecuadas probablemente revelará no sólo si tus trompas están abiertas, sino si funcionan correctamente, y si no, dónde pasar a concentrarse.

INFERTILIDAD INMUNOLÓGICA

Una de las causas más controvertidas de la infertilidad no explicada es la de los problemas inmunológicos como la enfermedad autoinmune, aunque a efectos de este análisis asumiremos el vínculo. A diferencia de muchas causas de menor fertilidad, estas condiciones no sólo pueden dificultar el hecho de quedarte embarazada, sino que también pueden dificultar un embarazo saludable una vez que ha tenido lugar la concepción.

Las enfermedades autoinmunes son problemas crónicos serios que pueden afectar a los dos sexos, pero tienen lugar con mayor frecuencia en mujeres, y más durante los años en que pueden tener hijos. Normalmente, el sistema inmunitario funciona increíblemente bien para proteger varios órganos en el cuerpo humano, pero ocasionalmente desvía sus funciones y ataca a esos órganos. Hay más de ochenta enfermedades autoinmunes crónicas y serias que pueden afectar a los nervios, los músculos y los tejidos conectivos, así como a los sistemas endocrino y gastrointestinal.

Algunos de los ejemplos más comunes de las enfermedades autoinmunes son la esclerosis múltiple, la colitis ulcerosa, la psoriasis, la artritis reumatoide y el lupus. Aunque estas afecciones se encuentran aún entre las peor conocidas actualmente, parece que las hormonas tienen cierta función. Y aunque hay un fuerte componente hereditario, la manera en que se agrupan en familias no está clara. Por ejemplo, una abuela puede tener colitis ulcerosa, su hija artritis reumatoide y la nieta psoriasis.

Parte del reto de diagnosticar estos tipos de enfermedades es que en las primeras fases los síntomas y los resultados de laboratorio pueden ser ambiguos, aunque en principio se diagnostican mediante síntomas evidentes, un examen físico y pruebas de laboratorio. Es interesante que la infertilidad en sí misma puede ser uno de los primeros síntomas de que una mujer se encuentra en las primeras fases de una enfermedad así.

Puesto que las causas de estas enfermedades crónicas no se entienden bien, su tratamiento puede ser delicado, especialmente si pertenece a los problemas de fertilidad y a los abortos espontáneos. Si te han diagnosticado de una, lo ideal es que encuentres un médico experimentado con el tratamiento médico intensivo que puede ser necesario, y puede alegrarte el hecho de que la mayoría de las pacientes con enfermedades autoinmunes aún pueden concebir y dar a luz a un bebé sano.

Superando el misterio

Espero que este capítulo te haya ofrecido la información básica y la confianza que necesitas para solicitar diversas pruebas alternativas que pueden descubrir definitivamente la causa de tus problemas de fertilidad y, si es necesario, buscar una segunda e incluso una tercera opinión de esos médicos que están abiertos a diferentes enfoques. Creo que, estudiando más detenidamente estas causas comunes de infertilidad sin explicar, las mujeres pueden aumentar significativamente la probabilidad de descubrir la causas y tratamientos necesarios para finalmente dar a luz, y lo ideal es que fuera sin tener que recurrir al procedimiento invasivo y costoso de la fertilización *in vitro*.

PARTE 6

MÁS ALLÁ DE LA FERTILIDAD: BENEFICIOS PRÁCTICOS DE REPRESENTAR TU CICLO EN UNA GRÁFICA

Mantener tu salud ginecológica

18

El sexo es un ejercicio placentero en fontanería, pero ten cuidado o cogerás levaduras en el grifo.

RITA MAE BROWN

¿Alguna vez has pensado en lo extraño que es que los detalles más íntimos sobre tu cuerpo estén archivados en una consulta médica de la ciudad? ¿Por qué no podemos tener acceso a esos registros en nuestra propia casa? Una vez que las mujeres aprenden a realizar gráficas, toman el control de todos los aspectos del cuidado de su salud: desde los resultados del examen anual hasta los síntomas que pueden llevarlas a buscar cuidados médicos en un principio.

La mayoría de las mujeres tienen problemas bastantes comunes que se consideran médicamente normales, pero que les parecen problemáticos simplemente porque no han aprendido sobre el cuerpo femenino sano. Además, como mencioné antes, hay verdaderas afecciones ginecológicas que pueden identificarse más fácilmente con las gráficas, incluyendo:

- Infecciones vaginales
- Sangrado inusual
- Síndrome premenstrual
- Bultos en el pecho
- Endometriosis
- Síndrome ovárico poliquístico

315

Por ahora, esta lista debería resultarte familiar. Pero creo que es importante repetir por qué la elaboración de gráficas es tan beneficiosa para tu salud ginecológica. Uno de los puntos en los que insisto al principio de este libro es que realizar gráficas permite a una mujer comprender su cuerpo de una forma práctica. Como recordarás, dije que una mujer que trace su gráfica cada día es tan consciente de lo que es normal para ella que puede ayudar a su médico a determinar irregularidades basándose en *sus* síntomas, en lugar de en los de la mujer promedio. El resto de este capítulo tratará afecciones ginecológicas normales y anormales, y cómo el Método de Conciencia de la Fertilidad puede utilizarse para distinguir las dos.

FLUIDO CERVICAL NORMAL Y SALUDABLE FRENTE A INFECCIONES VAGINALES REALES

Fluido cervical saludable

Desde la perspectiva de la salud, el beneficio evidente de aprender sobre tu propio patrón de fluido cervical es poder determinar si tienes una verdadera infección vaginal.

Marsha es una instructora americana del Método de la Conciencia de la Fertilidad que enseña en Israel. Mientras obtenía su máster en Salud Pública en Estados Unidos se hizo una prueba de Papanicolaou. Reflejaba sus ciclos en gráficas y planeo su cita para la mitad del ciclo, al saber que sería más cómodo para ella porque el cuello de su útero estaría ligeramente abierto. Por supuesto, ella también tenía mucho fluido cervical elástico en ese momento. Cuando el médico sacó el espéculo, exclamó:

—Querida, tienes una infección.

—¿Perdón? –contestó ella–. Me siento bien y no tengo ningún síntoma.

—¡Mira esta secreción! –replicó él mostrándole el bastoncillo de Papanicolaou con fluido cervical.

—Bueno, sé que estoy en mi fase fértil y que así son mis secreciones fértiles.

La enfermera permaneció detrás de ella, guiñando el ojo y asintiendo, mostrando su acuerdo con ella. Él respondió bruscamente: «Bien, no podemos estar seguros. Voy a preparar estos portaobjetos en busca de enfermedades de transmisión sexual, incluyendo gonorrea, sífilis y clamidia», y después prescribió un antibiótico para esa semana, para que lo tomara hasta que llegaran los resultados.

No es necesario decir que ella no tomó el fármaco. Ni los resultados dieron positivo para ninguna infección. Ella suspiró con escepticismo: «Sabía que esto era normal en mí. ¿Pero qué hay

316

sobre la mujer promedio que no conoce el Método de Conciencia de la Fertilidad? ¿Qué tipo de mensaje le envía esto?».

¿Es de extrañar que las mujeres crezcan creyendo que son sucias todo el tiempo y que necesitan ducharse y lavarse las secreciones? Los continuos anuncios de duchas vaginales y esprays femeninos sólo refuerza la confusión entre el fluido cervical sano y lo que en realidad es una verdadera infección. Anualmente se gastan millones de dólares promocionando duchas vaginales.

Si crees que esto es inofensivo, te recuerdo que en un conocido programa de entrevistas que un día trataba sobre ginecología, en cuanto los dos obstetras/ginecólogos habían acabado de explicar por qué las duchas y los espráis eran innecesarios y potencialmente generadores de infecciones, el programa se detuvo para mostrar un anuncio. ¿Y sobre qué trataba? Lo adivinaste: espráis vaginales.

Sólo un minuto antes, uno de los ginecólogos había comentado irónicamente que los ingresos que él generaba tratando a mujeres que habían desarrollado infecciones por utilizar estos productos era suficiente para enviar todos sus hijos a la universidad. Y actualmente, con los productos sin receta fácilmente disponibles para las infecciones por levaduras, ¿cuántas mujeres los compran para intentar eliminar «esas molestas infecciones» que siguen apareciendo cada mes?

Sin embargo, siendo realistas, puede haber ocasiones en las que de verdad tengas una infección vaginal. Obviamente, conocer tu propio patrón te permitirá detectar la aparición de una infección casi inmediatamente y tratarlo antes de sentirte tentada de pegarte un tiro. Una de las razones por las que las mujeres suelen recibir diagnósticos erróneos, como le sucedió a la instructora de antes, es que un «síntoma» durante un tiempo en el ciclo de una mujer puede ser nada más que un síntoma de fertilidad en otro. Por tanto, por ejemplo, las secreciones húmedas en medio del ciclo son absolutamente normales, pero tal vez sean un indicio de una infección si tienen lugar en la última fase. (Se explica una excepción en la página 436). Por supuesto, cuanto antes detectes una posible infección, antes podrás tratarla y eliminarla.

Síntomas de infecciones vaginales que pueden distinguirse del fluido cervical normal

Afortunadamente, una vez que conoces tu propio patrón de fluido cervical, puedes identificar las verdaderas infecciones, que casi siempre tienen lugar con diversos síntomas desagradables que las distinguen. Las infecciones vaginales pueden ir desde enfermedades de transmisión sexual como la clamidia y el herpes hasta diversas formas de vaginitis y, por supuesto, la infección genérica por levaduras.

Y las mujeres que pueden ser más sensibles a las infecciones son las que tienen eversión cervical, una condición benigna en la que las células que normalmente recubren el canal cervical migran al exterior del cuello del útero. Puesto que estas células son más delicadas, pueden infectarse más fácilmente. Las mujeres que son más propensas a la eversión cervical son las adolescentes, las mujeres que toman la píldora y las embarazadas.

Aunque va más allá del propósito de este libro identificar los síntomas individuales y los tratamientos para todos estos problemas, los síntomas siguientes no forman parte de las secreciones fluidas cervicales normales, y debe verlas un médico:

- Secreción anormal
- Olor desagradable
- Picor, punzadas, inflamación y rojez
- Ampollas, verrugas y chancros

Algunas mujeres pueden tener una secreción gomosa o amarillenta que normalmente es densa y quebradiza como la cola de caucho seca. Esto en realidad puede ser normal, aunque también puede indicar un cuello del útero inflamado (cervicitis). Además, una secreción constante de color claro o blanquecino puede ser un indicio de una erosión cervical. Por tanto, te convendrá hacer que te los revisen para descartar un posible problema.

Evitando infecciones

Hay ciertas precauciones que debes tomar para evitar contraer infecciones en principio. Además de las obvias consecuencias de las duchas vaginales, deberías ser consciente de que llevar ropa húmeda o demasiado estrecha puede generar un entorno vaginal poco saludable. Por tanto, me temo que ir marcando tu sonrisa vertical, además de ser un poco hortera, evidentemente no es una opción si valoras una vagina saludable. En cualquier caso, asegúrate de llevar siempre ropa interior de algodón, o, como mínimo, ropa interior con entrepiernas de algodón, y lencería que permita respirar a tu cuerpo.

 QUISTES DE NABOTH NORMALES EN EL CUELLO DEL ÚTERO FRENTE A PÓLIPOS CERVICALES ANORMALES

Quistes de Naboth

Estos quistes son un problema femenino bastante común. Son pequeñas protuberancias que aparecen en la superficie del cuello del útero y que están causadas por glándulas cervicales que pueden quedar bloqueadas temporalmente. Las mujeres que no conocen estos quistes pueden sentir

318

pánico la primera vez que detecten uno, sin darse cuenta de que son totalmente inofensivos. Las mujeres suelen notarlos por primera vez mientras comprueban el cuello de su útero o insertan un diafragma o un capuchón cervical.

Normalmente desaparecen por sí solos, pero si no lo hacen deberías hacer que te los viera un médico en tu siguiente examen anual para descartar cualquier otra cosa. Después limítate a reflejarlo en tu gráfica, en la sección de miscelánea, y haz un seguimiento de ellos. Puedes incluirlos en tu gráfica como se hace en el ejemplo de la página 454.

Pólipos cervicales anormales

Los pólipos son pequeños crecimientos de forma de lágrima que sobresalen de las membranas mucosas del canal cervical. A diferencia de los quistes de Naboth, que son bastante firmes, éstos tienden a ser un tanto esponjosos. Aunque se consideran anormales, casi siempre son benignos. Incluso puede que no sepas que los tienes a menos que experimentes uno de sus síntomas: sangrado inusual. Esto se debe a su posición vulnerable en la vagina, haciéndolos susceptibles a ser golpeados, especialmente durante las relaciones. Normalmente no son dolorosos, pero pueden causar un exceso de fluido cervical debido a la irritación de las glándulas mucosas. Si crees que tienes uno, debes consultar a un médico.

DOLOR NORMAL RELACIONADO CON EL CICLO FRENTE A DOLOR ANORMAL

Dolor normal relacionado con el ciclo

El dolor femenino puede ser un poco engañoso. Ciertos dolores durante el ciclo de la mujer pueden ser absolutamente normales. Por ejemplo, el dolor en mitad del ciclo, al que se suele llamar *mittelschmerz*, se cree que está causado por una serie de factores:

- Los folículos inflamándose dentro de los ovarios
- El óvulo pasando por la pared ovárica
- Contracción de las trompas de Falopio
- Una pequeña cantidad de sangre liberada de la ovulación, que irrita la pared pélvica

Todo esto se considera normal, e incluso constituye un síntoma secundario de fertilidad. Cuando sientes *mittelschmerz*, puedes estar segura de que la ovulación está a punto de ocurrir o acaba de ocurrir.

Otro ejemplo de dolor cíclico son los dolores de cabeza que tienden a ocurrir en la fase poso-vulatoria (lútea). Si una mujer no efectúa su gráfica, podría no darse cuenta de que están relacio-nados con su ciclo en lugar de ser un posible problema. Si encuentra un patrón de dolores de ca-beza en su gráfica sólo en ciertos puntos de su ciclo, puede confiar más en que estos dolores de cabeza probablemente tengan un origen hormonal.

En cualquier caso, puedes registrarlos como hizo Maddie en la gráfica de debajo.

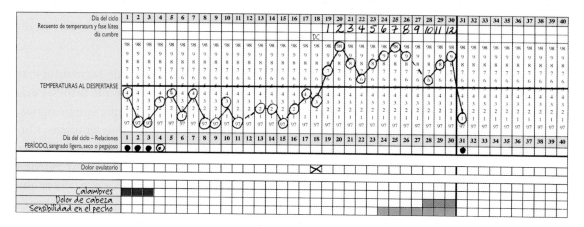

Gráfica de Maddie. Varios dolores durante el ciclo. Los colores pueden utilizarse para hacer un seguimiento de los dolores en los ciclos u otros síntomas. Observa que Maddie marcó los síntomas específicos que quería mantener controlados en la columna de la izquierda. (*Véase* Epílogo, página 408, para ver otro ejemplo).

Dolor anormal

Por otra parte, si notas un dolor pélvico que es intenso o que ocurre en otros momentos del ciclo, podría ser un indicio de distintas afecciones. Si es posible que estés embarazada y que experimen-tes un dolor pélvico agudo y punzante, deberías consultar a un médico inmediatamente, puesto que puede ser un síntoma de un **embarazo ectópico.** Ese tipo de embarazos suponen una amena-za para la vida si se rompen y causan hemorragia interna. Tienen lugar cuando un óvulo fecunda-do se implanta fuera del útero, normalmente en las trompas de Falopio (que es por lo que suelen llamarse embarazos tubales), y pueden incluir los siguientes síntomas, más allá del propio dolor:

- Un período atrasado
- Sangrado vaginal inusual

- Una prueba de embarazo positiva
- Desmayos
- Dolor de espalda, debido a un posible sangrado interno

Otro tipo de dolor con consecuencias que podrían ser graves está asociado con la **enfermedad inflamatoria pélvica,** una infección e inflamación del tracto reproductor superior. Es la principal causa de infertilidad prevenible debido a la cicatrización que puede causar, especialmente en las trompas de Falopio. Aunque tal vez no tengas ningún síntoma, es más probable que sientas:

- Dolor en la parte baja del abdomen
- Fiebre
- Secreción vaginal
- Dolor al orinar
- Dolor durante las relaciones
- Sangrado menstrual irregular

Tal vez la fuente de dolor más problemática sea la endometriosis. Como puedes recordar, allí es donde las células del recubrimiento uterino (el endometrio) empiezan a crecer fuera del útero, a menudo adhiriéndose a otras partes del sistema reproductor interno. Puede tener como consecuencia adherencia y cicatrices, y potencialmente impedir la fertilidad. Uno de los síntomas clásicos de la endometriosis es el dolor pélvico antes y durante la menstruación, así como durante las relaciones (para una lista de otros síntomas, *véase* página 161).

Un dolor pélvico que normalmente es menos serio, pero que puedes notar en algún momento de tu vida, puede deberse a los **quistes ováricos.** Tal como puedes leer con más detalle en el capítulo 8, puedes experimentar un tirón irritante de la inflamación, o un dolor intenso si se rompe, normalmente en un lado.

Sólo puedes eliminar el dolor de un quiste folicular con una inyección de progesterona, aunque los quistes lúteos suelen resolverse por sí mismos. En cualquier caso, es mejor que te hagan una revisión el día 5 del ciclo siguiente para asegurarse de que el quiste se ha ido de verdad.

SÍNTOMAS DE CÁNCER DE OVARIO

Ésta es una de las formas más temidas de cáncer para las mujeres porque, en el momento en que se ha diagnosticado, a menudo ya se ha extendido. Sin embargo, ahora, los investigadores están descubriendo que hay síntomas que las mujeres pueden observar si están realmente en sintonía con sus cuerpos: otro beneficio evidente de elaborar gráficas.

Si experimentas cualquiera de los síntomas siguientes durante al menos tres semanas consecutivas, especialmente las tres primeras, debes consultar con tu médico.

- Dolor abdominal
- Distensión abdominal
- Orina frecuente
- Sensación de plenitud, incluso después de una comida ligera
- Pérdida de apetito
- Sangrado irregular
- Sangrado en las relaciones
- Dolor en la pierna (debido a la presión del ovario sobre tus nervios)

LAS TRES V: VAGINISMO, VULVODINIA Y VESTIBULITIS

Para las mujeres es normal tener de vez cuando dolor o picor vaginal. Tal vez te quitaste un tampón en un día con poco flujo y te arañaste la vagina mientras te lo quitabas. O tienes una infección vaginal, y la picazón te recuerda por qué nunca deberías ducharte simplemente para oler como un campo de flores silvestres. O quizás hayas tenido sexo varias veces en un par de horas, y te quema bastante la primera vez que orinas después. Eso es comprensible.

Pero si experimentas dolor o picor la mayor parte del tiempo, o te resulta imposible tener sexo sin incomodidad, sin duda te interesará consultar a tu ginecólogo o profesional de salud natural. Lo que puedes tener es alguna de las tres V: vaginismo, vulvodinia o vestibulitis. Antes de describirlos, debes saber que lo que estás experimentando es muy común, y nunca deberías dudar comentárselo a tu ginecólogo. Puedes estar segura de que ven todos los días mujeres con problemas parecidos.

Vaginismo
Esto se suele referir a los problemas vaginales específicamente con sexo, como quemazón o dolor, tensión vaginal incómoda o problemas de penetración, o incluso imposibilidad completa para tener relaciones. La tensión vaginal se debe a la tensión involuntaria del suelo pélvico (especialmente los músculos contractores primarios), pero las mujeres no suelen ser conscientes de que ésta es la causa de sus dificultades durante la penetración o de su dolor.

Vulvodinia
Ésta es una afección lamentablemente común, caracterizada por dolor crónico alrededor de la abertura vaginal para el que no hay causa identificable. El dolor, la quemazón o la irritación pueden ser tan incómodos que tener sexo o incluso estar sentada durante mucho tiempo puede convertirse en insoportable.

Vestibulitis
Es similar a la vulvodinia en que causa incomodidad y dolor en el área vaginal, pero, más específicamente, se suele manifestar en forma de dolor severo en la abertura vaginal. Esta área es sensible y contiene la uretra, así como las glándulas de Bartholini, que producen lubricación.

Lamentablemente, los tres problemas pueden volverse crónicos si no se tratan, y no hay un enfoque uniforme que funcione para todas las mujeres. Sin embargo, los médicos se han hecho más expertos en ayudar a sus pacientes a manejar sus síntomas, y, en realidad, hay una amplia variedad de tratamientos posibles. Van desde el uso de geles tópicos y cremas hasta el uso de fisioterapia e inyecciones de cortisona.

Por tanto, de nuevo, si tienes los síntomas de alguna de estas enfermedades, intenta superar tu vergüenza y acude a tu ginecólogo.

Pechos quísticos normales frente a bultos cancerosos en el pecho

Pechos quísticos normales

Elaborar tu gráfica puede ayudarte a distinguir entre los cambios cíclicos normales en el pecho y los bultos anormales. La textura de los pechos en las mujeres con pechos fibroquísticos tiende a estar bastante llena de grumos, y más en la fase posovulatoria de su ciclo. Sabiendo cuándo han comenzado esa fase, pueden determinar si sus bultos son normales y cíclicos, y si tienen que hacer los ajustes necesarios en su estilo de vida para intentar reducir la incomodidad de los pechos fibroquísticos.

La comunidad de la salud natural es bastante partidaria del uso de crema de progesterona durante la fase lútea. Pero si los bultos permanecen durante el ciclo, llevar una gráfica puede ser beneficioso para decidir si un profesional de la salud debe hacer un examen más detallado.

Elaborar una gráfica es también una forma excelente de recordarte hacer una autoexploración mensual de pechos el día 7 de tu ciclo. (Observa el símbolo BSE –de la expresión inglesa «Breast Self-Exam»– en la fila de notas de la parte inferior de la gráfica). La razón por la que debes efectuar la exploración este día es porque es el momento hormonalmente óptimo, puesto que tus pechos son menos susceptibles a los bultos o a la sensibilidad causados por la progesterona. Después de terminar tu exploración, rodea la notación en la gráfica, como hizo Molly en la de debajo.

La Sociedad Americana contra el Cáncer recomienda que la mayoría de las mujeres empiecen a hacerse mamografías con 40 años. Como con tu autoexamen, lo ideal es hacerlo en tu fase preovulatoria, cuando tus pechos no están sensibles o posiblemente fibroquísticos.

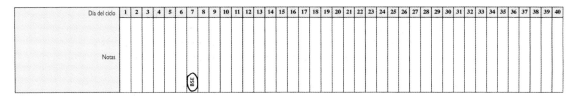

Gráfica de Molly. Autoexamen de pechos. Molly realiza una autoexploración de pechos, todos los ciclos, el día 7, y después los registra rodeando «BSE» en su gráfica.

Bultos cancerosos en el pecho

La perspectiva del cáncer de pecho es extremadamente temible para la mayoría de las mujeres. Sin embargo, deberías saber que la mayoría de los bultos son benignos y que los cánceres del sistema reproductor se curan si se detectan y se tratan pronto. Tú, tú misma, puedes directamente influir en las posibilidades de encontrar pronto un cáncer si llevas un estilo de vida saludable, te has hecho exámenes pélvicos anuales y pruebas de Papanicolaou cada tres años, haces autoexploraciones de pecho mensuales y estás atenta para atender a síntomas sospechosos.

Los siguientes son signos de aviso que debes buscar en tus pechos. Lo importante es notar si permanecen indefinidamente o si desaparecen con un nuevo ciclo. Obviamente, cualquier cosa que persista debe ser examinada por un médico.

- Bultos en el pecho o engrosamiento (es importante vigilar los bultos firmes e inmóviles, especialmente porque no suelen doler)
- Bultos en la axila o por encima de la clavícula
- Inflamación bajo el brazo
- Arrugas u hoyuelos en una zona del pecho
- Irritación cutánea persistente, escamas, rojez o hipersensibilidad del pecho
- Cambio súbito en la posición del pezón (como por ejemplo una inversión)
- Secreción de sangre por el pezón

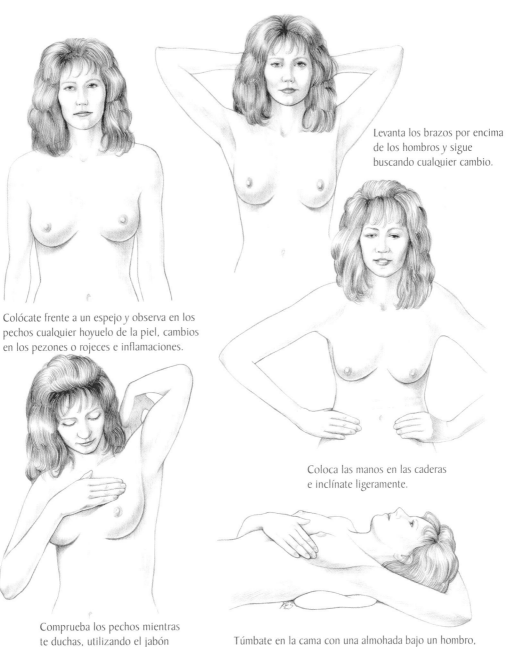

Levanta los brazos por encima de los hombros y sigue buscando cualquier cambio.

Colócate frente a un espejo y observa en los pechos cualquier hoyuelo de la piel, cambios en los pezones o rojeces e inflamaciones.

Coloca las manos en las caderas e inclínate ligeramente.

Comprueba los pechos mientras te duchas, utilizando el jabón para ayudar a tus manos a deslizarse sobre tus pechos.

Túmbate en la cama con una almohada bajo un hombro, colocando el brazo bajo la cabeza. Utilizando las yemas de los dedos, buscar bultos o engrosamientos con la mano opuesta.

325

Programando el mejor momento para los exámenes físicos, equipamiento anticonceptivo, vacunas y cirugía

Otro beneficio de elaborar una gráfica es que puede ayudarte a identificar el momento más eficaz de tu ciclo para hacerte exámenes físicos, utilizar anticonceptivos, ponerte vacunas y hacerte operaciones. El mejor momento para hacerte una prueba de Papanicolaou, por ejemplo, es aproximadamente en mitad del ciclo, cuando el cuello del útero está dilatado naturalmente. En caso de colocarse diafragmas o capuchones cervicales, hacerlo en un momento equivocado puede significar la diferencia entre una protección anticonceptiva completa y un embarazo no deseado. Puesto que el cuello del útero cambia claramente en torno a la ovulación, tiene sentido encajarlos bien cuando el método es *más probable que falle*. Recuerda que, cuando una mujer es fértil, su cuello del útero se vuelve blando, alto y abierto, por lo que es el mejor momento para encajarlo.

Como mencionamos antes, debes hacerte tu autoexploración de pechos el día 7 de tu ciclo. Por la misma razón, deberías programar tu mamografía rutinaria aproximadamente a la vez, alrededor del día 7. Esto se debe a que el tejido de tu pecho es menos denso en la fase preovulatoria. Y, si vas a hacer que dos platos de acero compriman tus pechos, también podría hacerse cuando hay la menor incomodidad posible.

Un consejo práctico sería vacunarte de la rubeola inmediatamente después del período. Esto te aseguraría que no estás embarazada en ese momento. Esto es crucial para esta vacuna en particular, puesto que los efectos del virus de la rubeola en el feto de mujeres embarazadas son potencialmente devastadores.

Algunos estudios han sugerido que hacerse una operación de cáncer de pecho después de la ovulación puede incrementar tus probabilidades de vivir más sin una recurrencia de la enfermedad. Una teoría sobre la diferencia en los resultados es que el estrógeno, en la primera parte del ciclo, podría estimular el crecimiento de células cancerosas. Sin embargo, debes ser consciente de que estos hallazgos no reflejan un consenso general. Por último, si te efectúan una laparoscopia para eliminar la endometriosis, algunos creen que es mejor hacérsela antes de ovular para reducir la tasa de recurrencia.

Puesto que una investigación más detenida puede demostrar que programar las cirugías a una fase particular de tu ciclo aumenta las probabilidades de un resultado positivo, deberías preguntar a tu médico sobre el tema. Si es sólo una cirugía menor, tal vez no sea tan importante. Pero, si conlleva algo tan serio como la supervivencia, te animaría a hacer tus deberes y estudiar las últimas investigaciones detenidamente.

Examen físico anual
Médico

Dra. Mary Compassionate

Colesterol 190 Proporción 3.1 HDL 65 LDL 120 Día del ciclo 16 Fecha 29-11-19

CBC: Hematocrito OK

Prueba de orina OK

Prueba de Papanicolaou OK

Prueba de clamidia (opcional) no realizada

Otras pruebas _____

Edad en el momento de la prueba 30

Altura 5' 6" Peso 140

Pulso 76

Presión sanguínea 120 / 80

Inyecciones/Dosis de recuerdo/Vacunas

Tétanos

	Estado	Comentarios
Examen del pecho		La Dra. Compassionate está de acuerdo en que el bulto que noté durante mi autoexploración mensual, probablemente, no sea algo que deba preocuparme, pero ha programado una mamografía para quedarnos tranquilas.
Mamograma	¡OK!	El bulto en la parte superior de mi pecho derecho era solamente el conducto de la leche. Vigilarlo para confirmar que desaparece por sí mismo.
Cuello del útero	¡OK!	¡Extrajo una tira delgada y elástica de 4"! Me revisó el cuello del útero con un espejo. Los orificios cervicales estaban bien abiertos.
Útero	¡OK!	
Ovarios		La doctora encontró un pequeño quiste en el lado izquierdo del ovario. Debe remitir por sí solo.
Corazón	¡OK!	
Pulmones	¡OK!	
Lunar en mi espalda		Dijo que tenía buen aspecto, pero me derivó al dermatólogo para comprobarlo.

Prescripciones -----

Recomendaciones Me sugirió que tomase alimentos ricos en calcio en cantidad para prevenir la osteoporosis.

Referencias Dr. Reasure (206) 123-4567, dermatólogo

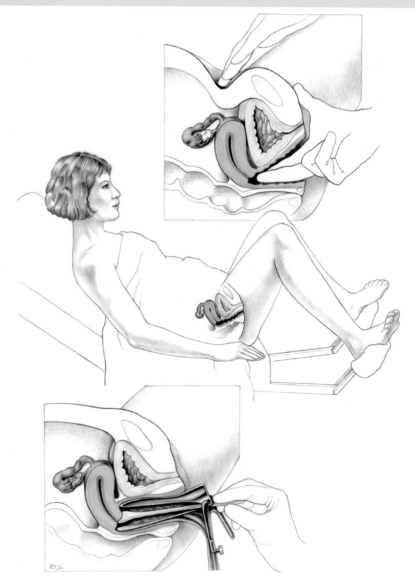

Un examen pélvico suele incluir una prueba bimanual, así como una prueba de Papanicolaou cada tres años. La bimanual es cuando el médico inserta un dedo en la vagina para poder estabilizar el útero desde dentro, mientras presiona suavemente sobre el abdomen para palpar el útero y los ovarios desde el exterior. La prueba de Papanicolaou se realiza principalmente para detectar la presencia de células precancerosas en el cuello del útero.

Permanecer sana y bien informada

He escrito este capítulo para ayudarte a distinguir entre lo que es normal y lo que requiere atención médica.

Anotando con precisión tus síntomas en tu gráfica, puedes ayudar a tu médico a determinar si necesitas más pruebas para diagnosticar la causa de cualquier dolor o problema concreto. Por esta razón, deberías aprender a reconocer lo que se considera normal, dolor cíclico, frente a lo que es más intenso o sucede en momentos inesperados del ciclo, porque eso es más probable que indique un posible problema de salud. (Como mencioné antes, *véase* la página 408 del epílogo, para visualizar cómo pueden utilizarse diferentes colores para llevar un seguimiento de los diversos síntomas).

El formulario de la página 613, al final del libro, puede utilizarse para tus exámenes anuales. Puedes descargarlo de tcoyf.com, o copiarlo y agrandarlo al 125 %, y después copiarlo en la parte posterior de la gráfica del ciclo en el que se refleja tu prueba anual y llevarlo contigo cuando vayas a hacértela. Descubrirás que es una forma práctica de llevar un seguimiento de tu peso, presión sanguínea y salud ginecológica general, incluyendo cosas como un examen de los pechos, un mamograma, prueba de Papanicolaou, cultivo vaginal o cualquier enfermedad de transmisión sexual posible. Puedes utilizar la parte posterior de las tablas normales para registrar cualquier otra cosa que valga la pena recordar.

SANGRADO NORMAL FRENTE A ANORMAL

Por último, si tienes útero, entonces ya sabes que este tema ocupa un capítulo por sí solo.

19

CAUSAS DE SANGRADO INUSUAL

E s bastante probable que, en algún momento de tu vida, experimentes sangrado inusual o anormal, que es en esencia cualquier sangrado que sea diferente de un verdadero período menstrual. Y, por supuesto, como ya sabes, un período es el sangrado que tiene lugar aproximadamente dos semanas después de la ovulación.

DE VUELTA AL SEXTO CURSO. REVISANDO LOS ELEMENTOS BÁSICOS DE UN PERÍODO SALUDABLE

Para entender el sangrado inusual, te interesará recordar lo que es normal como punto de referencia: los ciclos menstruales normalmente duran de 21 a 35 días, mientras que los períodos se mueven entre 3 y 5 días (aunque cualquier cosa entre 2 y 7 sigue siendo considerado normal).

Las menstruaciones normalmente siguen un patrón similar de uno de estos dos:

Ligero → abundante → moderado → ligero → muy ligero
o
Abundante → abundante → moderado → moderado → ligero

Además, un verdadero período a menudo está asociado con síntomas leves como una sensibilidad premenstrual en los pechos, calambres suaves o un ligero dolor de espalda.

Sangrado normal

Como ya sabes, las mujeres podemos tener sangrado en otros momentos del ciclo además de la menstruación. De hecho, una de las facetas peor comprendidas del ciclo de la mujer es la del sangrado normal, que suele ser marrón porque la sangre está expuesta a más oxígeno mientras gotea fuera del cuerpo. Asimismo, un error muy común que cometen muchas mujeres es suponer que todos los episodios de sangrado son períodos. Por supuesto, la verdadera menstruación es el sangrado que tiene lugar aproximadamente entre 12 y 16 días después de la liberación de un óvulo. Cualquier otro tipo de sangrado es sangrado anovulatorio, sangrado normal o sintomático de algún problema.

Sangrado ovulatorio ligero

Dicho en términos sencillos, algunas mujeres tienen un día o dos de sangrado ligero en torno a la ovulación. Este sangrado no sólo es normal, sino que es un signo de fertilidad secundario que puede ayudar a identificar en qué punto del ciclo se encuentran. Suele ser el resultado de la repentina disminución de estrógeno inmediatamente antes de la ovulación y tiende a ocurrir más frecuentemente en los ciclos largos.

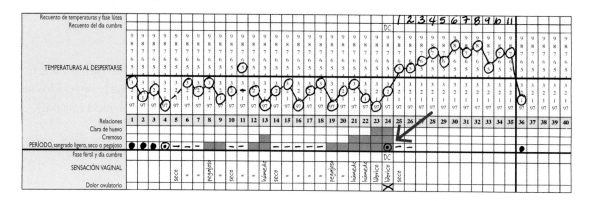

Gráfica de Gretchen. Sangrado ovulatorio ligero. Es perfectamente normal para las mujeres tener sangrado en torno a la ovulación, en el caso de Gretchen el día 24. (Se ve que la ovulación ha ocurrido por el cambio de temperatura del día 25). Si el sangrado hubiese ocurrido varios días después de la ovulación, podría haber sido un signo de sangrado anormal.

Una instructora del Método de Conciencia de la Fertilidad en cierta ocasión describió su experiencia utilizando un diafragma antes de aprender un método natural de control de la natalidad. De vez en cuando, cuando ella se lo quitaba después de hacer el amor, había un poco de sangre y secreciones resbaladizas mezcladas con el espermicida. Se sintió desconcertada y se preguntó si su pareja le había dañado el cuello de su útero durante las relaciones. Fue sólo años más tarde cuando se dio cuenta de que la sangre que había visto periódicamente era solamente sangrado ovulatorio acumulado en el diafragma.

Sangrado anovulatorio y sangrado ligero

Ocasionalmente, las mujeres no liberamos un óvulo por varias razones posibles. Una de ellas es que el estrógeno no alcanza el nivel necesario para que se libere el óvulo. Cuando ocurre esto, el descenso en el estrógeno es suficiente para causar un ligero desprendimiento del recubrimiento del útero. En otras ocasiones, el estrógeno puede seguir estimulando el crecimiento del recubrimiento uterino hasta tal punto que no puede soportarlo suficientemente, y tiene lugar el sangrado inesperado. En mujeres de más de 40 años, la causa del sangrado anovulatorio suele ser el resultado de una menor sensibilidad a las hormonas HFE y HL. El resultado es que la mujer puede no ovular, y, sin progesterona para mantener el recubrimiento, puede aparecer una hemorragia. Sin embargo, en todos estos casos, el sangrado no es técnicamente una menstruación.

La forma de determinar si una mujer ovula de verdad es siguiendo su temperatura en una gráfica. Recuerda: los ciclos ovulatorios suelen reflejar un patrón de temperatura clásico de descensos antes de la ovulación y de aumentos después.

Sangrado por implantación

De igual modo, si una mujer intentaba quedarse embarazada y notaba un sangrado ligero en lugar del sangrado normal, en cualquier momento desde una semana después de su cambio de temperatura debería considerar la posibilidad de hacerse una prueba de embarazo porque puede ser «sangrado ligero por implantación», en lugar de un período. Cuando el óvulo se introduce en el recubrimiento endometrial del útero, puede tener lugar un pequeño sangrado ligero. También puede determinar si está embarazada observando si su temperatura sigue estando alta más allá de 18 días. Esto indicaría que el cuerpo lúteo permanece vivo para soportar un embarazo.

Sangrado ligero por lactancia

Las mujeres que acaban de tener un hijo pueden descubrir que, después de que los loquios iniciales (sangrado ligero después del parto) han cesado, tienen un episodio de sangrado ligero aproximadamente seis semanas después del parto. Normalmente se debe a la retirada del alto nivel de hormonas en circulación que tenía cuando estaba embarazada. Además, mientras amamantan, los niveles hormonales pueden fluctuar debido a las diversas necesidades del bebé. Debido a este desequilibrio hormonal temporal, las mujeres que acaban de tener un hijo pueden experimentar una serie de sangrados ligeros anovulatorios.

Sangrado ligero después de hacerse pruebas en la consulta

Las mujeres a menudo tendrán un sangrado ligero después de pruebas como la de Papanicolaou, las biopsias cervicales, la criocirugía, la cauterización, la cirugía con láser, los exámenes pélvicos y las inserciones de un diu. Esto es normal.

Terapia hormonal

Es normal tener algo de sangrado irregular con la terapia de reemplazo hormonal, especialmente en los primeros meses. Aun así, puede interesarte hablar con tu médico para descartar inicialmente una dosis incorrecta u otros posibles problemas.

Sangrado ligero de color marrón oscuro o negruzco

Este tipo de sangrado puede tener lugar en los días anteriores a tu período o en su final. La sangre fluye tan lentamente que en el momento en que alcanza el exterior del cuerpo se ha expuesto al oxígeno, lo que la convierte de roja en oscura: piensa en el color de la sangre cuando te acabas de cortar, antes de que se forme la costra de color más oscuro. Esta sangre antigua es sólo un posible problema si la tienes durante dos o más días (como explicamos en la sección sobre la insuficiencia de la fase lútea en la página siguiente).

Coágulos durante la menstruación

En cierto modo, el coágulo es lo opuesto al sangrado ligero de color oscuro. Tu cuerpo normalmente libera anticoagulantes para impedir que se coagule la sangre menstrual. Sin embargo, cuando tu período es abundante y la sangre fluye rápidamente, puede no haber tiempo suficiente para que funcionen los anticoagulantes, y por ello se forman coágulos. Son muy comunes y no suelen considerarse un problema. Sin embargo, si son molestos tal vez quieras ver a tu médico para descartar cualquier cosa seria.

Sangrado inusual

Puedes eliminar algunos de los tipos de sangrado que citamos siguiendo las recomendaciones del capítulo 9 sobre el equilibrio hormonal. Por supuesto, no es necesario decir que, si alguno de ellos es especialmente grave o te causa problemas serios, deberías consultar al médico.

Problemas con el sangrado menstrual

Como has leído antes, tus períodos deberían seguir normalmente un patrón de aumento y disminución en el flujo, o sólo decreciente de un flujo abundante en el día 1. Ocasionalmente puedes tener un flujo espeso y pesado, que puede ser normal. Pero si experimentas habitualmente períodos abundantes tal como para empapar una compresa o un tampón aproximadamente en una hora, como mínimo, deberías hacer que te revisaran el recuento sanguíneo para descartar la anemia causada por una pérdida excesiva de sangre, porque esto puede generar debilidad o fatiga. En cualquier caso, si alguna vez piensas que algo no va bien con tu período, confía en tu intuición y consulta a tu médico.

Erosión cervical

Si experimentas una secreción blancuzca con algo de sangre, podría ser un síntoma de erosión cervical. Este problema no suele ser serio y puede tener numerosas causas, desde el uso de tampones hasta el impacto físico de múltiples partos.

Insuficiencia de la fase lútea

Si intentas concebir y tienes lo que se llama sangrado posmenstrual marrón o negro (definido como dos o más día de sangrado ligero al final de tu período), probablemente esté causado por la eliminación irregular del endometrio y pequeños fragmentos de tejido endometrial. Esto suele ser el resultado de una función lútea subóptima en el ciclo *anterior*.

De igual modo, si intentas quedarte embarazada y a menudo tienes dos o más días de sangrado de color marrón o negro antes de la menstruación, teóricamente podrías correr el riesgo de un posible aborto espontáneo. Esto sucede porque, para que tenga lugar la implantación, el recubrimiento uterino debe ser suficiente para que el óvulo se introduzca antes de que se elimine durante la menstruación. Ambos problemas suelen tratarse favoreciendo la fase lútea o tratando la ovulación.

Enfermedad inflamatoria pélvica o infecciones de transmisión sexual

Deberías estar especialmente alerta a síntomas como los calambres o el dolor abdominal, la secreción vaginal anormal, la fiebre y el enfriamiento, o cualquier tipo de dolor mientras orinas o tienes relaciones. Ese tipo de síntomas, cuando vienen acompañados por un sangrado inusual, puede ser característico de distintas afecciones, desde infecciones pélvicas hasta diversas infecciones de transmisión sexual.

Endometriosis y otros trastornos

Otra posible causa del sangrado ligero premenstrual es la endometriosis, que también puede causar sangrado menstrual abundante o sangrado irregular entre períodos. Si observas otro sangrado inexplicable, deberías tener un diagnóstico porque podría estar causado por desequilibrios hormonales como los problemas de tiroides, el exceso de estrógeno, el síndrome ovárico poliquístico, por nombrar sólo unos pocos. Afortunadamente (¡o no!), la mayoría de los casos de sangrado inusual causados por estos problemas vienen acompañados por otros síntomas, por lo que es un poco más fácil el diagnóstico.

Fibroides

Aunque los coágulos suelen ser normales durante la menstruación, pueden ser reflejo de posibles fibroides si empiezas a tenerlos y nunca te ha ocurrido antes. Si parecen excesivos o molestos, y preferirías tratarlos, háblalo con tu médico. Y si crees que puedes estar embarazada y expulsas grandes coágulos junto con tejido de color gris, contacta con tu médico inmediatamente, porque puedes estar teniendo un aborto espontáneo. (*Véase* epílogo, página 410, para más información sobre los fibroides).

Sangrado uterino disfuncional

El tipo más común de sangrado inusual no tiene un origen orgánico o estructura evidente. Se le suele llamar sangrado uterino disfuncional y se suele diagnosticar cuando todas las causas orgánicas se han eliminado. Normalmente se piensa que tiene un origen hormonal, con aproximadamente un 90 % debido a la anovulación. Tiene lugar normalmente en mujeres con ciclos largos o irregulares, como los del síndrome ovárico poliquístico. También suele aparecer en quienes se encuentran en los dos extremos de la edad reproductora, la primera pubertad o la perimenopausia.

Dado que hay tantas causas potenciales de sangrado inusual, he incluido un resumen más extenso de las más comunes en la tabla de debajo. Observa que los problemas de sangrado se encuentran en el orden aproximado en que aparecen en el ciclo, comenzando con el propio período menstrual.

Por supuesto, poder compartir tu gráfica con tu médico le permitirá ver cuándo ocurre el sangrado y cuál es la calidad del flujo, haciendo mucho más fácil el diagnóstico.

CAUSAS DE SANGRADO INUSUAL DURANTE DISTINTAS FASES DEL CICLO

SANGRADO ABUNDANTE DURANTE EL PERÍODO	
Empapar una compresa o tampón cada una o dos horas durante al menos varias horas seguidas.	
Fibroides uterinos submucosos	Crecimientos benignos que sobresalen de la cavidad uterina y están localizados inmediatamente bajo el recubrimiento del útero. Tienden a sangrar más abundantemente que otros tipos de fibroides y son más difíciles de tratar (*véanse* tipos de fibroides uterinos en la página 410 del epílogo).
Endometriosis	El trastorno en el que algunas de las células uterinas que normalmente se desprenden durante la menstruación se adhieren a otras partes del cuerpo, normalmente dentro de la cavidad pélvica.
Hiperplasia endometrial (adenocarcinoma)	Un sobrecrecimiento de los componentes glandulares del recubrimiento uterino. *Puede* ser precanceroso.
Hiperplasia quística	Un sobrecrecimiento de quistes llenos de líquido en el recubrimiento uterino.
Adenomiosis	Una afección en la que el tejido endometrial, que normalmente recubre el útero, penetra en sus paredes musculares, causando potencialmente calambres menstruales graves y períodos abundantes.
Trastornos de la coagulación	Problemas como el lupus sistémico, en que el cuerpo no puede controlar eficazmente la coagulación sanguínea.
SANGRADO LIGERO AL FINAL DEL PERÍODO	
Endometritis	Una infección o inflamación de las células que recubren el útero, que ocasionalmente puede ser crónica.

SANGRADO POSMENSTRUAL PROLONGADO DE COLOR MARRÓN	
Sangrado ligero de color marrón o negro que continúa días más allá del sangrado de color rojo de la menstruación.	
Deficiencia del cuerpo lúteo	Tres días o más de sangrado de color oscuro.
Hiperplasia endometrial (adenocarcinoma)	Un sobrecrecimiento de los componentes glandulares del recubrimiento uterino. Puede ser precanceroso.
Hiperplasia quística	Un sobrecrecimiento de quistes llenos de fluido en el recubrimiento uterino.
Adenomiosis	Un problema en el que el tejido endometrial que normalmente recubre el útero penetra en sus paredes musculares, lo que causa períodos potencialmente dolorosos y abundantes.
SANGRADO TEMPRANO EN EL DESARROLLO DEL FLUIDO CERVICAL	
Pólipos endometriales	Un trozo de tejido que se proyecta en la cavidad uterina a través de una base grande o fino pedúnculo que se adhiere al recubrimiento uterino.
Hiperplasia endometrial (adenocarcinoma)	Un sobrecrecimiento de componentes glandulares del recubrimiento uterino. Puede ser precanceroso.

SANGRADO OVULATORIO	
Es normal, pero lo incluimos porque la definición técnica de sangrado inusual es cualquier sangrado que no sea un período menstrual.	
Avance de estrógeno	Sangrado ligero que ocurre inmediatamente *antes* del día cumbre, y es el resultado de un exceso de estrógeno que estimula el endometrio.
Falta de estrógeno	Sangrado ligero que ocurre dentro de los tres días que *siguen inmediatamente* al día cumbre y es el resultado del repentino descenso del estrógeno inmediatamente antes de la ovulación.
SANGRADO PREMENSTRUAL PROLONGADO (FASE LÚTEA)	
Endometritis	Una infección o inflamación de las células que recubren el útero.
Fibroides submucosas	Crecimientos benignos que sobresalen de la cavidad uterina y están localizados justo bajo el recubrimiento del útero. Suelen sangrar más abundantemente que otros tipos de fibroides y son más difíciles de tratar *(véanse* tipos de fibroides uterinos en la página 410 del epílogo).
Pólipos endometriales	Un trozo de tejido que se proyecta en la cavidad uterina a través de una base grande o pedúnculo fino que se adhieren al recubrimiento uterino.

SANGRADO LIGERO PREMENSTRUAL (FASE LÚTEA)	
Tres o más días de sangrado ligero de color claro o marrón que tiene lugar antes del primer día del sangrado menstrual de color rojo.	
Progesterona baja	No hay suficiente progesterona para mantener el recubrimiento uterino, lo cual da lugar a la ruptura prematura de capilares endometriales.
Endometriosis	El problema en el que algunas de las células uterinas que normalmente se desprenden durante la menstruación se adhieren en otra parte del cuerpo, normalmente dentro de la cavidad pélvica.

SANGRADO ANOVULATORIO	
También puede tener lugar después de la menopausia.	
Exceso de estrógeno	Sangrado ligero de color claro o marrón, o sangrado abundante y prolongado que es el resultado de un exceso de estrógeno que estimula el endometrio sin progesterona procedente de la ovulación para sostenerlo. Es especialmente característico de las mujeres con síndrome ovárico poliquístico.
Falta de estrógeno	Sangrado que puede ser de diversas maneras, desde abundante con coágulos hasta simplemente ligero. Es el resultado de la maduración folicular suficiente para liberar estrógeno que densifica el recubrimiento endometrial antes de que se rompa el folículo. Esto hace que el estrógeno disminuya y tenga lugar el sangrado.
Pólipos endometriales	Un trozo de tejido que se proyecta en la cavidad uterina a través de una base grande o pedúnculo fino que se adhiere al recubrimiento uterino.
Hiperplasia endometrial (adenocarcinoma)	Un sobrecrecimiento de los componentes glandulares del recubrimiento uterino. Puede ser precanceroso.

Causas orgánicas del sangrado inusual

Es un sangrado que surge por un problema anatómico o estructural del útero, frente a un desequilibrio hormonal, y *puede tener lugar en cualquier momento del ciclo*. Algunos de estos problemas se describieron en la tabla anterior, pero también se enumeran aquí, por motivos de claridad.

Pólipos endometriales	Un trozo de tejido que se proyecta en la cavidad uterina a través de una base grande o un pedúnculo fino que se adhiere al recubrimiento uterino. Suele ser benigno.
Hiperplasia endometrial (adenocarcinoma)	Un sobrecrecimiento de los componentes glandulares del recubrimiento uterino. Puede ser precanceroso.
Endometritis	Una infección o inflamación de las células que recubren el útero.
Enfermedad inflamatoria pélvica	Infecciones pélvicas que pueden causar sangrado irregular junto con una serie de otros síntomas expuestos en la página 321. Debe tratarse inmediatamente para prevenir las cicatrices que pueden producir infertilidad.
Cervicitis crónica	Una inflamación crónica del cuello del útero que se debe normalmente a una eversión cervical, a una infección, a una lesión en el cuello del útero o, en raras ocasiones, cáncer. Puede ser desencadenada por una enfermedad de transmisión sexual, pero también puede tener causas no infecciosas. La cervicitis aguda que no se trata llega a ser cervicitis crónica, que puede generar una secreción vaginal excesiva, un sangrado entre períodos y un sangrado ligero después de una relación.
Fibroides	Tumores benignos que se localizan en diversas partes del útero. Pueden crecer hasta ser muy grandes, y tanto el tamaño como la localización de los fibroides influye en la severidad del sangrado que pueden causar.
Disfunción tiroidea	Una condición en la que una mujer puede experimentar un sangrado inusual, además de muchos otros síntomas, como se expone en la página 336.
Adenomiosis	Un problema en el que el tejido endometrial, que normalmente recubre el útero, penetra en sus paredes musculares. Puede causar dolor potencial y períodos abundantes.

Véase epílogo, página 411, para más información sobre el sangrado inusual cuando se elabora una gráfica.

20

Valorando tu sexualidad y fomentando tu relación

—¿Cómo es tu vida sexual? ¿Con qué frecuencia tienes sexo? –preguntaron sus respectivos terapeutas.
—Raras veces, quizás tres veces por semana –se quejó Alvy Singer.
—Constantemente… yo diría que tres veces por semana. Él se sentía necesitado. Ella se sentía exhausta –se quejó Annie Hall.

Escena de *Annie Hall* (1977), de WOODY ALLEN

¿Te suena esto familiar? La sexualidad de una mujer no tiene por qué ser el misterio que muchas personas creen que es. En realidad, hay una serie aspectos en los que las mujeres y los varones difieren sexualmente. Muchas mujeres suelen ver las relaciones sexuales como una experiencia emocional e íntima, no sólo un acto físico. Por eso las mujeres suelen estimularse si sienten confianza y afecto en las horas e incluso días anteriores a una relación. Muchos varones, por otra parte, suelen dar más importancia a lo visual y a otros estímulos en el momento real de la interacción sexual.

Además, la experiencia física del sexo por parte de una mujer es bastante diferente de la de un hombre, simplemente porque su clítoris está situado fuera de su vagina. Este hecho puede influir enormemente en todos los aspectos de su sexualidad emocional y física.

Mi amigo Bill lo explicó mejor cuando casualmente dijo durante un almuerzo que las chicas lo tienen más fácil:

«*Cuando tienen 16 o 17 años y están con su novio, le meten mano y les tocan y ¡boom! Ahhh, eso es lo que necesita. Ella ya lo tiene hecho. Ella le comprende. El chico, por otra parte, experimenta toda su vida con mujeres como entrando en la cabina de mandos de un 747: sé que en alguna parte hay un botón que activa esto*».

Además, la sexualidad de una mujer también suele estar estrechamente ligada a su ciclo. Muchas mujeres no lo entienden. ¿Es de extrañar, entonces, que los hombres consideren a las mujeres un enigma? Pero los varones que ayudan en la gráfica de sus parejas suelen decir que por fin comprenden la sexualidad femenina de una forma que no habían visto antes. Describen la nueva sabiduría que han adquirido al comprender un aspecto de las mujeres que frecuentemente se malinterpreta. Las páginas siguientes intentan aclarar el rompecabezas y te hacen apreciar el secreto de tu sexualidad.

LO QUE TE HAS ESTADO PERDIENDO: PARA EL 10-15 % DE LAS MUJERES QUE NUNCA HA TENIDO UN ORGASMO

No sólo hay muchas mujeres que nunca han alcanzado el clímax, sino que sólo aproximadamente el 25 % puede experimentar orgasmos sólo con el coito. Por supuesto, no puedes esperar que un hombre sepa cómo darte uno si tú misma no sabes qué funciona para ti. Por tanto, si nunca has tenido ninguno, esta pequeña y útil lista de debajo es para ti. Disfruta de la investigación.

Duchas o baños a chorros

Una de las mejores y menos intimidantes formas para que las mujeres aprendan cómo tener un orgasmo es encender una vela y tumbarse cómodamente en el baño o ducha con una almohada de baño bajo la cabeza, dejando que un chorro de agua templada fluya sobre su clítoris. Si puedes encontrar el momento adecuado y la privacidad, es una de las formas más relajantes y sensuales de experimentar tu primer clímax, de muchos que vendrán después.

«Me desorienta un poco que Louise me diga que siempre puedo ser sustituido por una ducha vibrante».

Vibradores

Sin duda habrás oído hablar de las aventuras amorosas de las mujeres con los vibradores, y por una buena razón. Aunque los varones pueden prácticamente tener un orgasmo con sólo mirar un cuerpo femenino, para las mujeres es un poco más complicado. En cualquier caso, la forma más segura de que las mujeres tengan un orgasmo es con un vibrador, suponiendo que sepan qué clase es adecuada para ellas. De hecho, hay docenas de tipos diferentes.

Hay vibradores con forma de pene que evidentemente imitan a un pene erecto, diseñado para introducirlo. Los hay curvos, diseñados para llegar al punto G (más sobre esto más adelante). Están los diseñados para usarlos en el clítoris específicamente durante las relaciones. Por último, los hay ingeniosamente diseñados que tienen forma de pene y un accesorio pegado a la parte exterior, a fin de estimular simultáneamente el clítoris mientras se encuentra dentro de la vagina: dos por el precio de uno, si quieres llamarlo así.

La mejor forma de saber lo que funciona para ti es visitar una de las numerosas tiendas de juguetes sexuales para mujeres que hay en la mayoría de las grandes ciudes. Ya han pasado los días de las sex shops de callejuelas y de mala fama, frecuentadas sólo por hombres con aspecto sospechoso. Actualmente, mujeres y parejas pueden examinar todas las formas de juguetes sexuales y asistir a clases iluminadoras de todas las facetas de la sexualidad humana, incluyendo, por supuesto, cómo tener un orgasmo (sí, hay clases sobre cómo tener un orgasmo).

Textos como juego previo

¿Quién iba a imaginar que, con la llegada de los teléfonos inteligentes, las vidas sexuales de hombres y mujeres de todas partes iban a mejorar tanto? Introduce texto, y su capacidad para generar un lento calentamiento crecerá a lo largo del día, de forma que, en el momento en que tu pareja y tú por fin os veáis esa noche, estéis preparados para arrancaros la ropa.

Imágenes eróticas

Probablemente no haya ninguna mujer en Estados Unidos que no haya oído hablar sobre el libro *Cincuenta sombras de grey*. Su popularidad es un testimonio de la capacidad de los libros y vídeos eróticos para estimular no sólo a los hombres, sino también a las mujeres. En efecto, hay géneros completos de vídeos para adultos hechos específicamente para parejas, y para muchas de ellas, no hay nada tan sexy como sentarse en la privacidad de su propia casa, viendo algo erótico como forma para que sus jugos fluyan.

Largos preliminares y contención

En lo relativo a ayudar a las mujeres a llegar al clímax, a veces se pasan por alto las cosas más simples. Para muchas de vosotras, tal vez lo más fácil y sexy que tu pareja puede hacer por ti es evitar acariciarte la zona vaginal, mientras se centra en otros lugares, de forma que prácticamente tengas que suplicarle que te deje llegar al clímax.

Estimulación del escurridizo punto G

Y entonces, por supuesto, está el siempre misterioso punto G, sin duda aún el tema más debatido en el ámbito de la sexualidad humana. ¿Existe o no existe? Y, si existe, ¿dónde diablos está? Cuando empecé a investigar para la primera edición de este libro, allá por los inicios de los noventa, el punto G era tan poco conocido que decidí no incluir nada sobre él. Pero pensé que veinte años después, sin duda se habrían realizado suficientes estudios científicos para saber por fin si existe en realidad.

Pues no. Parte de la confusión nace del hecho de que, a diferencia del clítoris, el punto G aún tiene que ser identificado científicamente como una estructura independiente. Aunque muchas mujeres experimentan un placer sexual intenso y orgasmos a partir de la parte frontal superior de la vagina, nadie ha podido documentar una fuente más precisa, ni describir su tamaño y apariencia. Aun así, para los objetivos de esta explicación, supondremos que en efecto hay una entidad que tienen algunas mujeres, o al menos que algunas mujeres encuentran sensible, y nos referiremos a ella como punto G.

Se ha descrito como una zona de tejido esponjoso, del tamaño aproximado de una moneda, en la glándula parauretral (la glándula al lado de la uretra), que es análoga a la próstata masculina. Está localizada entre 2,5 y 5 centímetros, en el interior de tu vagina, en la pared que está más cerca del ombligo. Tiene una textura distinta que el resto de tu vagina, porque está compuesta de tejido eréctil con rugosidades, lo que le permite hincharse cuando estás estimulada sexualmente. Esto facilita a tu pareja encontrarlo después de un largo juego preliminar, como puede verse en el epílogo, página 412.

Debido a su localización en la pared vaginal superior, es difícil para una mujer sola poder alcanzarlo eficazmente. La mejor forma de acceder es con uno de los vibradores diseñados específicamente para ese propósito. Por supuesto, tu pareja también puede estimularlo mucho más fácilmente insertando su dedo índice o medio en toda su longitud, y después flexionándolo como si hiciera el gesto de «ven aquí», hasta que encuentre la zona que es más rugosa que el resto de la pared vaginal.

Una vez localizado en el interior el punto G, tal vez tu pareja deba frotarlo con más fuerza para que lo sientas. Y, curiosamente, las mujeres mayores pueden considerarlo más excitante porque su vagina suele ser un poco más fina, lo que hace que el punto G sea más prominente. En cualquier caso, si no sientes nada, puedes decirle que utilice su otra mano para presionar sobre tu zona púbica al mismo tiempo, lo cual puede intensificar la sensación física.

¿Puede decirme dónde está el punto G?

Los hombres no deben temer detenerse
y pedir indicaciones.

Sexo oral *(cunnilingus)*

Una de las formas más sexys y fiables con que una mujer puede lograr un orgasmo es que su pareja le haga sexo oral con su cálida lengua (por supuesto, ninguno de los dos probablemente lo disfrutará a menos que estés impecablemente limpia). Además, es vital para tu pareja entender lo terriblemente sensible que puede ser el clítoris si se toca directamente, con los dedos o la lengua. Y si no te sientes cómoda diciéndole que se aparte de tu clítoris después de haber llegado al clímax, tus gritos de dolor deberían ser una pista sutil pero efectiva.

Lubricantes sexuales calentadores

Una de las sensaciones que definen el hecho de llegar al orgasmo es un arrebato de calor en la vagina y el clítoris, y usar un lubricante calentador durante la masturbación o el coito te aporta un buen comienzo. Si se usan adecuadamente (aplicando la cantidad correcta para no tener demasiado calor), puede ser increíblemente beneficioso para ayudarte a alcanzar el clímax. Pueden gustarte o puedes odiarlos, pero una cosa es segura: esto no es como la vaselina de tu abuela.

POR QUÉ PUEDEN SER DIFÍCILES DE CONSEGUIR LOS ORGASMOS DURANTE EL COITO

En el caso de algunas mujeres, el orgasmo puede tardar bastante en llegar. Antes de firmar con una pareja así, asegúrate de que estás dispuesto a posponer, por ejemplo, el mes de junio…

BRUCE JAY FRIEDMAN

La parte más sensible del cuerpo del hombre es la parte inferior cercana a la punta del pene. En la mujer es el clítoris. El problema es que, puesto que el clítoris está situado fuera de la vagina, el coito no suele ser tan intenso para las mujeres como para los varones. De hecho, como leíste antes, los estudios indican que una gran mayoría de las mujeres son incapaces de alcanzar el orgasmo sólo con el coito. Asimilar este hecho fisiológico y entender realmente cómo puede influir en la sexualidad de una mujer es vital para los hombres que quieren desarrollar una relación sexual verdaderamente amorosa con su pareja.

Puesto que muchas personas no entienden por completo la anatomía humana básica, continuamente hay malentendidos en la cama. Por ejemplo, las mujeres a menudo fingen orgasmos porque no quieren dañar los sentimientos de sus parejas o no creen que merezca la pena el tiempo y el esfuerzo que les llevaría alcanzar uno. Este tipo de engaño puede envenenar una relación íntima, lo cual es una lástima, porque podría resolverse muy fácilmente si ambos entendieran la diferencia entre la fisiología masculina y femenina. No es necesario decir que la comunicación entre los miembros de la pareja es la clave para desarrollar una relación sexual satisfactoria y cálida.

En cualquier caso, está bien que no vivamos en los años de 1870. John Davenport nos habría hecho creer que las mujeres no tienen orgasmos en absoluto. Como describía en *Curiositates Eroticae Physiologiae* (1875), el resultado del orgasmo en las mujeres era que:

> *Quema y podría decirse que seca el semen recibido por ella del varón, y si por casualidad se concibe un hijo, se forma mal y no se mantiene nueve meses en el útero de la madre.*

En efecto. En cualquier caso, ha pasado más de un siglo, y estamos totalmente seguros de que los orgasmos femeninos no causan defectos de nacimiento. Pero la cantidad de tiempo que tarda una mujer en llegar al clímax puede ser frustrante si la gente no comprender lo normal que es para las mujeres tardar más que los varones. Aunque la comunicación entre una pareja sea totalmente abierta y saludable, las mujeres normalmente requieren un poco más de estimulación para alcanzar el orgasmo.

Otro posible problema es que muchos hombres suponen que, en cuanto la mujer se ha lubricado, está lista para ser penetrada. Para la mayoría de las mujeres, esto no es cierto. La lubricación vaginal es uno de los primeros signos de la estimulación. Señala sólo que está cada vez más interesada en más juegos preliminares. La mayoría de las mujeres necesitan un tiempo considerable y toques sensuales (más que sexuales) para estimularse por completo. De hecho, una de las quejas más comunes que las mujeres tienen de sus amantes masculinos es que ellos aceleran los movimientos y se centran demasiado en los genitales, en lugar de en todo el cuerpo.

AUMENTANDO TUS PROBABILIDADES DE TENER UN ORGASMO DURANTE EL COITO

Para algunas mujeres, que les pregunten si tienen orgasmos durante el coito es un síntoma de que su pareja en realidad no sabe lo que las excita. En su excelente libro *Sexual Solutions,* Michael Castleman pide a los hombres desarrollar una perspectiva sexual distinta:

> *Imagina tus sentimientos si una mujer solicitara la cortesía de tu estimulación clitoridiana oral y después te preguntara: «¿Tuviste un orgasmo?». Muchos hombres se ofenderían con la pregunta: «¿Cómo puedes preguntar si he tenido un orgasmo? He estado estimulándote. Tú no me has tocado donde me gusta». Las mujeres se sienten lo mismo.*

Y aún hay un pequeño, pero muy afortunado, porcentaje de mujeres que pueden tener orgasmos sólo con el coito. Los investigadores de la sexualidad humana especulan con que una de las razones puede ser que su distancia entre el clítoris y la vagina sea menor de 2,5 centímetros. En otras palabras, la corta distancia entre su clítoris y su vagina las hace mejores candidatas para lograr orgasmos, porque la mayor proximidad a su clítoris les da una mejor posibilidad de ser estimuladas por el pene del hombre.

Lo importante es que la sexualidad femenina varía tanto en una mujer individual como lo hace entre mujeres. En otras palabras, tus deseos sexuales no sólo pueden cambiar de día en día y en diferentes fases de tu ciclo, sino que también pueden variar de ciclo a ciclo. Pero ¿sabes qué? Los hombres no saben leer la mente. Así que debes poder comunicar tus necesidades para que te ayude a tener un orgasmo, ya sea durante el juego sexual o en el mismo coito.

Una vez que una mujer ha tenido uno, es mucho más fácil tener otro poco después. Y, puesto que sabemos que las mujeres suelen ser más capaces de alcanzar un orgasmo mediante sexo oral que con el coito tradicional, es también una de las mejores formas de completar los juegos preliminares. Es posible que desees probar con el sexo oral hasta el momento en que estés a punto de alcanzar el clímax, y después seguir con el coito, a ser posible en una posición que te aporte más placer.

POSICIONES QUE OFRECEN LA MEJOR ESTIMULACIÓN

Las mujeres pueden aumentar sus posibilidades de orgasmo aprendiendo qué posiciones estimulan mejor su clítoris. Muchas mujeres que son capaces de alcanzar el clímax durante el coito dicen que la posición óptima es montándose a horcajadas sobre su pareja, con uno de ellos aplicando al clítoris estimulación manual. La mayoría está de acuerdo en que el coito en la posición del misionero no es suficiente.

Posición de balanceo íntima

Igual que mi descripción de cómo atarse los cordones en la primera parte del libro, intentar describir cómo utilizar una posición sexual que sea totalmente antiintuitiva es inadecuado. La dudosa expresión «técnica de alineamiento coital», que puedes ver que he decidido renombrar aquí, es similar a la postura del misionero, pero, en lugar de empujar horizontalmente, los dos se mecen verticalmente, y él la penetra superficialmente.

Funciona mejor si el hombre se tumba unos 10 centímetros más alto, descansando parcialmente la parte superior de su cuerpo sobre la parte superior del de ella. El beneficio es que no sólo estimula su clítoris con la base del pene y el hueso púbico, sino que también le permite durar

348

más tiempo. Con práctica, los dos deberíais poder hacer un movimiento de vaivén que percibáis como natural y que en última instancia te ayude a llegar al clímax.

Para quienes consideren incómoda esta posición (¡Dios sabe que sólo intentar describirla ya lo ha sido!), hay una posición modificada que permitirá al hombre empujar. Después de penetrar a la mujer, ella estira sus piernas fuertemente y las sitúa entre las de él, lo cual permite que la base de su pene estimule su clítoris.

Me habría encantado incluir una imagen de la posición en este libro, pero he optado porque utilices tu imaginación o, mejor aún, que busques en Google («técnica de alineamiento coital», eso es). Probablemente no encontrarás una imagen de la «posición de balanceo íntima» en ningún sitio de Internet, ya que mi becaria, Ruby, y yo recientemente acuñamos el término en Seattle tomándonos un café.

Posiciones que estimulan mejor el punto G

Para la mayoría de las mujeres, la posición tradicional del misionero es la menos eficaz para alcanzar el clímax, simplemente porque sus dos zonas más sensibles –su clítoris y su punto G– apenas se estimulan. Por supuesto, si una mujer tiene la gran fortuna no sólo de tener un punto G distinguible, sino también estar con un hombre cuyo pene se curve al final, lo habrá conseguido. De otro modo, la mejor posición para estimular el punto G de una mujer es entrando en la vagina desde detrás. Esto se debe a que la mujer puede doblarse por la cintura y permitir que el ángulo de entrada maximice el contacto del pene con la pared delantera de la vagina. Por último, la posición con la mujer arriba también puede estimular el punto G, pero no tan fácil ni directamente.

EJERCICIOS PARA FORTALECER TUS MÚSCULOS VAGINALES

Finalmente, muchas personas no son conscientes de que la vagina tiene músculos que pueden fortalecerse como cualquier otro. Tanto los hombres como las mujeres consideran que el sexo puede ser más satisfactorio cuando la mujer tiene control sobre sus músculos vaginales. La forma de fortalecerlos es mediante Kegels o contracciones vaginales, como describí en la página 108.

Con sólo comprimir y relajar la vagina periódicamente durante el día, puedes aumentar la satisfacción sexual para ti y para tu pareja. Puedes hacer cualquier combinación de Kegels que sea cómoda. Una ventaja clave de estos ejercicios es que pueden efectuarse en cualquier momento, en cualquier lugar, sin que los demás se den cuenta de ello. Puedes hacer Kegels mientras hablas con el tendero u ofreciendo una presentación en una reunión de empresa, y nadie se dará cuenta. Hazlos con la frecuencia necesaria para mantener una vagina fuerte y sana que contribuya a la satisfacción sexual de ambos.

Eyaculación femenina

Una pequeña minoría de mujeres expulsa una sustancia clara y sin olor, de la uretra, durante el orgasmo. Es mucho más acuosa que el semen, y está compuesta principalmente de glucosa y fosfatos ácidos. Y, sin sorpresas, las mismas mujeres que experimentan eyaculaciones femeninas suelen ser las que no tienen duda de que tienen un punto G.

Este tipo de orgasmos es más común mediante estimulación manual o un vibrador curvo estimulante del punto G, porque requieren más presión y el ángulo correcto para proporcionar estimulación directa a esa área. Como sabes, ya es difícil para la mayoría de las mujeres llegar al clímax durante el coito normal sin esa estimulación añadida o, por supuesto, estimulación directa del clítoris.

Si te gustaría intentar eyacular con tu pareja ayudándote, él debería intentar encontrar tu punto G, si es que lo tienes. Como mencioné antes, debería estar entre 2,5 y 5 centímetros en el interior de tu vagina, en el mismo lado que el ombligo y, de nuevo, se nota diferente que el resto de la vagina porque es ligeramente rugoso. Utilizando un movimiento de «ven aquí» con el dedo medio o índice, él debería empezar a dar golpecitos lentamente, aumentando la intensidad conforme estés más estimulada.

Uno de los trucos para tener este tipo de orgasmo es seguir el juego en lugar de reprimirte cuando tengas la sensación de que estás a punto de alcanzar el clímax. Por supuesto, hay que cubrir la cama con bastantes toallas para evitar la inevitable batalla posterior de «¿Quién va a dormir en la parte húmeda?».[1]

Por qué tiendes a sentirte más sexy en la mitad del ciclo

Jugoso, sensual, exquisito, suculento y delicioso… no, no estoy hablando de un melocotón. Me refiero al fluido cervical fértil, tal como lo describió la prestigiosa educadora para el parto Sheila Kitzinger. Por supuesto, la mayoría de las mujeres tienen secreciones resbaladizas cuando se aproxima la ovulación. Puesto que lo notan húmedo y lubricante, las mujeres están condicionadas para asociarlo con la estimulación sexual. Pero la lubricación sexual tiende a disiparse en unos pocos segundos cuando se agita en el aire. El verdadero fluido cervical fértil normalmente se quedará en el dedo.

---

1. Éste es un consejo especialmente bueno porque, hasta hace poco, se suponía que este líquido contenía poca o nada de orina. Pero un estudio reciente publicado en el *Journal of Sexual Medicine* sugiere lo contrario. Ver Salama, Samuel, *et al.*, «Natura and Origin of "Squirting" in Female Sexuality», J. Sex Med 2015, 12:661-666.

Además de la semejanza entre el fluido cervical fértil y la lubricación sexual, algo más es responsable de que las mujeres se sientan más sexuales a mitad del ciclo. Los altos niveles de estrógeno en torno a la ovulación actúan para elevar la sexualidad en muchas. También pueden observar que sus labios vaginales se sienten más llenos y tienden a abrirse. De nuevo, esto está relacionado con el aumento de las hormonas en torno a la ovulación.

Estos cambios físicos pueden hacer que las mujeres se sientan especialmente sexys en este momento. Lamentablemente, esta mayor sexualidad ciertamente puede ser un tanto inoportuna para las mujeres que usen el Método de Conciencia de la Fertilidad como método anticonceptivo, ya que suelen sentir que su fase fértil es el momento en que especialmente quieren tener relaciones. Pero muchas usuarias del Método de Conciencia de la Fertilidad consideran la fase fértil como un momento para ser especialmente creativas con otras formas de hacer el amor, al saber que en aproximadamente una semana pueden retomar de nuevo las relaciones (por supuesto, pueden utilizarse los métodos de barrera durante la fase fértil, pero tendrás que ser bastante cuidadosa durante este momento y preferiblemente duplicar la protección).

POR QUÉ LAS RELACIONES PUEDEN SER INCÓMODAS DURANTE CIERTAS FASES DEL CICLO

Ocasionalmente puedes sentir un dolor profundo durante el coito. O tal vez notes incomodidad durante ciertas posiciones sexuales, especialmente cuando te subes sobre tu pareja. Recuerda que, cuando tus niveles de estrógeno están bajos y estás fuera de tu fase fértil, especialmente después de la ovulación, el cuello del útero suele estar bajo dentro de la vagina. Durante estas ocasiones es posible que el pene de tu pareja pueda golpear el cuello del útero durante las relaciones.

La razón por la que puedes sentir la incomodidad sólo cuando te montas a horcajadas es que el cuello de tu útero está más bajo en esa posición. Esto tiene sentido cuando consideras que una de las mejores formas de revisarlo es poniéndote en cuclillas, porque ésta es la posición que lo impulsa hasta su punto más bajo. Esto no significa que no puedas disfrutar del sexo en esa posición, pero debes tener en cuenta el hecho de que, cuando estás en tu fase infértil, el cuello del útero puede estar demasiado bajo para estar cómodo, y quizás quieras ajustar tu posición en consecuencia.

CÓMO PUEDEN INFLUIR EN TU SEXUALIDAD LOS ANTICONCEPTIVOS

No debería ser una sorpresa que el control de la natalidad pueda ser una fuente de tensión para muchas parejas. Puesto que ningún método es perfecto, puede haber inconvenientes que afecten a la intimidad de la pareja y que terminen por que sea ella quien cargue con todos los inconvenientes. Por ejemplo, si una mujer se siente afectada porque tiene que aguantar infecciones del tracto urinario procedentes del diafragma, o sequedad vaginal y pérdida de la libido por la píldora, puede no ser tan receptiva al coito como el hombre.

Pero si no tiene que llevarse la peor parte de los efectos secundarios y su pareja participa en su gráfica, probablemente será mucho más activa sexualmente. En resumen, mediante sus acciones, él puede mostrarle lo respetuoso que es con su cuerpo y su comodidad, y cuánto quiere compartir en la responsabilidad de los anticonceptivos. El hecho es que el control de la natalidad no tiene por qué ser un factor divisorio en el dormitorio.

Entre mis primeros clientes estuvo una encantadora pareja, Amy y Alex. Cuando revisamos sus gráficas, me di cuenta de que la escritura apenas era legible. Decía algo sobre sus calambres menstruales de ese día, pero no pude descifrarlo. Cuando le pregunté qué decía, se lo puso delante de los ojos, los entrecerró y después se volvió a Alex y dijo: «Cariño, ¿qué has escrito aquí? Yo tampoco puedo leerlo». Resultó ser que toda la gráfica la había escrito él, hasta los detalles más íntimos de su ciclo menstrual.

CÓMO PUEDE PARTICIPAR TU PAREJA EN TU GRÁFICA, Y POR QUÉ A UN HOMBRE SENSIBLE LE GUSTARÍA

Los hombres temen a las mujeres.
Los hombres temen el período de la mujer.
Los hombres temen los períodos de la mujer.
Los hombres temen que las mujeres no tengan sus períodos.[2]

A los hombres se les suele criticar por no participar demasiado en los métodos anticonceptivos. Pero la verdad es que la mayoría de los hombres son amables y probablemente se sentirían contentos de implicarse más activamente si hubiera alguna manera. Como has visto, hay un camino con el Método de Conciencia de la Fertilidad. Y en lugar de percibirlo como trabajo, la mayoría de la gente está de acuerdo en que un minuto o dos al día es tan esclarecedor que puede ser divertido, y no una tarea rutinaria. Los hombres que ayudan a sus parejas a elaborar sus gráficas se dan cuenta de que descubren muchas cosas en el proceso. En último término, el Método de Conciencia de la Fertilidad puede unir a las parejas.

---

2. Adaptado de *Beyond Putting the Toilet Seat Down*, de Jack York y Brian Krueger.

La realidad es que, aparte de un condón o una vasectomía, el Método de Conciencia de la Fertilidad es el anticonceptivo que más implicación del varón genera. Recuerda que las reglas del Método de Conciencia de la Fertilidad fueron diseñadas para la fertilidad combinada del hombre y la mujer juntos. Los hombres son fértiles todos los días, mientras que las mujeres son fértiles sólo unos pocos días por ciclo. La primera parte de la fase fértil de la mujer es un reflejo de la fertilidad del hombre (es decir, el potencial de los espermatozoides de sobrevivir cinco días en el fluido cervical fértil). La segunda parte es un reflejo de la fertilidad de la mujer (esto es, el potencial de un óvulo de sobrevivir un día, con un día adicional añadido por una posible ovulación doble).

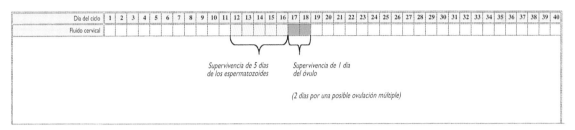

La fase fértil de la mujer está determinada por la viabilidad de los espermatozoides y del óvulo.

Para decirlo más brevemente, la fase fértil de una mujer está condicionada por la fertilidad de ambos miembros de la pareja. En efecto, como la doctora Suzanne Poppema, de Seattle, dijo elocuentemente en una entrevista para la NPR: «He enseñado a nuestros hijos a saber que son responsables de todos y cada uno de los espermatozoides que salen de su cuerpo, hasta que sepan que han muerto o se han utilizado para ayudar a crear un embarazo».

Muchos hombres que se informan sobre el ciclo menstrual se sorprenden de que la duración de la fertilidad de su pareja esté determinada principalmente por su *propia* fertilidad continua, y así se sienten igualmente responsables de los anticonceptivos. Al ser tan conscientes del ciclo de su pareja, son más comprensivos y cooperativos, porque ya no pueden fingir ignorancia. Merece la pena recordar que muchos embarazos accidentales son el resultado de una falta de comunicación entre los dos miembros de la pareja. El Método de Conciencia de la Fertilidad es una forma maravillosa de implicarse los dos igualmente en un aspecto tan importante de la vida de una pareja.

El Método de Conciencia de la Fertilidad anima a las parejas a comunicarse, simplemente, porque es más eficaz si los dos lo entienden juntos. Como has visto, los hombres suelen decidir hacer la gráfica. Para registrar los signos de fertilidad de la mujer, el hombre puede registrar su temperatura, además de preguntarle sobre todas las facetas de su ciclo, desde qué tipo de secreciones tuvo hasta si notó sensibilidad en los pechos o se sintió deprimida durante el día. En otras palabras, él puede sintonizarse íntimamente con la biología y las emociones de su pareja simplemente registrando su gráfica y ayudando a interpretar su fase fértil con ella. El potencial para una mayor intimidad es evidente. «Si puedes hablar sobre fluido cervical –bromeaba en cierta ocasión uno de mis clientes–, puedes hablar de cualquier cosa».

LA GUÍA DEL HOMBRE PARA UN MEJOR SEXO

Saca la maldita basura. Está en su sitio. Ya te lo dije. Millones de mujeres de todo el mundo probablemente estén diciendo «amén» a eso. Entender la respuesta sexual femenina no es un misterio tan grande si los hombres se limitan a asimilar uno de los conceptos cardinales de la sexualidad femenina:

Una mujer tiene muchas más probabilidades de ser sexualmente sensible a su pareja si no se siente como si fuera su madre.

Esto nos lleva al primer concepto.

Tareas del hogar

Varios estudios por fin han confirmado lo que la mayoría de las mujeres han experimentado durante años. Olvídate de encontrar el clítoris: para muchas mujeres, no hay nada más sexy que un hombre que puede encontrar y usar la aspiradora. Y la mayoría de las mujeres probablemente admitirán que lo que hace fluir sus jugos es ver a su pareja sacar los platos del lavavajillas sin que se lo pidan. ¿Quién lo iba a decir?

Un hombre que ayuda en las minucias diarias de la vida es sin duda más atractivo sexualmente para su pareja porque es menos probable que ella caiga en la cama, agotada de volver a casa del trabajo, sólo para tener que cocinar, limpiar y hacer la colada. Por último, podrá relajarse, sabiendo que no hay un plato con lasaña incrustada en el fregadero y un montón de basura rebosante en la cocina que lleva allí desde la Edad Media.

La conclusión es que nada reprime tanto el deseo sexual de una mujer como sentirse como una latosa perpetua. O, peor aún, sentir ser la pesada madre de su pareja. Por tanto, en lugar de pensar que los juegos preliminares comienzan en la cama minutos antes del coito, debes asumir que las tareas del hogar son un precursor sexy de todo lo que ocurre esa noche.

La gratificación retrasada está muy infravalorada

Aunque la gente considera bastante difícil retrasar la gratificación en la mayoría de las situaciones, la única ocasión en la que hombres y mujeres son recompensados ampliamente es cuando a una mujer se la excita sexualmente y se la sigue excitando cada vez más. En otras palabras, no consiste sólo en técnica. Consiste en desarrollar anticipación. Por tanto, en lugar de buscar su clítoris en el momento en que estáis en la cama, empieza a calentarla horas antes con sutiles signos de afecto o textos sexy durante el día. Y, una vez en la cama, sé consciente de que, para muchas mujeres, no sólo consiste en el coito: consiste en las horas anteriores del día.

No te vayas a pique hasta que ella esté totalmente caliente

Nada frena más la estimulación sexual de una mujer que el que su pareja toque su clítoris antes de que esté preparada. Para empezar, infligir dolor no debería forma parte de tu repertorio para hacer el amor (salvo para una sesión sado-maso ocasional, que dejaremos para otro libro).

Además, recuerda que, aunque ella empiece a estar lubricada, para la mayoría de las mujeres esto es sólo una indicación de que está empezando a estimularse, no necesariamente de que esté preparada para que le toquen el clítoris. ¿La mejor forma de asegurarse de que está preparada? Como mencioné antes: acaríciala en todo el cuerpo excepto en el clítoris, hasta que te pida que la toques allí.

Haz que tenga un orgasmo antes de que lo tengas tú

Suele perturbar la capacidad de una mujer para llegar al clímax que su pareja se retire, se dé la vuelta y empiece a roncar antes de que ella ni siquiera esté caliente. Y seamos honestos: una vez que un hombre ha tenido un orgasmo, es menos probable que se sienta motivado para ayudar a su pareja. Por otra parte, valorarás el hecho de que tu pareja está totalmente lubricada y preparada para tener relaciones después de tener su orgasmo. O, si es más fácil para ella alcanzar el clímax, practicad esa parte de tus juegos preliminares antes de tener relaciones.

Utiliza posturas sexuales que permitan una mayor estimulación del clítoris

Puesto que el clítoris está fuera de la vagina, el coito por sí solo no es suficiente para la mayoría de las mujeres. Por supuesto, esto es sólo un problema si tu pareja quiere tener un orgasmo durante el sexo. A muchas mujeres les encanta tener uno antes, ya que consideran que es demasiado difícil, distractor y lleva demasiado tiempo intentar llegar al clímax durante el coito, cuando se podrían haber concentrado en la maravillosa intimidad que proporciona el sexo.

Así que ahí tienes. Si ya haces todo lo que he expuesto, debes tener una pareja increíblemente contenta y amorosa. Pero en el caso de que puedas haber aprendido una o dos cosas, es mucho más probable que te conviertas en el tipo de amante que siempre ha querido tu pareja.

Síndrome premenstrual: ¿Quieres decir que no todo está en mi cabeza?

21

Ah, sí, el síndrome premenstrual: el problema común cuya causa escapa tanto a los investigadores como a los médicos. En ocasiones, parece como si hubiera tantas teorías sobre el síndrome premenstrual como síntomas. «Es una deficiencia en progesterona». «No, se debe a una deficiencia vitamínica». «En realidad, está relacionado con las prostaglandinas». «No, evidentemente se debe a un desequilibrio neuroendocrino».

De hecho, después de haber ganado finalmente la eterna discusión de que el síndrome premenstrual es un problema real, las mujeres pueden sentirse molestas al saber que, una vez más, la validez de sus síntomas ha sido cuestionada. En 2012, un estudio muy publicitado descubrió que el cambio de ánimo premenstrual de la mujer en particular puede ser sólo un reflejo del hecho de que estén…, um, malhumoradas. Bien, como profesional que ha revisado una o dos gráficas, voy a escribir este breve resumen, suponiendo que el síndrome premenstrual es real y que afecta a las mujeres de todo tipo de condiciones físicas y emocionales.[1]

Por tanto, con eso en mente, ¿qué es el síndrome premenstrual? Básicamente, es una condición recurrente que puede causar diversos síntomas físicos y emocionales desagradables en la fase lútea (posovulatoria) del ciclo de la mujer. Aunque la mayoría de las mujeres tienden a experimentarlo en la semana anterior a la menstruación, puede ocurrir en cualquier momento des-

---

1. Para ser justos, los resultados de «Mood and the Menstrual Cycle: A Review of Prospective Data Studies», *Gender Studies* 9 (5) (2012): 361-384 fueron ampliamente difundidos en los medios de forma errónea sugiriendo que el síndrome premenstrual no existe por sí mismo, cuando el estudio se centró en los cambios de humor y no trata sobre los síntomas físicos asociados con esta afección.

de la ovulación en adelante. Afecta principalmente a mujeres de más de 25 y tiende a empeorar con la edad, especialmente en mujeres que han tenido hijos. El momento en el que se presentan los síntomas suele ser constante en cada mujer, y por eso elaborar las gráficas puede ofrecerte la oportunidad de afrontarlo constructivamente.

ESOS DELICIOSOS SÍNTOMAS

Se ha calculado que hasta nueve de cada diez mujeres experimentan al menos alguna forma de síndrome premenstrual durante sus años reproductivos. Puesto que no está claro lo que lo causa, hay diferentes teorías sobre cómo tratarlo mejor. Por tanto, si te ves afectada negativamente por el síndrome premenstrual, te animaría a explorar tus opciones, porque hay formas prácticas con las que puedes aliviar muchos de tus síntomas.

Incluso la forma en que se categorizan los síntomas varía dependiendo del médico. Aun así, muchos los clasifican utilizando alguna variante de lo que la doctora Elizabeth Vliet, en su libro *Screaming to Be Heard*, cita como «los siete grupos del síndrome premenstrual». Se muestran en el recuadro de debajo.

TIPOS DE SÍNTOMAS DEL SÍNDROME PREMENSTRUAL*	
Afectivos	Depresión, irritabilidad, ansiedad, ira, llanto, pánico
Conductuales	Acciones impulsivas, compulsiones, agitación, letargia, menos motivación
Neurovegetativos	Palpitaciones, náuseas, estreñimiento, mareos, sudores, temblores, visión borrosa, sofocos
Fluidos/Electrólitos	Hinchazón, aumento de peso por el agua, congestión mamaria, inflamación de las manos y los pies
Dermatológicos	Acné, cabello graso, urticaria y sarpullidos, herpes y brotes alérgicos
Cognitivos (cerebro)	Menos concentración, cambios en la memoria, problemas en la retención de palabras, pensamiento difuso, sensación de inquietud
Dolor	Migrañas, dolor de cabeza con tensión, dolor de espalda, dolores musculares y en las articulaciones, dolor en el pecho y rigidez del cuello

* Esta tabla está adaptada del extenso libro de la doctora Vliet, *Screaming to Be Heard: Hormone Connections Women Suspect and Doctors Still Ignore* (2001).

TRASTORNO DISFÓRICO PREMENSTRUAL

Si lo que experimentas en tu fase lútea es tan grave que interfiere con prácticamente todas las facetas de tu vida, probablemente padezcas trastorno disfórico premenstrual, una forma intensa de síndrome premenstrual. Es similar a éste, pero si tienes al menos cinco de los síntomas de la lista de debajo, es más probable que tengas trastorno disfórico premenstrual:

- Sentirse triste, desesperada o autocrítica
- Sentirse tensa, ansiosa o «de los nervios»
- Claros cambios de estado de ánimo, junto con lágrimas frecuentes
- Irritabilidad e ira persistentes, y más conflictos interpersonales
- Menos interés en las actividades normales, que puede estar asociado con la retirada de las relaciones sociales
- Dificultad para concentrarse
- Sentimiento de fatiga, letargia o falta de energía
- Cambios marcados en el apetito, que pueden estar asociados con atracones o con desear ciertas comidas
- Hipersomnia o insomnio
- Otros síntomas físicos, como sensibilidad o inflamación en el pecho, dolores de cabeza, dolor articular o muscular, sensación de hinchazón, aumento de peso

Para ser diagnosticada adecuadamente, debes experimentar estos síntomas durante la fase lútea, y normalmente se resolverá unos días después de que empiece el período. Sin embargo, si los experimentas también en la fase preovulatoria, lo más probable es que no tengas síndrome premenstrual o trastorno disfórico premenstrual, y deberás explorar otros posibles problemas.

DIAGNOSTICANDO Y ELABORANDO LA GRÁFICA PARA EL SÍNDROME PREMENSTRUAL

Lo más importante en el diagnóstico del síndrome premenstrual es que determines si los síntomas son cíclicos. Por supuesto, su naturaleza recurrente está causada por los cambios hormonales que tienen lugar en un ciclo ovulatorio. Esto significa que, técnicamente, las mujeres que no ovulan no deberían experimentar el síndrome premenstrual clásico. Eso incluiría a las chicas preadolescentes, además de las embarazadas o las posmenopáusicas. Lo más lógico es pensar que las mujeres que toman la píldora no experimentan síntomas de síndrome premenstrual porque no ovulan, pero, por razones inexplicables, suelen tener síntomas claros.

Cuando intentes determinar si tienes síndrome premenstrual, el primer paso es reflejar tus síntomas junto con tus signos de fertilidad. Registrando ambas cosas, puedes verificar si son cíclicos y qué factores pueden desencadenarlos. La mayoría de las mujeres con síndrome premenstrual suelen notar los mismos síntomas de un ciclo a otro. La mejor forma de controlar los diversos síntomas es escribirlos a la izquierda de las columnas estrechas, en la parte inferior de tu gráfica, como en la de Daisy que está debajo.

Muchas mujeres consideran que codificar por colores es una forma excelente de visualizar inmediatamente lo que ocurre en su ciclo. Utiliza colores que asocies con las diversas afecciones. Por ejemplo, si te sientes irritable, utiliza un color molesto como el verde fosforescente. O:

Deprimida	Azul
Dolor de cabeza	Rojo
Sensibilidad en los pechos	Rosa
Ansia por el chocolate	Marrón

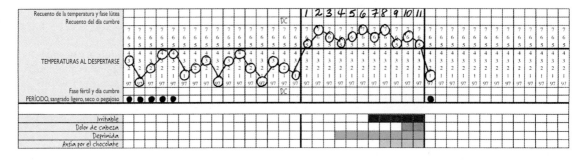

Gráfica de Daisy. Signos de síndrome premenstrual en tu gráfica. Daisy registra varios signos premenstruales utilizando distintos colores cerca de la parte inferior de la gráfica. Esto le permite determinar rápidamente si sus síntomas son cíclicos o indicativos de un problema que requiere atención médica.

TRATANDO EL SÍNDROME PREMENSTRUAL

Una vez que has determinado la naturaleza cíclica de tus síntomas premenstruales, puedes decidir qué medidas adecuadas debes adoptar. Muchas mujeres consideran que poder anticiparte cuando tienen lugar puede ayudar a afrontarlos. Cuando te das cuenta de que tu depresión, irritabilidad o dolor de cabeza es sólo un síntoma de que faltan pocos días para tu período, deberías tener menos causas por las que preocuparte. A menudo, los síntomas en sí mismos generan una ansiedad innecesaria cuando las mujeres se preguntan si se van a volver locas o si sufren una enfermedad grave. El conocimiento y control que te da la gráfica puede ser el primer paso para manejar el síndrome premenstrual.

Hay muchas terapias de autoayuda que parecen funcionar bien para las mujeres, pero si sufres síntomas graves te animaría a que te evaluaran médicamente antes de intentar tratarte a ti misma mediante cambios en la dieta, vitaminas o minerales. Varios síndromes premenstruales (como depresión debilitante o ataques de pánico) pueden ser un indicio de que tienes problemas subyacentes que quizás requieran terapia hormonal.

Los tratamientos van desde los cuidados de salud alternativos hasta la terapia médica tradicional, pasando por enfoques de autoayuda. Tu objetivo debería ser descubrir la mejor solución para tu situación concreta. He enumerado antes los tratamientos de autoayuda, ya que suelen ser los más fáciles y accesibles para la mayoría de las mujeres.

Enfoques de autoayuda

La terapia de autoayuda está orientada para prevenir el síndrome premenstrual por completo, en lugar de tan sólo tratar los síntomas. Por supuesto, no siempre puedes hacerlo, en cuyo caso te puede interesar alguno de los fármacos sin receta expuestos en la página 363. Si haces un seguimiento de tu ciclo con una gráfica, debes estar alerta para cuando tengas tu cambio de temperatura, de forma que puedas estar especialmente atenta a las siguientes recomendaciones.

Consideraciones dietéticas

Probablemente no hay mejor forma de controlar los síntomas del síndrome premenstrual que una dieta adecuada. Las pautas nutricionales recomendadas por la mayoría de los expertos insisten en una dieta equilibrada de granos integrales, frutas y hortalizas, incluidas las legumbres. Y, como era de esperar, los síntomas del síndrome premenstrual se pueden aliviar en gran medida reduciendo drásticamente todo aquello que sin duda te gusta, incluyendo la mayoría de los alimentos ricos en azúcar, sal o grasas. Sustancias como el alcohol, la nicotina y la cafeína –y, sí, incluso el chocolate– deben evitarse. Por supuesto, el remedio puede ser peor que la enfermedad. Créeme, te escucho. Pero, de todas formas, te puede interesar aumentar tu consumo de hidratos de carbono complejos mientras que reduces el de proteína, además de tomar comidas más frecuentes y de menor tamaño.

Deberías saber que muchos nutricionistas creen que una amplia variedad de vitaminas, minerales y hierbas puede ser útil para aliviar diversos síntomas del síndrome premenstrual, como la vitamina B6, la vitamina E, el calcio, el magnesio y el aceite de onagra vespertina. Por último, muchas mujeres parecen obtener resultados excelentes usando el suplemento Optivite P.M.T., así como otros con ingredientes similares.

Ejercicio y yoga

Parece que no puedes escapar de los consejos sobre ejercicio físico, ¿verdad? Ya sea tu preocupación por la pérdida de peso, reducir los niveles de colesterol, mantener la salud cardiovascular o el síndrome premenstrual, la conclusión es que el ejercicio es una terapia excelente para numerosos males. Una razón es que activa la producción de endorfinas, un estimulante naturalmente presente en tu cuerpo. Esto explica por qué la gente se suele sentir tan bien después de hacer ejercicio. El truco para hacer ejercicio y beneficiarte al máximo es mantener un programa de ejercicios regulares de al menos tres a cinco veces por semana, unos 30 minutos por cada sesión.

Además del ejercicio vigoroso, el yoga es una fuente excelente de alivio para muchas mujeres que sufren de síndrome premenstrual. Tradicionalmente, el objetivo del yoga ha sido favorecer el equilibrio y la armonía. Los aficionados al yoga te dirán que no hay nada mejor para la salud a todos los niveles: físico, mental, emocional y espiritual.

Descanso

Por supuesto, una vez que has hecho ejercicio, tienes que descansar tiempo suficiente para mantener una salud óptima. Lo que se suele recomendar es al menos de 7 a 8 horas de sueño por noche. Algunas necesitan más. En última instancia, tu cuerpo te dirá lo que mejor le sienta. Algunas mujeres consideran que algo tan simple como irse a la cama antes ayuda a aliviar los síntomas del síndrome premenstrual.

Reducción del estrés

¿Quién no sufre estrés actualmente, por lo menos de vez en cuando? Por supuesto, algo de estrés es inevitable. Aun así, haz lo que puedas para eliminar parte de él de tu vida, ya sea mediante masaje, yoga, meditación, baile o yendo a ver una película. Hagas lo que hagas, al menos sé consciente de que el estrés en la fase posovulatoria va a exacerbar tus síntomas del síndrome premenstrual.

Afrontando las emociones

Para muchas mujeres, uno de los aspectos más perturbadores del síndrome premenstrual es perder el control en cada ciclo. Es como si las emociones se multiplicaran por diez. Puede ser especialmente molesto para mujeres acostumbradas a pensar en sí mismas como personas cariñosas y cálidas. Suelen sentir que su ira, ansiedad o depresión son impropias de ellas. Pero recordemos que las mujeres, en nuestra sociedad, se educan para ser siempre agradables, siempre las que ofrecen sus cuidados, siempre dando, y nunca mostrando insatisfacción. Tal vez una forma mejor de percibir tus emociones premenstruales sea reconocer que es un momento en que por fin te permites expresar la frustración que la sociedad espera que reprimas.

Por supuesto, si crees que la intensidad de tus emociones durante estos momentos es incapacitante o perjudicial para tus relaciones, te puede beneficiar la ayuda de un psicoterapeuta junto con la consulta a un médico. Puesto que los psicoterapeutas son más objetivos, a menudo ayudan a aclarar si el problema tiene una base hormonal. Recuerda que el síndrome premenstrual no causa emociones, sino que exagera las que ya existen.

Fármacos sin receta

Actualmente hay muy diversos fármacos sin receta diseñados para tratar los síntomas específicos del síndrome premenstrual. Estos fármacos, que incluyen varios analgésicos, antihistamínicos y diuréticos, han demostrado ser eficaces contra síntomas como los calambres uterinos, los dolores de cabeza y la sensibilidad en los pechos. De nuevo, te recomiendo que leas las secciones relevantes de un libro más extenso sobre el síndrome premenstrual o, como mínimo, que hables con un farmacéutico bien informado. Por último, debería quedar claro que, aunque fármacos como el Tylenol y el Advil sin duda aliviarán muchas incomodidades, un régimen conjunto de dieta saludable y ejercicio vigoroso hará más por minimizar los síntomas desde el principio.

Cuidados de salud complementarios

Como mencioné en el capítulo 9 al hablar sobre procedimientos naturales para equilibrar las hormonas, la medicina tradicional china y los tratamientos naturópatas pueden ser útiles para algunas mujeres, pero debes consultar a un profesional cualificado que esté formado para diagnosticarte como una persona en su conjunto, y no sólo examinar tus síntomas. Algunos utilizan con éxito la acupuntura o la acupresión, enfoques que consideran el síndrome premenstrual como el resultado del desequilibrio o bloqueo de la energía natural o qi. También pueden ser útiles la osteopatía, la reflexología y la aromaterapia. Por supuesto, en todos estos casos debes consultar a un profesional para determinar si a ti te funcionan. Muchos de los libros más especializados en síndrome premenstrual tratan la teoría y la práctica de los tratamientos complementarios con más detalle.

Utilizando juntos los fármacos y las terapias alternativas

Puede que prefieras intentar eliminar el síndrome premenstrual con las alternativas naturales de las que acabamos de hablar. Sin embargo, tus síntomas pueden ser tan graves que tal vez quieras el alivio rápido que los fármacos pueden proporcionar. La buena noticia es que las terapias naturales y médicas no son mutuamente exclusivas. Puedes utilizar la medicación para los síntomas graves, mientras que simultáneamente cambias tu estilo de vida para intentar prevenir los síntomas del síndrome premenstrual en el futuro. Por tanto, al final, podrías dejar de tomar fármacos por completo y basarte estrictamente en medios naturales para controlar tus síntomas.

Tratamientos médicos tradicionales

Hay una serie de terapias médicas estándar que puedes probar. Pero antes de consultar con tu médico, será útil que hayas reflejado tus síntomas en tus gráficas durante varios ciclos, de forma que él pueda llegar eficazmente al diagnóstico más preciso.

Diuréticos

Muchos médicos recetan diuréticos para las mujeres cuyo síndrome premenstrual les hace ganar peso, hincharse y tener sensibilidad en los pechos debido a la retención de líquidos. Sin embargo, algunos creen que el primer tratamiento debería ser equilibrar las hormonas y mejorar la dieta, lo que permite que los síntomas disminuyan por sí mismos.

Terapia hormonal

Lamentablemente, puesto que hay teorías opuestas en relación con la causa principal del síndrome premenstrual, los tratamientos hormonales propuestos también varían. Aquellos que creen que se debe a niveles de estrógeno bajos en la fase lútea piensan que un anticonceptivo oral con la menor cantidad posible de progestinas puede proporcionar un alivio sustancial para quienes tienen un síndrome premenstrual grave, pero probablemente ya sepas que sería mejor evitar la píldora. Quienes creen que se debe a una deficiencia de progesterona piensan que las cremas naturales de progesterona, y no progestinas artificiales, durante las dos últimas semanas del ciclo, pueden ser eficaces para reducir los síntomas.

Si prefieres utilizar el enfoque más natural, deberías consultarlo con un médico familiarizado con el uso de las cremas de progesterona más recientes. Aunque puede haber ciertos riesgos para algunas mujeres, normalmente son fáciles de usar y tienen pocos efectos secundarios. La terapia con progesterona se ha ganado actualmente una amplia aceptación como tratamiento con excelentes beneficios para muchas mujeres.

Tranquilizantes, antidepresivos y estabilizadores del ánimo

Si sufres ansiedad, cambios de humor o depresión posovulatoria seria, tu médico puede recetarte diversos tranquilizantes o antidepresivos, especialmente inhibidores de la recaptación de la serotonina (ISRS), que parecen proporcionar al menos algo de alivio. Algunos funcionan elevando los niveles de neurotransmisores como la serotonina y la norepinefrina, sustancias químicas del cerebro que regulan el carácter, el estado de ánimo, el sueño y el apetito.

Medicación con antiprostaglandinas

Probablemente el síntoma más doloroso del síndrome premenstrual y de la menstruación en general sean los calambres uterinos. Actualmente sabemos que están causados por desequilibrios en las prostaglandinas, sustancias químicas producidas en el recubrimiento uterino que aumentan antes de la menstruación. Afortunadamente, hay fármacos eficaces como el Motrin, que eliminan los calambres.

Síndrome premenstrual, medicina convencional y soluciones a largo plazo

Deberías tener en cuenta que siempre hay posibles efectos secundarios cuando se toma cualquier fármaco. Y recuerda que, aunque los medicamentos pueden ser extremadamente útiles para eliminar los síntomas del síndrome premenstrual, serán eficaces sólo mientras los tomes. Puesto que se sabe que el síndrome premenstrual suele empeorar con la edad, eso podría conllevar fármacos o terapia hormonal para las mujeres gravemente afectadas. Aun así, aunque las recomendaciones dietéticas y otras alternativas naturales pueden incluir algún sacrificio, por lo menos sabes que hay una serie de alternativas que aportan alivio.

MANTENIÉNDOTE SANA DURANTE TODO EL CICLO

La realidad de la feminidad es que el síndrome premenstrual es un desafortunado hecho de la vida para muchas mujeres, e incluso un problema debilitante para algunas. Igual que la menstruación, es una experiencia que pocas mujeres elegirían tener. Pero los tratamientos existen y tú puedes tomar ciertas decisiones para paliarlo o eliminarlo por completo. Quizá lo más importante sea que mediante las gráficas puedes precisar tu propio patrón de síndrome premenstrual, lo que te permite tomar acciones preventivas en los días inmediatamente anteriores a su llegada habitual.

Esta pequeña ventaja de saberlo con antelación puede también servir para alertar a tu pareja, que podría concienciarse de la base cíclica de tus cambios físicos y emocionales. Estando en sintonía con tu ciclo, tu pareja puede entender por qué, por ejemplo, puedes sentirte deprimida o insensible durante el período premenstrual, ya sea sexualmente o en otro aspecto. Ese conocimiento por su parte no hará que el síndrome premenstrual desaparezca, pero que los dos seáis sensibles al respecto puede ayudar a minimizar su impacto.

Peggy es conducida
al borde de la locura.

DESMITIFICANDO LA MENOPAUSIA

22

Quizás con educación y una perspectiva apropiada, podamos esperar el día en que la gente deje de considerar la menopausia como una crisis, o incluso como «el cambio» y verla más adecuadamente como «otro cambio». Porque vivir es cambiar constantemente. Ésa es su esencia y su promesa.

DOCTORA KATHRYN McGOLDRICK, antigua directora de la revista
Journal of the American Medical Women's Association

Menopausia. La propia palabra evoca innumerables emociones en las mujeres: todo, desde terror y miedo hasta emoción anticipada y alivio. Pero en el pasado, la palabra ni siquiera se pronunciaba en voz alta. Por alguna razón, era una fase de la vida de una mujer de la que simplemente no se hablaba si se era educado. Tal vez gran parte del estigma anteriormente asociado con la menopausia esté relacionado con el papel principal de la mujer como madre, dado que es cierto que la menopausia indica el fin del potencial biológico para reproducirse.

Afortunadamente, las cosas han cambiado considerablemente. Las funciones de las mujeres se han ampliado enormemente, y la sociedad ya no define a una mujer simplemente por su capacidad para tener hijos. Actualmente, muchas mujeres están tomando la decisión de no tener hijos, y no obstante se sienten femeninas y satisfechas.

Cabe señalar que hay una correlación entre la edad en la que una mujer tiene la menopausia y aquélla en la que la tuvo su madre. De hecho, los estudios muestran que si una madre llegó bastante pronto a la menopausia, es probable que también le ocurra a su hija (*véase* página 272 sobre la reserva ovárica reducida). Tan sólo conocer este hecho científico puede ayudar a las mujeres a planificar mejor si podrían intentar quedarse embarazadas y cuándo.

367

No es necesario decir que el tema de la menopausia es tan extenso que no podría abarcarlo en un solo capítulo. Te animo a que investigues más a fondo en cualquiera de los diversos libros que hay disponibles actualmente. La realidad es que este tema, y más específicamente el tema asociado de la terapia hormonal, supone un corpus de conocimientos en continua evolución que puede que termines perdiendo el interés. Por tanto, requerirá una investigación seria tomar las decisiones mejores y más informadas para tu propia salud.[1]

¿QUÉ ES EXACTAMENTE LA MENOPAUSIA?

«Pensaba que era cuando las mujeres dejan de tener períodos».

«¿No es cuando las mujeres se quedan sin óvulos?».

«Creo que es cuando las mujeres llegan a los cincuenta años».

«Es cuando una mujer por fin puede disfrutar del sexo sin tener que preocuparse por quedarse embarazada».

En realidad, todas las frases anteriores tienen parte de verdad, pero debería antes aclarar unos cuantos términos enumerados en el recuadro de debajo.

Menopausia	En sentido biológico estricto, hace referencia a la cesación permanente de la menstruación, resultante de la pérdida de actividad folicular ovárica: es básicamente otra forma de llamar al «período menstrual final».
Premenopausia	En el contexto de los ciclos menstruales, hace referencia a los años que llevan hasta la menopausia, cuando los ciclos empiezan a cambiar. Pero también puede hacer referencia a cualquier momento antes de que una mujer pase por la menopausia.
Perimenopausia	Hace referencia a los años inmediatamente anteriores a la menopausia y el primer año después. O, como me gusta llamarlo, «los buenos tiempos».
Climaterio	Es un término antiguo para la transición desde los años reproductivos hasta el estado no reproductivo. Normalmente dura unos cinco años.
Cambio de vida	Es un término un tanto eufemístico y pasado de moda, utilizado para incluir los cambios emocionales, intelectuales y obviamente físicos que una mujer experimenta durante esta época de transición.

---

1. La terapia hormonal se llamaba anteriormente terapia de reemplazo hormonal.

Insuficiencia ovárica primaria	Ésta es la expresión correcta que hace referencia a la pérdida de función de los ovarios antes de los cuarenta años.
Menopausia prematura	Esta expresión ha sido reemplazada ahora por la expresión más precisa indicada anteriormente, y se refiere a la pérdida de funcionamiento de los ovarios antes de los cuarenta años.

En resumen, el camino hacia la menopausia es un continuo de una década de duración en el que los ovarios de la mujer media se harán cada vez menos eficientes hasta que llegue un momento en que dejen de responder a las hormonas que en último término llevan a la ovulación. Pero es importante observar que, para algunas mujeres, el proceso puede empezar antes de los cuarenta años, así que podrías encontrarte experimentando algunos de los síntomas clásicos de la menopausia expuestos más arriba antes de lo que pensabas.

Las mujeres con este trastorno, llamado insuficiencia ovárica primaria y anteriormente menopausia prematura, suelen recibir terapia hormonal hasta aproximadamente la edad de 50 años, porque el síntoma más serio es la disminución de estrógeno, que puede producir un riesgo mayor de problemas como la osteoporosis y las enfermedades cardíacas. Además, si crees que sufres insuficiencia ovárica primaria y aún te gustaría quedarte embarazada, te animo a leer sobre tus opciones en la página 304.

En cualquier caso, la menopausia es una experiencia única e individual. Algunas mujeres fluyen por ella, notando apenas ningún cambio en absoluto. Otras lo pasan peor y optan por pedir asistencia médica para afrontar los retos que presenta. La única afirmación definitiva que puede hacerse es que la menopausia es cuando se detiene la menstruación, que para la mujer media es aproximadamente a los 51 años.

Un día, tú también tendrás la alegría de pasar el relevo, podríamos decir, a tu hija o sobrina. Yo tuve el privilegio, cuando tenía 55 y la hija de mi hermano Robert, Sabrina, tenía 17. Ella y yo viajábamos juntas para visitar a uno de mis queridos amigos, cuando en secreto preparé un regalo especial para dárselo a Sabrina cuando el reloj marcara la medianoche el 27 de agosto. Fue en ese momento cuando mis gráficas me dijeron que había pasado un año desde mi último período, y entonces había pasado oficialmente la menopausia. Me había llegado el momento de pasar el tampón metafóricamente ceremonioso.

Por tanto, mientras nosotras dos nos reíamos y nos abrazábamos, felizmente le entregué el simbólico tampón envuelto en cinta roja. Lo que hizo que esa noche fuera incluso más especial fue el hecho de que, mientras la manecilla de los minutos del reloj pasaba la medianoche, celebramos cinco años desde el día en que ella misma tuvo su primer período.

Signos clásicos de una menopausia inminente

La forma más evidente de saber si te estás acercando a la menopausia es observando los tres signos clásicos que la mayoría de las mujeres experimentan en diversos grados:

- Irregularidades en el ciclo menstrual
- Sofocos
- Sequedad vaginal

Los profesionales médicos los llaman síntomas, pero tiene más sentido referirse a ellos como signos. Después de todo, «síntomas» implica enfermedad, y ciertamente la menopausia no es más que una fase natural de la vida. Muchas mujeres han cuestionado la medicalización de la menopausia, del mismo modo que han insistido en enfoques naturales para el control de la natalidad, el hecho de quedarse embarazada y el parto. Quieren percibirlo como una parte saludable de sus vidas, tal vez diferente, pero con ventajas distintas.

Gail Sheehy, autora del innovador libro *The Silent Passage: Menopause,* describe cómo se educaba a la gente sobre esta transición universal:

> *Mientras viajaba por Estados Unidos ofreciendo conferencias y apareciendo en programas de televisión y radio, la conversación sobre la menopausia tenía que empezar desde el principio en cada ciudad. […] Las reacciones de los hombres invitados a veces eran cómicas.*
> *—Menopausia –dijo con cierto bochorno un hombre en Cleveland en las noticias del mediodía–. ¿Es parecido a la impotencia?*
> *—Pues no –murmuré débilmente.*
> *—… Como la calvicie. ¿O es algo parecido al alzhéimer?*

Irregularidades del ciclo menstrual

Uno de los primeros signos de la menopausia inminente es un cambio en tu ciclo menstrual. Aproximadamente el 80 % de las mujeres experimenta algún tipo de cambio cíclico, incluso hasta siete años antes. Normalmente, las mujeres antes se dan cuenta de que sus períodos son más abundantes y sus ciclos se hacen más cortos. Pero, al final, sus períodos empiezan a hacerse más ligeros y menos frecuentes conforme sus ciclos se hacen más largos y la ovulación más esporádica. Estos últimos cambios se deben a unos menores niveles de estrógeno.

Si descubres que tus períodos se vuelven inusualmente abundantes, hay algunos consejos prácticos que tal vez quieras reconsiderar. Intenta evitar las duchas y los baños excesivamente calientes cuando estés sangrando. Además, debes evitar el alcohol y la aspirina durante el ciclo, porque ambos inhiben la coagulación sanguínea. Pero lo mejor que puedes hacer es mantener un estilo de vida de ejercicio físico constante y vigoroso, que ayudará a ajustar los desequilibrios hormonales que causan el sangrado excesivo en primer lugar.

Por supuesto, el sangrado irregular o abundante puede ser síntoma de varios problemas médicos, incluyendo las infecciones pélvicas o incluso un fibroide uterino, que es bastante común cuando las mujeres envejecen. Por tanto, es especialmente útil durante este momento seguir elaborando gráficas e informando de cualquier anormalidad visible a tu médico.

Sofocos

Puedes ser una las pocas afortunadas que consiguen pasar por la menopausia sin ninguna incomodidad de ningún tipo. Sin embargo, lamentablemente, la inmensa mayoría de las mujeres experimentan sofocos en algún momento de sus años perimenopáusicos. Pueden comenzar mientras tus ciclos aún son normales y suelen continuar hasta aproximadamente dos años después de tu último período menstrual. En algunas mujeres, pueden persistir varios años más tarde. Los episodios desagradables pueden durar desde unos segundos hasta varios minutos. Pueden tener lugar una vez a la semana o incluso una vez cada hora. ¡Qué placer!

Puedes sufrir sofocos simplemente como la sensación que tienes cuando acabas de meter la pata en una cena, ese calor familiar en la cara o parte superior del cuerpo. Pero también puedes experimentarlos en forma de sudor mojado acompañado de escalofríos. En casos raros de extrema intensidad, pueden incluso ocurrir con palpitaciones cardíacas y sentimientos de sofoco. Muchas mujeres describen sentir un «aura» inmediatamente antes, una sensación clara de que están a punto de tener un sofoco. Algunas incluso se sienten ansiosas, tensas, mareadas, con náuseas o con hormigueo en los dedos unos segundos antes.

Los investigadores creen que los sofocos están causados por cambios en el hipotálamo, la glándula maestra del cerebro que controla, entre otras cosas, la temperatura corporal y las hormonas cíclicas de la fertilidad. Estos cambios son un resultado de unos niveles menores de estrógeno, que, curiosamente, provoca que el cuerpo encienda un enfriador hormonal equivocado. En resumen, los sofocos reflejan una bajada inapropiada del termostato natural del cuerpo.

Hay varias cosas prácticas que puedes hacer para facilitarte la vida mientras pasas por lo que puede ser una transición de varios años. Deberías intentar llevar ropa hecha de algodón, fibras transpirables, normalmente presentes en ropa de deporte, porque la clave es estar fresca, literalmente. Entre los productos más interesantes del mercado están los innumerables nuevos artículos que te permiten mantenerte cómoda durante varias horas seguidas (por ejemplo, pañuelos refrescantes que puedes ponerte alrededor del cuello o en la frente). Y, evidentemente, es mejor evitar el clima caluroso, o al menos tener acceso continuo al agua fría.

EL CAMINO MALHUMORADO DE

Maxine

Me gusta calentar el carbón hasta que alcanza la temperatura de un sofoco.

www.maxine.com

© HALLMARK, LICENSING, INC

Como con todo lo demás, haz bastante ejercicio vigoroso y lleva una dieta bien equilibrada, incluyendo montones de frutas y hortalizas frescas. Muchas mujeres encuentran alivio al incluir en su dieta productos a base de soja. La soja es una planta que imita el estrógeno. Sin embargo, deberías tener precaución con parte del despliegue publicitario que la rodea. Y tal vez quieras limitarla a sólo unas pocas veces por semana porque puede bloquear la absorción de nutrientes necesarios. Las formas ideales que disminuyen estos inconvenientes incluyen el tofu, el tempeh y el miso. (Por supuesto, si eres como mi colega, también podrías exclamar: «¿Tofu? ¡Puaj! Prefiero tener sofocos»).

El tratamiento médico más comúnmente prescrito para los sofocos es la terapia hormonal. Reemplazando el estrógeno que ha caído en picado hasta un nivel tan bajo, la terapia hormonal es casi 100 % eficaz en la tarea de eliminarlos. Sin embargo, es una terapia controvertida y no carece de efectos secundarios y posibles riesgos serios, como se expone en la página 374.

Por último, muchas mujeres que elaboran gráficas pueden encontrar un patrón en sus sofocos. Registrarlos pueden ayudarte a sentir más control, permitiéndote estar preparada psicológicamente para cuando vuelvan.

Sequedad vaginal

Uno de los efectos más comúnmente experimentados y menos discutidos de la menopausia es la sequedad del tejido vaginal, de nuevo debido a unos niveles de estrógeno progresivamente menores. Las mujeres suelen sentir vergüenza al hablar del tema, al pensar que debe de ser un problema únicamente suyo. Pero, en realidad, la mayoría de las mujeres se dan cuenta de que sus vaginas tardan más en lubricarse sexualmente cuando se aproxima la menopausia. Algunas incluso se sienten irritadas por un tipo de estimulación que anteriormente encontraban placentera.

Aunque la menopausia puede sin duda generar sequedad vaginal, hay cosas prácticas que puedes probar para mantener tu vagina lubricada, incluyendo tomarte más tiempo para los juegos preliminares y utilizar lubricantes a base de agua. Si sigues teniendo una sequedad vaginal que convierte las relaciones en incómodas o incluso dolorosas, tal vez quieras probar terapia de estrógeno en forma de crema. Esto debería aliviar la sequedad o el dolor de la vagina normalmente en una o dos semanas. Las cremas se suelen recomendar más que las pastillas porque no tienen tantos efectos secundarios ni riesgos de salud como los medicamentos orales. Sin embargo, debes ser consciente de que muchos médicos creen que siempre que uses estrógeno debes equilibrarlo con progesterona.

Confundiendo los ciclos irregulares con un embarazo

Recuerda que, a no ser que hagas un seguimiento de tus ciclos, la menopausia puede hacerte pensar que estás embarazada cuando no lo estás. La razón es que puede parecer que estás saltando períodos (que, como deberías saber, son sólo ciclos muy largos). De hecho, los «períodos perdidos» pueden ser normales durante esta transición, aunque también pueden ser un signo de embarazo. Si haces una gráfica, hay dos formas de señalar la diferencia entre los dos:

- Probablemente estés embarazada si tienes más de 18 días consecutivos de temperaturas altas, por encima de la línea de la temperatura base, especialmente si también experimentas sensibilidad en los pechos y náuseas. (Sin embargo, tendrás que confirmarlo con tu médico. Las pruebas de embarazo caseras son poco fiables durante la premenopausia debido a las hormonas pituitarias tan fluctuantes).
- Probablemente no estés embarazada si tu patrón de temperatura muestra constantemente temperaturas bajas, o una ovulación retrasada que indica que simplemente estás teniendo un ciclo largo. Estos ciclos extendidos son cada vez más probables si experimentas sofocos y sequedad vaginal.

TERAPIA HORMONAL

Actualmente, no es ningún intenso desequilibrio hormonal lo que pone furiosa a una mujer posmenopáusica. Es el intenso debate médico. Entre 30 y 40 millones de mujeres estadounidenses quieren una respuesta definitiva sobre el estrógeno, y en lugar de eso están obteniendo desacuerdos diarios.

ELLEN GOODMAN

Pocos temas en medicina generan más confusión y reacciones contradictorias que la terapia hormonal. ¿Deben las mujeres menopáusicas tomar hormonas artificiales o no? ¿Son los bioidénticos el camino a seguir? El debate está extremadamente acalorado, y en último término no es concluyente. La conclusión es que no hay una respuesta ideal. La situación de cada mujer es única, y tendrá que tratarse razonadamente con su propio médico.

Parte de la controversia sobre la terapia hormonal surge del hecho de que, cuando se prescribió por primera vez en la década de 1930, no se sabía demasiado sobre sus posibles efectos a largo plazo. No fue hasta años más tarde cuando se descubrió que el tipo de terapia estrogénica entonces practicada incrementaría el riesgo de cáncer de útero y de pecho de la mujer. En los setenta, las investigaciones demostraron que las mujeres que tomaban estrógeno tenían una probabilidad varias veces mayor de desarrollar cáncer del recubrimiento endometrial que las que no.

Las compañías farmacéuticas y muchos médicos insisten en que las cosas son totalmente distintas hoy en día. Citan varias razones para prescribir los nuevos modelos de terapia hormonal, incluido el hecho de que las terapias modernas contienen una dosis menor de estrógeno y se combinan con progestinas (una forma de progesterona) para equilibrar los efectos negativos del estrógeno. Sin embargo, aún hay un riesgo ligeramente mayor de cáncer de pecho, ictus y ataques cardíacos.

Actualmente, uno de los estrógenos más prescritos es Premarin. Se dice que es un estrógeno conjugado y se considera el estrógeno más natural disponible. ¿Y de dónde se extrae? De la orina de yeguas embarazadas.[2]

Un breve vistazo a los bioidénticos

Obviamente, en el contexto de la terapia hormonal, la palabra «natural» ahora se asocia más estrechamente con hormonas bioidénticas, que son un ámbito de mucha controversia y confusión, como la terapia hormonal en general. ¿Qué son exactamente? Las definiciones varían (¡por supuesto!), aunque la Sociedad de Endocrinología dice que son «compuestos que tienen exactamente la misma estructura química y molecular que las hormonas producidas en el cuerpo humano». Pero, a diferencia del estrógeno y la progesterona reales de tu cuerpo, se suelen obtener de fuentes como la soja y los ñames, y a menudo se producen en las farmacias como fórmulas magistrales.

Los que son preparados por farmacias no están aprobados ni regulados por la FDA, pero actualmente ciertas compañías farmacéuticas están produciendo una nueva generación de bioidénticos aprobados por la FDA. Muchos médicos recomiendan los que están regulados, porque por lo menos podemos estar seguros de que están libres de impurezas y que contienen lo que dicen las etiquetas.

Independientemente de cómo se formulen estas sustancias, es evidente que millones de mujeres se han visto atraídas por el concepto de bioidénticos porque no quieren nada más de alivio de sus síntomas menopáusicos sin los riesgos de los requisitos y los efectos secundarios normalmente asociados con la terapia hormonal tradicional. Y no obstante, a pesar de sus defensores más ardientes, la evidencia es confusa, y simplemente no está claro si los bioidénticos son de verdad más seguros que las hormonas sintéticas.

Decidiendo lo que es adecuado para ti

Aunque para la mayoría de las mujeres es la gravedad de sus signos menopáusicos lo que las lleva a decidirse por la terapia hormonal, también deberías ser sensible a factores más sutiles que pueden inclinar la balanza en tu propio caso particular. En efecto, el desarrollo de pérdida de hueso, la intolerancia a la glucosa o incluso el colesterol elevado deben tratarse con un médico bien in-

---

2. De hecho, de aquí procede el nombre de Premarin: Pre («pregnant», embarazada) mar («mare», yegua) rin («urine», orina). Con todo, el uso de las palabras «natural» y «sintético» puede ser engañoso. Las sustancias naturales como «Premarin» difícilmente se producen en el cuerpo de la mujer, mientras que algunas hormonas «sintéticas» creadas en laboratorio, como el estradiol 17-beta, son idénticas al compuesto que se halla en el cuerpo humano.

formado, así como otros factores como tu historial médico familiar. En cualquier caso, si en última instancia eliges la terapia hormonal, debes recordar que el cuerpo de cada mujer y su situación médica es diferente, y que la cantidad y tipo de hormonas que vas a tomar estará en función de tus propias necesidades de salud específicas.

Lo que la terapia hormonal no puede tratar

A menudo resulta tentador para las mujeres menopáusicas considerar la terapia hormonal la píldora mágica que va a resolver todo tipo de problemas. El hecho es que hay una serie de cosas que la terapia hormonal no puede prevenir, incluyendo la depresión, la piel arrugada y el aumento de peso. Y me temo que es cierto, tu metabolismo se ralentiza de verdad conforme envejeces. Pero también es cierto que la terapia hormonal te hace sentir mejor tratando los síntomas que causan tu ansiedad.

Lo que la terapia hormonal puede tratar

No hay duda de que la terapia hormonal puede aliviar los sofocos y la sequedad vaginal. También ayuda a mantener la acidez de la vagina, haciéndola más resistente a las infecciones. Y, mucho más significativamente, la mayoría de los investigadores están de acuerdo en que la terapia hormonal puede ayudar a prevenir la osteoporosis. Aun así, debe quedar claro que ayudará con estos problemas específicos sólo mientras estés tomando las hormonas. Una vez que las dejes, es probable que los problemas reaparezcan. Esto es especialmente cierto con los sofocos. También deberías recordar que las hormonas no devolverán la densidad ósea a su nivel premenopáusico. Sólo prevendrán la pérdida de hueso mientras sigas con la terapia.

Riesgos de la terapia hormonal

A pesar de la adición de progestinas para contrarrestar los efectos adversos del estrógeno, la terapia hormonal puede aumentar el riesgo de ataque cardíaco, ictus, coágulos sanguíneos y cáncer de pecho en ciertas mujeres. Este riesgo puede ser mayor para quienes ya lo tengan elevado, incluyendo las mujeres que tienen un historial familiar de estos problemas, son diabéticas o tienen demasiado sobrepeso. Por último, las mujeres mayores que ya son posmenopáusicas también se considera que tienen un riesgo significativamente mayor.

Sin embargo, muchos médicos siguen creyendo que la terapia hormonal, sintética o bioidéntica, tiene una función importante en mujeres que sufren de síntomas de menopausia graves, por lo que, mientras aún sean premenopáusicas, no tienen factores de riesgo significativos, y se les prescribe la dosis correcta y mezcla de estrógeno en combinación con progesterona.

Efectos secundarios

Además de los riesgos médicos potencialmente mayores, puede haber efectos secundarios molestos. Entre los más comunes están las náuseas (especialmente si se toman altas dosis de estrógeno), retención de líquidos y agrandamiento de fibroides. Y algunas seguirán teniendo sangrado vaginal cíclico, aunque suele ser menor que la menstruación normal.

Terapia hormonal: Equilibrando los datos

La realidad de la terapia hormonal es que los problemas potencialmente serios deben sopesarse frente a algunos beneficios muy reales y sustanciales para cada mujer juzgando los pros y contras equilibrados cuando se aplican a su propia situación personal. Si estás considerando la posibilidad de recibir terapia hormonal, tendrás que consultar a un médico experto en este campo. Es claramente un tema importante y complicado, y en el que te recomiendo que te mantengas al corriente. Hay muchos factores que considerar, pero en última instancia puedes tomar una decisión racional siempre que estés bien informada.

MENOPAUSIA Y SEXUALIDAD

La menopausia tiene un efecto paradójico en la sexualidad femenina. Pero debe decirse que no señala el final de la vida sexual de una mujer. Aunque es cierto que suele causar sequedad vaginal, por fin libera a la mujer del temor al embarazo. El sentimiento liberador que resulta puede ser más que suficiente para compensar el esfuerzo adicional que puede conllevar lubricarse sexualmente. De hecho, muchas mujeres descubren que su vida sexual mejora cuando no tienen que preocuparse por el embarazo o la menstruación.

TESTOSTERONA Y MUJERES - ¿QUIÉN LO DIRÍA?

Aunque normalmente pensamos en la testosterona como una hormona exclusivamente masculina, la realidad es que las mujeres producen pequeñas cantidades desde la pubertad. Cierto, los hombres producen unas veinte veces más que las mujeres, pero la pequeña cantidad que producen las mujeres es esencial para gran parte de su bienestar. Sin embargo, lamentablemente, conforme envejecen, y en especial cuando se aproximan a la menopausia, sus niveles de testosterona pueden descender tanto que pueden causar piel seca y cabello quebradizo, así como algunos síntomas verdaderamente desconcertantes, incluyendo una pérdida de:

- Deseo sexual y sensibilidad
- Energía vital o sentimientos de bienestar
- Agudeza mental
- Tono muscular
- Vello púbico
- Calcio de los huesos, lo que contribuye a una posible osteoporosis
- Tono muscular en la vejiga y la pelvis, lo que produce incontinencia urinaria

Durante los últimos años, la suplementación con testosterona ha emergido como una terapia cada vez más popular para mujeres durante la perimenopausia y después. Hay también otros grupos de mujeres que sufren de deficiencia de testosterona y pueden beneficiarse de esta suplementación, incluyendo las que han sufrido una histerectomía (aunque los ovarios no se hayan tocado), las que han sufrido pérdida de función ovárica por la quimioterapia y las que pasan la menopausia antes de la edad media de unos 51 años.

La evidencia de que la testosterona trata la mayoría de los síntomas mencionados no está clara, pero parece tener resultados positivos a la hora de tratar con la falta de deseo sexual y libido. Sin embargo, en cualquier caso, si estás considerando la posibilidad de suplementación con testosterona, tendrás que encontrar un médico que esté familiarizado con esta terapia, ya que es vital que tomes la dosis adecuada.

CONCIENCIA DE LA FERTILIDAD PARA EL CONTROL DE LA NATALIDAD DURANTE LOS AÑOS DE LA PREMENOPAUSIA

Algunos médicos advierten contra el uso del control natural de la natalidad cuando empiezas a tener signos de la menopausia debido a la irregularidad de los ciclos durante esta época, pero este consejo muestra una mala comprensión de cómo funciona el Método de Conciencia de la Fertilidad. Sí, es cierto que los ciclos suelen ser más esporádicos para las mujeres en la cuarentena, pero la clave para el Método de Conciencia de la Fertilidad es que se observe cada día respecto a condiciones posiblemente fértiles, y así la regularidad del ciclo es casi irrelevante.

Lo que es relevante es que muchas mujeres premenopáusicas pueden tener patrones de fluido cervical fértil durante períodos de tiempo cada vez más largos (como el pegajoso preovulatorio, día tras día). Ésta es la posible frustración y la ironía del Método de Conciencia de la Fertilidad en los años en que se aproxima la menopausia, porque, aunque los métodos pueden indicar a una mujer que es fértil más días que nunca antes, el hecho es que, conforme envejece, su fertilidad potencial disminuye rápidamente.

La verdad es que usar el Método de Conciencia de la Fertilidad durante los años de la menopausia puede resultar confuso, pero, dependiendo de tus propios ciclos particulares, también puede ser más fácil que nunca antes. En efecto, puedes pasar meses seguidos sin nada más que días secos e infértiles. De cualquier forma, utilizar el Método de Conciencia de la Fertilidad te proporcionará una visión increíble a las tareas de tu cuerpo mientras viaja por «otro cambio».

Cómo determinar si te encuentras cerca de la menopausia

Utilizar el Método de Conciencia de la Fertilidad durante la menopausia puede incluir algunas modificaciones, pero antes de utilizar las pautas especiales, evidentemente debes determinar lo cerca que se encuentra la menopausia. Como se expuso antes, normalmente tendrás síntomas distintos para alertarte, además del hecho de que probablemente estarás en la cuarentena cuando llegue el momento de la transición. Como sabes, los signos más claros que señalan el período de transición de la premenopausia son las irregularidades en el ciclo menstrual, los sofocos y la sequedad vaginal.

Una alternativa para determinar la rapidez con la que entrarás en la menopausia es hacerte la misma prueba desarrollada para determinar tus probabilidades de tener un bebé: el recuento del folículo antral explicado en la página 186. Aunque su propósito es predecir cuántos óvulos le queda a una mujer en los ovarios (su reserva ovárica), la información cosechada puede ser útil independientemente de si quieres, o no, quedarte embarazada.

LLEVANDO EL CONTROL DE TUS SIGNOS DE FERTILIDAD CONFORME SE APROXIMA LA MENOPAUSIA

Si decides que quieres vigilar tus ciclos como método anticonceptivo, prepárate para un buen paseo. Puedes utilizar el método eficazmente, pero esta fase puede ser complicada. Sea cual sea tu elección, llevar una gráfica puede reflejar tus cambios hormonales, dándote una sensación de control sobre tu cuerpo aparentemente impredecible.

Cuando realices las gráficas durante la premenopausia, anticipa cambios significativos en tu típico patrón de fertilidad. Cada uno de tus signos de fertilidad reflejará tus nuevas fluctuaciones hormonales mientras tu cuerpo se prepara para el cese de los ciclos ovulatorios.

Temperatura al despertarse

Uno de los síntomas más evidentes de tu menor fertilidad será tu temperatura al despertarte. En lugar de ver los usuales cambios de temperatura en cada ciclo, empezarás a ver nuevas variantes. Inicialmente, puedes observar que tus ciclos se hacen más breves y más frecuentes, y con ello tus cambios de temperatura tienen lugar antes de lo habitual. Además, puedes observar que el número de temperaturas posovulatorias disminuye, reflejando fases lúteas más breves de lo que solías tener.

Y, por último, notarás más y más ciclos anovulatorios, en los que las temperaturas se mantendrán bajas, lo que indica que no liberas un óvulo. Todas estas variantes en tu patrón de temperatura son absolutamente normales conforme te acercas a la menopausia, y deberían servir sólo para recordarte los beneficios de elaborar una gráfica con el objetivo de ayudarte a entender lo que le está ocurriendo a tu cuerpo.

Yo misma había alcanzado la mágica edad perimenopáusica de los 50 cuando acudí a mi examen anual rutinario. Cuando mi médico me preguntó si tenía ciclos normales, le respondí que sí, pero que también había tenido otros cortos, de media de entre 18 y 22 días. Por supuesto, si estuviera intentando concebir, eso sería problemático, pero no lo estaba. Expresó preocupación, afirmando que debería hacerme una biopsia endometrial para determinar lo que estaba causando toda esa «hemorragia disfuncional».

Si no fuera por mis tablas iluminadoras (éste era mi 322.º ciclo, después de todo), me habría sometido a un procedimiento totalmente innecesario. Pero pude asegurarle que no sólo mis ciclos eran normales, sino que aún estaba teniendo cambios de temperatura totalmente obvios, con fases lúteas normales. Eso fue todo lo que necesitó escuchar, que el sangrado procedía de la ovulación y no de una afección o enfermedad preocupante.

Fluido cervical

Cuando disminuya el número de tus folículos ováricos, dejarás de ovular tan a menudo. Así que cada vez producirás menos estrógeno, lo que a su vez reducirá la cantidad de fluido cervical fértil que tienes. Por ejemplo, si solías tener tres días de clara de huevo por ciclo, ahora puede que tengas sólo un día, como mucho. No obstante, sin ovulación, la progesterona no estará presente para secar rápidamente el fluido cervical que haya, por lo que puede ser más difícil identificar tu día cumbre.

Tu patrón fértil usual de fluido cervical puede cambiar a más días de secreción seca, pegajosa o incluso acuosa, sin ninguna de las características fértiles, como ser elástica, clara o lubricante. Tu sensación vaginal también puede convertirse continuamente en seca o pegajosa. O puedes experimentar parches húmedos de fluido cervical mientras tu cuerpo sigue haciendo nobles intentos por ovular.

Posición cervical

Observar el cuello del útero durante las fases confusas de la anovulación puede ser especialmente útil. Probablemente notarás que, conforme se acerca la menopausia, el cuello del útero a menudo es más firme, cerrado y bajo, confirmando fases más largas de infertilidad y aclarando fluido cervical ambiguo o patrones de temperaturas.

Síntomas de fertilidad secundarios

Junto con los evidentes cambios que puedes notar en tus tres síntomas primarios de fertilidad, probablemente verás cambios también en los secundarios. Incluso puedes notar ciertos síntomas de fertilidad por primera vez, como explicamos más adelante.

Sangrado ligero a mitad del ciclo

Si nunca has tenido sangrado ligero en mitad del ciclo, en torno a la ovulación, podrías sorprenderte de empezar a experimentarlo ahora. Su aparición se debe a que el sangrado ovulatorio suele ser más común en los ciclos largos, y una de las características de los ciclos premenopáusicos es su mayor duración.

Mittelschmerz

Si estás acostumbrada a tener dolor en mitad del ciclo, en torno a la ovulación, puedes observar que no lo experimentas tan a menudo cuando dejas de ovular con la misma frecuencia.

Sensibilidad en los pechos

Uno de los agradables beneficios de los ciclos anovulatorios es que no sueles experimentar la sensibilidad en los pechos posovulatoria, característica de los ciclos normales. Esto se debe a que no se libera progesterona que cause la incomodidad.

LAS NORMAS ANTICONCEPTIVAS CONFORME SE ACERCA LA MENOPAUSIA

Una vez que has determinado que en efecto estás experimentando signos menopáusicos, la forma en que utilizarás la conciencia de la fertilidad puede ser bastante sencilla: deberías seguir todas las reglas estándar del Método de Conciencia de la Fertilidad para el control de la natalidad expuestas en el capítulo 11, excepto que no deberías basarte en la regla de los primeros cinco días.

Lo que esto significa en la práctica es en realidad bastante simple. Haz un seguimiento de tus ciclos como siempre has hecho, pero no deberías seguir suponiendo que los cinco primeros días del ciclo eres infértil. La razón es que tus ciclos premenopáusicos están sujetos a fluctuaciones hormonales que pueden causar una ovulación muy temprana. De nuevo, estamos tratando con grados de riesgo. Aunque hay pocas evidencias, es probable que los tres primeros días de un período sean tan seguros como los cinco primeros días antes de tener ese sofoco inicial. Pero, para ser más cautos, deberías suponer que eres fértil hasta que puedas verificar un día seco, que, como sabes, es esencialmente imposible de detectar mientras estés sangrando.

Ciclos «duros», ciclos «fáciles»

Cuando la menopausia está más cerca, puedes descubrir que pasas meses sin ningún día seco. En su lugar, puedes tener un patrón preovulatorio continuo y extendido de días pegajosos, tal vez intercalados con parches de fluido cervical húmedo. La aparición de fluido cervical invariable, día tras día, se llama patrón infértil básico, y es muy común en las mujeres premenopáusicas. En tales casos debes utilizar las reglas del patrón infértil básico, expuestas en el apéndice J. Permiten a mujeres con un patrón infértil básico contar más días como infértil de lo que sería posible con las reglas estándar del Método de Conciencia de la Fertilidad. Sin embargo, las reglas del patrón infértil son ciertamente más difíciles de seguir y, como verás allí, son un poco más peligrosas para las mujeres premenopáusicas.

Claramente, puedes decidir que utilizarlas simplemente no merecen la pena. No obstante, antes de que decidas algo definitivo, te animaría a seguir elaborando gráficas durante varios meses más. Aparte del registro fascinante que tendrás de tu sistema reproductivo pasando por los estertores de la angustia biológica, es prácticamente cierto que tus ciclos se volverán más largos y más secos, permitiendo que el Método de Conciencia de la Fertilidad sea más fácil que nunca, como se ve en las gráficas de Sandy.

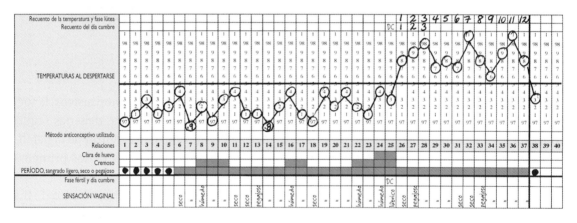

Primera gráfica de Sandy. Un difícil patrón infértil básico de premenopausia. Un difícil patrón infértil básico de premenopausia. Sandy tiene la desgracia de tener un patrón infértil básico de fluido pegajoso, día tras día, intercalado con parches húmedos.

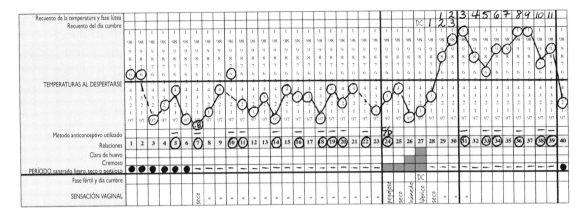

Segunda gráfica de Sandy. Un sencillo patrón infértil básico premenopáusico. Posteriormente, Sandy desarrolla un patrón infértil básico de sequedad, día tras día. Como gráficas como ésta, el Método de Conciencia de la Fertilidad para el control de la natalidad será como una brisa.

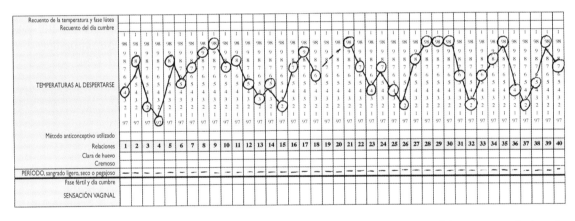

Tercera gráfica de Sandy. El patrón premenopáusico más fácil de todos. Con el paso del tiempo, Sandy deja de ovular por completo, como queda reflejado en los continuos días secos con ningún cambio de temperatura.

En definitiva, cada pareja tendrá que decidir lo que es mejor para ellos. Podrías decidir que no merece la pena esperar ciclos más fáciles. Si es así, tal vez quieras considerar formas más permanentes de anticoncepción. Personalmente, creo que la vasectomía para tu pareja es una opción mejor que la ligadura de trompas, porque es un procedimiento más barato y menos invasivo, con las menores complicaciones posibles. Pero sea lo que sea lo que elijas, recuerda que se considera que eres potencialmente fértil durante un año entero después de tu último período.

MANTENER LA SENSATEZ EN LOS AÑOS DE LA MENOPAUSIA

Al final, lo fácilmente que fluyas por la menopausia quedará determinado en gran parte por tus expectativas antes de llegar a ella. Aunque los diversos signos menopáusicos pueden ser una molestia, sin duda no tienen por qué ser traumatizantes. Hay disponibles soluciones razonables, por lo que debes mantener el sentido del humor y saber que no estás sola.

Representar tus ciclos en gráficas te ofrecerá una oportunidad única de observar tu cuerpo en un asombroso período de transformación. Como observarás desde menos de tres semanas a tres meses o más, siempre estarás en lo alto de las turbulencias hormonales. Un día de finales de tu cuarentena o de comienzos de tu cincuentena, después de haber pasado todo el verano sin menstruar, puedes tener la oportunidad de impresionar a una amiga. Podrás decirle que sabes que aún te queda por lo menos un período más, que comienza la próxima semana. «¿Cómo puedes estar tan segura?», preguntará. «Lo sé –dirás tú– porque lo dice mi gráfica».

23

ENRIQUECIENDO TU AUTOESTIMA MEDIANTE EL CONOCIMIENTO DE TU CUERPO

Cuando somos suficientemente mayores para haber tenido una educación, el primer paso hacia la autoestima para la mayoría de nosotros no es aprender, sino desaprender.

ANÓNIMO

Fluido cervical hostil
Cuello del útero incompetente
Pelvis inadecuada
Embarazo senil
Abortos recurrentes

Hmm… veamos: defecto, hostil, incompetentes, inapropiado, senil, abortar. ¿No forma todo esto una bonita imagen? Lamentablemente, la lista de arriba solamente describe mujeres con problemas bastante comunes, como el fluido cervical no fértil, un cuello del útero débil, una pelvis estrecha, un embarazo después de los 35 y una tendencia a los abortos espontáneos.

Si quieres entretenerte más, puedes repasar la lista completa de terminología médica dudosa utilizada aún actualmente para la salud de las mujeres en www.tcoyf.com. Tal vez pienses que este tipo de lenguaje no afecta a la autoestima, porque la mayoría de las mujeres ni siquiera son conscientes de que estas descripciones quedan en sus registros médicos. Pero muchas están informadas de forma realista de que tienen las afecciones citadas por parte de médicos bien intencionados que parecen ajenos a lo ofensiva que puede ser esta terminología. Estas frases reflejan un sistema médico anticuado que suele mostrarse insensible a las mujeres y no recoge sus necesidades.

En lugar de identificarnos con el vocabulario citado, imagina un escenario totalmente distinto. Imagina crecer diciéndote que tu cuerpo es una maravilla de belleza biológica que producirá cambios increíbles cada ciclo. En lugar de pensar que sigues produciendo secreciones infecciosas, podrías identificar las secreciones cervicales como un reflejo del destacable sistema hormonal con el que se trabaja. Imagina que vas al médico y que te sientes informada en lugar de vulnerable. Y en lugar de sucumbir a los anuncios de duchas vaginales que disminuyen la autoconfianza diciendo que las mujeres son sucias, podrías rechazarlos, sabiendo que tan sólo ducharte con jabón y agua te mantendrá limpia y femenina.

¿Qué sucedería si las adolescentes adquiriesen conocimiento práctico sobre sus ciclos y su fertilidad incluso antes del primer día que menstrúan? No sólo aumentaría la seguridad en sí mismas, sino que les permitiría identificar tanto problemas médicos como estados biológicos normales, ahorrándoles gran parte del miedo y la confusión que viene con la adolescencia. Y, aunque el Método de Conciencia de la Fertilidad no debería ser promocionado como método anticonceptivo para las adolescentes, la realidad es que el conocimiento práctico que proporciona podría reducir los embarazos no deseados en un grupo de edad que, lamentablemente, sigue creyendo, entre otras cosas, que no puede quedarse embarazada la primera vez.

Imagina poder utilizar los signos de fertilidad de tu propio cuerpo para proporcionarte un método anticonceptivo completamente natural, seguro y eficaz, que promueva la responsabilidad compartida y la comunicación entre tu pareja y tú. O imagina cómo sería conocer tu propia sinfonía hormonal tan bien que podrías concentrarte en el día en que quieres concebir.

Y si por casualidad tú o tu pareja tenéis realmente un problema de fertilidad, imagina un diálogo de participantes verdaderamente informados. Imagínate a ti, a tu pareja y a tu médico utilizando tus propias gráficas para encontrar la estrategia menos invasiva, antes de decidir que la fecundación *in vitro* es la primera y única solución. Sí, puede ser, pero por lo menos entenderías por qué.

Con un lenguaje más prosaico, ¿no sería agradable experimentar el síndrome premenstrual bajo una nueva luz, comprendiendo por fin por qué desarrollas síntomas de forma cíclica? Saber que hay pasos que puedes dar para aliviar los diversos dolores e incomodidades siempre será útil, especialmente si das pasos preventivos basados en patrones convenientemente predecibles. En tal caso, tus gráficas de fertilidad podrían servir como banco de datos biomédicos, quizás ayudándote a prevenir esa sensación de hinchazón especialmente desagradable, tres días antes del período.

¿Y qué sucedería si la menopausia fuera por fin percibida como lo que es: una transición natural e inevitable en la vida de una mujer? Si a las mujeres se les enseñara de verdad qué deben anticipar en los años que conducen a su último período, sin duda no se sentirían tan confusas y desconcertadas por todos los nuevos cambios. En realidad, las mujeres, al final de su cuarentena, son hormonalmente similares a cuando tienen 13 años. Sus cuerpos pueden crear el equivalente biológico de un *thriller* digno de Hollywood, pero, como sus hijas adolescentes, estas mujeres pueden eliminar la confusión y tomar el control cuando entran en la última fase de este largo e interesante viaje.

Hay un proverbio que es tan cierto como aplicable:

El conocimiento es poder.

Lamentablemente, gran parte de lo que la gente normalmente quiere saber está bajo llave en bases de datos inaccesibles de burocracias gubernamentales, empresariales y académicas. Pero también hay una riqueza de información eminentemente práctica que en muchos sentidos sirve para definir tu cualidad de mujer, y ese conocimiento está disponible para ti siempre que quieras. Sí, se tarda un par de minutos diarios en acceder, pero no requiere conexiones de trabajo particulares y ni siquiera un ordenador. La conciencia de la fertilidad sin duda no es alta tecnología. Pero, para todas vosotras, que estáis en edad reproductiva, la educación que proporciona puede revelar todo un mundo sobre el que sabemos muy poco: tú misma.

EPÍLOGO

Una historia de progreso: La salud de las mujeres y la pieza del rompecabezas que falta

Muchos antropólogos conocen una tradición generalizada entre las mujeres bantúes del este de África, transmitida de abuela a nieta, generación tras generación. Para enseñar a su progenie sobre la relación del fluido cervical con la fertilidad, las mujeres mayores cogen una piedra lisa para limpiar suavemente los labios internos de la vagina de sus nietas. Entonces explican a la adolescente en fase de maduración que es en las secreciones presentes en esa piedra donde la clave de su fertilidad futura irá y vendrá, mágicamente, ciclo tras ciclo.

Desde que *Tu fertilidad* se publicó por primera vez hace veinte años, he tenido la oportunidad de escuchar a miles de lectoras sobre la influencia que la conciencia de la fertilidad ha tenido en su vida. Lo que para mí ha sido más gratificante es aprender su visión prácticamente unánime de que todas las mujeres deben conocer sus principios científicos básicos. No sólo para maximizar su probabilidad de concebir, o para evitar el embarazo, sino, tal vez más importante, para desmitificar por fin los enigmas cotidianos de su propio cuerpo.

Dicho en términos sencillos, estas mujeres han confirmado mi propia creencia de que la formación en conciencia de la fertilidad podría convertirse en uno de los capítulos más importantes de la asombrosa historia multigeneracional del movimiento de salud de las mujeres estadounidenses, una historia que merece la pena destacar para poner la información contenida en este libro en algún contexto histórico básico.

LA BÚSQUEDA DEL ANTICONCEPTIVO VIABLE Y LAS CONSECUENCIAS DE LA PÍLDORA

De todas las luchas relacionadas con la salud que afrontan las mujeres, quizás la más larga y más universal haya sido incluir el tema a menudo polémico del control de la natalidad. En efecto, se sabe bien que varias sociedades, a lo largo de la historia, han actuado para prohibir cualquier tecnología anticonceptiva que tuviera disponible, y, por supuesto, Estados Unidos no ha sido una excepción. De hecho, gracias al valor de Margaret Sanger, a comienzos del siglo XX, fue como las estadounidenses por primera vez disfrutaron la legal y extendida disponibilidad de los condones y los diafragmas.

La misma Sanger fue arrestada y acosada, tanto por publicar boletines que demandaban esa disponibilidad como por abrir la primera clínica estadounidense de control de la natalidad, en Brooklyn, Nueva York, en 1916. (La clínica fue bruscamente cerrada por la policía). No obstante, sus acciones calaron hondo en las mujeres de todo el país, y a comienzos de la década de 1920, la Liga Americana de Control de Nacimientos, predecesora de Planificación Familiar, tenía 37 000 miembros. El poder de esta y otras organizaciones superaron los obstáculos legales y la resistencia del gremio médico, dominado por los hombres.

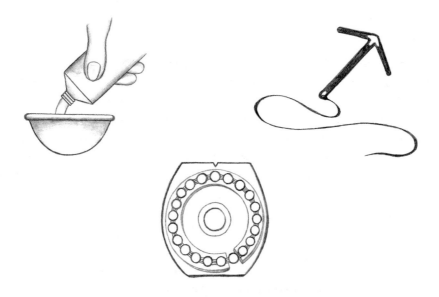

Por supuesto, los desarrollos más importantes en la historia de los anticonceptivos modernos llegaron un par de generaciones después, con la aparición de la píldora. Curiosamente, fueron las dificultades a las que inicialmente se enfrentaron las mujeres por haberse expuesto a sus peligrosos efectos secundarios (muchos de los cuales se han resuelto desde entonces) lo que condujo al primer movimiento verdaderamente organizado, dedicado a la salud de las mujeres. No es coincidencia que, menos de un año después de que unos activistas irrumpieran en una sesión del Senado de 1969 sobre la píldora, porque ninguna mujer fue llamada a testificar sobre sus propias experiencias negativas al tomarla (!), el Colectivo de la Salud de las Mujeres de Boston publicara los primeros libretos mimeografiados de lo que pronto evolucionó en el libro de referencia *Nuestros cuerpos, nuestras vidas*.

En el momento en que por fin se garantizó acceso al aborto legal en 1973, el activismo dedicado a diversos problemas de salud femenina ya había arraigado, desde la reacción violenta contra el exceso de mastectomías para el cáncer de pecho hasta la exigencia de más información sobre el dietilestilbestrol y sus efectos devastadores sobre una generación de niñas nacidas de madres que lo habían utilizado. No obstante, dados los riesgos bien conocidos tanto de la píldora como después del diu, el movimiento como un todo se preocupó más del acceso a anticonceptivos seguros y eficaces, y para muchos esto sigue siendo una de las claves de los problemas de salud de las mujeres actualmente.

DEVOLVIENDO EL PARTO AL CONTROL DE LAS MADRES

La tendencia general del movimiento de las mujeres de los años 1960 pronto tendría un potente impacto en los otros ámbitos fundamentales de la salud de las mujeres. En la década siguiente a la salida de la píldora, una campaña altamente visible empezó a difundirse en reacción a lo que se consideraba una sobredependencia generalizada de la tecnología médica en la sala de partos. Aunque la mayoría de las mujeres esperaban alguna forma de anestesia moderna, muchas empezaron a rechazar con contundencia el uso rutinario de los fármacos para dar a luz, la ruptura quirúrgica de membranas, los partos con fórceps, las episiotomías e incluso la práctica habitual de llevar al bebé a la sala destinada a su cuidado en cuanto nacía.

En 1972, el libro de Suzanne Arms *Inmaculate Deception* fue quizás la llamada más persuasiva para rehumanizar el proceso completo del parto, incluyendo prácticas posparto estándar. Su libro fue un punto de referencia que encendió un gran debate entre las mujeres y la comunidad médica, en gran parte por su afirmación de que los hospitales estadounidenses no solían ser el lugar mejor o más lógico para que tuviese lugar el parto, y por su defensa de que las parteras deberían tener el papel principal, por encima de los médicos, en los nacimientos rutinarios en los que no es necesaria la intervención médica.

Como resultado de Arms y otras pioneras, muchas mujeres estadounidenses actualmente planifican el tipo de parto que desean, incluyendo decisiones como si tenerlo en casa o en un hospital, con una partera o con un obstetra/ginecólogo, utilizando la preparación Lamaze o la de Bradley, y, por último, si debe experimentarse naturalmente o con fármacos. Y aunque la mayoría de las mujeres en nuestro tiempo no siempre deciden tener un parto totalmente natural, el cambio del poder de decisión del médico a la madre parece ser una de las formas más significativas en que las mujeres han tomado el control de un aspecto fundamental de su vida reproductiva.

La «salida del armario» de la menopausia y de otros tabúes femeninos

A diferencia de lo ocurrido con el parto, los desarrollos sociales relacionados con la menopausia han estado marcados no por algún movimiento social definitivo o avance médico, sino simplemente por el incremento de un debate sincero e informado. El hecho es que, hasta finales de los 1960, la mayoría de las mujeres raramente abordaba el tema de la menopausia, ni siquiera con sus amigas íntimas. Pero, como en otras áreas, las prácticas estándar del gremio médico empezaron a generar cada vez más críticas. Específicamente, unas cuantas valerosas activistas empezaron a poner objeciones a la consideración prevalente de la menopausia como enfermedad que debía tratarse (ni psicológica ni hormonalmente), y pronto muchas atacaron el uso rutinario de la terapia de reemplazo hormonal, que en aquel momento parecía tener tantos inconvenientes como beneficios.

Aun así, la ruptura real llegó sólo a comienzos de los 1990 con *The Silent Passage,* de Gail Sheehy. Esta obra tocó la fibra sensible de millones de mujeres y acabó con la idea de la menopausia como tema tabú. No sólo hizo que muchas mujeres empezaran a considerarla un paso positivo a una nueva fase energética de la vida (frente a la conclusión de los años fértiles), sino que más que nunca antes, las mujeres empezaron a hablar con todo el mundo sobre sus esperanzas, miedos y preocupaciones relacionados con la menopausia, desde sus médicos y amigos hasta extraños en la radio. Y así actualmente, la terapia hormonal y los sofocos son sólo dos temas habituales de la investigación por parte de los medios y de las reuniones sociales.

Por supuesto, la menopausia ha sido sólo el ejemplo más notable de un tema de salud relacionado con las mujeres que ha pasado de ser tabú a ser un tema de gran interés general. Sólo hay que tener en cuenta la formación de grupos de apoyo para el síndrome premenstrual y la histerectomía, la explosión de la educación masiva o los movimientos comunitarios para la recaudación de fondos para la investigación del cáncer de mama, o incluso libros muy populares que han explorado todo, desde la historia de la menstruación hasta la anatomía femenina. Para quienes recuerdan la ignorancia y el aislamiento que prevalecieron hasta hace una generación, todo esto son noticias maravillosas.

La promesa y la tentación de los procedimientos de fertilidad de alta tecnología

Quizás el tema más emocionante en la salud reproductora, y el que probablemente haya captado la mayor parte de la atención de hombres y mujeres, habrá sido el de los avances continuos en tecnología reproductiva. Desde el nacimiento de Louise Brown en 1977 (el primer «bebé probeta» del mundo), hasta la popularización de la fecundación *in vitro* en los años 1980, y los titulares más recientes sobre la micromanipulación del esperma, e incluso la congelación de óvulos, el mundo ha sido testigo de una asombrosa revolución en las posibles opciones que se ofrecen a las parejas que parecen ser infértiles. No obstante, estos avances en alta tecnología difícilmente son panaceas reproductoras. Su tasa de éxito absoluto es buena, pero no excelente, y debido a su alto coste en dinero, tiempo y energía emocional, no son una elección ideal para la mayoría de las parejas.

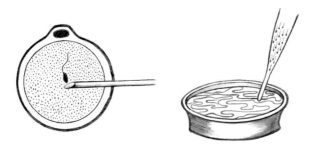

Por supuesto, podemos suponer que las tecnologías de reproducción asistida seguirán mejorando, y que en el futuro su coste físico y económico puede disminuir hasta el punto de que muchas personas las considerarán otra alternativa rutinaria en el camino hacia un embarazo con éxito. En la medida en que estas tecnologías presenten mejores opciones para quienes las necesiten realmente, esto sólo puede considerarse un desarrollo positivo.

No obstante, existe también la posibilidad de que el progreso al que me estoy refiriendo tenga un inconveniente muy real: que las parejas futuras opten por los últimos avances tecnológicos antes de buscar el conocimiento con el que muchos de ellos podrían convertirse naturalmente en padres. Y dadas las oportunidades perdidas para la autoeducación que conllevaría ese conocimiento, esto sería desafortunado, sin importar lo baratos y fáciles que lleguen a ser los embarazos de alta tecnología.

CONCIENCIA DE LA FERTILIDAD: LA PIEZA QUE FALTABA DEL ROMPECABEZAS

Método de Conciencia de la Fertilidad

Como hemos visto, las mujeres durante las últimas generaciones han tomado un control aún mayor sobre su vida, y al hacerlo se han sentido más en sintonía con su propio cuerpo. No obstante, el progreso conseguido ha sido esporádico y poco a poco, con cada nuevo movimiento o avance aplicable sólo a una parte relativamente pequeña del gran misterio menstrual de la vida. En efecto, los avances conseguidos tanto en el parto como en la menopausia han mejorado en gran medida su bienestar físico, pero merece la pena observar que el parto normalmente tiene lugar durante los años reproductivos de entre los 20 y los 40, mientras que la menopausia llega sólo en la década que sigue, aproximadamente.

De igual modo, las mujeres tienen ahora varias alternativas bastante decentes para evitar el embarazo, y cada año se crean nuevas tecnologías y esperanzas para esas parejas que se esfuerzan por concebir. Pero los métodos anticonceptivos y los tratamientos de fertilidad de alta tecnología reflejan objetivos específicos de diferentes mujeres en diferentes épocas, y aunque son la otra cara de la misma moneda menstrual, la búsqueda del objetivo final no enseña a las mujeres prácticamente nada sobre cómo o cuándo tiene lugar la concepción en un ciclo determinado.

Dada la estimulante evolución de los diversos movimientos de salud para las mujeres antes expuestos, merece la pena mencionar brevemente el desarrollo histórico del Método de Conciencia de la Fertilidad, que es un corpus de conocimiento exhaustivo aplicable a todas las mujeres que menstrúan durante todos sus años reproductivos. Como comenté antes, *Nuestros cuerpos, nuestras vidas* fue un importante paso adelante, pero incluso esta asombrosa fuente prestó poca atención al desarrollo y validación iniciales del Método de Conciencia de la Fertilidad, aunque había empezado a ganar un número considerable de defensores en Europa incluso ya en los sesenta, donde la mayoría lo utilizaba como una forma de control de natalidad.

De hecho, los primeros estudios exhaustivos para mostrar la validez científica de usar el fluido cervical y la temperatura del cuerpo al despertarse como forma precisa de detectar la ovulación tuvieron lugar en los cincuenta. No obstante, puesto que la conciencia de la fertilidad se confundió con el método Ogino no se convirtió en una opción anticonceptiva ampliamente conocida durante esos momentos inspiradores de los setenta, en los que muchas mujeres estadounidenses comenzaron a tomar parte de su bienestar físico en sus propias manos.

En el momento en que escribí la primera edición de este libro, a mediados de los noventa, cada vez más mujeres empezaban a oír que el Método de Conciencia de la Fertilidad era natural y efectivo. Por supuesto, no había alcanzado el gran impacto que tuvieron otros movimientos de salud de la mujer, aunque yo confiaba en que era sólo una cuestión de tiempo.[1]

Lo que sabe ahora la mayoría de mis lectores es que el Método de Conciencia de la Fertilidad no es un juego de adivinanzas anticonceptivas ni sólo un sistema para maximizar las probabilidades de concepción. Tampoco es dominio exclusivo de los católicos estrictos o de los *hippies* que hubo hace décadas. Se sienten entusiasmados por descubrir que también sirve como una ventana maravillosa a todas las facetas del bienestar de una mujer, y es ese conocimiento básico lo que toda mujer debe poseer, independientemente de lo que decida hacer en última instancia con él.

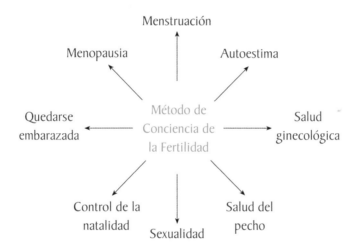

_____

1. Es importante señalar que el Método de Conciencia de la Fertilidad había ganado en credibilidad debido al trabajo de muchas personas de Estados Unidos y de fuera. Sin embargo, en este breve epílogo no es posible escribir una historia completa de todos sus «grandes fundadores». No obstante, me gustaría demostrar mi agradecimiento al innovador papel de los médicos australianos John y Evelyn Billings, cuyo desarrollo del método de ovulación Billings en los años sesenta fue tal vez el factor más crítico para popularizar posteriormente la idea de que el cuerpo de una mujer produce síntomas de fertilidad útiles y fiables.

CERRANDO EL CÍRCULO

Aunque escribí *Tu fertilidad* con la intención evidente de educar a todas las mujeres en edad reproductiva, el éxito de la primera edición se debió principalmente a la gran mayoría de lectoras que deseaban concebir. Inicialmente, me quedé asombrada de esto, porque, antes de escribirlo, mis propios seminarios eran mucho más populares entre las mujeres que deseaban evitar el embarazo. En retrospectiva, me doy cuenta ahora de que el mismo título de este libro suele confundir a la gente a pensar que trata solamente sobre quedarse embarazada.

De cualquier forma, considero fascinante que los continuos avances en las tecnologías reproductoras de alta tecnología sean quizás los mayores responsables de popularizar la conciencia de la fertilidad en general. Esto se debe a que, mientras cada vez más parejas reúnen los recursos económicos y emocionales para probar las opciones reproductivas de alta tecnología, suelen descubrir que el Método de Conciencia de la Fertilidad debe ser el primer paso que den en sus esfuerzos por concebir, *antes* de que comiencen las pruebas invasivas y los procedimientos que se llevan gran parte de su dinero y su energía. Mi deseo es transformar el Método de Conciencia de la Fertilidad en un corpus de conocimiento que sea un componente básico de toda la educación sexual, pero requiere la determinación de quienes luchan con la infertilidad para convertirlo en un fenómeno social.

Espero que la conciencia de la fertilidad complete el círculo de la revolución de la salud de las mujeres, y que su creciente popularidad pueda dar lugar algún día a que se la considere tan importante como los avances tecnológicos y los movimientos fundamentales que han llegado antes que ella. Esto se debe, como saben actualmente muchas mujeres, a que el Método de Conciencia de la Fertilidad es una herramienta verdaderamente liberadora para entender y mantener una salud reproductora básica, y puede funcionar como tal desde el primer período de una chica adolescente hasta el último, unos 40 años después. De hecho, a medida que pasaban las décadas, una creciente masa crítica de mujeres ha descubierto finalmente que es sin duda la información más empoderadora que las mujeres pueden aprender sobre las tareas milagrosas de sus propios cuerpos.

Me siento privilegiada por desempeñar una función en la difusión de ese conocimiento tan importante y edificante, en gran medida porque he llegado a darme cuenta de que si el Método de Conciencia de la Fertilidad sigue ganando popularidad en los próximos años, algún día podrá considerarse la culminación lógica de lo que, de hecho, ha sido una serie de movimientos de la salud femenina, desde las primeras demandas de acceso a los anticonceptivos hasta el relativamente reciente y creciente interés por encontrar alternativas naturales para los síntomas de la menopausia.

Y, sí, hay una cierta ironía en el hecho de que las mujeres que consideren la posibilidad de utilizar procedimientos de alta tecnología para quedarse embarazadas formen el grupo más responsable a la hora de convertir la conciencia de la fertilidad en algo normal, porque, como has leído en este libro, utilizar el Método de Conciencia de la Fertilidad para hacer un seguimiento de sus ciclos suele necesitar poca tecnología. Aun así, debido a la época en que vivimos, cada vez es más popular utilizar programas para elaborar gráficas computerizadas y aplicaciones como la que ayudé a desarrollar para complementar este libro, disponibles en www.tcoyf.com

El círculo completo: Una historia de progreso en la salud reproductiva

Es todavía muy pronto para decirlo, pero estas gráficas digitales pueden servir como otro catalizador crucial en el crecimiento de la educación en la conciencia de la fertilidad, tal como algún día será habitual para las mujeres enviar un correo electrónico a sus médicos el día anterior a la consulta. Y, a diferencia de hoy, prácticamente todo médico estaría totalmente seguro de que están familiarizadas con los principios médicos básicos del Método de Conciencia de la Fertilidad, en parte porque, si no lo estuvieran, sabrían menos que una chica adolescente promedio.

Los tres síntomas principales de fertilidad

TEMPERATURA AL DESPERTARSE

FLUIDO CERVICAL

POSICIÓN CERVICAL

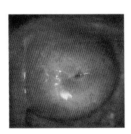 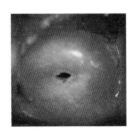 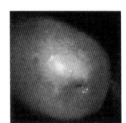

La gráfica y las imágenes de arriba reflejan los tres síntomas principales de fertilidad del ciclo de una mujer, que en este caso duró 30 días. Estas fotografías se tomaron los días 12, 17 y 20.

Conforme se aproxima la ovulación, en torno al día 17, los mayores niveles de estrógeno mantienen baja su temperatura mientras hacen que su fluido cervical se vuelva progresivamente más húmedo y el cuello del útero blando, alto y abierto. Pero casi inmediatamente después de la ovulación, la progesterona recién liberada hace que se eleve su temperatura, que su fluido cervical se seque y que el cuello del útero vuelva a ser firme, bajo y cerrado.

Puedes ver que, en la imagen del medio del cuello del útero, se ha eliminado el fluido cervical para que se pueda ver mejor la abertura. Observa también que aunque las fotografías no pueden reflejar la altura del cuello del útero, sí revelan una diferencia evidente en su ángulo después de la ovulación.

Variantes saludables del fluido cervical

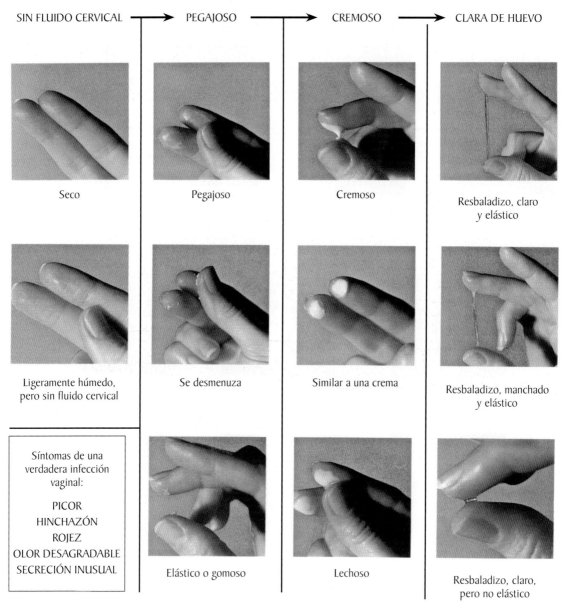

SIN FLUIDO CERVICAL →	PEGAJOSO →	CREMOSO →	CLARA DE HUEVO
Seco	Pegajoso	Cremoso	Resbaladizo, claro y elástico
Ligeramente húmedo, pero sin fluido cervical	Se desmenuza	Similar a una crema	Resbaladizo, manchado y elástico
	Elástico o gomoso	Lechoso	Resbaladizo, claro, pero no elástico

Síntomas de una verdadera infección vaginal:

PICOR
HINCHAZÓN
ROJEZ
OLOR DESAGRADABLE
SECRECIÓN INUSUAL

La mayoría de las mujeres suelen estar secas unos cuantos días después de la menstruación, pero conforme se aproximan a la ovulación, su fluido cervical se vuelve cada vez más húmedo y abundante. La calidad del fluido cervical cambia desde más seco y menos fértil a más húmedo y más fértil conforme se aproxima la ovulación.

Cada mujer tiene su propio patrón único. Las fotografías de arriba muestran sólo algunos ejemplos de lo que las mujeres pueden experimentar. Un día cumbre de la fertilidad de una mujer es el último día que experimenta un fluido cervical como la clara de huevo (elástico, claro o lubricante) o una sensación vaginal lúbrica.

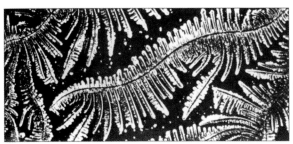

Ver el bosque a través de las ramas

Observa el patrón evidente de los cambios de temperatura que indican la ovulación en tres de las gráficas de la autora colocadas juntas. Aunque hay unas pocas temperaturas que se encuentran fuera de la línea o incluso que faltan, podemos ver claramente un patrón de descensos antes de la ovulación (azul) y de ascensos después de la ovulación (rosa).

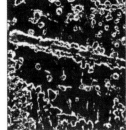

El helecho del fluido cervical fértil

Cuando se miran con un microscopio, las secreciones elásticas de clara de huevo del dibujo de arriba a la izquierda parecen formar el patrón de un bonito helecho que permite la movilidad del esperma. Los tipos más secos y pegajosos de fluido cervical de la derecha no tienen esa apariencia mágica.

El fluido cervical más fértil

El fluido cervical fértil de clara de huevo sale del cuello del útero abierto de esta mujer inmediatamente antes de la ovulación.

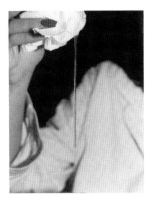

Estirando el concepto de la sincronización perfecta

Para ver cómo el fluido cervical de arriba contribuyó a la concepción de este niño, lee su historia en la página 39.

403

La belleza de la biología reproductiva

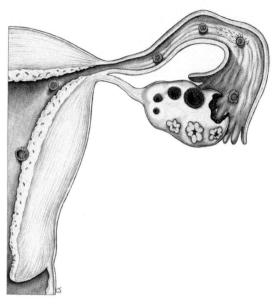

Las delicadas fimbrias de las trompas de Falopio

Al contrario de lo que podrías imaginar, las aberturas de las trompas de Falopio, llamadas fimbrias, son notablemente onduladas, lo que les permite empujar el minúsculo óvulo dentro de las estrechas trompas.

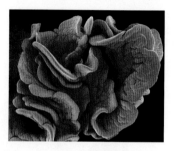

La vida de un óvulo

En la ilustración de arriba, un diminuto óvulo del interior del ovario desarrolla lentamente su propio folículo (rojo). Después de su completa maduración, se libera del folículo, que queda en la pared ovárica, en el evento más significativo del ciclo menstrual: la ovulación. En la mayoría de los casos, el óvulo recién liberado (azul) continuará su viaje y será barrido hacia la trompa de Falopio por su fimbria externa.

El material folicular que ha quedado en el ovario pronto formará el cuerpo lúteo (amarillo), que emite progesterona. Si no tiene lugar la fecundación, morirá en 12-16 días, haciendo que desciendan los niveles de progesterona y que siga la menstruación.

Sin embargo, si hay relaciones en la fase fértil en torno a la ovulación, el esperma puede encontrarse con el óvulo recién liberado dentro de la trompa, donde tendría lugar la fertilización. Si ocurre esto, el óvulo fertilizado, ahora un zigoto, prosigue el viaje, convirtiéndose en un blastocito que se implanta en el recubrimiento del útero aproximadamente una semana después.

El momento de la ovulación mágicamente captado con la cámara

¡No seas tiquismiquis! En una de las fotografías más asombrosas jamás tomadas de un acontecimiento biológico, un médico consiguió capturar el momento de la ovulación mientras operaba a una de sus pacientes. Como puedes ver, el óvulo se escurre del folículo que lo rodea sobre la superficie del ovario.

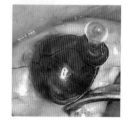

El viaje continúa

No, no es un óvulo posado sobre los labios vaginales. Es el óvulo tal como se mueve por la trompa de Falopio, esperando a ser fecundado por el espermatozoide o reabsorbido por el cuerpo si no tiene lugar la concepción.

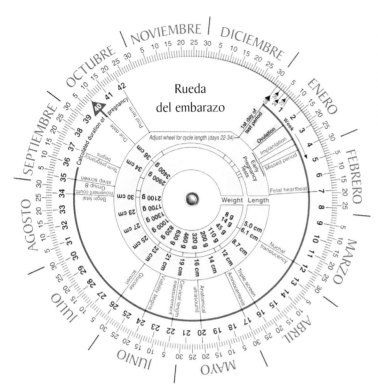

Rueda
del embarazo

Una típica rueda del embarazo

Éste es uno de los muchos dispositivos calculadores que encontrarás en prácticamente todas las clínicas de fertilidad. Se consideran indispensables para determinar la fecha del parto de la mujer. Sin embargo, son un poco inexactos porque suponen que la mujer ovula el día 14, independientemente de que lo haga de verdad.

Esta rueda en particular está establecida para una mujer cuyo primer día de su último período fue el 1 de enero, y de ese modo se asumió que la ovulación tuvo lugar el 14 de enero. En realidad, podía haber ovulado fácilmente varios días antes o semanas más tarde, como se ve en las tablas de la página 125.

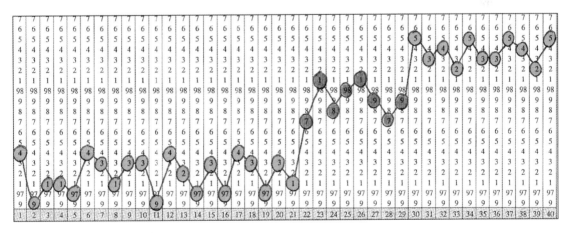

Una gráfica de embarazo trifásico

Cuando una mujer se queda embarazada, su patrón de temperatura puede desarrollarse en tres niveles, como puede verse por los tres colores de arriba. El segundo nivel es el resultado de la progesterona liberada después de la ovulación, mientras que se cree que el tercer nivel es el resultado de la GCH, la hormona del embarazo, que circula después de la implantación. Observa que esta mujer ovuló aproximadamente el día 21, no el día 14, como se ve por el hecho de que su cambio de temperatura no ocurrió hasta el día 22.

La ovulación en contexto…

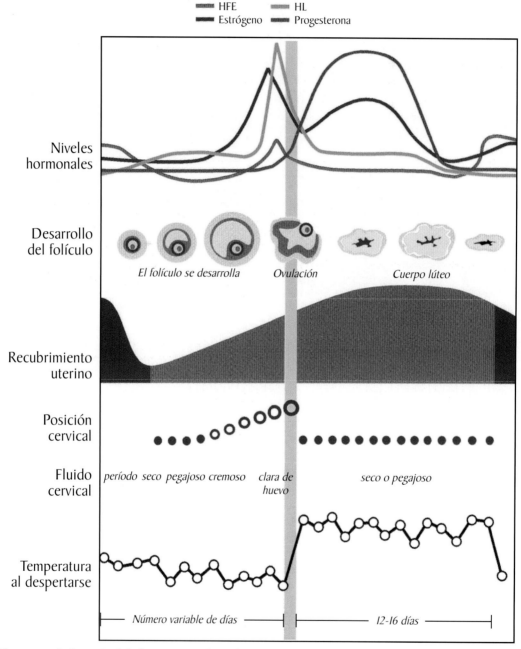

Observa que la duración de la fase anterior a la ovulación puede variar ampliamente, como se ve en la parte inferior de la gráfica. Pero la fase posterior a la ovulación es casi siempre de 12-16 días. En cada mujer, la fase posovulatoria es bastante regular y no suele variar más de un día aproximadamente.

…Y cómo la conciencia de la fertilidad te ayuda a seguirla

La única forma de determinar el día exacto de la ovulación es mediante ecografías en serie, mediante las cuales se hace un seguimiento de los ovarios de la mujer durante varios días seguidos. Siendo realistas, por supuesto, eso no es práctico ni asequible para la mayoría. Pero partiendo de las diversas formas de confirmar las observaciones de tu cuerpo y tus ciclos, normalmente no es necesario. La gráfica de debajo sólo destaca los días de promedio, relativos a la ovulación, en los que puedes esperar verlos o utilizar a cualquiera de ellos.

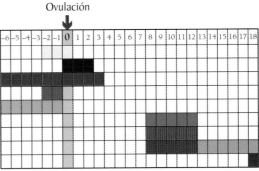

Día cumbre

La probabilidad de concebir se limita a seis días por ciclo, y el día más fértil es el día cumbre, el último día de fluido cervical transparente o lubricante y elástico, o la sensación vaginal que lo acompaña.

Cambio de temperatura

El cambio de temperatura al despertarse tendrá lugar generalmente un par de días después de la ovulación, y normalmente confirma que se ha liberado un óvulo.

«Días fértiles» según las reglas del Método de Conciencia de la Fertilidad

Lo que convierte en eficaz el Método de Conciencia de la Fertilidad es que las reglas añaden varios días de seguridad tanto antes como después de tu fase fértil.

Kits de predicción de la ovulación

Estas pruebas de orina identifican cuándo tiene lugar el pico de la HL, que a su vez debería liberar un óvulo en 24-36 horas.

Monitores de la fertilidad

Este tipo de pruebas no sólo miden tu HL, sino la elevación del estrógeno que tiene lugar antes de tu pico de HL, por lo que pueden reflejar la mayor fertilidad hasta cuatro días antes que los kits de predicción de la ovulación.

Sangrado ligero de implantación

Cuando el óvulo fecundado se implanta en el recubrimiento uterino, puede causar una ligera cantidad de sangre.

Comienzo del patrón de temperaturas trifásico

Cuando el óvulo fertilizado se implanta en el recubrimiento uterino, puede causar una tercera elevación más sutil en las temperaturas.

Pruebas de embarazo

Todas las pruebas de embarazo miden la GCH (la hormona liberada después de que el óvulo fertilizado se implante en el útero). Hay dos tipos de pruebas de embarazo.

Las pruebas cuantitativas en sangre son más sensibles y reflejan exactamente cuánta GCH estás produciendo, que se duplicará normalmente cada 48-72 horas. Las pruebas cualitativas de orina, por otra parte, contestan sólo a una pregunta: «¿Estás embarazada?».

Embarazo probable basado en el cambio de temperatura

Si tienes 18 temperaturas normales por encima de la línea de temperatura base, suele ser una indicación de que probablemente has concebido.

Endometriosis

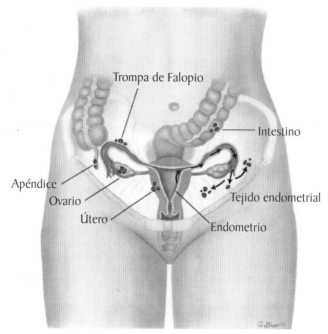

Trompa de Falopio

Intestino

Apéndice

Ovario

Útero

Tejido endometrial

Endometrio

Éste es un misterioso problema en el que las células que normalmente recubren el útero se implantan en otros luga-res de la pelvis. Las mujeres con casos leves pueden experimentar síntomas debilitantes, mientras que otras que lo tengan extendido por toda la cavidad pélvica pueden ser totalmente inconscientes de que lo tienen. Esta ilustración te muestra algunas de las diversas localizaciones en las que la endometriosis puede encontrarse en la pelvis.

Recuento de temperaturas y fase lútea		
Día cumbre		
TEMPERATURAS AL DESPERTARSE		
Relaciones		
Clara de huevo		
Cremoso		
PERÍODO, sangrado ligero, seco o pegajoso		
Fase fértil y día cumbre		
Sangrado abundante		
Calambres intensos		
Dolor profundo durante las relaciones		
Dolor en la parte inferior de la espalda		

Identificar la endometriosis mediante las gráficas

Tres de los síntomas más comunes de esta afección son el sangrado abundante, los calambres menstruales intensos y el dolor profundo durante las relaciones. Llevando un seguimiento de estos y otros síntomas, puedes ayudar a tu médico a determinar qué prueba hacer para tener un diagnóstico.

Síndrome ovárico poliquístico

Es un serio trastorno metabólico causado en gran parte por desequilibrios hormonales, incluido un exceso de insulina. Es sorprendentemente común, y se caracteriza por ciclos irregulares o anovulatorios, así como problemas médicos más serios. Uno de los síntomas diagnósticos clásicos es el de sarta de perlas que se ve a la derecha, que son quistes que rodean al ovario y que pueden verse con ecografías.

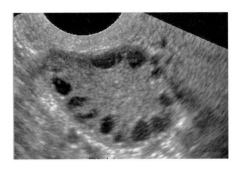

Últimos 12 ciclos: Más breve __38__   Más largo __143__   Duración de esta fase lútea __11__   Duración de este ciclo __39__

Día del ciclo	1	2	3	4	5	6	7	8	9	10	11	12	13	14	15	16	17	18	19	20	21	22	23	24	25	26	27	28	29	30	31	32	33	34	35	36	37	38	39	40
Recuento de temperaturas y fase lútea / Recuento del día cumbre																												DC	1	2	3	4	5	6	7	8	9	10	11	

TEMPERATURAS AL LEVANTARSE

Día del ciclo	1	2	3	4	5	6	7	8	9	10	11	12	13	14	15	16	17	18	19	20	21	22	23	24	25	26	27	28	29	30	31	32	33	34	35	36	37	38	39	40
Clara de huevo																																								
Cremoso																																								
PERÍODO, sangrado ligero, seco o pegajoso	●	●	●	◗	◗	⊙	–				–	–				–				–			–					⊙												●
Fase fértil y día cumbre																												DC												

DESCRIPCIÓN DEL FLUIDO CERVICAL

- 1: rojo-abundante
- 2: =
- 3: rojo-más ligero
- 4: rojo-más ligero
- 5: sangrado ligero
- 8: crema blanca
- 10: crema más húmeda
- 13: película pegajosa
- 14: crema húmeda
- 17: pegajoso
- 18: ½ blanco
- 21: crema blanca
- 23: pegajoso y blanco
- 25: cremoso y húmedo
- 26: 5 cm transparente
- 27: 7 cm transparente

Notas

- Consulta con el endocrino por los ciclos largos
- Me hizo una ecografía y vio una sarta de perlas en el ovario
- El análisis de sangre reveló: · hormonas masculinas elevadas · hormonas masculinas revertidas proporción HFE-HL
- Diagnóstico: síndrome ovárico poliquístico

Acné																																								
Cabello de la cabeza más fino																																								
Exceso de vello corporal																																								

Identificar el síndrome ovárico poliquístico mediante la gráfica

Observa cómo esta mujer tiene ciclos que van desde unos 38 a unos 143 días, como se registra en lo alto de la gráfica. Este ciclo en particular fue de 39 días, y tuvo numerosos parches de fluido cervical húmedo antes de que ovulara por fin en torno al día 28. También puedes ver que tenía sangrado ligero ovulatorio ese día, lo cual es un fenómeno muy común en mujeres con ciclos largos.

Fibroides

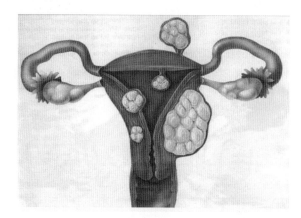

En el momento en que una mujer tiene 40 años, hay bastantes probabilidades de que haya desarrollado al menos un fibroide en algún lugar del útero. Como se ve arriba, hay crecimientos benignos que van desde el tamaño de un guijarro al de un melón. Puede haber uno grande o un grupo de otros más pequeños. Algunos forman tallos que los conectan con diversas partes del útero, otros crecen en el interior o el exterior, y hay incluso otros que crecen profundamente dentro del mismo músculo.

Aunque la mayoría de las mujeres nunca sabrán que los tienen, otras pueden experimentar períodos largos y abundantes, problemas intestinales o urinarios, dolor pélvico y un abdomen agrandado, entre otros síntomas.

Los fibroides solían ser una de las razones más comunes para las histerectomías, pero actualmente hay muchas opciones disponibles para las mujeres que experimentan síntomas graves, dependiendo de si aún quieren tener hijos o no.

Identificando posibles síntomas de los fibroides mediante las gráficas

Algunos de los síntomas que las mujeres pueden experimentar con los fibroides son calambres debilitantes durante su período, orina frecuente por la presión del fibroides contra la vejiga, presión pélvica en general y dolor durante el coito. Cualquiera de estos síntomas por sí solo no nos haría pensar que tiene fibroides, pero juntos pueden ayudar a tu médico a dar un diagnóstico.

Identificando las fuentes del sangrado inusual

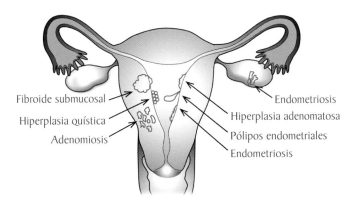

Fibroide submucosal
Hiperplasia quística
Adenomiosis

Endometriosis
Hiperplasia adenomatosa
Pólipos endometriales
Endometriosis

Es muy posible que en algún momento de tu vida puedas experimentar sangrado vaginal. Se considera normalmente cualquier sangrado ajeno a la menstruación, que tiene lugar aproximadamente 12-16 días después de la ovulación. Hay básicamente dos tipos distintos: sangrado como consecuencia de causas orgánicas, como se ve en la ilustración de arriba, y sangrado uterino disfuncional, que está causado por un desequilibrio hormonal.

Algunas fuentes de sangrado orgánico incluyen varios fibroides y pólipos, que, debido a su naturaleza física, se suelen diagnosticar más fácilmente. Sin embargo, el sangrado causado por la endometriosis puede ser muy difícil de diagnosticar debido a las células microscópicas que se depositan fuera del útero.

El sangrado uterino disfuncional está, por definición, causado por alteraciones hormonales, y por tanto es más probable que cause irregularidades menstruales como ciclos excesivamente cortos o largos, además de anovulación. Algunos ejemplos de problemas causados por el sangrado uterino disfuncional incluyen el síndrome ovárico poliquístico y trastornos de tiroides.

En cualquier caso, cualquier sangrado menstrual que sea grave o que cause incomodidad debilitante no es normal y debería ser diagnosticado por un médico.

Filas de códigos de color para anotar problemas como el sangrado inusual y los síntomas de fertilidad secundaria

Como puedes ver, puedes registrar cualquier sangrado inusual, además de diversos signos secundarios de fertilidad como el dolor ovulatorio. Los síntomas del síndrome premenstrual, incluyendo la irritabilidad o sentirse hinchada, pueden registrarse utilizando colores para que la gráfica quede mejor.

Además, tal vez quieras registrar cuándo haces ejercicio, así como cuándo te haces una autoexploración de pechos, que siempre debería hacerse el día 7 de tu ciclo.

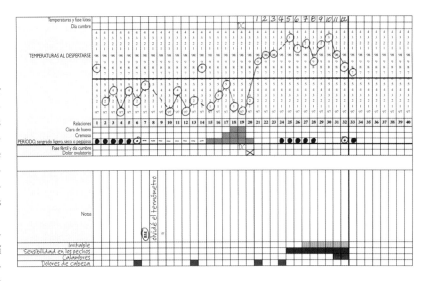

Encontrando el escurridizo punto G

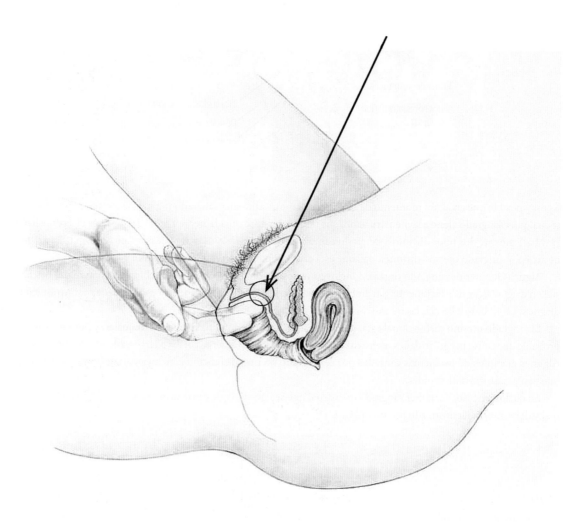

Uno de los temas más calurosamente debatidos en el ámbito de la sexualidad humana es la cuestión de si hay o no el punto G. Paradójicamente, lo que en realidad no se discute es dónde está. Suponiendo que exista, está localizado entre 2,5 y 5 centímetros, en el interior de la vagina, en la pared superior cercana al hueso púbico.

Tal vez parte del misterio consista en hasta qué punto algunas mujeres consideran placentera esa área. Algunas no sienten absolutamente nada, mientras que otras, cuando se les toca allí, pueden en realidad eyacular de forma parecida a cómo lo hacen los hombres.

La ilustración de arriba muestra dos dedos acariciando el punto G con un gesto de «ven aquí», que suele ser difícil de conseguir durante las relaciones habituales.

El picante de la vida:
Variantes en la anatomía humana

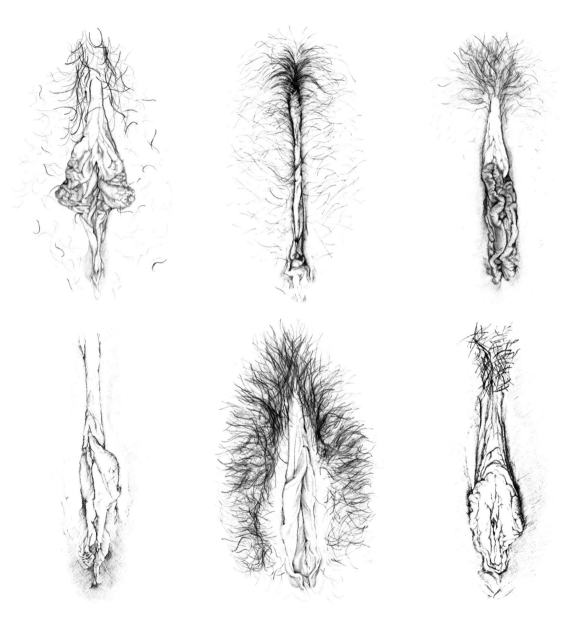

Como puedes ver arriba, hay una variedad interminable de formas, tamaños y plenitud de los labios vaginales. Hay también diferentes patrones de vello, aunque muchas mujeres deciden eliminarlo total o parcialmente. En cualquier caso, estas ilustraciones deberían disipar cualquier preocupación que las mujeres pueden tener sobre si son o no normales. Todos los labios vaginales son únicos.

Gráfica de control de la natalidad

Mes __marzo-abril__   Año __2015__   Edad __24__   Ciclo de fertilidad __9__

Últimos 12 ciclos: Más corto __26__ Más largo __31__ Duración de esta fase lútea __13__ Duración de este ciclo __30__

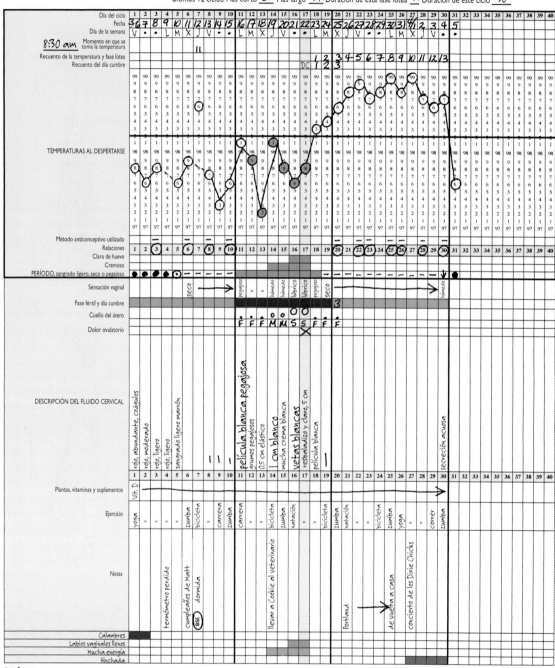

Día cumbre ▢   Fase fértil ▇   Fase infértil ▨

tcoyf.com

Gráfica de embarazo

Mes __julio-agosto__   Año __2015__   Edad __31__   Ciclo de fertilidad __5__

Últimos 12 ciclos: Más corto __27__ Más largo __32__ Duración de esta fase lútea __—__ Duración de este ciclo __!__

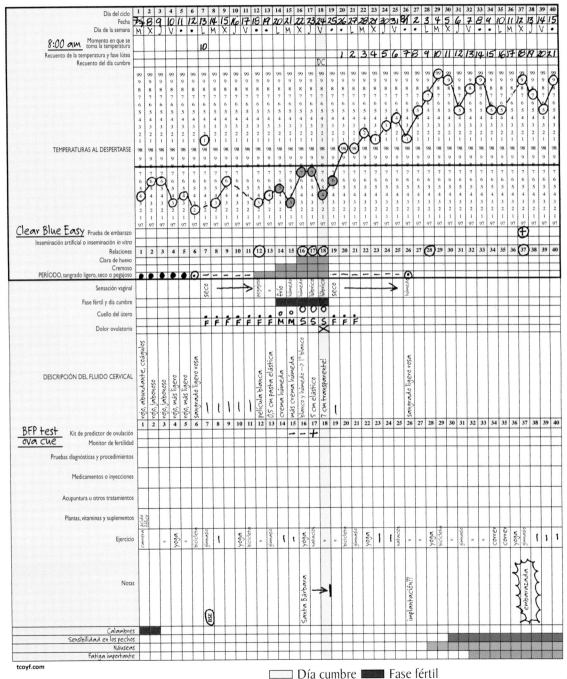

tcoyf.com

◻ Día cumbre   ◼ Fase fértil

415

«¿De dónde vengo?»

Una nueva perspectiva
de una cuestión intemporal

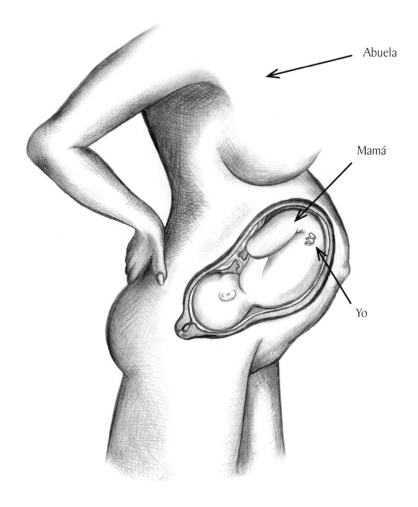

Abuela

Mamá

Yo

Todos nosotros comenzamos la vida en el útero de nuestra abuela materna, antes de que nuestra madre naciera. ¿Cómo es posible eso? Porque todo feto femenino, incluida tu madre, produjo todos los óvulos que tendría mientras estaba en el interior de *su* madre. Por supuesto, uno de esos óvulos al final dio lugar a ti.

APÉNDICES

SOLUCIONANDO LOS PROBLEMAS DE TU CICLO

Después de empezar a elaborar gráficas, puedes encontrarte con situaciones en las que necesites más aclaraciones o algún tipo de orientación. Lo que sigue a continuación es una lista de lo que considero las áreas seguramente más problemáticas, basadas en mis décadas de práctica. Se categorizan por síntoma o signo de fertilidad y por cuándo tiene lugar en el ciclo.

Espero que estas páginas sirvan como un valioso recurso que solucione cualquier preocupación o duda adicional que puedas tener.[1] Además, te animo a tomar una clase o a consultar con un consejero de conciencia de la fertilidad colegiado. Puedes encontrar información al respecto en las páginas web enumeradas en la página 548.

---

1. Muchos de los problemas tratados en este apéndice tienen posibles soluciones que te animaría a explorar en *Fertility, Cycles, and Nutrition*, de Marilyn Shannon.

CATEGORIZADAS POR SÍNTOMA O SIGNO DE FERTILIDAD

Sangrado

Fluido cervical

Temperaturas al despertarse

Temperaturas que generan líneas de temperatura base engañosas

Puesto que las mujeres ocasionalmente tienen cambios de temperatura que dificultan dibujar sus líneas de temperatura base, el apéndice H trata lo siguiente:

Cuello del útero

CATEGORIZADAS POR CUÁNDO OCURREN EN EL CICLO

Durante la menstruación

Mitad del ciclo

Después de la ovulación (fase lútea)

Inmediatamente antes de la siguiente menstruación

En cualquier momento del ciclo

SANGRADO LIGERO ANTES DE LA MENSTRUACIÓN (AL FINAL DE LA FASE LÚTEA)

El sangrado ligero premenstrual, acompañado por temperaturas altas antes de descender el día del sangrado rojo, suele indicar una mala ovulación debido a una progesterona baja o una insuficiencia en la fase lútea. En resumen, el cuerpo lúteo empieza a romperse demasiado pronto, lo que a su vez causa un desprendimiento prematuro del recubrimiento uterino. En cualquier caso, el día 1 del ciclo se considera el primer día de un flujo menstrual realmente rojo.

Si el sangrado ligero ocurre constantemente antes del 10.º día de tu cambio de temperatura, o bien dura tres días o más, deberías consultar a tu médico para descartar una serie de afecciones, incluyendo problemas de tiroides, fibroides, endometriosis y pólipos endometriales. Suponiendo que no tengas nada de esto, puedes esperar que se resuelva con algunos de los enfoques naturales expuestos en el capítulo 9.

Para las que quieren quedarse embarazadas, si los remedios naturales no funcionan, puede tratarse de un posible problema que requiere intervención médica, ya que las fases lúteas de duración normal de al menos diez días son necesarias para la implantación del óvulo. Uno de los tratamientos más comunes es prescribir Clomid para asegurarse de que la ovulación es óptima. Puedes leer más sobre fases lúteas insuficientes en el capítulo 14.

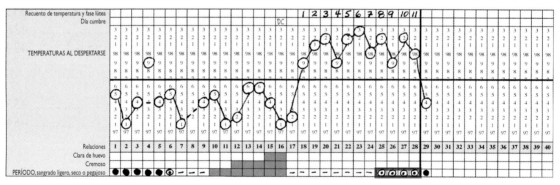

Sangrado premenstrual.

Sangrado muy ligero o muy abundante

Los períodos excepcionalmente ligeros o abundantes pueden ser el resultado de un ciclo anovulatorio, es decir, un ciclo en el que no se ha liberado un óvulo. (Este tipo de sangrado es especialmente común en mujeres con ciclos largos e irregulares y en las que se acercan a la menopausia). Puedes determinar si has ovulado si has tenido un cambio de temperatura o un día cumbre aproximadamente entre doce y dieciséis días antes de este tipo de sangrado. Si no lo hay, puedes estar bastante segura de que el período que has experimentado es anovulatorio.

Técnicamente, esto no es un verdadero período menstrual, porque no le siguió la liberación de un óvulo. Sin embargo, para mantener un punto de referencia, aún lo considerarías el día 1 de un nuevo ciclo. De cualquier modo, ya sea que estés utilizando el Método de Conciencia de la Fertilidad para controlar la natalidad o para quedarte embarazada, es necesario diferenciar entre sangrado anovulatorio y sangrado ovulatorio ligero. Si intentas quedarte embarazada, probablemente te interese consultar a un médico si tienes algunos de los siguientes síntomas:

- Períodos constantemente abundantes, lo que puede deberse a los fibroides o la endometriosis, entre otros trastornos
- Tres días o más de sangrado premenstrual o postmenstrual más allá del día 5, lo que puede ser un signo de insuficiencia de la fase lútea
- Períodos muy ligeros, lo cual puede deberse a una acumulación endometrial inadecuada

Puedes ver que el sangrado anovulatorio de cantidades normales y el sangrado ovulatorio ligero sobre el papel, como puede comprobarse en las gráficas de Tracy y Ali en la página siguiente.

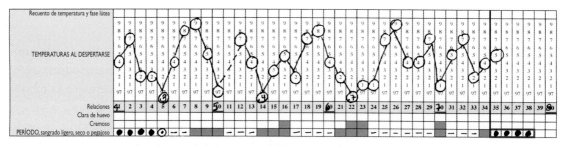

Sangrado anovulatorio. Observa cómo Tracy sigue teniendo parches de fluido cervical cuando su cuerpo intenta ovular en su ciclo. Pero la ausencia de un cambio de temperatura indica que no ovuló, así que el «período» que tuvo después de un ciclo tan largo es en realidad un sangrado anovulatorio. Repitió el día 35 en una gráfica nueva como día 1 de un nuevo ciclo.

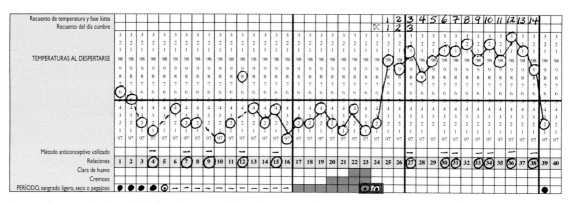

Sangrado en mitad del ciclo (ovulatorio). Ali suele tener ciclos largos con un sangrado ligero ovulatorio en mitad del ciclo. Elabore una gráfica o no, puede que piense que la duración de su ciclo es de 22 días, con «períodos» muy ligeros de solo dos días.

426

SANGRADO LIGERO DE COLOR MARRÓN OSCURO O NEGRUZCO AL FINAL DEL PERÍODO

Esto puede deberse a un soporte hormonal inadecuado del recubrimiento uterino, causado por una deficiencia en la fase lútea desde el último ciclo, o posiblemente endometritis, que es una infección o inflamación de las células que recubren el útero. Si continúa más de dos días, consulta la página 335 para ver otras posibles causas.

| Recuento de la temperatura y fase lútea | | | | | | | | | | | | | | | | | | DC | 1 | 2 | 3 | 4 | 5 | 6 | 7 | 8 | | | | | | | | | | | | | |
| Recuento del día cumbre | | | | | | | | | | | | | | | | | | | | | | | | | | | | | | | | | | | | | |

TEMPERATURAS AL DESPERTARSE

Día del ciclo	1	2	3	4	5	6	7	8	9	10	11	12	13	14	15	16	17	18	19	20	21	22	23	24	25	26	27	28	29	30	31	32	33	34	35	36	37	38	39	40
Clara de huevo																																									
Cremoso																																									
PERÍODO, sangrado ligero, seco o pegajoso																																									
Fase fértil y día cumbre																		DC																						

DESCRIPCIÓN DEL FLUIDO CERVICAL

rojo brillante, abundante · aún rojo, más claro · marrón oscuro · sangrado ligero negruzco · pasta blanca pegajosa · pegajosa → cremosa · mucha crema húmeda · cremoso → elástico 2,5 cm · estiramiento claro de 5 cm

Gráfica de Lindsey. Sangrado ligero de color marrón oscuro. Lindsey suele tener varios días de sangrado ligero de color marrón oscuro o negruzco después de su período, además de una fase lútea breve, con unos cuantos días de sangrado ligero premenstrual. Esto a menudo es una indicación de una fase lútea deficiente, que afecta al recubrimiento uterino antes y después de la menstruación. En este caso, como se ve en la línea superior de la gráfica, su fase lútea fue de sólo ocho días.

Sangrado inusual

Una vez que conoces bien tu ciclo, no necesitas preocuparte si de forma ocasional tienes un sangrado ligero antes de tu período o en torno a la ovulación. Pero si tienes sangre roja o días de sangrado ligero marrón o negro en momentos poco claros, probablemente debería verte un médico. El capítulo 19 trata las posibles causas del sangrado inusual.

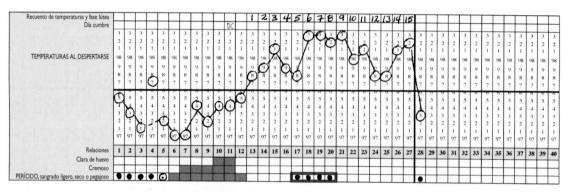

Sangrado que requiere atención médica. Observa el número de días y en qué parte del ciclo ocurre. No debería considerarse sangrado ligero ovulatorio porque comienza aproximadamente una semana después del día cumbre. Sin embargo, teóricamente podría ser un sangrado por implantación si la mujer estuviera embarazada (*véase* página 430). Si no estuviera embarazada, este tipo de sangrado requeriría atención médica.

Sangrado ligero en mitad del ciclo

Algunas mujeres observarán que de vez en cuando tienen un día o dos de sangrado ligero aproximadamente en la mitad del ciclo, en torno a la ovulación. De hecho, pueden incluso observar que el fluido cervical fértil (especialmente de clara de huevo) está teñido de marrón, rosa o rojo. Esto es un resultado de un sangrado ligero mezclado con fluido cervical, y se considera extremadamente fértil. Suele deberse a la repentina disminución del estrógeno que precede a la ovulación y no es nada de lo que haya que preocuparse. Si acaso, es un buen signo secundario para registrar en tu gráfica. Suele ser más común en los ciclos largos.

Puedes saber que es sangrado ovulatorio porque tiene lugar un par de días después de un cambio de temperatura (*véase* la gráfica A, debajo). Sin embargo, si el sangrado dura más de un par de días, es rojo brillante o notas sangrado en otros momentos del ciclo que no coinciden con la ovulación o la aproximación de tu período, podría ser un indicio de una serie de problemas que requieren atención médica, algunos de los cuales se tratan en el capítulo 19 (*véase* la gráfica B, debajo). Una excepción es el sangrado que a veces es un síntoma temprano del embarazo, como puede verse en la gráfica de la página 430.

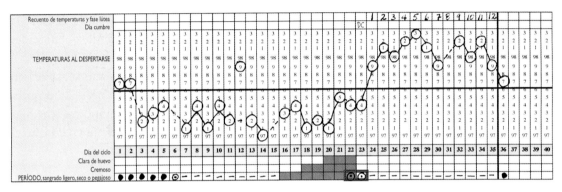

A. Sangrado ligero en mitad del ciclo (ovulatorio).

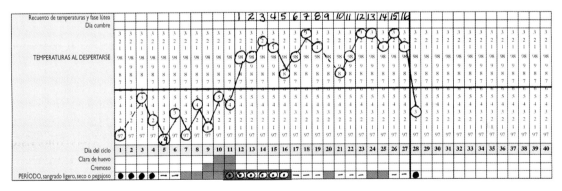

B. Sangrado ligero que requiere atención médica.

429

SANGRADO LIGERO EN CUALQUIER MOMENTO, DESDE LA SEMANA POSTERIOR A LA OVULACIÓN HASTA EL PERÍODO ESPERADO (SANGRADO LIGERO DE IMPLANTACIÓN)

Si experimentas sangrado ligero en cualquier momento desde aproximadamente una semana después de tu cambio de temperatura hasta la fecha esperada de tu período, puede ser un signo de embarazo. Cuando el óvulo fecundado se inserta en el recubrimiento uterino, puede causar sangrado ligero de implantación. Si tienes razones para pensar que puedes estar embarazada, presta atención especial a tus temperaturas para ver si permanecen por encima de la línea de la temperatura base durante al menos dieciocho días, o incluso si continúan elevándose a un tercer nivel en torno al sangrado ligero, llamado patrón trifásico. Se explica en la página 232.

Si prefieres hacerte una prueba del embarazo, ten en cuenta que incluso los más sensibles no serán válidos hasta que hayas tenido al menos diez temperaturas altas posovulatorias. Y las pruebas para el embarazo que se compran en las tiendas normalmente requieren unos cuantos días más que las de sangre porque no son tan sensibles a las diminutas cantidades de GCH que el embrión genera al principio.

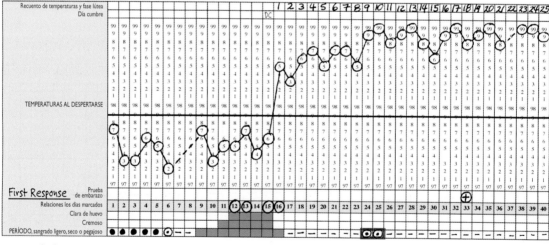

Sangrado ligero por implantación.

Fluido cervical pegajoso continuo, día tras día (patrón infértil básico)

Algunas mujeres notan que nunca tienen ningún día seco después de su período, y en su lugar tienen una secreción invariable continua. Puede ser conveniente comprobarla inicialmente para descartar una infección o un problema del útero. Pero si el cuello de tu útero no tiene problemas, deberías considerar ese fluido cervical como parte de tu patrón infértil básico.

Con un patrón infértil básico, normalmente experimentaremos día tras día fluido cervical pegajoso e invariable que lleva a un punto de cambio que marca la ovulación inminente en unos días. Para establecer un patrón infértil básico, debes controlar tu fluido cervical con mucho cuidado absteniéndote hasta dos semanas seguidas después de tu período, sin la interferencia del semen, espermicidas, duchas vaginales o cualquier otra cosa que pueda dificultar tus observaciones.

Una vez que hayas establecido tu patrón infértil básico, cualquier día con este patrón se trata como si fuera seco, independientemente de si quieres evitar o conseguir el embarazo. El truco consiste en aprender a detectar el punto de cambio a un fluido cervical más húmedo y fértil. Para leer instrucciones completas sobre cómo utilizar el Método de Conciencia de la Fertilidad como anticonceptivo mientras tienes un patrón infértil básico con ciclos ovulatorios normales, consulta la página 200.

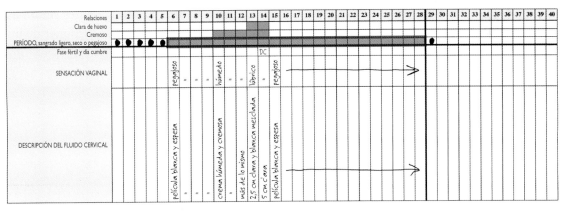

Patrón infértil básico de fluido pegajoso.

Fluido cervical continuamente húmedo, día tras día

Si notas un fluido cervical continuamente húmedo, o de textura de clara de huevo, que puede durar varias semanas seguidas, podría ser un indicio de niveles excesivamente elevados de estrógeno debido a, entre otras afecciones, síndrome ovárico poliquístico o disfunción tiroidea.

Otra afección bastante común que puede causar una fase prolongada de fluido cervical húmedo, a menudo con un día cumbre de retraso, es un quiste ovárico. Se trata de folículos en el ovario que dejan de desarrollarse antes de la ovulación, formando quistes llenos de fluido sobre la pared ovárica, que suelen durar unas semanas antes de desaparecer por sí mismos. Aunque no suelen presentar síntomas, pueden causar un dolor leve y crónico (normalmente en sólo un lado), períodos dolorosos o incluso dolor durante el coito. Afortunadamente, los médicos pueden diagnosticarlos mediante un examen pélvico o una ecografía, y, en la mayoría de los casos, pueden tratarse fácilmente mediante una inyección de progesterona que altera el predominio del estrógeno, disipando el dolor y permitiendo el sangrado de 5 a 10 días después.

El fluido cervical húmedo prolongado puede también ser causado por el estrés. Pero el clásico patrón inducido por el estrés normalmente consiste en *parches* de fluido cervical húmedo mientras tu cuerpo sigue intentando ovular. Por supuesto, un cambio en la temperatura confirmará cuándo llegas a ovular. Si estás amamantando, tu cuerpo puede hacer numerosos esfuerzos por empezar a ovular de nuevo, con lo que extiende tu patrón fértil normal más allá de lo habitual.

Independientemente de cuál sea la causa, si utilizas el Método de Conciencia de la Fertilidad, consulta el apéndice J sobre cómo reflejar estos parches de fluido cervical.

Por último, podrías tener una infección vaginal. Si tienes alguno de los siguientes síntomas además de una humedad continua, deberías acudir a una consulta médica para disponer de un diagnóstico apropiado:

- Secreción anormal
- Olor desagradable
- Picor, punzadas, hinchazón y rojeces
- Ampollas, verrugas o llagas por los chancros

Relaciones	1	2	3	4	5	6	7	8	9	10	11	12	13	14	15	16	17	18	19	20	21	22	23	24	25	26	27	28	29	30	31	32	33	34	35	36	37	38	39	40
Clara de huevo																																								
Cremoso																																								
PERÍODO, sangrado ligero, seco o pegajoso	●	●	●	●	●	◑	—		—		—																		—	—	—	—	—	—	—	—	—	—	—	—
Fase fértil y día cumbre																																								
SENSACIÓN VAGINAL						parcialmente seco	seco	=		=	pegajoso	=	húmedo	húmedo															pegajoso	seco										
DESCRIPCIÓN DEL FLUIDO CERVICAL							nada	=		=	pasta blanca y espesa	=	crema blanca	masa húmeda de color claro		=	=	=	=	=	=	=	=	=	=	=	=	=	pasta blanca y espesa	seco										

Fluido cervical excesivamente húmedo.

AUSENCIA DE CUALQUIER FLUIDO CERVICAL DE CLARA DE HUEVO O FLUIDO SÓLO ACUOSO

Puede que descubras que pocas veces, o ninguna, tienes clara de huevo. O quizás notes sólo de vez en cuando una secreción acuosa chorreante que a veces se parece a la leche desnatada. En cualquier caso, debemos considerarla fértil. Recuerda que el fluido cervical pasa continuamente de seco a húmedo, y que las texturas claras, elásticas o lubricantes las ideales para quedarte embarazada.

Deberías rellenar la fila «clara de huevo», pero entonces asegúrate de registrar la consistencia real en la fila de descripción del fluido cervical, como por ejemplo acuosa, clara o lechosa. De hecho, de vez en cuando, las mujeres notan este tipo de fluido cervical inmediatamente después de su último día de fluido cervical resbaladizo o elástico. En cualquier caso, se sigue considerando clara de huevo, y sería el día cumbre si es el último tipo de humedad antes de secarse.

Las mujeres que se han sometido a criocirugía o biopsias en cono tomadas del cuello del útero pueden descubrir que no producen mucho fluido cervical en absoluto. Esto se debe a que muchas de las criptas cervicales que normalmente lo producen pueden ser eliminadas durante estos procedimientos. Además, la píldora puede dañar también a las criptas, e incluso las infecciones cervicales pueden comprometer la producción de fluido.

Para las que intentan quedarse embarazadas, esta secreción acuosa puede ser suficiente, aunque tal vez no tenga la viscosidad necesaria para permitir nadar al esperma. Al final, si intentas quedarte embarazada y no produces suficiente fluido cervical para concebir naturalmente, tendrías varias opciones, como tratamos en los capítulos 14 y 15, incluido el uso de la inseminación intrauterina.

Para ver cómo registrarías estas afecciones, consulta las dos tablas siguientes.

Día del ciclo	1	2	3	4	5	6	7	8	9	10	11	12	13	14	15	16	17	18	19	20	21	22	23	24	25	26	27	28	29	30	31	32	33	34	35	36	37	38	39	40
Clara de huevo																																								
Cremoso																																								
PERÍODO, sangrado ligero, seco o pegajoso	●	●	●	●	(●)	—	—							—	—	—	—	—	—	—	—	—	—	—	—	—	●													
Fase fértil y día cumbre													DC																											
SENSACIÓN VAGINAL				parcialmente seco	seco	=		pegajoso	=	húmedo	húmedo	¡HÚMEDO!	seco	=	=																									
DESCRIPCIÓN DEL FLUIDO CERVICAL								película blanca	picos blancos y pegajosos de 0,6 cm	pasta más espesa	2,5 cm crema húmeda	realmente húmedo y blanco	acuoso y chorreante																											

Fluido cervical acuoso.

Día del ciclo	1	2	3	4	5	6	7	8	9	10	11	12	13	14	15	16	17	18	19	20	21	22	23	24	25	26	27	28	29	30	31	32	33	34	35	36	37	38	39	40
Clara de huevo																																								
Cremoso										▓	▓	▓	▓																											
PERÍODO, sangrado ligero, seco o pegajoso	●	●	●	●	●		→	→						→													●													
Fase fértil y día cumbre																																								
SENSACIÓN VAGINAL						seco	=	pegajoso	=	húmedo	húmedo	húmedo	¡HÚMEDO!	seco																										
DESCRIPCIÓN DEL FLUIDO CERVICAL						pastoso blanco, 0,5 cm	más pegajoso	crema blanca	mucha crema, 1 cm	incluso mucho más	montones de blanca y cremosa																													

No se observa fluido cervical clara de huevo resbaladizo.

PARCHES DE FLUIDO CERVICAL HÚMEDO INTERCALADOS ENTRE CICLOS LARGOS

Ya sea que estés intentando evitar el embarazo o quedarte embarazada, si tienes ciclos altamente irregulares o largos, intercalados con parches de fluido cervical resbaladizo o pegajoso, deberías considerar hacerte un chequeo médico para detectar posibles problemas como el síndrome ovárico poliquístico o la tiroides. Sin embargo, un patrón de este tipo puede ser consecuencia simplemente de estrés intenso, como se ve en la gráfica de Samantha, en la página siguiente.

En cualquier caso, durante las diversas fases de tu vida en que la ovulación tiene lugar con menos frecuencia, tu cuerpo puede experimentar episodios de intentar ovular antes de que realmente lo haga. Al final, después de semanas o meses de experimentar «falsos comienzos» en forma de parches de fluido cervical, deberías poder comprobar que la ovulación ocurrió por fin por la llegada de un cambio de temperatura.

Para las mujeres que utilizan el Método de Conciencia de la Fertilidad como anticonceptivo, este patrón de transición puede ser frustrante porque esos parches deben ser tratados como fértiles, y las reglas referentes a la temperatura requieren que te abstengas o que utilices métodos de barrera mientras duren los parches y que añadas algún día extra después de cada uno. Si éste es tu patrón, puedes aplicar la regla del parche, tal como se describe en la página 526.

Recuento de la temperatura y fase lútea
Día cumbre

																												DC	1	2	3	4	5	6	7	8				

TEMPERATURAS AL DESPERTARSE

Relaciones
Clara de huevo
Cremoso
PERÍODO, sangrado ligero, seco o pegajoso
Fase fértil y día cumbre
SENSACIÓN VAGINAL

Cuello del útero
F M S

Notas

comenzando el 2.º mes sin ovulación
finaliza la semana estresada
han terminado las clases pero tengo que trabajar en una disertación
disertación terminada
¡oh, Dios mío, estoy ovulando!
caray... siento el período

Gráfica de Samantha. Un ciclo con estrés. Samantha está estudiando su máster en trabajo social en un programa increíblemente difícil que hace que esté continuamente estresada. Además, no ha estado comiendo bien, por lo que ha perdido mucho peso y ha dejado de ovular. Esta gráfica en realidad comienza el día 41, puesto que su gráfica anterior llegó al día 40 y ella no ha tenido el período desde el día 1 de esa gráfica. Siempre que nota un parche de fluido cervical, marca el último día con «PA», por «parche».

Ella por fin empezó a ver la luz al final del túnel cuando terminó la universidad y sólo tenía que dar unos toques finales a su disertación. Como era de esperar, después de hacerla empezó a notar que su siguiente parche de fluido cervical evolucionaba para convertirse en clara de huevo durante un par de días, después de lo cual tuvo un cambio de temperatura el día 69 de su ciclo. Sin embargo, su fase lútea fue breve porque era la primera vez desde que ovuló un par de meses antes, por lo que su cuerpo aún se estaba adaptando.

FLUIDO CERVICAL HÚMEDO DESPUÉS DE LA OVULACIÓN

Después de la ovulación hay una segunda elevación menor de estrógeno, en la fase lútea, que ocasionalmente genera uno o dos días de fluido cervical húmedo. Esto a menudo coincide con un descenso provisional de las temperaturas. No es un indicio de que vuelva la fertilidad. Por tanto, las que quieran evitar el embarazo no necesitan preocuparse, suponiendo que las reglas del cambio de las temperaturas y del día cumbre hayan mostrado claramente que la ovulación ya ha tenido lugar. Pero, si no estás segura, no corras riesgos.

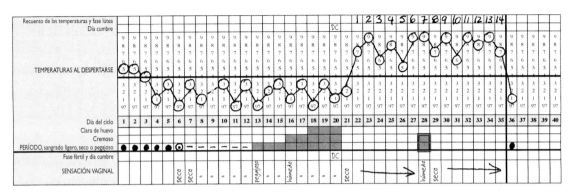

Etapa de la fase lútea media con fluido cervical húmedo.

Sensación húmeda o de clara de huevo antes de la menstruación

Tener una sensación muy húmeda o acuosa, o incluso una sustancia resbaladiza, con textura de clara de huevo, un día o dos antes de tu período, es absolutamente normal. Es simplemente una indicación de que el cuerpo lúteo ha empezado a descomponerse, como antes de la menstruación.

La primera parte que fluye normalmente cuando disminuye la progesterona es el agua que forma parte del recubrimiento endometrial. Esta sustancia acuosa no debería confundirse con el fluido cervical fértil. No tiene relevancia sobre tu fertilidad. Por definición, si aparece antes de tu período y después de que hayas establecido que te encuentras en la fase infértil, entonces no eres fértil ese día.

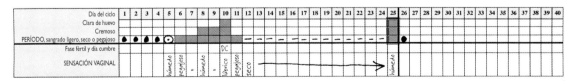

Sensación de secreción lubricante aproximadamente un día antes del período.

Infección que enmascara el fluido cervical

Las infecciones vaginales generan muchos problemas, incluida su capacidad para enmascarar el fluido cervical. Lo que suele diferenciar la mayoría de las infecciones del fluido cervical sano es que las infecciones suelen tener por lo menos uno de los siguientes síntomas desagradables:

1. Secreción verdadera, que puede ser gris, verde, espumosa o incluso como el requesón
2. Picor o irritación como una picadura
3. Un olor desagradable o inusual
4. Decoloración de la vagina, como por ejemplo rojiza
5. Posible inflamación de la vagina y de la abertura vaginal

Si sospechas que tienes alguna infección, deberías registrar un signo de interrogación en la fila de descripción del fluido cervical. Es necesario que te abstengas de las relaciones durante el tiempo en que estés en tratamiento para permitir al cuerpo tener la oportunidad de sanar, y para evitar contagiar a tu pareja. Y como mínimo, puede ser extremadamente doloroso practicar sexo cuando tienes una infección.

Día del ciclo	1	2	3	4	5	6	7	8	9	10	11	12	13	14	15	16	17	18	19	20	21	22	23	24	25	26	27	28	29	30	31	32	33	34	35	36	37	38	39	40
Clara de huevo									?	?	?	?	?	?	?	?	?																							
Cremoso																																								
PERÍODO, sangrado ligero, seco o pegajoso	●	●	●	●	●	◉	–		·				·					○	–	–	–	–	–	–	–	–	–	–	–	–	–	●								
Fase fértil y día cumbre																		DC																						
SENSACIÓN VAGINAL									seco	seco	=	picor	=	dolor	=	punzadas	=	lubricante	lubricante	pegajoso	seco																			

DESCRIPCIÓN DEL FLUIDO CERVICAL: muchos bultos blancos / " huele a levadura / " incluso más bultos / un poco grande " / (ginecólogo) / (medicamentos para la levadura) / mejorando / vetas blancas/claras, 2,5 cm / clara como el cristal, 7 cm

Infección vaginal.

Fluido cervical húmedo presente en el cuello del útero, pero no en la abertura vaginal

Las mujeres que comprueban su fluido cervical en el cuello del útero pueden observar que a veces parece más húmedo o más abundante de lo que observan simultáneamente en la abertura vaginal. Esto es lógico, ya que el fluido cervical puede tardar varias horas en chorrear.

Recuerda tener en cuenta que si lo compruebas internamente, siempre tendrás al menos una ligera humedad o película en el dedo, que no debe confundirse con fluido cervical. Simplemente agita el dedo en el aire durante varios segundos. Si la humedad se disipa, entonces sabes que era probablemente sólo la humedad de la propia vagina.

Si te encuentras con una sustancia blanca, ligera y lechosa en el dedo, pero tu sensación vaginal es seca, entonces puedes considerar que estás en un día seco. Esto se debe a que las mujeres normalmente tienen desprendimiento de células vaginales internamente, aunque parezca que están secas externamente. Esto aún se considera una fertilidad baja. *Véase* apéndice G para más información sobre la comprobación interna.

Método anticonceptivo utilizado					→		→							→					→	→		→		→															
Marcar las relaciones en el día del ciclo	1	2	3	④	6	⑦	8	9	10	11	12	13	⑭	15	⑯	17	18	⑲	⑳	㉑	22	㉓	24	㉕	㉖	27	28	29	30	31	32	33	34	35	36	37	38	39	40
Clara de huevo																																							
Cremoso																																							
PERÍODO, sangrado ligero, seco o pegajoso	●	●	●	●	●	–	–						–	–	–	–	–	–	–	–	–	–	–	–	–	●													

	Fase fértil y día cumbre									DC	1	2	3												
SENSACIÓN VAGINAL					seco	=	pegajoso	húmedo	lúbrico		pegajoso	seco	————————————→												

DESCRIPCIÓN DEL FLUIDO CERVICAL:
- película blanca en el cuello del útero, pero se seca
- se seca en cuanto se agita el dedo
- pasta blanca y pegajosa
- crema húmeda realmente suave
- crema húmeda → con vetas a las 13:00 h
- con vetas a las 2:00 de la noche → 7 cm transparente ¡lúbrico!

Discrepancia en el fluido cervical. Observa que el fluido cervical que es más húmedo en el cuello del útero que externamente, como cualquier sustancia similar a una película, puede registrarse en la fila de la descripción del fluido cervical. Pero el matiz que registras en la fila del fluido cervical debe reflejar lo que observas en la abertura vaginal externa. Tal vez prefieras utilizar la gráfica maestra al final del libro, que está etiquetada en la esquina inferior derecha, «Control de la natalidad (interno y externo)».

439

Temperaturas elevadas durante el período

Es bastante común para las mujeres experimentar varios días de temperaturas elevadas durante su período. Esto suele ser el resultado de la progesterona residual del último ciclo, o de las hormonas fluctuantes durante la menstruación.

Dibuja una línea punteada desde la última temperatura elevada hasta la temperatura baja normal. Las temperaturas altas probablemente estarán por encima de la línea de temperatura base, pero puedes simplemente ignorarlas utilizando la regla del pulgar (*véase* página 120). Además, recuerda que son sólo las seis temperaturas anteriores a tu cambio de temperatura las que resultan relevantes para dibujar la línea de la temperatura base, como puedes ver en las seis temperaturas destacadas de debajo.

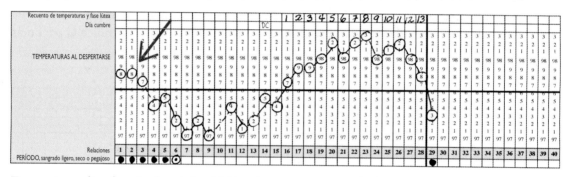

Temperaturas altas durante el período, debido a la progesterona residual.

Temperaturas al despertarse más elevadas o más bajas que la media

Uno de los síntomas más evidentes de un posible problema en las glándulas tiroides es un patrón de temperaturas al despertarse muy altas o muy bajas. (La mayoría de las temperaturas preovulatorias se mueven entre 36,1 y 36,5, y las posovulatorias entre 36,5 y más). Algunos médicos creen que cualquier patrón constante de temperaturas preovulatorias por debajo de 36,2 debe comprobarse. Si descubres que tienes alguna combinación de los síntomas de debajo, como mínimo, deberías comprobar tu tiroides.[2]

Ten en cuenta que obtener un diagnóstico correcto para los problemas de tiroides puede ser impreciso, como se ve en la página 178. Las pruebas suelen volver a la «normalidad» cuando, en realidad, tu tiroides aún no funciona óptimamente. Por eso es necesario que consultes a un médico especializado en problemas de tiroides.

Hipertiroidismo, o actividad tiroidea excesivamente alta:

- Temperaturas altas al despertarse (temperaturas preovulatorias de 36,8 o más)
- Ciclos breves
- Menstruaciones escasas
- Fases lúteas breves
- Posible leche en los pechos sin ser lactante
- Infertilidad

Hipotiroidismo, o actividad tiroidea baja:

- Temperaturas bajas al despertarse (temperaturas preovulatorias)
- Ciclos anovulatorios (sin cambio de temperatura)
- Ciclos largos
- Menstruaciones abundantes o largas
- Fases prolongadas de fluido cervical menos fértil
- Fases lúteas bajas
- Infertilidad o abortos espontáneos sin explicación

---

2. Para una exposición más completas de los problemas tiroideos, ver cualquiera de los siguientes libros: *The Thyroid Solution,* del doctor Ridha Arem (2000), *The Thyroid Hormone Breakthrough,* de Mary Shomon (2006), o *Why Do I Still Have Thyroid Symptoms When My Labs Are Normal?,* de Datis Kharrazian (2010).

En esta página se muestra cómo podrían reflejarse en tu gráfica cada una de estas condiciones.

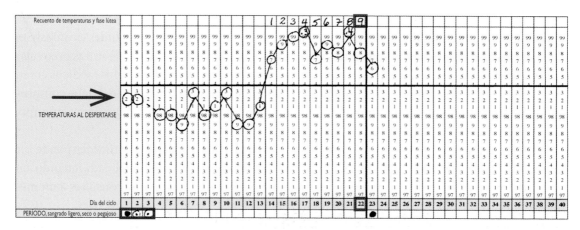

Posibles temperaturas hipertiroideas (alta actividad tiroidea). Zooey sospechó que ella podía ser hipertiroidea porque su temperatura al despertar, antes de la ovulación, es superior a lo normal (rondando en torno a 36,6), tiene fases lúteas breves, de menos de diez días, sus ciclos son breves y tiene períodos extremadamente ligeros.

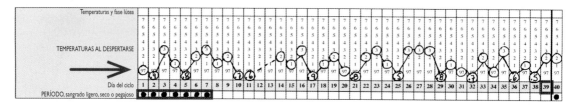

Temperaturas posiblemente hipotiroideas (actividad tiroidea baja). Molly sospechaba que podía ser hipotiroidea porque su temperatura al despertarse era más baja de lo normal (a menudo en torno a los 35,5), ovula raramente (como reflejaba una falta de cambios de temperatura), tiene ciclos largos, y sus períodos (que técnicamente no son períodos porque no suele ovular dos semanas antes) son largos y abundantes.

CAMBIOS DE TEMPERATURA AMBIGUOS

De vez en cuando podemos ver gráficas en las que los patrones de temperatura no son tan evidentes, por lo que puede ser más difícil dibujar la línea de la temperatura base. Debajo hay varios ejemplos. El apéndice H, sobre las líneas de temperatura base engañosas, aclara estos tipos, así como varios más.

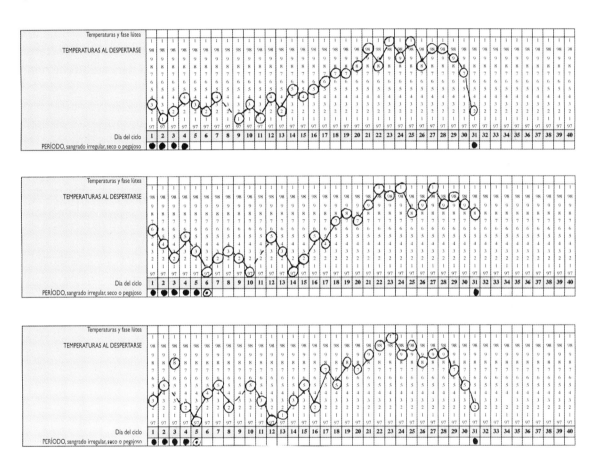

Disminución de la temperatura antes de la elevación

Quizá seas una de las pocas mujeres afortunadas que suelen tener un patrón de temperatura en la que notas una disminución visible antes de tu cambio de temperaturas. O puede que sólo observes ocasionalmente este patrón. De cualquier modo, se cree que normalmente ocurre el día de la ovulación y es el resultado de que los niveles elevados de estrógeno reducen tu temperatura.

Para las que evitan el embarazo, la disminución no afecta a la fidelidad a las reglas preovulatorias de los anticonceptivos. Para las que intentan quedarse embarazadas, éste puede ser un día excelente para programar relaciones (suponiendo, por supuesto, que tu fluido cervical sea fértil ese día). De todas formas, deberías seguir teniendo relaciones hasta el día del cambio de temperatura.

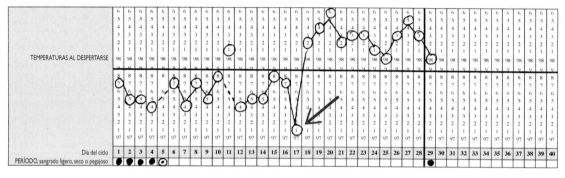

Descenso de la temperatura. Observa la caída de la temperatura por debajo de otras temperaturas preovulatorias, lo que a menudo indica la ovulación.

Temperatura por debajo de la línea de temperatura base después de la ovulación

Después de la ovulación (durante la fase lútea) hay un segundo aumento más pequeño de estrógeno, que puede causar un descenso temporal en la temperatura y a menudo coincide con un día o dos de fluido cervical húmedo. Sin embargo, no debe llevar a confusión, porque no es un indicio de la fertilidad que retorna. El óvulo ya está muerto y ha desaparecido.

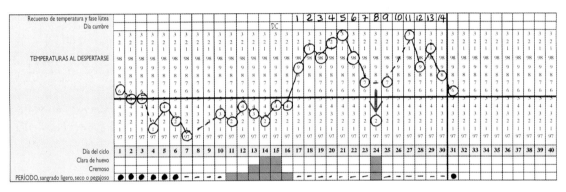

Etapa de disminución de la temperatura en medio de la fase lútea.

Disminución de la temperatura un día antes de que comience el período

De vez en cuando puedes observar un evidente descenso en la temperatura el día antes de que te llegue el período. Aunque esto es menos común que cuando ocurre el día de la propia menstruación, sigue considerándose parte de la fase lútea (este descenso repentino lo causa la descomposición del cuerpo lúteo).

De cualquier forma, el día 1 del nuevo ciclo comienza el primer día del propio sangrado y no el día del descenso de la temperatura. Por tanto, la fase lútea la determina el primer día del cambio de temperatura de mitad del ciclo e incluye el último día antes de que comience el flujo menstrual rojo.

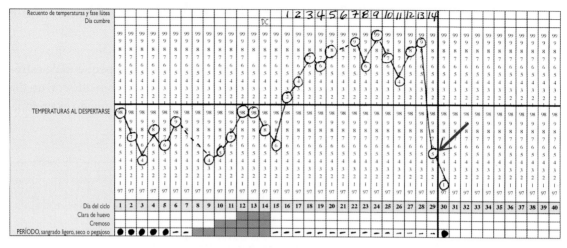

| Recuento de temperaturas y fase lútea / Día cumbre | | | | | | | | | | | | | | DC | 1 2 3 4 5 6 7 8 9 10 11 12 13 14 | | | | | | | | | | | | | | | | | | | | | | | | | |

(Gráfica de temperaturas al despertarse)

Descenso de la temperatura antes del período. Observa que la fase lútea de Sandie dura catorce días porque va desde el día 16 hasta (incluido) el día 29, a pesar de que hubo un descenso de temperatura ese día. El día 1 del nuevo ciclo comienza con el sangrado del día siguiente.

MENOS DE 10 DÍAS DE TEMPERATURAS ALTAS POR ENCIMA DE LA LÍNEA DE LA TEMPERATURA BASE

Si tienes constantemente menos de diez días de temperaturas altas posovulatorias por encima de la línea de la temperatura base, puede indicar una de dos cosas:

1. Tienes una deficiencia en la fase lútea, como puede verse en la gráfica de Morgan, en la página siguiente.
2. Tu temperatura puede tardar unos días en reflejar la ovulación, como se ve en la gráfica de Christy, en la página 448.

La forma de resolver la ambigüedad es identificar tu día cumbre antes del aumento de la temperatura, puesto que la ovulación suele tener lugar un día o dos después de ese día. Si hay una gran discrepancia entre el día cumbre y el cambio de temperatura, probablemente puedas suponer que tu temperatura tarda varios días en aumentar después de la ovulación.

446

Por desgracia, la única forma de confirmar definitivamente si tu temperatura está bajando después de la ovulación es mediante ecografías, pero esto sería poco práctico, evidentemente. Aun así, si descubres que tienes este patrón, podría valer la pena seguir esos días en torno a la ovulación una vez con ecografías, para saber cuánto tiempo tarda tu cuerpo en aumentar la temperatura en respuesta a la progesterona.

Si, en efecto, tienes una deficiencia en la fase lútea, consulta la página 252, ya sea que estés intentando evitar quedarte embarazada o que quieras quedarte embarazada.

Si utilizas el Método de Conciencia de la Fertilidad como método anticonceptivo, tu cuello del útero en el día cumbre más 4 (no 3) puede aclarar tu estatus de fertilidad ese día. Si está firme, bajo y cerrado, puedes decidir usar sólo estos dos síntomas y no tu cambio de temperatura. Pero deberías entender que puedes estar corriendo un riesgo ligeramente mayor en esa situación.

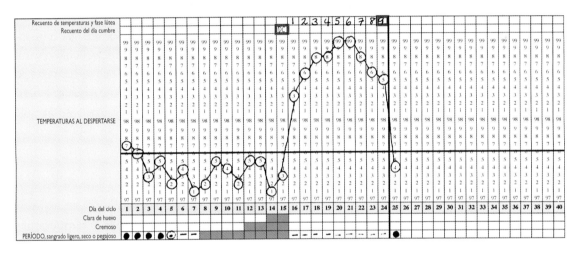

Gráfica de Morgan. Fase lútea breve. Observa que las temperaturas de Morgan probablemente sean una indicación de una fase lútea verdaderamente breve (9 días en este caso), porque el cambio coincide con su fluido cervical. Lo más probable es que ella ovulara aproximadamente el día 15 en esta gráfica, porque la ovulación suele tener lugar aproximadamente el día cumbre o el día posterior.

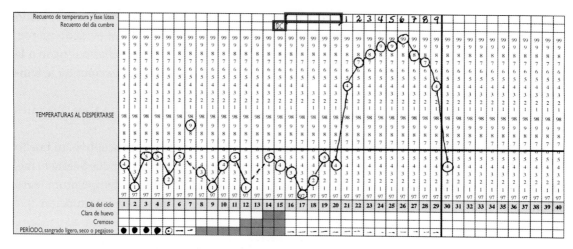

Gráfica de Christy. Fase lútea probablemente normal. En cambio, la gráfica de Christy muestra que la ovulación probablemente ocurrió antes de lo que reflejara la temperatura, porque el día cumbre del fluido cervical fue el día 15, pero el cambio de temperatura no fue hasta el día 21. De ese modo, parece que su cuerpo tarda unos cuantos días en responder a la progesterona posovulatoria, y por tanto probablemente no tenga de verdad una fase lútea breve.

18 O MÁS TEMPERATURAS ELEVADAS DESPUÉS DE LA OVULACIÓN

Si tienes 18 o más temperaturas elevadas consecutivas por encima de la línea de la temperatura base, sin ningún signo de período, casi siempre es un indicio de embarazo. Las altas temperaturas constantes se deben a que el cuerpo lúteo sigue vivo y libera progesterona incluso pasados los habituales 12-16 días de vida. De hecho, en muchas mujeres embarazadas, el patrón de temperaturas altas incluso se incrementa hasta un tercer nivel causado por la progesterona adicional de su cuerpo, como se ve en la página siguiente.

También deberías recordar que la mayoría de las mujeres tienen una fase lútea regular (el tiempo que va desde la ovulación hasta la menstruación). Así, por ejemplo, si tu propia fase lútea suele ser de unos 13 días, y tu temperatura permanece alta durante 16 días, hay bastantes probabilidades de que estés embarazada. Lo importante es determinar si tu temperatura permanece alta más de lo que es normal para ti.

Otra razón menos probable para tener 18 temperaturas elevadas es un quiste ovárico, por el síndrome del folículo luteinizado no roto o por el cuerpo de un quiste lúteo. En ambos casos, el cuerpo lúteo puede seguir viviendo más allá de los 12-16 días normales, incluso cuando la mujer no está embarazada. Si esto ocurre, la temperatura seguiría estando alta debido a la progesterona que aún emite el persistente cuerpo lúteo. Por supuesto, si la progesterona no disminuye, el recubrimiento uterino no se desprende durante la menstruación, la razón por la que podría *parecer* como si estuvieses embarazada.

También puedes notar un sangrado ligero y un dolor leve en el momento en que está previsto tu período. Un análisis de embarazo en sangre positivo probablemente descartará un quiste ovárico, pero si tu prueba es negativa y sigues teniendo temperaturas altas, un examen manual y una ecografía del útero pueden confirmar si tienes uno. Si resulta que lo tienes, la buena noticia es que suelen disiparse por sí mismos. El capítulo 8 trata los quistes ováricos con bastante detalle.

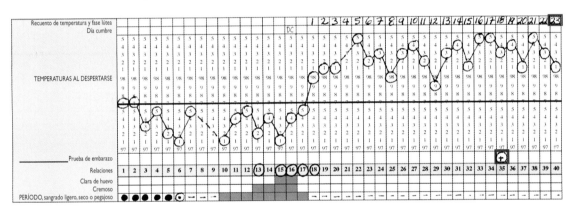

Temperaturas elevadas que reflejan un embarazo.

Dos niveles de temperaturas elevadas después de la ovulación (patrón trifásico)

Como se mencionó en la página 448, muchas mujeres que se quedan embarazadas desarrollan un patrón trifásico de temperaturas. Se cree que es el resultado de la progesterona adicional que circula en el cuerpo de la mujer, que aumenta el tiempo de implantación del óvulo, aproximadamente una semana después de la fertilización.

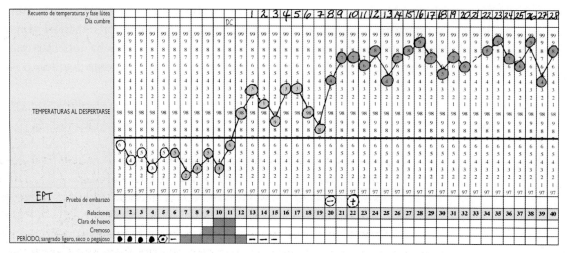

Patrón de embarazo trifásico.

Temperaturas en descenso después de 18 temperaturas elevadas o una prueba de embarazo positiva

Si empiezas a experimentar temperaturas en descenso después de haber confirmado que estás embarazada mediante 18 temperaturas elevadas o una prueba de embarazo, debes contactar con tu médico lo antes posible. Las temperaturas que disminuyen a menudo son un claro indicio de que estás en peligro de tener un aborto espontáneo. En los embarazos saludables, tu temperatura posovulatoria casi siempre permanecerá alta durante al menos el primer trimestre de tu embarazo debido a los efectos continuos de la progesterona.

El sangrado ligero, por otra parte, no necesariamente es una señal de aborto espontáneo inminente, y, en efecto, muchas mujeres tienen un sangrado de implantación normal en los 7-10 días posteriores a la ovulación (*véase* página 333). Sin embargo, cualquier sangrado significativo más allá de eso debes consultarlo con tu médico.

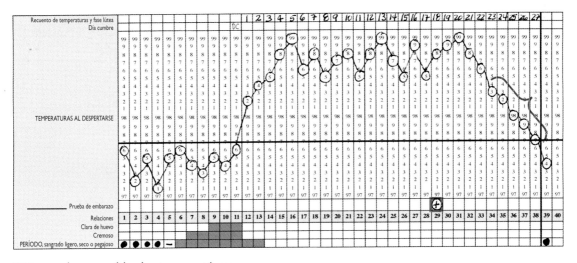

Síntomas de un posible aborto espontáneo.

Cuello del útero que no puede encontrarse

Aunque algunas veces puedes pensar que el cuello del útero se te ha desplazado hasta la oreja, sorprendentemente, aún está ahí. Cuando una mujer se acerca a la ovulación, el cuello de su útero suele subir tanto que parece inaccesible. Si ocurre esto, confía en tu cuerpo. Si has podido sentirlo antes, es probable que signifique que simplemente eres muy fértil durante momentos en que no puedas sentirlo. En tal caso, simplemente registra un signo de interrogación en la fila del cuello del útero en los días en que de verdad no puedas encontrarlo.

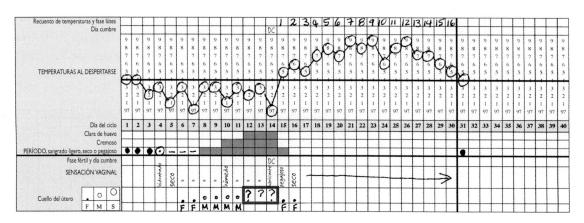

Cuello del útero no encontrado.

Cuello del útero que nunca se cierra por completo

Las mujeres que han tenido un hijo vaginalmente tendrán un cuello del útero que nunca se cierra totalmente durante la fase infértil. En los días infértiles, en lugar de sentir un pequeño bulto, parece más una hendidura horizontal ligeramente abierta. El truco es aprender cómo diferenciar entre los cambios sutiles en la apertura cervical a medida que se aproxima la ovulación.

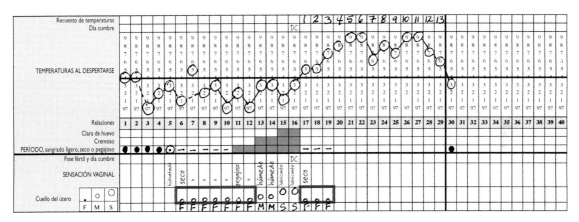

Cuello del útero abierto parcialmente.

453

BULTOS EN LA SUPERFICIE DEL CUELLO DEL ÚTERO

Puede que notes bultos que parecen granos duros de arena inmediatamente bajo la piel del cuello del útero. Se llaman quistes de Naboth, y están causados por células cutáneas que obstruyen glándulas productoras de fluido cerca de la superficie cervical. Normalmente considerados inocuos, tienden a desaparecer por sí mismos. Aun así, puede que quieras que un médico confirme tus sospechas la primera vez que notes uno. Algunas mujeres observan que vienen y van con el ciclo. Por supuesto, una mujer probablemente nunca se daría cuenta de que los tiene, a menos que se revise el cuello del útero.

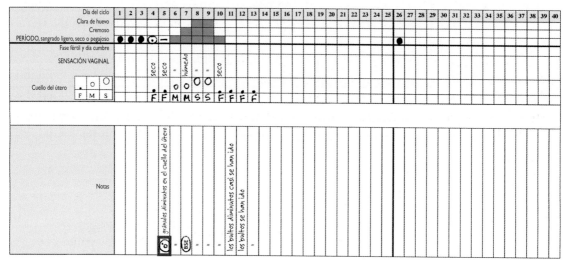

Quistes de Naboth en el cuello del útero.

Dolor o quemazón durante el coito

Puedes sentir ocasionalmente un dolor profundo durante las relaciones, dependiendo de la postura que utilices y en qué momento de tu ciclo te encuentres. Cuando una mujer está en una fase infértil, el cuello del útero se coloca en su punto más bajo y puede ser golpeado por el pene de la pareja durante las relaciones, especialmente si ella se monta a horcajadas sobre él. Esto se debe a que esta posición empuja el cuello del útero a su punto más bajo. Incluso el más ligero golpe del ya sensible ovario a punto de liberar un óvulo, o una vejiga llena, pueden causar dolor durante el coito. Simplemente sé consciente de lo alto que está el cuello de tu útero en cualquier día determinado y evita la posición que te cause incomodidad.

Sin embargo, si el dolor es profundo e intenso, puede ser un signo de un quiste ovárico que se retuerce sobre sí mismo. Además, las adherencias causadas por la endometriosis pueden provocar un dolor profundo durante el sexo.

Por último, si tienes dolor o picazón vaginal, entre las causas pueden estar una infección vaginal, falta de lubricación o una alergia al látex, al espermicida o al jabón. Pero también puede que tengas algo que requiera mucha más paciencia para diagnosticar y tratar, incluyendo cualquier de las tres V que pueden causar un dolor o picor mucho más intensos: vaginismo, vulvodinia y vestibulitis, los cuales se explican en la página 322.

Relaciones incómodas.

Sangrado ligero después del coito

Algunas mujeres tendrán sangrados ligeros ocasionales después de hacer el amor. Se suele deber a que el pene golpea el cuello del útero. Esto es especialmente probable cuando el cuello del útero está más bajo y es más vulnerable a ser golpeado durante la fase posovulatoria.

También puede ser causado por problemas como la cervicitis (inflamación del cuello del útero), pólipos cervicales (un crecimiento sobresaliente muy común del cuello del útero) o una infección vaginal. Todos éstos son bastante benignos. En cualquier caso, debería examinarte un médico, especialmente si el sangrado es abundante o sucede a menudo, para descartar cualquier cosa seria, como por ejemplo un cáncer cervical.

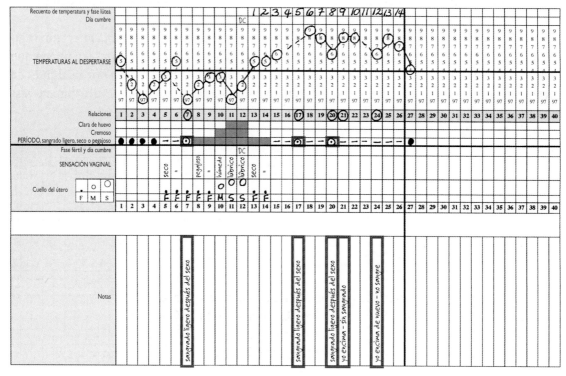

Sangrado ligero después del coito.

Preguntas frecuentes

Como instructora del Método de Conciencia de la Fertilidad, me han hecho prácticamente todas las preguntas posibles sobre la fertilidad. He decidido tratar las más frecuentes en este apéndice. Están clasificadas por tema, pero se exponen más extensamente en secciones relevantes del libro. Estas páginas simplemente sirven como repaso, o tal vez como una introducción para tus amigas, que tal vez quieran saber más sobre un aspecto tan fundamental de sus vidas.

El Método de Conciencia de la Fertilidad

Ovulación

Fertilidad y ciclos

El Método de Conciencia de la Fertilidad

¿Qué eficacia tiene el método como anticonceptivo?

Si se utiliza correctamente en cada ciclo y te abstienes durante la fase fértil, el método enseñado en este libro tiene una tasa de error de aproximadamente un 2 % por año. Esto se considera menor que cualquier método de barrera excepto el condón, que también es del 2 %. (La esterilización y métodos químicos como el Depo-Provera y la píldora tienen una tasa de error del 1 % o menos). Sin embargo, para las parejas que decidan tener sexo durante la fase fértil usando un método de barrera, la tasa de fracaso absoluto naturalmente no será menor que la del método barrera que la pareja decida utilizar. Por supuesto, puedes mejorar en gran medida estos porcentajes utilizando dos métodos de barrera durante la fase fértil.

En el uso real, los estudios muestran que las tasas de fracaso varían bastante, desde aproximadamente un 1 hasta un 20 % por año, y la mayoría de las variaciones están directamente relacionadas con la motivación de las parejas implicadas. Para una exposición más completa de la conciencia de la fertilidad y de la eficacia de los anticonceptivos, *véase* apéndice D.

¿Cuál es la diferencia entre el Método de Conciencia de la Fertilidad y el de Ogino?

Probablemente una pregunta más apropiada sea: ¿qué tienen en común? Lo único es que ambos son métodos naturales de control de la natalidad. Sin embargo, el de Ogino es un método obsoleto, ineficaz, que consiste en identificar la fase fértil utilizando predicciones estadísticas basadas en ciclos *pasados* para predecir la fertilidad *futura*. El Método de Conciencia de la Fertilidad, por otro lado, es un método científicamente validado que incluye la observación de los tres principales síntomas de fertilidad: el fluido cervical, la temperatura al despertarse y, opcionalmente, la posición cervical. A diferencia del de Ogino, la conciencia de la fertilidad es muy eficaz porque la fertilidad de la mujer se determina todos los días.

¿Es el Método de Conciencia de la Fertilidad un buen método para todo el mundo?

No, no como método anticonceptivo. Se recomienda sólo a las parejas monógamas y casadas, teniendo en cuenta el peligro del sida y otras enfermedades de transmisión sexual. Además, sólo es apropiado para las mujeres que tienen la disciplina para aprender bien el método, y después seguir las reglas una vez que lo han asimilado.

Sin embargo, como método para lograr el embarazo debería ser el primer paso que den todas las parejas para maximizar sus probabilidades de concepción, y para determinar si puede haber algo que les impida quedarse embarazadas. Además, puede ser muy útil para las parejas que desean planificar el nacimiento de su bebé.

El Método de Conciencia de la Fertilidad es también muy beneficioso para todas las mujeres que simplemente quieren informarse sobre su propio cuerpo. Por tanto, aunque no te interese usar el método para evitar o lograr el embarazo, es una forma de obtener control sobre tu salud ginecológica y de desarrollar el conocimiento sobre el propio cuerpo.

¿Cuántos días tienes que abstenerte cuando utilizas el Método de Conciencia de la Fertilidad como método anticonceptivo?

Nunca tienes que abstenerte cuando utilices el Método de Conciencia de la Fertilidad. Esto es distinto de la planificación natural familiar, que requiere abstinencia durante la fase fértil. Sin embargo, si tienes relaciones cuando eres potencialmente fértil, lo ideal es que uses dos métodos anticonceptivos de barrera simultáneamente. La fase fértil variará, pero en la práctica esto significa que la pareja media tendría que utilizar métodos de barrera unos 8 a 10 días por ciclo, o aproximadamente el 30 % del tiempo.

¿Hay realmente riesgo de embarazo si sólo tengo fluido cervical pegajoso (no húmedo)?

Sí. Aunque el fluido cervical pegajoso es sin duda mucho menos fértil que el cremoso o el de clara de huevo, sigue siendo posible concebir por una relación preovulatoria en un día pegajoso, que es por lo que se considera fértil antes de la ovulación.

¿Tienen de verdad las mujeres días «secos»?

Cuando una mujer elabora sus gráficas, identifica su fluido cervical por varios grados de humedad, y registra una raya si no hay fluido cervical presente en la abertura de la vagina. Este símbolo para lo seco se refiere a una falta de fluido cervical fuera de su vagina, y no a la humedad vaginal interna, que está presente en algún grado todo el tiempo.

Es fácil distinguir entre el fluido cervical y la humedad vaginal. El fluido cervical sobre el dedo permanecerá húmedo durante minutos o más tiempo, mientras que la humedad vaginal, igual que la del interior de tu boca, desaparece de tu dedo en cuestión de segundos. Si no tienes fluido cervical, normalmente tendrás una sensación distinta de sequedad.

¿Cuánto tiempo se necesita para aprender y utilizar el método?

El tiempo que se tarde en aprender el método variará con cada mujer. Espero que muchas de vosotras podáis asimilar todo lo que necesitáis saber leyendo por completo los capítulos relevantes de este libro. Otras también querrán consultar con un asesor del Método de Conciencia de la Fertilidad, o recibir una clase de un instructor cualificado, que a menudo incluye consultas de seguimiento. También merece la pena observar que normalmente se tardan dos o tres ciclos en observar tus síntomas de fertilidad para tener confianza suficiente y considerar al Método de Conciencia de la Fertilidad un método anticonceptivo.

Elaborar gráficas suele requerir unos 2 minutos diarios: 1 minuto en tomarte la temperatura con un termómetro digital al despertarte y un minuto en revisar y registrar los otros signos de fertilidad. Si llegas a utilizar el método del atajo tal como se describe en el capítulo 12, sólo necesitarás elaborar la gráfica unos 10 días por ciclo. Sin embargo, debo reiterar aquí que, aunque es cierto que el método del atajo no compromete la eficacia anticonceptiva, por simple continuidad recomiendo personalmente elaborar la gráfica cada día de tu ciclo (aparte de la menstruación), especialmente durante los primeros ciclos que sigas.

También debo señalar que algunas mujeres no pueden utilizar termómetros digitales si no observan un patrón de temperatura evidente que refleje la ovulación. En ese caso, a esas mujeres les interesaría utilizar un termómetro corporal basal de vidrio, que requiere esperar cinco minutos después de despertarse.

¿Tengo que despertarme cada día a la misma hora para tomarme la temperatura?

Deberías ser lo más constante que puedas. En general, las temperaturas al despertarse tienden a subir cada hora que te quedas dormida. De este modo, si la tomas sustancialmente más tarde de lo usual, puede dar lugar a una lectura que esté fuera del rango del patrón normal. Si te despiertas antes de lo habitual, puedes tomarte la temperatura al despertarte, pero si observas que tus temperaturas no siguen un patrón evidente, intenta tomarlas aproximadamente a la misma hora.

En cualquier caso, una temperatura anómala ocasional puede tratarse fácilmente siguiendo la regla del pulgar, de la página 120. Y, como explicamos en el capítulo 12, si tomarte la temperatura lo percibes como una carga, puedes, de hecho, tomarla sólo una tercera parte del ciclo sin sacrificar eficacia anticonceptiva.

¿Cómo puedo fiarme de las temperaturas si a veces puedo tener fiebre?

Hay varios factores, desde la fiebre hasta el alcohol, pasando por la falta de sueño, que pueden afectar a tu temperatura al despertarte. No obstante, esto no compromete tu capacidad para basarte en ellas mientras sigues con las gráficas, porque en última instancia vas a identificar un patrón de temperaturas bajas y altas, en lugar de centrarte en las individuales.

Las temperaturas periféricas también pueden tratarse eficazmente con el uso de la regla del pulgar explicada en la página 120, que normalmente te permite ignorarlas al interpretar tu gráfica. Además, siempre podrás confiar en tus otros dos síntomas de fertilidad de fluido cervical y de posición cervical para verificar tu fertilidad en situaciones ambiguas como ésta.

¿Merece la pena comprobar la posición del cuello del útero?

Aunque no es necesario comprobar el cuello del útero para practicar eficazmente el Método de Conciencia de la Fertilidad, te animo a que aprendas a hacerlo. Como mínimo, te interesará empezar a aprenderlo practicando en los días anteriores y posteriores a la ovulación, cuando los cambios son más marcados, por lo menos durante los primeros ciclos en que estés aprendiendo el método. Una vez que reconozcas cómo refleja tu fertilidad tu posición cervical, siempre podrás utilizarlo para verificar cuando encuentres la más ligera ambigüedad en tus otros dos síntomas de fertilidad.

La conclusión es que familiarizarte completamente con los cambios en el cuello del útero aumentará en gran medida la confianza con la que observas tu fertilidad y tu salud ginecológica en términos absolutos. Y, puesto que se necesitan sólo unos segundos al día para comprobarla, mi consejo, dados los pocos días relevantes por ciclo implicados, es que lo hagas.

Una cuestión distinta, pero estrechamente relacionada, es si esas mujeres que utilizan el Método de Conciencia de la Fertilidad como método anticonceptivo deberían comprobarse el fluido cervical en el útero. La respuesta más breve es que no es necesario hacerlo, aunque si quieres ser incluso más precavida de lo que requieren las reglas del Método de Conciencia de la Fertilidad, o si simplemente quieres conocer el estado de tu fluido cervical por adelantado, puedes hacerlo leyendo el apéndice G.

¿Es posible concebir sin observar fluido cervical de clara de huevo resbaladizo?

Si intentas concebir, no deberías desanimarte si no ves clara de huevo. No significa que haya algo necesariamente malo, y mientras tengas algún tipo de fluido cervical húmedo, los espermatozoides deberían poder nadar por el cuello del útero para alcanzar el óvulo.

Piensa en el fluido cervical como en un continuo desde los extremos de seco hasta clara de huevo, con fluido cervical cada vez más húmedo en el medio. Como puedes imaginar, la calidad ideal sería la más húmeda y más resbaladiza, porque éste es el tipo que más se parece al fluido seminal del varón. Aun así, si no notas la clara de huevo, probablemente signifique que tu «margen de fertilidad» es más breve que el de las mujeres que sí lo producen.

De cualquier modo, hay una serie de cosas que puedes hacer para aumentar tus probabilidades de concebir. Y lo más importante, debes estar segura de programar las relaciones para el último día del que sea el día o sensación vaginal más húmedo, aunque eso signifique sólo una textura de fluido cervical cremosa. Además, he enumerado algunas formas prácticas de aumentar la calidad y fluidez del fluido cervical en la página 251.

Ovulación

¿Ovulan siempre las mujeres el día 14 de su ciclo?

¡No! El día de la ovulación puede variar entre mujeres tanto como en la misma mujer. Sin embargo, una vez que una mujer ovula, el tiempo entre la ovulación y su menstruación es constante, casi siempre entre 12 y 16 días. En una misma mujer, esta cantidad de tiempo normalmente no varía más de un día o dos. En otras palabras, si va a haber variación en el ciclo, es la primera fase preovulatoria la que puede variar. La segunda fase (posovulatoria) habitualmente permanece constante.

¿Puedes «sentir» la ovulación?

Algunas mujeres pueden. Se llama *mittelschmerz* (o «dolor medio»), y es un dolor de grado medio cerca de los ovarios. Puede deberse al óvulo atravesando la pared del ovario, pero también puede ser causado por la inflamación dentro del ovario antes de la ovulación, o incluso una pequeña cantidad de sangre que irrita las paredes pélvicas después de la ovulación.

Pero el síntoma externo más obvio de una ovulación inminente es la mayor cantidad de fluido cervical húmedo y resbaladizo. De hecho, puede ser tan abundante que las mujeres pueden sentir un hilo de fluido cervical colgando cuando usan el baño (¡Ostras!). Si lo observa, debe suponer que la ovulación probablemente ocurra en un día o dos, y tal vez incluso en las horas siguientes.

Por supuesto, el fluido cervical es uno de los síntomas de fertilidad *primarios*. Algunas mujeres tienen la suerte de poder observar otros síntomas de forma habitual, como el *mittelschmerz* antes mencionado, todo lo cual es muy útil para poder entender mejor sus ciclos. Se llaman síntomas de fertilidad secundarios debido a que no tienen por qué ocurrir en todas las mujeres ni en todos los ciclos de cada mujer. No obstante, aun así, son muy prácticos para ofrecer a las mujeres información adicional para identificar sus fases fértil e infértil.

Entre los síntomas secundarios en torno a la ovulación se pueden incluir:

- Sangrado ligero en mitad del ciclo
- Dolor en los ovarios
- Mayor deseo sexual
- Labios vaginales más llenos
- Hinchazón abdominal

- Retención de líquidos
- Mayor nivel de energía
- Sentidos aumentados de la visión, el olor y el gusto
- Mayor sensibilidad en los pechos y la piel
- Pechos sensibles

¿Puede una mujer ovular más de una vez por ciclo?

No. Piensa en ello. ¿Has oído alguna vez sobre alguna mujer que se haya quedado embarazada el lunes, después el viernes siguiente, y dos semanas después el jueves? Ciertamente no, porque, una vez que una mujer ovula, su cuerpo no puede liberar más óvulos ese ciclo. Sin embargo, la ovulación puede tener lugar en 24 horas, tiempo durante el cual pueden liberarse uno o más óvulos (como en el caso de los mellizos). Pero, una vez que la ovulación ha tenido lugar, es prácticamente imposible para una mujer liberar otro óvulo hasta el próximo ciclo.

¿Qué es la ovulación múltiple?

La ovulación múltiple es la liberación de dos o más óvulos en un solo ciclo. Ocurre en 24 o menos horas, tras lo cual no pueden liberarse más óvulos hasta el ciclo siguiente. Es la causa de los hermanos mellizos, frente a los gemelos idénticos, que son el resultado de un solo óvulo que se divide después de la fertilización.

La ovulación múltiple parece ser más común de lo que se pensaba. Aunque es cierto que aproximadamente 1 de cada 60 partos concebidos naturalmente son hermanos mellizos, los investigadores actualmente son conscientes de que puede haber muchas más concepciones fraternales. La mayoría de estos segundos fetos sufren un aborto espontáneo en lo que se llama el «síndrome del gemelo evanescente».

¿Sienten más deseo sexual las mujeres en torno a la ovulación?

Les ocurre a muchas mujeres. Puesto que el estrógeno llega a su máximo en torno a la ovulación, las mujeres suelen experimentar una sensación húmeda y resbaladiza debido al fluido cervical fértil que producen. Este fluido cervical se siente similar a la lubricación sexual, y por tanto puede experimentarse como un deseo sexual. No obstante, una mujer que practica el Método de Conciencia de la Fertilización no necesita preocuparse por confundir los dos, porque el fluido cervical se comprueba periódicamente a lo largo del día, y no cuando está estimulada sexualmente.

¿Puede un orgasmo desencadenar la ovulación?

¡No! Los orgasmos y la ovulación no tienen relación. Para ovular, el estrógeno se va acumulando poco a poco, normalmente durante una serie de días. Los orgasmos pueden tener lugar en cualquier momento del ciclo, gracias a Dios.

FERTILIDAD Y CICLOS

¿Qué porcentaje del ciclo de una mujer es fértil?

La respuesta a esta pregunta es un tanto engañosa. La respuesta general es que la mayoría de las mujeres son fértiles sólo algunos días por ciclo. Sin embargo, hay que considerar varios factores:

1. El óvulo de la mujer sólo vive hasta 24 horas. Pueden liberarse dos o más óvulos en un máximo de 24 horas. Por tanto, de forma aislada, una mujer es fértil sólo uno o dos días. Pero los espermatozoides del hombre pueden vivir hasta cinco días, por lo que la fertilidad combinada de las dos personas es de aproximadamente una semana.
2. Para una pareja que intenta concebir, la fase fértil de la mujer es sólo tan larga como tenga fluido cervical fértil anterior a la ovulación. Eso podrían ser varios días, o menos de uno.
3. Para una pareja que intenta evitar quedarse embarazada, el Método de Conciencia de la Fertilidad añade varios días de seguridad tanto antes como después de su fase fértil, para asegurarte de que no tenga lugar un embarazo no deseado. Esto suele suponer aproximadamente unos 8 o 10 días por ciclo.

¿Cuáles son tus oportunidades de concebir en cualquier ciclo determinado?

Se cree que la pareja fértil promedio que no elabora gráficas tiene aproximadamente un 25 % de probabilidades de concebir en cualquier período determinado, dependiendo de la edad, la frecuencia de las relaciones y muchos otros factores. Por supuesto, si a las parejas se les enseña precisamente cuándo programar las relaciones basándose en cuándo es más fértil la mujer, puede aumentar la probabilidad.

¿Puede una mujer quedarse embarazada durante su período?

La respuesta está en la formulación de la pregunta. Dicho con mayor exactitud, es esencialmente imposible para una mujer *concebir* durante su período, pero en raras ocasiones es posible para una mujer quedar embarazada de sus *relaciones* durante su período. Observa la diferencia entre las dos afirmaciones.

Puesto que los espermatozoides pueden vivir cinco días, una pareja puede tener sexo cerca del final del período de la mujer, y el esperma puede vivir lo suficiente para fecundar un óvulo varios días después si la mujer ha tenido una ovulación muy temprana. (La concepción es más probable en estos casos si hay relaciones al final de una menstruación de 6 o 7 días). También es posible que las mujeres que se quedaron embarazadas por relaciones durante su período en realidad tuvieran sexo durante el sangrado ovulatorio ligero.

¿Es cierto que una mujer se puede quedar embarazada en cualquier momento?

No, no es así. Una mujer sólo puede quedarse embarazada si practica relaciones mientras tiene fluido cervical fértil presente, los pocos días en torno a la ovulación. Además, mientras que la ovulación puede variar entre ciclo y ciclo, una vez que la mujer ovula, no puede ovular de nuevo durante el resto del ciclo.

¿Puede una mujer quedar embarazada si no ha menstruado?

Sí, pero sin duda no es tan probable que le ocurra como la mujer promedio. Puesto que una mujer libera un óvulo entre 12 y 16 días *antes* de la menstruación, es posible quedar embarazada sin realmente tener períodos. De este modo, las mujeres que no menstrúan por cualquier razón (exceso de grasa corporal, lactancia, premenopausia, etc.), están siempre en riesgo de una ovulación inminente. Esto se debe a que la condición subyacente que causa la ausencia de menstruación podría cambiar y desencadenar inesperadamente la liberación de un óvulo.

La conclusión es que las mujeres que no menstrúan no pueden contar con su problema como un anticonceptivo fiable. De hecho, la única forma práctica de saber si la ovulación se aproxima es representando tus ciclos en una gráfica, y, más específicamente, observando los cambios en tu fluido cervical.

Por supuesto, para las parejas que desean quedarse embarazadas, la realidad es que tendrán que resolver definitivamente el problema subyacente que impide la menstruación. Hasta que lo hagan, la probabilidad de concebir será muy baja, como se expone en el capítulo 7.

¿Puedes tener un ciclo en el que no ovules, pero en el que tengas el período?

La respuesta rápida es «Sí, algo así». Pero la respuesta más iluminadora y biológicamente correcta es que si no liberas un óvulo, el sangrado que experimentarás se llama sangrado anovulatorio. La diferencia es ésta: hablando técnicamente, el período es el sangrado que tiene lugar en-

466

tre 12 y 16 días después de la liberación de un óvulo. Por tanto, si no se libera ningún óvulo, no es realmente un período lo que sigue a continuación, sino un sangrado anovulatorio.

Hay una gran diferencia entre los ciclos en los que la mujer ovula, pero no tiene el período, y otros en los que tiene su período, pero no ovula. ¿Cuál es la diferencia? En el primer caso, la mujer casi seguramente está embarazada. En el último caso, ha tenido un ciclo anovulatorio.

¿Cómo funciona la píldora?

En resumen, la píldora funciona manipulando el sistema de retroalimentación hormonal normal. El resultado final es que el cuerpo no libera las hormonas necesarias para estimular al ovario a liberar un óvulo. A modo de apoyo, otras facetas del sistema reproductor de la mujer también se alteran. Se evita que el cuello del útero produzca el fluido cervical fértil necesario para el movimiento y supervivencia de los espermatozoides, y el recubrimiento uterino no puede producir un sitio rico para la implantación del óvulo.

¿Puede el estrés afectar a tu fertilidad?

El papel que desempeña el estrés en la fertilidad de una mujer es bastante complejo. El estrés en sí mismo no se cree que evite la concepción. Sin embargo, puede retrasar la ovulación suprimiendo las hormonas necesarias para que tenga lugar. Si una pareja que intenta quedarse embarazada se cree el mito de que la ovulación siempre ocurre el día 14, puede evitar involuntariamente el embarazo programando las relaciones el día erróneo, con lo que desencadena un círculo vicioso de infertilidad mal percibida que causa más estrés. Reflejar su ciclo en una gráfica permitiría a la pareja recuperar el control identificando correctamente la fase fértil de la mujer.

¿Cuántos días pueden sobrevivir los espermatozoides?

Los espermatozoides normalmente pueden sobrevivir un máximo de cinco días en el fluido cervical fértil que las mujeres generan aproximadamente en el momento de la ovulación. Es mucho más probable que el esperma sobreviva un máximo de tres días, y sólo unas pocas horas en clases más secas y menos fértiles de fluido cervical. Si no hay fluido cervical presente, el esperma normalmente muere en un par de horas.

¿Cuánto tiempo puede sobrevivir un óvulo humano?

La mayoría de los óvulos sobreviven entre 6 y 12 horas después de la ovulación. Sin embargo, para el objetivo de la anticoncepción, el Método de Conciencia de la Fertilidad supone un período de supervivencia de veinticuatro horas, más veinticuatro horas adicionales en caso de que haya una ovulación múltiple.

¿Qué debería hacer actualmente para combatir un posible problema de fertilidad en el futuro?

Si piensas quedarte embarazada algún día y experimentas alguno de los síntomas enumerados más abajo, deberías consultar con tu médico para descartar cualquier posible problema que pueda requerir tratamiento. Estos problemas se exponen a lo largo del libro, y pueden consultarse en el índice:

- Anovulación
- Calambres menstruales intensos
- Fases lúteas breves, de menos de diez horas
- Más de dos horas de sangrado premenstrual ligero o sangrado posmenstrual de color marrón
- Ciclos irregulares o ausencia de ciclos, acompañados por exceso de peso, acné, exceso de vello corporal y exceso de fluido cervical fértil

El ciclo menstrual: Un resumen del evento mediante el uso del conocido modelo de 28 días

C

El texto principal de este libro te ha proporcionado un breve resumen de cómo funciona el sistema reproductor femenino. Aun así, creo que merece la pena dedicarle aquí unas páginas para ofrecer una descripción más detallada del ciclo menstrual normal. Para aquellas de vosotras que a menudo os preguntéis cómo y por qué vuestro cuerpo hace lo que hace, este resumen puede ofrecer una introducción más completa del tema. Si la consideras interesante, te animaría a profundizar más en el tema consultando textos de biología y medicina, especialmente si sufres trastornos ginecológicos que se apartan considerablemente de lo normal.

Igual que gran parte de la naturaleza, tu cuerpo es un sistema altamente complejo de circuitos de retroalimentación continua. Si funciona correctamente, la influencia de los ciclos hormonales menstruales en última instancia generará un intrincado termostato autorregulado. Por supuesto, el objetivo principal del sistema es un proyecto más ambicioso que mantener la habitación a 22,2 grados. Cada ciclo, tu cuerpo trabaja para generar un óvulo capaz de ser fecundado, así como las condiciones necesarias para alimentarlo mientras dure el embarazo.

Para explorar cómo ocurre esto, tomaré el ciclo prototípico de 28 días y analizaré los desarrollos hormonales que ocurren en orden cronológico. También analizaré los desarrollos hormonales que tienen lugar en progresión alfabética. *Por supuesto, por favor, recuerda que lo que sigue a continuación es una descripción de un ciclo de 28 días que funciona perfectamente, y como también sabrás, lo que son 28 días para fulanita puede ser un ciclo totalmente normal de entre 21 y 35 días para ti.* De hecho, los estudios demuestran que menos del 15 % de los ciclos forma exactamente el período de 28 días, y es igualmente raro que la ovulación tenga lugar exactamente el día 14.[1]

LAS HORMONAS CLAVE

Antes de empezar, revisemos la función principal y las fuentes de las cinco hormonas femeninas más importantes. Aunque tu sistema reproductivo tiene más de una docena de hormonas, éstas son las cinco que las mujeres deberían conocer.

1. **Hormona folículo-estimulante (HFE):** La hormona responsable del desarrollo inicial de unos cuantos folículos nuevos cada ciclo. Bajo la influencia de la HFE, aproximadamente una docena de folículos evolucionan desde diminutos e inmaduros (antrales y primordiales), hasta relativamente grandes y parcialmente maduros (vesiculares). Cuando ocurre esto, los óvulos del interior de cada folículo parecen tener gradualmente la capacidad para ser fecundados. La HFE se produce en la parte anterior de la pituitaria, pero es absorbida por las células receptoras de la pared folicular. La pituitaria es una glándula situada en la base del cerebro, entre el tronco encefálico y el hipotálamo. Hay poca HFE en el sistema cuando comienza la menstruación.

2. **Estrógeno:** El más potente de las tres clases principales de estrógeno es el estradiol, el tipo que producen los folículos que se desarrollan en el interior de tus ovarios mientras pasas de la menstruación hasta la ovulación. En cada ciclo, es responsable de la maduración de los óvulos y del recubrimiento uterino, además de desarrollar un fluido cervical húmedo y fértil a medida que te aproximas a la ovulación. Además, es el responsable de promover la maduración de los órganos sexuales femeninos, así como de las características sexuales secundarias. Hay muy poco estrógeno en tu sistema cuando comienza un nuevo ciclo.

3. **Hormona luteinizante (HL):** La otra hormona principal generada en la pituitaria anterior, la HL, es responsable de estimular y completar el crecimiento folicular (junto con la HFE), así como de la luteinización del folículo roto para transformarlo en un cuerpo lúteo después de la ovulación. La HL es más conocida como «aluvión de HFE», ese intenso incremento en la producción de la HL que sirve como desencadenante inmediato de la ovulación, que sigue un día después, aproximadamente. Juntas, la HFE y la HL se denomi-

---

1. Incluso la duración media de un ciclo en mujeres fértiles se cree que es de 29,5 días, y no 28. Esto se basa en lo que parece el estudio más extenso entre mujeres sobre este tema, hecho por el doctor Rudi F. Vollman, un ginecólogo suizo cuyo nombre destaca entre los médicos dedicados a este problema.

nan hormonas pituitarias o gonadotrópicas. Hay poca HL en tu sistema cuando comienza la menstruación.

4. **Progesterona:** La hormona productora de calor y sintetizada principalmente por el cuerpo lúteo después de la ovulación. Es la hormona responsable de nutrir y mantener el endometrio en la fase posovulatoria. Como ya sabes, el cuerpo lúteo es el cuerpo folicular del interior de la pared ovárica que se queda tras haberse generado el óvulo. La causa inmediata de la menstruación es el cese de la producción de testosterona, producida por la descomposición del cuerpo lúteo un par de días después.

5. **Hormona de liberación de gonadotropina (HLG):** Es la hormona producida en el hipotálamo que, cuando se segrega, hace que la pituitaria anterior aumente la producción de hormonas gonadotrópicas, en concreto la HFE y la HL. El hipotálamo está situado sobre la pituitaria, y en esencia forma el suelo y las paredes inferiores del cerebro. Es por esta razón por la que algunos especulan con que el estrés y otros factores ambientales pueden provocar el caos en la duración de los ciclos menstruales. Se cree que el estrés afecta directamente al hipotálamo y a su producción de HLG, lo que a su vez modifica la generación de HFE, HL, etc., durante el ciclo.

El conocimiento de la HLG es un poco más especulativo que el de otras hormonas. Esto se debe a que es más difícil de controlar porque opera entre el hipotálamo y la pituitaria, en el interior del cerebro. Se sabe que se segrega en ritmos de aproximadamente una hora, y que varios experimentos han demostrado que efectivamente son los ritmos de la HLG lo que estimula la producción de HFE y HL dentro de la pituitaria anterior. Sin embargo, aún hay cierta incertidumbre en cuanto a la intensidad y programación de la producción de HLG en el sistema hormonal. (Por esta razón la HLG no se inserta en las gráficas).

El camino hacia la ovulación

El **día 1** de cualquier ciclo es el primer día de menstruación. Como ya sabrás, no es el día más importante, porque esa distinción pertenece al día de la ovulación. No obstante, para todas las mujeres del mundo, ciertamente es el evento más destacable. La mayoría se limita a aceptar su destino hormonal, y algunas (aunque yo sospecho que no la mayoría) incluso han aprendido a celebrarlo. En cualquier caso, ¿por qué se sangra, y por qué en este momento?

Como con cualquier ciclo recurrente, no puedes limitarte a elegir un día determinado, llamarlo el primero y después explicar lo que está ocurriendo sin al menos reconocer que lo que ocurre el día 1 es un resultado directo de lo que sucedió en los últimos días del ciclo anterior. En este caso, fue la súbita caída de progesterona, la hormona que mantuvo nutrida la pared endometrial, la que ahora causa los espectaculares eventos menstruales que señalan la primera fase del ciclo reproductor. Cuando comienza la menstruación, ninguna de las hormonas clave está presente en cantidades significativas.

En los días antes de empezar a menstruar, la pared uterina o endometrio ha alcanzado su madurez plena, con aproximadamente entre 8 y 13 milímetros de espesor. La proliferación celular en el endometrio viene acompañada de hinchazón y desarrollo secretorio, así como un mayor aporte de nutrientes y vasos sanguíneos que se han desarrollado durante el ciclo anterior. En resumen, el endometrio ha alcanzado la meta necesaria para su único propósito: proporcionar las condiciones apropiadas para nutrir un óvulo fertilizado.

Ahora, el día 1, sin la progesterona ni la GCH (gonadotropina coriónica humana) aportadas por un embrión implantado, la pared endometrial empieza a descomponerse. Durante un período de aproximadamente 5 días, el recubrimiento uterino permanece en espera mientras los vasos sanguíneos que le proporcionan nutrientes y oxígeno empiezan a contraerse. La sangre menstrual empieza a fluir desde el útero, por el cuello del útero y hacia fuera de la vagina. La secreción que resulta también contiene materia del endometrio que colapsa. Durante el transcurso de tu período, normalmente perderás entre 30 y 120 mililitros de sangre y otros fluidos, aunque 75 mililitros parece ser lo más habitual.

En cuanto empiezas a menstruar, el sistema endocrino de tu cuerpo ha comenzado a entrar en acción. Incluso antes del primer día del nuevo ciclo, la glándula pituitaria ya ha empezado a segregar pequeñas, pero cada vez mayores, cantidades de HFE, la hormona que empieza a desarrollar la docena (más o menos) de folículos en el ovario que después competirán por el premio de la ovulación un par de semanas más tarde. Se suele creer que los niveles descendentes de progesterona en los últimos días del ciclo anterior es lo que permite la mayor producción de HFE. En otras palabras, fueron los niveles elevados de progesterona (y en menor medida de estrógeno) lo que había bloqueado la producción de HFE.

Aproximadamente el **día 5,** o justamente cuando la menstruación está terminando, la pituitaria también empieza a liberar pequeñas, pero crecientes, cantidades de HL. Se cree que la producción de HL en esta fase del ciclo ocurre aproximadamente 3 días después de la producción de HFE. En realidad, la liberación gradual de la HL es un resultado directo de un sistema positivo de retroalimentación desencadenado por la producción anterior de HFE. Cuando la HFE empieza a actuar sobre el puñado de folículos ováricos que avanzan hacia el potencial ovulatorio, empiezan a desarrollar una nueva cobertura de células granulosas, células que a su vez comienzan a segregar las primeras cantidades de estrógeno para el nuevo ciclo.

Éste es el nuevo estrógeno que parece indicar al hipotálamo la liberación de HLG, que a su vez desencadena una secreción cada vez mayor de HL. Esta HL nuevamente liberada, trabajando al unísono bioquímico con la HFE, continúa desarrollando estos folículos cuyo crecimiento ahora extiende su sistema de retroalimentación del desarrollo folicular durante los días siguientes. Cuando finaliza tu período, el juego hormonal se dispone a crear las condiciones necesarias para la ovulación. En efecto, el crecimiento folicular durante la menstruación ya ha duplicado el tamaño de los diversos folículos primordiales que han empezado a madurar durante ese ciclo.

Hacia el **día 7 u 8,** y por razones que no se conocen por completo, uno de los folículos empieza a aparecer como dominante, mientras que los otros empiezan a descomponerse en un proceso llamado atresia. Muchos endocrinólogos creen que el folículo dominante ha empezado a segregar tanto estrógeno en la semana posterior a la menstruación (días 6 a 12) que la producción de HL y HFE disminuye de algún modo. Se cree que la mayor cantidad de estrógeno empieza a indicar al hipotálamo que reduzca la producción de HLG, con lo que se reduce la síntesis de HL y HFE. Y es esta reducción la que genera la atresia de la mayoría de los otros folículos primarios, aunque el folículo dominante sigue madurando. (En los casos de ovulación múltiple, dos o más folículos progresan hasta su maduración completa).

Aunque la producción de HFE y HL se reduce por tanto en los días 6 a 12, la producción de estrógeno del folículo dominante emergente empieza a elevarse bastante. Este creciente nivel de estrógeno empieza a actuar en tu útero, tanto de formas destacables como sutiles. Cuando el estrógeno aumenta, el ciclo endometrial también comienza de nuevo, con el principio de la creación de células estromales y epiteliales dentro del útero. Aproximadamente el día 12, este proceso de crecimiento ha dado como resultado una pared endometrial que se mueve entre los 5 y los 7 milímetros de espesor, mientras que, cuando la menstruación había finalizado una semana antes, prácticamente esa estructura no existía.

Conforme este proceso avanza, los niveles crecientes de estrógeno están también empezando a producir los síntomas de fertilidad que componen el fundamento de este libro. Normalmente entre los días 8 y 9, su efecto sobre las glándulas cervicales ha desencadenado el primer flujo de fluido cervical, aunque esta etapa tan temprana del proceso suele ser pegajoso. Pero, conforme la producción de estrógeno de los folículos en desarrollo del interior de los ovarios aumenta a sus niveles más elevados entre los días 10 y 13, el fluido cervical cambia gradualmente a cremoso o húmedo, y después a clara de huevo resbaladiza. Normalmente hacia el día 13, los niveles de estrógeno han alcanzado su máximo, con el consiguiente fluido cervical más lubricante. En estos días, el cuello del útero es blando, alto y está abierto.

Hacia los **días 12 o 13,** ocurre algo drástico en el sistema de retroalimentación hormonal. Como ya se dijo antes, se creía que los niveles más elevados de estrógeno eran la razón por la que la producción de HFE y HL se mantenía relativamente baja en los días 6 a 13. Pero en cierto momento, y por razones que no entendemos realmente, la producción de estrógeno alcanza un nivel umbral en el que su efecto hormonal sobre la pituitaria se revierte bruscamente. La secreción de HL por parte de la glándula pituitaria anterior de repente aumenta entre seis y diez veces su tasa normal, llegando a su máximo entre 12 y 16 horas antes de la ovulación. En estas horas de aumento de HL, continúa una elevación menor de HFE. En combinación, las dos causan un efecto de retroalimentación negativa que de repente bloquea la producción de estrógeno en el folículo dominante que queda. El folículo ahora ha madurado por completo, llegando a un tamaño aproximado de 15-20 milímetros. Este viaje de 28 días ha llegado ahora a su punto medio, y la ovulación es inminente.

Aproximadamente el **día 14,** bajo la estimulación directa de los niveles elevados de las hormonas gonadotropinas, el folículo dominante empieza a expulsar líquido de una protrusión que se ha formado sobre su superficie. Simultáneamente, empieza a inflamarse, lo cual debilita enormemente la pared folicular. En algún momento durante las horas siguientes, el folículo se rompe, y el óvulo que contiene se impulsa a través de la pared ovárica hacia la cavidad abdominal. La ovulación ha comenzado.

Lo más probable es que tu fluido cervical haya alcanzado su último día de clara de huevo resbaladiza (y, de hecho, ya ha empezado a secarse rápidamente), tu posición cervical ha llegado a su punto más fértil (esto es, blanda, alta y abierta), y esa mañana lo más probable es que tengas tu última temperatura basal baja antes del cambio de temperatura. En muchas de vosotras, el día 14 también producirá el *mittleschmerz*, ese síntoma secundario de fertilidad en el que un dolor abdominal agudo demuestra efectivamente que la ovulación está a punto o ya ha ocurrido.

COMPLETANDO EL CICLO

El óvulo recién liberado se ve atraído suavemente por la fimbria al final de la trompa de Falopio, y ahora comienza su viaje a través de la trompa. Suponiendo que no hay espermatozoides para fecundarlo, se descompondrá en las 6-24 horas siguientes. Mientras tanto, la progresión hormonal del cuerpo continúa sin cesar en la fase siguiente. De vuelta al ovario desde el que la ovulación tuvo lugar, las células granulosas sobrantes se transforman rápidamente en células luteinizantes por la alta cantidad de HL. En cuestión de horas, estas células han formado el cuerpo lúteo en el interior de la pared del ovario, que a su vez ya ha empezado a segregar dosis abundantes de progesterona en el cuerpo. Al despertarte el día 15, normalmente puedes ver el resultado, ya que esta hormona productora de calor desencadena el cambio de temperatura.

Desde el **día 15 hasta el día 26,** el cuerpo lúteo sigue segregando grandes cantidades de progesterona, además de una modesta cantidad de estrógeno. Hay varias cosas que resultan inmediatamente de esta combinación de estimulantes hormonales. Con la drástica disminución de la producción de estrógeno causada por los eventos hormonales que preceden inmediatamente a la ovulación, los síntomas cervicales fértiles se revierten rápidamente. Hacia el día 16, normalmente no hay más fluido cervical, y la posición cervical ha vuelto a estar firme, baja y cerrada.

Aun así, el cuerpo lúteo sigue liberando suficiente estrógeno para continuar el desarrollo de la pared endometrial. Asimismo, la progesterona sostiene la pared en su lugar, además de contribuir a la inflamación y el desarrollo endometriales, por lo que, hacia el día 26, el endometrio alcanza un espesor de 7 a 16 milímetros. Si un óvulo fecundado alcanzara el endometrio en cualquier momento desde el día 21 en adelante (que probablemente podría haber sido el primer día si la ovulación fuera una semana antes) este refugio uterino estaría ahora preparado para nutrir el nuevo embrión.

En los días siguientes a la ovulación, la combinación de altas cantidades de progesterona y de bajas cantidades de estrógeno generan otros efectos hormonales. Y lo más importante, la pituitaria anterior y el hipotálamo están ahora alertados por la progesterona para limitar rápidamente la producción de HLG, HL y HFE. De este modo, los niveles de estas hormonas permanecerán muy bajos desde la ovulación hasta cerca del final del ciclo, o hacia el día 27. Mientras tanto, el cuerpo lúteo por sí mismo sigue creciendo bajo la influencia inicial del incremento de HL, y alcanza su máximo tamaño aproximadamente una semana después de la ovulación. Hacia el día 21, puede estar entre 2 y 5 centímetros, y normalmente ha alcanzado su plena madurez.

Sin la presencia continua de HL para sostenerlo, el cuerpo lúteo ahora empieza a deteriorarse. Sigue segregando grandes cantidades de progesterona pero menores que antes (con lo que mantiene el endometrio), y hacia el día 26 su función secretora se ha extinguido y la degeneración celular tiene lugar rápidamente. Si hubiese un embarazo, la liberación de GCH del feto en desarrollo habría indicado al cuerpo lúteo que se mantuviese viable durante varios meses más, hasta que la placenta madurase lo suficiente para encargarse de su función.

De este modo, hacia el **día 27,** la liberación de progesterona por parte del cuerpo (así como de estrógeno) disminuye rápidamente, poniendo las bases para la transición hormonal de la siguiente menstruación y el comienzo de otro ciclo. En cuanto muere el cuerpo lúteo, la ausencia de hormonas ováricas permite la acumulación inicial de HFE. Y más drásticamente, y como se expuso antes, el descenso en la producción de testosterona desencadena rápidamente la descomposición de la pared endometrial, además del comienzo de tu siguiente período. Nos encontramos de nuevo donde comenzó este viaje.

EXPRESIONES HABITUALES PARA DESCRIBIR LAS FASES DEL CICLO MENSTRUAL	
Preovulatorias	Posovulatorias
Fase estrogénica	Fase progestacional
Fase folicular	Fase lútea
Fase proliferativa	Fase secretoria

Haciendo el seguimiento del viaje menstrual

Me gustaría concluir repitiendo lo que espero que este libro ya haya dejado claro. Aunque el ciclo prototípico de 28 días es una herramienta útil para seguir en una gráfica el orden cronológico y la causa y el efecto biológicos, en realidad no es la experiencia cíclica de la mayoría de las mujeres la mayor parte del tiempo. Como ya sabrás, la duración del ciclo normal varía entre mujeres de 21 a 35 días, y por supuesto en la misma mujer, y puede haber variantes en el tiempo debido al estrés, la dieta y otras influencias.

Ya sabes que, partiendo de estos factores, no es posible predecir la duración de la fase preovulatoria, y de este modo la descripción precedente era exacta en el orden de los eventos, pero no en cuanto al día real de ocurrencia. Espero que, si no otra cosa, este libro te haya enseñado que, en cuestiones de fertilidad, simplemente necesitas seguirlas en una gráfica si quieres saber dónde te encuentras, dentro de tu ciclo.

La eficacia anticonceptiva del control de natalidad natural

¿Por qué los ratones tienen las bolas tan pequeñas? ¡Porque sólo el 10 % puede jugar!

UN CHISTE CONTADO ENTRE BIOESTADÍSTICOS QUE SIN DUDA
LO COMPRENDEN ANTES QUE EL RESTO DE NOSOTROS

Antes de que cualquier pareja decida utilizar un método anticonceptivo, debería saber su tasa de eficacia. El único «control de natalidad garantizado» es la abstinencia, y por eso, para cualquier mujer sexualmente activa en edad reproductora, siempre hay algún riesgo de embarazo. Una cuestión crítica para elegir un anticonceptivo es establecer el grado de riesgo que personalmente consideras aceptable.

El Método de Conciencia de la Fertilidad, tal como se enseña en este libro (el sintotérmico), si se entiende por completo y se utiliza siempre correctamente, es extremadamente eficaz en la prevención de embarazos. De hecho, es tan eficaz que el eslabón más débil será el método de barrera que utilices si decides tener relaciones durante tu fase fértil. Por eso te recomendaría que te abstuvieras, o que por lo menos utilices dos métodos de barrera simultáneamente durante tus días más fértiles.

Si se usa perfectamente y te abstienes durante tu fase fértil (como se hace con la planificación familiar natural), la probabilidad de quedarse embarazada sería aproximadamente del 2 % durante el transcurso de un año. Según la 20.ª edición de *Contraceptive Technology*, es una tasa menor que cualquier método de barrera, excepto el condón, que también es aproximadamente del 2 %. Esto significa que, si utilizas correctamente un método de barrera durante la fase fértil, la probabilidad de que te quedes embarazada estaría cercana a la tasa de fallos del método de barrera que utilices. La tabla de la página 485 te ayudará a poner estos datos en contexto.

En efecto, poner los datos de anticonceptivos en una perspectiva social y bioestadística apropiada es una tarea importante que bien vale los pocos minutos que se tarda en leer este apéndice. Deberías saber que cuando los científicos hablan sobre la eficacia de un anticonceptivo, en realidad hay dos tipos distintos de puntuación de la eficacia. Uno se llama «tasa de fracaso del método», y se refiere en concreto a la capacidad de una forma determinada de control de la natalidad para evitar embarazos cuando ese método se utiliza correctamente en cada acto de las relaciones sexuales. Lo que se considera uso correcto se suele definir normalmente estableciendo pautas, a menudo explicado con detalle por los fabricantes de anticonceptivos. Para el Método de Conciencia de la Fertilidad, el uso correcto se detalla en el capítulo 11 de este libro.[1]

En muchos sentidos, lo que es más importante que la tasa de fracaso del método de cualquier anticonceptivo es la «tasa de fracaso del usuario», porque así es como puedes ver lo que ocurre en el mundo real. El fracaso del usuario se suele definir como la tasa de embarazo no deseado de la población en conjunto, teniendo en cuenta tanto el uso correcto como el incorrecto. Por ejemplo, el fracaso en el método del condón se estima por parte de *Contraceptive Technology* en un 2 %, pero el fracaso del usuario está cercano al 15 %, en parte porque algunos hombres a veces no saben colocárselo de forma que evite las fugas. Esto significa que, durante el transcurso del primer año de uso, el 15 % de los usuarios habituales de condones tendrán un embarazo. Afortunadamente, las tasas de fracaso del usuario para prácticamente todos los anticonceptivos tienden a reducirse después de los doce primeros meses.

Como puedes imaginar, hay algunos métodos de control de la natalidad en los que el método y las tasas de fracaso del usuario son prácticamente idénticos, porque el método elegido no se

---

1. «Tasas de eficacia del método» frente a «tasas de fracaso» se expresa como un número positivo que muestra cuántas mujeres sexualmente activas no se quedarían embarazadas en el transcurso de un año si el método en cuestión se utilizara perfectamente (de forma correcta en cada ocasión). De este modo, si un fabricante de diafragmas afirma que cuenta con una eficacia del método de un 94 %, es otra forma de decir que, durante el transcurso de ese año, el 6 % de las mujeres que usan ese método es probable que se queden embarazadas, suponiendo que lo utilicen perfectamente. Debería indicarse que, aunque los fabricantes sin duda prefieren expresar lo positivo (94 % de eficacia) a lo negativo (6 % de fracaso), es más preciso hablar sobre estadísticas de anticonceptivos en términos de tasas de fracaso en lugar de tasas de eficacia. Esto se debe a que, en el mundo real, una tasa de fracaso del 6 % en realidad no se traduce en una tasa de éxito del 94 %. ¿Por qué? Porque sólo aproximadamente un 85 % de las mujeres activas sexualmente se quedarían embarazadas en el transcurso de un año si no utilizaran ningún método en absoluto. Asimismo, dado que las mujeres son fértiles sólo unos cuantos días por ciclo, es evidente que las tasas de eficacia de los métodos de barrera siempre estarán sobrestimadas. Por tanto, en esta exposición utilizaré las tasas de fracaso, más precisas estadísticamente.

basa en la conducta del usuario. La esterilización quirúrgica del varón y de la mujer es el mejor ejemplo de esto, con el fracaso del método y del usuario por debajo del 1 %. Dejando a un lado los riesgos para la salud y los efectos secundarios, es cierto que el tratamiento hormonal a largo plazo, como el Implanon y el Depo-Provera, son excepcionalmente eficaces, con tasas de fracaso del método y del usuario incluso menos que las de la esterilización.

Las píldoras anticonceptivas estándar tienen una tasa de fracaso del 0,5 % o menor, pero el fracaso típico del usuario se eleva al 5 % o superior, dependiendo del estudio. Esto se debe principalmente a que las mujeres pueden olvidar tomar la píldora de vez en cuando. Como muestra la tabla, el condón tiene una tasa de fracaso menor que los otros métodos de barrera, pero todos estos métodos muestran tasas de fracaso sustancialmente más altas que sus correspondientes tasas del método. Esto se debe a que algunas personas no están seguras de cómo utilizar el anticonceptivo concreto o, lo más probable, porque la gente a veces no tiene cuidado en el uso de los diversos dispositivos.

¿Dónde deja esto a la planificación familiar natural entre los principales métodos anticonceptivos? (Durante el resto de este apéndice, normalmente haré referencia a la planificación familiar natural y no al Método de Conciencia de la Fertilidad, a menos que tratemos específicamente sobre problemas de los métodos de barrera. Esto se debe a que las tasas de eficacia de los métodos naturales no deberían comprometerse por los fracasos de los métodos de barrera). Como ya he dicho, la tasa de fracaso del método de las reglas, tal como se enseña en este libro, se estima en el 2 %. Sin embargo, las tasas de fracaso del usuario son mucho más difíciles de detallar, porque, francamente, la literatura médica está llena de estudios que muestran que las tasas varían en gran medida, desde el 1 % hasta determinados estudios que afirman que el fracaso del usuario asciende al 20 %.[2]

Con una discrepancia tan amplia en los datos, ¿es posible utilizar las reglas con la confianza que necesitas? De hecho, sí, bastante, pero antes necesitas saber de dónde surgen los datos y por qué la discrepancia en las tasas de información en realidad no es un misterio. Por último, necesitas pensar realmente sobre qué implican los datos en términos del tipo de personas que deberían, o no deberían, utilizar la planificación familiar natural (PFN) o el Método de Conciencia de la Fertilidad como el anticonceptivo que eligen.

---

2. Estos datos se refieren específicamente al método sintotérmico, el nombre técnico dado para las reglas de control de la natalidad detalladas en el capítulo 11. Conlleva observar la temperatura al despertarse y el fluido cervical, así como la opción de observar la posición cervical. Normalmente, otros métodos anticonceptivos sólo observan la temperatura al despertarse *o* el fluido cervical. Y el método Ogino (a menudo conocido como el método del calendario) no incluye observar ningún síntoma de fertilidad.

Planificación familiar natural: Altamente efectiva, altamente implacable

La PFN es altamente efectiva cuando se usa correctamente, pero más que cualquier otro método, es extremadamente implacable cuando se usa impropiamente, o para ser más específicos, «haciendo trampa». La razón de esto es bastante lógica. Si, por ejemplo, usas mal un diafragma o un condón, o incluso olvidas tomar una píldora, la probabilidad es que para cualquier relación sexual seguramente no importaría de todas formas, porque lo más probable es que no te encuentres en la fase fértil de tu ciclo. La PFN, por supuesto, es exactamente lo contrario porque, si ignoras las reglas, por definición estás teniendo relaciones no protegidas *precisamente* cuando eres potencialmente fértil. Para utilizar eficazmente la PFN, necesitas entenderlo, y, lo más importante, necesitas la motivación necesaria para evitar el embarazo. Como aclaran los principales estudios, si careces de esto último, sin duda estarás corriendo riesgos sustanciales y estúpidos.

Como mencioné, diversos estudios muestran que, en el mundo real, las tasas de fracaso del usuario de la PFN varían en gran medida. Aun así, entre el 10 y el 12 % por año parece cercano a la media de que informaban en la literatura médica para las reglas sintotérmicas expuestas en el capítulo 11. Pero lo que es igualmente importante es que todos estos estudios sugieren que en un gran porcentaje de embarazos que ocurren «usando» la PFN, la causa de la concepción se debió a un incumplimiento intencionado de las reglas del método. Dicho en términos sencillos, muchas parejas sin motivación suficiente hicieron trampas, y muchas de ellas pagaron el precio.[3]

En última instancia es una cuestión de semántica si esas parejas reflejan el fracaso del usuario, o si simplemente deberían considerarse no-usuarios, pero puedes ver por qué los instructores de la planificación familiar natural y del Método de Conciencia de la Fertilidad se quedaron frustrados cuando oyeron que el método «no se considera realmente efectivo». En efecto, un hombre que utiliza un condón y que permanece dentro demasiado tiempo después de la eyaculación

---

3. Un importante estudio publicado en la revista *American Journal of Obstetrics and Gynecology* (15 de octubre de 1981, p. 268) informó sin ningún tipo de ironía que «las parejas que afirmaron que habían utilizado la fase fértil del ciclo en un intento por lograr el embarazo suponían el 9,8 % [...] de los embarazos. Puesto que estas parejas no informaban con antelación de sus deseos por probar el embarazo, estos [...] se atribuyeron al método respectivo» (!). También está claro que en un porcentaje significativo de los otros fracasos, aunque no intentaban quedar embarazadas, estaban bastante contentas de tener probabilidades durante la fase fértil. De hecho, este artículo específico, aunque bastante antiguo, es en realidad un ejemplo bueno y bastante representativo de los numerosos estudios citados en las revistas médicas y científicas desde entonces. En este informe en particular, más de cien mujeres que representaban más de 1600 ciclos de exposición sexual fueron monitorizadas para tasas de fracaso anticonceptivo en el uso del método sintotérmico utilizado en este libro. Tal vez el resultado más interesante fue que los autores concluyeron, después de entrevistas de seguimiento intensivas, que no había fracasos del método en absoluto.

puede, sin duda, incluirse en la tasa de fracaso del usuario. Pero si un día por pereza se olvida el condón en el cajón, ¿es esto seriamente un fracaso del usuario si la mujer queda embarazada? Yo sugeriría que cualquier abandono anticonceptivo, intencional y completo del método en cuestión refleja una categoría de no uso que simplemente no puede clasificarse como verdadero fracaso del usuario.

Más que ningún método, la motivación para evitar el embarazo afecta a los resultados de fracaso del usuario. Algunos de los estudios, de hecho, separaron a los grupos de prueba en categorías motivacionales como que, por ejemplo, las parejas que utilizaron la PFN para evitar el embarazo se pusieran en un grupo, mientras que las que utilizaban la PFN solamente para dejar un tiempo entre sus hijos se pusieran en otro. No es de extrañar que las que querían dejar espacio invariablemente tenían mejores probabilidades, dando como resultado tasas de fracaso sustancialmente más altas que las que «evitaban», que mostraban tasas de fracaso del usuario tan bajas como del 2 %. (De hecho, las tasas de fracaso del usuario por debajo del 1 % se han documentado, pero normalmente las reglas preovulatorias son más restrictivas que las enseñadas en este libro: *véase* la nota en la parte inferior de la tabla de la página 485).

PFN, MOTIVACIÓN Y RESPONSABILIDAD

Escribo todo esto no solamente para decirte que la literatura médica (y los medios de comunicación convencionales) está inherentemente en contra de la PFN al evaluar su efectividad. El hecho es que las cifras nos indican algo bastante valioso, que cada una debería tener en cuenta antes de decidir si la PFN es el método adecuado para vosotras. Dicho en términos sencillos, la amplia variedad en las tasas de fracaso del usuario y del método muestra que la misma naturaleza «libre de dispositivos» del método conlleva que es extremadamente fácil adoptar una mentalidad «de arriesgarse». En efecto, la PFN no es un método difícil de aprender, ni de aprender bien, pero lamentablemente es un método fácil de practicar mal, lo cual, por su misma naturaleza, puede significar no practicarlo en absoluto.

La conclusión sobre la PFN como método anticonceptivo elegido es ésta: nadie que verdaderamente desee evitar el embarazo debería utilizarla si no entiende completamente las reglas del método y, lo más importante, si no tiene la disciplina necesaria para seguir las reglas correcta y constantemente. Si no entiendes por completo el método, tal como presento en este libro, te recomiendo que te informes bien mediante una de las instituciones enumeradas en la página 548, antes de confiar en la PFN como elección anticonceptiva. En última instancia, los métodos anticonceptivos naturales son sólo apropiados para las parejas con la madurez y el enfoque necesarios para no correr riesgos estúpidos.

Conciencia de la fertilidad, barreras y fase fértil: Valorando las probabilidades

Hay una serie de problemas tangenciales relacionados con las tasas de eficacia de la conciencia de la fertilidad que deberían tratarse brevemente para que todas las parejas tomen las decisiones más apropiadas relacionadas con los anticonceptivos. Como he mencionado, los estudios han demostrado que el fracaso del método de la PFN se calcula en un 2 %. Sin embargo, deberías ser consciente de que hay un mayor riesgo de embarazo en aquellas parejas que utilizan métodos de barrera en lugar de abstenerse cuando la mujer es fértil.

La realidad estadística es bastante intuitiva. Para aquellas parejas que deciden utilizar un método de barrera en lugar de la abstinencia durante la fase fértil, el método y las tasas de fracaso del usuario del Método de Conciencia de la Fertilidad siempre será al menos tan alto como las tasas de fracaso del método de barrera que deciden utilizar. Es por esta razón por lo que recomiendo que las parejas que no se abstengan elijan el condón como método junto con algún *otro* durante los días más fértiles. Con aproximadamente una tasa de fracaso del método de un 2 % y una tasa de fracaso del 15 %, los condones son un método de barrera mejor que los otros, como puede verse en la tabla de la página 485. (Por supuesto, el mismo hecho de que sepas que eres fértil debería animar el tipo de conducta diligente, necesaria para mantener tu propia tasa de fracaso en un mínimo).

Para las parejas que estén decididas a minimizar totalmente su riesgo, pero que no quieren practicar la abstinencia durante todo el período fértil, hay arreglos muy razonables. En realidad, la amplia mayoría de concepciones tendrán lugar a partir de relaciones en las que la mujer tiene fluido cervical húmedo o de clara de huevo. Éste es el momento no sólo más próximo a la ovulación, sino también cuando los espermatozoides tienen mayores probabilidades de sobrevivir. Si un método de barrera puede fallar, es muy probable que ocurra en este momento del ciclo. Afortunadamente para la mayoría de las mujeres, esta fase dura sólo tres o cuatro días. De este modo, para las decididas a evitar el embarazo, les sugiero que consideren alternativas a las relaciones para ese breve período de tiempo.

MCF/PNF y el riesgo continuo

Al hablar sobre las reglas anticonceptivas y la tentación de apartarse de ellas, debería quedar claro que, de hecho, hay una serie de posibles actos que suponen un riesgo continuo de embarazo. Partiendo de esto, me gustaría tratar los mayores riesgos asociados con las que sé que son las ocasiones específicas en las que la mayoría de las parejas se sienten tentadas a «hacer trampa».

482

Relaciones sin protección cuando las dos reglas posovulatorias no coinciden

Algunas mujeres pueden observar que las reglas del cambio de temperatura y del día cumbre no siempre reflejan infertilidad en el mismo día. El enfoque más seguro es considerarte fértil hasta que ambas reglas digan que no lo eres (la línea «más alejada a la derecha», como se describe en la página 206). De cualquier modo, es en esas ocasiones cuando comprobar tu posición cervical puede ser muy útil para aclarar cualquier ambigüedad.

Relaciones sin protección en los días secos preovulatorios *antes* de la noche

Una de las preguntas más habituales que me hacen es qué riesgo está asociado con las relaciones sin protección los días secos preovulatorios antes de la noche. Como sabes, esta condición se estipuló para dar al fluido cervical una oportunidad para descender a la abertura vaginal, en caso de que las relaciones sin protección de esa mañana sean acogidas por un fluido cervical suficientemente húmedo para nutrir a los espermatozoides ese día. Lamentablemente, no he encontrado ningún estudio sobre este tema en concreto (ya puedes imaginar los problemas logísticos para organizar un ensayo de este tipo).

Sin embargo, mis años de enseñanza de este método me han convencido de que el mayor riesgo es pequeño si puedes verificar antes de las relaciones que no hay fluido cervical en el cuello de tu útero y que éste permanece en la posición infértil más baja. La posibilidad fisiológica de que los espermatozoides puedan sobrevivir en un entorno vaginal tan seco tiempo suficiente para los cambios cervicales y hormonales que son necesarios debe ser remota, y por eso no consideraría esto como un riesgo poco razonable. Pero, hasta que haya estudios que verifiquen mis creencias personales, las relaciones sin protección en esos momentos del ciclo deben considerarse un abandono de las reglas enseñadas en este libro.

Relaciones sin protección en los días pegajosos preovulatorios

El riesgo de las relaciones sin protección durante la fase preovulatoria de fluido cervical pegajoso es un tema directamente relacionado. En realidad, las únicas mujeres que pueden tener sexo sin protección durante esta época con sólo un pequeño aumento en el riesgo son las que han establecido claramente que tienen un patrón infértil básico en los días pegajosos, como se explica en la página 104.

Ninguna de las demás mujeres debería correr el riesgo. La verdad es que no eres extremadamente fértil estos días, porque los espermatozoides necesitan fluido cervical para sobrevivir más allá de unas cuantas horas, y cualquiera con viscosidad probablemente esté aún a unos cuantos días de la ovulación. Sin embargo, es también un hecho que, con un poco de mala suerte, el fluido pegajoso puede convertirse en húmedo en las pocas horas antes de que mueran los espermatozoides, preparando de este modo una concepción en los días siguientes.

El sexo sin protección en este momento es, por tanto, el tipo de trampa que aumenta la tasa de «fracaso del usuario» en todos los estudios sobre conciencia de la fertilidad. Yo diría que esos actos son un uso incorrecto del método. Pero si sigues decidiendo aceptar el mayor riesgo, te instaría a que verificases que no haya fluido cervical en el cuello del útero antes de tener sexo. Si lo hay, una relación sin un método de barrera sería verdaderamente peligroso.

Unas palabras finales sobre la posición cervical y la eficacia anticonceptiva

Por ahora, debería ser obvio que tu posición cervical puede desempeñar un papel importante en la confirmación de tu estado de fertilidad. Por tanto, para aquéllas de vosotras decididas a correr el riesgo de embarazo más bajo posible mientras seguís utilizando el control de natalidad natural, os recomiendo que sigáis usando las reglas estándar, pero que limitéis las relaciones a cuando el cuello del útero se encuentre en su posición más baja e infértil (sin fluido cervical en el cuello del útero). Aunque no se han realizado estudios, creo que si las mujeres hicieran esto, el fracaso del método PFN descendería del 2 % hasta por debajo del 1 % por año. Es cierto que puedes encontrar resultados para pautas en un día adicional de abstinencia, pero esto puede ser una opción que te compense.

Un comentario sobre el método Billings

Por último, debo mencionar aquí que muchas personas de todo el mundo practican una forma simplificada de la conciencia de la fertilidad llamada método Billings. La forma principal por la que difiere del Método de Conciencia de la Fertilidad utilizando en este libro es que se basa exclusivamente en observar el fluido cervical para determinar la fase fértil, y requiere abstinencia durante ésta. Puesto que no utiliza la temperatura corporal basal para verificar la ovulación, las tasas de fracaso son algo más altas, aunque el fracaso del método sigue siendo considerado sólo de un 3 % por *Contraceptive Technology*.

El problema llega con el fracaso del usuario, que normalmente es un poco más alto que las tasas correspondientes del método sintotérmico. Por esta razón, personalmente te animo a usar un termómetro corporal basal para maximizar la eficacia anticonceptiva además del número de días considerado seguro para las relaciones sin protección.

TABLA DE EFICACIA DE LOS MÉTODOS ANTICONCEPTIVOS*

	Fallo del usuario típico	Fallo del método
Azar	85%	85%
Espermicidas (espumas, cremas, supositorios vaginales, etc.)	28%	18%
Capuchón cervical† (con espermicida, en crema o gel)	9%	6%
Esponja‡	12%	9%
Diafragma (con gel/espuma)	12%	6%
Coitus interruptus	22%	4%
Condón femenino	21%	5%
Condón masculino (sin espermicidas)	18%	2%
Píldora§	9%	0,3%
Diu**	≤ 0,8%	≤ 0,6%
Esterilización (masculina y femenina)	≤ 0,5%	≤ 0,5%
Depo-Provera	6%	0,2%
PFN‡‡ (MCF con reglas sintotérmicas, tal como enseña este libro, y abstinencia durante la fase fértil)	(véase pie de página de PFN)	2

* Todos los datos de esta tabla se han adaptado de *Contraceptive Technology*, 20.ª edición revisada, 2011, a menos que se indique otra cosa.

† Para las mujeres que han dado a luz, las tasas de fracaso son sustancialmente peores, con un 32% y un 26%, respectivamente. Datos tomados de 2004, dado que no aparecen en la edición de 2011.

‡ Para mujeres que han dado a luz, las tasas de fracaso son sustancialmente peores, con un 24% y un 20%, respectivamente.

§ La tasa de fracaso del método varía con el tipo de píldora elegido.

** La tasa de fracaso del método varía con el tipo de diu elegido.

‡‡ La edición de 2007 de *Contraceptive Technology* concede al fracaso del método de FPN de las reglas sintotérmicas enseñadas en este libro en un 2%, y que es el que hemos elegido para imprimir en esta tabla. La edición de 2011 en realidad pone la tasa de fracaso del método sintotérmico incluso más bajo, al 0,4%, pero se debe a que se basa en un importante metaestudio alemán en el que las reglas preovulatorias son mucho más prudentes de lo que se enseña aquí. (Se pide a las mujeres que, de sus últimos 12 ciclos, tomen la primera temperatura elevada y que después quiten siete días para identificar el primer día fértil. Aunque esto hará desaparecer las tasas de fracaso del método, a cambio muchas mujeres no tendrán días preovulatorios que se consideren seguros). Para leer el estudio real, puedes buscar en Google *The Effectiveness of a Fertility Awareness Based Method to Avoid Pregnancy in Relation to a Couple's Sexual Behaviour During the Fertile Time: A Prospective Longitudinal Study* (Human Reproduction, 2007, p. 1310).

La tasa de fracaso del usuario del método sintotérmico no está incluida. Basándose en los diversos estudios de la literatura médica, la tasa de fracaso calculada tradicionalmente parece estar entre el 10 y el 12%. Sin embargo, cuando se tiene en cuenta la transgresión intencionada de las reglas del método, esta cifra disminuye sustancialmente.

Por último, las tasas de fracaso del método y del usuario para otros métodos basados en la conciencia de la fertilidad que usan sólo uno de los dos primeros síntomas (moco cervical o temperaturas corporales basales) son un tanto más altas, y el más usado de ellos, el método de ovulación Billings (sólo fluido cervical), tiene una tasa de fracaso generalmente reconocida de aproximadamente el 3%.

L os métodos basados en la conciencia de la fertilidad son métodos naturales que incluyen observar al menos uno de los signos de fertilidad primarios: fluido cervical, temperatura al despertarse y posición cervical. Por tanto, los tres primeros de debajo no son técnicamente métodos basados en la conciencia de la fertilidad, pero se añaden porque también son naturales.

	Método Ogino	Método de los días estándar	Cuentas de ciclos	Método de dos días
Síntomas de fertilidad observados	Ninguno.	Ninguno.	Ninguno.	Fluido cervical.
Comentarios	Un método obsoleto basado en una fórmula matemática que usa las duraciones de los ciclos anteriores para predecir fases fértiles *futuras*.	Similar al método Ogino. Las parejas evitan las relaciones sin protección durante la supuesta fase fértil de la mujer de los días 8 a 19, si la mujer tiene ciclos constantes de 26 a 32 días.	Las cuentas de ciclos son solamente un dispositivo que puede utilizarse con el método de los días estándar. Pero puede confundirse fácilmente sobre qué día estás, puesto que no hay datos reales impresos en los ciclos. Por tanto, en realidad, un calendario sería más útil para usar con el método de los días estándar.	Una versión simplificada del método Billings. En resumen, este método simplemente pregunta si has observado alguna secreción el día anterior o ese día. Si respondes sí a cualquiera de las preguntas, ese día te consideras fértil. No diferencia entre texturas de secreciones, por lo que es muy fácil de entender y aplicar.
Eficacia	Poco fiable porque no incluye observar los signos de fertilidad día a día, por lo que no cuenta para una ovulación anterior o posterior que la esperada. No recomendado.	Puede ser eficaz para las mujeres con una duración *constante* de los ciclos. Pero, igual que con el método Ogino, no incluye observar síntomas de fertilidad día a día, por lo que no cuenta para una ovulación anterior o posterior a la esperada.	Exactamente la misma que el método de los días estándar.	Puesto que sólo se observan las secreciones, no dispones del beneficio de un cambio de temperatura que confirme que ha tenido lugar la ovulación. Y, puesto que las reglas no son tan estrictas como en otros métodos que observan sólo el fluido cervical, no puede ser tan eficaz.

La diferencia entre el Método de Conciencia de la Fertilidad y la planificación familiar natural es que quienes practican esta última deciden abstenerse durante la fase fértil, mientras que las parejas que practican el primero se permiten la opción de utilizar un método de barrera durante la fase fértil. La Couple to Couple League es la organización más conocida que enseña la planificación familiar natural.

Método Billings (ovulación)	Sistema de modelo Creighton	Método Justisse	Método TBC (Temperatura corporal basal)	Método sintotérmico
Fluido cervical.	Fluido cervical.	Fluido cervical (y opcionalmente temperatura al despertarse o posición cervical).	Temperatura al despertarse.	Fluido cervical y temperatura al despertarse (y posición cervical opcional).
El método clásico y primero en el que sólo se observa el fluido cervical.	También llamado sistema de cuidados para la fertilidad. Similar al método Billings, pero utiliza descripciones extremadamente precisas y estandarizadas del fluido cervical.	Similar al sistema del modelo Creighton, porque utiliza casi exactamente las mismas descripciones extremadamente precisas y estandarizadas del fluido cervical. También proporciona apoyo holístico para la salud para las mujeres que experimentan diversos tipos de problemas menstruales.	Los días anteriores a la ovulación no se contemplan para mantener relaciones sin protección porque la elevación de la temperatura sólo indica que estás segura *después* de la ovulación.	Un método en el que se observan al menos dos de los tres síntomas de fertilidad principales, además de otros síntomas opcionales (como por ejemplo el dolor ovulatorio o el sangrado ligero).
Bastante eficaz porque el fluido cervical es el síntoma más importante que comprobar cuando se evita el embarazo de forma natural. Pero no cuentas con el beneficio de un cambio de temperatura para confirmar que la ovulación ya ha tenido lugar, por lo que no es tan eficaz como el método sintotérmico, enseñado en este libro.	Como el método Billings, es bastante eficaz porque el fluido cervical es el síntoma más importante que hay que revisar cuando se evita el embarazo de forma natural. Pero, de nuevo, no tienes el beneficio de un cambio de temperatura para confirmar que ha tenido lugar la ovulación, por lo que no es tan eficaz como el método sintotérmico, enseñado en este libro.	De nuevo, como el método Billings, es bastante eficaz porque el fluido cervical es el síntoma más importante que comprobar cuando se evita el embarazo de forma natural. Puesto que el método Justisse también enseña opcionalmente el uso de las temperaturas al despertarse y la posición cervical, puede ser tan eficaz como el método sintotérmico.	Es muy eficaz, pero sólo después de la ovulación.	Se considera el más completo y fiable de todos los métodos naturales porque los dos síntomas primarios deben confirmarse el uno al otro antes de considerarse segura. Es el método enseñado en este libro.

REGLAS DEL CONTROL DE LA NATALIDAD CUANDO SÓLO PUEDES REPRESENTAR EN LA GRÁFICA UN SÍNTOMA DE LA FERTILIDAD

El método más efectivo para el control natural de la natalidad es uno en el que reflejes en una gráfica al menos dos síntomas principales de la fertilidad para confirmarse el uno al otro, como el método sintotérmico enseñado en este libro. Sin embargo, puede haber ocasiones en tu vida en las que no es práctico reflejar en gráficas más de un síntoma, por lo que las reglas que indico a continuación son más cautelosas para compensar. Aun así, debes ser consciente de que hacer un seguimiento de sólo un síntoma, incluso con estas reglas modificadas, puede tener como consecuencia una menor eficacia anticonceptiva.

Antes de leer más, deberías asegurarte de haber asimilado los conceptos de los capítulos 6 y 11, incluyendo cómo dibujar la línea de la temperatura base, cómo establecer tu patrón infértil básico y cómo identificar tu punto de cambio.

Además, durante las fases de tu vida en que no ovules durante semanas o meses seguidos, te interesará seguir las reglas del apéndice J.

489

La única regla de la temperatura

REGLA DEL CAMBIO DE TEMPERATURA

Estás segura la noche del tercer día consecutivo en que tu temperatura está por encima de la línea de la temperatura base, siempre que la tercera temperatura esté por lo menos tres décimas por encima.

Si sólo estás haciendo un seguimiento de tu temperatura al despertarte, no puedes considerarte segura para las relaciones sin protección hasta después de la ovulación, ya que las temperaturas no te avisan de una ovulación inminente; sólo confirman cuando ya ha tenido lugar.

Además, tal vez prefieras no considerarte segura hasta la cuarta noche por encima de la línea de la temperatura base, ya que no tienes observaciones sobre tu fluido cervical para confirmar tus temperaturas. Por último, nunca deberías fiarte de esta regla si has tenido una fiebre que ha podido afectar a tus temperaturas, o si tu gráfica no muestra claramente un cambio de temperatura ovulatorio.

Únicas reglas del fluido cervical

Observa que, si no estás haciendo un seguimiento de las temperaturas, debes seguir *todas* las reglas expuestas debajo.

Preovulatorias

REGLA DEL SANGRADO

Evita las relaciones en cualquier día de sangrado.

Puesto que no puedes observar un cambio de temperatura para confirmar que la hemorragia que estás experimentando es una verdadera menstruación que tiene lugar 12-16 días después de la ovulación, debes considerar cualquier sangrado como potencialmente fértil. Esto se debe a que no puedes arriesgarte a confundir el sangrado ovulatorio ligero o cualquier otra causa de sangrado.

REGLA DEL DÍA SECO

Antes de la ovulación, estás segura la noche de cada día seco. Pero el día siguiente se considera potencialmente fértil si hay semen residual que pueda enmascarar tu fluido cervical.

Esperar hasta la noche te garantiza que no has pasado por alto la aparición del fluido cervical en desarrollo durante el día. Pero si hay fluido seminal residual al día siguiente, podría enmascarar el fluido cervical, por lo que debes abstenerte ese día.

Posovulatorias

REGLA DEL DÍA CUMBRE MODIFICADA

Estás segura la noche del cuarto día consecutivo después de tu día cumbre, el último día de clara de huevo o de sensación vaginal lúbrica. Si reaparecen el fluido cervical húmedo, el sangrado o las sensaciones lúbricas vaginales, debes comenzar de nuevo el recuento del día cumbre antes de volver a considerarte segura.

La razón de que se modifique esta regla para ser más estricta que la regla del día cumbre normal de la página 201 se debe a que no hay cambio de temperatura para confirmar que ha ocurrido en realidad la ovulación.

Comprobando internamente el fluido cervical antes de la ovulación

Este tipo de observación es bastante engañoso y no se aprende fácilmente con un libro. Por tanto, si es posible, te animaría a tomar una clase, a consultar a un profesional del Método de la Conciencia de la Fertilidad o a hacer una consulta por teléfono para entender mejor los matices de la comprobación interna. Puedes encontrar profesionales en los enlaces de la página 547.

Las reglas del método sintotérmico del Método de Conciencia de la Fertilidad se basan en comprobar tu fluido cervical *externamente*, en tu abertura vaginal. La idea básica es aprender a identificar el punto de cambio durante unos pocos días después de que termine tu período, cuando tu fluido cervical pasa de seco a húmedo mientras te aproximas a la ovulación. Casi todas las mujeres tendrán un patrón de tipos transicionales de fluido cervical, ya sea pegajoso, gomoso, grumoso o incluso sólo no húmedo, antes de que se ponga húmedo. Y deberías poder encontrar todos estos tipos en tu abertura vaginal cuando la limpies desde delante hacia atrás, a través del perineo, con un trozo de papel higiénico doblado.

Sin embargo, si estás utilizando el Método de Conciencia de la Fertilidad como anticonceptivo, puede haber situaciones antes de la ovulación en las que te interese comprobar tu fluido cervical en el propio cuello del útero, incluyendo cuando:

- Sólo quieres asegurarte más de que estás interpretando correctamente tu fluido cervical.
- No estás segura sobre si has identificado con precisión un día seco antes de la ovulación.
- No ves demasiado fluido cervical en la abertura de la vagina, y por eso quieres comprobar lo que sale del cuello de tu útero.
- Hay discrepancia entre lo que sientes y lo que ves (por ejemplo, si te sientes completamente seca, pero ves un círculo redondo de humedad en tu ropa interior, o cuando te sientes húmeda, pero no observas nada en tu abertura vaginal).
- Estás físicamente activa la mayor parte del día, y por ello sudas mucho.
- Estás amamantando o te encuentras en la premenopausia, o cualquier otra ocasión en que no estés ovulando regularmente, y te fías estrictamente del fluido cervical.

Por supuesto, la única vez que merece la pena una comprobación interna es en los días que has identificado como secos externamente, y por eso quieres confirmar que en efecto estás segura para una relación preovulatoria. Una vez que encuentras *algo* externamente, debes considerarte fértil, por lo que no hay necesidad de comprobación interna.[1]

Para la mayoría de las mujeres, la forma más fácil de llegar al cuello del útero es colocándose en cuclillas, aunque tal vez prefieras poner un pie en el borde de la bañera. En cualquier caso, después de elegir la posición que sea más cómoda para ti, inserta en primer lugar el dedo corazón y después tira de él ligeramente e inserta también el dedo índice, colocándolos a cada lado del cuello de tu útero.

Si consideras que es difícil hacerlo porque estás verdaderamente seca, entonces en sí mismo es una buena indicación de bajos niveles de estrógeno y del hecho de que probablemente no seas fértil ese día. En cualquier caso, el truco es extraer suavemente fluido cervical del cuello del útero con un dedo a cada lado, y después sacarlos *juntos* mientras extraes el fluido cervical. Esto se debe a que un dedo solo no te permitirá sacar ningún fluido cervical que se encuentre allí.

Normalmente sentirás algún tipo de humedad, ya que la vagina es similar al interior de la boca. Y a menudo te encontrarás una película blanca, pálida o turbia, en los dedos cuando hagas la comprobación interna. Esto es normal. Lo más probable es que lo que estés viendo sea una descamación celular vaginal, que es la forma en la que tu vagina se limpia a sí misma. Después de sacar los dedos, sepáralos para que puedas determinar lo que hay entre las yemas. ¿Es húmedo? ¿Cremoso? ¿Claro? ¿Elástico? Agita los dedos unos segundos. Si la secreción que hay entre los dedos se seca, probablemente no sea fluido cervical.

---

1. Hay dos excepciones: la primera es si nunca has tenido días secos después de tu período, como expusimos en la página 200. La segunda es si te has abstenido durante dos semanas para establecer tu patrón infértil básico y has determinado que es de la misma calidad no húmeda invariable, día tras día. Si es así, esos días se tratarían como si fueran secos, como se explica en el apéndice J.

Si planificas una comprobación interna durante estos días, te interesará saber de verdad la diferencia entre tu fluido cervical interno y tu fluido externo (específicamente, cómo tu humedad vaginal interna afecta a lo que observas externamente), de forma que siempre tengas un punto de referencia para el futuro. Tal vez prefieras utilizar la gráfica especial del final, diseñada específicamente para comprobaciones internas/externas.

El punto clave es que, antes de la ovulación, siempre deberías observar cuál es la textura más húmeda que observas ese día, ya sea interna o externa. Por tanto, por ejemplo, si sientes sequedad externamente, pero por dentro notas una secreción húmeda y cremosa del cuello del útero, para ser precavidos quizás querrías utilizar esa observación para decidir si considerarte seguro ese día o no.

De nuevo, comprobar tu fluido cervical internamente no es necesario para practicar eficazmente el método sintotérmico de control de la natalidad que se enseña en este libro. Sin embargo, es un paso más que puedes dar para maximizar de verdad su eficacia anticonceptiva, especialmente durante esas situaciones en las que quieras un poco más de seguridad que aquella que te proporcionan sólo tu fluido cervical externo y las temperaturas al despertarte. Y, por supuesto, como siempre, tendrás la posición cervical en sí misma para ayudar a confirmar los otros síntomas.

Puedes ver cómo la comprobación interna se registra en tu gráfica en la página siguiente. Asimismo, observa que hay una gráfica maestra especial en tcoyf.com, con una fila adicional para el fluido cervical interno.

Relaciones	1	②	3	4	⑤	6	⑦	⑧	9	10	11	12	13	14	15	⑯	17	18	⑲	⑳	21	㉒	23	24	㉕	㉖	27	㉘	29	30	31	32	33	34	35	36	37	38	39	40
Clara de huevo																																								
Cremoso																																								
PERÍODO, sangrado ligero, seco o pegajoso	●	●	●	●	–	–	–	–							–	–												●												
Fase fértil y día cumbre													DC	1	2	3																								
SENSACIÓN VAGINAL					seco		=	=	pegajoso	húmeda	húmeda	lúbrica	pegajoso															húmeda												
DESCRIPCIÓN EXTERNA DEL FLUIDO CERVICAL	sirope rojo y abundante	coágulos rojos pequeños	flujo rojo más ligero	rojo – realmente ligero					película seca y pegajosa	montones pegajosos pequeños	1,5 cm cremoso blanco	1,5 cm en mechas → 5 cm transparente	7 cm claro como el cristal	blanco pegajoso																										
DESCRIPCIÓN INTERNA DEL FLUIDO CERVICAL					película ligeramente húmeda	=	película pegajosa y húmeda	=																																

Gráfica de Kendall. **Comprobando internamente el fluido cervical.** Kendall ha decidido que quiere ser incluso más precavida comprobando su fluido cervical internamente, en este caso, los días 5-8. Ella observa que, aunque está seca externamente, hay una ligera película húmeda y pegajosa en sus dedos cuando los saca. Pero puesto que en realidad no hay ningún fluido cervical húmedo, se reafirma en que está segura en esos días.

Una vez que ha determinado que está segura después de la ovulación estableciendo el día cumbre más 3 (confirmado por tres temperaturas altas por encima de la línea de temperatura base, no mostradas en esta gráfica), se considera segura hasta el ciclo siguiente, y no se molesta en volver a comprobar su fluido cervical. Sin embargo, el día 28, el día antes de su período, tiene una sensación vaginal húmeda, que es común para ella en el día anterior a sus menstruaciones. Es sólo una indicación más de que su período está a punto de comenzar.

LÍNEAS DE LA TEMPERATURA BASE ENGAÑOSAS

Antes de revisar las líneas de temperaturas base engañosas, tal vez quieras releer el capítulo 9, sobre el equilibrio de tus hormonas, porque estos tipos de cambios de temperatura ambiguos podrían reflejar un desequilibrio sutil o una deficiencia en la fase lútea.

Sin cambio de temperatura

De vez en cuando puedes tener un ciclo anovulatorio. Si ocurre esto, no verás un cambio en las temperaturas, de bajas a altas, porque no se habrá liberado progesterona del cuerpo lúteo, que es la que genera calor.

Además, podrías estar entre el pequeño porcentaje de mujeres cuyos cuerpos no responden a los efectos de la progesterona, y que por ello no muestran un cambio de temperatura aunque hayan ovulado. Una de las únicas formas para determinar definitivamente si ha tenido lugar la ovulación es mediante ecografía. Otra opción sería hacerte una prueba de progesterona en sangre si pasan semanas sin un cambio de temperatura, pero no es tan preciso como una ecografía programada justo cuando se prevea la ovulación. (Por supuesto, así reside un círculo vicioso).

Puedes experimentar anovulación transitoria debido a varias cosas, incluyendo enfermedad, estrés o quiste ovárico folicular, como se describe en la página 155. Pero, si observas muchos ciclos anovulatorios, tal vez tengas un problema médico como el síndrome ovárico poliquístico, como expusimos en el capítulo 8. Por último, puedes estarte aproximando a la menopausia, en cuyo caso dejarás de ovular tan a menudo como antes.

Si utilizas el Método de Conciencia de la Fertilidad como anticonceptivo y has establecido que eres una de las pocas mujeres cuya temperatura simplemente no refleja la ovulación, aún puedes utilizar un método natural anticonceptivo siguiendo en una gráfica sólo tu fluido cervical. Aunque no es tan eficaz como el método sintotérmico enseñado en este libro, puedes incrementar su eficacia también observando tu posición cervical, con lo que proporcionas otro síntoma de verificación en los casos de ambigüedad. En el apéndice F se explican las reglas cuando se sigue un solo síntoma en una gráfica.

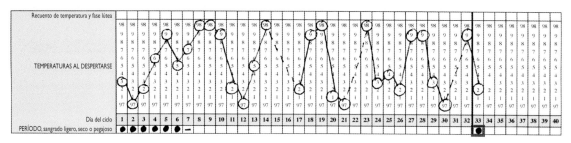

Sin cambio de temperatura. Claramente, no hay patrones de bajadas seguidas por aumentos después de la ovulación.

TEMPERATURAS PERIFÉRICAS

Si tienes temperaturas que se apartan claramente de la línea (por ejemplo, por una fiebre, beber alcohol la noche anterior o despertarte más tarde y tomarte la temperatura después), limítate a aplicar la regla del pulgar cubriendo cualquier temperatura periférica con tu pulgar. Dibuja una línea punteada entre las temperaturas correctas, a cada lado de la temperatura anómala. Al calcular la línea de la temperatura base, cuenta las seis temperaturas bajas antes de la elevación sin incluir la temperatura periférica, como se expuso en la página 120.

Si tienes una temperatura periférica baja después del cambio de temperatura, puedes aplicar el mismo principio de la línea punteada. Pero si estás utilizando el Método de Conciencia de la Fertilidad como anticonceptivo, nunca deberías ignorar una temperatura baja si se encuentra antes del tercer día después del cambio de temperatura. Para estar segura, debes contar tres temperaturas normales por encima de la línea de temperatura base antes de considerarte infértil. Por supuesto, observar tu fluido cervical y tu posición cervical ayudará a aclarar cualquier ambigüedad.

Observa en las siguientes gráficas dos ejemplos de cómo se utiliza la regla del pulgar, antes y después del cambio de temperatura.

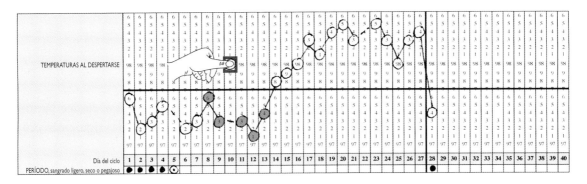

Gráfica de Lucy. Temperatura periférica dentro de los seis días anteriores al cambio de temperatura. Observa que Lucy cuenta hacia atrás seis temperaturas bajas antes del cambio de temperatura, pero, puesto que aplica la regla del pulgar, no incluye la temperatura periférica cuando dibuja la línea de la temperatura base.

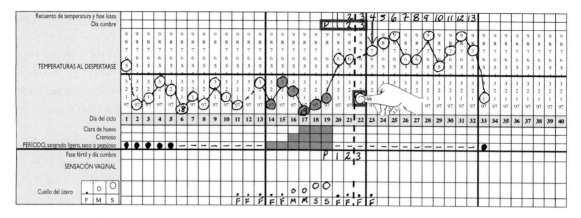

Gráfica de Lauren. Temperatura periférica dentro de los tres primeros días después del cambio de temperatura. Observa que, como método de control de la natalidad, Lauren se considera segura sólo el día 4 después del cambio de temperatura, puesto que una de sus temperaturas cayó por debajo de la línea de temperatura base durante el recuento de 3 días. Si quisiera ser extremadamente prudente, podría esperar hasta la tercera noche seguida de temperaturas altas por encima de la línea de temperatura base. Pero, en este caso, tanto su día cumbre como su posición cervical eran tan obvios que podía considerar sin problemas el día 23 la primera noche segura.

TEMPERATURAS ANÓMALAS

Puede que en el caso de algunas mujeres, sus temperaturas no parezcan seguir el clásico patrón de descensos y ascensos. En tal caso, quizá les convenga considerar alguna de las siguientes propuestas:

1. Si utilizas un termómetro digital, comprueba que la pila no esté baja.
2. Añade otro minuto después del sonido antes de quitártelo.
3. Considera probar un termómetro corporal basal de vidrio, porque los digitales pueden ser menos precisos para algunas mujeres. Si lo haces, asegúrate de tomarte la temperatura durante cinco minutos completos.
4. Independientemente de qué tipo de termómetro utilices, considera la posibilidad de tomarte la temperatura al despertarte vaginalmente en lugar de oralmente. (Por supuesto, debes ser constante en cómo te la tomas durante el ciclo).
5. Recuerda que ciertos factores pueden elevar la temperatura al despertarse, como por ejemplo la fiebre, beber alcohol la noche anterior o no dormir tres horas consecutivas.

6. Intenta tomarte la temperatura aproximadamente a la misma hora cada día. Por cada hora que duermas más de lo normal, tu temperatura tiende a subir. Anota la hora en que te la tomaste en la columna apropiada y utiliza la regla del pulgar explicada en la página 120 para desechar las temperaturas anómalas que pueden ser consecuencia de haber dormido más de lo normal. (Esto evitará que atribuyas una temperatura alta a un cambio de temperatura antes de que haya ocurrido realmente).

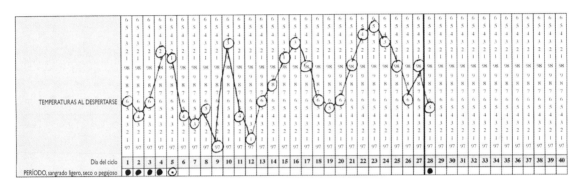

Temperaturas anómalas.

LEVE CAMBIO DE TEMPERATURA CUYA 3.ª TEMPERATURA NO ALCANZA LAS TRES DÉCIMAS POR ENCIMA DE LA LÍNEA DE TEMPERATURA BASE

No todos los cambios de temperatura son obvios, razón por la que es tan útil poder seguir en una gráfica tus otros dos síntomas de fertilidad principales, el fluido cervical y la posición cervical. De cualquier modo, estudiar las gráficas de este apéndice ayudará a mejorar la capacidad de interpretación.

Es obligatorio que puedas identificar con precisión tu cambio de temperatura para poder aplicar la regla del cambio de temperatura. Esta regla dice que estás segura la noche del 3.º día consecutivo en que tu temperatura está por encima de la línea de la temperatura base, siempre que la 3.ª temperatura esté al menos tres décimas por encima. Sin embargo, si no alcanza las tres décimas por completo, aún puedes basarte en el Método de Conciencia de la Fertilidad como método anticonceptivo esperando hasta la noche de la 4.ª temperatura por encima de la línea de temperatura base, como se ve en la siguiente gráfica.

Recuento de temperatura y fase lútea 1 2 3 4 5 6 7 8 9 10 11 12 13 14
Recuento del día cumbre DC 1 2 3

TEMPERATURAS AL DESPERTARSE

Método anticonceptivo utilizado

| Relaciones | 1 | 2 | 3 | 4 | 5 | 6 | 7 | 8 | 9 | 10 | 11 | 12 | 13 | 14 | 15 | 16 | 17 | 18 | 19 | 20 | 21 | 22 | 23 | 24 | 25 | 26 | 27 | 28 | 29 | 30 | 31 | 32 | 33 | 34 | 35 | 36 | 37 | 38 | 39 | 40 |

Clara de huevo
Cremoso
PERÍODO, sangrado ligero, seco o pegajoso

Fase fértil y día cumbre DC 1 2 3

SENSACIÓN VAGINAL seco = = = = húmedo = = lúbrico seco = =

Cuello del útero F F M M S S F F F F

Gráfica de Carlie. Un cambio de temperatura débil. Carlie normalmente tiene un cambio de temperatura bastante evidente, pero en este ciclo su temperatura el día 18 no era al menos de tres décimas por encima de la línea de la temperatura base. Sin embargo, ya habían pasado tres días desde su día cumbre, y el cuello del útero había vuelto a estar bajo, cerrado y firme. Aun así, para asegurarse, decidió esperar hasta tener cuatro temperaturas por encima de la línea de la temperatura basal, comenzando el día 19.

Observa que el día 10, cuando ella técnicamente comenzó su fase fértil porque empezó a desarrollar fluido cervical pegajoso, tuvo relaciones utilizando un condón y un diafragma. Sin embargo, después de ese día, ella y su pareja se abstuvieron hasta el día 19.

TEMPERATURAS QUE SE ELEVAN UNA DÉCIMA CADA VEZ (PATRÓN DE ELEVACIÓN LENTA)

Algunas mujeres observan que, en lugar de que su temperatura suba al menos dos décimas por encima del grupo de las seis bajas anteriores, de vez en cuando se eleva solamente una décima cada vez. Aunque este tipo de cambio puede parecer confuso de interpretar, en realidad es bastante fácil.

Observa la primera vez que tu temperatura se eleva por lo menos una décima por encima de la más alta de las seis últimas temperaturas. Cuando haya subido otra décima, vuelve atrás y des-

502

taca los seis días anteriores a la primera elevación. Dibuja con ello la línea de la temperatura base. Después de que tu temperatura permanezca por encima de la línea base durante al menos tres días, y la tercera temperatura sea al menos tres décimas por encima de la línea base, puedes considerarte segura esa tercera noche.

Para quienes quieren evitar el embarazo, para ser precavidas con este patrón de temperatura bastante raro, si tu temperatura no se eleva al menos tres décimas por encima de la línea de temperatura base en el tercer día, puedes considerar que has entrado en tu fase infértil hasta:

- La noche de la cuarta temperatura por encima de la línea de la temperatura base (en lugar de la tercera por encima)
- La noche del día cumbre más 4 (en lugar del día cumbre más 3)

Para quienes queráis evitar el embarazo, deberíais considerar que la fase posovulatoria comprende todas las temperaturas por encima de la línea de la temperatura base, pero tened en cuenta que vuestra ovulación puede haber tenido lugar un día antes, aproximadamente. Recuerda que lo más probable es que la ovulación ocurra el día cumbre o el posterior.

Consulta la página siguiente para ver qué aspecto tendría un patrón de elevación lenta en tu gráfica.

Recuento de temperaturas y fase lútea
Recuento del día cumbre

	1	2	3	4	5	6	7	8	9	10	11	12	13	14
PICO/DC														

TEMPERATURAS AL DESPERTARSE

Método anticonceptivo utilizado																			→			→			→			→										
Relaciones	1	2	3	4	5	6	7	8	9	10	11	12	13	14	15	16	17	18	19	⟨20⟩	21	22	⟨23⟩	⟨24⟩	25	26	⟨27⟩	⟨28⟩	29	⟨30⟩	31	32	33	34	35	36	37	38	39	40
PERÍODO, sangrado ligero, seco o pegajoso	●	●	●	●																										●										

Gráfica de Keara. Patrón de elevación lenta. Observa la sutil elevación de solo una décima que comienza el día 17, la primera temperatura más alta que las seis anteriores. A fin de ser precavida en cuanto al control de la natalidad, Keara no se consideró segura hasta la 4.ª temperatura alta, que es la 3.ª temperatura verdadera por encima de la línea de temperatura base, el día 20 en este ciclo. Observa que también está siendo precavida al esperar al día cumbre más 4, en lugar del día cumbre más 3. En este caso, las dos reglas de precaución coinciden. Si no lo hicieran, habría sido un momento perfecto para confirmar esos síntomas observando también el cuello de su útero, que debería estar bajo, cerrado y firme, antes de considerarse segura.

TEMPERATURAS QUE SE ELEVAN ESCALONADAMENTE (PATRÓN DE ESCALONES)

Uno de los tipos más comunes de patrones de temperatura es aquél donde el cambio de temperatura ocurre en un escalón inicial más bajo de varios días, seguido de temperaturas más altas después. En otras palabras, probablemente observarás un grupo de seis temperaturas bajas, seguido de una subida de al menos 2 décimas, durante tal vez 3 o 4 días, seguido por temperaturas aún más altas. La línea de la temperatura base se dibuja siempre después de la primera subida de al menos 2 décimas que el grupo de seis temperaturas bajas precedentes.

504

Para quienes deseáis evitar el embarazo, si vuestra temperatura no se eleva al menos tres décimas por encima de la línea de la temperatura base hacia el tercer día, no os deberíais considerar seguras hasta:

- La noche de la **4.ª** temperatura por encima de la línea de temperatura basal (en lugar de la 3.ª)
- La noche del día cumbre más 4 (en lugar del día cumbre más 3)

Para quienes quieren evitar el embarazo, cuando calculen su fase lútea, deben considerar la fase posovulatoria para que todas las temperaturas estén por encima de la línea de la temperatura base.

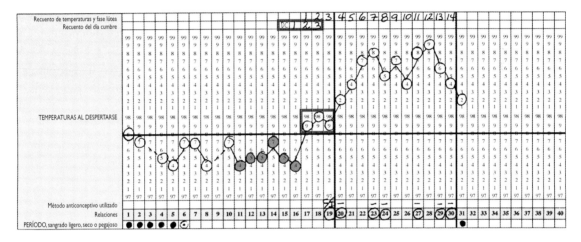

Gráfica de Danielle. Patrón escalonado. Observa el incremento repentino de tres temperaturas altas los días 17, 18 y 19. A fin de ser cauta para el control de la natalidad, Danielle podría haber esperado hasta la 4.ª noche por encima de la línea de la temperatura base, puesto que sus temperaturas se elevaron en incrementos que se mantenían cerca de ella. Pero, puesto que su día cumbre fue el día 15 (como se ve en la fila del recuento del día cumbre, cerca de la parte superior de la gráfica), el día 19 ya se consideraba seguro según la regla del día cumbre, porque fue el día cumbre más 4 en ese momento. Para no arriesgarse, decidió utilizar un condón y un diafragma ese día, y después se consideró completamente segura el día 20.

TEMPERATURA QUE DESCIENDE EL DÍA 2 DEL CAMBIO DE TEMPERATURA (PATRÓN DEL PLAN ALTERNATIVO)

Algunas mujeres observan que suelen tener un patrón de descenso de temperatura el día 2 de su cambio de temperatura, seguido por un aumento continuo de las temperaturas hasta su período. Si es sólo un descenso de un día, no se necesita volver a dibujar la línea de la temperatura base.

Para las que queréis evitar el embarazo, por prudencia, os interesaría comenzar el recuento de nuevo después del segundo aumento sostenido para estar absolutamente seguras de que los óvulos están muertos y han desaparecido. Si no quieres esperar los dos días adicionales, puedes confiar en la regla del día cumbre para señalar el comienzo de la fase infértil. Ciertamente, esto puede comprometer la eficacia del anticonceptivo, pero si compruebas que de nuevo estás seca, que tus temperaturas han vuelto a sus puntos altos por encima de la línea de temperatura base y el cuello de tu útero ha vuelto a su estado infértil de bajo, cerrado y firme, el riesgo mayor de concepción sería pequeño.

Para las que busquéis el embarazo, deberíais suponer que habéis ovulado aproximadamente el día cumbre o después. Como sabéis, éste es el último día de fluido cervical húmedo o de sensación vaginal lúbrica.

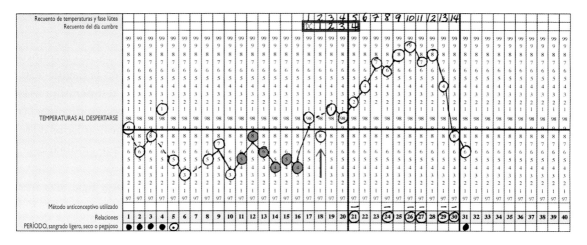

Gráfica de Katrina. Patrón de plan alternativo. En este ciclo, la temperatura de Katrina estuvo por debajo de la línea de temperatura base el día 2 de su cambio de temperatura. Para ser cauta, tuvo que empezar el recuento cuando se volvió a elevar por encima de la línea de la temperatura base. (De hecho, aunque su temperatura no había descendido por debajo de la línea de temperatura base, habría sido más seguro hacer el día cumbre más 4 porque su tercer cambio de temperatura el día 19 no fue de al menos tres décimas por encima de la línea de la temperatura base).

En este caso, puesto que su día cumbre fue el mismo día que su cambio de temperatura del día 17, tuvo que hacer un día cumbre más 4 en lugar de día cumbre más 3. Estos ajustes prudentes conllevaron que no estuvo segura hasta el día 21 de su ciclo.

Fiebre

Inevitablemente, de vez en cuando tendrás fiebre mientras elaboras las gráficas. En términos prácticos, se maneja mejor utilizando la regla del pulgar, tal como se explica en la página 120. Suponiendo que la temperatura se salga de la gráfica, simplemente registra la temperatura más alta por encima de 37, anotando los síntomas de tu enfermedad en la fila correspondiente a las notas. Asegúrate de dibujar una línea punteada entre la temperatura normal, a ambos lados de tu fiebre. Asimismo, recuerda que, si utilizas un termómetro de vidrio, tendrás que cambiar a un termómetro digital o uno de fiebre durante los días en que estés enferma.

Dependiendo de la intensidad de la fiebre y en qué momento del ciclo tenga lugar, hay tres posibles casos que pueden darse:

1. No tener efecto
2. Retrasar la ovulación, con lo que genera un ciclo más largo de lo usual
3. Suprimir la ovulación, con lo que genera un ciclo anovulatorio

Si la fiebre tiene lugar después de que hayas ovulado, casi con toda certeza no tendrá efecto. Si ocurre antes de que hayas ovulado, es posible cualquiera de las tres opciones.

Para quienes queréis evitar el embarazo, podéis seguir usando el Método de Conciencia de la Fertilidad utilizando todas las reglas descritas en el capítulo 11. Sin embargo, si tu enfermedad es preovulatoria, obviamente tendrás que eliminar las temperaturas afectadas por la fiebre, y no podrás empezar la cuenta de tres días para la regla del cambio de temperatura hasta que dejes de estar enferma. Nunca supongas que has entrado en tu fase posovulatoria infértil hasta que hayas verificado claramente un cambio de temperatura de tres temperaturas altas consecutivas sin la interferencia de la fiebre. Y antes de suponer que estás segura, verifica que tus otros síntomas de fertilidad también reflejan que has entrado en tu fase infértil, como se ve en la gráfica de Sandi, en la página siguiente.

La única ocasión del ciclo en que esto puede resultar un poco engañoso es si enfermas en los pocos días previos a la ovulación, como se ve en la gráfica de Samanta, en la página 510. Aun así, deberías poder verificar que has ovulado, puesto que, una vez que ya no estés enferma, tu temperatura bajará hasta el rango mayor que tendrías normalmente después de ovular. Si la fiebre retrasara (o suprimiera) la ovulación, tu temperatura bajará hasta el rango preovulatorio inferior.

Como siempre, deberías recordar que la forma más eficaz de usar el Método de Conciencia de la Fertilidad como método anticonceptivo es asegurarse de que coinciden al menos dos de los síntomas de fertilidad primarios. Haciendo esto, es improbable que confundas la fiebre con un cambio de temperatura.

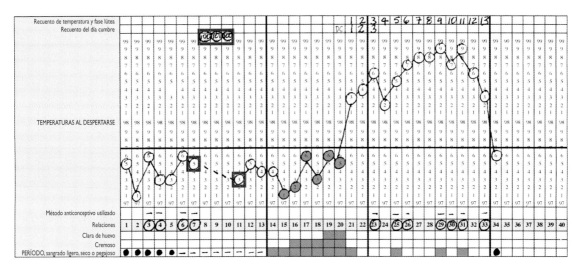

Gráfica de Sandi. Fiebre antes de la ovulación. El día 8 de su ciclo, Sandi se despierta con gripe, lo que hace que sus temperaturas se salgan de la gráfica durante tres días. Utiliza la regla del pulgar desde los días 8 a 10, en este caso omitiendo las temperaturas de 37 o por encima. Después de recuperarse, puede comprobar que aún no ha ovulado, puesto que su temperatura vuelve a su rango preovulatorio inferior el día 11. Mientras continúa con la gráfica, sus signos reflejan una ovulación retrasada, que en este caso probablemente tenga lugar el día 20.

| | | | | | | | | | | | | | | | 1 | 2 | 3 | 4 | 5 | 6 | 7 | 8 | 9 | 10 | 11 | 12 | 13 | 14 | | | | | | | | | | | | | | |

Recuento de temperatura y fase lútea
Recuento del día cumbre

TEMPERATURAS AL DESPERTARSE

Método anticonceptivo utilizado																																								
Relaciones	1	2	3	4	5	6	7	8	9	10	11	12	13	14	15	16	17	18	19	20	21	22	23	24	25	26	27	28	29	30	31	32	33	34	35	36	37	38	39	40

Clara de huevo
Cremoso
PERÍODO, sangrado ligero, seco o pegajoso
Fase fértil y día cumbre
Cuello del útero

Gráfica de Samanta. Fiebre durante la ovulación. Samanta se despierta resfriada y con un poco de fiebre, comenzando el día 12. Utiliza la regla del pulgar para no tener en cuenta los días 12 a 14. Completamente recuperada el día 15, observa que su temperatura ha descendido sólo hasta su rango posovulatorio relativamente alto. De este modo puede empezar su recuento de temperatura el día 15, y hacia el día 17 confirma mediante sus otros dos principales síntomas de fertilidad –fluido cervical y posición cervical– que ya ha ovulado. (Si su enfermedad hubiera sido suficientemente intensa para retrasar su ovulación, su temperatura habría vuelto a su rango preovulatorio inferior).

Utilizando el Método de Conciencia de la Fertilidad durante la lactancia

Ten en cuenta que este apéndice te resultará confuso si no has asimilado los principios y reglas básicos expuestos en los capítulos 6, 7 y II. Además, tendrás que leer el apéndice siguiente para aplicar las reglas anticonceptivas a los ciclos anovulatorios.

Si es posible, te animaría a consultar con un asesor del Método de Conciencia de la Fertilidad o de planificación natural familiar, antes de confiar en el control natural de la fertilidad mientras amamantas, ya que tus síntomas de fertilidad durante este momento pueden ser ambiguos. Puedes encontrar asesores del Método de Conciencia de la Fertilidad en los enlaces de la página 548.

Este apéndice es para los optimistas que creen que tendrán tiempo para hacer el amor después de tener un bebé. Aunque la lactancia es una maravillosa experiencia para la mayoría de las mujeres, puede ser complicado identificar cuándo volverá la fertilidad, incluso para quienes hicieran gráficas anteriormente. Por tanto, dejemos las cosas claras desde el mismo comienzo:

Las mujeres *pueden* quedarse embarazadas mientras amamantan,
especialmente si no hacen el seguimiento de su fluido cervical.

Entonces, ¿por qué tanta confusión sobre si las mujeres son fértiles o no mientras amamantan? En realidad, todos conocemos a una vecina, amiga o pariente que jura que se quedó o que no se quedó embarazada mientras amamantaba. Estas mujeres entonces se convirtieron en el estándar por el que la gente juzga la eficacia de la lactancia para el control de la natalidad.

Parte del problema es que la mayoría de las mujeres lactantes tienen la falsa impresión de que, mientras sus períodos no vuelvan, pueden tener sexo con impunidad. No hay período, no hay problema, ¿correcto?

Pues no. Aquellas de vosotras que ha hayáis leído este libro podéis recitar durmiendo cuál es el fallo lógico de ese pensamiento. Recordad: la ovulación tiene lugar *antes* de la menstruación, así que, aunque no hayáis tenido aún el período, podéis liberar un óvulo y quedar embarazadas sin haber tenido que utilizar un solo tampón desde antes de dar a luz.

En cualquier caso, la razón por la que algunas mujeres lactantes se quedan embarazadas y otras no se reduce a *cómo* amamantan, o más específicamente, la intensidad y la frecuencia. En realidad es biología simple, porque cada vez que un bebé chupa del pecho, la madre libera prolactina y oxitocina, que a su vez inhiben varias hormonas ovulatorias, incluyendo la hormona luteinizante (la HL del famoso subidón de HL).

CÓMO AFECTA EL HECHO DE AMAMANTAR EN LA VUELTA A LA FERTILIDAD

Distintos tipos de lactancia producirán resultados diferentes en términos de la vuelta a los ciclos ovulatorios de una mujer. Si estás pensando en dar el pecho, tal vez quieras considerar las ventajas, inconvenientes, comodidades y consecuencias de las distintas formas de hacerlo. Más específicamente, los tres factores que suprimen la ovulación mientras amamantas son los siguientes:

- Duración en meses
- Frecuencia de tomas por cada 24 horas
- Intensidad de la lactancia; o, más específicamente, cuándo empiezas a introducir biberones, sólidos, etc.

La duración de la lactancia

De todos los temas clave, éste es prácticamente tan sencillo como parece. Simplemente se refiere a la cantidad de tiempo que amamantas. Por supuesto, como podrías esperar, cuantos más meses amamantes, mayor probabilidad hay de que suprimas la ovulación.

La frecuencia de la lactancia

Cuanto más frecuentemente amamante el bebé, menos probable es que vuelva la ovulación. Aunque hay muchos factores que influyen en la vuelta de los períodos durante la lactancia, es la *frecuencia*, más que la duración, lo que tiene el mayor impacto sobre la fertilidad de la mujer. Así, por ejemplo, si tu bebé solamente mama durante 2 minutos cada 20 minutos, es más probable que se libere la prolactina supresora de la ovulación que si mamase durante 6 minutos cada hora.

De forma más realista, tu bebé probablemente necesitará mamar al menos cada 2-3 horas durante el día, y al menos cada 4 horas durante la noche, para prolongar tu infertilidad. Sin embargo, de todas formas, el punto clave es que, *cuanto más tiempo y con mayor frecuencia tu bebé se aparte de tu pecho, antes empezarás a ovular de nuevo.*

La intensidad de la lactancia

Hay esencialmente dos tipos diferentes de lactancia: parcial y exclusiva. Como con todo, hay pros y contras en ambos.

La **lactancia parcial** es la forma más común practicada por las mujeres en los países desarrollados. Con la lactancia parcial, una mujer puede amamantar a su hijo según lo programado, y está encantada de ver a su bebé dormir por la noche de un tirón lo más pronto posible (¿podemos culparla?). Además, puede empezar a suplementar su propia leche con leches maternizadas, alimentos para bebés, cereales y biberones semanas o meses después de dar a luz.

También puede proporcionar a su bebé una combinación de leche materna extraída junto con una leche maternizada. Esta forma de lactancia es muy cómoda, por supuesto, pero limita seriamente la frecuencia de las succiones del pecho, lo que significa que es común para una mujer experimentar su primera ovulación y su primer período menstrual cerca de tres meses después del parto.

La **lactancia exclusiva** se define como dar el pecho día y noche, siempre que tu bebé lo desee, durante sus seis primeros meses. En otras palabras, toda su nutrición procede del pecho de la madre, ya que no le das biberones, alimentos sólidos, ni siquiera un chupete. Tu bebé permanece tan cerca de ti que puedes darle el pecho o tranquilizarle siempre que quieras.[1]

---

1. De hecho, expertos en planificación familiar de todo el mundo han determinado que hay sólo una probabilidad de un 2 % de ovular si cumples los tres criterios del método de la amenorrea lactante, enumerados a continuación. (Lactancia tiene que ver con la producción de leche y amenorrea es la falta de menstruación).

Con este tipo de lactancia, el bebé recibe exclusivamente leche materna de la madre, sin suplementos. De hecho, la madre puede trabajar fuera de casa y extraerse leche, mientras que otra persona lo alimenta con un biberón. Sin embargo, debes tener en cuenta que si tu bebé no *mama a demanda,* tu fertilidad puede volver más rápidamente de lo que quisieras. Tendrás que seguir con cuidado las reglas de las gráficas de las páginas 518 a 520 para evitar sorpresas no deseadas.

Y aunque muchas madres amamantan a sus bebés un mínimo de una vez cada 4 a 5 horas por noche, el bebé también podría dormir en otra habitación y durante largos intervalos. En efecto, aunque esto se considera técnicamente «lactancia exclusiva», para algunas puede incluir programación de amamantamientos y largos períodos de separación del bebé. Una mujer de este tipo puede ver que su primer período menstrual vuelve en menos de un año.

En cualquier caso, alguien tuvo sentido del humor para diseñar exclusivamente a las mujeres lactantes con el don de la anovulación, pero el cansancio por la privación de sueño les impide aprovecharse de sus beneficios anticonceptivos.

DECIDIENDO QUÉ TIPO DE LACTANCIA ES ADECUADA PARA TI

Elegir tu propio estilo de lactancia es una decisión muy personal. Cómo amamantes y durante cuánto tiempo después del nacimiento, se basará en una serie de factores, incluyendo tus propios objetivos y estilo de vida. Tu decisión también se verá influida por la salud general y el bienestar tuyo y de tu bebé. En cualquier caso, no dejes que otros te juzguen, sea cual sea la decisión que tomes.

- Tus menstruaciones no han vuelto
- Estás dando el pecho por completo o casi por completo
- Tu bebé tiene menos de seis meses de edad

Sin embargo, la razón por la que he incluido sólo estos tres criterios es porque los resultados de sus estudios se basaban principalmente en mujeres de países en vías de desarrollo, donde el tipo de lactancia practicado suele ser muy distinto del de sociedades occidentales como la nuestra. Por ejemplo, suelen llevar continuamente al bebé en un fular pegado al cuerpo, cosechando los beneficios de supresión de la ovulación dado que el niño puede mamar a todas horas.

Además, los bebés suelen dormir con sus madres, lo que garantiza más oportunidades para amamantarse. Por supuesto, esta forma de lactancia excluye alimentación programada, suplementos, chupetes, biberones e incluso leche extraída del pecho.

Por razones obvias, pocas mujeres en las culturas industrializadas pueden mantener con éxito esta forma de unión con sus bebés. Por tanto, normalmente no se basan sólo en la lactancia como método eficaz de control de la natalidad.

Para asegurarse, una madre reciente debe tener en cuenta no sólo sus propias necesidades y deseos, sino también los de su bebé. Si el objetivo es dar el pecho a largo plazo, tendrá que practicar una lactancia frecuente, día y noche, para garantizar la continua estimulación de su pecho y un aporte adecuado de leche. En esta situación, de noche puede querer tener a su hijo en la cama con ella o en una cuna junto a la cama, y durante el día en un fular pegado al cuerpo. Hacer todo esto permitirá que el amamantamiento frecuente sea fácil y accesible.

Si una madre sabe que volverá al trabajo en 3 o 4 meses y quiere alimentar a su bebé a largo plazo, tendrá que tener en cuenta si, y con qué frecuencia, podrá darle leche mientras no está en casa. Una mujer que desea amamantar durante un largo período de tiempo también tendrá que decidir qué ocurre cuando su bebé empieza a dormir durante más de 4 o 5 horas seguidas de noche. ¿Despertará al bebé, le dejará dormir o decidirá extraerse leche? Si una mujer que comienza con una lactancia exclusiva decide introducir sólidos antes de los seis meses, debería prepararse para una primera ovulación más temprana mientras disfruta de la libertad de una mayor movilidad e independencia.

En cualquier caso, si dar el pecho se convierte en una carga, puede ser el momento para reevaluar tus objetivos y planes. No hay respuestas sencillas. Cada mujer necesita encontrar el equilibrio que le funcione. Definir este equilibrio incluirá considerar sus preferencias personales y su estilo de vida, así como su verdadero compromiso con lo que es, al final, un proceso profundamente gratificante, pero consumidor de tiempo.

GRÁFICAS, MÉTODO DE CONCIENCIA DE LA FERTILIDAD Y TRANSICIÓN A LA NUEVA FERTILIDAD

Las mujeres lactantes casi siempre podrán advertir el retorno de su fertilidad mediante la observación de su fluido cervical. De hecho, probablemente tendrán muchos parches de fluido cervical que suelen ser un poco más grandes de lo normal, mientras que el cuerpo intenta finalmente ovular después de meses de anovulación. Siendo más específicos, probablemente observarás unos cuantos «falsos comienzos» en los que experimentarás cada vez más parches de fluido cervical fértil mientras tu cuerpo intenta recuperar el umbral de estrógeno necesario para liberar un óvulo.

En cualquier caso, para continuar con la gráfica mientras das el pecho, antes tendrás que esperar hasta que se finalicen los loquios. Los loquios son el sangrado normal y el sangrado ligero que emanan de la parte del endometrio donde la placenta se asienta antes de liberarse después del parto. Mientras se cura, normalmente se vuelve menos roja. Los loquios pueden continuar durante cinco semanas después del parto.

Probablemente no tengas sexo durante seis semanas más o menos, para dar a tu cuerpo y al cuello del útero una oportunidad para recuperarse del parto. Pero si vuelves a comprobar el cuello del útero, observarás que, después de dar a luz vaginalmente, la apertura cervical tiende a sentirse más como una raja abierta ligeramente horizontal que un pequeño hoyuelo redondo. Por tanto, puede llevarte algún tiempo aprender cómo lo notas cuando está abierto y cuando está cerrado.

De cualquier modo, una vez que estés preparada para seguir con tus gráficas, el apéndice siguiente detalla cómo utilizar el Método de Conciencia de la Fertilidad cuando experimentes la anovulación (no importa cuál sea la causa, incluida la lactancia). Además, hay una tabla de resumen en las páginas 518-520 que enumera las diversas reglas del Método de Conciencia de la Fertilidad que hay que seguir, dependiendo de qué tipo de lactancia estés usando. Probablemente querrás revisar ambos al menos un par de veces si piensas usar la lactancia como anticonceptivo.

La transición a los ciclos normales después del parto

Ciclos típicos antes del parto

Fase 1	Fase 2	Fase 3
Antes de la ovulación	En torno a la ovulación	Después de la ovulación
Fertilidad baja	Fértil	Infértil

Tres primeros ciclos después del parto

Tu primer ciclo después del parto puede durar desde meses hasta incluso un año, antes de que por fin ovules. Inicialmente tendrás unas cinco semanas de secreciones teñidas de sangre de tu útero que va sanando (llamadas loquios). Incluso durante esos meses de infertilidad, puedes pasar por numerosos parches de fluido cervical húmedo que debes tratar como *potencialmente* fértiles. Al final ovularás, con tu primera fase lútea después del parto a menudo más breve de lo normal.

	1	2	1	2	1	2	1	2	3
1.ᵉ ciclo posparto	Fertilidad baja	Fértil (parches húmedos)	Fertilidad baja	Fértil (parches húmedos)	Fertilidad baja	Fértil (parches húmedos)	Fertilidad baja	Fértil (parches húmedos)	

Tu segundo ciclo puede ser relativamente normal, pero no te sorprendas si tienes una fase fértil más larga y una fase lútea más breve de lo normal.

	1	2	3
2.º ciclo posparto	Fertilidad baja	Fértil	Infértil

Tu tercer ciclo a menudo te llevará a los ciclos normales que experimentabas antes de tener el bebé.

	1	2	3
3.ᵉʳ ciclo posparto	Fertilidad baja	Fértil	Infértil

COMENTARIOS FINALES SOBRE EL CONTROL DE LA NATALIDAD NORMAL MIENTRAS DURA LA LACTANCIA

Lo más importante que hay que recordar cuando experimentes la transición desde el parto hasta la vuelta a los ciclos es observar constantemente un cambio en el fluido cervical que pueda indicar que se aproxima la ovulación. Tal vez prefieras no tomarte la temperatura hasta que veas ese cambio, pero, una vez lo hagas, también puedes tener el beneficio de comprobar tu posición cervical durante cualquier momento de incertidumbre.

Tampoco te deberías sorprender si pasas por semanas o incluso meses de fluido cervical húmedo antes de volver a tus ciclos normales. Es comprensible que esto pueda ser muy frustrante si estás intentando evitar un nuevo embarazo. Por tanto, tendrás que decidir si quieres abstenerte durante este largo período o utilizar un método de barrera.

Recuerda que tu cuerpo no ha ovulado durante mucho tiempo, y que puede tardar un poco en volver a su patrón habitual de fertilidad. Aunque esto puede poner a prueba tu paciencia, intenta mantener todo en perspectiva. Antes de que pase mucho tiempo, tu bebé tendrá citas y tú tendrás problemas más importantes que tus *propias* preocupaciones por los anticonceptivos.

REGLAS PARA EL CONTROL DE LA NATALIDAD DURANTE LA LACTANCIA			
Grado de lactancia	Reglas para el control de la natalidad	Cuándo volver a observar el fluido cervical, las temperaturas y la posición cervical	Comentarios
Ninguna lactancia en absoluto (sólo alimentación con biberón)	Regla del parche invariable. Las dos reglas enumeradas antes, explicadas en el apéndice siguiente, se usan hasta que la ovulación se confirma con un cambio de temperatura. Después se vuelve a las reglas normales del Método de Conciencia de la Fertilidad: Regla de los cinco primeros días. Regla del día seco. Regla del día cumbre. Regla del cambio de temperatura.	Fluido cervical Después de que tus loquios disminuyan aproximadamente cinco semanas después del parto. Temperaturas Unas tres semanas después del parto. Posición cervical Después de que tu médico te dé el visto bueno para retomar el sexo: normalmente entre 4 y 6 semanas después del parto.	Los ciclos pueden reanudarse en unas 7-9 semanas después del parto. Debes considerarte preovulatoria hasta que puedas confirmar que la ovulación ha vuelto por un cambio de temperatura unas dos semanas antes de un período (pero recuerda que las primeras fases lúteas después del parto pueden ser breves).

REGLAS PARA EL CONTROL DE LA NATALIDAD DURANTE LA LACTANCIA

Lactancia parcial

Se administran suplementos como la alimentación con biberón, los zumos y los sólidos. Pueden darse chupetes.

También conlleva dar el pecho con menos frecuencia que cada cuatro horas durante el día o cada seis horas de noche.

Regla del parche invariable.

Las dos reglas enumeradas anteriormente, explicadas en el apéndice siguiente, se usan hasta que se confirme la ovulación por un cambio de temperatura.

Después se vuelve a las reglas normales del Método de Conciencia de la Fertilidad de debajo:

Regla de los cinco primeros días.

Regla del día seco.

Regla del día cumbre.

Regla del cambio de temperatura.

Fluido cervical

Después de que tus loquios disminuyan aproximadamente cinco semanas después del parto.

Temperaturas
(lo que venga antes)

- cuando observas un cambio en tu patrón infértil básico a fluido cervical húmedo

o

- tener un episodio de sangrado

o

- amamantar con menos frecuencia

o

- introducir alimentos sólidos

Posición cervical

Después de que tu médico te dé el visto bueno para reanudar el sexo: normalmente entre 4 y 6 semanas después del parto.

La lactancia parcial es la más complicada de registrar en gráficas porque es difícil anticipar cuándo retomarás la ovulación.

Debes considerarte preovulatoria hasta que puedas confirmar que la ovulación ha vuelto por un cambio de temperatura dos semanas antes de un período (pero recuerda que las primeras fases lúteas después del parto pueden ser breves).

REGLAS PARA EL CONTROL DE LA NATALIDAD DURANTE LA LACTANCIA

Lactancia exclusiva
Dar el pecho día y noche, siempre que tu bebé lo desee. Toda la nutrición del bebé procede de tu pecho porque no le das biberones, sólidos, ni siquiera un chupete.

También conlleva dar el pecho al menos cada 2 o 3 horas durante el día y cada 4-5 horas por la noche.

Regla del parche invariable.

Las dos reglas enumeradas anteriormente, explicadas en el apéndice siguiente, se usan hasta que se confirme la ovulación con un cambio de temperatura.

Después volver a las reglas normales del Método de Conciencia de la Fertilidad de debajo:

Regla de los cinco primeros días.

Regla del día seco.

Regla del día cumbre.

Regla del cambio de temperatura.

Fluido cervical
Después de que tus loquios disminuyan aproximadamente cinco semanas después del parto.

Temperaturas
(lo que llegue antes)

- cuando observes un cambio en tu patón infértil básico a fluido cervical húmedo

o

- tener un episodio de sangrado

o

- las tomas disminuyen a menos de cada tres horas durante el día y menos de cada cuatro o cinco horas de noche

o

- introduzcas alimentos sólidos

Posición cervical
Después de que tu médico te dé el visto bueno para retomar el sexo: normalmente entre 4 y 6 semanas después del parto.

Puede interesarte usar el método de amenorrea lactante como guía durante los seis primeros meses. Sin embargo, aún deberías comprobar tu fluido cervical para evitar sorpresas *(véase* nota a pie de página en página 513).

Los criterios para el método de amenorrea lactante son:

1. Menstruaciones que no han vuelto (puedes ignorar el sangrado antes del día 56).

2. El bebé tiene menos de seis meses de edad.

3. Estás practicando la lactancia completa, como se define en la primera columna.

Utilizando el Método de Conciencia de la Fertilidad durante los ciclos largos y las fases de la anovulación

No es necesario leer estas páginas si tus gráficas revelan que estás ovulando normalmente. Pero si no lo estás, o si tus ciclos son más largos de 38 días, deberías volver atrás y asimilar los principios básicos de los capítulos 6 y 11 antes de seguir leyendo. Y las mujeres que dan el pecho deberían además leer el apéndice I, especialmente dedicado a usar el Método de Conciencia de la Fertilidad mientras se amamanta.

Independientemente de por qué no ovules, deberías ser consciente de que el Método de Conciencia de la Fertilidad es un método más difícil de aprender inicialmente mientras estás pasando estas transiciones menstruales. Te animaría a trabajar con un asesor del Método de Conciencia de la Fertilidad durante estas épocas si te resulta confuso.

Una mujer promedio experimentará unos 400 períodos en su vida. De acuerdo, quéjate si quieres. Pero recuerda, no todos los episodios de sangrado vienen precedidos por la ovulación y, por tanto, en términos técnicos, ese sangrado no es menstruación necesariamente. De hecho, las mujeres pueden pasar meses, o más tiempo, sin ovular o sin sangrar en absoluto, o pueden experimentar sangrado anovulatorio. Las mujeres que tienen más probabilidad de experimentar ciclos anovulatorios son:

- Adolescentes
- Quienes han dejado la píldora
- Quienes sufren síndrome ovárico poliquístico u otros problemas hormonales como hiper o hipotiroidismo
- Quienes hacen ejercicio agotador o tienen muy poca grasa corporal
- Quienes sufren estrés debido a factores como las enfermedades y los viajes
- Quienes tienen partos seguidos, amamanten o no
- Las premenopáusicas

Como puedes inferir por sus diversas causas, la anovulación puede ser una fase temporal que dura no más de un mes o dos, o que podría durar hasta varios años. En cualquier caso, la mayoría de las mujeres tiene un ciclo anovulatorio de vez en cuando. El punto clave que hay que entender es que si ovulas, tendrás el período (a menos, por supuesto, que concibas), pero si sangras, no significa necesariamente que ovules.

Por supuesto, cuando una mujer no está ovulando, parecería obvio que no es fértil, ¿verdad? Bien, sí y no. Cuando las mujeres no ovulan, es evidente que no son fértiles. No obstante, irónicamente, los ciclos anovulatorios o, más normalmente, los ciclos demasiado largos, pueden ser más difíciles de interpretar, porque los patrones evidentes de fertilidad no tienen lugar. No ves la predecible acumulación de fluido cervical fértil, seguida del secado y de un cambio de temperatura. En esencia, entonces, debes tratar cada día como si fueras preovulatoria, ya que la ovulación aún *puede* ocurrir.[1]

TU PATRÓN INFÉRTIL BÁSICO CUANDO NO OVULAS

Como mencioné en el capítulo 6, todas las mujeres que ovulan tienen un patrón infértil básico, que es el tipo de fluido cervical que suelen producir en los pocos días después de su período y antes de que el punto de cambio indique niveles mayores de estrógeno. Para algunas, esto puede significar estar seca durante unos días. Para otras, puede ser fluido cervical pegajoso o de otro tipo no húmedo. Lo importante es que *sea la misma textura invariable, día tras día.* Y las mujeres que tengan ciclos muy cortos, probablemente no tengan un patrón infértil básico en absoluto, pero en

---

1. Aunque este apéndice trata sobre el control de la natalidad durante las fases de anovulación, también deberían utilizarlo las mujeres con ciclos anormalmente largos, porque comparten los mismos problemas. Las causas subyacentes de la anovulación y de los ciclos largos, y cómo las tratas de cara a la anticoncepción, son básicamente las mismas.

su lugar pueden desarrollar un fluido cervical húmedo inmediatamente después de su período, lo que indica una ovulación temprana cada ciclo.

Sin embargo, durante los ciclos *anovulatorios* o anormalmente largos, tu patrón infértil básico probablemente se extienda durante semanas o incluso meses. De nuevo, muchas mujeres que experimentan una fase extendida de anovulación están continuamente secas, día tras día. Otras pueden observar que, en lugar de experimentar días secos cuando no ovulan, tienen esencialmente el mismo tipo de fluido cervical no húmedo e invariable, día tras día. En cualquier caso, si no tienes los patrones usuales del fluido cervical posmenstrual aproximadamente en la semana después de que termine tu período, tu cuerpo reflejará claramente una falta de actividad en tus ovarios. Por tanto, ese tipo de días se tratan como si fueran días secos, pero *sólo* después de que hayas establecido claramente tu patrón infértil básico, como se explica a continuación.

ESTABLECIENDO TU PATRÓN INFÉRTIL BÁSICO

Para establecer un patrón infértil básico, deberías abstenerte de las relaciones *durante dos semanas*, sin la interferencia de semen o espermicidas, o de cualquier otra cosa que pueda enmascarar la observación del fluido cervical. Una vez que lo hayas observado cuidadosamente durante dos semanas seguidas y que hayas registrado qué tipo de *patrón invariable* produces, habrás establecido tu patrón infértil básico. Sólo entonces puedes aplicar las dos reglas anovulatorias enumeradas en los recuadros verdes que aparecen a continuación.

REGLA DEL DÍA SECO INVARIABLE

Si tu patrón infértil básico de dos semanas es seco o esencialmente de la misma textura que el fluido cervical no húmedo, día tras día, tienes seguridad para unas relaciones sin protección la noche de cada día seco o pegajoso invariable.

Sin embargo, si al día siguiente tienes semen residual que enmascara tu fluido cervical, deberías anotarlo con un signo de interrogación y no considerar seguro ese día. Además, las mujeres con un patrón infértil básico de fluido cervical húmedo no deberían considerarse infértiles hasta que cambie el patrón infértil básico.

Como mencioné en la página 108, un truco para eliminar el semen de tu vagina después de las relaciones es hacer TES, o técnicas de emisión de semen. Después, si el día posterior a las relaciones, de nuevo experimentas la misma sequedad sin cambios o fluido cervical no húmedo, estás segura para el sexo sin protección esa noche.

Un ejemplo de la regla del día invariable con fluido cervical pegajoso

Método anticonceptivo utilizado														−					−	−					−				−	−	−					−			−
Día del ciclo	1	2	3	4	5	6	7	8	9	10	11	12	13	14	(15)	16	17	18	19	(20)	(21)	22	23	24	25	(26)	27	28	29	(30)	(31)	(32)	33	34	35	36	(37)	38	39	(40)
Clara de huevo																																								
Cremoso																																								
PERÍODO, sangrado ligero, seco o pegajoso																																								
Fase fértil y día cumbre																																								
SENSACIÓN VAGINAL															pegajoso																									→

Gráfica de patrón infértil básico de Corrie. Corrie se abstuvo durante dos semanas, de forma que pudo determinar su patrón infértil básico. Una vez que se dio cuenta de que era pegajoso invariablemente, se consideró segura cada noche de un día pegajoso.

Dos patrones infértiles básicos complicados

1) Fluido cervical seco y pegajoso

En lugar de ser seco tu fluido cervical día tras día, puede haber veces en tu vida en que observes un patrón de seco y pegajoso durante el tiempo de observación de dos semanas en que determinas tu patrón infértil básico.

Si eres una usuaria nueva del Método de Conciencia de la Fertilidad, te animaría a considerar sólo la noche de los días *secos* como seguros hasta que puedas confirmar que tu patrón alterna entre seco y pegajoso durante al menos dos semanas, preferiblemente más. Para usuarias expertas del Método de Conciencia de la Fertilidad, puedes elegir utilizar un patrón de combinación como tu patrón infértil básico, pero recuerda que el aspecto fundamental consiste en prestar atención especial a cualquier cambio hacia un fluido cervical húmedo. De cualquier forma, deberías ser consciente de que puedes estar corriendo un riesgo un tanto mayor cuando tienes una combinación de seco y pegajoso.

Por esta razón, te recomiendo comprobar que no tienes fluido cervical húmedo en el cuello de tu útero antes de tener relaciones (*véase* apéndice G, relativo a la comprobación interna). O al menos deberías comprobar que la posición del cuello de tu útero es firme, baja y cerrada. Sin embargo, en último término, puedes decidir que este patrón seco y pegajoso supone más peligro de lo que estás dispuesta a correr, y por tanto decides abstenerte o utilizar métodos de barrera en los días no húmedos.

Para ver cómo registrarías un patrón infértil básico de días secos y pegajosos, observa la gráfica de Sasha en la página siguiente.

524

Un ejemplo de regla del día invariable con fluido seco y pegajoso

Método anticonceptivo utilizado																				
Relaciones el día del ciclo	41	2	3	4	5	6	7	8	9	50	11	12	13	14	15	16	17	18	19	60
Clara de huevo																				
Cremoso																				
PERÍODO, sangrado ligero, seco o pegajoso																				
Fase fértil y día cumbre																				
SENSACIÓN VAGINAL	seco	=				pegajoso	=		seco	pegajoso	=		pegajoso	pegajoso	seco			húmedo	húmedo	
DESCRIPCIÓN EXTERNA DEL FLUIDO CERVICAL	película amarilla	lo mismo además de pegajoso				vetas blancas diminutas			película blanca pegajosa			0,5 cm postoso	película pegajosa	película pegajosa				0,5 cm crema húmeda húmedo	2,5 cm blanco y elástico húmedo	
DESCRIPCIÓN INTERNA DEL FLUIDO CERVICAL	húmedo y pegajoso					pegajoso, húmedo			película blanca y pegajoso	húmedo y pegajoso 0,5 cm			más denso y pegajoso	=						

Relaciones el día del ciclo	21	22	23	24	25	26	27	28	29	70	31	32	33	34	35	36	37	38	39	60
Fase fértil y día cumbre				PA	1	2	3	4								PA	1	2	3	4
SENSACIÓN VAGINAL								seco	seco		pegajoso		seco		húmedo					seco
DESCRIPCIÓN EXTERNA DEL FLUIDO CERVICAL								película pegajosa	0,5 cm postoso		0,5 cm postoso		película pegajosa		1 cm opaco y húmedo					vetas blancas
DESCRIPCIÓN INTERNA DEL FLUIDO CERVICAL								más, pero pegajoso	lo mismo →		lo mismo →		más, pero pegajoso							más, pero pegajoso

Gráfica de Sasha. Puesto que es una patinadora profesional que tiene una buena forma física, Sasha prácticamente no tiene grasa corporal. La combinación del estrés de la competición y su bajo peso corporal la han llevado a dejar de ovular mientras compite. Decidió abstenerse durante las dos semanas anteriores al comienzo de esta gráfica para establecer su patrón infértil básico, que era una combinación de días secos y pegajosos intermitentemente.

Se podía haber considerado segura en cualquier momento en que tuviera días secos o pegajosos, pero decidió utilizar sólo días secos para las relaciones sin protección. Pero el día 55, su pareja utilizó un condón cuando ella tenía el fluido pegajoso. Durante sus meses anovulatorios, vigiló cualquier parche de fluido cervical húmedo, y se abstuvo durante esos días hasta cuatro días más allá del último día del parche. Esta regla del parche se explica en la página siguiente.

Observa que en el día 64 tuvo clara de huevo por primera vez en un par de meses. Si se hubiera tomado también la temperatura, un cambio en ésta la habría ayudado a saber si ese parche conducía, o no, a la ovulación. Como se vio después, ella no había ovulado y pudo comprobarlo porque no tuvo el período en los siguientes 12-16 días.

2) Fluido cervical húmedo

Las mujeres con un patrón infértil básico de fluido cervical húmedo, día tras día, se deberían considerar potencialmente fértiles. Aunque este tipo de patrón puede ser frustrante, es demasiado peligroso intentar diferenciar entre un tipo húmedo frente a otro. También te conviene hacerte una revisión para descartar una infección o un problema en el cuello del útero. Pero, suponiendo que todo esté bien, durante estas fases deberías abstenerte o utilizar métodos de barrera hasta que vuelvas a tener de nuevo la ovulación normal.

LA TRANSICIÓN: SIGNOS DE OVULACIÓN INMINENTE

Durante las diversas fases de tu vida en que no tienes ovulación o en que tienes ciclos demasiado largos, tu cuerpo puede pasar numerosos intentos de liberar un óvulo antes de que realmente lo haga. Con estas transiciones, después de semanas o meses con el mismo patrón infértil básico (por ejemplo, seco día tras día, o pegajoso día tras día), podrías observar un cambio a parches de fluido cervical o sensación más fértil, intercalados con días secos o no húmedos. Su duración puede ser de uno a varios días.

Es fundamental que permanezcas atenta a ese tipo de cambios, porque es la forma en la que tu cuerpo refleja la actividad hormonal que puede llevar en último término de nuevo a la ovulación. Por tanto, si empiezas a observar parches pegajosos entre las fases secas, o húmedos entre las fases pegajosas, debes seguir la regla de debajo para evitar un embarazo.

REGLA DEL PARCHE

(PARCHE + 4)

Si tu patrón infértil básico de dos semanas es seco o básicamente el mismo fluido cervical pegajoso día tras día, tienes seguridad para la relación sin protección la noche de cada día seco o no húmedo invariable. Pero en cuanto veas un cambio en tu patrón infértil básico a fluido cervical o sensación vaginal húmedos o sangrado, debes considerarte fértil hasta la noche del cuarto día no húmedo consecutivo después del día del parche.

El día del parche es el último día del parche de fluido cervical más fértil de tu patrón infértil básico.

Un ejemplo de la regla del parche con un patrón infértil básico seco

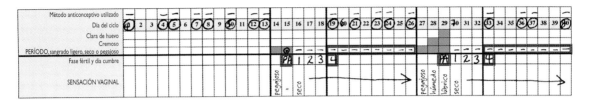

Gráfica de Jacqueline. Cuando Jacqueline desarrolló parches de fluido cervical con sangrado ligero, pegajosos o húmedos, intercalados con sus días secos, se consideraba fértil hasta que pudo identificar el día del parche más 1, 2, 3, 4. Por tanto, en esta gráfica el primer parche se consideró fértil empezando el día 54 y siguiendo hasta el día cumbre más 4, o la noche del día 59. Entonces se consideró segura todas las noches de los días secos, hasta su siguiente parche el día 67. Asimismo, observa que si los ciclos se extienden más de cuarenta días, puedes renumerar el día 1 de la gráfica como el 41, como se ve arriba. (Las noches infértiles están encuadradas en rojo).

Un ejemplo de la regla del parche cuando el fluido es pegajoso

Gráfica de Kirsten. Regla del parche con patrón infértil básico de días pegajosos. Cuando Kirsten desarrolló parches de sangrado ligero o fluido cervical húmedo intercalado entre sus días pegajosos, se consideró fértil hasta que pudo identificar el día del parche más 1, 2, 3, 4. Por tanto, en esta gráfica, el primer parche que consideró fértil comenzó el día 57 y continuó hasta el parche más 4, o la noche del día 63. Entonces se consideró segura todas las noches de días pegajosos, hasta su parche siguiente el día 71. El día 72 lo marcó como parche más 4, y estuvo segura de nuevo la noche del día 76. (Las noches infértiles se enmarcan en rojo).

Sangrado ligero o sangrado normal durante las fases anovulatorias

Como vemos en la regla de arriba, cuando las mujeres experimentan episodios de sangrado ligero o sangrado normal durante las fases de anovulación, es necesario tratar esos días concretos como potencialmente fértiles. El sangrado podría ser el comienzo de la actividad hormonal preparatoria para la ovulación, o sangrado ligero ovulatorio por sí mismo. Por supuesto, la clave para determinar la verdadera menstruación es la observación de un cambio de temperatura de 12 a 16 días antes. Pero aunque no te tomes la temperatura durante los momentos de anovulación, necesitas vigilar lo que parece un día cumbre (o, en este caso, más específicamente, un parche de fluido cervical que culmina en una secreción clara, elástica o lubricante). Puesto que esto es seguido por un sangrado menstrual de 12 a 16 días después, puedes estar bastante segura de que el sangrado que ahora experimentas es una menstruación verdadera.

En cualquier caso, decidir cuándo empezar el día 1 de una nueva gráfica puede ser un tanto confuso si no está claro que lo que estás experimentando es un verdadero sangrado menstrual. Por tanto, puedes decidir empezar una nueva gráfica el día 1 de cada episodio de sangrado, o puedes mantener la misma gráfica larga, como si estuvieras experimentando un ciclo continuo, posiblemente de meses de duración, con fases intermitentes de sangrado. Lo más importante es poder identificar cuándo el sangrado es un período verdadero.

La temperatura basal, por supuesto, confirmaría la ovulación si hubiera un cambio de temperatura de 12 a 16 días antes del sangrado. Pero debes tener en cuenta que cuando vuelves a ovular por primera vez después de no haberlo hecho muchos meses, tus fases lúteas pueden ser inicialmente muy cortas. Entonces, por ejemplo, puedes tener un verdadero día cumbre seguido por sólo ocho días antes de que vuelvan las menstruaciones. En cualquier caso, una vez que empieces a observar más y más parches de fluido cervical fértil, deberías empezar a tomarte la temperatura al despertarte de nuevo, porque uno de estos parches llevará en última instancia a la ovulación, y un cambio de temperatura lo confirmará claramente.

Un ejemplo de sangrado ligero ovulatorio

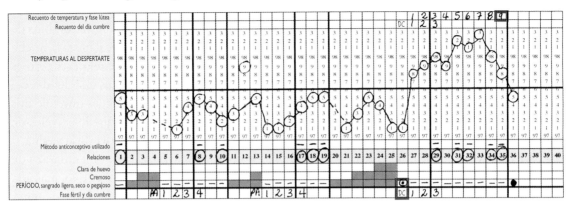

Gráfica de Geraldine. Geraldine no ha ovulado durante varios meses, por lo que está especialmente atenta a cualquier parche de fluido cervical que haya intercalado durante sus días secos, y aplica la regla del parche de +4. Pero un día observa que su fluido cervical va más allá de los pequeños parches que sólo cambiaron a cremoso durante un día o dos.

Este parche concreto, que empieza el día 20, culminó en dos días de clara de huevo evidente, seguida por un día de sangrado ligero, el signo clásico de un sangrado ligero ovulatorio. Como era de esperar, su temperatura se elevó el día posterior a ese sangrado el día 27, confirmando que lo más probable era que ovulara. Sin embargo, su fase lútea fue bastante breve este ciclo y duró sólo nueve días. Esto es típico de mujeres que no han ovulado durante un tiempo. Puede tardar unos cuantos ciclos que su fase lútea vuelva a una más normal de 12-14 días.

Observa que Geraldine probablemente tuvo un ciclo de 80 o incluso 120 días, pero que decide comenzar la gráfica de nuevo como si fuera el día 1 (frente al día 41, que has visto antes). Deberías hacer aquello con lo que te sientas cómoda.

Comprobando el cuello de tu útero

Como ya sabes, tu posición cervical es un excelente síntoma de fertilidad para ayudar a comprobar tus otros síntomas, especialmente en situaciones de ambigüedad. Debería estar firme, bajo y cerrado antes de que te consideres segura.[2]

---

2. Las mujeres que han dado a luz vaginalmente tendrán una apertura cervical que nunca se cierra por completo. En su lugar, tiende a sentirse como una raja horizontal ligeramente abierta. De cualquier forma, las madres recientes no deberían comprobar el cuello de su útero durante al menos hasta aproximadamente dos meses después del parto.

Un enfoque menos cauteloso

Como leíste en la página 526, cuando experimentas una fase larga de anovulación sin cambios de temperatura, debes considerarte fértil durante cualquier parche de fluido cervical hasta la noche del cuarto día después del parche. Sin embargo, algunos médicos creen que si el parche no es húmedo, sólo necesitas esperar hasta la noche del segundo día no húmedo más allá del día del parche (en lugar del cuarto), como se ve debajo, en la gráfica de Olivia. La teoría es que sólo dos días de secreciones no húmedas, seguidos por sequedad, es un indicativo de que los niveles de estrógeno no son suficientemente altos para generar la ovulación y cambiar el pH de la vagina.

Este enfoque se sigue considerando seguro, pero si no puedes arriesgarte a un embarazo de ningún modo, deberías esperar hasta la noche del cuarto día no húmedo consecutivo, más allá de tu día de parche, o verificar que no hay fluido cervical en el cuello del útero antes de tener relaciones.

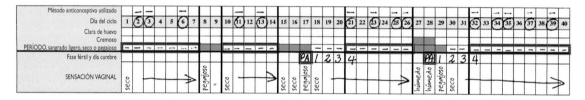

Gráfica de Olivia. **Un enfoque menos cauteloso.** Olivia estableció su patrón infértil básico de sequedad hace semanas. Por tanto, se considera segura la noche de todos los días secos. Pero en cuanto empieza a desarrollar *cualquier* tipo de fluido cervical, esencialmente «espera y ve». Si sólo tiene un día o dos de secreciones no húmedas (pegajosas), como los días 8 y 9, se abstiene durante estos días, pero después se considera segura una vez más cada noche seca después de esos días pegajosos. Pero en los días 15-17 observa fluido pegajoso desarrollándose de nuevo, aunque esta vez se considera fértil en esos días y aplica la regla del parche + 4, porque había al menos 3 días en una fila de días pegajosos.

Por último, en los días 27-29 tiene otro parche de secreciones, que en este caso constaba de dos días de fluido húmedo (cremoso) y un día de fluido pegajoso. Por tanto, aplica otra vez la regla del parche + 4, pero, esta vez, su último día de fluido húmedo fue en realidad el día 28, por lo que ése es el día que considera su día de parche cuando comienza el recuento de 4. Por tanto, ella se consideró segura comenzando la noche del día 32. (Las noches infértiles están encuadradas en rojo).

La diferencia entre el día cumbre y el día del parche

La principal diferencia entre los dos es la siguiente:

1. Los días cumbre suelen ocurrir inmediatamente antes de la *ovulación*, y suelen ser el último día de fluido cervical o sensación vaginal clara, elástica o lúbrica. (La regla anticonceptiva relevante es cumbre + 3 o DC + 3).[3]
2. Los días de parche, por otra parte, tienden a tener lugar durante los ciclos anovulatorios, y suelen ser el último día del parche más fértil del patrón infértil básico invariable de fluido cervical, como por ejemplo un parche de fluido pegajoso en medio de días secos invariables. (La regla anticonceptiva relevante es parche + 4, o PA + 4).

Por tanto, en resumen, con los ciclos anovulatorios puedes tener día tras día de fluido cervical invariable intercalados con parches cuando tu cuerpo intenta ovular. Llegará un momento en el que uno de esos parches evolucionará en el patrón clásico de volverse más húmedo, culminando en fluido cervical o sensación vaginal clara, resbaladiza o lúbrica. El truco es vigilar el parche que signifique que lo más probable sea que haya tenido lugar la ovulación.

Este parche final se maneja como un patrón de día cumbre normal, suponiendo que un cambio de temperatura lo confirme, como se explica en las reglas del capítulo 11. En otras palabras, de nuevo puedes considerarte segura cuando logres estas condiciones:

- La noche del tercer día consecutivo después de tu día cumbre
- La noche del tercer día consecutivo en que tu temperatura esté por encima de la línea de la temperatura base, mientras la tercera temperatura esté por lo menos tres décimas por encima

Un ejemplo de cómo registrar un ciclo con días parche y día cumbre puede verse en la siguiente página.

---

3. Por supuesto, cumbre + 3 se aplica a las mujeres que también han identificado un cambio de temperatura para confirmar el día cumbre. Si sólo están comprobando fluido cervical, la regla es cumbre + 4.

Un ejemplo de la regla del parche y del día cumbre juntos

Gráfica de Sara. Parches de fluido cervical. Cuando Sara viajó a Francia durante el verano, su ciclo se complicó y en realidad no ovuló hasta aproximadamente el día 67 (observa que esta gráfica comienza con el ciclo el día 41). Varias veces durante el verano su cuerpo se «preparó» para ovular, pero después se detuvo, como se ve con los parches esporádicos de fluido cervical en las semanas anteriores a su cambio de temperatura. Para esos parches, ella utilizó la regla del día del parche.

Por último, los días 66 y 67 experimentó clara de huevo, y se dio cuenta de que era muy probable que estuviera a punto de ovular, lo cual se confirmó con un cambio de temperatura el día 68. Así aplica la regla del día cumbre y se considera segura al comenzar la noche del tercer día después de su día cumbre y su cambio de temperatura. (Las noches infértiles están encuadradas en rojo).

UNA NOTA ESPECIAL SOBRE DISTINTAS SITUACIONES DE ANOVULACIÓN

Dejando la píldora y otros anticonceptivos hormonales

Puede ser difícil cambiarse de la píldora a un método anticonceptivo natural, porque estás acostumbrada a ciclos totalmente regulares, aunque artificiales. Por tanto, naturalmente, puede ser más complicado para ti reflejar al principio tus ciclos en gráficas. Pero una vez que vuelvas a los ciclos normales, recibirás la enorme recompensa de saber que tu cuerpo está sano y libre de las sustancias químicas que pueden generar diversos efectos secundarios y problemas médicos.

En cualquier caso, cuando dejas por primera vez las hormonas artificiales, puedes notar uno de los tres patrones infértiles básicos muy distintos.

- Una ausencia de fluido cervical
- Un fluido cervical fértil continuo que puede ser acuoso o lechoso
- Parches anómalos de diversos tipos de fluido cervical

Si estás seca día tras día, excelente. Aun así, necesitas estar especialmente atenta a los cambios en tus ciclos cuando te aproximas a la ovulación y seguir las dos reglas de este apéndice muy cuidadosamente. Pero si consideras los dos otros patrones demasiado ambiguos cuando tu cuerpo se adapta a ovular de nuevo, deberías abstenerte o utilizar métodos de barrera hasta que veas un cambio de temperatura evidente para confirmar la ovulación.

Después del parto (ya sea que des el pecho o no)

Uno de los puntos más importantes de entender, que tienen que ver con la transición a la fertilidad posparto, está relacionado con lo que se considera fluido cervical fértil. Una vez que vuelven tus ciclos (como se refleja en un cambio de temperatura), *cualquier* fluido cervical preovulatorio se considera fértil, como sucedía antes de quedarte embarazada. La conclusión es que tendrás que volver a las cuatro reglas estándar utilizadas para los ciclos normales expuestas en el capítulo II.

Premenopausia

Lamentablemente, las mujeres premenopáusicas que siguen las reglas del patrón infértil básico pueden tener un riesgo algo mayor de embarazo que las mujeres más jóvenes. Por tanto, aunque es cierto que las mujeres son definitivamente menos fértiles en su cuarentena, curiosamente, su fluido cervical se puede volver húmedo más rápidamente. De este modo, una mujer que tenga un patrón infértil básico de días pegajosos puede volverse más húmeda más rápidamente que antes, cuando experimentaba una transición más gradual durante varios días. A consecuencia de esto, su cuerpo puede progresar más rápidamente hacia la ovulación que en años anteriores. Por tanto, las mujeres premenopáusicas pueden preferir limitar las relaciones preovulatorias sólo a las noches de los días secos.

Como dije antes, el mayor riesgo puede minimizarse si compruebas la posición del cuello del útero. Debe estar firme, bajo y cerrado antes de considerarte segura. Además, y como se expone en el apéndice G, comprobar tu fluido cervical internamente en el cuello del útero para verificar que no hay secreción húmeda presente antes de tener relaciones también minimizará tu riesgo potencialmente mayor.

Cuando elaborar la gráfica se hace más difícil: Cambios en tu patrón infértil básico que indican una transición

Si un patrón de fluido cervical *diferente* de tu primer patrón infértil básico evoluciona y es el mismo día tras día durante al menos dos semanas, eso ahora se convierte en tu nuevo patrón infértil básico, desde el cual debes vigilar otros cambios. Por tanto, por ejemplo, si habías estado seca día tras día durante un mes aproximadamente, y después desarrollaste un patrón de fluido cervical pegajoso que duró al menos dos semanas, esa textura de pegajoso se convertiría en tu nuevo patrón infértil básico.

Después te considerarías segura todas las noches siguientes de fluido pegajoso, hasta que observases un parche más fértil (como por ejemplo cremoso), o experimentases sangrado ligero o sangrado normal. Entonces debes tratar esos parches como posiblemente fértiles, hasta que puedas aplicar la regla del parche que aprendiste en la página 526. ¿Nos estamos divirtiendo?

COMENTARIOS DE CONCLUSIÓN SOBRE EL MÉTODO DE CONCIENCIA DE LA FERTILIDAD Y LAS FASES ANOVULATORIAS

El punto más importante que recordar cuando experimentes anovulación es estar constantemente pendiente de un *punto de cambio* en el fluido cervical, porque eso podría indicar una ovulación inminente. Lo ideal es que sigas tomándote la temperatura para confirmar que no estás ovulando. De hecho, uno de los beneficios de tomarte la temperatura durante esas ocasiones es que si son anómalas, eso es en sí mismo un buen síntoma de que no tienes todavía la ovulación. Sin embargo, si consideras esto tedioso durante largos meses de no ver un cambio de temperatura, podrías decidir esperar hasta ver tu fluido cervical evolucionar a un tipo más fértil.

De cualquier forma, recuerda que siempre puedes comprobar tu posición cervical durante los momentos de ambigüedad. Y aunque estas reglas pueden parecer más complejas que las reglas estándar del Método de Conciencia de la Fertilidad, tal vez descubras que son bastante simples, especialmente si tienes el mismo patrón de fluido cervical invariable, o de sequedad, varios meses seguidos.

En cualquier caso, deberías saber que lo normal es que tengas advertencias suficientes de que los ciclos normales se van a reanudar gracias a la acumulación de parches de fluido cervical mientras tu cuerpo intenta ovular. Y, finalmente, aunque puede ser confuso a veces, recuerda que las fases anovulatorias probablemente sean una parte bastante pequeña de tu vida reproductora.

REGLA DEL DÍA INVARIABLE

Si tu patrón infértil básico de dos semanas está seco o tiene esencialmente el mismo fluido cervical pegajoso, día tras día, estás segura para una relación sin protección la noche de cada día seco o pegajoso invariable.

Sin embargo, si al día siguiente tienes semen residual que enmascara tu fluido cervical, deberías añadir un signo de interrogación y no considerar seguro ese día. Además, las mujeres con un patrón infértil básico de fluido cervical húmedo no deberían considerarse infértiles hasta que cambie el patrón infértil básico.

REGLA DEL PARCHE

Si tu patrón infértil básico de dos semanas está seco o esencialmente tiene el mismo fluido pegajoso día tras días, estás segura para relaciones sin protección la noche de cada día seco o esencialmente no húmedo invariable. Pero en cuanto veas un *cambio* en tu patrón infértil básico a fluido cervical húmedo, la sensación vaginal, o sangrado, debes considerarte fértil hasta la noche del cuarto día consecutivo no húmedo después del día del parche.

El día del parche es el *último* día del parche de fluido cervical o sensación vaginal más fértil en tu patrón infértil básico.

Un breve vistazo a la elección del sexo

K

> *Si quieren tener un hijo varón, dejad al hombre coger el útero y la vulva de una libre y que los seque y los pulverice; que los mezcle con vino y que los beba. Dejad que la mujer haga lo mismo con los testículos de la liebre, dejadla estar con su marido al final de su período menstrual y concebirá un varón.*
>
> TROTULA, MÉDICA ITALIANA, EN 1059

Afortunadamente, las técnicas de elección de sexo expuestas en este apéndice han eliminado la liebre. En efecto, en los años 1970, el doctor Landrum Shettles desarrolló una forma bastante simple, con base científica, con la que aumentar las probabilidades de tener un chico o una chica. Escribió un libro informativo titulado *How to Choose the Sex of Your Baby* (Broadway, 2006). Este apéndice recoge algunos de sus aspectos esenciales, pero insiste en los principios de conciencia de la fertilidad para ayudar a mejorar tus probabilidades. Tal vez quieras leer este trabajo para una cobertura más completa del tema.

Aunque varios estudios han mostrado que el método de Shettles tuvo bastante éxito, debo insistir en que su eficacia, en términos absolutos, es muy discutida en la comunidad médica. No afirmo ser una experta en este tema, pero lo trato aquí brevemente porque, una vez que conoces los principios fundamentales de la Conciencia de la Fertilidad, este método de elección del sexo es relativamente fácil de aplicar.

Por supuesto, incluso los defensores más ardientes del método no sugieren que sea fácil de manejar. El propio doctor Shettles afirmó que es aproximadamente entre un 80 y un 90 % eficaz para elegir chicos, y entre un 75 y un 80 % eficaz para elegir chicas, cuando las reglas del método se siguen correctamente. La razón de las tasas menores para las chicas es que es más difícil programar apropiadamente las relaciones cuando se intenta conseguir una chica.

537

El principio fundamental en el que se basa el método Shettles es que el espermatozoide determina qué sexo tendrá un bebé. El espermatozoide masculino (cromosomas Y) es más pequeño, más ligero, más rápido y más frágil que el espermatozoide femenino (cromosomas X). El espermatozoide femenino suele ser más grande, más pesado, más lento y más robusto, y por eso tiende a vivir más que el espermatozoide masculino.[1] Todo esto significa que, si quieres un chico, deberías programar la relación lo más cercana posible a la ovulación, de forma que el espermatozoide masculino más rápido y más ligero se lleve el primer premio. De igual modo, si prefieres una chica, debes programar la relación lo más lejos posible de la ovulación que puedas, mientras permitas que tenga lugar la relación.

La prueba primaria en la que Shettles basó su método es que el espermatozoide masculino normalmente gana al femenino cuando se colocan en una pista de fluido cervical alcalino fértil en recipientes de laboratorio. El espermatozoide recuperado del tracto reproductivo femenino también confirma que el espermatozoide masculino es más rápido, pero que el espermatozoide femenino es más resiliente.

AUMENTANDO TUS PROBABILIDADES CON LA CONCIENCIA DE LA FERTILIDAD

Antes de ver cómo el Método de Conciencia de la Fertilidad encaja con el método de Shettles, deberías reflejar en gráficas al menos tres ciclos antes de intentar elegir el sexo, para conocer realmente bien tu propio ciclo. Si estás empezando a elaborar gráficas, es mejor abstenerse o usar condones de forma que no se enmascare el fluido cervical. Esto te ayudará a identificar con precisión su patrón a la vez que evitas un embarazo que no estaba bien programado para el sexo que deseabas.

Una de las razones para reflejar en gráficas antes varios ciclos es determinar cuántos días de fluido cervical fértil sueles tener. En términos generales, la mayoría de las mujeres suelen tener un número bastante regular de días de clara de huevo en cada ciclo. (Las que no producen clara de huevo normalmente producirán algún tipo de fluido cervical húmedo). Puedes ver claramente que, cuanto mejor conozcas tu patrón de fluido cervical, mejor sabrás cuántos días de clara de huevo normalmente tendrás que anticipar tu día cumbre. Esto te permitirá programar el sexo con precisión, y de este modo concebir el sexo que ambos deseáis.

---

1. Por motivos de simplicidad, para el resto de este apéndice, me referiré al espermatozoide que lleva el cromosoma Y como «espermatozoide masculino», y al espermatozoide que lleva el cromosoma X como «espermatozoide femenino».

PROGRAMANDO LA RELACIÓN PARA UN NIÑO

Tened relaciones el día cumbre, así como el día siguiente.

Si quieres, inicialmente puedes tener relaciones en la primera parte del ciclo, pero sólo los días secos. Una vez que empiezas a tener fluido cervical, deberías abstenerte para minimizar el riesgo de concebir una niña. Después, ten relaciones en lo que percibes que será tu día cumbre, así como el día después.

Recuerda que, teóricamente, estás intentando programar el sexo lo más cerca posible a la ovulación. El doctor Shettles dice que deberías intentar programar las relaciones para el mismo día de la ovulación, pero, en realidad, tiene más sentido hacerlo para el día cumbre, que suele ser el día antes. Esto se debe a que, en el momento en que tenga lugar la ovulación, el fluido cervical ya se habrá secado, con lo que se reduce drásticamente la posibilidad de la concepción para los dos sexos. En cualquier caso, sin el uso de la ecografía, no hay forma práctica de saber de verdad qué día exacto estás ovulando.

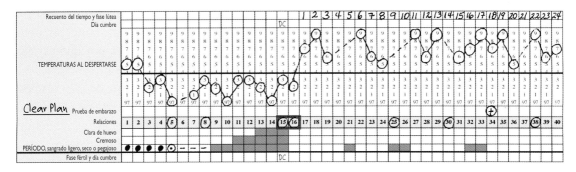

Gráfica de Audrey. Programando la relación para un niño. Audrey tiene dos hijas y ha decidido que sería divertido programar la relación para un niño. Ha estado elaborando gráficas durante un par de años como anticonceptivo, y sabe que normalmente tiene unos tres días de clara de huevo cada ciclo.

Sabiendo que, cuando te programas para un niño, tienes que tener sexo lo más cercano posible a la ovulación, decidió abstenerse en cuanto empezó a tener fluido cervical, esperando a su supuesto día cumbre, así como el día siguiente, para tener sexo. Posponiendo el sexo hasta su tercer día de clara de huevo, se aseguró programar la relación lo más cerca posible de la ovulación. Como puedes ver por la prueba positiva de embarazo del día 18 de su fase lútea, se quedó embarazada en ese ciclo de un niño.

PROGRAMANDO LA RELACIÓN PARA UNA NIÑA

Ten la relación varios días antes de tu día cumbre, pero preferiblemente no más de dos días.

Puede conllevar un poco más de paciencia y perseverancia intentar concebir una niña, porque la programación es más engañosa. Te interesará tener relaciones bastante apartadas de la ovulación para asegurarte de que quedan principalmente espermatozoides femeninos, pero lo suficientemente cerca para permitir concebir. Igual que intentando tener un niño, cuanto mejor conozcas tu patrón de fluido cervical, más probable será que programes la relación correctamente.

La clave es programar la relación desde cuatro a dos días antes de tu día cumbre. Lo que esto significa, en términos prácticos, es que deberías probar cuatro días antes de anticipar el día cumbre. Sin embargo, si ese cuarto día no es más húmedo que pegajoso, deberías probar inicialmente el tercer día antes. Si eso no funciona, prueba un día más cerca en el ciclo siguiente. Pero, para los primeros ciclos, no tengas sexo más cerca de dos días antes de esperar tu día cumbre.

Si has pasado varios ciclos sin concebir, puedes decidir probar a mantener relaciones un solo día antes de tu día cumbre. El hecho es que sí, aumentarás las probabilidades de concebir, pero también aumentan las probabilidades de concebir un niño. Ahora puedes ver por qué es más difícil programarse para una niña.

Recuerda que lo importante es intentar tener relaciones lo más lejos posible de la ovulación y que aun así sea factible concebir. Después de la fecha de corte, debes abstenerte de tener relaciones o utilizar métodos de barrera hasta que estés fuera de tu fase fértil. Si sigues teniendo sexo hasta la ovulación, aumentarás en gran medida la probabilidad de concebir un niño.[2]

---

2. Obviamente, si tienes problemas con la infertilidad, probablemente no merezca la pena seguir las pautas para tener una niña.

540

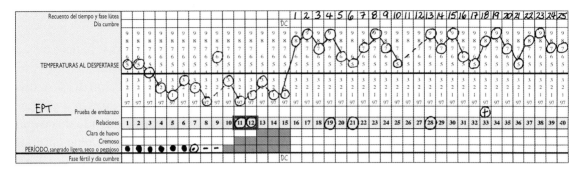

Gráfica de Zoey. Programando la relación para una chica. A Zoey le gustaría probar a programar la relación para concebir una chica, pero es consciente de que será más difícil que probar para un chico, porque tendrá que tener relaciones lo más lejos posible de la ovulación, a la vez que esté suficientemente cerca para concebir realmente. Por tanto, después de elaborar gráficas durante un año como método de control de natalidad, sabe que suele tener un par de días de fluido cremoso antes de varios días de clara de huevo en cada ciclo.

Ella y su marido deciden que, en este ciclo, sólo tendrán relaciones el primer par de días que ella desarrolle alguna humedad (en este caso, cremosa), y después nada de nuevo hasta que haya pasado la ovulación. Ella concibió una chica en ese ciclo. Pero si no lo hubiera conseguido habría intentado tener sexo el siguiente ciclo, un día más cerca, tal vez intentando hacerlo en primer día de clara de huevo, pero después absteniéndose hasta la ovulación.

COMENTARIOS DE CONCLUSIÓN SOBRE EL USO DEL MÉTODO DE CONCIENCIA DE LA FERTILIDAD Y EL MÉTODO SHETTLES

Las pautas aquí presentadas pueden aumentar tus probabilidades de concebir el sexo de tu elección. Sin embargo, debería insistir de nuevo en que incluso los defensores más ardientes de Shettles reconocen que su método está lejos de ser infalible. De este modo, si estás decepcionada por el nacimiento de tu *segunda* opción, deberías reflexionar seriamente sobre los resultados potenciales antes de intentar concebir.

Un breve vistazo a las alternativas de alta tecnología

Aunque el método Shettles de elección del sexo es uno de los complementos más lógicos de los principios que has aprendido del Método de Conciencia de la Fertilidad, hay al menos otros dos métodos de alta tecnología que deberías conocer. El método Ericsson de selección del sexo utiliza instrumentos especializados para pasar el esperma por una solución de proteínas sanguíneas, separándolo en grupos masculinos y femeninos. Los defensores de este método dicen que tiene tasas de éxito de selección de más del 70 % y que está actualmente disponible en unas 50 clínicas de fertilidad de Estados Unidos.[3]

Por último, y como leíste en el capítulo 15, el diagnóstico genético de preimplantación se ha utilizado ampliamente como una forma de elegir los embriones para la fecundación *in vitro* que tiene mayor probabilidad de tener como resultado bebés sanos. El sexo de esos embriones se observa fácilmente con el diagnóstico genético de preimplantación, y no es de extrañar que se haya convertido en una técnica polémica de selección del sexo altamente eficaz. Por supuesto, la contrapartida es que tiene los costes emocionales, físicos y económicos asociados con todos los procedimientos de fertilidad de alta tecnología.

---

3. A otro método bien conocido de separación del esperma, Microsort, se le ha negado la aprobación, y a fecha de hoy ya no está disponible en Estados Unidos.

Cómo buscar clínicas de fertilidad

El simple hecho de que hayas leído este libro significa que estás muy por delante de la mayoría, porque has aprendido a reflejar tus ciclos en gráficas. Esto por sí solo te permitirá ayudar a tu médico a diagnosticar y en última instancia tratar un posible problema de fertilidad, pero, por supuesto, si decides trabajar con una clínica de fertilidad especializada, aún hay varias formas en las que puedes aumentar las probabilidades de elegir una que sea adecuada para ti.

Obtén referencias

Las dos mejores formas de obtener una recomendación personal son de un profesional de la salud, como tu médico de atención primaria, o de una amiga o pariente que haya utilizado con éxito una clínica en concreto. Ambas tienen ventajas. Los profesionales de la salud tienden a conocer la reputación de los médicos entre sus iguales. Pero los pacientes contentos a menudo pueden explicar por qué recomiendan un médico o clínica específicos, ya sea por su trato a los pacientes, la capacidad para llevar todo del proceso sin ser bruscos ni subestimar, o por su uso y conocimiento de las técnicas más novedosas.

Lo ideal sería obtener referencias de un paciente satisfecho y después comprobar el nombre con tu propio médico u otro profesional de la salud que tenga conocimientos sobre el tema. Y, por supuesto, utilizar Internet para investigar la satisfacción de la gente con la clínica en la que estás pensando.

No te creas las estadísticas exageradas

Uno de los aspectos más frustrantes de buscar clínicas de fertilidad es entender las estadísticas de éxito que cada clínica afirma tener. Hay muchas razones por las que una clínica puede parecer tener mucho éxito. Por ejemplo, hay una gran diferencia entre «tasas de embarazo» y «tasas de llevar el bebé a casa». El porcentaje de mujeres que quedan embarazadas en cualquier clínica determinada merece la pena conocerse, pero la estadística más importante es qué porcentaje de las pacientes tienen un bebé sano en último término.

Además, si una clínica sólo acepta mujeres de menos de 35 años, por ejemplo, sus tasas de éxito parecerán mucho más impresionantes que las de una clínica que en realidad es más innovadora, pero que no establece un límite de edad para aceptar pacientes. Dada la complejidad de los diversos factores que determinan el éxito, te animaría a visitar las dos páginas web de debajo para buscar las tasas de éxito más fiables de diversas clínicas:

sart.org
fertilitysuccessrates.com

Infórmate de los beneficios de la clínica de realizar ciertos procedimientos por encima de otra

Como probablemente sabrás, a menudo hay un conflicto inherente de interés para profesionales médicos que pueden decidir encargar más pruebas y tratamientos de los que son necesarios simplemente porque es más lucrativo para ellos. Por supuesto, no me refiero a marcar grandes diferencias en la profesión, ya que la mayoría de los médicos son éticos y amables, y quieren lo mejor para ti.

Aun así, deberías intentar determinar cómo hacen dinero en última instancia. Por ejemplo, los médicos de las instalaciones docentes suelen ser asalariados, por lo que no hay incentivos para encargar pruebas o procedimientos costosos e innecesarios. En cualquier caso, y como se explicó en el capítulo 15, deberías verificar anticipadamente qué pruebas y procedimientos recomiendan y si su utilidad justifica su coste.

Confía en tu intuición

Oyes este adagio todo el tiempo, y por una buena razón. Si la respuesta siempre estuviera visible en el cielo, no habría dudas. Pero, con algo tan profundamente íntimo como de quién te fiarás para ayudarte a lograr tu sueño de tener un bebé, tu intuición suele ser tu mejor barómetro.

Si cada vez que acudes a la clínica te sientes como un número, o sientes que sólo te conceden unos minutos con tu médico, o no entiendes por qué el médico encarga un procedimiento concreto, considera la posibilidad de encontrar otra clínica. Al final, tu camino para convertirte en madre debería estar lo más libre posible de estrés, y eso empieza con qué clínica en última instancia decidiste que te ayudara.

Recursos relacionados con la fertilidad

Las organizaciones enumeradas debajo deberían poder ayudarte a localizar un asesor de conciencia de la fertilidad en tu zona. La información que enseña el Método de Conciencia de la Fertilidad y la planificación familiar natural es similar, pero debes saber que la instrucción de la PFN suele venir con una orientación religiosa que tal vez no valores, y, como recordarás, la PFN prohíbe los métodos de barrera durante la fase fértil. Independientemente de si intentas practicar el control de la natalidad natural o quedarte embarazada, te animaría a buscar organizaciones que enseñen el método sintotérmico, tal como se enseña en este libro, lo cual incluye la observación de la temperatura al despertarse y el fluido cervical.

Además, si te has sentido inspirada por lo que has aprendido en este libro y te gustaría convertirte en asesora, las organizaciones de la página siguiente pueden llevarte a programas de certificación. Y para aquellas de vosotras a las que os gustaría difundir la conciencia de la fertilidad como carrera, os animaría a considerar la posibilidad de obtener un grado en enfermería o en salud pública.

Organizaciones comunitarias

Todos los enumerados debajo pueden indicarte el camino correcto para clases sobre el Método de Conciencia de la Fertilidad y la PFN:

Clínicas de planificación familiar
Departamentos de educación de hospitales
Departamentos de salud pública
Clínicas de salud de universidades
Clínicas para mujeres
Iglesias católicas y diócesis

Profesionales del Método de Conciencia de la Fertilidad (MCF)

Puesto que no hay tantos instructores de MCF como de PFN, tal vez quieras contactar con las siguientes organizaciones para obtener sus listas de instructores cualificados que dan clases, así como consultas privadas presencial o por teléfono.[1]

Asociación de Profesionales de Conciencia de la Fertilidad
FertilityAwarenessProfessionals.org

La Asociación de Profesionales de Conciencia de la Fertilidad apoya a los profesionales del ámbito de la conciencia de la fertilidad, además de a aquellos que buscan instrucción en conciencia de la fertilidad no religiosa y de alta calidad. La asociación tiene una lista de instructores en su página web, ofrece información a los interesados en convertirse en instructores de conciencia de la fertilidad y es la única organización de miembros internacional para avanzar en el campo de la conciencia de la fertilidad.

Profesionales del método de planificación familiar natural

Las siguientes organizaciones tienen una extensa lista de profesionales del método de planificación familiar natural, clasificados por tipo de instrucción.

Conferencia de Obispos Católicos de Estados Unidos
3211 Fourth Street NE
Washington DC 20017
(202) 541-3000
Usccb.org
(buscar «PFN» en su página principal)

---

1. Los programas de certificación de PFN son mucho más comunes que los del MCF porque suelen estar financiados por la Iglesia Católica.

Serena Canadá
151 Holland Avenue
Ottawa, Ontario K1Y 0Y2 Canadá
(613) 728-6536
(888) 373-7362
serena.ca

RECURSOS SOBRE ANTICONCEPTIVOS

Federación de Paternidad Planificada de América
810 Seventh Ave.
Nueva York, NY 10019
Teléfono: (212) 541-7800
plannedparenthood.org

Una organización excelente con clínicas locales por todo Estados Unidos. Cubre todas las facetas de la salud femenina, no sólo la anticoncepción.

Teléfono de asistencia de Anticonceptivos de Emergencia
Teléfono: 888-NOT-2-LATE (888-668-2528)
not-2-late.com

Si crees que te has quedado embarazada accidentalmente, en la actualidad puedes conseguir un anticonceptivo de emergencia, a través del farmacéutico de tu zona, sin prescripción. Consiste en tomar dos píldoras con una separación de doce horas. Deben tomarse lo más pronto posible después de las relaciones, y no más tarde de cinco días después.

Recursos y apoyo de fertilidad

SOLUCIÓN: La Asociación Nacional de la Infertilidad
7918 Jones Branch Road, Suite 300
McLean, VA 22102
Teléfono: (703) 556-7172
resolve.org

Si afrontas problemas relacionados con la fertilidad y te gustaría formar parte de una comunidad organizada que trata sobre temas similares, te recomiendo contactar con esta maravillosa organización. Tiene sucursales locales por todo Estados Unidos y proporciona grupos de apoyo, educación y reuniones mensuales, entre otros servicios.

Asociación de Conciencia de la Infertilidad de Canadá, Inc.
475 Dumont, Suite 201
Dorval QC H9S 5W2 Canadá
(800) 263-2929
(514) 633-4494
http://iaac.ca/en

Una organización canadiense que proporciona material educativo, apoyo y asistencia a individuos y parejas.

Algunas páginas web dignas de mención

Hay innumerables páginas web dedicadas al MCF, la PFN, la fertilidad y los problemas de la salud de las mujeres en general. Lamentablemente, las páginas web tienen cierta tendencia a desaparecer de repente, y por eso he elegido enumerar sólo unas cuantas de las más útiles que creo que tienen más probabilidad de existir después de publicarse este libro.

tcoyf.com
El sitio oficial de *Tu fertilidad.*

cyclesavvy.com
El sitio oficial del libro del autor para chicas adolescentes, titulado *Cycle Savvy: The Smart Teen's Guide to the Mysteries of Her Body.*

justisse.ca
Un sitio canadiense que se centra en el conocimiento del cuerpo mediante el MCF y el cuidado holístico de la salud.

fertilityuk.org
Una excelente página web británica sobre educación de conciencia de la fertilidad.

irh.org
El Instituto para la Salud Reproductora, que promueve métodos anticonceptivos naturales por todo el mundo.

womenshealth.gov
Sitio oficial del Centro de Información Nacional de Salud de las Mujeres.

medlineplus.gov
Una fuente exhaustiva de todo tipo de información médica, de la Biblioteca Nacional de Medicina, del Instituto Nacional de la Salud.

pubmed.com
Un motor de búsqueda de resúmenes de miles de artículos de revistas médicas.

mum.org
Sitio oficial del Museo de la Menstruación y de la Salud de la Mujer.

natural-fertility-info.com
Excelente página web para aprender sobre todas las facetas de los tratamientos de fertilidad naturales.

fairhavenhealth.com
Una de las mejores páginas web para encargar todos los suplementos y productos relacionados con la fertilidad, y el sitio con el que me he asociado para distribuir la aplicación que acompaña a este libro.

Glosario

A.P.L.: Un fármaco de fertilidad natural utilizado para estimular los ovarios. Administrado por inyección.

Aborto espontáneo: La pérdida espontánea del embrión o feto del útero.

Aborto espontáneo pasado por alto: Un embarazo en el que el tejido embrionario permanece en el útero en lugar de desprenderse en forma de un aborto espontáneo normal.

Abstinencia: Evitar las relaciones sexuales. Para evitar el embarazo utilizando la planificación natural familiar, la abstinencia incluye evitar todo contacto genital durante la fase fértil del ciclo.

Abstinencia periódica: Varios métodos de planificación familiar basados en la abstinencia voluntaria de las relaciones durante la fase fértil del ciclo para evitar el embarazo.

Adenomiosis: Un problema en el que el tejido endometrial penetra por las paredes musculares del tejido, causando calambres menstruales graves y períodos abundantes.

Adherencia: Tejido fibroso que se une anormalmente a órganos u otras partes del cuerpo. Suele ser el resultado de la inflamación o de la curación anormal de una herida quirúrgica.

AET (aspiración de esperma testicular): Un procedimiento que usa delicados instrumentos microquirúrgicos en los que un hombre con recuento espermático cercano a cero puede tener los espermatozoides que se la han extraído directamente de sus testículos para utilizarlos en la fecundación *in vitro*.

Amenorrea: Ausencia prolongada de la menstruación. Entre las causas se incluye el estrés, la fatiga, los problemas psicológicos, la obesidad, la pérdida de peso, la anorexia nerviosa, los anticonceptivos hormonales y los trastornos médicos.

Amniocentesis: Punción del saco de fluido que rodea al feto, a través de la pared abdominal y del útero para obtener una muestra del fluido amniótico para analizarla. El procedimiento, que se realiza alrededor de la decimosexta semana de embarazo, puede utilizarse para identificar diversos defectos de nacimiento.

Andrógeno: Hormonas sexuales masculinas, responsables del desarrollo de las características sexuales secundarias masculinas, incluyendo el vello facial y la voz profunda. La mayoría de los andrógenos, entre ellos el principal, la testosterona, se producen en los testículos. Los ovarios y las glándulas adrenales de la mujer también producen pequeñas cantidades de andrógenos.

Anovulación: La ausencia de ovulación.

Anticoncepción poscoital: Medida anticonceptiva de emergencia en forma de píldora de dosis elevadas o inserción de un diu dentro de un tiempo especificado después de una relación sin protección.

Biopsia: Extracción de tejido del cuerpo para su examen microscópico y diagnóstico. Por ejemplo, una biopsia cónica del cuello del útero es para el diagnóstico y tratamiento del cáncer cervical.

Biopsia endometrial: Extracción de una pequeña parte del recubrimiento uterino (endometrio) para su examen bajo el microscopio. Se utiliza para determinar si el recubrimiento de la mujer se desarrolla adecuadamente.

Blastocito: El óvulo nuevamente creado y fertilizado, antes de que tenga lugar la implantación.

Cambio de temperatura: La elevación en la temperatura tomada al despertarse que divide las temperaturas preovulatorias bajas de las temperaturas posovulatorias altas en una gráfica bifásica. Suele dar como resultado temperaturas que son por lo menos dos décimas más altas que en los seis días anteriores.

Cambio de temperatura trifásico: Un patrón de cambio de temperatura que suele reflejar un embarazo. Aproximadamente entre siete a diez días después del primer cambio de temperatura, tiene lugar un segundo, más sutil, debido al efecto de la hormona del embarazo, la GCH.

Cambio de vida: Los años menopáusicos durante los cuales cesan las funciones reproductivas.

Características sexuales secundarias: Características de masculinidad o feminidad que se desarrollan en la pubertad bajo control hormonal. En el varón, esto incluye una voz profunda, además del crecimiento de la barba y el vello en las axilas y en el pubis. Están influidas por los andrógenos. En la mujer, ese tipo de características incluyen el redondeo de los pechos, la cintura y las caderas, además del crecimiento del vello en las axilas y en el pubis. Están influidas por el estrógeno.

Cavidad pélvica: La parte inferior del cuerpo, rodeada por las caderas, que contiene los órganos reproductivos y otros.

Centrífugo: Un aparato que consiste en un elemento que gira alrededor de un eje central para separar los materiales contenidos de diferente densidad. Utilizado en el proceso del lavado de esperma.

Cervicitis: Una inflamación del cuello del útero que suele deberse a eversión cervical, una enfermedad de transmisión sexual u otra infección, a daños físicos al cuello del útero o, raramente, cáncer.

Ciclo anovulatorio: Un ciclo en el que no hay ovulación.

Ciclo menstrual: Los cambios cíclicos en los ovarios, cuello del útero y endometrio bajo la influencia de las hormonas sexuales. La duración del ciclo menstrual se calcula desde el primer día de la menstruación hasta el día anterior a la menstruación siguiente.

Ciclo menstrual, fases de: Hay tres fases específicas en el ciclo menstrual:

La fase fértil, que incluye los días antes y después de la ovulación en que las relaciones pueden dar como resultado un embarazo.

La fase infértil posovulatoria, que comienza al término de la fase fértil y termina con la aparición de la siguiente menstruación.

La fase infértil preovulatoria, que comienza con la aparición de la menstruación y termina al comienzo de la fase fértil.

Ciclo ovulatorio: Un ciclo en el que tiene lugar la ovulación.

Cistoadenoma: Quistes que se desarrollan del tejido ovárico y que están llenos de una sustancia acuosa. Suelen ser benignos, pero suelen doler.

Cistoma: *Véase* Cistoadenoma.

Citrato de clomifeno: *Véase* Clomid.

Clamidia: Una enfermedad de transmisión sexual con alta prevalencia. Puede generar infertilidad mediante la cicatrización de las trompas de Falopio.

Climatérico: Un término anticuado que se refiere a los años inmediatamente antes y después de la menopausia.

Clítoris: Un pequeño botón de tejido eréctil muy sensible. Es la contrapartida del pene masculino y está situado en el exterior de la vagina, bajo una capucha de piel donde se unen los labios.

Clomid: Un fármaco comúnmente prescrito, utilizado principalmente para inducir la ovulación.

Coito: Relaciones sexuales.

Colposcopia: Un procedimiento empleado para examinar la vagina y el cuello del útero mediante ampliación con un instrumento conocido como colposcopio. Es de especial valor en la detección temprana del cáncer de cuello de útero.

Concebir: Quedarse embarazada.

Concepción: Fusión de un espermatozoide y un óvulo.

Condón: Una funda de fina goma que se coloca alrededor del pene para evitar la concepción.

Contacto genital: Contacto entre el pene y la vulva sin penetración.

Criptas cervicales: Bolsas en el recubrimiento del cuello del útero donde se produce el fluido cervical y que funcionan como refugio temporal para el esperma durante la fase fértil de la mujer.

Cromotubación: Un procedimiento que se suele hacer durante una laparoscopia para determinar si las trompas de Falopio están abiertas. Similar a una histerosalpingografía, pero la tintura utilizada sólo puede verse con laparascopia.

Cuello del útero: La parte inferior del útero que se proyecta en la vagina.

Cuerpo lúteo: La glándula amarilla formada por el folículo roto después de la ovulación. Si el óvulo se fertiliza, el cuerpo lúteo sigue produciendo progesterona para apoyar el temprano embarazo, hasta que se forma la placenta. Si la fertilización no tiene lugar, el cuerpo lúteo se descompone entre 12 y 16 días.

Danazol: Una hormona sintética utilizada para tratar la endometriosis.

Danocrine: *Véase* Danazol.

Deficiencia de la fase lútea: Una disfunción en la producción de progesterona (y estrógeno, en menor medida) por el cuerpo lúteo después de la ovulación.

Dehidroepiandrosterona: *Véase* Suplementación con DHEA.

Depo-Provera: Un anticonceptivo hormonal inyectable cuya duración es de tres meses.

Día cumbre: El último día que produces fluido cervical fértil o que tienes una sensación vaginal húmeda para cualquier ciclo determinado. Suele tener lugar un día antes de ovular o el mismo día de la ovulación.

Diafragma: Un dispositivo de goma blanda que se inserta en la vagina para cubrir el cuello del útero y evitar la concepción. Debe utilizarse con un espermicida.

Días secos: Días en los que no observas fluido cervical ni sangrado, y en los que tienes una sensación vaginal seca.

Dismenorrea: Menstruación dolorosa. Las contracciones espasmódicas dolorosas del útero suelen aparecer ante o durante las primeras horas de la menstruación, y después remiten gradualmente.

Dispareunia: Relaciones dolorosas o difíciles.

Displasia cervical: La presencia de células anormales en la superficie del cuello del útero, que se clasifica como leve, moderada o severa. No es cancerosa, pero puede llegar a desarrollar cáncer, por lo que hay que tener cuidado.

Dispositivo intrauterino (diu): Un dispositivo colocado en la cavidad del útero para prevenir el embarazo. Algunos tipos liberan hormonas mientras están colocados.

Dolor intermenstrual: *Véase* Dolor ovulatorio.

Dolor ovulatorio: Dolor en la parte inferior del abdomen que tiene lugar durante la ovulación. Probablemente esté causado por la irritación del recubrimiento pélvico debido a una ligera cantidad de pérdida de sangre o al paso del óvulo por la pared ovárica.

D-quiro-inositol: Una sustancia natural que se usa para tratar a las mujeres con síndrome ovárico poliquístico porque mejora la eficacia de la insulina.

Ducha: Un fluido limpiador con el que se moja la vagina. La práctica es innecesaria y debe prevenirse en su contra porque altera el entorno normal de la vagina y se destruye el mecanismo de autolimpieza fisiológica.

Ecografía: Una técnica diagnóstica que usa ondas de sonido, en lugar de rayos X, para visualizar las estructuras corporales internas.

Ectopía cervical: *Véase* Eversión cervical.

Ectropión cervical: *Véase* Eversión cervical.

Edad fetal: La forma más precisa de datar la edad de un feto, basada en determinar la fecha de concepción, en lugar del último período menstrual.

Edad gestacional: La edad del feto, basada en la fecha del embarazo, desde el primer día del último período menstrual, en lugar de desde la fecha de la concepción. La edad gestacional, por definición, suele ser por lo menos dos semanas mayor que lo que es el feto en realidad.

EET (extracción de esperma testicular): Un procedimiento que usa una jeringa de alta potencia en la que un hombre con recuento espermático cercano a cero puede tener los espermatozoides extraídos directamente de sus testículos para utilizar en la fecundación *in vitro.*

Ejercicio de Kegel: Un ejercicio para contraer y relajar los músculos vaginales para fortalecerlos. También se utiliza para ayudar a expulsar fluido cervical y semen por la abertura vaginal.

Embarazo ectópico: La implantación y desarrollo de un óvulo fertilizado fuera del útero, normalmente en la trompa de Falopio.

Embarazo molar: Una condición rara en la que un embarazo sale mal y se convierte en un tumor benigno en unas diez semanas.

Embarazo químico: Un tipo de embarazo que da como resultado un aborto espontáneo en una fase tan temprana que sólo puede detectarse mediante una prueba de sangre o de orina.

Embarazo tubal: Un embarazo ectópico en el que el óvulo fecundado empieza a implantarse en la trompa de Falopio en lugar de en el útero.

Embrión: Las fases iniciales de desarrollo del óvulo fertilizado hasta aproximadamente seis semanas después de la concepción.

Endocrinólogo reproductivo: Un médico especializado en hormonas reproductivas.

Endocrinólogo: Un médico especializado en el funcionamiento de las hormonas.

Endometrio: El recubrimiento del útero, que se desprende durante la menstruación. Si tiene lugar la concepción, el óvulo fertilizado se implanta en él.

Endometrioma: Quistes que se desarrollan en los ovarios debido a la endometriosis. Contienen sangre antigua y por eso pueden parecerse al sirope de chocolate.

Endometriosis: El crecimiento del tejido endometrial en áreas distintas al útero, por ejemplo las trompas de Falopio o los ovarios. La mujer puede ser asintomática, o puede tener dolor en la parte inferior del abdomen que empeora durante la menstruación, dolor durante las relaciones sexuales y los períodos menstruales inusualmente largos. La terapia hormonal, la cirugía y el embarazo pueden mejorar la condición. La endometriosis puede causar infertilidad.

Endometritis: Una inflamación del endometrio o recubrimiento del útero, que normalmente causa dolor pélvico y una secreción amarillenta y espesa, de olor desagradable.

Enfermedad del pecho fibroquístico: Un término confuso para una condición benigna y muy común, caracterizada por la formación de saquitos llenos de fluido en uno o ambos pechos.

Enfermedad inflamatoria pélvica: Infección que incluye inflamación de los órganos reproductores femeninos internos, especialmente las trompas de Falopio y los ovarios.

Enfermedades de transmisión sexual: Cualquier infección que se transmita por contacto o relación sexuales. También se les llama infecciones de transmisión sexual.

Envejecimiento ovárico prematuro: Una afección médica en la que una mujer tiene pocos óvulos en relación con lo que se considera normal para su edad.

Epidídimo: El principio del conducto espermático, donde los espermatozoides se almacenan, maduran y transportan. Está unido a los testículos.

Episiotomía: Un corte realizado a través del perineo para facilitar el parto si la abertura vaginal no es suficientemente elástica para permitir pasar al bebé.

Erosión cervical: Un problema raro en el que el tejido cervical sufre abrasión. Puede tener lugar después del parto o de ciertos procedimientos médicos, durante el sexo o por el uso de un diu.

Escroto: Bolsa de piel que contiene los testículos.

Espéculo: Un instrumento de acero inoxidable o de plástico, de dos hojas, utilizado para examinar el interior de la vagina y el cuello del útero.

Espermatozoide: La célula sexual masculina madura, análoga al óvulo femenino.

Espermicidas: Cremas vaginales, geles, películas o esponjas que pueden inmovilizar o destruir los espermatozoides.

Esterilidad: La incapacidad de una mujer de concebir, o de un hombre de generar esperma funcional.

Esterilización: Un procedimiento que deja a un individuo permanentemente incapaz de reproducirse.

Estradiol: El tipo principal de estrógeno producido por los ovarios, que estimula el crecimiento del folículo y la ovulación y que, junto con la progesterona, ayuda a preparar el recubrimiento uterino para la implantación de un óvulo fecundado. Es también la forma de estrógeno responsable del desarrollo de las características sexuales secundarias femeninas. (A menudo se le llama 17-beta-estradiol).

Estriol (E3): El estrógeno producido por la placenta durante el embarazo.

Estrógeno: La hormona producida principalmente en los ovarios, responsable del desarrollo de las características sexuales secundarias femeninas, así como una de las principales hormonas que controlan el ciclo menstrual. Los niveles cada vez mayores de estrógeno en la primera parte del ciclo menstrual producen cambios significativos en el fluido cervical y el cuello del útero, lo que indica fertilidad.

Estrona (E1): El estrógeno dominante, presente en las mujeres premenopáusicas.

Eversión cervical (también llamada ectopía cervical o ectropión cervical): Cuando las células que recubren el canal cervical migran a la parte externa del cuello del útero, que puede verse durante un examen con espéculo. Suele ser roja y tierna, pero no se necesita tratamiento a menos que haya síntomas molestos como secreción vaginal o sangrado después de las relaciones. Es más común en adolescentes, mujeres embarazadas o quienes toman anticonceptivos que contienen estrógenos.

Exceso de prolactina: *Véase* Hiperprolactinemia.

Extirpación de parte del ovario: Un procedimiento quirúrgico que se realiza ocasionalmente en mujeres con síndrome ovárico poliquístico que intentan concebir. Incluye el uso de la fibra láser o la aguja electroquirúrgica. Los ovarios se puncionan muchas veces para reducir la presencia de hormonas masculinas.

Eyaculación: La liberación de fluido seminal desde el pene durante el orgasmo.

Fallo testicular: Una condición en la que la cantidad de hormonas reproductivas liberadas de la pituitaria es suficiente, pero los testículos siguen sin poder producir ningún espermatozoide.

Faloscopia: Un procedimiento en el que se utiliza un tubo de fibra óptica para observar la estructura interna de las trompas de Falopio.

Falsa elevación de la temperatura: Una elevación de la temperatura debida a causas distintas a la ovulación, como fiebre, falta de descanso o haber bebido alcohol la noche anterior. También está causada por tomar la temperatura bastante después de lo habitual.

Fármacos para la fertilidad: Fármacos utilizados para estimular la ovulación. Los dos más comunes son Clomid (citrato de clomifeno) y Pergonal.

Fase estrogénica: La primera fase del ciclo menstrual, dominada por el estrógeno, antes de la ovulación. También se conoce como fase folicular o fase preovulatoria.

Fase fértil: Los días del ciclo menstrual durante los cuales las relaciones sexuales o la inseminación pueden producir el embarazo. Incluye varios días anteriores e inmediatamente posteriores a la ovulación.

Fase folicular: *Véase* Fase preovulatoria.

Fase lútea: La fase del ciclo menstrual, desde la ovulación hasta la aparición de la siguiente menstruación. Suele durar entre 12 y 16 días, pero raramente varía en más de un día o dos en cada mujer.

Fase lútea breve: La segunda fase del ciclo que en algunas mujeres es deficiente en progesterona, lo que suele generar una fase que no es suficientemente larga para permitir una implantación con éxito. Una mujer normalmente necesita una fase lútea de al menos 10 días para mantener un embarazo.

Fase preovulatoria: La fase de duración variable del ciclo, desde el principio de la menstruación hasta la ovulación. *Véase* Ciclo menstrual.

Fase proliferativa: *Véase* Fase preovulatoria.

Fase secretoria. *Véase* Fase posovulatoria.

Fases infértiles: Las fases del ciclo en que no puede ocurrir el embarazo. Las mujeres tienen una fase infértil preovulatoria y otra posovulatoria.

Fecundación *in vitro*: *Véase* FIV.

Fertilidad: La capacidad de producir descendencia.

Fertilización: La fusión de un espermatozoide con un óvulo, normalmente en el tercio externo de la trompa de Falopio.

Feto: Un nombre para el embrión en desarrollo, desde tres meses después de la concepción hasta el parto.

Fibroide: Un crecimiento del tejido fibroso y muscular dentro o sobre la pared del útero.

Fimbria: El final de la trompa de Falopio, cerca del ovario. La fimbria recoge el óvulo inmediatamente después de la ovulación.

FIV (fecundación *in vitro*): Un procedimiento en el que se fertilizan varios óvulos de los ovarios de la mujer con el esperma de la pareja en una placa de Petri, antes de que uno o más de los embriones resultantes se coloquen en el útero de la mujer.

Fluido cervical: La secreción producida en el interior del cuello del útero que actúa como medio en el que viaja el esperma. Su presencia y textura están directamente relacionadas con la producción de estrógeno y progesterona. Análogo al fluido seminal de un hombre. Es uno de los tres síntomas primarios de fertilidad, junto con la posición cervical y la temperatura al levantarse. El fluido cervical se vuelve más húmedo conforme se aproxima la ovulación. *Véase* Cremoso, Clara de huevo, Fértil y Fluido cervical pegajoso.

Fluido cervical cremoso: La textura del fluido cervical que suele ser húmeda y a menudo similar a la consistencia de una crema para las manos. Se considera fértil, aunque no tan fértil como el fluido cervical de clara de huevo que normalmente viene a continuación.

Fluido cervical de clara de huevo: El tipo de fluido cervical más fértil que produce una mujer. Suele parecerse a la clara de huevo cruda y tiende a ser transparente, resbaladiza y elástica. Suele aparecer en los 2 o 3 días anteriores a la ovulación.

Fluido cervical fértil: Fluido cervical que es húmedo, resbaladizo, elástico, o que se parece a la clara de huevo. Este tipo de fluido cervical aparece en torno al momento de la ovulación, lo que permite al esperma vivir y viajar en él durante aproximadamente entre tres y cinco días.

Fluido cervical infértil: Un fluido cervical espeso, pegajoso y opaco que produce una sensación vaginal de sequedad o viscosidad. Para el esperma es muy difícil sobrevivir en él.

Fluido cervical pegajoso: El tipo de fluido cervical que suele tener la textura de una pasta o de pegamento gomoso. Suele ser el primer tipo de fluido cervical que aparece en el ciclo de la mujer después de la menstruación. Es muy difícil que el esperma sobreviva en él.

Fluido de estimulación: El fluido incoloro y lubricante, segregado en torno a la abertura vaginal en respuesta a la estimulación sexual, en preparación para las relaciones sexuales. El fluido de estimulación no debe confundirse con el fluido cervical fértil, que se segrega en un patrón cíclico en torno a la ovulación.

Fluido preeyaculatorio: Una pequeña cantidad de fluido lubricante que emite el pene antes de la eyaculación, durante la excitación sexual. Puede contener esperma.

Fluido seminal: *Véase* Semen.

Folículo: Una estructura pequeña, llena de fluido, en el ovario, que contiene el óvulo. El folículo rompe la superficie del ovario, liberando el óvulo en la ovulación.

Folículo luteinizado no roto: Un óvulo sin liberar que permanece en el interior de la pared ovárica, en lugar de hormonar normalmente.

Fracaso ovárico prematuro: Una expresión anticuada para la insuficiencia ovárica primaria.

Galactorrea: Flujo espontáneo de leche en el pecho no asociado con el parto o la lactancia.

Gameto: Las células reproductivas maduras del espermatozoide y el óvulo.

GCH: Gonadotropina coriónica humana, que se suele llama la «hormona del embarazo». La produce el embrión en desarrollo cuando se implanta en el recubrimiento uterino. Su acción principal es mantener el cuerpo lúteo y con ello la secreción de estrógeno y progesterona hasta que la placenta se ha desarrollado lo suficiente para encargarse de la producción hormonal. *Véase* Prueba de embarazo.

Genética: Relativo a las características hereditarias.

Genital: Perteneciente a los órganos reproductores.

Genitales: Los órganos de la reproducción, especialmente externos.

Gestación: El período de desarrollo desde la concepción hasta el final del embarazo y el parto.

Ginecólogo: Un médico especializado en la salud reproductora de las mujeres.

Glándula: Órgano que produce sustancias químicas, incluyendo hormonas.

Glándula de Cowper: Una de un par de pequeñas glándulas que segregan el fluido preeyaculatorio lubricante en el varón.

Glándula pituitaria: La glándula maestra, situada en la base del cerebro, que produce muchas hormonas importantes, algunas de las cuales hacen que otras glándulas segreguen sus propias hormonas. Las funciones de la pituitaria incluyen el control hormonal de los ovarios y los testículos.

Glándula prostática: Una glándula situada en la base de la vejiga masculina. Sus secreciones nutritivas ayudan a formar el fluido seminal.

Glándula tiroides: Una glándula endocrina con forma de mariposa, en la parte inferior del cuello, que produce hormonas tiroideas (incluida la tiroxina) y que regula el uso hormonal y el equilibrio en el cuerpo. El hipertiroidismo (una tiroides hiperactiva) y el hipotiroidismo (una tiroides poco activa) son trastornos tiroideos que pueden afectar a la fertilidad de una mujer.

Glándulas de Bartholini: Dos diminutas glándulas a cada lado de la abertura vaginal que producen un fino lubricante cuando la mujer se estimula sexualmente.

Gónadas: Las glándulas sexuales primarias de los ovarios y los testículos.

Gonadotropina coriónica humana: *Véase* GCH.

Gonadotropinas: Las hormonas producidas por la glándula pituitaria de hombres y mujeres, que regulan la maduración de los espermatozoides y los óvulos. Las gonadotropinas más importantes son la HFE y la HL.

Gonorrea: Una enfermedad de transmisión sexual altamente contagiosa.

Gráfica de temperatura: Una gráfica que muestra la variación diaria de la temperatura al despertarse. *Véase* Patrón de temperatura bifásico y monofásico.

Guaifenesina: Un expectorante normalmente tomado para incrementar la fluidez del fluido cervical.

HCE (histerosalpingo-contraste-ecografía): Un procedimiento utilizado para observar la estructura interior de las trompas de Falopio en el que se inyecta una pequeña cantidad de fluido en el útero, a través de su cuello.

Hemorragia: Sangrado demasiado abundante.

HFE: *Véase* Hormona folículo-estimulante.

Himen: La membrana normalmente delgada que protege y bloquea parcialmente la entrada de la vagina. Puede, o no, estar presente en las chicas, dependiendo de factores como los traumatismos físicos.

Hipermenorrea: Sangrado abundante.

Hiperplasia endometrial: Un sobrecrecimiento de los componentes glandulares del recubrimiento uterino.

Hiperplasia quística: Un sobrecrecimiento de quistes llenos de fluido en el recubrimiento uterino.

Hiperprolactinemia (exceso de prolactina): Una condición en la que el exceso de producción de prolactina, la hormona responsable de la producción de leche, evita la ovulación normal. Puede ocurrir incluso en mujeres que nunca han dado a luz.

Hipomenorrea: Flujo o sangrado menstrual inusualmente ligero.

Hipotálamo: Una parte del cerebro localizada inmediatamente por encima de la glándula pituitaria, que controla varias funciones del cuerpo. Produce hormonas que influyen en la glándula pituitaria y que regula el desarrollo y la actividad de los ovarios y los testículos.

Hirsutismo: Exceso de vello en zonas habitualmente no presentes en las mujeres, como la cara, el pecho, el estómago y el interior de los muslos.

Histerectomía: La eliminación quirúrgica del útero.

Histerosalpingo-contraste-ecografía: *Véase* HCE.

Histerosalpingograma: *Véase* HSG.

Histerosalpingograma selectivo: Un procedimiento en el que se utiliza un catéter para observar la estructura interna de las trompas de Falopio, así como sus obstrucciones evidentes.

Histeroscopia: Cirugía exploratoria para ver el útero.

HL: *Véase* Hormona luteinizante.

HLG: *Véase* Hormona liberadora de gonadotropina.

Hormona: Una sustancia química producida en un órgano y transportada por la sangre a otro órgano, donde ejerce su efecto. Un ejemplo es la HFE, que se produce en la glándula pituitaria y que viaja por la sangre hasta el ovario, donde estimula el crecimiento y maduración de los folículos.

Hormona folículo-estimulante (HFE): La hormona producida por la glándula pituitaria que estimula a los ovarios a producir óvulos maduros y la hormona estrógeno.

Hormona liberadora de gonadotropina (HLG): Una sustancia química producida por el hipotálamo en el cerebro. Estimula la glándula pituitaria para producir y liberar la HFE y la HL, hormonas que a su vez generan el desarrollo folicular y la ovulación.

Hormona luteinizannte (HL): Una hormona de la glándula pituitaria que se libera de repente, causando la ovulación y el desarrollo del cuerpo lúteo.

Hormonas bioidénticas: Hormonas que se sintetizan de sustancias químicas extraídas plantas como la soja y el ñame. Son idénticas en estructura molecular a las progesteronas y estrógenos sintetizados en los cuerpos femeninos.

HSG: Histerosalpingograma. Rayos X tomados después de inyectar una tintura por el cuello del útero para generar una imagen del interior del útero y de las trompas de Falopio. Se utiliza para determinar si las trompas están bloqueadas o tienen tejido cicatricial.

IEIC (inyección de esperma intracitoplásmica): Un procedimiento en el que se inserta un solo espermatozoide, directamente en un óvulo, mediante el uso de dispositivos de alta tecnología.

IIU: Inseminación intrauterina. Un procedimiento en el que se utiliza un catéter para insertar el esperma del hombre, por el cuello del útero, directamente en el útero.

IMC (índice de masa corporal): Una medida de la grasa corporal basada en la altura y el peso.

Implantación: El proceso por el cual el óvulo fecundado se integra en el recubrimiento uterino o endometrio.

Índice de masa corporal: *Véase* IMC.

Infección vaginal: Un crecimiento bacteriano o viral anormal en la vagina.

Infecciones de transmisión sexual: Cualquier infección que se transmita por contacto o relación sexuales. Se utiliza para referirse a las enfermedades de transmisión sexual.

Infertilidad: Incapacidad para concebir o mantener un embarazo, o para proporcionar esperma viable.

Infertilidad idiopática: Infertilidad de causa desconocida.

Infertilidad secundaria: Cuando una pareja no se puede quedar embarazada o llevar un embarazo a término después de haber tenido ya un hijo.

Inseminación artificial: Un procedimiento en el que se utiliza una jeringa para insertar el esperma del hombre fuera o dentro del cuello del útero. El esperma puede ser del marido o de un donante. *Véase* IIU.

Insuficiencia ovárica primaria: Un trastorno endocrino en el que las mujeres no producen suficiente estrógeno, y por ello dejan de ovular normalmente, años o incluso décadas antes de que tenga lugar normalmente la menopausia.

Kits de predicción de ovulación: Kits que detectan la liberación inmediata de un óvulo, normalmente probando en la orina la presencia de HL.

Labios: Las dos series de labios que rodean la abertura vaginal, que forman parte de los genitales femeninos externos.

Lactancia: La producción de leche por parte de los pechos.

Laparatomía: Una operación quirúrgica que incluye la apertura del abdomen.

Laparoscopia: Un procedimiento en el que un laparoscopio, un instrumento telescópico delgado, se inserta a través de una incisión en el ombligo para examinar el interior del abdomen, especialmente los ovarios. Se suele utilizar para diagnosticar la endometriosis.

Lavado de esperma: El proceso por el que la movilidad del esperma se ve incrementada en gran medida, mezclándolo con un medio de cultivo y colocándolo en un dispositivo centrífugo.

Libido: Deseo sexual.

Ligamiento de trompa: El procedimiento de esterilización quirúrgica que liga las trompas de Falopio de la mujer para evitar que se unan un espermatozoide y un óvulo.

Línea de temperatura base: Una línea utilizada para ayudar a trazar las temperaturas pre y posovulatorias en una gráfica de fertilidad.

Loquios: Secreciones sangrientas del útero y de la vagina, las primeras semanas después del parto.

Lupron: Un fármaco utilizado para inducir una «pseudomenopausia» para proporcionar una pizarra limpia para procedimientos de alta tecnología, así como para tratar la endometriosis y los fibroides.

Mapeo testicular: Un procedimiento realizado en hombres que tienen lo que parece ser un recuento espermático de cero o próximo a cero, utilizando una fina aguja de aspiración para ver qué áreas de sus testículos producen algo de esperma.

Matriz: *Véase* Útero.

Medicina tradicional china: Un sistema holístico de medicina que combina el uso de hierbas medicinales, acupuntura, terapia alimenticia, masaje y ejercicio terapéutico. El principio más importante subyacente al sistema es determinar las causas del desequilibrio en el «yin» y el «yang», que genera una falta de armonía en la energía «qi» del cuerpo. La medicina tradicional china trata a todo el paciente, no sólo a la enfermedad.

Menarquía: La edad a la que comienza la menstruación.

Menopausia: El cese permanente de la ovulación, y por tanto de la menstruación. Se dice que una mujer ha pasado la menopausia cuando no ha tenido ningún período durante todo un año.

Menopausia prematura: Un término anticuado para la insuficiencia ovárica primaria, en el que las mujeres dejan de ovular normalmente, años o incluso décadas antes de que ocurra normalmente la menopausia.

Menorragia: Sangrado excepcionalmente abundante o prolongado durante los períodos menstruales regulares. El sangrado muy abundante se considera anormal. Los coágulos pueden considerarse normales.

Menstruación: El sangrado cíclico del útero conforme se desprende el endometrio. La verdadera menstruación suele venir precedida por una ovulación entre 12 y 16 días antes. El día 1 de la menstruación es el primer día del verdadero sangrado rojo.

Metformina (Glucophage): Un fármaco que se utiliza en las mujeres con síndrome ovárico poliquístico para ayudar a tratar la resistencia a la insulina.

Método Billings: Un método natural de control de la fertilidad en el que los días fértiles se identifican exclusivamente por observaciones del fluido cervical en la abertura vaginal. Desarrollado por los doctores John y Evelyn Billings.

Método de amenorrea lactante: Un método natural de planificación familiar utilizado por las mujeres lactantes que aún no tienen el período. Se considera altamente eficaz si la mujer da el pecho total o parcialmente y hace menos de seis meses que dio a luz.

Método de Conciencia de la Fertilidad (MCF): Un medio de determinar tu fertilidad observando los tres síntomas principales de la fertilidad: temperatura al despertarse, fluido cervical y posición cervical. A diferencia de la planificación familiar natural, los usuarios del MCF deciden si quieren utilizar un método de barrera o abstenerse durante la fase fértil.

Método de la temperatura basal corporal: *Véase* método TBC.

Método de los días estándar: Un método natural de planificación familiar que fue diseñado para mujeres en los países en vías de desarrollo. Su premisa es que las mujeres son fértiles desde los días 8 hasta 19, si tienen ciclos que van desde los 26 hasta los 32 días. Pero no es más fiable que el método Ogino, porque no permite a la mujer determinar su día potencialmente cambiante de ovulación, de ciclo a ciclo.

Método de los dos días: Una forma de anticoncepción que se basa en un sencillo algoritmo para ayudar a las mujeres a determinar qué días evitar el embarazo. Conlleva observar sólo fluido cervical, y supone que una mujer es fértil si observa cualquier tipo de secreción ese día o el día anterior.

Método de ovulación: *Véase* Método Billings.

Método de ovulación Billings: *Véase* Método Billings.

Método Ogino: Un método poco fiable de planificación familiar en el que la fase fértil del ciclo se calcula de acuerdo con la duración de los ciclos menstruales previos. Debido a su confianza en los ciclos menstruales normales y los largos períodos de abstinencia, no es eficaz ni ampliamente aceptado como método moderno de planificación familiar natural.

Método sintotérmico: Un método natural de planificación familiar que combina la observación de la temperatura corporal basal (al despertarse), el fluido cervical y la posición cervical, junto con otros signos de fertilidad secundarios. Es el método natural más completo y eficaz, y el que se enseña en este libro con el nombre de Método de Conciencia de la Fertilidad.

Método TBC: Método de la temperatura basal corporal. Un tipo de control de la natalidad natural en el que la fase posovulatoria infértil del ciclo menstrual se identifica exclusivamente por una elevación sostenida en la temperatura corporal basal. Dado que quienes usan este método no hacen un seguimiento por gráfica del fluido cervical, deben abstenerse o utilizar métodos de barrera durante toda la fase preovulatoria del ciclo.

Métodos anticonceptivos de barrera: Cualquier método anticonceptivo que utilice una barrera física para impedir que el esperma llegue al óvulo, como el condón o el diafragma.

Metrorragia: Sangrado entre períodos.

Micromanipulación: Un procedimiento en el que un solo espermatozoide se inserta directamente en el óvulo mediante la asistencia de instrumentos de alta tecnología. El embrión de nueva creación se transfiere después de la placa de Petri al útero de la mujer.

Minipíldora: Un tipo de píldora anticonceptiva que contiene progesterona, pero no estrógeno.

Mittelschmerz: *Véase* Dolor ovulatorio.

Moco cervical: *Véase* Fluido cervical.

Músculos PC: Término popular para los músculos pubocoxígeos del suelo pélvico. Su función es sostener la vejiga, el recto y el útero.

Naturopatía: Un sistema médico holístico que evita los fármacos y la cirugía, y en su lugar trata los problemas de salud utilizando lo que se cree que es la capacidad innata del cuerpo para sanar. Trata a las personas utilizando terapias naturales como la nutrición, los suplementos, la medicina herbal y la homeopatía, y hace uso de fuerzas físicas como el aire, la luz, el agua, el calor y el masaje.

Obstetra: Un médico especializado en el embarazo y el parto.

Oligomenorrea: Períodos menstruales que tienen lugar con una separación de más de 35 días.

Opacidad: En el contexto del Método de Conciencia de la Fertilidad, el grado en que el fluido cervical es opaco.

Orgasmo: La culminación de la excitación sexual masculina o femenina. La eyaculación acompaña al orgasmo masculino.

Osteoporosis: Una condición que pueden sufrir mujeres mayores, en la que la pérdida de calcio y otras sustancias hace que sus huesos sean más frágiles.

Ovario: Uno de un par de órganos sexuales femeninos que producen óvulos maduros, y que a su vez produce estrógeno.

Ovulación: La liberación de un óvulo maduro del folículo ovárico.

Ovulación doble: La liberación de dos óvulos distintos en un ciclo menstrual. Ambos óvulos están separados por un período de 24 horas.

Ovulación múltiple: La liberación de al menos dos óvulos distintos en un ciclo menstrual. Cada uno de los óvulos se libera en un período de tiempo de 24 horas.

Ovulación temprana: Liberación del óvulo en el ciclo antes de lo habitual o anticipado.

Óvulo: La célula sexual femenina madura. Análoga al esperma masculino.

Palpación cervical: Sentir el cuello del útero con el dedo corazón para determinar su altura, textura y abertura.

Parlodel (bromocriptina): Un fármaco utilizado para reducir el exceso de producción de la hormona prolactina.

Patrón de cambio de temperatura alternativo: Un tipo de cambio de temperatura en el que ésta se pone a la altura o cae por debajo de la línea de temperatura base, el segundo día después de haberse elevado por encima de ella.

Patrón de cambio de temperatura escalonado: Un tipo de cambio de temperatura en el que tiene lugar, durante varios días, una elevación inicial de temperaturas, seguidas por un patrón más elevado de éstas, que normalmente se parece a una curva de campana.

Patrón de cambio en la temperatura de elevación lenta: Un tipo de cambio de temperatura en el que las temperaturas ascienden solamente una décima de grado por día, durante varios días.

Patrón de temperatura bifásico: Una gráfica de temperatura que muestra un patrón de temperaturas relativamente bajas en la fase preovulatoria del ciclo, seguido por un nivel posovulatorio superior durante entre 12 y 16 días, hasta la siguiente menstruación.

Patrón de temperatura monofásico: Una gráfica que no muestra el patrón bifásico de temperaturas bajas y altas, lo que indica una probable ausencia de ovulación ese ciclo.

Patrón infértil básico: Un patrón invariable de secreciones cervicales o sensaciones vaginales observadas después de la menstruación, que indica que los ovarios están inactivos y que los niveles de estrógeno y progesterona están bajos.

Pechos quísticos: Pechos que son normales, pero a menudo con bultos, especialmente en la fase posovulatoria.

Pene: El órgano masculino externo que se inserta dentro de la vagina durante las relaciones.

Perforación ovárica: Un procedimiento quirúrgico que a veces se hace en mujeres con síndrome ovárico poliquístico que intentan concebir. Incluye el uso de una fibra láser o una aguja electroquirúrgica. Los ovarios se puncionan muchas veces para reducir la presencia de hormonas masculinas.

Pergonal: Un potente fármaco que estimula la ovulación. Suele provocar la liberación de más de un óvulo.

Perimenopausia: Hace referencia a los años anteriores a la menopausia, cuando una mujer empieza a experimentar síntomas de la inminente menopausia, como ciclos irregulares, sofocos y sequedad vaginal, y continúa hasta el primer año después de la menopausia.

Perineo: La membrana entre la vulva y el ano que se estira notablemente durante el parto para permitir que la cabeza del bebé asome por la abertura vaginal.

Período: *Véase* Menstruación.

Planificación familiar natural: Método para planificar o evitar embarazos mediante la observación de los signos y síntomas naturales de las fases fértil e infértil del ciclo menstrual. A diferencia del Método de Conciencia de la Fertilidad, los usuarios de la planificación familiar natural se abstienen en lugar de utilizar métodos de barrera durante la fase fértil.

Polimenorrea: Sangrado frecuente, normalmente debido a una anovulación.

Pólipo: Un tumor blando, carnoso, no canceroso, normalmente en forma de gota, adherido al tejido normal por un tallo. Normalmente presente en el cuello del útero o el endometrio.

Pólipo endometrial: Un sobrecrecimiento del tejido endometrial normal que puede crecer en el canal cervical. Igual que con los pólipos cervicales, puede ser asintomático o causar sangrados ligeros o calambres si se les comprime en el útero.

Pólipos cervicales: Crecimientos en forma de gota, normalmente benignos, de la superficie del cuello del útero. Pueden interferir con la concepción si obstruyen la abertura cervical por la que pasa el esperma.

Posición cervical: El término empleado para describir uno de los tres principales síntomas de fertilidad. En este libro, posición cervical hace referencia a las tres facetas del cuello del útero: su altura, su textura y su abertura.

Posparto: Después del nacimiento del hijo.

Pregnanediol: Un metabolito de la progesterona, excretado en la orina.

Premarina: Un estrógeno comúnmente prescrito, usado en terapia hormonal.

Premenopausia: Un término general para los años anteriores a la menopausia, cuando los ciclos menstruales empiezan a variar ampliamente.

Progesterona: Una hormona producida principalmente por el cuerpo lúteo, en el ovario, después de la ovulación. Prepara al endometrio para un posible embarazo. Es también responsable de la elevación de la temperatura basal corporal, y del cambio en el fluido cervical, en el estado infértil posovulatorio.

Prolactina: Una hormona de la pituitaria que estimula la producción de leche de los pechos e inhibe la producción ovárica de estrógeno.

Prostaglandinas: Un grupo de ácidos grasos que se considera responsable de calambres menstruales severos.

Prueba de embarazo: Una muestra de orina o de sangre para determinar la presencia de gonadotropina coriónica humana (GCH), la hormona del embarazo. Las pruebas de sangre tienden a ser más sensibles y por tanto pueden hacerse antes que una prueba de orina.

Prueba de la hormona antimulleriana: Una prueba para la cantidad de hormona segregada por folículos preantrales, lo que da una buena idea de la reserva de óvulos de la mujer.

Prueba de Papanicolaou: Un procedimiento clínico en el que se toma una muestra de células del cuello del útero para comprobar condiciones anormales como el cáncer cervical.

Prueba poscoital: El examen del fluido cervical poco después de las relaciones para determinar si el esperma sobrevive en él.

Pubertad: La época de la vida de chicos y chicas en la que los órganos reproductores se convierten en funcionales y en que aparecen las características sexuales secundarias.

Punto de cambio: Hace referencia al punto en que el fluido cervical cambia de patrón infértil básico de seco o pegajoso, a uno que incluya tipos más húmedos, como cremoso o de clara de huevo.

Punto G: Una zona de tejido esponjoso, en la parte superior de la pared vaginal interna, que es una zona extremadamente sensible y erógena para algunas mujeres. Sin embargo, su existencia real sigue siendo muy debatida porque aún tiene que identificarse como una estructura separada.

Quiste: Una estructura anormal en forma de saco que contiene material fluido o semisólido que puede estar presente en forma de bulto en varias partes del cuerpo. La mayoría de los quistes son benignos (no malignos) y no causan incomodidad, pero algunos pueden volverse cancerosos.

Quiste de chocolate: *Véase* Endometrioma.

Quiste de cuerpo lúteo: Un problema raro y transitorio en el que el cuerpo lúteo no se descompone después de su típica duración de 12 a 16 días. Puede hacer creer a la mujer que está embarazada al retrasar su período y mantener sus temperaturas posovulatorias altas más allá de 16 días.

Quiste de Naboth: Un quiste inofensivo en la superficie del cuello del útero.

Quiste dermoide: Un quiste ovárico que puede contener pelo, diente, hueso y otros tejidos que crecen. Puede agrandarse y doler.

Quiste folicular: Un saquito lleno de fluido que se forma en el ovario durante la primera parte de un ciclo menstrual normal, pero que después se estropea agrandándose y siguiendo produciendo estrógeno, sin dejar liberar el óvulo. Lo mejor es resolverlo con una inyección de progesterona y no con cirugía.

Quiste ovárico: Un folículo en el ovario que detiene el desarrollo antes de la ovulación formando un quiste lleno de fluido en la pared ovárica.

Recuento de espermatozoides: Una medida de la fertilidad de un hombre que calcula el número total de espermatozoides por eyaculación, así como el porcentaje de espermatozoides que se mueven (movilidad) y de tamaño y forma normales (morfología).

Recuento folicular antral: Ecografía realizada para determinar el número de folículos inmaduros de los ovarios de una mujer. Los resultados pueden utilizarse para calcular la reserva ovárica de una mujer, o cuántos años de fertilidad le quedan antes de llegar a la menopausia. Además, puede ayudar a determinar su respuesta esperada a los fármacos estimulantes de los ovarios que se usan en la fertilización *in vitro*.

Regla de los cinco primeros días: Una de las cuatro reglas de control de natalidad natural. Estás segura los cinco primeros días del ciclo menstrual si has tenido un cambio de temperatura entre 12 y 16 días antes.

Regla del cambio de temperatura: Una de las cuatro reglas de control de la natalidad natural. Afirma que estás segura la noche del tercer día consecutivo en que tu temperatura está por encima de la línea de temperatura base, partiendo de que la tercera temperatura está al menos tres décimas por encima de la línea de temperatura base. Si no, se debe esperar cuatro días.

Regla del día cumbre: Una de las cuatro reglas del control natural de la natalidad. Afirma que estás segura la noche del tercer día consecutivo después de tu día cumbre, siempre que también tengas al menos tres temperaturas altas por encima de la línea de la temperatura base.

Regla del día invariable: Una de las dos reglas de control de natalidad natural utilizadas durante las fases de la anovulación. Afirma que, si tu patrón infértil básico de dos semanas es seco o con el mismo fluido cervical pegajoso día tras día, estás segura para las relaciones sin protección la noche de cada día seco o cada día pegajoso invariable.

Regla del día seco: Una de las cuatro reglas del control de natalidad natural. Antes de la ovulación estás segura la noche de cada día seco. Pero el día siguiente se considera potencialmente fértil si hay semen residual que enmascara tu fluido cervical.

Regla del parche: Una de las dos reglas de control anticonceptivo natural utilizadas durante las fases de anovulación. Afirma que estás segura la noche de cada día en que tu patrón infértil básico de dos semanas permanezca igual. Pero en cuanto veas un cambio en tu patrón infértil básico, debes considerarte fértil hasta la noche del cuarto día consecutivo no húmedo después del día cumbre.

Regla del pulgar: Una pauta por las que se ignoran las temperaturas anómalas, especialmente cuando se calcula la temperatura base.

Reserva ovárica: La cantidad, y en algún momento la cualidad o viabilidad de la reserva de óvulos que queda en los ovarios.

Rueda del embarazo: Un dispositivo de cálculo utilizado por los médicos para determinar la fecha del parto de una mujer embarazada. Se basa en la suposición de que la ovulación tiene lugar el día 14, y por tanto no es exacta.

Sangrado anovulatorio: Sangrado que parece ser un período, pero que no lo es técnicamente porque la ovulación no tuvo lugar entre 12 y 16 días antes de que comenzara. Suele estar causado por una disminución del estrógeno que causa la pérdida del recubrimiento uterino (sangrado por falta de estrógeno) o una cantidad excesiva de estrógeno que causa tanto crecimiento en el recubrimiento uterino que ya no puede mantenerse (sangrado por exceso de estrógeno).

Sangrado de implantación: El sangrado ligero que a veces tiene lugar cuando un óvulo recientemente fecundado ha penetrado en el recubrimiento uterino.

Sangrado intermenstrual: Sangrado debido al exceso de producción de estrógenos, que hace que el endometrio crezca más allá del punto en que puede sostenerse. Suele ocurrir durante los ciclos anovulatorios.

Sangrado ligero: Pequeñas cantidades de sangre roja, rosa o marrón que aparecen durante el ciclo menstrual en ocasiones distintas del verdadero período menstrual.

Sangrado ligero en mitad del ciclo: Sangrado ligero entre dos períodos menstruales. Normalmente ocurre en el momento de la ovulación y se suele considerar un síntoma secundario de fertilidad.

Sangrado ovulatorio: El sangrado que tiene lugar como resultado de los cambios en los niveles de estrógeno, antes o después de la ovulación.

Sangrado por carencia: Sangrado vaginal consecuencia de un nivel insuficiente de estrógeno para mantener el recubrimiento uterino. Suele ocurrir durante los ciclos anovulatorios.

Sangrado por exceso de estrógeno: *Véase* Sangrado ligero ovulatorio. Sangrado de color claro o marrón, anterior al día cumbre, que es el resultado del exceso de estrógeno sin progesterona para mantenerlo. También puede hacer referencia al sangrado potencialmente abundante que tiene lugar en los ciclos anovulatorios en los que el recubrimiento, que se ha desarrollado debido a los efectos del estrógeno, no puede mantenerse y por tanto se desprende.

Sangrado por falta de estrógeno: *Véase* Sangrado ovulatorio ligero. Sangrado ligero que ocurre inmediatamente después del día cumbre debido a la disminución de estrógeno. Además, hace referencia al sangrado que tiene lugar durante la semana que una mujer no toma la píldora anticonceptiva.

Sangrado uterino disfuncional: El tipo más común de sangrado inusual, que no tiene causa obvia hormonal o estructural. Aun así, se cree que la mayoría de los casos son hormonales por naturaleza y relacionados con la anovulación.

Secreción: Una emisión de la vagina. En este libro, hace referencia a un síntoma poco saludable, producto de una infección.

Semen: El fluido eyaculado por el pene en el orgasmo. El fluido viscoso que contiene los espermatozoides y las secreciones de las vesículas seminales y la próstata.

Sensación lúbrica: La sensación resbaladiza y húmeda que sientes, normalmente cuando está presente el fluido cervical fértil. Si la sientes cuando no hay presente fluido cervical, es que sigues siendo fértil.

Signos de fertilidad secundarios: Los cambios físicos y emocionales que puede aportar pruebas suplementarias de la fase fértil. Los síntomas secundarios incluyen el *mittleschemerz* (dolor ovulatorio), el sangrado ligero, la sensibilidad en los pechos y los cambios de ánimo.

Signos de menopausia: Esos signos que normalmente experimentan las mujeres perimenopáusicas, incluyendo los sofocos, la sequedad vaginal y los ciclos irregulares.

Síndrome ovárico poliquístico: Un trastorno endocrino común que suele generar ciclos irregulares y otros problemas hormonales, en los que los folículos en desarrollo suelen quedar atrapados dentro del ovario, y después se convierten en quistes en la pared ovárica interna. Se cree que son causados por altos niveles de insulina en sangre.

Síndrome premenstrual: Una serie de signos físicos y emocionales y de síntomas que aparecen durante la fase posovulatoria (lútea) y que desaparecen al principio de la menstruación. Los síntomas premenstruales los experimentan la mayoría de las mujeres en diversos grados.

Sistema modelo Creighton: Un medio prospectivo y estandarizado de monitorizar el ciclo menstrual y de fertilidad. Incluye hacer un seguimiento sólo del fluido cervical, pero utiliza descripciones extremadamente precisas para permitir a las mujeres entender mejor su fertilidad y su salud.

Sofocos: Una sensación de calor que suele afectar a la cara y al cuello, y que dura desde unos segundos a unos minutos. Puede extenderse por la parte superior del cuerpo y verse acompañado por sudor. La mayoría de las mujeres menopáusicas los experimentan.

Subfertilidad: Un estado de fertilidad por debajo de lo normal.

Suplementación con DHEA: La DHEA es una hormona natural que producen tanto los hombres como las mujeres. Es esencial para la producción y el desarrollo de óvulos sanos en las mujeres. En las que utilizan la fecundación *in vitro* para quedarse embarazadas, se prescribe principalmente para tratar la reserva ovárica disminuida, que tiene lugar como consecuencia de un envejecimiento ovárico primario o un envejecimiento en general.

Tapón de mucus: La acumulación de fluido cervical pegajoso e infértil en la abertura cervical. Normalmente impide el paso del esperma por el cuello del útero.

Tasa de fracaso del método: Esto hace referencia a la eficacia de un método anticonceptivo bajo condiciones ideales, cuando siempre se utilizan correctamente.

Tasa de fracaso del usuario: Una medida de la eficacia de un método anticonceptivo, bajo condiciones de la vida real.

Técnica de emisión de semen (TES): El uso de los ejercicios de Kegel (y tejidos) para eliminar el semen de la vagina.

Temperatura al despertarse: La temperatura del cuerpo en reposo, tomada inmediatamente después de despertarse, antes de ninguna actividad. Normalmente se conoce como temperatura corporal basal.

Temperatura corporal basal: *Véase* Temperatura al despertarse.

Terapia de reemplazo hormonal: *Véase* Terapia hormonal.

Terapia hormonal: El uso de hormonas sintetizadas, especialmente estrógeno, para sustituir el menor aporte natural perimenopáusico y posmenopáusico de hormonas en la mujer. Se prescribe para aliviar síntomas menopáusicos como la sequedad vaginal y los sofocos, así como para prevenir la osteoporosis y posiblemente la enfermedad cardíaca.

Testículo: Uno de un par de órganos sexuales masculinos que producen esperma y hormonas sexuales masculinas (andrógenos), incluida la testosterona.

Testosterona: Una hormona producida por los testículos, responsable del desarrollo de las características sexuales masculinas secundarias, y el funcionamiento de los órganos reproductivos masculinos.

TGIF: Transferencia de gametos intrafalopiana. Un procedimiento en el que se eliminan los óvulos de los ovarios y se colocan en la trompa de Falopio, junto con el esperma de la pareja. A diferencia de la fecundación *in vitro,* la fecundación tiene lugar en la trompa de Falopio, y no en una placa de Petri.

Transferencia del óvulo: Un procedimiento en el que el esperma del varón se utiliza para fecundar el óvulo de una mujer donante. El embrión resultante se coloca después en el útero de su pareja, que incluso puede ser una mujer posmenopáusica.

Trompa de Falopio: Uno de un par de tubos conectados a cada lado del útero. El esperma viaja para unirse potencialmente con un óvulo en la tercera parte exterior del tubo, tras lo cual el óvulo fecundado se transporta hacia el útero a través de la trompa.

Tuboscopia: Un telescopio fino que se utiliza para observar la estructura interna de las trompas de Falopio.

Túbulos seminíferos: Tubos microscópicos de los testículos en los que se producen los espermatozoides.

Uretra: El tubo que lleva la orina desde la vejiga hasta el exterior. La uretra femenina es muy corta, y se extiende desde la vejiga hasta la abertura urinaria de la vulva. La uretra masculina es más larga, y se extiende a lo largo de la longitud del pene. También lleva el fluido seminal.

Útero (matriz): El órgano muscular con forma de pera en el que el óvulo fecundado se implanta y crece mientras dura el embarazo. Las contracciones musculares del útero impulsan al bebé por el canal de parto en el momento del nacimiento. Si no tiene lugar la implantación, el recubrimiento uterino (endometrio) se desprende en la menstruación.

Vagina: El canal muscular que se extiende desde el cuello del útero hasta la abertura de la vulva. El esperma se deposita en la vagina durante el coito. Es también a través de este canal como nace el niño (canal del parto).

Vaginismo: Un espasmo doloroso de la vagina que evita la penetración cómoda del pene.

Vaginitis: Una inflamación de la vagina causada por una infección u otra irritación.

Varicocele: Una vena varicosa en el escroto de un hombre que impide su fertilidad al aumentar la temperatura testicular.

Vasectomía: Un procedimiento de esterilización masculina en la que se cortan los vasos deferentes para evitar el paso de los espermatozoides.

Vaso deferente: Uno de un par de tubos que llevan el fluido seminal desde los testículos hasta la uretra.

Vesícula seminal: Una de un par de saquitos que se abren en la parte superior de la uretra masculina. Sus secreciones forman parte del fluido seminal.

Vestibulitis: Una afección médica que causa dolor e incomodidad en la zona vaginal.

VIH: Virus de la inmunodeficiencia humana. El virus que causa el sida.

Virus de la inmunodeficiencia humana: *Véase* VIH.

Vítex (Vitex agnus o chasteberry): Un compuesto de hierbas que se encuentra entre los más usados como ayuda natural, en el tratamiento de desequilibrios hormonales en la mujer. Se cree que actúa en la pituitaria o glándula maestra.

Vulva: Los genitales femeninos externos, que incluyen el clítoris y dos conjuntos de labios.

Vulvodinia: Dolor en la vulva, caracterizado por picor, quemazón o punzadas en la abertura de la vagina.

X frágil: Un gen del que se ha descubierto que juega un papel importante en la función ovárica y que puede ser causa de fallo ovárico prematuro. También está asociado con varias incapacidades intelectuales.

Zigoto: El óvulo fecundado. Una sola célula fecundada, resultante de la fusión del espermatozoide y el óvulo. Después de más divisiones, el zigoto se conoce como blastocito, y después como embrión.

BIBLIOGRAFÍA

TECNOLOGÍAS DE REPRODUCCIÓN ASISTIDA

Artículos

BACZKOWSKI, T. *et al.* (marzo de 2004): «Methods of Embryo Scoring in In Vitro Fertilization», *Reproductive Biology* 4, 5-22.

BAKER, V. L. *et al.* (2010): «Multivariate Analysis of Factors Affecting Probability of Pregnancy and Live Birth with In Vitro Fertilization: An Analysis of the Society for Assisted Reproductive Technology Clinic Outcomes Reporting System», *Fertility and Sterility* 94, 1410-1411.

DONDORP, W. *et al.* (2012): «Oocyte Cryopreservation for Age-Related Fertility Loss», *Human Reproduction* 27, 1231-1237.

GLEICHER, N.; VITALY A. K. y DAVID, H. B. (2014): «Preimplantation Genetic Screening (PGS) Still in Search of a Clinical Application: A Systematic Review», *Reproductive Biology and Endocrinology* 12 [recurso *online*].

KUOHUNG, W., MD, *et al.* (2012): «Overview of Treatment of Female Infertility». Artículo oficial de UptoDate.com

NOGUEIRA, D.; SADEU, J. C. y MANTAGUT, J. (2012): «In Vitro Oocyte Maturation: Current Status», *Seminars in Reproductive Medicine* 30, 199-213.

OGILVIE, C. M. *et al.* (marzo de 2005): «Preimplantation Genetic Diagnosis–An Overview», *Journal of Histochemistry and Cytochemistry* 53, 255-260.

PAULSON, R. (2014): «In Vitro Fertilization». Artículo oficial de UptoDate.com

— (2014): «Pregnancy Outcome after Assisted Reproductive Technology». Artículo oficial de UptoDate.com

The Practice Committees of the American Society for Reproductive Medicine and The Society for Reproductive Technology (2013): «Mature Oocyte Cryopreservation: A Guideline», *Fertility and Sterility* 99, 37-43.

RIGGAN, K., MA (2010): «Ovarian Hyperstimulation Syndrome: An Update on Contemporary Reproductive Technology and Ethics», *Dignitas* 16 [recurso *online*].

SCHUBERT, C. (23 de octubre de 2012): «Egg Freezing Enters Clinical Mainstream», *Nature*.

VLOEBERGHS, V.; VERHEYEN, G. y TOURNAYE, H. (2013): «Intracytoplasmic Injection and In Vitro Maturation: Fact or Fiction?», *Clinics* 68, 151-156.

Libros

Center for Disease Control and Prevention and the American Society for Reproductive Medicine. *2010 Assisted Reproductive Technology National Summary Report*. U.S. Department of Health and Human Services, Atlanta, 2012.

SHER, G., MD, *et al.: In Vitro Fertilization: The A.R.T. of Making Babies*, 4.ª ed. Skyhorse Publishing, Nueva York, 2013.

LACTANCIA

Artículos

Family Health International. Declaración consensuada (19 de noviembre de 1988): «Breastfeeding as a Family Planning Method», *The Lancet,* 1204-1205.

GRAY, R. H. *et al.* (6 de enero de 1990): «Risk of Ovulation During Lactation», *The Lancet* 335, 25-29.

HOWIE, P. W.; McNEILLY, A. S.; HOUSTON, M. J.; COOK, A. y BOYLE., H. (octubre de 1982): «Fertility After Childbirth: Post-Partum Ovulation and Menstruation in Bottle and Breast-Feeding Mothers», *Clinical Endocrinology* 17, 323-332.

KENNEDY, K. I., *et al.* (1995): «Breastfeeding and the Symptothermal Method», *Studies in Family Planning* 26, 107-115.

KENNEDY, K. J. y VISNESS, C. M. (25 de enero de 1992): «Contraceptive Efficacy of Lactational Amenorrhea», *The Lancet* 339, 227-229.

LEWIS, P. R., PhD, *et al.* (marzo de 1991): «The Resumption of Ovulation and Menstruation in a Well- Nourished Population of Women Breastfeeding for an Extended Period of Time», *Fertility and Sterility* 55, 520-535.

PÉREZ, A.; LABBOK, M. H. y QUEENAN, J. T. (18 de abril de 1992): «Clinical Study of the Lactational Amenorrhea Method for Family Planning», *The Lancet* 339, 968-970.

TAY, C. C. K. (marzo de 1991): «Mechanisms Controlling Lactational Infertility», *Journal of Human Lactation* 7, 15-18.

VALDES, V. *et al.* (noviembre de 2000): «The Efficacy of the Lactational Amenorrhea Method (LAM) among Working Women», *Contraception* 62, 217-219.

VAN DER WIJDEN, C., *et al.* (2003): «Lactational Amenorrhea for Family Planning», *Cochrane Database of Systematic Reviews,* CD001329.

Libros

LABBOK, M.; COONEY, K. y COLY, S.: *Guidelines: Breastfeeding, Family Planning, and the Lactational Amenorrhea Method-LAM.* Institute for Reproductive Health, Washington D. C., 1994.

PARANTEAU-CARREAU, S.; MD, IFFLP y COONEY, K. A. MA, IRH. *Breastfeeding, Lactational Amenorrhea Method, and Natural Family Planning Interface: Teaching Guide,* 1-35. Institute for Reproductive Health, Washington D. C., 1994.

RIORDAN, J.; EdD, RN y AUERBACH, K. G., Ph.D.: *Breastfeeding and Human Lactation,* 3.ª edición. Jones and Bartlett Publishers, Boston y Londres, 2005.

EFICACIA DE LOS ANTICONCEPTIVOS

Artículos

ATTAR, E. (junio de 2002): «Natural Contraception using the Billings Ovulation Method», *European Journal of Contraception and Reproductive Health Care,* 96-99.

BARBATO, M., MD. y BERTOLOTTI, G., MD. (1998): «Natural Methods for Fertility Control: A Prospective Study-First Part», *International Fertility Supplement,* 48-51.

The European Natural Family Planning Study Groups (1999): «European Multicenter Study of Natural Family Planning (1989-1995): Efficacy and Dropout», *Advances in Contraception* 15, 69-83.

FLYNN, A. M. y BONNAR, J. «Natural Family Planning»: En *Contraception: Science and Practice,* editado por Marcus Filshie y John Guillebaud, 203-205. Butterworth's Press, Londres, 1989.

FRANK-HERMANN, P. *et al.* (junio de 2005): «Determination of the Fertile Window: Reproductive Competence of Women-European Cycles Databases», *Gynecological Endocrinology* 20, 305-312.

— (diciembre de 1991): «Effectiveness and Acceptability of the Symptothermal Method of Natural Family Planning in Germany», *American Journal of Obstetrics & Gynecology* 165, 2052-2054.

— (2007): «The Effectiveness of a Fertility Awareness Based Method to Avoid Pregnancy in Relation to a Couple's Sexual Behavior During the Fertile Time: A Prospective Longitudinal Study», *Human Reproduction*, 22, 1310-1319.

— (junio-septiembre de 1997): «Natural Family Planning With and Without Barrier Method Use in the Fertile Phase: Efficacy in Relation to Sexual Behavior: A German Prospective Long-Term Study», *Advances in Contraception* 13, 179-189.

FREUNDL, G. y BATAR, I. (2010): «State-of-the-Art of Non-Hormonal Methods of Contraception», *European Journal of Contraceptive and Reproductive Health Care* 15, 113-123.

GHOSH, A. K.; SAHA, S. y CHATTERGEE, G. (1982): «Symptothermia Vis-a-Vis Fertility Control», *Journal of Obstetrics and Gynecology of India* 32, 443-447.

GRIMES, D. A. *et al.* (agosto de 2005): «Fertility Awareness-based Methods for Contraception: Systematic Review of Randomized Controlled Trials», *Contraception* 72, 85-90.

— (octubre de 2004): «Fertility Awareness-based Methods for Contraception», base de datos de revision sistemática de Cochrane, CD004860.

GUIDA, M. (junio de 1997): «An Overview of the Effectiveness of Natural Family Planning», *Gynecological Endocrinology*, 203-219.

HUME, K. (junio-septiembre de 1991): «Fertility Awareness in the 1990s-The Billings Ovulation Method of Natural Family Planning, Its Scientific Basis, Practical Application and Effectiveness», *Advances in Contraception* 7, 301-311.

JENNINGS, V., PhD (2014): «Fertility Awareness-Based Methods of Pregnancy Prevention»: Artículo oficial de UptoDate.com

LAMPRECHT, V. y J. TRUSSEL (1997): «Natural Family Planning Effectiveness: Evaluating Published Reports», *Advances in Contraception* 13, 155-165.

LETHBRIDGE, D. J., RN, PhD (1991): «Coitus Interruptus: Considerations as a Method of Birth Control», *Journal of Obstetrics, Gynecologic and Neonatal Nursing* 20, 80-85.

PETOTTI, D. B.: «Statistical Aspects of the Evaluation of the Safety and Effectiveness of Fertility Control Methods». En *Fertility Control*, editado por Stephen L. CORSON, Richard J. DENNAN y Louise B. TYRER, pp. 13-25. Little Brown, Boston, 1985.

RICE, F. J., PhD, LANCTOT, C. A., MD, y o FARCIA-DeVESA, C. PhD (1981): «Effectiveness of the Sympto-Thermal Method of Natural Family Planning: An International Study», *International Journal of Fertility* 26, 222-230.

ROYSTON, J. P. (junio de 1982): «Basal Body Temperature, Ovulation and the Risk of Conception, with Special Reference to the Lifetimes of Sperm and Egg», *Biometrics* 38, 397-406.

RYDER, R. E. J. (18 de septiembre de 1983): «'Natural Family Planning': Effective Birth Control Supported by the Catholic Church», *British Medical Journal* 307, 723-726.

SINAI, I. y AVERALO, M. (2006): «It's All in the Timing: Coital Frequency and Fertility-Awareness Based Methods of Family Planning», *Journal of Biosocial Science* 38, 763-777.

TRUSSELL, J. y GRUMMER-STRAWN, L. (marzo-abril 1990). «Contraceptive Failure of the Ovulation Method of Periodic Abstinence», *Family Planning Perspectives* 22, 65-75.

TRUSSELL, J. y KOST, K. (septiembre-octubre de 1987): «Contraceptive Failure in the United States: A Critical Review of the Literature», *Studies in Family Planning* 18, 237-283.

TRUSSELL, J., PhD, *et al.* (enero-febrero de 1990): «Contraceptive Failure in the United States: An Update», *Studies in Family Planning* 21, 51-54.

— (septiembre de 1990): «A Guide to Interpreting Contraceptive Efficacy Studies», *Obstetrics & Gynecology* 76, 558-567.

WADE, M. E., MD, *et al.* (octubre de1981): «A Randomized Prospective Study of the Use-Effectiveness of Two Methods of Natural Family Planning», *American Journal of Obstetrics & Gynecology* 141, 368-376.

WOOLLEY, R.J., MD (enero de 1991): «Contraception-A Look Forward, Part I: New Spermicides and Natural Family Planning», *Journal of the American Board of Family Practice,* 33-44.

World Health Organization, Task Force (noviembre de1981): «A Prospective Multicentre Trial of the Ovulation Method of Natural Family Planning. II. The Effectiveness Phase», *Fertility and Sterility* 36, 591-598.

— (diciembre de 1983): «A Prospective Multicentre Trial of the Ovulation Method of Natural Family Planning. III. Characteristics of the Menstrual Cycle and of the Fertile Phase», *Fertility and Sterility* 40, 773-778.

Libros

HATCHER, R. A., MD, MPH, *et al.: Contraceptive Technology*, 19.ª rev. ed. Irvington Publishers, Inc., Nueva York, 2007.

—: *Contraceptive Technology*, 20.ª rev. ed. Irvington Publishers, Inc., Nueva York, 2011.

Artículos

Badwe, R. A., *et al.* (25 de mayo de 1991): «Timing of Surgery During Menstrual Cycle and Survival of Premenopausal Women with Operable Breast Cancer», *The Lancet* 337, 1261-1264.

Banks, A. L., MD, (1962): «Does Adoption Affect Infertility?» *International Journal of Fertility*, 23-28.

Barnes, A. B., MD (septiembre de 1984): «Menstrual History and Fecundity of Women Exposed and Unexposed in Utero to Diethylstilbestrol», *Journal of Reproductive Medicine* 29, 651-655.

— (agosto de 1979): «Menstrual History of Young Women Exposed in Utero to Diethylstilbestrol», *Fertility and Sterility* 32, 148-153.

Barron, M. L. y Fehring, R. J. (septiembre-octubre de 2005): «Basal Body Temperature Assessment: Is It Useful to Couples Seeking Pregnancy?» *American Journal of Maternal Child Nursing* 30, 290-296.

Benaglia, L., *et al.* (2010): «Rate of Severe Ovarian Damage Following Surgery for Endometrioses», *Human Reproduction* 25, 678-682.

Bigelow, J. L., *et al.* (abril de 2004): «Mucus Observations in the Fertile Window: A Better Predictor of Conception than Timing of Intercourse», *Human Reproduction* 19, 889-892.

Brown, J. B., DSc, Holmes, J., BA, y Barker, G. (diciembre de 1991): «Use of the Home Ovarian Monitor in Pregnancy Avoidance», *American Journal of Obstetrics & Gynecology* 165, 2008-2011.

Burger, H. G., MD (1981): «Neuroendocrine Control of Human Ovulation», *International Journal of Fertility* 26, 153-160.

Burger, H. G., *et al.* (2013): «Vitex Agnus-Castus Extracts for Female Reproductive Disorders: A Systematic Review of Clinical Trials», *Planta Medicine* 79, 562-575.

Campbell, D. M.: «Aetiology of Twinning». En *Twinning and Twins*, editado por I. MacGillivray, D. M. Campbell y B. Thompson, pp. 27-36. John Wiley & Sons, Ltd., Londres,1988.

Canfield, R. E., *et al.* (octubre de 1987): «Development of an Assay for a Biomarker of Pregnancy and Early Fetal Loss», *Environmental Health Perspectives* 74, 57-66.

Ceballo, R., *et al.* (2010): «Perceptions of Women's Infertility: What Do Physicians See?» *Fertility and Sterility* 93, 1066-1073.

Chard, T. (mayo de 1992): «Pregnancy Tests: A Review», *Human Reproduction* 7, 701-710.

Chung, K., MD, MSCE, y Paulson, R., MD (2014): «Fertility Preserving Options for Women of Advancing Age». Artículo oficial de UptoDate.com

Comité de Practice Bulletins, ginecología (2013): «Practice no. 136: Management of Abnormal Uterine Bleeding Associated with Ovulatory Dysfunction», *Obstetrics and Gynecology* 122, 176-185.

CROXATTO, H. B., *et al.* (15 de noviembre de 1978): «Studies in the Duration of Egg Transport by the Human Oviduct. II. Ovum Location at Various Intervals Following Luteinizing Hormone Peak», *American Journal of Obstetrics & Gynecology* 132, 629-634.

CUNHA, G. R., PhD, *et al.* (noviembre de 1987): «Teratogenic Effects of Clomiphene, Tamoxifen, and Diethylstilbestrol on the Developing Human Female Genetic Tract», *Human Pathology* 18, 1132-1143.

CUSTERS, I. M., *et al.* (2012): «Long-term Outcome in Couples with Unexplained Subfertility and an Immediate Prognosis Initially Randomized Between Expected Management and Immediate Treatment», *Human Reproduction* 27, 444-450.

DARLAND, N. W., RNC, MSN (mayo-junio de 1985): «Infertility Associated with Luteal Phase Defect», *Journal of Obstetric, Gynecologic and Neonatal Nursing*, 212-217.

DAVIAUD, J., *et al.* (enero de 1993): «Reliability and Feasibility of Pregnancy Home-Use Tests: Laboratory Validation and Diagnostic Evaluation by 638 Volunteers», *Clinical Chemistry* 39, 53-59.

DE MOUZON, J., MD, *et al.* (febrero de1984): «Time Relationships Between Basal Body Temperature and Ovulation or Plasma Progestins», *Fertility and Sterility* 41, 254-259.

DEVANE, G. W., MD (septiembre de 1989): «Prolactin Measurement: What Is Normal?», *Contemporary Obstetrics and Gynecology*, 99-117.

DEWAILLEY, D., *et al.* (2014): «The Physiology and Clinical Utility of Anti-Mullerian Hormone in Women», *Human Reproduction Update* 20, 370-385.

DJERASSI, C., PhD (junio de 1990): «Fertility Awareness: Jet-Age Rhythm Method?», *Science* 1061-1062.

DOMAR, A. D., PhD, *et al.* (abril de 2000): Impact of Group Psychological Interventions on Pregnancy Rates in Infertile Women», *Fertility and Sterility* 73, 805-811.

— (diciembre de 1992): «The Prevalence and Predictability of Depression in Infertile Women», *Fertility and Sterility* 1158-1163.

DUNSON, D. B., *et al.* (enero de 2004): «Increased Infertility with Age», *Obstetrics & Gynecology* 103, 51-56.

EGGERT-KRUSE, W.; GERHARD, I.; TILGEN, W. y RUNNEBAUM, B. (agosto de 1990): «The Use of Hens' Egg White as a Substitute for Human Cervical Mucus in Assessing Human Infertility», *International Journal of Andrology* 13, 258-266.

EISENBERG, E., MD: «Infertility». En *Textbook of Woman's Health*, editado por L. A. WALLIS, MD, pp. 679-685. Lippincott-Raven Publishers, Nueva York, 1998.

FEHRING, R. J., RN, DNSc (mayo-junio de 1990): «Methods Used to Self-Predict Ovulation: A Comparative Study», *Journal of Obstetric, Gynecologic, and Neonatal Nursing* 19, 233-237.

— (enero-febrero de 2004): «The Future of Professional Education in Natural Family Planning», *Journal of Obstetrical and Gynecological Neonatal Nursing* 33, 34-43.

FIELD, Charles S., MD (septiembre de 1988): «Dysfunctional Uterine Bleeding», *Primary Care* 15, 561-573.

FILER, R. B., MD, y WU, C. H., MD (noviembre de 1989): «Coitus During Menses: Its Effect on Endometriosis and Pelvic Inflammatory Disease», *Journal of Reproductive Medicine* 34, 887-890.

FILICORI, M., *et al.* (diciembre de 1989): «Evidence for a Specific Role of GnRH Pulse Frequency in the Control of the Human Menstrual Cycle», *American Journal of Physiology* 257, 930-936.

FLYNN, A. M. y BONNAR, J.: «Natural Family Planning». En *Contraception: Science and Practice*, editado por M. FILSHIE y J. GUILLEBAUD, pp. 203-205. Butterworth's Press, Londres, 1989.

FORD, J. H. y MacCORMAC, L. (1995): «Pregnancy and Lifestyle Study. The Long-Term Use of the Contraceptive Pill and the Risk of Age-Related Miscarriage», *Human Reproduction* 10, 1397-1402.

FORDNEY-SETTLAGE, D., MD, MS (1981): «A Review of Cervical Mucus and Sperm Interactions in Humans», *International Journal of Fertility* 26, 161-169.

FRANCE, J. T., PhD (1981): «Overview of the Biological Aspects of the Fertile Period», *International Journal of Fertility* 26, 143-152.

FREIDSON, E., PhD: «The Professional Mind». En *The Sociology of Medicine, a Structural Approach*, pp. 130-131. Dodd, Mead and Company, NuevaYork, 1968.

FREUNDL, G., *et al.* (diciembre de 2003): «Estimated Maximum Failure Rates of Cycle Monitors Using Daily Conception Probabilities in the Menstrual Cycle», *Human Reproduction* 18, 2628-2633.

GLATSTEIN, I. Z., MD, *et al.* (1995): «The Reproducibility of the Postcoital Test: A Prospective Study», *Obstetrics & Gynecology* 85, 396-400.

GNANT, Michael F. X., *et al.* (11 de noviembre de 1992): «Breast Cancer and Timing of Surgery During Menstrual Cycle: A 5-Year Analysis of 385 Pre-Menopausal Women», *International Journal of Cancer* 52, 707-712.

GOLDENBERG, R. L., MD, y WHITE, R., RN (septiembre de 1975): «The Effect of Vaginal Lubricants on Sperm Motility in Vitro», *Fertility and Sterility* 26, 872-873.

GOLDHIRSCH, A. (1997): «Menstrual Cycle and Timing of Breast Surgery in Premenopausal Node- Positive Breast Cancer: Results of the International Breast Cancer Study Group Trial VI», *Annals of Oncology* 8, 751-756.

Gondos, B., MD, y Riddick, D. H., MD, PhD, eds. «Cervical Mucus and Sperm Motility». En *Pathology of Infertility: Clinical Correlations in the Male and Female*, pp. 337-351. Thieme Medical Publishers, Inc., Nueva York, 1987.

Goodman, M. B., *et al.* (2014): «A Randomized Clinical Trial to Determine Optimal Infertility Treatment in Older Couples: The Forty and Over Treatment Trial (FORT-T)», *Fertility and Sterility* 101, 1574-1581.

Grodstein, F. *et al.* (15 de junio15 de 1993): «Relation of Female Infertility to Consumption of Caffeinated Beverages», *American Journal of Epidemiology* 137, 1353-1359.

Guerrero, R.; Rojas, O. y Cifuentes, A.: «Natural Family Planning Methods». En *Human Ovulation*, editado por E. S. E. Hafez, pp. 477-479. Elsevier North-Holland Biomedical Press, Ámsterdam y Nueva York, 1979.

Guyton, Arthur C., MD: «Endocrinology and Reproduction». En *Textbook of Medical Physiology*, 8.ª ed., p. 912. W. B. Saunders Company, Filadelfia, 1991.

Hardy, M. L. (2000): «Herbs of Special Interest to Women», *Journal of the American Pharmaceutical Association* 40, 232-234.

Hamilton, M., PR, MD, *et al.* (julio de 1990): «Luteal Cysts and Unexplained Infertility: Biochemical and Ultrasonic Evaluation», *Fertility and Sterility* 54, 32-37.

Hibbard, L. T., MD (1 de noviembre de 1979): «Corpus Luteum Surgery», *American Journal of Obstetrics & Gynecology* 135, 666-667.

Hilgers, T. W., MD; Abraham, G. E., MD y Cavanagh, D., MD (noviembre de 1978): «Natural Family Planning. I. The Peak Symptom and Estimated Time of Ovulation», *The American College of Obstetricians and Gynecologists* 52, 575-582.

Hilgers, T. W., MD; Abraham, G. E., MD y Prebil, A. M. (primavera-verano de 1989): «The Length of the Luteal Phase», *International Review,* 99-106.

Hilgers, T. W., MD y Baile, A. J., MSW, ACSW (marzo de 1980): «Natural Family Planning. II. Basal Body Temperature and Estimated Time of Ovulation», *Obstetrics & Gynecology* 55, 333-339.

Hornstein, M. D., MD, *et al.* (2014): «Optimizing Natural Fertility in Couples Planning Pregnancy». Artículo oficial de UptoDate.com

— (2014): «Unexplained Infertility». Artículo oficial de UptoDate.com

Howles, C. M.: «Follicle Growth and Luteinization». En *Encyclopedia of Human Biology*, vol. 3, pp. 627-635. Academic Press, Londres, 1991.

Hsu, A., *et al.* (2011): «Antral Follicle Count in Clinical Practice: Analyzing Clinical Relevance», *Fertility and Sterility* 95, 474-479.

Huggins, G. R., MD y Cullins, V. E., MD (octubre de 1990): «Fertility After Contraception or Abortion», *Fertility and Sterility* 54, 559-570.

Hull, M. G. R., *et al.* (6 de junio de 1992): «Expectations of Assisted Conception for Fertility», *British Medical Journal* 304, 1465-1469.

Jones, H. W., Jr., MD y P. Toner, J., MD, PhD (2 de diciembre de 1993): «The Infertile Couple», *New England Journal of Medicine* 7, 1710-1715.

Kaunitz, A. M., MD (2014): «Approach to Abnormal Bleeding». Artículo oficial de UptoDate.com

Knee, G. R., MS, *et al.* (noviembre de 1985): «Detection of the Ovulatory Luteinizing Hormone (LH) Surge with a Semiquantitative Urinary LH Assay», *Fertility and Sterility* 44, 707-709.

Koukolis, G. N. (2000): «Hormone Replacement Therapy and Breast Cancer Risk», *Annals of the New York Academy of Sciences* 900, 422-428.

Kuohung, W., MD, *et al.* (2014): «Causes of Female Infertility». Artículo official de UptoDate.com

— (2014): «Overview of Infertility». Artículo official de UptoDate.com

— (2012): «Patient Information: Evaluation of the Infertile Couple (Beyond the Basics)». Artículo official de UptoDate.com

Lahaie, M.A., *et al.* (2010): «Vaginisum: A Review of the Literature on the Classification/Diagnosis, Etiology and Treatment», *Woman's Health* 6, 705-719.

Lamb, E. J., MD y Luergans, S., PhD (15 de mayo de 1979): «Does Adoption Affect Subsequent Fertility?». *American Journal of Obstetrics & Gynecology* 134, 138-144.

Lambert, H., PhD, *et al.* (febrero de 1985): «Sperm Capacitation in the Human Female Reproductive Tract», *Fertility and Sterility* 43, 325-327.

Landy, H. J., MD, *et al.* (julio de 1986): «The 'Vanishing-Twin': Ultrasonographic Assessment of Fetal Disappearance in the First Trimester», *American Journal of Obstetrics & Gynecology,* 14-19.

LeMaire, G. S., RN, MSN (marzo-abril de 1987): «The Luteinized Unruptured Follicle Syndrome: Anovulation in Disguise», *Journal of Obstetric, Gynecologic and Neonatal Nursing,* 116-120.

Lenton, E. A.; Landgren, B.-R. y Sexton, L. (julio de 1984): «Normal Variation in the Length of the Luteal Phase of the Menstrual Cycle: Identification of the Short Luteal Phase», *British Journal of Obstetrics and Gynecology* 91, 685-689.

Luciano, A. A., MD, *et al.* (marzo de 1990): «Temporal Relationship and Reliability of the Clinical, Hormonal, and Ultrasonographic Indices of Ovulation in Infertile Women», *Obstetrics & Gynecology* 75, 412-416.

MacGillivray, I.; Samphier, M. y Little, J.: «Factors Affecting Twinning». En *Twinning and Twins,* editado por I. MacGillivray, D. M. Campbell y B. Thompson, pp. 67-92. John Wiley & Sons, Ltd., Londres, 1988.

MARCH, C. M. (mayo de 1993): «Ovulation Induction», *Journal of Reproductive Medicine* 38, 335-346.

MARIK, J., MD y HULKA, J., MD (marzo de 1978): «Luteinized Unruptured Follicle Syndrome: A Subtle Cause of Infertility», *Fertility and Sterility,* 270-274.

MATTESON, K. A., *et al.* (2009): «Abnormal Uterine Bleeding: A Review of Patient-Based Outcome Measures», *Fertility and Sterility* 92, 205-216.

MASHA, M., M, *et al.* (1996): «Yeast Infection of Sperm, Oocytes, and Embryos After Intravaginal Culture for Embryo Transfer», *Fertility and Sterility* 65, 481-483.

McCARTHY, J. J., Jr., MD y ROCKETTE, H. E., PhD (mayo de 1983): «A Comparison of Methods to Interpret the Basal Body Temperature Graph», *Fertility and Sterility,* 39 640-646.

MESSINIS, I. E., *et al.* (febrero de 1993): «Changes in Pituitary Response to GnRH During the Luteal-Follicular Transition of the Human Menstrual Cycle», *Clinical Endocrinology* 38, 159-163.

MILLER, K. K., *et al.* (1998): «Decreased Leptin Levels in Normal Weight Women with Hypothalmic Amenorrhea: The Effects of Body Composition and Nutritional Intake», *Journal of Clinical Endocrinology and Metabolism* 83, 2309-2312.

NAGY, Z. P. y CHANG, C. C. (septiembre de 2005): «Current Advances in Artificial Gametes», *Reproductive Biomedicine* 11.

NESSE, R. E., MD (julio de 1989): «Abnormal Vaginal Bleeding in Perimenopausal Women», *American Family Physician,* 185-189.

NICHOLSON, R., MD (noviembre-diciembre de 1965): «Vitality of Spermatozoa in the Endocervical Canal», *Fertility and Sterility* 16, 758-764.

O'HERLIHY, C., MRCOG, MRCPI y ROBINSON, H. P., MD, MRCOG (abril de 1980): «Mittelschmerz Is a Preovulatory Symptom», *British Medical Journal,* 986.

OLIVENNES, F. (julio-agosto de 2003): «Patient-friendly Ovarian Stimulation», *Reproductive Biomedicine* 7, 30-34.

OLSEN, J. (1 de abril de 1991): «Cigarette Smoking, Tea and Coffee Drinking, and Subfecundity», *American Journal of Epidemiology,* 734-739.

OVERSTREET, J. W.; KATZ, D. F. y YUDIN, A. I. (abril de 1991): «Cervical Mucus and Sperm Transport in Reproduction», *Seminars in Perinatology* 15, 149-155.

PADILLA, S. L., MD y CRAFT, K. S., RNC (diciembre de 1985) «Anovulation: Etiology, Evaluation and Management», *Nurse Practitioner,* 28-44.

PILLET, M. C., MD, *et al.* (abril de 1990): «Improved Prediction of Postovulatory Day Using Temperature Recording, Endometrial Biopsy, and Serum Progesterone», *Fertility and Sterility* 53, 614-619.

PRITCHARD, J. P.; MacDONALD, P. C. y GANT, N. F.: «Multifetal Pregnancy». En *Williams' Obstetrics,* 17.ª ed., pp. 503-524. Appleton-Century-Crofts, Norwalk, Connecticut, 1985.

PROFET, M. (septiembre de 1993): «Menstruation as a Defense Against Pathogens Transported by Sperm», *Quarterly Review of Biology* 68, 335-381.

REBAR, R. W.: «Premature Ovarian Failure». En *Treatment of the Post-Menopausal Woman: Basic and Clinical Aspects*, editado por R. A. LOBO, pp. 25-33.: Raven Press, Ltd., Nueva York, 1994.

ROSS, G. T.: «HCG in Early Human Pregnancy». En *Maternal Recognition of Pregnancy*, editado por J. WHELAN, pp. 198-199. Ciba Foundation Press, Nueva York, 1979.

ROSSING, M. A., DVM, PhD, *et al.* (22 de septiembre de 1994): «Ovarian Tumors in a Cohort of Infertile Women», *New England Journal of Medicine,* 771-776.

ROUSSEAU, S., MD, *et al.* (diciembre de 1983): «The Expectancy of Pregnancy for 'Normal' Infertile Couples», *Fertility and Sterility* 40, 768-772.

SALAMA, S., *et al.* (2015)*:* «Nature and Origin of 'Squirting' in Female Sexuality», *Journal of Sex Med*, 12: 661-666.

SALLE, B. (1997): «Another Two Cases of Ovarian Tumors in Women Who Had Undergone Multiple Ovulation Induction Cycles», *Human Reproduction* 12, 1732-1735.

SANDERS, K. A. y NEVILLE, W. B. (1999): «Psychosocial Stress and the Menstrual Cycle», *Journal of Biosocial Sciences* 31, 393-402.

SCHOLES, D., *et al.* (abril de 1993): «Vaginal Douching as a Risk Factor for Acute Pelvic Inflammatory Disease», *Obstetrics & Gynecology* 81, 601-606.

SEIFER, D. B., *et al.* (2011): «Age-Specific Serum Anti-Mullerian Values for 17,120 Women Presenting to Fertility Centers within the United States», *Fertility and Sterility* 95, 747-750.

SEIFER, D. B.; BAKER, V. L. y LEADER, B. (2012): «Age-Specific Serum Anti-Mullerian Hormone Values from 17,120 Women Presenting to Fertility Centers within the United States», *Fertility and Sterility* 95, 747-750.

SHERBAHN, R., MD (2013): «Anti-Follicle Counts, Resting Follicles and Ovarian Reserve Testing Egg Supply and Predicting Response to Ovarian Stimulation», en *advancedfertility.com*

— (2013): «Anti-Mullerian Testing of Ovarian Reserve», en *advancedfertility.com*

— (2013): «Day 3 FSH Fertility Testing of Ovarian Reserve–FSH Test», en *advancedfertility.com*

SIMMER, H. H. «Placental Hormones». En *Biology of Gestation*, editado por N. S. ASSALI, pp. 296-299. Academic Press, Nueva York, 1968.

SMITH, S. K.; LENTON, E. A. y COOKE, I. D. (noviembre de 1985): «Plasma Gonadotrophin and Ovarian Steroid Concentrations in Women with Menstrual Cycles with a Short Luteal Phase», *Journal of Reproduction and Fertility* 75, 363-368.

SMITH, S. K., *et al.* (noviembre de 1984): «The Short Luteal Phase and Infertility», *British Journal of Obstetrics and Gynecology* 91, 1120-1122.

SOUKA, A. R., *et al.* (febrero de 1984): «Effect of Aspirin on the Luteal Phase of Human Menstrual Cycle», *Contraception* 29, 181-188.

Stanford, J. B. (diciembre de 2002): «Timing Intercourse to Achieve Pregnancy: Current Evidence», *Obstetrics & Gynecology* 100, 1333-1341.

Steiner, A. Z., *et al.* (2011): «Antimullerian Hormone as a Predicator of Natural Fecundability in Women age 3-42 Years». *Obstetrics and Gynecology* 117, 798-8045.

Stewart, E. G., MD (2014): «Approach to the Woman with Sexual Pain». Artículo oficial de UptoDate.com

Tanahatoe, S. (febrero de 2003): «Accuracy of Diagnostic Laparoscopy in the Infertility Work-up Before Intrauterine Insemination», *Fertility and Sterility* 79, 361-366.

Thrush, P., MD y Willard, D., MD (noviembre de 1989): «Pseudo-Ectopic Pregnancy: An Ovarian Cyst Mimicking Ectopic Pregnancy», *West Virginia Medical Journal* 85, 488-489.

Tulandi, T., MD y McInnes, R. A., MD (enero de 1984): «Vaginal Lubricants: Effect of Glycerin and Egg White on Sperm Motility and Progression In Vitro», *Fertility and Sterility* 41, 151-153.

Tulandi, T., MD; Plouffe, L., Jr., MD y McInnes, R. A., MD (diciembre de 1982): «Effect of Saliva on Sperm Motility and Activity», *Fertility and Sterility* 38, 721-723.

Vermesh, M., MD, *et al.* (febrero de 1987): «Monitoring Techniques to Predict and Detect Ovulation», *Fertility and Sterility* 47, 259-264.

Veronesi, U., *et al.* (18 de junio de 1994): «Effect of Menstrual Phase on Surgical Treatment of Breast Cancer», *The Lancet* 343, 1545-1547.

Weir, W. C., MD y Weir, D. R., MD (marzo-abril de 1966): «Adoption and Subsequent Conceptions», *Fertility and Sterility,* 283-288.

Wilcox, A.; Dunson, D. y Baird, D. (18 de noviembre de 2000): «The Timing of the 'Fertile Window' in the Menstrual Cycle: Day-Specific Estimates from a Prospective Study», *British Medical Journal* 321, 1259-1262.

Wilcox, A.; Weinberg, C. y Baird, D. (24-31 de diciembre de 1988): «Caffeinated Beverages and Decreased Fertility», *The Lancet,* 1453-1455.

Wood, J. W. (1989): «Fecundity and Natural Fertility in Humans», *Oxford Review of Natural Fertility in Humans,* 61-109.

Worley, R.J., MD (15 de febrero de 1986): «Dysfunctional Uterine Bleeding», *Postgraduate Medicine* 9, 101-106.

Yong, E. L., MRCOG, *et al.* (mayo de 1989):«Simple Office Methods to Predict Ovulation: The Clinical Usefulness of a New Urine Luteinizing Hormone Kit Compared to Basal Body Temperature, Cervical Mucus and Ultrasound», *Australia-New Zealand Journal of Obstetrics & Gynecology* 29, 155-159.

Zacur, H. A., MD, PhD y Seibel, M. M., MD (septiembre de 1989): «Steps in Diagnosing Prolactin-Related Disorders», *Contemporary Obstetrics and Gynecology,* 84-96.

Ziegler, D., *et al.* (2010): «The Antral Follicle Count: Practical Recommendations for Better Standardization», *Fertility and Sterility* 94, 1044-1051.

Zuspan, Kathryn J. and F. P. Zuspan. «Basal Body Temperature». En *Human Ovulation*, editado por E. S. E. Hafez, pp. 291-298. Ámsterdam y Nueva York: Elsevier North-Holland Biomedical Press, 1979.

Libros

Biale, R.: *Women and Jewish Law: An Exploration of Women's Issues in Halakhic Sources.* Schocken Books, Nueva York, 1984.

Billings, E., MD y Westmore, A., MD: *The Billings Method: Using the Body's Natural Signal of Fertility to Achieve or Avoid a Pregnancy.* Anne O'Donovan Publishing, Melbourne, 2011. [Trad. Cast.: *El método Billings: el uso del indicador natural de la fertilidad para lograr o evitar el embarazo.* Palabra: Madrid, 2016].

Boston Women's Health Book Collective. *Our Bodies, Ourselves.* Touchstone, Nueva york, 2011. [Trad. Cas.: *Nuestros cuerpos, nuestras vidas.* Icaria: Barcelona, 1982].

Bruce, D. F., PhD *et al.: Making a Baby: Everything You Need to Know to Get Pregnant.* Ballantine Books, Nueva York, 2010.

Bryan, E. M., MD, MRCP, DCH. *The Nature and Nurture of Twins.* Bailliere Tindall, Londres, 1983.

Clubb, E., MD y Knight, J.: *Fertility: Fertility Awareness and Natural Family Planning.* David and Charles, Reino Unido, 1996.

Couple to Couple League. *The Art of Natural Family Planning Student Guide.* Couple to Couple League International, Inc., Cincinnati, Ohio, 2012.

Edwards, R. G.: *Conception in the Human Female.* Academic Press/Harcourt Brace Jovanovich, Londres, 1980.

Ellison, P. T.: *On Fertile Ground: A Natural History of Human Reproduction.* Harvard University Press, Cambridge, Massachusetts, 2003.

Falcone, T., MD y Falcone, T. R. *The Cleveland Clinic Guide to Infertility.* Kaplan Publishing, Nueva York, 2009.

Gibbs. R. S., DM *et al. (eds.) Danforth's Obstetrics and Gynecology*, 8.ª ed. J. B. Lippincott Company, Filadelfia, 1999.

Gondos, B., MD y Riddick, D. H., MD, PhD (eds.).: *Pathology of Infertility: Clinical Correlations in the Male and Female.* Thieme Medical Publishers, Inc., Nueva York, 1987.

Hafez, E. S. E. (ed.): *Human Reproduction: Conception and Contraception*, 2.ª ed. Harper & Row, Nueva York, 1980.

Herbst, A. L., MD y Bern, H. A., PhD (eds.): *Developmental Effects of Diethylstilbestrol (DES) in Pregnancy.* Thieme-Stratton, Inc., Nueva York, 1981.

HILGERS, T. W., MD: *The Medical and Surgical Practice of NaPro Technology*. Pope Paul VI Institute Press, Omaha, Nebraska, 2004.

—: *The NaPro Technology Revolution: Unleashing the Power in a Woman's Cycle*. Beaufort Books, Nueva York, 2010.

JONES, R. E.: *Human Reproductive Biology*. Academic Press, Nueva York, 1997.

KAPLAN, A.: *The Conduct of Inquiry: Methodology for Behavioral Science*. Chandler Publishing Company, San Francisco, 1964.

KIPPLEY, J. y KIPPLEY, S.: *Natural Family Planning: The Complete Approach*. Couple to Couple League International, Inc., Cincinnati, Ohio, 2012.

LAUERSEN, N. H., MD y BOUCHEZ, C.: *Getting Pregnant: What You Need to Know Right Now*. Simon and Schuster, Nueva York, 2000.

LEWIS, R.: *The Infertility Cure: The Ancient Chinese Wellness Program for Getting Pregnant and Having Babies*. Little, Brown and Co., Nueva York, 2005.

MACUT, D., et al.: *Polycystic Ovary Syndrome: Novel Insights into Causes and Therapy*. Karger Publishers, Basel, Suiza, 2013.

MARRS, R., MD: *Dr. Richard Marrs' Fertility Book*. Dell Books, Nueva York, 1998.

MATUS, G.: *Justisee Method: Fertility Awareness and Body Literacy: A User's Guide*. Justisse-Healthworks for Women, Edmonton, Canada, 2009.

MISHELL, D. R., Jr., MD y DAVAJAN, V., M.D. (eds.): *Infertility, Contraception & Reproductive Endocrinology*, 2.ª ed. Medical Economics Books, Oradell, Nueva Jersey, 1986.

OLDER, J.: *Endometriosis*.: Charles Scribner's Sons, Nueva York, 1984.

SACHS, J.: *What Women Can Do About Chronic Endometriosis*. Dell Medical Library, Nueva York, 1991.

SHANNON, M. M.: *Fertility, Cycles and Nutrition*, 3.ªed. Couple to Couple League, Cincinnati, Ohio, 2009.

TAYMOR, Melvin L., M.D. *Infertility: A Clinician's Guide to Diagnosis and Treatment*. Plenum Medical Book Company, Nueva York y Londres, 1990.

WALLIS, Lila A., M.D., ed. *Textbook of Woman's Health*. Lippincott-Raven Publishers, Nueva York, 1998.

Fertilidad masculina

Artículos

AHLGREN, M.; BOSTROM, K. y MALMQVIST, R. (1973): «Sperm Transport and Survival in Women with Special Reference to the Fallopian Tube», *The Biology of Spermatozoa*, INSERM Int. Symp., Nouzilly, 63-73.

AMELAR, R. D., MD; DUBIN, L., MD y SCHOENFELD, C., PhD (septiembre de 1980):«Sperm Motility», *Fertility and Sterility* 34, 197-215.

ANDERSON, L., *et al.* (13 de diciembre de 2000): «The Effects of Coital Lubricants on Sperm Motility in Vitro», *Human Reproduction,* 3351-3356.

AUSTIN, G. R. (1975): «Sperm Fertility, Viability and Persistence in the Female Tract», *Journal of Reproduction and Fertility*, supl. 22, 75-89.

DAWSON, E. B.; HARRIS, W. A. y POWELL L. C. (1990): «Relationship Between Ascorbic Acid and Male Fertility», *World Review of Nutrition and Diet* 62, 2-26.

GIBLIN, P. T., PhD, *et al.* (enero de 1988): «Effects of Stress and Characteristic Adaptability on Semen Quality in Healthy Men», *Fertility and Sterility* 49, 127-132.

HARRIS, W. A.; HARDEN, T. E., BS y DAWSON, E. B., PhD (octubre de 1979): «Apparent Effect of Ascorbic Acid Medication on Semen Metal Levels», *Fertility and Sterility* 32, 455-459.

JASZCZAK, S. y HAFEZ, E. S. E. (1973): «Physiopathology of Sperm Transport in the Human Female», *The Biology of Spermatozoa*, INSERM Int. Symp., Nouzilly, Francia, 250-256.

KILLICK, S. R.; LEARY, CH.; TRUSSELL, J. y GUTHRIE, K. A. (marzo de 2011): «Sperm Content of Pre-ejaculatory Fluid», *Human Fertility* 14, 48-52.

KUTTEH, W. H., MD, *et al.* (1996): «Vaginal Lubricants for the Infertile Couple: Effect on Sperm Activity», *International Journal of Fertility* 41, 400-404.

LENZI, A. (2003): «Stress, Sexual Dysfunctions and Male Infertility», *Journal of Endocrinological Investigations* 26, sup., 72-76.

LEVIN, . M., PhD, *et al.* (marzo 1986): «Correlation of Sperm Count with Frequency of Ejaculation», *Fertility and Sterility* 45, 732-734.

MAKLER, A., MD, *et al.* (marzo 1984): «Factors Affecting Sperm Motility. IX. Survival of Spermatozoa in Various Biological Media and Under Different Gaseous Compositions», *Fertility and Sterility* 41, 428-432.

MEGORY, E.; ZUCKERMAN, H.; SHOHAM (Schwartz), Z. y LUNENFELD, B. (1987): «Infections and Male Fertility», *Obstetrical and Gynecological Survey* 42, 283-290.

PFEIFER, S., *et al.* (bajo la dirección del Practice Committee of the American Society for Reproductive Medicine) (2013): «The Clinical Utility of Sperm DNA Integrity Testing: A Guideline», *Fertility and Sterility* 99, 673-677.

RUBENSTEIN, J., MD, *et al.*: «Male Infertility Workup», *Medscape Reference*, actualizado 2013 (web).

SCHLEGEL, P. N., MD; CHANG, T. S. K., PhD y MARSHALL, G. F. MD (febrero de 1991): «Antibiotics: Potential Hazards to Male Fertility», *Fertility and Sterility* 55, 235-242.

SHAMSI, M. B.; SYED NAZAR, I. y DADA, R. (2011): «Sperm DNA Integrity Assays: Diagnostic and Prognostic Challenges and Implications in Management of Infertility», *Journal of Assisted Reproductive Genetics* 28, 1073-1085.

TULANDI, T., MD; PLOUFFE, L., Jr., MD y MACINNES, R. A., MD (diciembre de 1982): «Effect of Saliva on Sperm Motility and Activity», *Fertility and Sterility* 38, 721-723.

TUREK, P. J.: «Male Fertility and Infertility», en *theturekclinic.com* (actualizado en 2013).

—: «Male Fertility Preservation», at *theturekclinic.com* (actualizado en 2013).

—: «Sperm Mapping», at *theturekclinic.com* (actualizado en 2013).

—: «Sperm Retrieval», at *theturekclinic.com* (actualizado en 2013).

—: «Sperm Retrieval Techniques», en *The Practice of Reproductive Endocrinology and Infertility: The Practical Clinic and Laboratory* (editado por Carrell and Peterson), 2010, pp. 453-465.

WANG, Ch., *et al.* (2014): «Treatment of Male Infertility». Artículo oficial de UptoDate.com

ZINAMAN, M., *et al.* (noviembre de 1989): «The Physiology of Sperm Recovered from the Human Cervix: Acrosomal Status and Response to Inducers of the Acrosome Reaction», *Biology of Reproduction* 41, 790-797.

Libros

GLOVER, T. D.; BARRATT, C. L. R.; TYLER, J. P. P. y HENNESSEY J. F.: *Human Male Fertility and Semen Analysis*. Academic Press/Harcourt Brace Jovanovich, Londres, 1990.

TANAGHO, E. y McANINCH, J.W.: *Smith's General Urology*, 13.ª ed. Appleton and Lange, Norwalk, Connecticut, 1992.

THOMAS, A., MD y SCHOVER, L. R.: *Overcoming Male Infertility: Understanding Its Causes and Treatments*. John Wiley and Sons, Nueva York, 2000.

Menopausia/Terapia hormonal

Artículos

AMY, J. J. (septiembre de 2005): «Hormones and Menopause: Pro», *Acta Clinica Belgica* 60, 261-268.

BARRETT-CONNOR, E., *et al.* (2005): «The Rise and Fall of Menopausal Hormone Therapy», *Annual Review of Public Health* 26, 115-140.

BIRKHAEUSER, M. H. (mayo de 2005): «The Women's Health Initiative Conundrum», *Archives of Women's Mental Health* 8, 7-14.

BURGER, H. G., *et al.* (2008): «Cycle and Hormone Changes During Perimenopause: The Key of Ovarian Function», *Menopause* 15, 603-612.

CASPER, R. F. (2014): «Clinical Manifestations and Diagnosis of Menopause». Artículo oficial de UptoDate.com

CUMMINGS, D. C. (marzo-abril de 1990): «Menarche, Menses, and Menopause: A Brief Review», *Cleveland Clinical Journal of Medicine* 57, 169-175.

FLYNN, A. M., MD, *et al.* (diciembre de 1991): «Sympto-Thermal and Hormonal Markers of Potential Fertility in Climacteric Women», *Obstetrics & Gynecology* 165, 1987-1989.

FOX, S. C., MD y WALLIS, L. A., MD: «Transition at Menopause». En *Textbook of Woman's Health*, editado por Lila A. WALLIS, MD. pp. 117-123. Lippincott-Raven Publishers, Nueva York, 1998.

GOLDSTEIN, F., *et al.* (enero-febrero de 2006): «Hormone Therapy and Coronary Heart Disease: The Role of Time since Menopause and Age at Hormone Initiation», *Journal of Women's Health* 15, 34-44.

GREISER, C. M., *et al,* (noviembre-diciembre de 2005): «Menopausal Hormone Therapy and Risk of Breast Cancer: A Meta-analysis of Epidemiological Studies and Randomized Controlled Trials», *Human Reproduction*, 561-573.

KLAIBER, E. L., *et al.* (diciembre de 2005): «A Critique of the Woman's Health Initiative Hormone Therapy Study», *Fertility and Sterility* 84, 1589-1601.

National Institutes of Health. *Hormones and Menopause: Tips from the National Institute on Aging*, 2012.

NELSON, L. M. (2014); «Patient Information: Early Menopause (Primary Ovarian Insufficiency) (Beyond the Basics)». Artículo oficial de UptoDate.com

—: «Patient Information (2012): Early Menopause: Premature Ovarian Failure Overview (Beyond the Basics)». Artículo oficial de UptoDate.com

NORMAN, R. J. y MACLENNAN, A. H. (noviembre-diciembre 2005): «Current Status of Hormone Therapy and Breast Cancer», *Human Reproduction*, 541-543.

North American Menopause Society (2012): «The 2012 Hormone Therapy Position Statement of the North American Menopause Society», *Menopause* 19, 257-271.

PRENTICE, R. L., *et al.* (abril de 2006): «Combined Analysis of Women's Health Initiative Observational and Clinical Trial Data on Postmenopausal Hormone Treatment and Cardiovascular Disease», *American Journal of Epidemiology* 163, 589-599.

RICHARDSON, M. K. (agosto de 2005): «What's the Deal with Menopause Management», *Postgraduate Medicine* 118, 21-26.

ROSENBERG, L. E.: «Endocrinology and Metabolism». En *Harrison's Principles of Internal Medicine*, editado por J. D. WILSON, *et al.:* pp. 1780-1781. McGraw Hill, Nueva York, 1991.

SHIDELER, S. E., *et al.* (diciembre de 1989): «Ovarian-Pituitary Hormone Interactions During the Peri-Menopause», *Maturitas* 11, 331-339.

SHIFREN, J. L. y SCHIFF, I. (2010): «Role of Hormone Therapy in the Management of Menopause», *Obstetrics and Gynecology* 115, 839-855.

STEVENSON, J. C. (marzo de 2004): «Hormone Replacement Therapy: Review, Update, and Remaining Questions After the Women's Health Initiative Study», *Current Osteoporosis Report* 2, 12-16.

TORMEY, S. M., *et al.* (febrero de 2006): «Current Status of Combined Hormone Replacement Therapy in Clinical Practice», *Clinical Breast Cancer* 6 (sup.), 51-57.

WALLIS, L. A., MD y. BARBO, D. M., MD: «Hormone Replacement Therapy». En *Textbook of Woman's Health*, editado por L. A. WALLIS, MD, pp. 731-746. Lippincott-Raven Publishers, Nueva York, 1998.

Libros

LOVE, S., MD: *Dr. Susan Love's Hormone Book: Making Informed Choices About Menopause.* Three Rivers Press, Nueva York, 1998.

NORTHRUP, Ch., MD: *The Wisdom of Menopause: Creating Physical and Emotional Health During the Change* (ed. Rev.). Bantam, Nueva York, 2012.

UTIAN, W. H.: *Menopause in Modern Perspective: A Guide to Clinical Practice.* Appleton-Century Crofts, Nueva York, 1980.

Síndrome premenstrual

Artículos

BACKSTROM, T., *et al.* (2003): «The Role of Hormones and Hormonal Treatments in Premenstrual Syndrome», *DNS Drugs* 17, 325-342.

CASPER, R. F. y YONKERS, K. A. (2014): «Treatment of Premenstrual Syndrome and Premenstrual Dysphoric Disorder». Artículo oficial de UptoDate.com

CHAKMAKJIAN, Z. H., MD; HIGGINS, C. E., BS y ABRAHAM, G. E., MD (1985): «The Effect of a Nutritional Supplement, Optivite for Women, on Premenstrual Tension Syndromes», *Journal of Applied Nutrition* 37, 12-17.

CHOU, P. B. y MORSE, C. A. (abril de 2005): «Understanding Premenstrual Syndrome from a Chinese Medicine Perspective», *Journal of Alternative and Complementary Medicine,* 355-361.

DOUGLAS, S. (noviembre de 2002): «Premenstrual Syndrome: Evidence-based Treatment in Family Practice», *Canadian Family Physician* 48, 1789-1797.

ENDICOTT, J. (octubre-noviembre de 1993): «The Menstrual Cycle and Mood Disorders», *Journal of Affective Disorders* 29, 193-200.

FACCINETTI, F., M.D., *et al.* (abril de 1987): «Premenstrual Fall of Plasma-Endorphin in Patients with Premenstrual Syndrome», *Fertility and Sterility* 47, 570-573.

JOHNSON, S., MD: «Premenstrual Syndrome». En *Textbook of Woman's Health*, editado por L. A. WALLIS, MD, pp. 691-697. Lippincott-Raven Publishers, Nueva York, 1998.

JONES, A. (enero de 2003): «Homeopathic Treatment for Premenstrual Symptoms», *Journal of Family Planning and Reproductive Health Care* 29, 25-28.

ROBINSON, S., *et al.* (2012): «Mood and the Menstrual Cycle: A Review of Prospective Data Studies». *Gender Studies* 9, 361-384.

ROMANS, S., *et al.* (2012): «Mood and the Menstrual Cycle: A Review of Prospective Data Studies», *Gender Studies* 9, 361-384.

WYATT, K. M. (junio 2002): «Prescribing Patterns in Women's Health», *BMC Women's Health,* 4-8.

Libros

LARK, S. M., MD: *Premenstrual Syndrome Self-Help Book.* Celestial Arts, Berkeley, California, 1989.

PICK, M., MSN, OB/GYN NP: *Is It Me or My Hormones?: The Good, the Bad, and the Ugly about PMS, Perimenopause, and All the Crazy Things That Occur with Hormone Imbalance.* Hay House, Nueva York, 2013.

Severino, S. K., MD y Moline, M. L., PhD: *Premenstrual Syndrome: A Clinician's Guide*. The Guilford Press, Nueva York, 1989.

Problemas médicos importantes relacionados con la fertilidad

Artículos

American College of Obstetricians and Gynecologists (2007): «ACOG Practice Bulletin: Management of Adnexal Masses», *Obstetrics and Gynecology* 110, 201-214.

Bansal, A. S.; Bajardeen, B. y Thum, M. Y. (2011): «The Basis and Value of Currently Used Immunomodulatory Therapies in Recurrent Miscarriage», *Journal of Reproductive Immunology* 93, 41-51.

Barbieri, R. L., *et al.* (2014): «Patient Information: Polycystic Ovary Syndrome (PCOS) (Beyond the Basics)». Artículo oficial de UptoDate.com

Bartuska, D. G., MD: «Thyroid and Parathyroid Disease». En *Textbook of Woman's Health*, editado por L. A. Wallis, M.D., pp. 525-532. Lippincott-Raven Publishers, Nueva York, 1998.

Check, J. H., MD, *et al.* (enero-febrero de 1992): «Comparison of Various Therapies for the Leutinized Unruptured Follicle Syndrome», *International Journal of Fertility* 37, 33-40.

Daly, D. C., MD, *et al.* (enero de 1985): «Ultrasonographic Assessment of Luteinized Unruptured Follicle Syndrome in Unexplained Infertility», *Fertility and Sterility* 43, 62-65.

Fish, L. H., MD y Mariash, C. N., MD (marzo 1988): «Hyperprolactinemia, Infertility, and Hypothyroidism», *Archives of Internal Medicine* 148, 709-711.

Haas, D. M. y Ramsey, P. S. (2008): «Progesterone for Preventing Miscarriage», *The Cochrane Library* 2.

Hussain, M.; El-Hakim, S. y Cahill, D. J. (1012): «Progesterone Supplementation in Women with Otherwise Unexplained Recurrent Miscarriages», *Journal of Human Reproduction* 5, 248-251.

Kaunitz, A. M., MD (2014): «Approach to Abnormal Bleeding». Artículo oficial de UptoDate.com

Kerin, J. F., MD, *et al.* (noviembre 1983): «Incidence of the Luteinized Unruptured Follicle Phenomenon in Cycling Women», *Fertility and Sterility* 40, 620-626.

Koninckx, P. R. y Brosens, I. A.: «The Luteinized Unruptured Follicle Syndrome». En *The Inadequate Luteal Phase: Pathophysiology, Diagnostics, and Therapy*, editado por H. D. Taubert and H. Kuhl, pp. 145-151.: MTP Press Ltd., Lancaster, Pensilvania, 1983.

Kuohung, W., MD, *et al.* (2012): «Overview of Treatment of Female Infertility». Artículo oficial de UptoDate.com

— (2012): «Patient Information: Evaluation of the Infertile Couple (Beyond the Basics)». Artículo oficial de UptoDate.com

Muto, M. G., MD (2014): «Management of an Adnexal Mass». Artículo oficial de UptoDate.com

— (2013): «Patient Information: Ovarian Cysts (Beyond the Basics)», Artículo oficial de UptoDate.com

Schenken, R. S. (2013): «Overview of the Treatment of Endometriosis», Artículo oficial de UptoDate.com

Tarlatzis, B. C., *et al.* (2008): «Consensus on Infertility Treatment Related to Polycystic Ovary Treatment», *Fertility and Sterility* 89, 505-522.

Thomas, R., MD y Reid, R. L., MD (noviembre de 1987): «Thyroid Disease and Reproductive Dysfunction: A Review», *Obstetrics & Gynecology* 70, 789-792.

Toth, B., *et al.* (2010): «Recurrent Miscarriage: Current Concepts in Diagnosis and Treatment», *Journal of Reproductive Immunology* 85, 25-32.

Tulandi, T., MD, MHCM y Al-Fozan, H. M., MD (2013): «Management of Couples with Recurrent Pregnancy Loss». Artículo oficial de UptoDate.com

Algunas páginas web útiles para investigar sobre fertilidad y otros problemas médicos

Advanced Fertility Center of Chicago: advancedfertility.com
The Center for Human Reproduction: centerforhumanreprod.com
The Centers for Disease Control and Prevention: cdc.gov
Fertility Authority: fertilityauthority.com
Georgia Reproductive Specialists: ivf.com
The National Institutes of Health: nih.gov
The Turek Clinic: theturekclinic.com
UpToDate (Walters Kluwer): uptodate.com

ÍNDICE ANALÍTICO

NOTA: Las referencias a páginas en cursiva indican ilustraciones, tablas o gráficas.

Examen físico anual
Médico

_____

Colesterol _____ Proporción _____ HDL _____ LDL _____ Fecha _____

Triglicéridos _____ Día del ciclo _____

Recuento sanguíneo: Glóbulos rojos _____ Glóbulos blancos _____ Altura _____ Peso _____

Hematocrito _____ Vitamina D _____ Pulso _____

Test de orina _____ Prueba de Pap. _____ Presión sanguínea _____ / _____

Prueba de la clamidia (opcional) _____ Prueba del papilomarivus _____ Inyecciones/Potenciadores/Vacunas

Otras pruebas _____ _____

_____ _____

	Estado	Comentarios
Examen de pechos		
Mamograma		
Cuello del útero		
Útero		
Ovarios		
Corazón		
Pulmones		

Prescripciones

Recomendaciones _____

_____

_____

Médico de referencia _____

Notas _____

_____

Mes _____ Año _____ Edad _____ Ciclo de fertilidad ____

Últimos 12 ciclos: Más corto ____ Más largo ____ Duración de esta fase lútea ___ Duración de este ciclo ____

Día del ciclo	1	2	3	4	5	6	7	8	9	10	11	12	13	14	15	16	17	18	19	20	21	22	23	24	25	26	27	28	29	30	31	32	33	34	35	36	37	38	39	40
Fecha																																								
Día de la semana																																								
Hora en que se tomó la temperatura																																								
Temperaturas y fase lútea																																								
Día cumbre																																								

TEMPERATURAS AL DESPERTARSE

(Escala de temperatura: 99, 9, 8, 7, 6, 5, 4, 3, 2, 1, 98, 9, 8, 7, 6, 5, 4, 3, 2, 1, 97 repetida para cada día del ciclo)

	1	2	3	4	5	6	7	8	9	10	11	12	13	14	15	16	17	18	19	20	21	22	23	24	25	26	27	28	29	30	31	32	33	34	35	36	37	38	39	40
Embarazo																																								
Inseminación artificial o fecundación *in vitro*																																								
Relaciones sexuales																																								
Clara de huevo																																								
Cremoso																																								
PERIODO, sangrado ligero, seco o pegajoso																																								
Fase fértil y día cumbre																																								
Sensación vaginal																																								
Cuello del útero																																								
Dolor ovulatorio																																								

DESCRIPCIÓN DEL FLUIDO CERVICAL

	1	2	3	4	5	6	7	8	9	10	11	12	13	14	15	16	17	18	19	20	21	22	23	24	25	26	27	28	29	30	31	32	33	34	35	36	37	38	39	40
Kit de predicción de ovulación																																								
Control de la fertilidad																																								
Pruebas diagnósticas y procedimientos																																								
Medicamentos o inyecciones																																								
Acupuntura u otros tratamientos																																								
Hierbas, vitaminas y suplementos																																								
Ejercicio																																								
Notas							BSE																																	

Embarazo

614

Mes _____   Año _____   Edad _____   Ciclo de fertilidad _____

Últimos 12 ciclos: Más corto ____ Más largo ____ Duración de esta fase lútea ___ Duración de este ciclo ____

Día del ciclo	1	2	3	4	5	6	7	8	9	10	11	12	13	14	15	16	17	18	19	20	21	22	23	24	25	26	27	28	29	30	31	32	33	34	35	36	37	38	39	40
Fecha																																								
Día de la semana																																								
Hora en que se tomó la temperatura																																								
Temperaturas y fase lútea																																								
Recuento del día cumbre																																								

TEMPERATURAS AL DESPERTARSE

(Cuadrícula de temperaturas: 99, 9, 8, 7, 5, 4, 3, 2, 1 / 98, 9, 8, 7, 6, 5, 4, 3, 2, 1 / 97)

Método anticonceptivo utilizado																																								
Relaciones sexuales	1	2	3	4	5	6	7	8	9	10	11	12	13	14	15	16	17	18	19	20	21	22	23	24	25	26	27	28	29	30	31	32	33	34	35	36	37	38	39	40
Clara de huevo																																								
Cremoso																																								
PERÍODO, sangrado ligero, seco o pegajoso																																								

Fase fértil y día cumbre																																								
Sensación vaginal																																								
Cuello del útero																																								
Dolor ovulatorio																																								

DESCRIPCIÓN DEL FLUIDO CERVICAL

	1	2	3	4	5	6	7	8	9	10	11	12	13	14	15	16	17	18	19	20	21	22	23	24	25	26	27	28	29	30	31	32	33	34	35	36	37	38	39	40
Hierbas, vitaminas y suplementos																																								
Ejercicio																																								
Notas						BSE																																		

OPCIONES DE LA GRÁFICA MAESTRA

Las dos páginas que preceden este resumen son las dos gráficas maestras clásicas para el control de la natalidad y el embarazo. En su mayor parte, una de ellas cubrirá perfectamente tus necesidades. Aun así, te animaría a que visitaras TCOYF.com para echar un vistazo a las ocho gráficas que he diseñado, para ver si alguna es más adecuada para tu situación específica. Su objetivo está anotado en letra pequeña en negrita, en la esquina inferior derecha de cada gráfica, e incluyen lo siguiente:

Control de la natalidad (36,1 °C)	Embarazo (temperaturas por debajo de los 36 °C)
Control de la natalidad con ejemplos	Embarazo con ejemplos
Control de la natalidad (interno/externo)	Embarazo con pruebas y tratamientos
Control de la natalidad (en grados Celsius)	Embarazo (en grados Celsius)

Si te gustaría observar tus signos solamente para hacer un seguimiento de tu salud general, probablemente querrás utilizar la gráfica clásica de control de la natalidad, ya que es la más básica. En cualquier caso, si decides utilizar alguna de las dos gráficas maestras del final de este libro, agrándalas hasta un 125 %. Posteriormente, antes de copiar la recién agrandada, enumera los diversos signos que te gustaría colorear en las filas estrechas del final, como por ejemplo sensibilidad en los pechos, dolores de cabeza o calambres.

No obstante, si es posible, te recomiendo que imprimas la gráfica que prefieras utilizar directamente desde la página web. Será más limpia, tendrá el tamaño que desees y, lo más importante, podrá modificarse para adaptarse a tus necesidades, como por ejemplo añadir u omitir diversas filas de terminología variable. A continuación hay un ejemplo de las clases de términos que tal vez quieras usar para describir las tres categorías de fluido cervical, todos ellos listados debajo de los términos estándar que he utilizado en el libro.

Clara de huevo

Húmedo

PERÍODO, sangrado ligero, seco o no húmedo

Clara de huevo

Cremoso

PERÍODO, sangrado ligero, seco o pegajoso

Clara de huevo

Blancuzco

PERÍODO, sangrado ligero, seco o pegajoso

Clara de nuevo

Más fértil

PERÍODO, sangrado ligero, seco o menos fértil

Si decides rellenar tus gráficas a mano, en lugar de utilizar la aplicación disponible en la página web, te recomiendo llevarlas organizadas en una carpeta de tres anillas, con la más reciente arriba, utilizando una cubierta de plástico después de completar cada ciclo.

Además, quizá te interese guardar tres hojas en la cubierta de la carpeta: una copia de tu gráfica maestra de fertilidad, tu formulario de examen maestro anual y una clave a color de los signos que planificas registrar en las columnas estrechas de la parte inferior de la gráfica maestra. Mantener todas tus gráficas en orden cronológico es una excelente forma de tener un resumen de tu salud reproductiva según pasa el tiempo, y podría ser un recurso muy valioso para tu médico, si y cuándo surgen problemas o modificaciones.

Por último, cada año, cuando tengas tu examen anual, cópialo en la parte posterior de la gráfica, en la que tengas tu agenda. Está disponible en la página 613 y, por supuesto, en TCOYF.com. ¡Feliz cumplimiento de gráficas!

Notas

NOTAS

ÍNDICE

Apéndices